2017 玄武年鉴

南京市玄武区地方志编纂委员会办公室

方志出版社
Publishing House of Local Records

图书在版编目(CIP)数据

玄武年鉴.2017/南京市玄武区地方志编纂委员会办公室编.—北京:方志出版社,2017.8
ISBN 978-7-5144-2498-0

Ⅰ.①玄… Ⅱ.①南… Ⅲ.①区(城市)—南京市—2017—年鉴 Ⅳ.①Z525.31

中国版本图书馆 CIP 数据核字(2017)第 207499 号

玄武年鉴(2017)

编　　者:南京市玄武区地方志编纂委员会办公室
责任编辑:范　静

出 版 人:冀祥德
出 版 者:方 志 出 版 社
地址　北京市朝阳区潘家园东里 9 号(国家方志馆 4 层)
邮编　100021
网址　http://www.fzph.org
发　　行:方志出版社发行中心
电话　(010)67110500
经　　销:各地新华书店
印　　刷:南京顺和印刷有限责任公司

开　　本:889×1194　1/16
印　　张:24
字　　数:778 千字
版　　次:2017 年 8 月第 1 版　2017 年 8 月第 1 次印刷
印　　数:001~600 册

ISBN 978-7-5144-2498-0　　定价:200.00 元

地址
南京市月苑南路 3 号
电话
025-83682122
传真
025-83678279
邮编
210028
电子信箱
xwdfzb@163.com

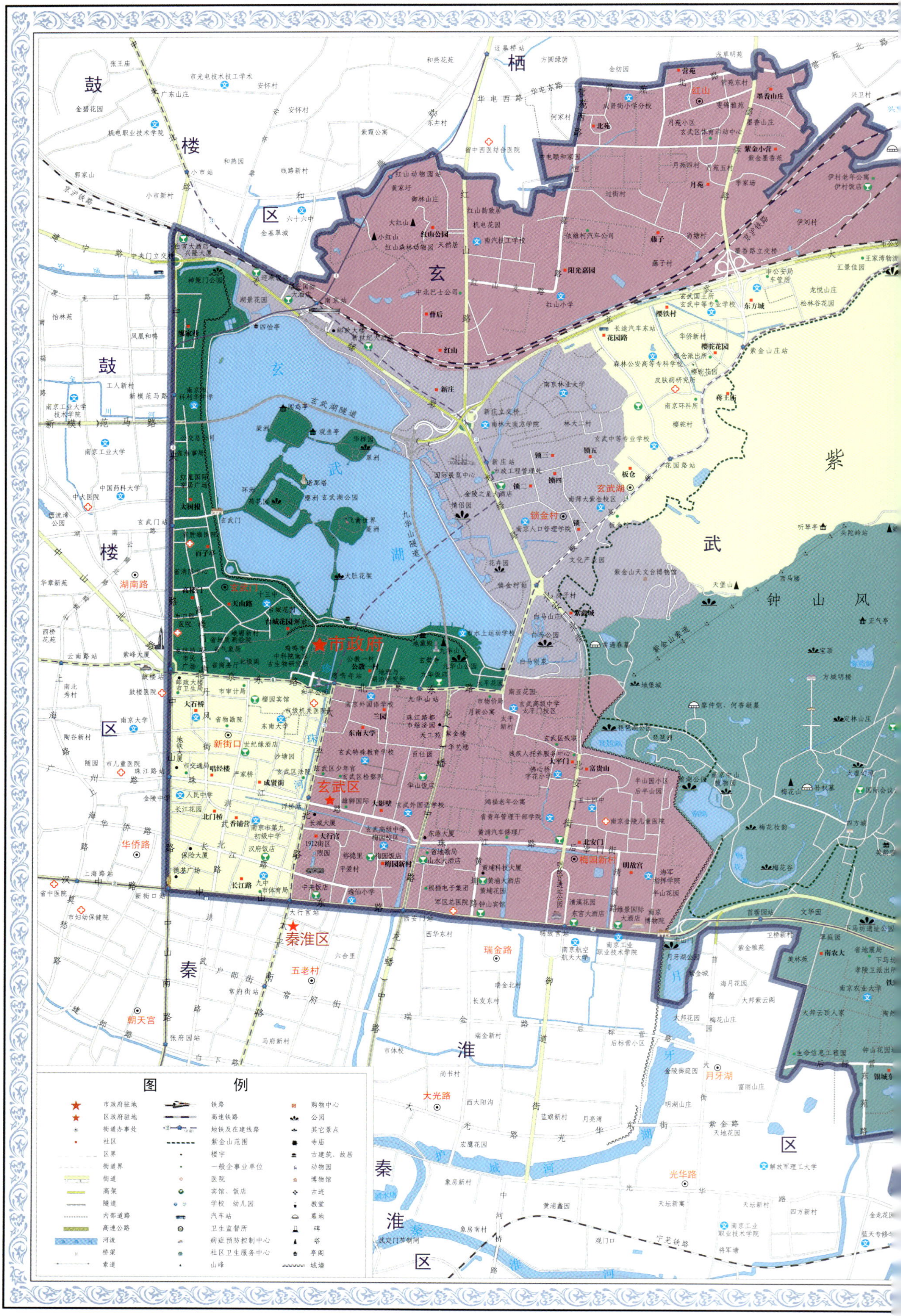

江苏省基础地理信息中心 编 南京市玄武区民政局 监制

审图号：苏 S（2013）005 号　　2013 年 1 月印刷

11月6日，十八届六中全会精神中央宣讲团成员、国务院法制办副主任袁曙宏（右三）到玄武区锁金村街道宣讲全会精神

12月20日，副省长马秋林（前排左二）视察进香河快检室建设

9月9日，市委书记黄莉新（左三）教师节看望成贤街小学师生

5月27日，市长缪瑞林（前排左二）考察小天鹅幼儿园

11 月 28 日，区委书记徐曙海（前排右五）调研铁北红山新城建设

2月6日，区人大常委会主任张萍（前排左一）慰问驻区武警

7月2日，区长穆耕林（左一）检查防汛工作

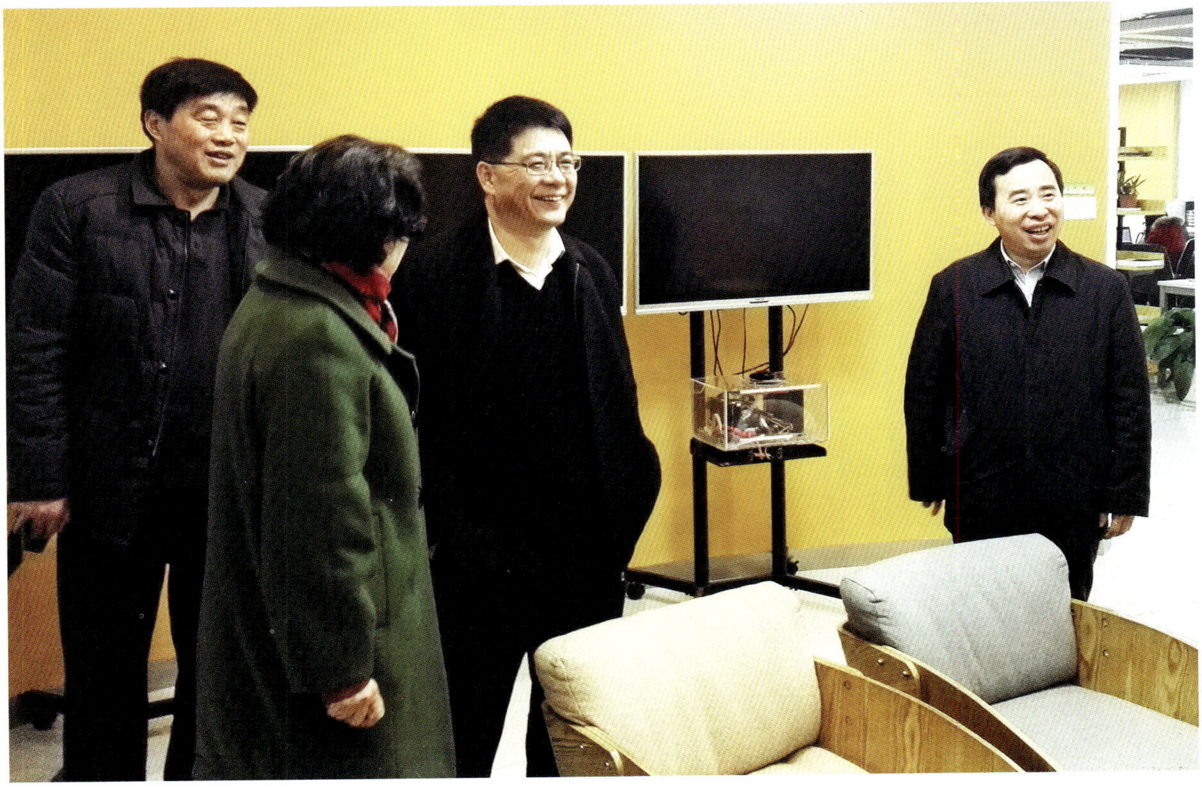

2月24日，区政协主席邱小凡（右二）考察玄东科技园

9月2日，智慧园区高峰论坛暨资本对接会——软博会玄武专场签约仪式

9月9日，2016中国·南京金秋经贸洽谈会玄武专场活动

12月27日，玄武区成长型企业融资对接会签约仪式

珠江路创业大街——太库南京

3月4日，玄武区为民服务社区行——北安门社区活动

9月29日，第十三届玄武区邻里文化节闭幕式

8月12日，玄武区同心儿童发展基金会成立

7月5日，连降暴雨，玄武区银城东苑小区及周边地区淹水，民警帮助市民渡过淹水区

长江路历史文化大街

红山南路建成通车

先声药业

途牛总部

南京新庄立交夜景全景

编辑说明

一、《玄武年鉴》是在玄武区委、区政府领导下，由玄武区地方志编纂委员会主办，区地方志办公室、区档案局编辑出版的综合性信息资料文献，旨在准确、科学、系统地记载玄武区域内自然、政治、经济、文化、社会发展等方面基本情况、重大事件，为社会各界了解和研究玄武提供权威、翔实的信息，为领导决策提供参考和依据，为编修志书积累史料。《玄武年鉴》1985年创刊，逐年编辑出版。

二、《玄武年鉴（2017）》采用分类编辑法，主体内容分为类目、分目、条目3个层次，部分分目下设副分目。条目为记述的基本层次。本卷设特载、专记、概览、大事记、党政·群团、法治·武装、产业经济、商贸·旅游业、财政·税务、经济管理与监督、城建城管·环保、教育、科学技术、文化、卫生·体育、人民生活、街道、人物·荣誉、统计资料、附录、索引21个类目。类目标题标于各类目前篇扉页和书眉，分目标题标于各分目的起始处并用蓝颜色大标宋字标出，副分目标题字体用黑体字前后加“·”表示，条目标题则用黑体字前后加“【 】”表示。

三、《玄武年鉴（2017）》记载2016年度玄武区所发生的事。为提高年鉴的时效性，事件主体发生在2016年度，但其相关内容延伸至2017年初，如劳动模范、先进集体和个人表彰颁布，及科技成果评选结果公布等，予以跨年度记述。部分条目记述时涉及2016年度前的情况，为使记述的事件连续和完整，仍予简略记载。所收录的组织机构及负责人名单均以2016年内任职为限，有任免的分别予以注明。文中名称“区”“全区”“区内”“区域”均指玄武区。

四、《玄武年鉴（2017）》所载资料，分别由玄武区各部、委、办、局及各街道和有关单位专人撰写，并经领导（主审人）审阅。年鉴引用的工作报告、文件、讲话和新闻报道均按原件记载。统计资料数据使用法定计量单位，主要数据由玄武区统计局提供，数据时间截至2016年12月31日。所用统计数据，由于统计的来源、口径、方式、方法和时间的不同而有一定的差异，引用时以区统计局数据为准。

五、《玄武年鉴（2017）》装帧设计以玄武地方文化为特色。封面图案为玄武辖区地图板块的外形，取自世界非物质文化遗产—玄武剪纸的意象，内容为玄武区境内玄武湖、紫金山、明城墙、明孝陵、总统府、中山植物园等重要地方元素，剪纸图案高度概括并以白描艺术形式刻画玄武区山水城林、人文荟萃的地域特征。

六、为方便检索，在《玄武年鉴（2017）》卷末附有索引。本刊全文电子版（光盘）与纸质年鉴同时出版。“玄武区政区图”由玄武区民政局提供。

目　录

目录

法治·武装

产业经济

商贸·旅游业

财政·税务

经济管理与监督

教　育

科学技术

卫生·体育

人民生活

街道

统计资料

附　　录

索　　引

Contents

特　载

Special Records

责任编辑　卢永晨

◎ 区委常委会工作报告

◎ 政府工作报告

区委常委会工作报告

——在区委十一届二次全会上

徐曙海

2016年12月17日

一、团结拼搏、砥砺实干，“十三五”发展开局良好

今年是“十三五”的开局之年。我们在省市委的坚强领导下，深入贯彻习近平总书记系列重要讲话特别是视察江苏重要讲话精神，认真落实党的十八届六中全会和省、市党代会及全会精神，不断完善党领导经济社会发展工作的体制机制和方式方法，加强组织、强化统筹，把好方向、督促落实，顺利完成了年度目标任务。

（一）发展质效在加快转型升级中有新提升

区委常委会认为，转型升级是玄武发展的必由之路。为此，我们坚定不移地打好转型升级“组合拳”，以项目支撑转型、以创新驱动转型、以产业助推转型，推动全区经济提质增效、行稳致远。今年预计实现地区生产总值588亿元，同比增长9%；一般公共预算收入48.5亿元，直比增长6.8%、同口径增长13.8%；全社会固定资产投资133亿元，同比增长13%；社会消费品零售总额474亿元，同比增长10%；实际利用外资1.9亿美元，外贸出口总额28.2亿美元。

“一城两街三片区”建设全面拉开。产业布局直接关系玄武未来发展的质效。我们始终把“一城两街三片区”作为提升产业能级的主要承载，集中力量建设引领转型、支撑全局、代表形象的强劲增长极。按照把铁北地区建设成为产城融合的典范、科技创新的引领的目标定位，加快新城建设步伐，红山南路东延等重大基础设施建成、一批创新项目签约，为新城产业、要素、人气集聚奠定了基础。着力彰显“两街”特色，紧扣创新和人文凝聚转型发展能量，珠江路创业大街建设以整合提升沿街存量资源为突破口，高端定位、政府引导、多元化运作，实现强势起步，晋级省级众创集聚区试点单位；长江路历史文化大街建设以促进商旅文要素融合为关键点，突出文化休闲功能、展示城市文化脉络，入选全市重点创意文化产业功能区。全面提升“三片区”层次，狠抓项目建设、挖掘业态“富矿”，徐庄物联网与集成电路设计产业园、锁金村金界精品酒店等代表性项目相继建成，呈现出片区联动、亮点纷呈的良好态势。

创新创业发展持续深入。创新驱动是转变发展方式、提升核心竞争力的关键所在。我们始终把发展的基点放在创新上，培育创新主体、构筑创新平台、打造人才高地，以此突破发展瓶颈、推动产业升级，全区科技进步贡献率达66%。强化企业创新主体地位，鼓励企业加大研发投入，推动创新资源向企业加速集聚，省市委主要领导同志先后考察先声药业精准医疗百家汇孵化平台等科技创新企业和项目，并予以高度肯定。坚持优势互补、功能互通、错位发展，着力打造具有玄武特色的众创载体，健全公共技术、基础研发、中介服务等科创平台承载功能，江苏省技术产权交易市场等高端平台正式入驻。把人才作为转型升级的核心要素，实行人才一体化开发、分层次管理、科学化评价，引才育才质量不断提高。

“4+4”产业体系加速优化。产业是发展的重要支撑。我们坚持走产业强区道路，持续推进产业结构升级，实现经济总量和质态同步提升。深度优化产业规划，坚持集约集群，编制重点片街区和商务楼宇产业导则，引导高端高新产业双轮驱动、融合发展。精准招商扩大增量，大力招引世界500强企业、央企国企、行业龙头和区域总部，全力做好安商稳商惠商工作，促进知名度高、带动力强的企业加快集聚。充分整合产业政策，大力度开展企业升级计划，深入实施质量、品牌、标准化等行动，强化产业发展要素保障。预计全区四大主导产业、四大新兴产业增加值合计占比分别为54.2%和29.9%，服务业增加值和文化产业增加值占比分别为97%和13.2%，继续位居全市第一。

(二)环境面貌在追求生态宜居中有新变化

区委常委会认为，绿色生态是玄武最独特的禀赋和最可持续的竞争力。为此，我们坚决落实中央和省市委关于加强城市工作的要求，制定实施四个“三年行动计划”，围绕群众需求和功能提升，着力打造美丽玄武，彰显生态精致宜居特色。

大力度推进城市建设。我们高度重视城市建设与人居环境改善的密切关系，以功能更优、能级更强、形象更美为目标，加快城市更新，推动旧貌换新颜。始终把征收拆迁作为腾挪发展空间的关键环节，尊重民意、依法推进、规范操作，拆迁项目完成数量位居全市前列。既重视事关发展的大工程，也关注群众身边的小项目，分层次、有重点地实施主次干道整治、老旧小区出新、游园绿地建设项目，形成了一批城市靓丽的风景线，彰显了宜居宜业的新风貌。

高标准推进城市管理。我们始终把城市管理作为城市工作永恒的主题，以长效化、市场化、法治化、智慧化为方向，积极探索省会城市中心城区治理新路径，构建权责一致、重心下移、高效有序的城市运行体系。坚持建管并重、疏堵结合、部门联动，进一步完善城市管理工作规范和标准。以户外广告整治为重点，提高城市管理工作能力，实现政府管理和社会调节良性互动。加大管理执法力度，持续开展机动车违停和占道经营集中联合整治“雷霆行动”，停车管理考核保持全市第一。按照“移动互联+政务服务”的工作思路，制订智慧玄武建设三年行动计划，以数字化推动城市管理精细化、标准化。

严举措推进生态治理。我们把生态环境建设作为展现玄武山水城林之美的有力抓手，全面落实最严格的环境保护制度，下更大决心、花更大力气，把环境污染治理好、把生态环境建设好。将积极配合中央环境保护督察作为政治任务，有关信访反馈环境问题即查即办、全部办结。将水环境治理作为生态整治的最迫切环节，采取“问题在水里、根子在岸上”的治理思路，联动推进黑臭河道水体治理和蓝线范围内环境整治，唐家山沟成为主城唯一经过整治长期稳定在四类水质的河道。环境空气质量继续保持主城第一。

(三)民生福祉在优化服务保障中有新提高

区委常委会认为，民生是发展之本。为此，我们把解决民生问题摆在更加突出的位置，坚持优质均衡、共建共享，致力营造百姓看得见、摸得着、感受得到的幸福生活。

筑牢基础保障。坚持普遍关心与重点关怀同步并举、扩大覆盖面和提高精准度双向发力，促民富、暖民心、解民需，不断抬高民生保障的网底。立足民富，广开增收渠道，更大力度促进就业、扶持创业，全年城镇居民人均可支配收入突破55000元，位居全市第一。关注民心，从最困难的群体抓起，突出精准帮扶，衔接落实各项社会保障制度，社会救助体系不断健全。对照民需，办好系列惠民实事，特别是着力解决群众身边事、急难事，在既有住宅加装电梯工作进度位居全市前列。

提升社会事业。我们把促进人的全面发展放在重要位置，加大投入力度、科学统筹资源，发展优质公共服务。实施教育优先发展战略，坚持以办好名校为抓手，持续放大玄武教育影响力，新建汇文女中、玄外附小等特色化学校，中高考有关工作位居全市第一。树立“没有全民健康，就没有全面小康”的理念，着力深化基层医疗和健康服务能力建设。积极应对人口老龄化，加快区域养老体系建设，促进医养融合对接。各项社会事业繁荣发展，建成区档案馆新馆，获得全国科普示范区、省促进义务教育均衡发展先进区、省健康促进试点区、省“十二五”人口协调发展先进区等称号。

营造和谐氛围。我们坚持以培育社会风尚为引领，以强化社会治理为支撑，促进社会和谐，涵养区域文明。发挥优秀文化浸润作用，以德润心、以文化人，深入践行社会主义核心价值观，广泛开展群众性精神文明创建活动，牵头创作的广播剧《南京审判》获全国金奖、省广播剧一等奖。强化法治平安建设保障作用，依法治区、维稳安民，全面启动“七五”普法，推动普法、用法、执法一体加强，带着对群众深厚的感情，以强烈的责任担当，着力化解社会矛盾，严厉打击非法集资，信访积案持续下降，圆满完成省市党代会属地保障任务。

（四）发展活力在深化改革创新中有新增强

区委常委会认为，改革创新是促进发展的不竭动力。为此，我们突出供给侧结构性改革要求，抢抓新机遇、改革再发力，落实重点任务、凝聚强大合力。

聚焦上级改革任务。我们坚持上下一体、整体联动推进改革。加强对改革工作领导，优化区全面深化改革领导小组架构，对照中央和省市改革要求，承接细化改革重点事项，务实抓好终端落实。围绕政府职能转变和机构改革、社会治理创新等重点专项改革，建立季度推进机制，定期实施专项督察，各项重点改革有序落地、全部按序时进度完成。司法体制改革省级试点积极稳妥推进。公安分局社会单位户籍管理新模式在全市率先试点。

力抓区级特色改革。我们紧扣事关全区长远发展的关键环节，聚焦重点、聚力攻坚，努力打造改革创新的“玄武样本”。实施园区管理体制改革，实现徐庄软件园发展扩容，“三园合一”新架构基本形成。实施国资管理改革，组建钟山资产经营管理集团，构建以管资本为主的国有资产监管模式。实施投融资管理改革，成立玄武城市发展基金，完善重大项目、重点企业融资需求采集和推介机制。深化社区治理和服务体制改革，推行“政府+社会+市场”治理方式，试点推广多元主体、协商民主的“社区营造”模式，激发了基层治理活力。

（五）党的建设在全面从严中有新加强

区委常委会认为，实现各项目标任务，关键在党，关键在党要管党、从严治党。为此，我们把主体责任牢牢扛在肩上，真管真严、敢管敢严、长管长严，确保各级党组织始终成为团结带领全区人民共同奋斗的坚强核心。

抓教育强信念。我们突出思想建党，打牢领导发展的信念根基。扎实开展“两学一做”学习教育，坚持学做结合、注重融入日常，在全市率先启动“千支万名先锋行动”，推动学习教育在支部和党员层面全覆盖。加强理想信念教育，引导党员干部增强政治意识、大局意识、核心意识、看齐意识，坚决在思想上政治上行动上同以习近平同志为核心的党中央保持高度一致。深入推进习近平总书记“七一”重要讲话、党的十八届六中全会、省市区党代会精神等学习宣传、贯彻落实，建立意识形态领域分析研判联席会议制度，守好各类阵地、发好主流声音。

抓组织优队伍。我们突出组织保障，建强领导发展的骨干力量。坚持德才兼备、以德为先、注重实绩、群众公认，优化调整区管领导班子和领导干部配置。认真落实从严管理干部“五个要”要求，完善干部选拔使用各项制度，稳妥推进领导干部个人事项报告公开试点。坚持重心下移，强化基层党组织功能，完成全区社区“两委”换届，施行“目标管理+过程管控+绩效评估”基层党建考核体系，党的基层基础不断夯实。

抓纪律正作风。我们突出正风肃纪，优化领导发展的政治生态。强化制度建设、注重落细落小，汇编工作规范、选编党纪条规，细化完善外出请假、出国(境)、会议管理等一系列制度规定。认真落实党风廉政建设“两个责任”，严格抓好省委巡视组反馈意见整改，发挥巡察利剑作用，设立区委巡察办，在各街道和重点单位配备专职纪工委书记，把纪律和规矩挺在前面，用好监督执纪“四种形态”，以“零容忍”态度惩治腐败，立案追究纪律责任60件60人。

抓氛围凝共识。我们突出广泛团结，汇聚领导发展的各方力量。加强对人大、政协换届工作的领导，出台关于加强人大工作和建设的实施意见以及加强和改进新形势下人民政协工作的意见。创新设立“五微一体”玄武统战“同心汇”品牌。党管武装不断加强，出台完善拥军政策增强军人荣誉感和加强基层武装建设的意见。群团、民族、宗教、党史、老干部、关心下一代等工作取得新的成绩。

今年是区委的换届之年，开好区第十一次党代会是全区政治生活中的一件大事。区党代会深入贯彻党的十八大和历次中央全会精神，全面落实习近平总书记系列重要讲话特别是视察江苏重要讲话精神，确立了“建设‘强富美高’新玄武，努力在‘建设新南京’的奋进之路上走在最前列、争当排头兵”的目标追求，理清了发展思路，描绘了发展蓝图，选举产生了新一届区委和区纪委班子，从思想上、政治上、组织上为玄武今后五年的发展奠定了坚实根基。

一年来，区委常委会高度重视自身建设。带头严守党的纪律和规矩，坚决维护以习近平同志为核心的党中央权威，切实做到党中央提倡的坚决响应、党中央决定的坚决执行、党中央禁止的坚决不做，确保中央大政方针和省市委决策部署在玄武有力执行。带头贯彻民主集中制，严格落实集体领导制度，出台加强“三重一大”事项决策和监管意见，不断提高区委常委会科学决策、民主决策、依法决策水平。带头改进作风，严格遵守中央八项规定和省市委作风建设规定精神，努力为全区各级领导班子做好表率。

以上报告的是区委常委会今年的主要工作。这些工作的开展和成绩的取得，是省市委正确领导的结果，是全区各级党组织带领广大党员干部群众共同努力、扎实工作的结果。在此，我代表区委常委会，向大家表示衷心的感谢！

在肯定成绩的同时，我们也认识到当前发展还面临一些困难和问题，主要是经济下行压力依然存在，发展要素制约还未得到根本解决；城市建设管理还有薄弱环节，民生改善和公共服务提升任重而道远；党要管党、从严治党还需要进一步加强等。对此，区委常委会将高度重视，切实加以解决。

二、狠抓关键、突出重点，加快建设“强富美高”新玄武

明年是全面落实省市区党代会要求部署的第一年，也是党的十九大召开的喜庆之年。从宏观层面看，尽管宏观经济环境严峻复杂，制约发展的因素还很多，但总体而言，我们仍处于可以大有作为的重要战略机遇期。从省市要求看，省委明确了“两聚一高”的奋斗指向，市委提出了“一个高水平建成、六个显著”的奋斗目标，为今后一个时期全区发展提供了更为清晰的行动指南。从区情实际看，玄武工作基础扎实、综合优势显著，特别是通过一年来的谋思路、定目标、明路径，发展的实力更强、平台更高、后劲更足，正进入一个全新的发展阶段。只要我们善于在复杂环境下抓住机遇，敢于在激烈竞争中积极进取，就一定能乘势而上、争先进位，开创“强富美高”新玄武建设的新局面。

2017年全区工作的总体要求是：深入贯彻落实党的十八届六中全会精神和省市党代会及省市委历次全会要求，以习近平总书记系列重要讲话特别是视察江苏重要讲话精神为指导，按照“五位一体”总体布局和“四个全面”战略布局，坚持稳中求进工作总基调，践行以人民为中心的发展思想，坚守“走在最前列、争当排头兵”的奋斗追求，进一步向创新聚力、向富民聚焦，强优势、创特色、补短板、严作风，加快建设“强富美高”新玄武，为高水平全面建成小康社会奠定坚实基础。

2017年全区经济和社会发展的主要预期目标是：地区生产总值可比增长8%，力争9%；一般公共预算收入同口径增长6%，力争7%；全社会固定资产投资完成126亿元，力争140亿元；社会消费品零售总额增长10%，力争11%；城镇居民人均可支配收入完成市定目标。政治建设、文化建设、党的建设按有关目标和意见实施。

明年工作要狠抓四个关键：

——强优势。强化优势是我们拉高标杆、加快建设新玄武的必由之路。要以高水平全面建成小康社会为参照系，发挥省会城市中心城区的区位优势、要素优势、人文优势、环境优势，注重品质导向，进一步厚植原有优势、挖掘潜在优势，努力实现经济发展高品质、群众生活高水平、环境面貌高颜值、政治生态高质量，推动区域发展能级层次的跨越提升。

——创特色。创立特色是我们增强竞争力、加快建设新玄武的关键之策。要在强化优势的基础上,树立善创唯一的个性取向,拓展特有内涵、孕育特殊魅力、塑造特色品牌,通过差异化竞争、错位化发展、个性化超越,集中力量打造彰显玄武特质、代表未来方向的“拳头产品”,以经济社会发展各个领域的“小亮点”汇聚成全区发展的“大特色”。

——补短板。补齐短板是我们解决突出问题、加快建设新玄武的当务之急。要把问题导向贯穿查补短板的全过程,紧扣事关全区发展的长远性、基础性、根本性问题,集中力量攻坚克难,撕开口子带动全局,聚焦重点精准施策,在制约发展最关键的地方发力,在群众需求最迫切的地方发力,有什么问题就解决什么问题,什么问题突出就先解决什么问题,以薄弱环节的补短补缺,促进全区发展的均衡提升。

——严作风。严抓作风是我们凝聚发展力量、加快建设新玄武的坚强保障。要以干部队伍作风建设为着力点,让“能者上、庸者下、劣者汰”的用人导向更加鲜明,引导党员干部讲政治、守规矩,敢担当、能苦干,重修身、尚廉洁,在攻坚改革险阻中体现能力、在破解发展难题中展示作为、在办好民生实事中恪守宗旨,以过硬的作风和良好的形象,开创齐心协力干事创业的新局面。

明年工作要突出六方面重点:

1.深入实施创新驱动战略。聚力创新,大势使然。必须把创新摆在发展全局的核心位置,优化创新资源配置,完善区域创新体系,努力把玄武打造成为创新创业的热土、科技发展的高地。突出政策导向,营造有利于创新创业的氛围。全面落实中央和省市激励创新的政策措施,建立健全科技成果转化激励机制,促进科技与金融、人才与资本深度结合,办好创新企业峰会、创客节等活动,培育创新意识、鼓励创新行为,让创新成为玄武鲜明的文化基因。突出政府引导,搭建有利于创新企业的平台。坚持政府搭平台、企业唱大戏,积极构建技术研发、技术交易、重点活动和创新服务平台,健全校地对接机制,共建大学科技园、产业创新中心、众创空间和孵化器,以创新平台促资金、人才、技术集聚,实现更多优质创新资源聚合。突出服务人才,加大为企业和人才服务的力度。聚焦企业创新主体地位,强化精准聚才理念,构建快捷高效的企业服务体系,完善人才引培、使用、激励机制,以人才链对接产业链、以服务链优化创新链,当好为企业和人才服务的“店小二”,确保区域人才发展环境满意度高于80%。

2.加大力度推进重点项目。转型发展,项目为王。必须突出项目布局优化,以大项目带动大发展、实现大跨越。铁北红山新城建设要再提速,牢固树立“产是基础、城是载体、人是核心”的发展思路,以打造红山极客小镇为平台,统筹推进高端高新项目招商建设,集聚推动片区空间要素集成,尽快展现新城形象。“两街”建设要再加力,珠江路创业大街要整合街区资源、优化创业环境,确保市众创空间展示中心等关键项目如期建成,让街区的“双创”氛围更为浓厚;长江路历史文化大街要高起点谋划、强力度攻坚,快速推动总统府前大照壁恢复,招商引企、环境提升双管齐下,打造以碑亭巷为核心承载的文化创意街区。“三片区”建设要再扩容,南京CBD核心区要加快高端楼宇商业创新,引导低效楼宇业态优化,推动时尚品牌层出不穷、高端业态蓬勃发展;依山科技创新区要放大徐庄软件园主体作用,加强三大园区之间产业对接、项目联动,形成“一核两翼”发展格局;环湖旅游服务区要注重项目串联、挖潜增效,开工建设百子亭历史风貌区,整合徐悲鸿故居、傅抱石故居、桂永清公馆等民国建筑资源,放大文化资源优势,寻找保护、利用与更新之间的“最大公约数”。

3.以人为本加强环境建设。城市的发展来自于人的需要。必须围绕以人为本原则,更加突出宜居宜业功能,增强城市综合服务能力,让群众在城市生活得更方便、更舒心、更美好。大力优化人居环境,坚持“地上”“地下”统筹、“面子”“里子”并重,坚定不移地推动棚户区改造、老旧小区标准整治、城市基础设施建设、交通“微循环”治理等民生工程,坚决兑现在既有住宅加装700部电梯的承诺。努力优化市容环境,突出特色道路街巷整治、户外广告管理等重点,实现城市管理无盲点、上下联动无缝隙,持续推进智慧玄武建设,不断提高精细化、数字化、长效化管理水平。全力优化生态环境,坚决落实“两减六治三提升”专项行动要求,着力攻坚黑臭河道、油烟扰民、渣土污染等环境治理短板,在全区范围内全面消除黑臭水体,让玄武的水更清、山更绿、空气更洁净、环境更优美。

4.着眼长远深化社会建设。让人民过上好日子,是我们一切工作的出发点和落脚点。必须贯彻以人民为中心的发展思想，按照守住底线、突出重点、完善制度、引导预期的要求，围绕民生需求导向，以办好惠民实事为重点，尽力而为、量力而行，实现补好民生短板与放大事业优势同步推进。推动基本保障提标提质，把富民作为最大的民生实事，坚决落实、认真执行各级富民政策，以普惠性、保基本、均等化、可持续为方向，强化社会保障和救助帮扶，全区城镇居民人均可支配收入要超过59000元，保持全市第一。加快社会事业创新创优，发挥名校名园带动作用，推动优质教育资源均衡发展；健全现代基层医疗卫生体系，争创国家级健康促进试点区；深化老年友好型城区建设，切实增强为老服务针对性和实效性；大力弘扬先进文化，巩固文明城市创建成果。推进社会治理共建共享，以多元善治为引领，开展政社互动、社区治理，引导社会组织健康有序发展；深化法治平安建设，强化公正廉洁执法，完善公共安全体系，着力化解信访突出问题，推进省级食品安全区创建，切实维护和谐安定局面。

5.敢于突破抓好改革创新。改革是发展的动力之本、活力之源。必须始终把改革创新贯彻工作全过程，抓住重点、统筹谋划，打造亮点、彰显特色，不断增强区域争先动力。坚持有序有为、整体推进，全面梳理、深入分析中央和省市委一系列全面深化改革的政策措施，制定承接方案、抓好细化落实；完善改革工作机制，明确各级各部门改革主体责任，建立健全正向激励、容错纠错、督察推进机制，及时总结提炼改革做法和经验。坚持问题导向、务求实效，聚焦有事权、有基础、有需求的重点领域，深化国资改革，加强平台整合、资产融合、板块联合，促进资源、资本、资金良性循环，实现国有资产保值增值；深化投融资改革，强化网融网投综合金融服务平台建设，营造适合中小微企业发展的金融环境；深化市容管理改革，健全第三方绩效监督、停车管理绩效考核等制度，提升城市治理创新水平；深化社区管理和服务体制改革，着力提高社区工作者专业化、职业化程度，推动街社管理模式进一步转变。

6. 立足从严强化管党治党。实现新发展，核心在党。必须认真贯彻落实党的十八届六中全会精神，严肃党内政治生活，强化党内监督，坚定不移把全面从严治党要求落到实处。强化思想理论武装，抓好各级理论学习中心组建设，深入开展以党的十九大精神、习近平总书记系列重要讲话为重点的学习宣讲，持续增强“四个意识”特别是核心意识、看齐意识。进一步贯彻落实意识形态工作责任制，整合“两微一网”全媒体新宣平台。筑牢基层基础，加强基层党组织建设，规范基层组织生活，整合区域党建资源和工作力量，严格党员管理，充分发挥党员先锋模范作用。紧盯中央八项规定精神的落实，坚持不懈纠正“四风”。深化纪检监督，探索“四种形态”具体化、制度化，用好巡察工作成果，让纪律真正成为管党治党的尺子。凝聚各方力量，全力支持人大、政协充分履行各自职能，强化民主党派基层组织“党派之家”建设，抓好党管武装工作，做好群团、党史、侨务、对台等工作，团结一切可以团结的力量，为“强富美高”新玄武建设汇聚磅礴力量。

同志们，新起点呼唤新作为，新任务要求新担当。让我们紧密团结在以习近平同志为核心的党中央周围，在省市委的坚强领导下，以更加务实的作风、饱满的精神、昂扬的斗志，走在最前列、争当排头兵，为建设“强富美高”新玄武做出新的更大贡献！

政府工作报告

代区长　穆耕林

2017年1月4日

过去五年工作回顾

过去的五年，全区人民在市委、市政府和区委的坚强领导下，认真贯彻落实党的十八大和历次中央全会精神，以习近平总书记系列重要讲话，特别是视察江苏重要讲话精神为指引，统筹做好各项工作，顺利完成“十二五”目标，实现“十三五”良好开局。预计2016年实现地区生产总值588亿元，按可比价比2011年增长66.3%；一般公共预算收入48.5亿元，比2011年增长55.3%；社会消费品零售总额474亿元，比2011年增长53.7%；城镇居民人均可支配收入55585元，全市最高，完成了区十七届人大五次会议提出的各项目标。至此，本届政府已圆满完成区十七届人大各次会议确定的主要任务。

过去的五年，我们坚持不懈抓项目、促转型，经济运行稳中有进。认真落实稳增长调结构各项政策，全力推进重点项目，德基广场(二期)、苏宁易购、长江路九号(三期)、聚慧园组团等重大项目陆续建成，熊猫中央广场、先声药业精准医疗百家汇等龙头项目快速推进，荔枝广场、常发广场、森林摩尔、环亚凯瑟琳等项目成为市场新热点。铁北红山新城被列入苏南现代化建设示范区推进计划，整理出约50万平米建设开发用地，发展框架全面拉开。徐庄软件园建成国家电子商务示范基地，与科技创业特别社区、钟山生命科学园三园合一，融合发展。全区累计新增产业载体300万平米、储备产业地块145万平米。产业转型成效显著，高端商贸、现代商务、文化旅游、科技服务产业增加值分别达54亿元、91亿元、78亿元、146亿元。生物医药、创意设计、科技金融、软件和信息服务产业增速高达8.3%、15.6%、16%、26.2%。全区有规上服务业企业308家，世界500强(机构)36家、市认定总部企业19家，苏宁易购、途牛科技、中生联合等23家企业成功上市，集聚国际一线商品品牌74个，创成中国驰名商标2件、省著名商标26件。服务外包执行额、地方外贸出口分别达27亿美元和28亿美元,实际利用外资翻了一番。服务业增加值、文化产业增加值占地区生产总值比重均位列全市第一。

过去的五年,我们坚持不懈抓整治、优生态,人居环境明显提升。在全区范围内持续开展"动迁拆违治乱整破""9322"①等环境综合整治行动,新街口片区环境更加协调美观,铁北红山新城日新月异,环玄武湖休闲风光带深受广大市民喜爱。红山南路东延、马高路等5条道路竣工通车,增设机动车泊位6800个,建成公共自行车服务站站点98个,居民出行条件进一步改善。完成14条干道、146条街巷综合整治,新增绿化面积105万平米,太平北路、长江路、黄埔路等成为南京道路整治示范工程。征收拆迁房屋192万平米,拆除违法建筑67万平米,完成青石街、梅园、沈阳村等36个城中村危旧房项目征收拆迁,建成小营村、余粮村保障房,整治大钟新村等84个小区,认真落实市住宅物业管理新条例,老城居住环境明显改善。贯彻落实中央环保督察反馈意见,整改一批环境突出矛盾和问题。"三高两低"企业全面关停,工地封闭管理率达100%,餐饮业油烟联合治理模式得到全市推广,空气环境质量位居主城第一。完成内秦淮河、金川河、玄武湖周边等片区雨污分流工程,建成排水达标区147个,总面积18.3平方公里,为全市第一,唐家山沟成为主城唯一经过整治稳定在四类水质的河道。去年,我们经受住特大汛情的严峻考验。城市治理全覆盖责任制先行先试,"雷霆行动"②等专项整治成效明显,"门前三包"制度全面落实,城市管理综合考评保持全市前列。

过去的五年,我们坚持不懈抓实事、惠民生,人民生活显著改善。民生投入不断增加,占一般公共预算支出比例超过78%。社会保障基本实现全覆盖,最低保障应保尽保,城镇职工五项险种、居民养老保险和基本医疗保险参保率均达98%以上,累计新增就业11.3万人。公办幼儿园、中小学(除新建学校、幼儿园)全部达到省优(实验、示范、星级)标准,中考高考成绩一直领跑全市,创成全国义务教育基本均衡发展区。国家基本药物制度全面落实到位,社区卫生服务中心全方位改造升级,基本公共卫生服务项目绩效考核总分位列全国城区第一。十分钟文化圈、十分钟体育健身圈全面建成。社会建设和管理得到加强,创成全国和谐社区建设示范城区、江苏省现代民政示范区。创建江苏省双拥模范区实现"七连冠"。平安玄武建设深入推进,安全生产、食品药品安全形势稳定。民族宗教、档案史志、妇女儿童、外事、对台、侨务、人民武装、民防等事业取得新成绩。全区累计获得国家级荣誉16项。

过去的五年,我们坚持不懈抓改革、破瓶颈,发展活力不断释放。综合改革深入推进,重要领域、关键环节改革取得积极进展。推进简政放权,完成街道区划调整和新一轮机构改革,取消所有非行政许可审批,前置审批由213项缩减为48项,承接下放权力241项。落实商事制度改革,市场主体总量突破5万大关。推动国有企业改革,组建钟山资产经营管理集团,促进资本、资金、资源良性循环,14家区属国有企业退出一般竞争性领域。推动街道去机关化、社区去行政化,成立12家跨社区民生服务分中心,街道中心化改革获批国家标准化试点。积极贯彻供给侧结构性改革总体部署,聚焦"补短板"主题,进一步明确经济、社会、城市建设领域40个"补短板"项目。坚持创新驱动,成立南京科技金融园、江苏长三角技术产权交易中心,建成江苏省产业技术研究院高科技成果展示中心,新增国家"千人计划"创业人才22名、省"双创计划"人才36名、市领军型科技创业人才260名,专利授权量比2011年增长53%,集聚魔豆工坊等国家级众创空间5个,珠江路创业大街晋级江苏省众创集聚区试点单位。我区被评为国家科技进步示范区、江苏省人才工作先进区。

过去的五年,我们坚持不懈转作风、提效能,政府建设全面加强。党的群众路线教育实践活动、"三严三实"专题教育和"两学一做"学习教育取得实实在在成效。建立健全作风问题监管机制,办公用房清理、公务用车改革全面完成。有效预防化解社会矛盾纠纷,累计解决信访个案118件、集体访案47件,12345热线工单、领导信箱做到事事有回应、件件有落实。全面加强廉政建设,清查国有资产,推进政府总预算和部门预算公开,严格执行公务接待相关规定,规范津补贴制度,将所有预算单位纳入审计监督。加强法治型政府建设,成立区法律咨询委员会、行政复议委员会,在街道设立综合行政执法中心、行政复议案件受理中心,在政府部门、事业单位普遍设立法律顾问。自觉接受人大法律监督与工作监督,政协民主监督以及社会各界的监督，累计办理人大代表建议499件、政协提案580件，办成率分别达78.1%、79.8%，满意(含基本满意)率均达100%。

刚刚过去的五年，在全区人民的共同努力下，玄武的发展进入老城有序更新、新区快速成长，传统产业不断升级、新兴产业蓬勃发展，民生保障全面覆盖、社会事业纵深发展的新阶段，城区综合实力成功跨上了历史新台阶，不仅为未来发展奠定了更加坚实的基础，也积累了宝贵的经验。过去五年的实践告诉我们：必须坚持大局观念，在围绕全局、服务大局中找准玄武定位、体现玄武担当。从大处着眼、具体入手，围绕“强富美高”新玄武的目标定位，狠抓落实，主动融入大局，责无旁贷地代表南京、服务城市、奉献全市，深入参与其中、受益其中，既产生溢出效应，也发挥辐射效应，既扩大承载力，更增强带动力，努力实现有境界、有格局、有强大支撑的发展。必须强化改革思维，在解放思想、创新思路中破除玄武制约、增创玄武优势。坚持立足当前、着眼长远，着力推进理念创新、制度创新、机制创新，整合集成得天独厚的生态、科教、文化、社会资源，优化配置人才、技术、资金、载体要素，最大限度释放社会活力、市场活力、企业活力，不断开拓发展新空间、开创发展新局面。必须弘扬实干风气，在迎难而上、攻坚克难中传承玄武精神、展现玄武风采。坚持横向到边、纵向到底，紧盯建设发展的重点任务，聚焦筹划运作的关键环节，咬紧推进落实的重重梗阻，排出时间表，画好路线图，建立健全督查考核一体化责任体系，干实事，求实效，一项接着一项、一年接着一年、一届接着一届，将发展的接力棒接稳传好。必须牢固宗旨意识，在施政为民、造福民生中构建和谐玄武、建设幸福玄武。坚持重心下沉、标杆上提，持续加大对保障和改善民生的投入，推动社会保障全面覆盖、社会事业不断发展、社会治理持续优化，接续办成民生难事、办结民生急事、办好民生实事，力促经济和社会协调发展，让人民群众在共建共享中创造美好生活。

各位代表，过去的五年，令人难忘，成绩来之不易。这得益于历届区委区政府打下的坚实基础，得益于区人大区政协的倾力支持，是全区人民共同努力奋斗的结果。在此，我代表玄武区人民政府，向各行各业的辛勤劳动者，向人大代表、政协委员、各民主党派、工商联、无党派人士、各人民团体，向驻区人民解放军、武警官兵，向所有支持玄武建设与发展的朋友们，致以崇高的敬意和衷心的感谢！

在肯定成绩的同时，我们也清醒地看到，玄武经济社会建设中还存在一些不足：在当前新旧发展动能迭代更替的关键时期，保持经济持续健康发展面临较大困难，产业竞争力有待进一步增强，稳增长、调结构还需进一步加大力度，科技创新对经济增长的贡献度有待进一步提高；城市建设还不够精致，城市管理还不够精细，环境功能品质还需进一步完善；增加就业和居民收入的难度比较大，迎接主城区老龄化社会提前到来的各项准备还不够充分，一些群众身边的问题解决还不到位；干部队伍能力建设、作风建设与新时期的要求、群众的期盼还有一定距离。在今后工作中，我们将坚持问题导向、需求导向、效果导向，努力在精准履职、补齐短板上下更大功夫，推动玄武各项事业更好发展。

未来五年工作展望

高水平全面建成小康社会，是我们未来五年的光荣使命。从宏观环境来看，世界经济进入长周期性调整阶段，总体上将延续温和低速增长态势，不确定、不稳定因素仍然比较多。国内经济下行压力加大、内生动力不足。从自身特点看，玄武作为南京母城的核心区，正处于城市现代化发展的新阶段，存在老城更新任务繁重、各种问题累积的现实挑战，面临外部约束和自身瓶颈的叠加困难，解决发展起来以后的问题比过去更为迫切，解决先发城区较早遇到的问题比其他城区更为艰巨。从积极因素看，国家定位南京为东部地区重要中心城市、长三角特大城市，为南京新一轮发展提供了无限空间；供给侧结构性改革的深入推进，为我区提供良好的经济发展环境；加之我们正处于难得的低成本城市建设周期，汇成了宝贵的战略红利、改革红利、建设政策红利。我们要认清大势、顺势而为，正视问题、迎难而上，不比基础比思路，不比条件比作为，牢牢把握玄武发展主动权。

今后五年，我们要深入贯彻习近平总书记系列重要讲话特别是视察江苏重要讲话精神，紧紧围绕“五位一体”总体布局和“四个全面”战略布局，践行创新、协调、绿色、开放、共享的发展理念，践行以人民为中心的发展思想，坚持稳中求进工作总基调，进一步向创新聚力、向富民聚焦，加快建设“强富美高”新玄武，努力在“一个高水平建成、六个显著”、建设新南京的奋进之路上走在最前列、争当排头兵。今后五年的主要目标是：

综合实力显著增强。在坚实的发展基础上，围绕高水平建成全面小康社会的目标，聚焦问题和短板，提升标杆和台阶，创造体现五大发展新理念和“强富美高”要求、惠及全区百姓的发展成果，并积极探索开启基本实现现代化建设新征程。地区生产总值年均增长8%以上，力争2021年全区地区生产总值达到900亿元；城镇居民人均可支配收入与经济同步增长，达82000元；一般公共预算收入年均增长6%以上，达65亿元，居民收入、企业利润、财政收入“三个口袋”更加充实，全区发展迈上新台阶。

产业层级显著提升。坚持创新驱动、项目带动“双引擎”战略，高起点推进“一城两街三片区”[3]建设，高水平发展“4+4”产业[4]，在经济结构调整上用功发力，在追求质量效益上下更大功夫。区域协同创新体系更加完善，科技进步贡献率提高到70%。推动企业、楼宇、产业转型升级效应循环递增，带动百万平米低效商业楼宇转型升级，新增百万平米产业载体。进一步提高生活性服务业服务品质，扩大生产性服务业市场半径，加快新兴产业成长速度，高端商贸、现代商务、文化旅游、科技服务产业增加值合计占地区生产总值比重55%，生物医药、创意设计、科技金融、软件和信息服务产业增加值合计占地区生产总值比重30%，高端商业稳居长三角地区主导地位。

城市功能显著完善。贯彻中央城市工作会议精神，统筹规划、建设、管理三个环节，合理布局生态、生产、生活空间，实现老城更新、产业更新、民生改善的有机融合。持续优化发展空间布局，老城区空间串点成线、连线成片、焕发新生，铁北红山新城成为进一步发展的重要支撑，孝陵卫地区成为新的重要增长极，全区形成功能板块互联互通，地上空间、地下空间和虚拟空间相辅相成的发展格局。统筹推进基础设施、公共服务、生态循环、绿地系统、景观系统建设，城市功能配套更趋优化。完善综合服务功能，进一步强化玄武作为科技创新、经济文化、金融商务等中心的地位，提升城区首位度和吸引力。

环境品质显著改善。突出生态品质、人文品质、精美品质，实施净化、绿化、彩化、亮化、美化工程，建设城更绿、水更清、空气更清新、生活更加便利舒适的高品质城区。生态品质达到新水平，一批绿地游园高标准建成，黑臭河道全面消除，排水达标区全面建成，餐饮油烟、工地扬尘全面监管到位，突出环境问题得到有效解决。人文品质实现新提升，文化文明融入经济、社会、城市建设之中，城市肌理和建设蓝图一脉相承，古都神韵和时代风貌相得益彰，社会文明程度显著提高。精美品质展示新形象，以主干道为脉、背街小巷为络，片区整治纵深推进，做一片成一片美一片，城市治理整体水平进一步提升。树立“边界即中心”[5]理念，将玄武与其他城区的边界打造成体现玄武发展和管理水平的前沿和窗口。

民生福祉显著增进。坚持基本公共服务均等化、供给方式现代化、参与主体多元化、品牌亮点普及化，明确服务清单和建设标准，公共服务更加优质均衡。为居民提供更多更精准的社区服务，80%的社区服务用房超过1000平米；养老服务设施面积实现翻番，超过12万平米。社会就业更加充分，五年新增城镇就业8.5万人。教育布局更加合理，在省、市优质公办幼儿园和民办惠民园就读幼儿比例超过90%，中小学优质教育资源覆盖率达100%。医疗卫生服务更优，健康玄武建设取得重大进展。各类民生实事扎实推进，人民群众获得感更多、满意度更高。

2017年工作安排

今年是全面落实市第十四次党代会、区第十一次党代会精神的开局之年，是落实“十三五”规划的重要之年，是推进供给侧结构性改革的深化之年，也是我区产业结构、民生工作、环境整治攻坚克难之年。玄武作为省会南京的中心城区之一，在发展目标上既要体现奋进性，不断争先进位；又要坚持稳中求进工作总基调，为调整优化结构、提高发展质量和效益留有空间和余地。今年经济社会发展主要预期指标是：地区生产总值可比增长8%；一般公共预算收入同口径增长6%；全社会固定资产投资同比增长10%；社会消费品零售总额同比增长10%；城镇居民人均可支配收入增长与经济增速同步。

做好今年的工作，我们要按照“强优势、创特色、补短板、严作风”的总体思路，着力深化创新驱动，着力振兴实体经济，着力推动结构调整，着力推进改革开放，着力保障改善民生。重点抓好以下六个方面工作：

一、突出创新驱动，加快产业转型升级

创新是产业发展的第一引擎，产业是城市发展的根本支撑。我们既要努力做大经济增量，又要充分关注经济存量，既要顺应虚拟经济发展规律，又要更加关注实体经济发展；以重点产业、重点街区发展导则的编制和实施为抓手，以功能转换推动产业转型，以项目建设带动产业升级，努力实现更高质量、更有效率、更可持续的发展。

*聚合存量资源，加快产业更新。*大力实施低效楼宇腾笼换鸟工程，通过形态重塑、生态重构、业态升级，实现楼宇再创业再开发。制定实施玄武区商务楼宇物业管理办法，以优化服务配套促进楼宇转型升级，努力实现业主单位、物业管理、入驻企业、地方经济四方共赢。大力发展街区经济，适应消费新需求，坚持载体改造、业态转型、形象提升并举，推动丹凤街、进香河路、成贤街—碑亭巷等街区转型升级，积极发展时尚休闲体验、线上线下互动等消费新业态，培育工作、居住、消费一体化新热点。加快长江路历史文化旅游大街建设，整合驻区单位资源，推动江苏省美术馆新老场馆发展文创产业，及南京烟厂老厂区征收改造。着力打造特色产业园，建成千秋意境（三期）、菱洲儿童生态乐园等园区，完成生物医药园招商，打造卫岗奶业西区健康产业园。开展全域旅游示范区创建工作，完善旅游基础设施和公共服务体系，推进汽车东站旅游集散中心等项目，推动旅游和文化、商贸等融合发展，努力形成创意设计、广告会展、健康养生等产业经济新亮点。

*聚焦新建项目，加快产业发展。*积极推进熊猫中央广场、高力新庄商业综合体、王家湾总部项目、中铁二十四局总部项目，扩大高端商业规模，加快发展总部经济。启动青石街、梅园地块建设，完成百子亭民国风貌区招商，打造高品质文化项目。坚持产业先导、规划先行，全面推进铁北红山新城建设，以高端商务、科技研发、文旅体验等产业为方向，规划建设沈阳村、恒嘉路以西、红山南路以北等地块，推进东华红山文化科教产业园、红山汽车生活广场等项目，展现开建新项目、入驻新企业、发展新产业的新城速度、新城形象。按照省级高新区标准和要求，以徐庄软件园为主体，深化依山科技创新区建设，加快建设百家汇玄武创新药物孵化平台（二期）、苏宁徐庄商业金融综合体、地铁徐庄站地下空间配套等项目，加快聚慧园组团招商，开发紫金山仓库地块，进一步做强电子商务、软件信息、医药健康产业。推进中海玄武公馆、晏山居、紫金华府等品质地产项目，力促新建片区职住平衡、产城融合。

*聚力创新创业，转换发展动能。*实施“创业玄武”计划，优化人才服务方式，强化企业创新主体地位，力争新增高层次创业人才14名、创新型企业家3名，新增高新技术企业8家。推进高校院所与企业深度对接，促进军民技术双向转化，力争科技服务产业增加值达161亿元。丰富创新创业组织形态，建设低成本、便利化、全要素、开放式众创空间和虚拟创新社区。以苏南现代化建设示范区为坐标，以创新为创业内容，以创业推动创新，全面加快珠江路创业大街建设，努力打造全省第一、全国一流的众创集聚区。实施未来城B座、同仁大厦、雄狮大厦、南京图书馆老馆等载体改造，推动东大科技园1号楼合作共建，着力引进知名众创空间和总部型企业。建设南京众创空间展示中心、江苏省技术产权交易市场，完善众创公共服务功能。做实珠江路创业大街公司，设立创业大街发展基金，成立珠江路三创俱乐部，举办珠江路创客节系列活动，充分调动市场力量、社会力量、专业力量投入全区创新创业热潮。

二、突出改革开放，增创区域发展优势

改革是发展动力的第一源泉，开放是开辟发展空间的必然选择。我们要坚定不移推进改革开放，不断疏解各种堵点和难点，为玄武发展增创新的优势。

*进一步实施重点改革。*实施“1+6”改革计划，推动关键性改革取得更大突破。深化供给侧结构性改革，制定落实“补短板三年行动计划”，既补硬短板也补软短板，既补发展短板也补制度短板，着力破解供给侧结构性矛盾，提高经济社会发展的协调性、均衡性。深化行政审批制度改革，围绕“1055”改革架构落实审批制度改革，规范权力运行，完善服务平台，强化市场监管。深化商事制度改革，有序推进证照整合，加快全程电子化登记改革和电子营业执照应用。深化社区治理改革，设立、引进更多公益基金，实施社会组织品牌建设计划，推动社区工作由定人定岗向政府购买服务转变，提升治理现代化水平。深化综

合执法体制改革，推进多头执法归并、执法力量下沉。深化市政设施管养体制改革，开放管养服务市场，通过成立城市发展基金、政府购买服务等模式，更高质量完成城市管养任务。深化经济工作领导管理方式改革，发挥积极财政政策对经济发展的引导作用，创新设立、规范运行产业发展基金。更有效地发挥国资平台融资功能，制定实施区属国有企业融资和资金调配管理暂行办法，搭建虚拟资金池，加大对实体经济的支持力度。按照产业相近、业务相关、管理协同原则，促进已划转国有企业与各功能业务板块融合发展，提高资源配置效益。

进一步提高开放水平。抢抓“一带一路”战略机遇，鼓励苏美达、长江纺织品贸易等企业扩大境外投资，支持中国邮政南京分公司、苏宁易购等企业拓展跨境电子商务，积极参与海外并购重组。瞄准重点地区、重点领域、重点技术，务实高效组织招商选资活动。加强与海关、国检、海事、边检等口岸检验单位的对接，服务好玄武开放型经济。集聚更多国际名牌商品、国际品牌企业，引进外商投资地区总部等功能性机构，实际利用外资2.1亿美元。进一步推进教育和人才国际化，推进教育交流与合作办学，选派优秀教师到境外培训，规范引进境外教育师资、课程和项目，积极引进海外高端人才。进一步加强国际交流，深化与瑞典、英国等地区相关城市的友好关系。积极推动旅游产业提升国际化水平、技术创新走上国际化前沿、文化创意展开国际化合作。进一步提升外事服务水平，打造有影响力的活动品牌，优化城区形象推广机制，着力打造国际化先导城区，提升玄武知名度和美誉度。

进一步支持企业发展。加强政务服务，构建产业运行分析监测体系，建立健全区、街两级全天候企业服务网络，成立企业发展中心、重点项目代办服务中心，为企业发展当好“店小二”，积极实施蓄水引鱼工程。加强政策服务，出台中小企业融资服务办法，有效为企业发展降低要素成本。鼓励民营企业进入特许经营领域，支持筹建苏宁银行。加强公共技术服务，建设集成电路设计、物联网等领域技术平台，规划建设南京智能制造产业研究院和医疗检测中心，为企业技术创新提供条件。加强政务诚信、商务诚信、社会诚信和司法诚信建设，营造“守信得益、失信惩戒、诚信自律”的良好社会氛围。设立区政府质量奖，引导企业加强名牌培育、质量管理。构建新型“亲”“清”政商关系，打造重商、亲商、安商、富商的良好环境。

三、突出建管结合，提升城区功能品质

省会城市是南京的第一身份，玄武区是南京母城的核心区，美好形象是代表南京的第一名片，完善功能是服务百姓的迫切需求。我们要按照省市“263”计划，践行精致建设、精细管理、精美品质的工作标准，在做好城市工作方面争当排头兵、走在最前列。

做好高水平规划。充分发挥规划引领作用，精心塑造环山、滨湖、沿城墙、沿街巷生态人文空间，体现山水城林展示区的风貌和水平。坚持“多规合一”，统筹推进地上与地下、建设与治理、保护与开发，将河道整治、雨污分流、道路建设、街巷整治、棚户区改造、老旧小区整治等工程充分结合起来，汲取自然禀赋优势和历史文化底蕴，存好古都底色，提升环境品位。把握控详修编机遇，统筹优化市政设施、公共服务设施布局，原则上少建商品住宅。科学规划设置户外广告，坚持相融性、公益性、艺术性相统一，让广告为玄武形象加分。出台区规划工作指导意见，加大区层面统筹力度，为各街道办事处配备规划工作顾问，建立城市规划和设计公司数据库，推动工程审计由事后向事中延伸，完善项目建设询价机制，重视工程设计估价审计，提高规划和建设的精明水平。

做好高起点建设。进一步优化交通功能，建设红山支路、恒嘉路、北苑东路等道路，规划建设长江路地下过街通道、大行宫广场地下空间。增加机动车泊位、公共自行车站点，增强与地铁站点的无缝对接。根据居民优先原则，优化小巷、小区内部交通组织，切实还街巷于百姓。增强宜居功能，合理布局、改造提升公共文体设施、社区用房、社区商业、菜市场、垃圾中转站、公共厕所等。提高绿化水平，“一树一档”美化主干道景观，新增绿地游园6个，科学设置绿化隔离，实现防尘、降噪、降温、增氧多重效用。整体打包、分步实施刘军师桥、珠江饭店、小顾家营等13个项目，努力把棚户区改造成主城区的一个个新亮点。

做好高标准治理。全面推行环境整治标准化，就老旧小区整治、黑臭河道整治、楼顶拆违、既有住宅加装电梯等，明确专项工作的原则、内容和流程，进行细化固化优化。增强“细节决定品质”意识，精心实施规划、建设、整治环节，精雕细刻微工程、微空间、微元素，以细节精成就整体美。实施环境品质示范工程，玄武区是全市背街小巷、老旧小区整治的主战场，要大力开展违规广告、店面店招、露天杆线、占道经营等专项治理和综合整治，全方位整治北京东路、龙蟠中路、珠江路、太平北路等多个合围片区。实施“蓝天工程”，全时段限行黄标车和无标车，加大餐饮油烟、挥发性有机物治理力度。实施“清水工程”，全面强化“河长制”管理，加强与大单位雨污分流工程实施的对接，建成内秦淮河北段、友谊河、唐家山沟等多个流域排水达标区。实施控源截污、清淤疏浚、生态修复、规范排水工程，基本消除全区河道黑臭现象，打造香林寺沟等两侧13公里景观步道，变黑臭河道为景观长廊。完善城市管理标准体系，对城市主干道和背街小巷市容秩序等实施区别管理，努力实现城市治理无盲点、上下联动无缝隙。

四、突出富民惠民，提高人民生活水平

以人民为中心是政府工作第一原则。我们既要积极作为，又要量力而行，多做群众急需的事、群众受益的事、打基础利长远的事，实现政府有形之手、市场无形之手、群众勤劳之手同向发力，切实提高人民的生活质量和富裕程度。

持续提升富民成效。构建和玄武产业结构相匹配的就业结构，按照大产业强区、小产业富民的原则，在服务顶天立地大企业的同时，支持铺天盖地的小微企业，千方百计促进就业。认真落实大学生创业引领计划和高校毕业生租房补贴政策，开展各类技能培训、职业鉴定2万人次，培养高技能人才500人，新增城镇就业1.7万人，创业带动就业1万人。拓展富民增收渠道，落实好工资水平决定机制、正常增长机制的政策规定，全面推行企业工资集体协商、企业年金制度，加大非法集资打击力度，有序增加居民工资性、经营性、财产性收入。通过就业扶持、医疗救助、政策兜底等措施，改善困难群众生活，促进勤劳致富，确保玄武全面小康路上“一个不少、一户不落”。实施全民参保计划，推动临时救助常住人口全覆盖，健全社会保障待遇正常调整机制，做好退休人员、特殊困难群众的养老保险待遇调整工作，力求实现基本保障兜底线、救急难、提水平的目标。

全面发展社会事业。对接国家学生发展核心素养框架，实施新一轮课程与教学改革，确保我区教学质量和成果继续领先全市。将做大优质教育资源与优质教育资源均等化相结合，扩大全区幼儿园规模总量，改善小营小学、孝陵卫小学、科利华中学等学校办学条件，推进民办学校、女子中学、国际高中等多种形式办学，努力让每一个孩子接受更好教育。实施基层卫生服务能力提升工程，建设公共卫生事件应急处置中心，推行家庭医生签约服务，建设江苏省慢性病综合防控示范区，争创国家健康促进试点区。调整优化新街口区域医疗卫生资源布局，异地恢复建设玄武医院，弥补铁北地区二级综合性医院的空白，带动全区医疗卫生事业再上台阶。建成全市首个残疾人创客中心，提升精准助残水平。举办区第十二届运动会，建设街道国民体质监测站，推动全民健身。重视和发挥玄武历史文化资源的独特作用，加强民国建筑保护修缮，开展街巷历史文化研究，申报一批历史文化街区。加快非物质文化遗产保护项目产业化，培育民间艺术馆、美术馆、博物馆，挖掘和丰富玄武作为南京母城核心区的深刻内涵，传承好城市文化的“根”和“魂”。

着力加强养老服务。建立和完善以居家养老为基础、社区养老为依托、机构养老为补充的医养相结合的多层次养老服务体系，为全区近10万名60岁以上老人提供多层次服务。完善养老服务布局，高标准建设市儿童福利院地块、大石桥社区、大树根社区等医养融合项目，每个街道至少建成一个3A级专业居家养老服务中心，为老人提供助餐、助浴、助洁、助医等服务。严格执行新建小区配套建设养老服务设施相关标准，推行老旧小区适老化改造，实施高危空巢及独居老人安全保障工程，创造条件满足离家不离社区的养老需求。推进医疗护理型养老机构建设，力争养老机构医养融合覆盖率达100%。

深化平安玄武建设。平安是最大的民生。全面推进安全生产标准化建设，严格落实安全生产“一岗双责、齐抓共管、失职追责”要求，坚决预防和遏制重特大事故发生。加强食品药品安全监管，争创江苏省食品安全区。开展“信访积案化解攻坚年”活动，有效预防化解社会矛盾纠纷。完善立体化、信息化社会治安防控体系，健全城市应急管理体系，着力防控各类风险，全力保持社会和谐稳定。

五、突出民意民需，扎实办好为民实事

群众呼声是政府工作导向的第一信号，群众需要是政府工作的不懈追求。今年，我们从解决好人民群众普遍关心的突出问题入手，广泛征求民意，贴近群众需求，优选出28个民生实事项目，集中力量、集中资源、集中财力，办结办实办好，真正让老百姓看得见、摸得着、得实惠，进一步增强全区人民的获得感和幸福感。

1.完成74个老旧小区标准化整治。

2. 完成10000平米老旧小区住宅楼顶漏雨整治。

3.平整化整治60个小区外出行便道。

4.增设既有住宅电梯700部。

5.拆除楼顶违建10000平米。

6.完成38个片区342幢楼的二次供水改造。

7. 完成5个易积淹水住宅集中区的管网改造。

8.建成60个公共自行车站服务点。

9.新增机动车泊位1000个。

10.改造出新公共厕所68座。

11.完成19条28.6公里的黑臭河道整治。

12.建成黑臭河道两侧5米蓝线13公里景观步道。

13.规范餐饮业管理，整治油烟污染企业70家以上。

14.构建“一库一网一号”社保惠民工程。

15.实现有需求居家养老服务全覆盖。

16.新增老年助餐中心及助餐点50个。

17.实施玄武困境儿童保护工程。

18.实施玄武高危空巢及独居老人安全保障工程。

19.重点人群家庭医生签约服务率超过70%。

20.制定市级认证的育婴标准。

21.实施全民慢病防控和健康促进工程。

22.新创建江苏省优质幼儿园1所。

23.新建成区素质教育特色学校15所。

24.举办60场文化惠民演出。

25.规范门牌、路牌设置，提升门牌、路牌综合信息功能。

26.建成社区治理信息化综合平台。

27.安装10000个一体化安防监控摄像头。

28.为全区户籍人口购买人身和家庭财产保险。

各位代表，民生实事是一块试金石，验证的是政府部门的为民情怀。民生实事是一块磨刀石，磨炼的是广大干部为民服务的作风能力。我们将一诺千金，以感情为动力，以责任为压力，以实实在在的成效，将民生实事一件一件解决好，一桩一桩落实好。

六、突出全面从严，建设人民满意政府

从严是政府自身建设的第一要求，从实是衡量政府履职的永恒标准。我们要把“三严三实”“两学一做”贯穿经济社会建设全过程，牢固树立政治意识、大局意识、核心意识、看齐意识，坚持守土有责、守土负责、守土尽责，打造一支忠诚、干净、担当的干部队伍。

进一步加强能力建设。推进学习型政府建设，努力学习各专业知识，加快知识更新，优化知识结构，解决本领恐慌，补齐能力短板，做到政策熟、专业精、思路清。鼓励和组织带着问题和项目到先进地区学习考察，明确发展标杆、赶超对象。坚持边学边干、以干代训，推行一线锻炼、基层锻炼、应急锻炼、重点项目锻炼，让干部把要做的事情想明白，把工作的着力点找准确，既能冲锋陷阵，又会谋划思考。鼓励改革创新，探索实施容错纠错机制，构建想干事、敢干事、能干事、干成事的社会氛围。

进一步加强作风建设。强化责任担当，高度重视党政同责工作事项，主动履行政府的第一责任、直接责任。建立健全跨界机制，加大跨部门、跨片区、跨行业任务落实力度。实现区街扁平管理提效能、条口综合管理沉到底的工作机制，将街道办事处打造成为有担当、有活力的责任主体。强化真抓实干，力戒浮躁毛躁，杜绝浮夸虚假，靠实招解决问题，凭实干推动发展，以实绩取信于民。强化“工匠精神”，加强品牌意识，铸就“百年品质”，打造“百年老店”。强化督查考核，推动各项任务落细落小落地。

进一步严格依法行政。严格执行规范性文件制定和报备办法，建设网络办公管理系统，建立执法案件质量联席通报会议机制，更有效地规范权力事项运行。完善行政执法与刑事司法的衔接机制，健全确责、履责、问责的执法责任体系。加快法检大楼建设。制定实施区政府法律顾问管理办法，加强对政府涉法事务的法律运用与服务。建设透明政府，进一步做好政府信息公开工作，自觉接受人大代表、政协委员、社会舆论和广大人民群众监督。认真开展“七五”普法工作，不断提升政府学法用法、依法办事水平，增强全社会的法治观念。

进一步严格廉洁从政。坚持

把纪律挺在前面，强化廉洁自律、执纪问责，开展“防隐身防变异防反弹”及“四风”24整治专项行动，用纪律管住大多数。聚焦侵犯群众切身利益的“微腐败”，盯紧征地拆迁、惠民工程等领域，做到有腐必惩、有贪必肃。依法实行财政预决算公开，对公共资金、国有资产、国有资源和领导干部履行经济责任情况实行审计全覆盖，努力从源头上遏制腐败。区政府班子要坚持以上率下，带头执行廉洁自律和改进作风各项规定，永葆清正廉洁本色。

各位代表，新使命谋求新跨越，新起点开启新征程。让我们在市委、市政府和区委的坚强领导下，紧紧依靠全区人民，认真做好忠诚担当、造福人民、引领创新三张答卷，加快建设“强富美高”新玄武，以优异成绩迎接党的十九大胜利召开！

名词解释：

①“9322”：即2013年南京市提出的“九整治、三规范、两集中、两提升”行动。“九整治”即整治城郊接合部，消除脏乱差现象；整治城中村和棚户区，改善城市形象；整治老旧小区，完成六城区范围内1998年以前建设的、2万平方米以上的老旧小区整治任务；整治主次干道和背街小巷，重点对地铁施工等道路进行整治，对路面进行整体摊铺出新，对已整治干道、街巷进行“回头看”；整治城市河道，改善水环境质量；整治低洼易淹易涝片区，提高城市防汛排涝能力；整治大气环境，改善空气质量，实现灰霾天数明显下降；整治建设工地，推进绿色施工；整治农贸市场，改善场内外环境秩序。“三规范”即规范占道经营、车辆停放和户外广告设置。“两集中”即生活污水和生活垃圾集中处理。“两提升”即提升城市园林绿化和长效管理水平。

②“雷霆行动”：是玄武区针对城市管理中的重难点问题机动车违停、占道经营等各类违法违规行为开展的专项整治行动。

③“一城两街三片区”：“一城”为铁北红山新城，“两街”为珠江路创业大街、长江路历史文化大街，“三片区”为南京CBD核心区、依山科技创新区、环湖旅游服务区。

④“4+4”产业：高端商贸、现代商务、文化旅游、科技服务四大主导产业，生物医药、创意设计、科技金融、软件和信息服务四大新兴产业。

⑤“边界即中心”：玄武作为主城区，与其他城区的交界处，在南京全市范围内仍处于中心地带。

玄武湖公园夜景亮化

专　记

Major Events

责任编辑　黄红权

◎ 玄武区养老服务业发展纪实

◎ 全面推进区域水环境治理

玄武区养老服务业发展纪实

2016年，玄武区户籍人口中，60周岁以上老年人97802人，占户籍人口的20.4%，占实际居住户籍人口22.4%；80周岁以上老年人17787人。全区老年人尤其是高龄老年人呈持续增长态势。

运用政策导向 完善养老服务业管理体系

玄武区是全国发展养老服务业最早的城区之一。“政策先导、规划引领”是玄武区发展养老服务业基石。2003年起，区委、区政府先后出台《加快玄武区老龄事业发展实施意见》《关于建立和完善社会化养老服务体系的工作意见》《关于推进全区居家养老社会化服务的意见》《关于创建老年宜居社区的实施意见》《玄武区创建老年友好城区实施细则》《玄武区关于加快养老服务业发展的实施意见》等一系列文件。同时出台《玄武区社会养老机构评估资助实施办法》《玄武区居家养老政府购买服务实施细则》《玄武区居家养老服务补贴办法》《玄武区关于开展居家养老助餐服务的实施方案》《玄武区组团推进社区居家养老服务工作意见》《玄武区推进“医养融合”养老服务工作方案》等一系列养老服务配套扶持政策，在机构养老、居家养老方面进一步细化建设标准、服务规范、补贴细则等，形成推进玄武区养老服务业发展系列政策。2010年，由玄武区起草的地方标准《居家养老服务规范》通过省级质量认证并在全省发布实施。超前、系统的政策环境成为玄武区养老服务业持续、快速发展有力保证。

政策支持下，玄武区养老服务工作的力度不断加大。一是不断加大投入。近三年，区财政投入5000万元以奖代拨专项资金，带动街道、社会1.5亿元投入社区基础设施建设，新增社区为老服务活动用房1.4万平方米。同时，全区积极贯彻养老服务项目化工作思路，采用项目补贴形式引导社会力量投入，鼓励社会组织和机构申报项目，以公益创投、福彩公益金、老龄专项为扶持支撑，开展专而精的特色养老服务。每年评定获得扶持的养老项目10多个，年扶持经费150万元左右。从近几年的实践来看，效果显著，政府少量的扶持资金带动几倍的社会资本投入。二是加大养老床位建设。2006年，区政府制定出台《玄武区社会养老机构评估资助实施办法》，鼓励和支持社会力量兴办养老机构。2013年补充办法率先在全市提高床位建设补贴标准，从3000元/张提高到5000元/张。近三年来区政府投资2000多万元，吸引街道、社会投资近亿元，新增养老机构10家，新增养老床位1200多张。同时区财政每年拿出200多万元用于养老机构新增床位资助和运营补贴。三是不断扩大政府购买养老服务的受益面。区财政每年投入近200万元，为老人购买养老服务，实现政府为60岁以上“五类”老人及困难独居老人购买居家养老服务的全覆盖。每年出资120万元为全区所有60岁以上户籍老年人购买老年意外伤害保险。此外每年还征订2000份《老年周报》下发到各社区，供老年人免费阅读。四是持续提高尊老金发放水平。2011年起，区政府出台《玄武区“尊老金”发放办法》，每年拿出近千万元为全区1.4万名高龄老人发放长寿营养补贴。做到发放统计工作不错不重不漏，每年早启动、早发放，发放方式根据老人的意愿采用打卡（存折）、现金发放等灵活途径，确保老人在期盼之前领到尊老金，提高社会满意度。

政策保障下，玄武区养老服务的成效显著。按照《玄武区老年宜居社区测评细则》和江苏省地方标准《居家养老服务规范》，引领和规范社区居家养老服务中心建设和服务开展。截至2016年底，全区59个社区全部建成AA级居家养老服务中心，32个社区达到老年宜居社区标准，建成15个AAA级省级示范居家养老服务中心；同时，全区机构养老发展水平持续提升。全区有公办、民营等各类养老机构27家，有养老床位3718张. 千名老人拥有养老床位率达42‰，养老机构床位年增加率保持在10%以上。提升机构内养老服务标准，努力培养养老机构管理者、护理员、志愿者3支队伍，严格教育养老机构的管理和运营者，鼓励引导养老机构招用年轻化、专业化、职业化的生活护理人员，积极推进大专院校学生到机构内为老人提供志愿服务，提升养老机构整体服务水平。

创新工作模式
构建养老服务业网络体系

玄武区以居家为基础、社区为依托、机构为支撑、信息为辅助养老服务体系已经建立。社会力量成为养老服务的主体，全区生活照料、医疗康复、文体娱乐、应急救助、精神关爱、法律援助“六位一体”服务和家庭、社会、政府“三段一线”的养老社会化服务体系渐趋完善。

不断创新养老服务模式。玄武区是全国最早开展居家养老服务探索和实践的城区，2004年，全区开展养老服务体系创新课题研究工作。全区已形成具有玄武特色的“8+1+X”居家养老服务模式，其中“8”为：投资主体多元化、运作方式实体化、公共服务项目化、服务队伍专业化、义工服务星级化、购买服务规范化、评估管理标准化、供求关系信息化；“1”为老人的幸福指数；“X”为养老服务组织为老人提供的各类服务。2007年10月，在玄武区召开的全国首届居家养老推进会上，玄武区“8+1+X”居家养老服务模式得到充分肯定。同年10月19日，中央台《焦点访谈》栏目专题介绍了全区居家养老服务和第三评估的做法与经验。近年来，根据老年人的需求增长和社会养老服务能力不断提升，玄武区居家养老服务模式被不断赋予新内涵，形成具有玄武特色的菜单式、规范化养老新模式。

不断推进养老服务信息化。面对资源稀缺和养老服务的刚性需求，玄武区坚持以实现服务资源集约化、功能差异化和效应品牌化为目标，运用现代信息技术，依托社会资本运作，构建“虚拟养老院”，推进虚拟养老院建设，借助企业力量，开发信息养老服务系统平台，悦心养老“阿莱回家幸福爸妈”将物联网、互联网技术对接，子女可以通过APP远程调控电器设备等，监测老年人生存状态，为居家老年人提供养老全套解决方案。苏新智慧健康服务中心系统可存储老年人的全部健康信息档案，为老年人提供健康监测、用药指导服务。安康通紧急救助系统可为老年人提供紧急救助、定位、养老信息查询订购服务。充分发挥民政、劳动、卫生、司法、教育、科技等部门在社区开展工作优势，依靠各类社区服务组织、专业人员和志愿者，以满足老年人的养老服务需求为出发点和落脚点，精心编织“六网协同”式为老服务模式，建立生活照料服务网、(半)失能康复(指导)服务网、互助服务网、安全保障服务网、精神慰藉服务网、法律援助服务网，形成社会化发展养老服务体系。

不断完善宜居环境体系。玄武区是全国老龄委办公室批准的全国3家老年宜居社区工作试点单位之一。经过课题研究，制定《老年宜居社区标准》。2010年6月，在玄武召开全国老年宜居社区、老年友好城市(区)创建工作会议，介绍创建经验。在加强宜居环境体系建设中，玄武区通过落实老年人优待、疏通群众投诉渠道、做好救助和完善法律援助制度等，进一步优化老年维权环境；通过加大社区建设投入，推行“全面知情、全程参与、全体受益、全域满意”的“四全”模式，进一步优化老年服务环境；通过平安社区创建、文明城市创建和关爱独居、困难老人及开展快乐晚年行动，进一步优化老年人文环境；通过城市综合治理，致力于城区功能的品质提升和区域面貌的显著改观，进一步优化老年生活环境，确保高起点、严要求、稳步推进宜居环境体系建设。

不断深化养老服务品牌。玄武区一直重视养老服务的特色品牌，坚持以创品牌推动养老服务业水平提升和体系完善。全区精神慰藉、文化养老、健康养老以及医养融合等，已经成为全省乃至全国养老服务业知名品牌。精神慰藉服务方面。玄武区是江苏省老年人精神关爱试点单位，多年来依托辖区高校和科研院所资源，持续开展“幸福晚年健康指数”“老年人幸福观展望”等精神慰藉课题研究。在此基础上，开办“罗老师沙盘游戏心理工作室”“一家圆老年心灵陪护”等特色服务项目。娱乐养老服务方面。与企业合作，依托社会资金，老年健康生活方式，开展老年文化交流等。医养融合服务方面。除日常生活照料，医疗康复成为老年人日常生活最大需求。为满足老年人的这一需要，玄武区努力发展医护型养老机构，至2016年底培育、建设10家具有医疗资质的养老机构，医护型养老床位3000张，培育出宁康老年护理院等“医养融合”型养老品牌。

发挥市场作用
探索养老服务业产业化体系

市场化运作，主要在养老服务业发展过程，政府搭建平台，制定服务规范和标准，企业、机构和社会组织完全自我运营，政府不介入到具体服务和经营过程中。政府要承担起市场监管职能，给予价格指导，防止服务单位过度市场化而损害老年人权益。玄武区这方面一直走在全市乃至全省前列。在机构养老方面，玄武区全部采用公办民营或民营方式建设老年福利机构，率先在养老机构中引入“企业质量管理理念”，建立区民政部门行业监督、老年人直接监督、社会监督和专业组织评估相结合监管机制，按评估标准对老年福利机构进行等级评定。同时积极搭建老年服务及产业发展平台。成立玄武区福利事业发展促进会，作为全区养老机构的行业联盟，定期交流、研讨机构养老发展问题。2011 年 12 月成立玄武新兴社会组织发展促进会，开展 1+X 公益伙伴计划，重点扶持养老服务组织，助力其规范化和专业化发展。经过运作，形成内部协作网络和外部社会资源网络，系统化地提升养老服务组织市场拓展能力。

玄武区注重引导企业通过市场化运作促进老年产业发展，为老年人带来实惠。涌现出娱乐养老、文化健康养老等发展模式。2011 年，锁金村街道引进社会企业成立万家帮健康咨询有限责任公司，将老年大学学习、健康操锻炼、心灵茶吧倾诉、社区互助小组觅友小聚、健康产品营养搭配、旅游等有机结合，倡导创建美好老年生活模式，努力将社区养老向产业化、专业化、规模化方向发展。同年，从事中老年文化产业的服务机构——俏乐一族文化传媒公司在玄武区落地，专注于老年文化交流培训、老年人生价值的传承、老年文化演出等相关业务。玄武区与国内第一家集社区居家养老服务中心、大型卖场、电子商务为一体的老年产业综合服务型企业——江苏银龄视界投资发展有限公司合作，成立江苏银龄视界社区居家养老服务中心。中心秉承“老年人的贴身管家”品牌服务理念，以老年人衣、食、住、行、用、保、护、学为业务核心，打造全方位、智能化、系统化的老年服务平台。协助社区做好老人日托、敬老互助、特色老年大学、家政对接、一键通服务对接、惠民平价商店等工作，同时开展“保姆式”老年旅游、保险、老年团购等直营业务，实现养老服务业发展的良性循环。（马　凌）

全面推进区域水环境治理

2016 年，玄武区稳步推进区域水环境治理，下大气力综合整治黑臭河道、改造居民住宅二次供水设施、治理积淹水点，加快排水达标区建设，水环境整治工作取得显著成绩。

多项措施并举
加强黑臭河道综合整治

玄武区有河道 47 条，其中管养河道 23 条，非管养河道 24 条，全长 60 余公里；2016 年，全区共有 5 条黑臭河道的综合整治任务，清除底泥 6.5 万余立方米，拆除河道蓝线内违建 780 平方米，概算总投资 6400 万元；汇水面积 2678 公顷，汇水区内排查出的重点排水户全部办理排水许可；除内秦淮河北段部分河段在清淤扫尾和友谊河还有一个排污口正在实施整治外，其余排污口均已整治完毕，确保年底前污水不再下河，5 条河道基本消除黑臭，2 条国考河道能够顺利过关。

综合整治工作中，健全领导机制，实行挂图作战，形成区长主抓，1 名常务副区长和 1 名副巡视员配合抓，部门街道协同抓的良好局面。从拆、截、清、修、引、测、管 7 个环节入手，在全面调查论证的基础上，重点实施控源截污和清淤疏浚等工作。

排查源头找“病因”。2016 年，全区整治黑臭河道 5 条：唐家山沟、友谊河、香林寺沟、内秦淮河北段和百水河支流，经测绘和人工精细排查，有排口 303 个，其中污水排口 118 个。排口调查上做到胸中有数，对每个排口进行 GPS 定位，标明坐标和经纬度，做到一河一图一表，在每个排口旁既有清晰的编号，又有明显的标记（绿色表示雨水口、红色表示污水口），让群众和媒体参与监督，便于日常巡查管养。汇水区内梳理重点排水户 26 家，全部办理排水许可；取缔 1 处活禽养殖点。不规范的排水，排水户错接、乱接管道，污水直接或间接下河是导致水体黑臭的“罪魁祸首”。

突出重点治“顽疾”。河道整治中，唐家山沟和友谊河是参加国考 2 条黑臭河道，内秦淮河北段是国家住建部通过卫星摇测被列为2017年参加国考的河道，也是玄武区委、区政府重点打造景观河道。治理过程中，坚持以国考河道为突破口，以控源截污、清淤疏浚为主要抓手，全方位、立体式落实治理举措。南京林业大学是唐家山沟重点排水大户，区领导多次与南林大进行沟通协调，研究整治方案，并在技术、资金等方面给予大力支持和帮助，共同推进校内排水达标。整治工程累计铺设管道1633米，砌筑窨井189座、沉淀池1座，挖填土石方4000余立方，取得效果十分明显。通过综合整治，使唐家山沟成为全市唯一一条水质稳定在四类水的国考河道，国家、省、市各级领导和媒体多批次到现场参观，并肯定玄武区做法。内秦淮河北段是南京的母亲河，横贯珠江路闹市区，如何通过综合整治，让其还原真面目，打造成一条水清岸绿的景观河道，除沿岸实施控源截污外，解决上游污水和700米暗涵整治是重点。因暗涵封闭多年，施工环境复杂，不安全因素多，清淤前对涵内需进行通风(鼓风机送风)，经检测硫化氢浓度低于10ppm后方可进入暗涵作业，确保作业面硫化氢浓度始终低于10ppm；暗涵内照明、作业机具均要具备防水、防爆功能，作业面及其周边区域需设置"禁止烟火"等安全提醒标志牌，进入暗涵工作人员需佩戴防毒、防害装备。对此，市、区领导多次召开论证会，深入一线进行指导，通过积极备战，科学施工，这块难啃的"硬骨头"最终被克服。

多管齐下固"疗效"。通过对唐家山沟、友谊河玄武段、香林寺沟、内秦淮河北段和百水河支流的综合整治，总体来看，唐家山沟综合治理效果比较明显，水质比较稳定，基本稳定在三、四类水质。随着后续生态修复和引流补水等整治措施的不断推进，其余4条河道的水质也将得到很大改善。在抓好黑臭河道综合整治的同时，对区域内全部47条河道(管养23条、非管养24条)进行梳理，将19条黑臭河道纳入2017年整治计划，现排水口信息调查、无人机航拍河道影像和图片资料已经完成，初步设计方案已经报审，为2017年全区消除河道黑臭现象奠定良好基础。

完善工作方案
加速二次供水设施改造

按照玄政〔2015〕265号《玄武区居民住宅二次供水设施改造工作方案》要求，2016年，玄武区改造任务为47个片区，自加压力，实际实施片区为52个，开工51个片区，年内完工47个片区，提前完成本年度的二次供水设施改造任务。

强势推进。针对水务一体化机制体制改革中遇到的问题和困难，区委、区政府领导高度重视，强力推进，多次专门召开专题推进会，明确各部门、街道职责和完成阶段任务时间节点，启动问责机制，有效解决了阻碍工作推进的瓶颈问题，通过增档提速，使得二次供水改造工作取得很大进展。

加强协调。二次供水设施设施改造多为老旧小区，小区内部空间十分有限，泵房择址及居民矛盾协调任务十分艰巨，局领导会同市二改办、街道、水务集团等单位领导多次深入一线，进小区走家入户协调矛盾解决问题，最终落实了所有片区的泵房择址问题。局领导调动执法大队执法人员配合街道、社区工作人员对重难点小区进行执法，现场保障工程推进。加强部门间沟通，加大对街道、水务集团工作推进力度。

强化督导。自接手二次供水设施改造任务以来，相继同市二改办、区建设局、区审计局、新街口、梅园新村、锁金村、水务集团等单位进行文件来往计62份。局组织街道、跟踪审计、监理等单位对已开工片区进行不定期检查，督促施工单位加快进度，加强施工力量并做好文明施工。对现场管理混乱的施工队伍由监理单位下整改通知单，限期整改。经过艰苦努力，彻底扭转前期工作的被动局面，并提前完成了全区47个片区的改造任务。

改造积淹水点
加快排水达标区建设

及早筹划防汛工作整体部署，及时疏通排水管网及设施维护，督促维护单位开展汛前排水管网疏通工作；市政绞拉干管115.45千米，疏通支管88.29KM，清捞窨井及雨水井共计45650座，对350余座次损毁雨蓖进行修复，对20余处堵塞支管进行疏通，伐除修剪险树48棵，较好地保障了区域行洪要求；汛期共投入大小装备200多台次，出动抢险队员5000余人次，砂石万余吨，确保了辖区内人民群众的生命财产安全。全年4个积淹水片区的改造任务已经完成3个（双拜巷、环陵路岔路口和富贵山小区），银城东苑片区管网改造也在紧张进行中，确保明年汛期前完成管网改造任务。

未雨绸缪抓防汛。在汛期到来前，提前对全区范围内的雨水管道清疏状况进行CCTV自查,委托市级具有相关资质的检测单位对管网清疏情况进行详细检测,全方面掌握管道的淤积状况,4月底前全区已完成雨水管网汛前疏通任务。4月下旬,区防指就组织召开防汛防旱工作专题动员部署会,与全区26个防汛成员单位签订区防汛防旱工作目标责任书。区长穆耕林还专门就做好防汛工作给各街道、园区以及中山陵园管理局、黄马公司分别写1封信;专门邀请市水务局、市防办、城防办相关领导到银城东苑积淹水片区、黄马水库、军民友谊水库检查指导,并给中山陵园管理局和黄马公司专门发防汛整改督办单。按照标准和城防特点,补充和更新38.8万元的防汛物资、配足排涝机泵,不断增强应急抢险能力。专项拨款22.08万元用于长巷泵站潜水泵维修及更换电源总开关。适时修订和完善2016年全区防汛工作预案,补充更新了全区防汛抢险应急队伍,进一步明确全区防汛机构网络及防汛值班联系电话,更新了玄武防汛QQ群,直接掌握全区防汛机械设备运行情况和防汛物资储备数量。区防汛防旱指挥部各成员单位也分别成立防汛组织机构,细化各易积淹水点应急抢险预案,成立多支防汛抢险机动小分队,部分单位还聘请社会化专业应急抢险队伍。组织开展了防汛队伍、设备的实战化演练。加强值班与信息沟通,汛期严格执行领导带班制和24小时值班制,保持防汛电台畅通;各类汛情、雨情等统计信息按时上报。开展防汛检查。分管区长傅根辉、城管局全体挂钩街道人员对街道园区防汛、防台预案的修订、管网清疏、易积水点改造进度、"一点一案"的落实、防汛物资储备和应急队伍建设等进行全覆盖检查。2016年防汛工作,我区因成绩突出,荣获市集体立功单位表彰,区城管(水务)局副局长李明辉荣立二等功。

*想方设法抓好积淹水点改造。*针对4个积淹水片区改造工作,局多次协调市建委、市水务局、市城防办,边跑手续,边应急施工,期间,梅园街道做大量工作,全力推进富贵山小区积淹水点改造项目实施,孝陵卫街道主动承担银城东苑积淹水片区管网维修和节点改造项目并完成立项工作,组织施工。全年4个片区改造任务已经完成改造3个,按照要求,确保明年汛期前完成银城东苑片区的管网改造任务。

2016年,玄武区排水达标区创建共涉及玄武门办事处39个片区,6月,开始起动,通过排查、清疏、检测、验收,现已基本完工。梳理排查以前的创建工作,流域内小区及企事业单位排水达标改造完成率为47.94%。新街口街道总面积220公顷,已完成的片区有40个,面积共计121.28公顷;梅园街道总面积260公顷,目前区域内雨污分流工程未实施;原后宰门街道总面积340公顷,珠江路以北、清溪路以东片区内雨污分流已全部实施完成,总面积约251公顷;玄武门街道总面积165公顷,目前街巷污水次管全部实施完成,已完成的片区有17个,面积135公顷;红山街道总面积560公顷,目前街巷污水次管全部实施完成,已完成的片区有28个,面积183.3公顷;孝陵卫街道总面积890公顷,区域内雨污分流工程尚未实施,含97个排水达标区,总面积695公顷;锁金村街道总面积916公顷,目前区域雨污分流工程已全部实施完成。

对内秦淮河、金川河流域的雨污分流进行全面排查,对存在的问题整理成菜单,建议清疏、修复管道进行单独立项,集中处理到位;跟市级主管部门对接存在的问题,由区政府形文上报市住建委,建议由原建设单位处理,解决下流贯通形成网络。

委托第三方检测机构对原管网进行CCTV检测,完善管网测绘资料。完成清疏、修复及测绘后上报市质量监督站,进行验收,验收合格后资料上报市档案馆。验收完成后对管网设施进行移交。

设施移交后养护单位为第一责任主体,对管网进行定期清捞和疏通,街道对辖区内排放单位进行管护,重点是餐饮单位的污水排放必须增加隔油设施,经过截污处理后方可排放。(陈青林)

概 览

Overview

责任编辑 顾 坚

◎ 基础情况

◎ 组织机构及负责人

基础情况

【自然地理】 玄武区位于南京市区东北部，是南京市的中心城区之一，也是中共南京市委、市人大常委会、市政府、市政协机关所在地。东、北与栖霞区相接，南与秦淮区为邻，西北与鼓楼区接壤，东南与江宁区交界。域内面积75.46平方公里，户籍人口47.86万人。

地势 山峦起伏，丘陵环抱，山川形胜，气势恢宏。多种多样的地貌形成"十山八河十二湖"，与蜿蜒而过的明城墙交相辉映，构成山、水、城、林于一体的园林风光。

地貌 低山、丘陵、岗地、平原交错分布。林木葱郁，植被良好。大部分岗地、平原用于城市建设开发。域内中山陵园景区是重要的城市绿地和森林公园。

气候 属北亚热带湿润气候，冬寒、夏热、春温、秋暖，四季分明。年平均气温为15.4℃~16.6℃。冬季以东北风为主，1月平均最低温度为-1.6℃；夏季以东南风为主，7月份平均最高温度为30.6℃。常年平均降雨117天，年平均降雨量1106.5毫米，相对湿度76%，无霜期237天。6月下旬到7月上旬为梅雨季节。

自然资源 铁矿分布在红山森林动物园；煤矿分布在灵谷景区；硫磺矿分布在钟山北麓岔路口；黄铜矿分布在钟山西北蒋王庙，至今留有20世纪50年代开掘的矿井。钟山植被，陆地面积2930.7公顷，水域面积78.1公顷。有维管植物157科506属1217种，特、稀、危植物50余种；鸟类生物14目42科140种；昆虫1200多种；蝶类9科73属120种，其中虎凤蝶缘起紫金山，是比猿人更为古老的生物，有活化石之称；真菌类生物246种。

【人口状况】 2016年，玄武区常住人口548629人，其中户籍人口478683人，户籍人口中男性240967人、女性237716人，性别比为101:100。流动人口69946人，与上年相比，人口总量减少20837人，减少3.8%。

年龄 2016年户籍人口中，18岁以下人口63148人，占总人口比重13.19%；18~35岁137083人，占28.64%；35~60岁178696人，占37.33%；60岁以上99756人，占20.84%。

结构 2016年，全区新出生人口4292人，出生率8.97‰，其中男性2234人，女性2058人，性别比为109:100；死亡人数2397人，死亡率5.01‰，人口自然增长率3.96‰，计划生育率100%。

生育 2016年，全区总人口中育龄妇女156994人，比上年同期减少3519人，占总人口28.62%；已婚育龄妇女113139人，比上年同期减少2537人，占总人口20.62%；已落实避孕节育措施人数108193人。

【名胜古迹】 六朝宫阙、明初紫禁城、太平天国天王府、孙中山临时大总统府和国民政府总统府均坐落区内。钟山风景区以雄伟壮丽的钟山与碧波千顷的玄武湖为核心，山水相依，雄秀兼具，在新评出的"金陵四十八景"中，这里就占有10席。境内拥有5座城门、总长9.37公里的明城墙，是南京市幸存明城墙的主要部分，其两侧聚集甚多名山、名水、名胜。丰富厚重的历史人文资源和钟灵毓秀的山水生态风光，描就玄武精美而又独特的都市画卷。

【文化遗产】 区内有南京市唯一一处世界文化遗产——明孝陵，有国家、省、市、区各级各类文物保护单位216处240个点，其中国家级18处33个点，省级18处18个点，市级55处64个点，区级56处56个点，不可移动文物69处。有区级以上非物质文化遗产项目18项，其中国家级非物质文化遗产1项、省级8项、市级5项、区级4项；区非物质文化遗产保护基地4个，分别是南京剪纸传承保护基地、金陵竹刻保护展示基地、苏作小木家具制作技艺传承保护基地、鸡鸣寺素食制作技艺传承保护基地；区级以上非物质文化遗产代表性传承人47人，其中国家级1人、省级5人、市级16人、区级25人。

【区域沿革】 6000多年前，玄武湖畔有原始村落。战国时，为金陵邑辖地。秦、汉时，南部属秣陵县，北部属江乘县，后又隶属会稽郡、鄣郡、丹阳郡。东汉建安十七年(212)改秣陵为建业县，区境南部属之，区境北部改设典农都尉。

西晋太康元年(280)，复改建业为秣陵县。太康二年(281)，以淮水为界北置建业（次年改称建邺），南为秣陵县，恢复江乘县建置。建兴元年(313)，愍帝司马邺即位，为避帝讳，改建邺为建康，直至陈朝末年。

隋朝统一南北后，建康、江乘、秣陵县并为江宁县，区境隶属蒋州。唐上元二年(761)，改江宁为上元县，至清末，区境均属上元县。

民国元年(1912),临时政府废上元、江宁两县,建置南京府,区境属南京府。民国2年(1913),撤南京府,以旧上元、江宁两县复置江宁县。民国16年(1927),改江宁县城区为南京市,区境城内部分属南京市。

民国22年(1933)3月,建区之始。中山路以东,中山门以西,九华山以南,中山东路以北属区范围,为南京第一区。

民国23年(1934)9月,今孝陵卫街道地区和玄武湖街道的仙鹤门行政村(仙鹤乡)属孝陵区;中山陵园区域属国民政府直接管辖;今锁金村街道、玄武湖街道(仙鹤门除外)和红山街道地区属燕子矶区。

民国27年(1938)1月,原一区改属第三区。民国34年(1945)9月,恢复抗日战争前第一区建置,辖区则向中山东路以南、逸仙桥以东一带扩展。

1949年6月,沿用第一区建置称第一区人民政府。1950年6月,以一区为基础,中山东路以南地区划出,建为新一区。今红山、锁金村街道地区和玄武湖街道部分地区改属新八区;今孝陵卫街道地区和玄武湖街道部分地区,改属中山陵园区。

1955年6月,第一区人民政府改称第一区人民委员会。同年8月,第一区改称玄武区。今境内分属玄武区、燕子矶区和中山陵园区管辖。1960年5月,成立玄武人民公社。1962年8月,玄武人民公社名称撤销,恢复玄武区人民委员会。

1967年3月,玄武区改称要武区,实行军管,设南京市军事管制委员会要武分会。1968年3月,成立要武区革命委员会;1973年11月,改称玄武区革命委员会。

1980年9月,玄武区革命委员会复称玄武区人民政府,至今。

【区划调整】 1951年5月,建立居民委员会。1955年9月,设立新街口、大行宫、香铺营、四牌楼、丹凤街、玄武门、太平门、太平桥8个街道办事处。1957年10月,香铺营街道办事处撤销。1960年4月,街道办事处合并并改建为新街口、丹凤街、梅园新村3个人民公社分社。5月,市级机关及周围单位成立北极阁分社。65个居民委员会合并为19个街道委员会。1961年,新街口、丹凤街、梅园新村3个分社改为3个街道办事处,19个街道委员会调整为54个居委会。1962年8月,人民公社、分社撤销,恢复新街口、香铺营、梅园新村(原大行宫)、太平门、丹凤街、四牌楼、玄武门7个街道办事处。

1967年1月,各街道实行军管。1968年3月,街道成立革命委员会。同年8月,7个街道革委会合并为长江路、梅园新村、丹凤街、太平门、要武门5个街道革委会。1978年9月至10月,撤销街道革委会,恢复7个街道办事处。

1980年12月,因后宰门住宅小区人口增加,原太平门街道办事处撤销,改为后宰门和兰园2个街道办事处。1984年2月,锁金村地区划归玄武区管辖,增设锁金村街道办事处,全区街道办事处增加至9个。

1987年12月,新街口与香铺营办事处合并为新街口街道办事处,丹凤街与四牌楼街道办事处合并为丹凤街街道办事处。

1995年4月,全市区划调整,栖霞区的孝陵卫、玄武湖镇及小营、藤子、红山3个行政村和原属鼓楼区管辖的玄武门路以北、中央路以东、沿城墙以西地带划归玄武区。1996年3月,设立红山街道办事处,管辖小营、藤子、红山3个行政村。同年12月,撤销孝陵卫镇、玄武湖镇建置,改设孝陵卫办事处和玄武湖办事处。

2000年,社区管理体制改革,原有的居民委员会和家属委员会调整组合为86个社区居民委员会。2001年,在孝陵卫街道办事处辖区内增设卫岗街道。全区共有11个街道、84个社区、12个行政村。2005年,丹凤街街道、兰园街道、卫岗街道分别与新街口街道、梅园新村街道、孝陵卫街道合并,全区调整为8个街道、75个社区、11个行政村。2007年调整为8个街道、64个社区、6个行政村。2009年底调整为8个街道、63个社区、4个行政村。2011年调整为8个街道、62个社区、4个行政村。因城市建设发展,2011年由市民政局地名办对区内13处地名进行了命名、更名和调整。地名每年调整变化情况列表。

2012年,新一轮区划调整,8个街道调整为7个街道,将原梅园新村街道办事处北京东路以北的公教一村社区和后宰门街道办事处龙蟠路以北以西部分(太平花园小区)划归玄武门街道办事处。将调整后的梅园新村街道办事处与后宰门街道办事处合并,成立新的梅园新村街道办事处。2012年年底,全区有7个街道、58个社区。2013年年底,全区有7个街道、59个社区,新增红山街道紫金小营社区。

【经济社会发展】 2016年是“十三五”规划开局年,全区围绕“强富美高”新玄武奋斗目标,应对复杂多变的宏观经济形势,把握“稳中求进”的工作总基调,以提升经济发展质量和效益为中心,主动适应经济发展新常态,全力以赴稳增长、调结构、促改革、惠民生、防风险,经济平稳健康发展,社会和谐稳定。区十七届人大五次会议通过的108条国民经济和社会发展计划,完成106条,完成率为98.1%。

经济指标运行态势向好。全区积极应对复杂严峻的国内外经济形势,不断调整应对措施,促进经济提质增效升级,各项主要经济指标完成全年计划。全年地区生产总值完成588亿元,可比增长9%,其中服务业增加值完成572亿元,可比增长10.5%。一般公共预算收入完成48.5亿元,较上年增长6.8%,同口径增长13.8%。社会消费品零售总额完成474亿元,同比增长10%。全社会固定资产投资完成人代会目标,同比增长13%。服务外包执行额完成21.6亿美元,同比增长12.5%,其中离岸外包执行额完成8.15亿美元,同比增长13.2%。外贸出口总额完成28.2亿美元,同比增长0.7%。实际利用外资完成1.9亿美元,同比增长4.4%。全年引进注册资金千万元以上企业320家。

产业转型升级渐趋优化。科技创新支撑引领,促进企业转型升级。对软件、物联网、集成电路等63个重点研发项目,政策上予以倾斜,优先申报国家、省市产业政策扶持资金项目。23家企业获省级财政资金2386万元,推荐30家企业申请市软件专项资金补助,推荐16家企业申请市新兴产业专项资金补助,推荐92个项目申请软件专项考核性奖励。鼓励企业申报各类资质,组织48家企业申报各类资质16项。加强政策宣传,组织企业参加各类培训。组织以“互联网+”为主题玄武企业家大讲堂培训,企业直接全面了解和掌握国际、国内经济发展形势以及行业内发展动态,为企业转型发展提供智慧支持。

重点产业项目提速发力。以“一城两街三片区”为主体,全区重大项目建设推进总体顺利。全区60个重点产业项目中,绝大多数项目按年度计划推进。百家汇玄武创新药物孵化平台、玄武区商贸金融功能提升建设等5个市重大在建和新开工项目全年完成投资23亿元。铁北红山新城载体建设继续加快,恒大翡翠华庭和中海玄武公馆全面建设,东华汽车生活广场建设一期基本完工。珠江路创业大街和长江路历史文化大街改造提升,完成未来城、佳汇大厦装修改造工作,推进同仁西街7号项目招商工作。完成大行宫广场、碑亭巷南段、石婆婆庵东段3个示范点和长江路景观标识系统建设。南京CBD核心区建设取得实质突破,长江路九号三期、雨花巷总部企业楼、洪武文化创意产业园投入运营。依山科技创新区在建项目加快实施,钟山生命科学园生物基因产业园完成主体建设80%。环湖旅游服务区推进扎实有力,金界精品酒店开业。鼓励和撬动社会资本参与玄武经济、社会、民生等项目建设,设立50亿元玄武区城市发展基金为全区各类项目推进提供资金保障。

城市功能品质不断提升。基础设施建设不断加快,红山南路东延工程建成通车。玄武大道和长江路、珠江路(西段)、黄埔路等5条重要路段完成环境整治;碑亭巷(南端)、梅园新村、桃园新村、雍园4条街巷整治工作全面完成。完成主城区公共自行车34个站点建设工程。完成紫藤苑、罗汉巷等48个小区总建筑面积约47万平方米的环境出新和房屋整治。完成钟山花园城陶然居、山水居等12处6431户二次供水改造。结合综合整治,部分主次干道如和平公园、玄武大道岔路口等绿岛岛头打造一批精美别致的街头绿化小品。完成龙蟠路口太平盛世门前地块彩化提升改造。

社会民生保障扎实推进。居民收入持续增长,社会保障有效落实,新增就业21800人。投入100万元,为全区户籍居民购买人身及家庭财产保险。社区服务水平不断提高,新增社区服务用房近5000平方米,新增养老机构床位210张。累计建成13家AAA级居家养老服务中心、7个中心厨房、18个助餐点、20家医养融合型社区居家养老服务中心。保障教育投入,基础教育水平不断提高。南师附小仙鹤门分校建成交付使用,新建民办小学1所(玄外附小)。九中震旦校区等5项新、扩建工程有序开展。社区卫生服务能力不断提升,区公共卫生突发事件应急处置中心建设项目完成桩基施工。在全区范围内实行家庭医生责任制服务,全区重点人群累计签约132554人,累计建立居民健康档案545680份。

2016年国民经济和社会发展计划执行取得较好成绩,存在问题主要是受到规划、方案等客观因素影响,2条计划目标年内没有达到预定进度。一是“德基广场丽思卡尔顿酒店开业”项目,该项目位于德基广场，计划2016年开业，因业主单位对设计方案反复修改，导致项目进度滞后。二是“开工建设南京高力新庄商业广场”项目，该项目位于玄武大道与红山路夹角地块，最新设计方案为建设商业综合体，设计总建筑面积近10万平方米。由于项目覆盖率调整和南侧绿地地下空间“以大代小”划拨出让等客观原因，导致项目推进进度滞后。

（韩雨芳）

【功能片区与重点项目】 空间布局逐步优化，初步形成“一城两街三片区”的空间布局，功能片区划分明确，项目建设推进有力。

铁北红山新城　2016年7月，市政府正式批复新城整体控详，根据规划新城有35宗、约90公顷可建设用地。沈阳村、曹三、曹四等地块完成挂牌。梳理交通脉络，完成红山支路、恒嘉路南延、北苑东路南延北段3条道路前期工作，红山南路东延工程竣工。开展科技研发地块、恒嘉路以西地块、丹霞路沿线商业选商工作。金洽会玄武专场活动中，玄武区分别与莱蒙国际、金浦控股、星河控股、亿达中国、北京电子城集团成功签约，签约金额302亿元，占全区签约总额74.6%。细致对接东华汽车文化产业园搬迁改造、在建项目（中海、恒大）服务保障、常发广场开业，确保企业经营建设良性发展，使各项税收稳健增长。进行高标准、高品质拟订社区居住中心建设方案，丹霞路、绿廊、水景公园整体方案，新建道路可研等。

珠江路创业大街　全力推进重点项目建设，2016年，同仁西街7号项目进入开工建设阶段，南京

德基广场

市众创展示中心完成方案设计，进入施工；未来城a座完成2000平方米转型改造；未来城b座已基本完成承租谈判，完成施工前期准备工作；完成未来城环境改造提升前期立项，招标等工作，内秦淮河未来城段河道和两岸绿化工程有序推进。全力开展招商工作，重点引进众创运行机构3家，其中太库科技于2016年6月建成开业，面积约2000平方米；优客工场一期2000平方米；36氪及南创研究院签约同仁西街项目，约3000平方米。全面开展品牌宣传，先后通过制作专题宣传片、宣传画册，发挥珠江路创业大街微信公众号，以及新闻媒体、电视媒体等渠道优势，开展品牌宣传策划。珠江路沿街户外广告位开展全面宣传推广，进一步营造浓厚的创业创新氛围。全力优化配套环境，制定出台《玄武区众创空间认定管理办法》，进一步明确对众创机构的认定和奖励政策，设立1000万元珠江路转型专项资金，并制定相关管理办法；筹备成立南京珠江创新创协协会（珠江国际财富俱乐部）。为众创群体建立交流发展平台，制定协会章程草案，首批拟吸收20家企业。大力

南京CBD核心区珠江壹号

营造创业氛围，成功举办2016年“创青春”速度中国杯江苏省大学生创业大赛、2016 Betapitch太库国际创业挑战赛南京赛区决赛、珠江路创客节，集中展示创客成果，组织各众创空间举办系列路演活动。全力完善创业服务，在区政务服务中心建立珠江路企业入驻绿色通道，快速办理行政审批等公共服务，服务珠江路创新创业企业。

长江路历史文化大街　完善长江路历史文化大街公共服务体系功能，沿线建设汉府雅苑、1912街区、520广场为核心的围墙背景式标识和以10个知名景点为题材立式景点介绍牌，利用九中、毗卢寺沿街围墙建设18块墙面标识，方便游客“按图索骥”式游览。以碑亭巷南外围墙为载体，邀请厦门专业团队完成碑亭巷巷事百米文化长卷《碑亭印记》，引起市民和游客广泛好评。服务SOLO ONE 1913街区，该项目纳入长江路整体形象推广之中，大部分商户已运营。石婆婆庵喇叭口综合整治进入实施阶段，沿街116号、112号居民楼立面出新与功能性改造进场施工，同步对街口垃圾站物理隔离并升级改造小游园。编制完善《长江路历史文化大街产业发展导则》(初稿)、《南京卷烟厂开发利用可行性研究》《碑亭巷建设与业态引导》《石婆婆庵喇叭口整体提升方案》《长江路历史文化大街文化挖掘及提升研究》《长江路地下空间综合利用规划研究》等一系列规划策划。

南京CBD核心区　进行区域控详修编，进一步完善南京CBD核心区城市设计，整合地下空间、地面交通、公共空间资源，进行城市空间一体化设计改造，实现地下空间集约化利用，商业空间进一步连通，创造一个地上和地下融通、产业和景观配套、城市功能和形象协调国际化标志区。2016年，区域内重点项目推进有力，丽思卡尔顿酒店装修招标；长江路九号三期竣工，与江苏汇金公司达成购买协议；雨花巷总部企业楼公寓售罄，写字楼部门正在招商；长江路过街通道在建，建成后实现新街口地下空间向北延伸。

依山科技创新区　按照区“三园合一”的战略，顺利完成与聚宝山科创特区人、财、物的全面融合，逐步拉开“一核两翼”新框架，实现与钟山生命科学园要素互通、产业互补、信息共享，形成联动整合发展新态势。大力宣传推介徐庄软件园、南京钟山生命科学园和区域项目资源，招商工作取得进展，徐庄2016年新引入千万元以上规模企业15家，与基蛋生物达成初步协议，与德国医谷签订框架协议。钟山生命科学园签署投资额10亿元佳源国际总部项目(南汽制动器厂地块)合作开发建设协议，引进和新增生命科学类企业40家。创新活力不断增强。新建成梦想家青年创业服务中心正式投入使用，在规模、体量等方面均领先市内同类平台，并同步建立全市首家由企业家募资的创业基金——互成基金，为优质创业项目提供灵活便利的金融服务。项目建设扎实推进。先声百家汇、研发六区、中星微科技总部等项目按序推进，科创聚慧园进入建设收尾阶段，生物医药园、生命科学国际社区、生物基因产业园3个主题分园开园。

环湖旅游服务区 积极做好旅游服务配套，项目建设稳步推进。金界精品酒店正在和洲际集团洽谈，由洲际集团管理，12月中旬试营业。百子亭片区进行第一批国民建筑外墙修缮。玄武湖菱州儿童生态乐园经过多轮修改完善形成建设方案。高力新庄广场方案进一步完善。国展中心改扩建工程已完成环评公示，进行施工图设计。玄武湖东岸旅游市集已完成项目前期策划方案设计初稿，并报市规划局审批。玄武门广场改造工程方案经过多轮修改，上报市规划局。

长江路九号三期 位于长江路9号，中山东路与洪武北路交汇处，占地面积1.1万平方米，建筑面积约6.1万平方米，其中地上建筑面积约4.1万平方米，地下建筑面积约2万平方米。建筑高度95.5米，共19层，1~5层为商业楼、6~19层及地下室2层为办公楼。2016年竣工。由江苏汇金公司整体收购，已入驻。

壹零壹座（雨花巷总部企业楼） 项目位于中山东路139号(中山东路与邓府街交汇处)，建筑面积约3.1万平方米(含地下)，商业楼1~4层、酒店式公寓5~9层、办公楼10~20层及地下室3层，高100米，共20层。2016年竣工。酒店式公寓销售完成，浙江稠州银行等企业入驻。

梅园片区项目 位于中山东路以北、汉府街以东，毗卢寺以西，总占地面积约4公顷。拟通过对片区整体改造，将逸仙小学迁建至汉府新村地块，对片区内民国建筑进行修缮和保护，并开发建设相关旅游配套设施，提升整个梅园地区品质，改善长江路的旅游结构，在中山东路民国历史轴线上形成一个连续的界面，提升区域空间景观品质，进一步完善旅游配套设施，并新建高端旅游服务配套，从而增加和完善长江路文化旅游大街功能。2016年，片区内逸仙小学进行桩基施工，可出让地块全部完成挂牌前期手续。

熊猫中央广场 位于中山东路301号，占地12.6万平方米，包含A、B、C、D四个子地块，分期建设，地上部分建筑面积38万平方米，地下部分约20万平方米，拟打造成为集研发、办公等为一体，定位高端的总部型、综合性区域。其中A地块拟建2幢总部商务大楼；B地块地上建筑面积约20万平米，包含商业、办公、酒店、酒店式公寓等业态；C地块坐落有民国保护建筑，将进行保护性开发。D地块近珠江路，计划建设3万平方米高档住宅。截至2016年底，A地块2幢商务楼宇完成主体结构封顶；D地块准备验收。

南京玄武湖假日酒店（金界精品酒店） 项目位于锁金村1号，龙蟠路与板仓街交汇处，总建筑面积41432.2平方米，计划建设一座五星级酒店。投资总额9000万美元，江苏新隆基置业有限公司投资，由全球领先的国际酒店管理集团洲际酒店集团以假日酒店品牌进行管理。2016年12月18日正式开业。

卫岗奶业西区健康产业园 项目位于童卫路5号，占地面积约4.6万平方米，规划建设面积约11.6万平方米，由南京奶业（集团)有限公司负责运营，总投资约3.5亿元。2016年底项目1号和2号楼进行主体施工，其他楼宇均已进展至外墙保温施工。

钟鼎山庄商业配套(二期)项目 位于中山门大街299号，占地面积2万平方米，规划建筑面积约6.2万平方米，其中地上3.02万平方米，地下3.17万平方米。项目总投资4.5亿元，投资主体为南京中冶盛和置业有限公司，现由兴元控股集团有限公司负责运作。至2016年底已完成桩基工程，地下室底板主体施工基本完成。

南京常发广场 项目位于红山街道红山路南侧曹后村，2011年由常州常发集团拍得此地块，占地约5.6万平方米，总建筑面积约23万平方米，其中地下7万平方米。该商业综合体包含主力百货店和3幢商务写字楼，成为包含餐饮、购物、娱乐、健身等多种业态于一体的多功能商业综合体。2016年底正式开业。

百家汇玄武创新药物孵化基地　项目位于南京市玄武区徐庄软件园内，土地使用面积209736.9平方米，项目新建建筑面积约227800平方米，其中：研发实验室约38500平方米，研发办公约154800平方米，配套辅助用房约34500平方米。计划投资17亿元人民币，所需资金由南京百家汇科技创业社区有限公司自筹。百家汇作为一个开放式的创新创业平台，开创由制药企业主导、境内外科研机构、全球投资基金，共同孵化培育药物创新的模式，在南京打造一个汇聚全球智慧生物"硅谷"。2016年底一期建设收尾施工。

苏宁312国道南侧商业金融综合体　项目位于南京市玄武区徐庄软件园北部，紧邻玄武大道，占地面积50082.41平方米，总建筑面积209716.41平方米，地上建筑面积135416.41平方米，地下面积约74300平方米，建筑由西向东3个部分组成，建筑高度依次为50米、23.5米、18米。一层为商业，二层及以上为商办混合用房。2016年底楼宇完成主体结构封顶，局部进展至二次结构砌筑施工。（郑　倩）

组织机构及负责人

【中国共产党南京市玄武区委员会】

书　记：徐曙海
副书记：穆耕林（5月任）
　　　　杨乐华（7月免）
　　　　易　兵（7月任）
常　委：苏　郑（7月免）
　　　　许　恺
　　　　滕　涛
　　　　张　望
　　　　毛银玲（7月任）
　　　　梁爱国（7月免）
　　　　陈乙华
　　　　张惠民（7月任）
　　　　朱天龙（7月任）
　　　　郭永强（7月免）
　　　　顾学椋（7月任）
副巡视员：顾建华

【南京市玄武区人民代表大会常务委员会】

主　任：张　萍
副主任：刘显平
　　　　杨冬梅
　　　　李　辉

【南京市玄武区人民政府】

区　长：徐曙海（5月免）
代区长：穆耕林（5月任）
副区长：滕　涛（4月任）
　　　　苏　郑（7月免）
　　　　毛银玲（7月任）
　　　　戴　航
　　　　蒋兆全
　　　　王承江（12月任）
　　　　朱天龙（10月免）
　　　　陈云松（7月免）
　　　　黄文聪（挂职，4月任）
副巡视员：傅根辉　凌立玉

【中国人民政治协商会议南京市玄武区委员会】

主　席：邱小凡
副主席：王敬玲
　　　　蒋　健
　　　　王连安（不驻会）
　　　　冯小仙（不驻会）
　　　　贾民平（不驻会）

【中国共产党南京市玄武区纪律检查委员会】

书　记：张　望
副书记：丁晓祥（5月免）
　　　　邱　健
　　　　黄燕明（7月任）
常　委：张　震（7月免）
　　　　朱　妍
　　　　李静勤（7月任）
　　　　濮素晖（7月任）
　　　　陈安林（7月任）

【南京市玄武区人民武装部】

政　委：郭永强（7月免）
部　长：顾学椋

【南京市玄武区人民法院】

院　长：周　迅（12月免）
代院长：沈　湧（12月任）
党组副书记：张　赟
副院长：张　赟
　　　　高　伟
　　　　吴小晗
　　　　时　超
政治处主任：庞晓庆
纪检组长：齐　玥
审委会专职委员：陈新娣（5月免）
　　　　薛亚萍
副处级审判员：王海城
　　　　杨　荣
　　　　王　萍
　　　　武圣祥
　　　　王　慎
调研员：李　明（9月免）
　　　　郭　强
副调研员：孙郸中
　　　　陈新娣（5月任）

【南京市玄武区人民检察院】

检察长：陆宁平（12月免）
代检察长：倪一斌（12月任）
党组副书记：王卫东
副检察长：王卫东
　　　　涂　彪
　　　　张　前（5月任）
　　　　蔡　宁（5月任）
政治处主任：涂　彪（5月免）

程强然(5月任)
纪检组长:张天松(9月免)
检委会专职委员:张　前(5月免)
蔡　宁(5月免)
副处级检察员:朱家明
胡炳辉
缪亚云
调研员:彭庆安
副调研员:樊　凌
张天松(9月任)

【区委工作机构】

区委办公室
主　任:滕　涛(5月免)
李大海(5月任)
副主任:陈　静(5月免)
朱锡刚
徐远帆
副调研员:韩　琦
曹　芳(9月任)

区政策研究室(5月以前)
主　任:陈　静(5月免)

区委研究室(5月以后)
主　任:朱锡刚(5月任)
副主任:袁　源(9月任)

信访局
局　长:陈玉荣
副局长:高　炜(5月免)
陈　东
李联民
信访督查专员:解　军
张泽洪
副调研员:李国庆(5月任)

组织部
部　长:梁爱国(7月免)
张惠民(7月任)
副部长:马千山(兼、2月免)
孙　荟(5月免)
刘　青(2月免)
王颖川(10月任)
丁　锴
杨初兰(10月任)

组织员办公室
主　任:丁　锴(5月任)
副主任:丁　锴(5月免)

人才工作办公室
主　任:孙　荟(5月免)
王颖川(5月任)
副主任:秦　洁(9月免)

直属工委(5月以前)
书　记:刘　青(2月免)

两新工委(5月以后)
副书记:杨初兰(5月任)

党代表联络办公室
主　任:杨初兰(5月免)

党史工作办公室
主　任:钱钦民
副主任:乙维清(5月免)
调研员:宋洪兵

老干部局
局　长:张　栩(2月任)
副局长:周跃洪(9月任)
调研员:陈秀芝
副调研员:周　励
李　红(10月任)
周跃洪(9月免)

关工委
秘书长:李　红(10月免)

宣传部
部　长:陈乙华
副部长:鲁　中(兼、5月免)
朱海峰(5月免)
高　洁
杜宏亮(5月任)
副调研员:刘永进(9月任)

精神文明办公室
主　任:朱海峰(5月免)
高　洁(5月任)
副主任:杜宏亮

统战部
部　长:许　恺(7月免)
朱天龙(7月任)
副部长:蒋　俊(5月免)
张　晖(1月免)
钟文舟(2月任)
调研员:陈　俊(7月免)
甄再跃
蒋　俊(5月任)
副调研员:张　晖(1月任)

台湾工作办公室(侨务办公室)
主　任:张　晖(1月免)
钟文舟(5月任)
副主任:唐希忠

政法委
书　记:易　兵(7月免)
许　恺(7月任)
副书记:杨　杰
陈玲伟
赵杉春
陈　正(挂职)
副调研员:王大志
周　萍(9月免)
朱　劲
保留待遇:罗志方(9月任)

社会管理综合治理委员会办公室
主　任:杨　杰
副主任:翟晓军

国家安全领导小组办公室
主　任:陈玲伟
副主任:罗志方(9月免)

法学会(9月任)
专职副会长:周　萍(9月任)

防范和处理邪教问题领导小组办公室
主　任:杨玉林
副主任:解芳君
副调研员:刘秀泽
杨长伦

机构编制委员会办公室
主　任:王　莉
副调研员:袁敏生
周　师(9月任)

机关工作委员会
书　记:夏桂萍
副书记:何宏炉
副调研员:孙良青(10月免)
蒋　庆(9月任)
周　辉

社会建设工作委员会(2月以前)
书　记:胡圆圆(2月免)
副书记:陈　放(2月免)

督察工作办公室(10月以前)
常务主任:顾建华(兼、10月免)
常务副主任:邱　健(5月免)

党　校
校　长:梁爱国(兼、7月免)
易　兵(兼、7月任)
常务副校长:李正云(5月免)
曾　艳(5月任)
副校长:曾　艳(5月免)
李后方
副调研员:窦唐进
保留待遇:李正云(5月任)

区委巡察工作领导小组办公室(12月以后)
主　任:黄燕明(兼、12月任)
副主任:吴桂红(兼、12月任)
巡察组组长:王冬梅(兼、12月任)
张　赟(兼、12月任)
刘秀娟(兼、12月任)
王彦兴(兼、12月任)
巡察组专职副组长:
杨秀泉(12月任)
陆海燕(12月任)

【区人大工作机构】

人大办公室
主　任:刘　康
副主任:沈　阳(10月免)
杨宇峰(10月任)
李和华(5月任)
副调研员:徐国新(3月免)
刘　虹

人大研究室(10月以后)
主　任:杨宇峰(10月任)

【区人大各专门委员会及工作部门】

内务司法工作委员会
主　任:刘必军
副主任:曹　刚

预算工作委员会(10月以后)
主　任:陈小玲(10月任)
副主任:刘全庆(10月任)

财政经济工作委员会(10月以前)
主　任:陈小玲(10月免)
副主任:李　宇(5月免)
刘全庆(5月任、10月免)

教科文卫工作委员会(12月以前)
主　任:肖　红(12月免)
副主任:李　宇(5月任、12月免)

教科文卫委员会(12月以后)
主　任:肖　红(12月任)
副主任:李　宇(12月任)

环资城建工作委员会(12月以前)
主　任:杨承龙(12月免)
副主任:顾　冰(12月免)

环资城建委员会(12月以后)
主　任:杨承龙(12月任)
副主任:顾　冰(12月任)

人事代表工作委员会(10月以前)
副主任:曹晓莉(5月免)
姚宇军(9月任、10月免)

人事代表联络委员会(10月以后)
主　任:沈　阳(10月任)
副主任:姚宇军(10月任)

民族宗教侨务台湾事务委员会(10月以后)
主　任:郭志芹(10月任)

【区政府工作机构】

办公室
主　任:李大海(5月免)
石　磊(7月任)
副主任:陈玉荣
李　莹(2月免)
杨耀灿(5月免)
薛惠艳(9月免)
杨宇峰(10月免)
陶　祥(12月任)
金　晖
副调研员:孙祥希
吕　明(10月免)
刘明伟

发展和改革局
局　长:吴开芬(5月免)
胡全康(5月任)
副局长:吴义杰(5月任)
左　斌(5月免)
徐力行(5月免)
徐　锴
陶　祥(5月任、12月免)

副调研员：王建国
孙西沛
路　冠
邢四清（5 月任）
钮玉华
陈如祥
张宏娜（7 月免）

经济和信息化建设办公室（2 月以前）

主　任：左　斌（2 月免）

经济和信息化建设局（2 月以后）

局　长：左　斌（2 月任、5 月免）
吴义杰（5 月任）

住房和建设局（2 月以前）

局　长：庄佳峰（2 月免）
副局长：章　凯（2 月免）
李　安（2 月免）
于永斌（2 月免）
常本华（2 月免）
张地宝（2 月免）
龚志勇（2 月免）
总工程师：王继宁（2 月免）
工委书记：汪风华（2 月免）
工委副书记：庄佳峰（2 月免）
纪工委书记：王育民（2 月免）
调研员：于永斌（2 月免）
刘宁旗（2 月免）
赵深泉（2 月免）
吴士建（2 月免）
副调研员：胡国清（2 月免）
林光亮（2 月免）
乐　伟（2 月免）
张建春（2 月免）
王平权（2 月免）
高保峻（2 月免）
谈洪璋（2 月免）

建设房产和交通局（2 月以后）

局　长：庄佳峰（2 月任、9 月免）
副局长：章　凯（2 月任）
于永斌（2 月任、12 月免）
常本华（2 月任、5 月免）
张地宝（2 月任、9 月免）
龚志勇（2 月任）
巢庆芳（2 月任）
总工程师：王继宁（2 月任）
工委书记：章　凯（2 月任）
工委副书记：庄佳峰（2 月任、9 月免）
纪工委书记：王育民（2 月任）
调研员：于永斌（2 月任、12 月免）
刘宁旗（2 月任、11 月免）
赵深泉（2 月任）
吴士建（2 月任）
副调研员：胡国清（2 月任）
林光亮（2 月任）
乐　伟（2 月任、9 月免）
张建春（2 月任）
王平权（2 月任）
高保峻（2 月任）
谈洪璋（2 月任）
黄学安（2 月任）
唐修来（2 月任）
金谊仕（2 月任）
刘春风（9 月任）
杨志群（9 月任）

征收办公室

主　任：章　凯
副主任：巢庆芳（2 月免）
副调研员：黄学安（2 月免）
唐修来（2 月免）
金谊仕（2 月免）

拆迁办公室（2 月以前）

主　任：章　凯（2 月免）
支部书记：章　凯（2 月免）

老城改造建设办公室

主　任：李　安
副主任：李正才（5 月免）
胥晓斌（5 月免）

科技局

局　长：胡建军（2 月免）
刘　云（2 月任）
副局长：卢　洪
戚　军
周　正
调研员：徐劲松
副调研员：张瑞宏
张玲玲
沈　超（9 月任）

科学技术协会

副主席：杨　华

教育局

局　长：冻发山（2 月任）
副局长：沈　峰
吴锦友
戴继根
孙　兵（兼职，5 月任、12 月免）
工委书记：陈发山
工委副书记：易　红（5 月任）
纪工委书记：陈发山（2 月免）
易　红（5 月任）
调研员：冻　燕
李玉鹏（3 月免）
副调研员：章芳华
高前进
陈克俊（9 月任）

监察局

局　长：丁晓祥（5 月免）
邱　健（5 月任）
副局长：刘凌峰
张　震（7 月免）

民政局

局　长：袁　芳（2 月免）
汪风华（2 月任）
副局长：郭志芹（10 月免）
吴成林
汪拥政

工委书记：张家华
工委副书记：袁　芳（2月免）
汪风华（2月任）
纪工委书记：张家华
调研员：马静波
朱克民（2月免）

老龄委办公室

主　任：郭志芹（10月免）
副主任：马静波
刘盘铭
副调研员：成丽坚（4月免）

司法局

局　长：汤　政（2月任）
副局长：濮素晖（5月免）
戴　健（5月免）
高　炜（5月任）
副调研员：汪传东（12月免）
张鉴富
储荣根
茅晓春
周艳红（9月任）
戴　健（5月任）

财政局

局　长：王冬梅
副局长：张兴保（2月免）
余莉萍
调研员：黄跃峰
副调研员：田冬娥（5月任）
李海沅（9月任）

国有资产监督管理办公室（2月以前）

主　任：王冬梅（2月免）
副主任：徐　姝（2月免）

税源办公室（2月以前）

主　任：余莉萍（2月免）

经济发展办公室（2月以后）

主　任：余莉萍（2月任）

人力资源和社会保障局

局　长：马千山（兼、2月免）
袁　芳（2月任）
副局长：张训宝　苏　勤
李志平
马义兵（5月免）
崔雯鸿（5月任）
副调研员：李　勇

公务员局

局　长：张训宝

审计局

局　长：龚庆亚
总审计师：刘全庆（5月免）
副局长：张正国
调研员：杨发宝
副调研员：冯　旭
张　焰（5月任）

统计局

局　长：张兴保（2月任）
副局长：钟文舟（2月免）
秦丽华
调研员：陈　瑞
副调研员：刘成斌
方向武（9月任）

物价局

局　长：林　宁（10月免）
王　莉（10月任）
副局长：蔡保国
梅　雪
琚琦瑾（10月免）
调研员：闫海燕
林　宁（10月任）
副调研员：苏立军　李运湘
琚琦瑾（10月任）

安全生产监督管理局

局　长：郭建军（12月免）
吕　俊（12月任）
副局长：沈　原
杨艳婷（5月免）
李坚明（5月免）
申留昌（5月任）
副调研员：张　坤
张　涌
杨艳婷（5月任）
李坚明（5月任）

投资促进局（2月以前）

局　长：曹承桂（2月免）
副局长：张　静（2月免）

环境保护局

局　长：汤　政（2月免）
朱明勇（2月任）
王培军（12月任）
总工程师：钱厚宁
副局长：艾才银
赵　伟
副调研员：周　强
李勇宁（2月免）
洪　俭
邵启勇
钱丽明

城市管理局

局　长：朱明勇（2月免）
姚晓晖（2月任）
副局长：陶志龙
李明辉（12月免）
万　军
李传林（5月任）
工委书记：陶志龙
工委副书记：姚晓晖（2月任）
纪工委书记：陶志龙
工委委员：赵　宁
于永斌（12月任）
副调研员：赵仁斌　陈江山
杨四新（5月任）
周朝俊（4月免）
周建国
周光银

城市治理委员会办公室

副主任：陶志龙
　　　　张　浩(5月免)

水务局(12月以后)

局　长：于永斌(12月任)
调研员：李明辉(12月任)

商务局

局　长：魏　超(2月免)
　　　　薛剑春(2月任)
副局长：单伯平(2月免)
　　　　赵　俊
　　　　江　洁
　　　　张　静(2月任)
工委书记：刘秀娟
工委副书记：魏　超(2月免)
纪工委书记：刘秀娟(2月免)
　　　　　　单伯平(2月任)
调研员：张丽娜
　　　　周长俊
副调研员：李业明
　　　　　李晓青
　　　　　杨慧娟
　　　　　刘建明
　　　　　管　兵
　　　　　钟　成(5月任)
　　　　　万荣华(1月免)
　　　　　田文明
　　　　　袁胜宁

旅游局(2月以前)

局　长：魏　超(2月免)
副局长：唐思恩(2月免)

旅游局(2月以后)

局　长：魏　超(2月任)
副局长：唐思恩(2月任)
　　　　张　震(7月任)

文化局

局　长：鲁　中(5月免)
　　　　陈　静(5月任)
副局长：樊姝玉
　　　　葛　勤(9月任)
调研员：鲁　中(5月任)
副调研员：葛　勤(9月免)
　　　　　刘　勇
　　　　　张朝学

卫生局(2月以前)

局　长：王礼铭(2月免)
副局长：奚建彬(2月免)
　　　　叶冬梅(2月免)
　　　　徐正海(2月免)
工委书记：张　栩(2月免)
工委副书记：王礼铭(2月免)
纪工委书记：张　栩(2月免)
调研员：黄云霞(2月免)
副调研员：张建国(2月免)
　　　　　钱　立(2月免)

人口和计划生育局(2月以前)

局　长：王　荣(2月免)
副局长：孙丽萍(2月免)
调研员：徐力跃(2月免)
副调研员：周晓光(2月免)
　　　　　姜凤梅(2月免)
　　　　　孙拥军(2月免)

卫生和计划生育局(2月以后)

局　长：王礼铭(2月任)
工委书记：王　荣(2月任)
工委副书记：王礼铭(2月任)
纪工委书记：孙丽萍(2月任)
副局长：奚建彬(2月任)
　　　　叶冬梅(2月任)
　　　　徐正海(2月任)
调研员：黄云霞(2月任)
　　　　徐力跃(2月任)
副调研员：周晓光(2月任)
　　　　　张建国(2月任)
　　　　　孙拥军(2月任)
　　　　　钱　立(2月任)
　　　　　姜凤梅(2月任)

民宗局(2月以后)

局　长：胡圆圆(2月任)
副局长：乙维清(5月任)

人民防空办公室

主　任：张金贵
副主任：宗在卿(5月免)
调研员：陈宁伟
副调研员：李建新
　　　　　陶瑞和
　　　　　沈金华

法制办公室

主　任：郭　镰
副主任：乔明达
副调研员：梁宏起
　　　　　王　刚(5月任)

区国有资产监督管理办公室(2月以后)

主　任：曹承桂(2月任)
副主任：张培友(5月任)
副调研员：王聿南(10月任)

市场监督管理局

局　长：王培军(12月免)
　　　　顾建华(12月任)
副局长：梁　静(5月免)
　　　　刘革新
　　　　魏德华
　　　　孔祥盛
　　　　刘　宁(10月免)
　　　　孙　强
　　　　孙德飞
工委书记：梁　静(5月免)
　　　　　朱海峰(5月任)
工委副书记：王培军(12月免)
纪工委书记：傅光义
调研员：聂　猛
　　　　孔祥建
　　　　李　力(6月免)
　　　　韩建国(10月免)
　　　　陆　辉

陈　贵
副调研员：陈晋勇
　　谷杭刁
　　杜　梅
　　刘贤发
　　王　虹
　　张　恺
　　李晓宁(12月免)
　　金道林
　　郝志坚
　　毛建新
　　郭益民
　　张秀红
　　刘　宁(10月任)

食品药品监督管理局

局　长：梁　静(5月免)
　　王培军(5月任、12月免)
　　顾建华(12月任)

体育局

局　长：叶　丽
副局长：顾云超
　　卢艳岗
　　王　坚
调研员：张义斌
　　黄大志

档案局

局　长：王　莉(10月免)
　　张　军(10月任)
副局长：袁茵茵(10月免)
副调研员：苏　成
　　吴丽萍(2月免)
　　袁茵茵(10月任)

地方志编纂委员会办公室

主　任：王　莉(10月免)
　　张　军(10月任)

政务中心(2月以前)

主　任：李　莹(2月免)
副主任：张　斌(2月免)

政务办(2月以后)

主　任：李　莹(2月任)
副主任：张　斌(2月任)
副调研员：王　炎(9月任)

紫金科技创业特别社区管理委员会(12月以前)

常务副主任：薛　磊(4月免)
副主任：唐承武(9月免)
　　王玉兰(12月免)
工委书记：薛　磊(4月免)

徐庄软件产业基地管理委员会(5月以前)

主　任：薛　磊(4月免)
副主任：陈若谷(2月任、5月免)
　　吴义杰(5月免)
　　曾丽萍(5月免)
　　张培友(5月免)
　　崔雯鸿(5月免)
　　张　建(5月免)
纪工委书记：黄爱华(5月免)
调研员：丁　诚(2月免)
　　罗　军(4月免)
副调研员：邢四清(5月免)
　　陈　宝(1月任、4月免)

南京徐庄软件园管理委员会(4月以后)

工委书记：薛　磊(4月任)
主　任：吴开芬(4月任)
工委副书记：吴开芬(5月任)
　　陈若谷(5月任)
纪工委书记：陈若谷(5月任)
综合部副部长：陈　放(5月任)
经济发展部副部长：
　　孙　力(5月任)
　　郭　骞(5月任)
建设管理部副部长：
　　胥晓斌(5月任)
　　谭学忠(9月任)
财务部副部长：费莉莉(5月任)
调研员：罗　军(4月任)
副调研员：邢四清(4月任、5月免)
　　陈　宝(4月任)
　　黄　斌(9月任)

紫金(玄武)科技创业特别社区建设办公室(9月以前)

主　任：唐承武(9月免)
副主任：杜景南(2月免)
　　张丽霞(5月免)
副调研员：谭学忠(9月免)
　　黄　斌(9月免)

珠江路科技街管理委员会办公室

主　任：胡建军(2月任、5月免)
　　刘　云(5月任、12月免)
　　孙　兵(12月任)
常务副主任：陈若谷(2月免)
　　徐力行(5月任、12月免)
副主任：汪小文
工委书记：姚　雁(5月免)
　　梁　静(5月任)
组织员：吴苡静(5月免)
调研员：姚　雁(5月任)
副调研员：何建民(1月任)
　　吴苡静(5月任)

玄武湖周边地区综合管理办公室

主　任：马千山
副主任：徐力行(12月任)
　　陈建志
综合处副处长：周秋云
　　封　炜(5月任)
监管处处长：马云翊(5月任)
监管处副处长：孙红梅(5月任)
法规处副处长：严义兵(5月任)
市政管养中心副主任：徐　俊

铁北红山新城管委会

主　任：蒋　健(兼)
工委副书记：蒋　健(兼)
副主任：李　安
　　薛剑春(2月免)

杜景南(兼、2 月免)
胡全康(兼、5 月免)
曾丽萍(5 月任、7 月免)
吕梦旦(9 月任)
唐承武(兼、9 月任)
调研员:李正才(5 月任)
综合财务部部长:李　安
综合财务部副部长:
胥晓斌(5 月免)
产业发展部部长:薛剑春(2 月免)
规划建设部副部长:
潘毓洁(5 月免)
管理服务部部长:
胡全康(兼、5 月免)
管理服务部副部长:
李正才(5 月免)
贺国华(兼、10 月免)

【区政协工作机构】

政协办公室

秘书长:王玉兰(12 月任)
主　任:吕　俊(12 月免)
副主任:曹　萍
徐喜求
调研员:夏洁城
吴雄雄(9 月任)
副调研员:杨发国
俞　杰(5 月免)
庞永华
姜　武(10 月任)

【区政协各专门委员会及工作部门】

学习文史委员会

主　任:付传年
副主任:胡学芳

提案法制委员会

主　任:吴锦友

经济科技委员会

主　任:张　军(10 月免)

社会事业委员会

主　任:吴雄雄(9 月免)
薛惠艳(9 月任)

祖国统一委员会

主　任:蒋　俊(5 月免)
副主任:俞　杰(5 月任)

人口资源环境委员会

主　任:粟　红

【区纪委工作机构】

办公室

主　任:朱　妍

信访室

主　任:吴桂红

纠风办

主　任:张　震(7 月免)

纪检监察室(9 月以前)

主　任:陈安林(9 月免)

纪检监察一室(9 月以后)

主　任:陈安林(9 月任)

纪检监察二室(9 月以后)

主　任:陈其响(9 月任)

干部管理室(8 月以前)

主　任:苏国梁(8 月免)

纪检监察干部管理监督室(8 月以后)

主　任:苏国梁(8 月任、12 月免)
调研员:林　朗
副调研员:吕秀兰
陈其响(9 月免)
王同洋
杨晓强(9 月任)
刘天树

第一纪检监察工作室

主　任:黄燕明(9 月免)
朱　妍(9 月任)
副主任:郑　慎

第二纪检监察工作室

主　任:李静勤
副主任:鄢　锋(9 月免)

第三纪检监察工作室

主　任:濮素晖(5 月任)

第四纪检监察工作室

副主任:张　震(7 月免)
黄爱华(5 月任、12 月免)

【南京市玄武区各群众团体】

总工会

主　席:汤冬梅(兼)
副主席:尹　征
汤　超(10 月免)
副调研员:颜焕琪
胡　静
杨　超(10 月任)

团区委

书　记:吴　丹
副书记:吴媚卿
徐忠建(兼、10 月任)
程　雯(兼、10 月任)
韩　旭(挂职、10 月任)

妇　联

主　席:方志秀
副主席:经　莉
曹晓莉(5 月任)
戴　晨(党外兼职)
副调研员:刘永玲
潘丽云

工商联

党组书记:汤　浩(5 月任)
主　席:张　蓬(兼)

常务副主席：汤　浩
调研员：张海宁
副调研员：白俊禄(3月免)

残疾人联合会执行理事会

理事长：卢卫东
副理事长：汤晓滨
　　　　吴　敏
副调研员：刘有禄
　　　　王向东

红十字会

会　长：蒋兆全(兼)
常务副会长：奚建彬
副会长：颜晓民

【南京市玄武区各街道】

新街口街道

工委书记：张　杰
工委副书记：刘　云(2月免)
　　　　吴　恒(5月任)
　　　　王颖川(5月免)
　　　　马义兵(5月任)
纪工委书记：王颖川(5月免)
　　　　马义兵(5月任、12月免)
　　　　黄爱华(12月任)
组织员：潘　翔
统战员：邹玲华(5月任)
人大工委主任：丁晓祥(5月任)
政协工委主任：郑宏伟(9月任)
办事处主任：刘　云(2月免)
　　　　吴　恒(5月任)
办事处副主任：郑宏伟(9月免)
　　　　陈吉亮
　　　　叶海阳
　　　　庞　敏(9月任)
　　　　蒋书余
人武部长：凌志军
调研员：郭　民(3月免)
　　　　陶巧明
　　　　杨春宝
副调研员：吴瑞堂(8月免)
　　　　陈金玉
　　　　杨晓文
　　　　蔡　华
　　　　赵会欣
　　　　王中彦(1月任)
　　　　张志成(5月任)
　　　　张锦南

玄武门街道

工委书记：姚晓晖(2月免)
　　　　庄佳峰(5月任)
工委副书记：刘艳军
　　　　施时萍(5月免)
　　　　邹德勇(5月任)
纪工委书记：施时萍(5月免)
　　　　邹德勇(5月任、12月免)
　　　　李晓宁(12月任)
组织员：沈　斌
统战员：吴　民
人大工委主任：刘鲁卫
人大工委副主任：王汛生(9月任)
办事处主任：刘艳军
办事处副主任：马云翊(5月免)
　　　　王颖娟
　　　　冯　亮
　　　　周晓蓬(5月任)
　　　　刘德贤
政协工委主任：施时萍
人武部长：靳祥运(5月免)
　　　　卞雨华(5月任)
调研员：陈竞赛
副调研员：张玉增
　　　　韩　峰
　　　　吴　萍
　　　　刘思承(10月免)
　　　　贺晓春
　　　　彭家全
　　　　靳祥运(5月任)

梅园新村街道

工委书记：王　涛
工委副书记：史庆锋
　　　　卢　惠(5月免)
　　　　王　茜(5月任)
纪工委书记：卢　惠(5月免)
　　　　王　茜(5月任、12月免)
　　　　陶　勇(12月任)
组织员：郭　骞(5月免)
　　　　周红军(5月任)
统战员：方　强
人大工委主任：卢　惠(5月任)
人大工委副主任：陆　中(9月任)
办事处主任：史庆锋
办事处副主任：张丽霞(5月任)
　　　　李希平
　　　　王　丽(5月免)
　　　　王汛生(9月免)
　　　　魏冠正
　　　　许　可
　　　　唐　谧(9月免)
　　　　倪建军(9月任)
政协工委主任：卢　惠(5月免)
　　　　杨耀灿(5月任)
人武部长：陆　中(9月免)
　　　　陆生兰(10月任)
调研员：王鲁威
　　　　徐宝富
副调研员：严小平
　　　　张忠义
　　　　陆红霞(5月免)
　　　　何全庆
　　　　邓　霞(10月免)
　　　　蒋林德
　　　　潘兴华
　　　　马绪彪
　　　　梁兴贵
　　　　臧中平

锁金村街道

工委书记：石　磊(7月免)
　　　　郭建军(9月任)
工委副书记：朱　骏(2月免)
　　　　左　斌(5月任)
　　　　盛　莉

纪工委书记：盛　莉（12月免）
苏国梁（12月任）
组织员：陶　勇（12月免）
统战员：宋兴平（5月免）
工委委员：余挺婷（5月免）
人大工委主任：刘　密
办事处主任：朱　骏（2月免）
左　斌（5月任）
办事处副主任：邹德勇（5月免）
陶　祥（5月免）
赵　军
宋兴平（5月任）
张　建（5月任）
郑宁兵
政协工委主任：石　磊（7月免）
人武部长：王宝麟
调研员：吴天荣（4月免）
张志荣
副调研员：唐德明
赵　辉
杨永平
张国祥
章福财（11月免）
徐长春
王海鹰
倪学金（5月免）
朱国宾

孝陵卫街道

工委书记：王玉兰（12月免）
朱明勇（12月任）
工委副书记：吴　恒（5月免）
方明城
但加成（9月任）
纪工委书记：方明城（5月免）
但加成（9月任、10月免）
贺国华（10月任）
组织员：陈玉梅
统战员：张学应
人大工委主任：邓志林
政协工委主任：潘毓洁（5月任）
办事处主任：吴　恒（5月免）
方明城（5月任）
办事处副主任：但加成（9月免）
单　善
郝洛元
樊六龙
李　军
人武部长：汤永锦（10月免）
调研员：程永才（12月免）
卢爱民
陈锦国
副调研员：戴伟华
阙道富
赵红梅
沈国红（1月任）
侯和平（9月任）
王守祥
陈晓君

玄武湖街道

工委书记：王彦兴（5月免）
张　巍（5月任）
工委副书记：张　巍（5月免）
孙　荟（5月任）
任　钰（5月免）
王　丽（5月任）
纪工委书记：任　钰（5月免）
王　丽（5月任、10月免）
郭　锋（10月任）
组织员：申留昌（5月免）
统战员：姚长青
人大工委主任：王彦兴（5月任）
人大工委副主任：陆丛林（9月任）
办事处主任：张　巍（5月免）
孙　荟（5月任）
办事处副主任：王　茜（5月免）
余挺婷（5月任）
张　浩（5月任）
李传林（5月免）
费莉莉（5月免）
徐　鹏
政协工委主任：任　钰
人武部长：陆丛林（9月免）
王　志（10月任）
调研员：张可道
张　瑜
杨　宁
徐龙海
池宝平
副调研员：陆建新
谢福明
宗岳奇
穆顺明
黎　斌
杨东勇
丁毓萍（9月任）
赵良华

红山街道

工委书记：蒋　健（兼、9月免）
唐承武（9月任）
工委副书记：胡全康（5月免）
宗在卿（5月任）
韩春云
纪工委书记：韩春云（10月免）
汤永锦（10月任）
组织员：卞雨华（5月免）
射登梅（5月任）
统战员：姚业飞（5月免）
人大工委主任：刘立青
人大工委副主任：雷修强
办事处主任：胡全康（5月免）
办事处副主任：宗在卿（5月任，主持工作）
章　川（7月免）
孙　力（5月免）
陈红飞
秦　洁（9月任）
姚成军
黄　巍
人武部长：贺国华（10月免）
调研员：杨　健
梁建东
王昌荣
副调研员：包进堂
赵东林

徐其和(3 月免)
胡兰萍(5 月任)
姚业飞(5 月任)

【区直属企事业单位】

钟山集团公司(2 月以后)

党委书记:刘　青(2 月任)
董事长:刘　青(2 月任)
总经理:徐　姝(5 月任)
副总经理:史文广(5 月任)

玄武区国有资产投资管理控股(集团)有限责任公司

董事长:薛　磊(3 月免)
总经理:薛　磊(3 月免)
监事会主席:黄跃峰(3 月免)

玄武城建投资管理有限公司

董事长:庄佳峰(3 月免)
总经理:杜景南(2 月免)

玄武区房屋拆迁安置办公室

主　任:章　凯(2 月免)
支部书记:章　凯(2 月免)

新街口社区卫生服务中心

主　任:王　河
总支书记:杨龙海

玄武区城市管理行政执法大队

大队长:万　军(5 月免)
　　　苏　晓(5 月任)
　　　政　委:王文伟

【垂直管理部门】

公安玄武分局

局　长:冯　甦
政　委:卢　伟(3 月任)
副局长:吴晓马(3 月免)
　　　宋建军
　　　韩　祺(8 月免)
　　　张　蔚(3 月任 12 月免)
　　　徐群武(12 月任)
　　　陈　坚(11 月挂职)
　　　王光明(12 月任)
监察室主任:袁修来(12 月免)
　　　　　匡宇清(12 月任)
区维稳办副主任:
　　　　　王光明(12 月免)

国税局

局　长:李维贵
副局长:王礼根(调研员)
　　　严　铀
　　　葛菲菲
纪检组长:戚光连
副调研员:赵小文
　　　　华　晶

地税局

局　长:曾　翀(4 月任)
　　　马学民(4 月免)
副局长:虞　华
　　　洪　斌(4 月任)
　　　沈永惠(6 月任)
　　　戴迎新(6 月免)
调研员:林　斌
副调研员:王　玲
　　　　步劲柏
　　　　魏　玮
　　　　王小洪

(韩静玮)

中山陵园景区——水榭

大事记

Chronicles

责任编辑　苏　成

1月

1日

△由国家体育总局和中华全国体育总会联合主办，玄武区人民政府协办，“中国体育彩票”2016全国新年登高健身大会江苏南京分会场活动在玄武域内紫金山举行。

5~8日

△政协南京市玄武区第十一届委员会第五次会议召开。

6~8日

△玄武区第十七届人民代表大会第五次会议召开。

7日

△上午，玄武区召开十七届人大常委会第二十九次会议。

8日

△上午，市商务局副局长朱京芝带领市安委会安全生产考核组到玄武区检查考核区政府2015年度安全生产工作。

11日

△玄武区召开十七届人大常委会第四十八次主任会议。

14日

△下午，省安监局副局长喻鸿斌带领省总工会、省住建厅相关人员组成的省安委会考评组在市安监局副局长张跃进、市安监局政策法规处处长李宁陪同下到玄武区督查安全生产工作。

△下午，由国侨办组织的多伦多华侨华人科技考察团一行参访徐庄软件园，与区人才办、区人社局及徐管委人才办进行项目介绍和交流。

15日

△下午，玄武区召开社科联二届三次理事会暨“书香玄武”悦读分享会。

16日

△在中国生态文明示范学校委员会、《环境教育》杂志社共同举办的第四届环境教育年会上，红山小学被授予2015年“全国生态文明教育示范学校”称号。

20日

△以市财政局副局长唐迪建为组长的市政府医改工作督查组一行4人到玄武区督查指导综合医改工作，并实地检查同仁街社区卫生服务中心。

22日

△下午，江苏省产业技术研究院与徐庄软件园软件信息和医药健康产业技术对接会暨徐庄软件园第二届企业家私董会在园区举办。

△上午，玄武区召开老干部情况通报会。全区离休干部、市管退休干部、区机关退休干部及老干部工作者参加会议。

△下午，省委第七巡视组组长陈逸中和副组长朱跃宁、骆凤琴、吴应年、汤建石向玄武区区委书记、区长徐曙海反馈巡视情况。朱跃宁代表巡视组向玄武区领导班子进行反馈。南京市委常委、组织部部长郭腊军出席会议并代表市委提出工作要求。徐曙海主持会议并作表态发言。

23日

△下午，玄武区委召开区人大与“一府两院”联席会暨区政协高层协商会。

25日

△上午，“港澳台媒体看江苏”记者团到徐庄软件园，参观园区企业苏宁易购。

29日

△下午，市委改革办督察组在市委副秘书长孙惟勤带领下，到锁金村街道锁北路、锁东路和新庄地铁出口广场，对玄武区锁金村片区园林绿化养护市场化工作进行现场考察。

2月

1日

△下午，玄武区召开2015年度综合表彰暨2016年度重点工作责任状递交大会。

2日

△省、市、区红十字会联合在玄武区鸿福老年公寓举行“春暖敬老”活动。

△上午，区委书记、区长徐曙海、区人大常委会主任张萍、区政协主席邱小凡、区委副书记杨乐华等领导走访慰问驻区部队官兵，向驻区部队送去新春祝福。

△下午，区委常委、宣传部部长陈乙华带队走访慰问辖区内获市级以上荣誉的道德模范、身边好人，为他们送上鲜花、慰问金和新春祝福。

3日

△上午，玄武区人民政府职能转变和机构改革动员大会在玄武中心大厦召开。

4日

△玄武区被命名为首批2016~2020年度全国科普示范区（科协发普字〔2016〕8号）。

6日

△上午，区委书记、区长徐曙海带队，区委常委、政法委书记易兵，区委常委、区委办主任滕

涛，区人大副主任刘显平等领导走访慰问玄武环境工程有限公司一线环卫工人。

△下午，区委书记、区长徐曙海在区委常委、区委办主任滕涛，区副巡视员凌立玉陪同下，率区民政局、相关街道负责人走访慰问宁康老年康复护理院和幸福人家老年公寓。

16 日

△区委、区政府组织召开全区机关作风建设大会，贯彻落实省市作风建设电视电话会议精神，部署全区相关工作。

△上午，市长缪瑞林到锁金村街道实地考察唐家山沟河道整治工程进展情况。徐曙海等陪同。

17 日

△下午，省委常委、市委书记黄莉新率市级机关有关部门到玄武区开展专题调研。先后考察珠江路未来城广场、玄东科技园、长江后街和曼度广场。区委书记、区长徐曙海等陪同。

18 日

△上午，玄武区第十七届人大常委会召开第 49 次主任会议，专题听取区第十七届人民代表大会第五次会议代表建议、批评和意见情况的汇报。

22 日

△下午，市委副书记、市纪委书记龙翔率有关单位到玄武区调研，先后考察德基广场、艾尚天地苹果零售店、“创派社区”众创空间、“小红梅” 区域 O2O 大党建平台等项目，听取玄武区“十三五”发展规划情况汇报。

23 日

△上午，玄武区召开第十七届人大常委会第三十次会议。

△下午，玄武区召开 2016 年全区党风廉政建设和反腐败工作会议，传达习近平总书记在中央纪委六次全会上的重要讲话和中纪委全会精神、省纪委十二届六次全会精神以及市纪委十三届六次全会精神，研究部署 2016 年全区党风廉政建设和反腐败工作。

△市委教育工委副书记夏莹带领市教育局视导组对玄武区弘光中学、理工大学实验小学和银城双语幼儿园进行开学视导。

25 日

△下午，玄武区政协召开十一届二十五次常委会议。会议协商通过 2016 年区政协常委会工作要点、常委会议题安排、主席会议题安排、调研课题安排和主要活动安排，听取区政协十一届五次会议提案立案情况报告并提出意见建议。

26 日

△上午，市委常委、政法委书记刘志伟一行到公安玄武分局调研“玄微警”建设成效及深化拓展措施，并就促进政法综治信息网络平台互联互通，借助信息资源品牌提升平安法治南京建设水平与相关人员进行座谈。

3 月

2 日

△下午，全区党建工作会议在区政府 409 会议室召开。

4 日

△由市体育舞蹈运动协会与同仁小学合作成立的南京市青少年体育舞蹈培训基地在同仁小学敏健馆举行挂牌仪式。

△下午，市委宣传部副部长潘谷平带领市文化产业平台负责人调研玄武区文化改革发展工作。实地考察玄武区千秋艺境创意中心，并就玄武区文化体制改革情况和 2016 年文化产业发展工作思路座谈交流。

6 日

△下午，“弘扬时代楷模·展示巾帼风采”—玄武区“三八”主题纪念活动暨巾帼文明岗(星)表彰会在玄武中等专业学校礼堂举行。

7 日

△下午，玄武区召开全区统战工作会议。

10 日

△下午，南京 CEO 峰会暨江苏省人才创新创业促进会玄武代表处专场活动在徐庄软件园啡咖啡举行。

11 日

△上午，玄武区信息化工作会议在区政府 409 会议室召开。

14 日

△下午，省法院党组成员、副院长褚红军，执行局副局长赵培元等到玄武法院调研民事案件执行工作。市法院党组书记、院长胡道才，执行局局长李畅，区委常委、政法委书记易兵，区人民法院党组书记、院长周迅，民事案件执行局负责人及部分执行干警参加调研座谈。

17 日

△上午，区政协召开十一届十九次主席会议，协商讨论玄武区民办教育发展情况、义务教育巩固率和社区教育覆盖率达标情况。

△上午，厦门市委副书记洪碧玲率考察团到玄武区考察锁金村

街道中心化改革、社区治理和便民服务等相关工作。

18 日

△下午，玄武区召开第十七届人大常委会第 50 次主任会议，听取区法院院长周迅关于刑事审判工作情况的汇报和区人大常委会内务司法工委主任刘必军关于刑事审判工作的调研报告。

21 日

△下午，省民政厅党组书记、厅长侯学元，市民政局局长陈学荣等到玄武区调研锁金村街道的智慧养老建设情况，以及新街口街道香铺营社区的社区建设与社会组织等工作情况。

22 日

△下午，区委、区人大、区政府、区政协联合召开 2016 年区人大代表建议、政协委员提案交办会。

△下午，市委常委、统战部部长徐锦辉一行调研玄武统战工作。

23 日

△副市长黄澜、市政府副秘书长叶荣生一行调研锁金村街道智慧社区建设工作。

△全区人才工作培训会暨“创业南京”政策讲解会在 I-space 爱创空间举办。

24 日

△在省委、省政府召开的全省教育工作会议上，玄武区被评为江苏省促进义务教育均衡发展先进区。

△区委宣传部召开全区宣传系统工作会议，对《2016 年全区宣传思想文化工作要点》进行重点解读。

25 日

△玄武区召开企业家座谈会，总结 2015 年全区经济社会发展取得的成绩，听取企业家们对 2016 年全区经济社会发展特别是服务企业工作方面的意见建议。区委书记、区长徐曙海出席座谈会并讲话。南京依维柯汽车有限公司、德基集团、江苏柯菲平医药有限公司等 30 家企业负责人出席座谈会。

29 日

△下午，新型群众性公益文化活动项目书香锁金—“乐颂”文化空间落户锁金村街道。以“乐文化之趣、颂艺术之美”为主题，通过阅读、朗诵、音乐、舞蹈、书画、戏曲等形式，开展公益活动，丰富社区居民文化生活。

30 日

△下午，玄武区委中心组在区政府 409 会议室举办专题(扩大)学习会，邀请刘洪律师作题为“法治思维和法治方式的理解与适用”的专题辅导报告。

4 月

1 日

△上午，内蒙古自治区政协副主席梁铁城一行考察徐庄软件园推进服务业发展的经验做法，重点考察苏宁易购和途牛旅游网等园区企业。

5 日

△下午，副市长华静一行到玄武区调研辖区内唐家山沟、友谊河(玄武段)、内秦淮河(玄武段)、香林寺沟、白水河支流 5 条河道整治推进情况。市政府副秘书长许明、市水务局局长张孝科，市水务局(河整办)、督查办、建委、环保局、城管局、城建集团、水务集团等单位分管领导，区委书记、区长徐曙海等区领导及区相关部门负责人参加调研。

6 日

△上午，玄武区委召开党的群团工作会议，深入学习贯彻中央和省委、市委党的群团工作会议精神，部署全区党的群团工作。

△下午，全国政协副主席罗富和率全国政协调研组一行实地考察徐庄软件园企业途牛旅游网，就大学生创业政策环境与制度环境建设进行专题调研。南京市政协副主席陆平贵，市人社局局长朱志宏，紫金（玄武)科创特区党工委书记、徐庄软件园管委会主任薛磊等领导及相关部门负责人陪同调研。

7 日

△南京玄武外国语学校召开新闻发布会，宣布成立民办附属小学。

8 日

△上午，江苏省首个红十字生命健康安全体验教室在玄武区月苑第一小学揭牌落成。

△上午，市人大常委会秘书长侯成新率办公厅秘书处、信息处负责人到玄武区调研人大工作机构设置情况及学习贯彻落实中央 18 号文件和省、市委相关文件精神情况。

11 日

△下午，省委常委、市委书记黄莉新到梅园新村街道小红梅中心开展“两学一做”学习教育专题调研。

13 日

△下午，省委常委、市委书记黄莉新到徐庄软件园调研供给侧结

构性改革情况，考察苏宁在互联网转型发展及供给侧改革方面的创新做法和成果。

△下午，天津市副市长何树山率科技“小巨人”领军企业到徐庄软件园考察。考察团调研园区企业先声药业、江苏省产业技术研究院和苏宁云商。

14日

△下午，湖北省科协秘书长余军一行4人考察调研玄武区科普资源共享服务工作，考察东大科技园、玄东科技园等创业服务平台。省科协、区科协相关领导陪同调研。

15日

△上午，省委督查组督查玄武区中央巡视组反馈意见整改情况。

△下午，由市文明办、市教育局、南京报业传媒集团联合主办，区文明办、区教育局、成贤街小学、南京《现代家庭报》传媒有限公司共同承办，南京市“十岁成长仪式”优秀案例征评活动启动仪式暨成贤街小学十岁成长仪式在成贤街小学举行。

△下午，玄武区2016年全民阅读活动启动仪式在市文化艺术中心举办。启动仪式上同时表彰2015年度“书香玄武”先进集体和阅读之星。

16日

△在全国第五届中小学生艺术展演中，南京九中民乐团演奏的民乐合奏《龙跃东方》获全国一等奖。南京九中民乐团连续三届蝉联该级别比赛一等奖。

18日

△上午，玄武区召开第十七届人民代表大会常务委员会第五十一次主任会议，预审区十七届人大常委会第三十一次会议议题。

20日

△下午，玄武区政协召开十一届二十六次常委会议，专题协商铁北红山新城建设和创建省级食品安全示范区推进情况。

21日

△下午，中办调研组二次回访调研习近平总书记视察江苏重要讲话精神贯彻落实情况，调研一组考察徐庄软件园园区企业江苏省产业技术研究院，调研二组考察百家汇科技创业社区有限公司、苏宁集团。省委常委、市委书记黄莉新，市委副书记、市长缪瑞林，副市长陈勇，区委书记、区长徐曙海等领导陪同。

22日

△上午，濮阳市委书记何雄一行考察徐庄软件园园区企业苏宁易购。

23日

△上午，区总工会联合区委宣传部、区人才办、区人社局、区科技局、团区委、区妇联，在玄武高级中学(梅园校区)共同举办主题为“创业创新十三五·共建美好新玄武”的第十五届职工技术大比武决赛暨首届创业创新大赛。

△下午，云南省委书记、省人大常委会主任李纪恒，省长陈豪率云南省党政代表团一行考察徐庄软件园，调研江苏省产业技术研究院，省委书记罗志军陪同调研。

24日

△上午，广东省政协副主席温兰子一行考察徐庄软件园江苏省产业技术研究院。

26日

△上午，玄武区召开十七届人大常委会第三十一次会议。

27日

△参加第九届中国留学人才南京国际交流与合作大会的50多名海外高层次人才组团到徐庄软件园参访。参访团一行先后参观江苏省产业技术研究院、百家汇科技创业特别社区及途牛旅游网，并召开座谈会。

5月

1日

△上午，省委常委、市委书记黄莉新到中山陵景区、小红山客运站检查“五一”期间安全保障工作。

4日

△上午，玄武区召开纪念五四运动97周年表彰大会暨“青年先锋”事迹宣讲会。

6日

△玄武区“两学一做”学习教育工作座谈会在区政府409会议室召开。区委书记、区长徐曙海出席会议并讲话。市“两学一做”学习教育督导一组到会指导。

△下午，市长缪瑞林一行到玄武区洪武北路桥，检查黑臭河道治理工作。区委书记、区长徐曙海陪同。

8日

△由玄武区人民政府、中山陵园管理局、南京体育产业集团共同主办，咪咕互动娱乐有限公司冠名并承办。“咪咕善跑”杯2016年(首届)南京紫金山城市山地马拉松赛在玄武区开跑。徐曙海，蒋兆全等领导出

席起跑仪式。比赛设 42 公里和 30 公里两个项目，有 545 名选手参赛，其中包括 10 名外籍选手。

10 日

△商务部电子商务司副巡视员刘德成率队考察徐庄软件园电子商务示范基地建设情况，走访参观苏盐连锁、途牛旅游网、猎宝等电子商务示范企业。

11 日

△上午，副市长黄澜率市经信委、市发改委、市科委、市财政局、资金创投等部门调研集成电路企业，考察微盟电子、芯力微、通华芯等徐庄软件园园区企业。

△下午，玄武区举行“心廉心”建设工程主题廉洁教育广场启动暨建设工程廉洁承诺书递交仪式。“心廉心”广场位于明城墙解放门至玄武门段，占地面积约 4000 平方米，是全省首个建设工程主题廉洁教育广场。

12 日

△下午，玄武区青年企业家联合会成立大会在徐庄软件园管委会召开。

13 日

△上午，国务院安委会第一巡查组在小红山客运站进行安全生产巡查。副区长陈云松陪同。

△下午，江苏省暨南京市 2016 年职业教育活动周启动仪式在南京市玄武中等专业学校举行。

14 日

△以“创新引领共享发展”为主题的 2016 年全国科技活动周暨江苏省第二十八届科普宣传周主场活动在南京理工大学举办。活动由省委宣传部、省科技厅、省科协和中科院南京分院联合主办，省教育厅、省民防局协办，南京理工大学和玄武区人民政府承办。51 家省级学会、7 家高校科协、8 家高新企业、11 家省科协事业单位、12 家相关企事业单位等近 5000 人参与现场活动。

19 日

△锁金村街道总工会成立暨全市街道(镇)总工会成立观摩推进会在南京金陵之星大酒店三楼多功能厅召开。

26 日

△全区“两学一做”学习教育党支部书记示范培训班在区政府 409 会议室开班。

△上午，市委常委、常务副市长刘以安率市相关部门负责人到玄武区现场协调推进市重大项目，重点实地察看百子亭片区项目，并主持召开现场推进协调会。区委书记、区长徐曙海等参加调研。

27 日

△上午，玄武区召开十七届人大常委会第 52 次主任会议，听取区科技局局长刘云关于区政府科普惠民工作情况的汇报。

△玄武区新媒体党外人士联谊会成立大会暨“创赢珠江路”微论坛在玄东科技园召开。

28 日

△由团省委、省教育厅、省人社厅、省科协、省学联主办，玄武区人民政府、南京林业大学承办的 2016 年“创青春”速度中国杯江苏省大学生创业大赛决赛在南京林业大学开幕。

30 日

△玄武区在北京东路小学召开 2016 年“童心舞动六一”暨庆“六一”表彰大会。

△下午，由团市委主办、团区委承办庆“六一”—“城乡少年手拉手，共圆强富美高梦”主题活动在南京市长江路小学举行。

6 月

1 日

△下午，副市长华静率队到玄武区视察防汛工作，区委副书记穆耕林陪同。

△下午，市人大常委会副主任李琦率常委会部分委员和市人大代表一行 30 余人，考察玄武区青少年法治宣传教育中心。

△在市教育局召开的“2016 年全市社区教育管理干部培训班”上，玄武区获全国“2015 年全民终身学习活动周优秀组织奖”。是继 2011 年、2013 年、2014 年后玄武区第四次获得此项殊荣。

2 日

△区委宣传部在啡咖啡众创空间举办市级文化产业相关政策解读专题辅导会。

6 日

△太库南京孵化器落户珠江路。区委常委、常务副区长滕涛，德国“莱茵河”考察团，华夏幸福、太库科技及珠江路创业大街众创空间代表共同启动太库南京孵化器中德创新系列活动。

12 日

△区委中心组集中学习毛泽东同志《党委会的工作方法》和习近平总书记重要批示精神，市委党校哲学与文化教研部副主任甘文华做专题授课。

15 日

△区纪委在“心廉心”广场开展新

任领导干部集体廉政谈话活动。32名新任领导干部参观“心廉心”广场，并观看纪录片《明城墙的叩问》。

△下午，玄武区召开十七届人大常委会第五十三次主任会议。

16日

△上午，省人大常委会副主任许仲梓率队到玄武区，就中央和省委关于加强县乡人大工作和建设文件贯彻落实情况进行督查。随后，督查组到锁金村街道实地考察。

△下午，副市长胡万进率市文广新局等相关部门负责人，到徐庄软件园实地调研园区文化产业重点企业发展情况，走访南京贝湾教育科技有限公司、南京名城文化发展有限公司及丝路数字视觉股份有限公司等3家企业。

18日

△上午，省第七届全民健身运动会在南京钟山体育公园开幕，副省长张敬华出席开幕式并宣布运动会开幕。区委副书记、区政府党组书记穆耕林参加开幕式。

20日

△下午，玄武区召开十七届人大常委会第三十二次会议。

21日

△上午，国务院办公厅调研组一行到徐庄软件园开展“新经济”调研，走访途牛旅游网、苏宁易购等园区企业。

22日

△上午，国家发改委副主任林念修一行到徐庄软件园，调研产业创新发展馆。市长缪瑞林、常务副市长刘以安、副秘书长钱建宁，区委副书记、代区长穆耕林等领导陪同。

△上午，“道德风尚美江苏”—全国网络媒体江苏行走进玄武区成贤街小学，集中采访“八礼四仪”实践活动。

23日

△下午，玄武区政协召开十一届20次主席会议，协商讨论长江路文化旅游大街建设推进情况和玄武区停车管理智能化改造情况。

24日

△下午，省委常委、市委书记黄莉新在半山园社区慰问困难党员，区委书记徐曙海，区委副书记、代区长穆耕林陪同。

28日

△玄武区新闻舆论工作培训班开班，邀请市委宣传部、市委党校、南京大学新闻传播学院等领导和专家就“当前互联网形势与舆情事件应对”、机关信息写作技巧等进行专题培训。

29日

△上午，由省委统战部举办的各省辖市委统战部副部长、知工处长研修班现场教学在玄武开展，学习考察玄武区新媒体党外人士统战工作开展情况。区委常委、统战部部长许恺做主题发言。

△下午，市委副书记龙翔到玄武区委党校调研，市委办公厅副主任闫文献、市委组织部副部长杨学忠、市委党校常务副校长陈华参加调研。区委书记徐曙海，区委常委、组织部长梁爱国陪同。

△下午，玄武区孝陵卫街道总工会成立暨第一次会员代表大会在南京钟山生命科学园管委会会议室召开。至此，玄武区所辖7个街道全部正式成立总工会，并开始履行地方工会职能。

30日

△下午，玄武区举行庆祝中国共产党成立95周年大会。全区表彰先进基层党组织30个，优秀共产党员、优秀党务工作者、优秀党员义工各30名。

△下午，区委书记徐曙海围绕学党章党规、学系列讲话、做合格党员，扎实开展“两学一做”学习教育讲专题党课。

7月

4日

△区委书记徐曙海，区委副书记、代区长穆耕林到孝陵卫街道现场察看防汛工作，召开全区防汛工作现场会，对防汛工作进行部署。

4~9日

△江苏省第二十三届中学生排球锦标赛暨体育传统项目学校排球赛(决赛)在玄武高级中学举行，玄武高级中学初中男子排球队获江苏省中学生排球锦标赛冠军。

8日

△上午，市人大常委会副主任单景南到玄武区调研，了解市委《关于加强全市区镇人大工作和建设的实施意见》落实情况及区人大机构设置方案。区委书记徐曙海、区人大常委会主任张萍参加座谈。区委副书记杨乐华代表区委作相关情况汇报。

13日

△第四届江苏科创大赛南京选拔赛暨“珠江路创业大街”杯玄武

科创大赛在玄东科技园举办。全市40余家企业、团队参加大赛,20家玄武区项目参加路演。

13~15日

△在合肥举行第14届全国中小学信息技术创新与实践活动(简称NOC)决赛中,十三中锁金分校以初中语文组一等奖第一名的成绩兼获NOC活动最高奖项——国家科技部批准设立的“恩欧希教育信息化发明创新奖”。南师附小团队获一等奖。

15日

△上午,人社部国际劳动保障研究所所长、研究员莫荣,省人社厅、市人社局等相关领导到徐庄软件园就和谐劳动关系创建进行调研。

△下午,玄武区召开十七届人大常委会第五十四次主任会议。考察并现场听取区城管局局长姚晓晖受区政府委托所作的关于区政府停车智能化改造工作情况的汇报,先后考察了双龙巷道路停车场点和高楼门核心干道停车智能化工作示范点。

20日

△下午,区政协召开十一届27次常委会议,协商讨论徐庄软件园转型升级推进情况及众创空间提升工程情况。

21日

△区委宣传部举办“媒体看玄武”活动,邀请交汇点、南京电视台等16家省、市媒体走进玄武,考察梅园新村街道O2O党建平台、中山名品街区非公企业及徐庄软件园园区党建工作。

△下午,市委副书记、市长缪瑞林到玄武门街道,以党员身份参加高楼门社区党委和市政府办公厅第一党支部共同开展的“不忘初心,回顾入党心路”主题党日活动,并调研台城花园社区建设情况。区委书记徐曙海,区委副书记、代区长穆耕林参加活动。

25日

△玄武区双拥办在海军指挥学院礼堂组织庆祝“八一”建军节双拥文艺演出,现场对15名“最美军休干部”通报表彰。

26日

△上午,玄武区召开2016年上半年“一府两院”工作情况通报会。会后,全体区人大代表、区政协委员集中考察江苏省产业研究院、千秋艺境文创产业园、红山南路东延工程等3个区重点建设项目,并听取相关项目负责人有关情况介绍。

27日

△玄武区召开区委十届十六次全体(扩大)会议,回顾总结上半年工作,研究部署下半年任务。

29~31日

△中国共产党南京市玄武区第十一次代表大会召开,区委书记徐曙海代表中共南京市玄武区第十届委员会向大会作题为《走在最前列、争当排头兵,为建设“强富美高”新玄武而努力奋斗》的工作报告。大会审议和通过了《关于中国共产党南京市玄武区第十届委员会工作报告的决议》《关于中国共产党南京市玄武区第十届纪律检查委员会工作报告的决议》,选举产生中共南京市玄武区第十一届委员会委员、候补委员,中共南京市玄武区第十一届纪律检查委员会委员和出席中共南京市第十四次代表大会代表。

31日

△下午,中国共产党南京市玄武区第十一届委员会第一次全体会议召开。

8月

3~5日

△玄武区教育系统举办以“践行‘爱的教育’,建设更高水平的教育现代化”为主题的2016年暑期校级领导研修班。

5日

△上午,市人大常委会副主任臧正金带领人代联委负责人到玄武区开展接待市人大代表日活动,先后考察驻区企业港华燃气公司、玄武门街道台城社区代表工作室。

8日

△上午,由省体育局、玄武区人民政府共同主办的2016年江苏省“全民健身日”活动启动仪式在玄武湖公园玄武门举行。

10日

△上午,玄武区召开国有资产清查动员大会。

11日

△上午,中央政法委秘书长汪永清一行到玄武区人民法院、检察院,调研司法体制改革工作。区委书记徐曙海,区委常委、政法委书记许恺等领导参加调研。

12日

△上午,玄武区召开第十七届人大常委会第五十五次主任会议。预审区十七届人大常委会第三十三次会议相关议题。

14~18日

△玄武中专男子龙舟队在第二届2016年全国青少年龙舟锦标赛

中，获得少年男子组500米直道竞速冠军和少年男子200米直道竞速亚军。

16日

△上午，省委书记李强到精准医疗百家汇，听取先声药业、精准医疗百家汇董事长任晋生介绍创新创业平台建设情况。省委常委、南京市委书记黄莉新，省委常委、省委秘书长樊金龙，市长缪瑞林等参加调研。区委书记徐曙海陪同。

19日

△上午，玄武区召开第十七届人大常委会第三十三次会议。

△下午，区委、区政府和市公安局交管局举办“和谐交通、文明玄武”—玄武区交通秩序治理推进会暨安全交通文艺演出活动。

22日

△下午，玄武区机关事务管理办公室举行成立大会暨揭牌仪式。

△下午，省委常委、市委书记黄莉新到玄武区对城区黑臭河道整治工作进行检查调研。区委书记徐曙海，区委副书记、代区长穆耕林陪同。

31日

△上午，南京市汇文女子中学举行揭牌仪式暨开学典礼。汇文女子中学与人民中学一校两牌同址办学。

9月

1日

△上午，市委常委、纪委书记沈文祖到玄武区调研。区委书记徐曙海，区委副书记、代区长穆耕林，区委常委、纪委书记张望以及区纪委监察局班子成员等参加调研座谈。

7日

△区委、区政府在玄武中心大厦举行庆祝第32个教师节大会。

9日

△上午，“开启众创集聚新格局 打造产城融合新典范—2016中国·南京金秋经贸洽谈会玄武专场活动暨‘双创’战略合作揭牌仪式”在汉府饭店举行。

△下午，省委常委、市委书记黄莉新看望慰问成贤街小学教师。副市长胡万进，市委教育工委书记刘莅，区委书记徐曙海，区委副书记、代区长穆耕林等领导参加慰问活动。

12日

△上午，以“文明出行守交规，彬彬有礼好少年”为主题的南京市“文明交通进校园”行动启动仪式在樱花小学举行。

14日

△上午，省委常委、市委书记黄莉新调研老旧小区整治和棚户区改造工作，在玄武区先后考察紫藤苑小区和铁北新城藤子村拆迁现场。

△下午，玄武区政协召开十一届21次主席会议，专题协商讨论“区人民法院司法体制改革试点”和“区人民检察院‘两法衔接’工作”情况。

19日

△下午，国家发改委副主任、统计局局长宁吉喆一行6人到徐庄软件园调研经济形势和统计工作，考察苏宁易购和江苏省产业技术研究院等企业。

△下午，西藏自治区党委常委、拉萨市委书记齐扎拉率拉萨市党政代表团一行33人到徐庄软件园考察鱼跃医疗、途牛旅游网等企业。

23日

△上午，市长缪瑞林到玄武区现场督查黑臭河道整治工作，区委副书记、代区长穆耕林陪同。

24日

△上午，市长缪瑞林带领市相关部门负责人调研玄武湖周边地区环境整治工作。先后到玄武湖东部情侣园、景区内菱洲樱洲、火车站站前广场以及西家大塘、台城路、和平公园等地，查看环境现状，了解环境整治提升方案。区委书记徐曙海，区委副书记、代区长穆耕林，区委常委、常务副区长滕涛陪同。

△玄武区召开全区人大换届选举工作会议，部署区人大换届选举工作。

28日

△上午，玄武区第13期中青年干部培训班正式开班。

△下午，工信部中小企业局副局长马向晖率考察团调研徐庄软件园，实地考察啡咖啡、江苏省产业技术研究院、先声药业等企业。

10月

8日

△下午，区委常委、常务副区长滕涛陪同市长缪瑞林检查区环境综合整治工作。

9日

△玄武区举行江苏省2016年基础教育前瞻性教学改革立项项目启动仪式暨项目论证会。省教育厅副厅长朱卫国、基础教

育处处长马斌、副处长顾春明，市教育局局长吴晓茅、初教处处长戴兴海，区委副书记、代区长穆耕林，副区长蒋兆全等领导及项目“高级智囊团”的专家组成员出席活动。

9日

△下午，区委书记徐曙海陪同安徽省党政代表团考察徐庄软件园。

△下午，玄武区召开2016年“三段一体”教学质量管理工作总结表彰大会。

12日

△上午，由区选举委员会主办的玄武区人大换届选举集中宣传日活动在全区7个街道选举单位同步举行，主会场设在1912街区时尚广场。

13日

△上午，在区政府102会议室召开区委政法委员会全体(扩大)会议。

14日

△下午，区委书记徐曙海陪同青海省党政代表团考察徐庄软件园；随后，陪同市委书记吴政隆视察徐庄软件园企业发展。

17日

△上午，召开区人大常委会第五十七次主任会议。

19日

△上午，全区“两学一做”暨作风建设工作推进会在区机关416会议室召开。

20日

△共青团南京市玄武区第十七次代表大会开幕。

21日

△上午，玄武区在东部战区第一集团军陆航五旅举行四套班子领导军事日暨区委常委议军会。

26日

△上午，区委常委、常务副区长滕涛陪同副市长华静调研玄武水务、国土工作。

△下午，区委中心组在区政府409会议室举办专题（扩大）学习会，邀请南京师范大学教授、江宁织造博物馆馆长、中央电视台《百家讲坛》栏目特约主讲人郦波教授，为大家讲授《国学中的人生智慧》。

△下午，区委书记徐曙海陪同市长缪瑞林现场督查全区环境综合整治工作。

△下午，召开区十七届人大常委会第三十四次会议。

△玄武区召开全区法治宣传教育工作会议。

27日

△下午，区政协在红山街道北苑社区召开全区“协商民主在基层”工作推进会，贯彻落实中央《关于加强城乡社区协商的意见》和市政协相关工作部署。

11月

3日

△下午，区选举委员会召开第二次会议暨换届选举转段（宣传发动和选民登记、核对阶段转提名推荐、协商确定代表候选人阶段)工作会议。

6日

△下午，十八届六中全会精神中央宣讲团成员、国务院法制办副主任袁曙宏到玄武区锁金村街道，与社区居民面对面交流，听百姓知心话，为基层党员答疑解惑，将全会精神全面传达给基层干部群众。

7日

△玄武区召开区委常委（扩大）会，传达学习党的十八届六中全会精神和市第十四次党代会精神。

12日

△上午，区委常委、常务副区长滕涛陪同市长缪瑞林检查玄武大道环境综合整治工作。

14日

△上午，全国政协副主席王正伟一行调研徐庄软件园，考察园区重点企业苏宁云商。全国政协常委、人口资源环境委员会副主任吴双战，省政协副主席、党组副书记杨新力，市政协副主席徐金万，区政协主席邱小凡，徐庄软件园党工委书记薛磊陪同调研。

14日

△下午，区十七届人大常委会召开第五十八次主任会议，会议以实地视察的方式，听取区实施老旧小区“二次供水”设施改造工程情况。

17日

△上午，区选举委员会召开第三次会议。根据《中华人民共和国全国人民代表大会和地方各级人民代表大会选举法》第九条的相关规定，张萍、杨乐华、刘显平、杨冬梅、李辉等因已确定为正式代表候选人，辞去区选举委员会的职务，提名区选举委员会副主任、区副巡视员凌立玉主持选举委员会工作。

17日

△下午，区政协召开十一届二十二次主席会议，协商讨论关于棚户区改造任务推进情

况及提案办理情况。会议听取区建设房产和交通局、区政府办受区政府委托所作的情况通报，区政协人口资源环境委、提案法制委分别汇报调研情况。

18 日

△由区委宣传部主办、区文化局承办的“一路携手闪耀金陵”——玄武区第十三届长江路文化艺术节开幕式在 1913 园区国民小剧场举办。

22 日

△下午，在 2016~2017 中国初高中篮球联赛江苏赛区高中男子组决赛比赛中，第九中学连续 14 年蝉联此项赛事的冠军。

24 日

△全区人大代表选举日，区人大常委会主任张萍，区人大常委会党组书记杨乐华，区人大常委会副主任刘显平、杨冬梅、李辉，区人大常委会办公室主任刘康等分赴各选区参加投票选举，并对驻区各高校选举计票工作开展督查。

△上午，市人大常委会主任陈绍泽受市委书记吴政隆委托，在市人大常委会副主任林克勤、区委书记徐曙海、代区长穆根林、区人大常委会主任张萍、区人大常委会党组书记杨乐华等陪同下，到徐庄软件园东来路混合选区、太平门第一混合选区现场，检查指导区人大代表选举情况。

25 日

△南京师范大学“全国教育硕士专业学位研究生联合培养示范基地”挂牌仪式在十三中举行。该基地是在国家深化研究生教育改革与深入推进专业学位研究生培养模式改革的背景下，由南京师范大学与南京市第十三中学联合申报，经全国教育专业学位研究生教育指导委员会批复成立。基地将在强化教育硕士研究生的实践能力和创新能力，培养适应国家基础教育发展需要的高层次应用型专门人才等方面发挥强大的推动作用。

26 日

△在江苏省第十一届新世纪园丁论文大赛中，区教育局获江苏省第十一届新世纪园丁论文大赛优秀组织奖(第一名)，十三中教师张小英论文获特等奖，五十四中郑伊依等 7 名教师论文获一等奖，十三中王雨婷等 19 名教师的论文获二等奖，第九初级中学黄婷等 21 名教师论文获三等奖。

26~27 日

△由区教育局、区体育局联合举办，第十三中学和紫东实验学校联合承办的 2016 年玄武区中小学阳光体育运动会成功举行，玄武区中小学、职业学校近 2500 名运动员参加。

28 日

△下午，召开区人大常委会第五十九次主任会议。

30 日

△市委常委、宣传部部长蔡丽新、市委外宣办主任、市文明办副主任彭振刚、市委宣传部宣传处处长吴伟、市委宣传部国有文化资产促进发展处处长施扬一行到玄武区调研宣传文化工作。

△下午，召开区第十七届人民代表大会常务委员会第三十五次会议。

12 月

2 日

△下午，市人大代表玄武三组一行 7 人到徐庄软件园调研园区建设、特色产业、科技成果转化情况。

12 日

△上午，团省委书记王伟一行到南京市第十三中学调研共青团工作。团市委书记林武平，区委常委、组织部部长张惠民，团区委书记吴丹等陪同调研。

△玄武区委召开工作务虚会，贯彻落实党的十八届六中全会精神，聚焦全面从严治党，围绕加强干部队伍建设和作风建设进行深入探讨，为做好今后工作凝聚智慧和力量。

13 日

△第三个南京大屠杀死难者国家公祭日，玄武区各界人士沉痛悼念遇难同胞，区内 4 个丛葬地、2 个社区和抗日航空烈士纪念馆 7 个地点，同时举行南京大屠杀死难者悼念活动。

14 日

△下午，区人大常委会在玄武中心大厦 416 会议室组织召开区第十八届人大代表培训会。

16 日

△由区委宣传部、区文明办主办的好人任克明同志事迹分享会暨玄武区道德讲堂分总堂揭牌仪式在 1913 园区国民小剧场举行。

17 日

△中国共产党南京市玄武区第十一届委员会第二次全体会议举行。

19 日

△上午，区人大常委会召开第六十次主任会议。

20 日

△下午，副省长马秋林、省政府副秘书长陈少军等一行到玄武区检查节前食品安全情况，市副市长孙建友、区委书记徐曙海、副区长毛银玲及区市场监管局相关负责人陪同检查。

△镇江市委书记、市人大常委会主任夏锦文率镇江市党政代表团一行调研徐庄软件园，实地考察园区企业精准医疗百家汇。市长缪瑞林，市政府秘书长翁国玖，区委副书记、代区长穆耕林陪同调研。

22 日

△下午，玄武区举行党的十八届六中全会和省市党代会精神宣讲报告会。

△青海省西宁市委副书记、市长张晓容率西宁市党政代表团一行调研徐庄软件园，考察精准医疗百家汇、苏宁易购、途牛旅游网等企业。市长缪瑞林，市政府秘书长翁国玖，区委副书记、代区长穆耕林陪同考察。

26 日

△上午，区第十七届人大常务委员会第三十六次会议召开。

△下午，区政协召开十一届二十九次常委会议。

27 日

△下午，区政协举办政协委员学习报告会。邀请南京市政协提案委巡视员车亚平讲授委员履职知识。

30 日

△玄武区召开全区意识形态领域情况分析研判联席会议。

中山陵园景区——博爱阁

党政·群团

Party Committee, Government, Mass Group

责任编辑　黄红权

中国共产党南京市玄武区委员会

【全区机关作风建设大会】 2月17日召开。会议总结2015年机关作风建设情况，部署2016年机关作风建设任务。会议明确2016年全区作风建设的导向为：牢牢把握中央、省市作风建设的最新要求，以贯彻全面从严治党为主线，以落实整改省委巡视组反馈意见为核心，以“走在最前列、争当排头兵”为指引，锲而不舍改作风，持之以恒抓落实，全面推动机关作风持续优化，为建设“强富美高”新玄武提供有力的作风保证。会议要求全区党员干部以更高的标准促进机关作风持续优化，严格落实《全区工作规范制度汇编》和《“守纪律、讲规矩”党纪条规选编》规定，做到在思想上认识到位、在行动上落实到位、在纪律上规范到位。同时要求全区党员干部以作风的持续优化推动工作水平再上新台阶，全面营造有利于干事创业的氛围，各级领导干部带头提高执行力，全力以赴推动项目建设，把作风建设落实到具体工作之中，抓到实处、抓出成效。区四套班子全体领导，各街道、园区，区机关各部门科以上干部，各社区党组织书记、居委会主任以及区机关干部代表600余人参加会议。

【全区党建工作会议】 3月2日召开。会议深入学习贯彻习近平总书记系列重要讲话精神和省、市委有关会议要求，回顾总结2015年党建工作，对2016年党建工作进行部署。以落实全面从严治党要求为主线，以开展“两学一做”学习教育为平台，以抓好区委换届工作为重点任务，坚持改革创新，持续用劲发力，创出一批走在省、市最前列的特色工作，打造一批影响力大、知名度高的品牌亮点，争做全面从严治党的先进区，为建设“强富美高”新玄武提供坚强保证。会议明确党建各条战线的任务：组织工作重点要用好干部、筑好基石，突出抓好各级领导班子和干部队伍建设，加强基层组织建设，争创省人才工作先进区；宣传工作重点要抓主阵地、扬主旋律，争创省市宣传思想文化工作的先进区、示范区；统战工作重点要凝聚智慧、汇聚力量，推动社会各界在思想上同心同德，在目标上同心同向，更加主动地融入玄武的现代化建设；政法工作重点要维护稳定、维系平安，把防控风险、服务发展和破解难题、补齐短板摆在更加突出位置，以争创省平安区和省法治建设示范区为目标，深化平安玄武、法治玄武建设，努力营造安全稳定的社会环境、公平正义的法治环境。会议要求各级党委要深入学习贯彻《中国共产党地方委员会工作条例》有关要求，切实担起党管组织、党管宣传、党管统战、党管政法工作的责任，把好政治方向，善谋全局大事，全面提升党建工作科学化水平。区四套班子相关领导，各街道党政主要领导、分管领导、组织员、统战员，区域党建中心、政法综治工作中心、徐管委工委分管负责人、党群工作部部长、综合管理部部长，区机关各部门主要负责人，科创办主要负责人及珠管办组织员等140余人参加会议。

【区委十届十六次全体会议】 7月27日召开。会议回顾总结上半年工作，全面贯彻中央和省委、市委关于加强城市工作精神，部署下半年工作任务。会上，区委书记徐曙海代表区委常委会，作题为《起好步开好局奋力实现“十三五”发展开门红》的工作报告。会议明确玄武城市工作要求为：全面贯彻中央城市工作会议精神，深入贯彻习近平总书记关于城市工作的重要论述，落实省委、市委全会部署，坚持以人为本、科学发展、改革创新、依法治理，着力转变发展方式、塑造特色风貌、提升环境质量、创新管理服务，打造生活宜居、环境宜人的山水城林展示区，走出一条具有南京特色、玄武特点的城市发展新路。具体要求为：坚持整体设计，优化空间布局；坚持精致有序，优化功能特色；坚持绿色发展，优化生态环境；坚持精细管理，优化治理服务；坚持统筹兼顾，优化组织保障。会议明确下半年的工作重点为：以“四个全面”战略布局和“五大发展理念”为引领，深入贯彻中央十八届五中全会精神和省委、市委全会要求，迅速落实区十一次党代会各项部署，强化担当、只争朝夕，找准支点、精准发力，确保起好步、开好局，奋力实现“十三五”发展开门红，为建设“强富美高”新玄武奠定坚实基础。重点工作有五个方面：一是稳增长、促转型，优化经济质态；二是重环境、抓整治，美化区域面貌；三是惠民生、促和谐，深化社会建设；四是推改革、激活力，固化改革成果；五是抓党建、严保障，强化管党治党。会议同时对将在7月份举行的中国共产党南京市玄武区第十一次代表大会准备工作提出要求，进行部署。区四套班子全体领导，区委委员、候补委员，区纪委委员，各街道党工委、办事处、人大工委、政协工委负责人，机关各部门主要负责人，区属国有企业主要负责人，人大、政协各委主任，180 余人参加会议。

【中国共产党南京市玄武区第十一次代表大会】 7 月 29 日召开。会议深入贯彻落实习近平总书记系列重要讲话特别是视察江苏重要讲话精神，回顾总结区第十次党代会以来的工作，审议确定今后五年的主要任务，选举产生中国共产党南京市玄武区第十一届委员会和纪律检查委员会。会上，区委书记徐曙海代表区委常委会，作题为《走在最前列，争当排头兵，为建设“强富美高”新玄武而努力奋斗》的工作报告。会议明确今后五年全区工作的指导思想是：深入贯彻落实习近平总书记系列重要讲话特别是视察江苏重要讲话精神，以“五大发展理念”为引领，以“五个迈上新台阶”为重要任务，突出发展提标、转型提速、环境提质、幸福提升，着力建设经济强、百姓富、环境美、社会文明程度高的新玄武，全力打造高端产业集聚区、山水城林展示区、共享发展幸福区、改革开放先行区和管党治党先进区，努力在“建设新南京”的奋进之路上走在最前列、争当排头兵。会议明确今后五年经济社会发展的主要任务为：一是坚持转型发展，打造功能复合、业态融合的高端产业集聚区。二是守护主城之美，打造生活宜居、环境宜人的山水城林展示区。三是突出优质均衡，打造群众认可、群众满意的共享发展幸福区。四是注重先行先试，打造全面创新、全域开放的改革开放先行区。会议明确今后五年党的建设主要任务为全力打造管党治党先进区，做到坚守正确方向，从严加强思想政治建设；提升素质能力，从严加强干部队伍建设；着力固本强基，从严加强基层组织建设；大力正本清源，从严加强党风廉政建设。区四套班子全体领导，区委委员、候补委员，区纪委委员；各街道党工委、办事处、人大工委、政协工委主要负责人，区机关各部门主要负责人，区人大、区政协各委主任，区党代表共 220 人参加会议。十届一次全委会选举徐曙海为中共南京市玄武区第十一届委员会书记，选举穆耕林、易兵为中共南京市玄武区第十一届委员会副书记，许恺、滕涛、张望、毛银玲、陈乙华、张惠民、朱天龙、顾学椋为中共南京市玄武区第十一届委员会常委。

【区委十一届二次全体会议】 12 月 17 日召开。会议总结 2016 年工作成绩和经验，部署安排 2017 年工作。会上，区委书记徐曙海代表区委常委会，作工作报告。会议明确 2017 年全区工作的总体要求是：深入贯彻落实党的十八届六中全会精神和省市党代会及省市委历次全会要求，以习近平总书记系列重要讲话特别是视察江苏重要讲话精神为指导，按照“五位一体”总体布局和“四个全面”战略布局，坚持稳中求进工作总基调，践行以人民为中心的发展思想，坚守“走在最前列、争当排头兵”的奋斗追求，进一步向创新聚力、向富民聚焦，强优势、创特色、补短板、严作风，加快建设“强富美高”新玄武，为高水平全面建成小康社会奠定坚实基础。会议明确 2017 年工作要狠抓四个关键，即强优势、创特色、补短板、严作风。明确 2017 年工作重点为：深入实施创新驱动战略，加大力度推进重点项目，以人为本加强环境建设，着眼长远深化社会建设，敢于突破抓好改革创新，立足从严强化管党治党。会议号召全区上下紧密团结在以习近平同志为核心的党中央周围，在省市委的坚强领导下，以更加务实的作风、饱满的精神、昂扬的斗志，走在最前列、争当排头兵，为建设“强富美高”新玄武做出新的更大贡献。区四套班子全体领导，区委委员、候补委员，区纪委委员，各街道党工委、办事处、人大工委、政协工委主要负责人，区机关各部门主要负责人，区人大、区政协各委主任，区属国有企业主要负责同志，部分区党代表 200 余人参加会议。

【督查工作】 2016 年，区委督查室认真落实《中共南京市委办公厅、南京市政府办公厅关于进一步加强党委、政府督促检查工作的实施意见》，立足玄武实际，改革督查体制、建立督查机构，出台《关于进一步加强和改进督查工作的实施意见》，新的督查机构成立。围绕全区党建工作，经济建设，城市建设和管理，文化、社会和法治建设四类重点工作，通过现场督查、例会督查、督办通知等形式，督查督办各类事项 12 件，编发各类通知、通报、专报 16 份，下发督查通知单 28 份，有效地促进区重点工作的落实。党建工作督查。2016 年 9 月，按照区委主要领导的指示要求，区委督查室成立 2 个专项督查组，对全区学习贯彻区第十一次党代会精神情况开展专项督查。采取随机抽查办法，通过听取情况汇报、查阅台账资料、召开座谈会、查看有关措施方案等方式，抽取近20家不同层面、不同类型的单位现场督查，了解各单位组织学习贯彻落实党代会精神所采取的办法措施和推进工作落实所采取的具体举措。督查工作结束后，对相关情况进行分析汇总，并在全区范围内进行通报。经济建设类督查。一是对2016年全区重点项目完成情况、区委常委会季度工作要点落实情况开展常态化督查，督促责任单位自身按工作事项、完成时间、责任领导、责任人等逐项落实，确保重点项目有序推进。二是对书记专题会以及区常委会议定的“麒麟科技园”“小顾家营项目”等13个项目进展情况开展专项督查。主要依据项目的完成时间节点、目标任务，分别对11家责任单位下发专项督查通知书，详细梳理报送项目的推进情况，与发改局、住建局等职能部门核实项目进展情况，并对工作进展概况专报区主要领导。城市建设和管理督查。“雷霆行动”督查。2016年9月，为有效打击机动车违停和占道经营情况，集中力量开展“雷霆行动”督查。按照区委、区政府统一部署，区委督查室成立3个巡查组，分早中晚三个时间段，对各单位整治情况进行现场督查，按照时间节点做阶段讲评并通报检查结果。9月至12月上旬，根据区委领导指示要求，对红山街道辖区内道路临时停车泊位管理工作进行专项督查督办，根据督查中发现的问题，调整玄武体育馆东侧及天然居路双侧停车泊位设置，改双侧停车为单侧停车，并增设非机动车隔离栏，确保消防通道畅通，整合规范辖区机动车、非机动车停车秩序，确保行人安全。“12345”政务热线办理情况督查。根据区“12345”政务热线督办会要求，对全区25家“12345”政务热线成员单位工作开展情况和月度考核长期排名落后的街道和部门进行专项督查，督查结果形成督查通报并通报全区，经过督查，全区各成员单位工单办理效能有一定程度的提升。开展社会和法治建设督查。一是对区安全生产工作综合督查中发现问题整改落实情况开展专项督查。分别对18家存在安全生产问题的单位下发督查通知单，要求各单位针对问题清单，认真对照核查，抓好整改落实，并书面上报整改落实情况。11月15~18日，区委督查室组成专项督查组，采取听取汇报、召开座谈会、查看台账资料等形式，对需整改单位进行现场督查，严肃查找安全生产工作中存在的问题隐患和薄弱环节，提出加强安全生产工作的意见建议，并形成督查专报。二是对市、区领导批办件开展督查。根据市委督查室《关于对市委2016年重点工作任务完成情况开展督查的通知》要求，对全区相关单位2016年重点工作任务完成情况开展督查，按时向市委督查室报送了督查情况。按照区委主要领导批示要求，6~8月，对区委主要领导批示件登记办理情况开展专项督查，对未办结的批示件落实情况逐件开展跟踪督办，并及时向区委主要领导反馈进展情况。（刘心林）

·“两学一做”学习教育·

【概况】 2016年，根据中央和省、市委统一部署和要求，玄武区委在全区1200多个基层党组织和2.8万名党员中扎实深入“两学一做”学习教育，坚持领导带头、坚持问题导向、坚持融入日常，做到真学、严改、实做，确保学习教育取得实效。强化组织领导。5月6日，区委召开推进“两学一做”学习教育座谈会，认真学习贯彻习近平总书记重要指示精神和中央、省委、市委工作座谈会要求，对推进“两学一做”学习教育作出部署。成立“两学一做”学习教育协调小组和三个督导组，下发“一把手”职责清单，结合省委“千组万支”集中督查工作，下发“两学一做”学习要点提示清单，查摆问题、限时整改，督促责任落实。打造特色品牌。编写《玄武区“两学一做”学习教育资料汇编》、《“两学一做”学习教育微指南》等学习材料，向全区基层党组织进行发放，开展“送教到基层”活动，服务基层读原著、学原理。在全区基层党组织中广泛开展“千支万名先锋行动”，以开展作风优化、岗位引领、倾情奉献、美德传家先锋行动作为载体，激励全体党员积极“比争创优”，争做服务创优、爱岗敬业、志愿奉献、睦邻爱家四大先锋。完善基层党组织制度建设，结合实际，出台《玄武区关于进一步完善党支部工作“8+X”制度体系的通知》，对不同类型党支部进行分类指导，有效规范基层党支部的工作制度。南京东大智能化系统有限公司党支部被评选为省级、市级监测点，汤小霞、潘新生作为先进典型在全市“三比三争”事迹报告会上做报告。加大氛围营造。收集“繁星—党员微故事”“党员示范活动日”典型事例，借助玄武党建网站、“玄武发布”微信号、社区橱窗、手机短信平台等渠道进行宣传推广。2016年,省市“两学一做”情况通报、组工通讯、南京日报等媒体上先后对玄武区“两学一做”工作报道十余次。

【专题学习教育】 2016年,“两学一做”专题学习教育,把学党章党规、学系列讲话贯通起来,注重方式方法创新,不断增强学习实效。抓好课堂教学。办好“支部课堂”,汇编“两学一做”学习教育资料,选编“两学一做”学习教育微指南,下发支部;精选10篇党课提纲模本,指导全区支部书记上好党课,累计讲授党课1000余场。紧抓“党校课堂”这个重要载体,用好用足党校专业化师资力量。先后举办“两学一做”党组织书记示范培训班、社区书记培训班、两新组织书记培训班等,培训支部书记和基层党务骨干400余人。开展“送教到基层”活动,由党校教师列明党课菜单,下发全区各党组织,基层党组织结合实际“看单点菜”,党校老师上门授课。通过各种形式办好“体验课堂”,组织党员赴梅园新村纪念馆、雨花台烈士陵园等红色教育基地参观学习,开展“我和党一起过生日”“我的家风故事”分享会,举办“两学一做”知识竞赛等观摩交流活动等,通过身体力行的方式,让党员在实践中得到教育。充分利用新兴媒体办好“移动课堂”,在玄武发布、“小红梅”等线上平台开辟学习教育专栏,定期推送学习资料、发布新闻动态和活动资讯,专人维护,每天更新,方便党员随时随地学,为行动不便、体弱多病的老党员上门送学。抓好典型领学。坚持试点先行、典型引路,积极推荐东大智能化系统党支部入选省监测点,重点遴选金华商会党支部等20个区级监测点,广泛开展监测点领学、示范学活动,切实发挥好监测点的带动作用。以督导组为单位选片划区,分别开展先进支部“两学一做”学习教育工作观摩会等,促进基层党组织相互交流学习相互促进。大力挖掘学做典型,组织学习李保国、任克明同志的先进事迹,鼓励各级党组织积极上报党员“微故事”,各工委先后举办优秀党员事迹宣讲会,将先进事迹材料,在基层党组织中广泛传阅,号召向身边典型学习,以身边人带动一片人。报送一批党员微故事和示范党日活动,评比表彰一批先进优秀基层党务工作者、优秀党员、优秀党员义工等,新街口党建指导员潘新生、小霞癌友康复驿站负责人汤小霞入选南京市“三比三争”先进事迹报告团,在全市作宣讲,充分展示玄武区党员的优良风貌。为实现社区工作经验传承,由两位明星社区书记赵卫和王其生,分别成立赵卫社区书记工作室和老王社区工作室,搭建社区工作“传帮带”的重要载体。三是抓领导带学。区委常委会班子成员以身作则,对自己从严要求,认真备课,带头上好党课。落实好中心组学习制度,把学习教育贯穿始终、融入日常,先后专题学习党章、纪律处分条例、廉洁自律准则、党委会的工作方法、地方党委工作条例、党组工作条例等,开展践行“三严三实”和好干部标准等4次专题讨论,观看《颜氏家训》等教育片。一年来,区委常委会开展学习研讨16次,各常委到所在支部和街道部门讲党课22次,开展基层党建工作调研34次。全区处以上党员领导干部,认真履行责任,积极落实参加支部学习1500余次,讲党课200余场,覆盖党员2万多人。

【问题整改】 2016年,“两学一做”专题学习教育,坚持将问题导向贯穿学习教育始终,坚持即知即改、马上就改,以问题整改成果检验学习教育成效。改作风。开展玄武区优化作风“个十百千万”行动,通过“逐个包干察民情、十项公开听民意、百件实事暖民心、千名代表督民生、万件诉求解民忧”方式转作风,树形象。针对“千组万支”督查发现的问题,下发“两学一做”学习教育提示清单,直指6大类14项问题,并通报10个后进基层党组织。针对极少数党员干部纪律规矩意识不强等问题,汇编全区工作规范制度、选编“守纪律、讲规矩”党纪条规,发放到每个支部,督促党员心有戒尺、行有规矩。针对少数党员“眼高手低”等问题,以支部为单位开展“四个一”问题查摆,每名党员做出整改承诺,党员领导干部带头查摆问题1269条,制定行之有效的整改措施1180条。针对部分机关党员不作为、慢作为等问题,开展工作纪律、行为礼仪、政务服务、投诉办理“四个专项整治行动”,对在城市管理中存在失职行为的党员干部,坚持原则毫不留情,果断进行组织处理,用严实举措严改作风。抓制度。严格党员教育管理,将每月第一个周三定为支部党员活动日,通过统一主题、统一课件等,坚决防止组织生活娱乐化、空洞化倾向。严抓组织生活制度落实,出台《玄武区“8+X”制度文件》,明确8+4共计12项基本制度,让“X”清晰化、具体化、个性化;并由督导组对党支部“8+X”制度体系落实情况进行专项督查。结合当前城市社区党建新形势、新特点，制定出台社区党组织书记队伍建设制度文件，打造新一轮社区党组织建设制度的升级版，严抓党建责任落实，制定《玄武区基层党建工作任务清单》，厘清4大类34项任务，推动基层党建工作全面进步、全面过硬。严格考核标准，建立机关、社区、两新组织党支部考核评价体系，进一步规范基层党建工作责任制。补漏洞。全面从严落实中央抓基层党建七项重点任务。积极开展党员组织关系排查，强化党员管理，积极梳理党代会代表和党员违纪违法未给予相应处理的人员名单进行重点整治，严肃整改延期换届基层党组织，认真开展党费收缴工作专项检查，在全区1万余家非公企业和1000多家社会组织中深入开展"四个集中"行动，领导机关党员干部学习教育工作持续稳步推进。

【学习教育成效】 2016年，"两学一做"专题学习教育，关键抓住"做"，务实求实、落细落小，积极引导党员高标准践行"四讲四有"，在"三比三争"中走在最前列、争当排头兵。当好推动发展的急先锋。坚持"两手抓两促进"，把学习教育与紧抓中心、力抓当前结合起来，制定全区推进供给侧结构性改革实施意见，出台城市工作"四个行动计划"细化举措，激励党员干部投身项目推进、环境治理、民生改善等具体工作，让抓改革、促发展成为检验学习教育成效的重要考场。2016年，全区地区生产总值、一般公共预算收入增幅位列主城前列。全年城镇居民人均可支配收入突破5.5万元，绝对值位居全市第一，老旧小区出新、既有住宅加装电梯等项目按进度有力推进，民生福祉、环境面貌、综合改革都有新提高，经济社会发展迈出新步伐。当好联系群众的贴心人。在机关党员中深入开展"双结对、双促进"，干部下社区服务基层、服务群众；在社区党员中开展"党员承诺"活动，每名党员列出2016年在加强自身建设、服务社区发展、服务辖区居民等方面做到的5件实事，并将践诺情况纳入年底评议中，接受群众的监督、考评；在窗口单位和服务行业党员中开展"亮身份、树形象"活动，公开监督电话、开展满意度测评，把党员干部的服务态度、服务能力让群众来评判；在国有企业和两新组织党员中深入开展党员义工服务，支部列清单、党员来点单，做到月月有活动；在离退休党员中，深入开展"老党员大讲坛"系列活动，请老党员讲党课、讲党史、讲家风，很多离退休党员积极参与"五老"工作，组建积极参与社区、学校等基层一线的志愿服务工作，在网吧监督、校外辅导、社区巡逻等工作中，发挥余热、做出贡献。这些活动的开展直接产生效益，全区"12345"工单办理综合满意率达80.3%，群众对机关作风满意和基本满意率超过95%。当好立足本职的实干家。按照"三比三争"活动要求，玄武区在全市率先开展"千支万名先锋行动"，发动广大党员重点实施作风优化、岗位引领、倾情奉献、美德传家四个行动，争当服务创优、爱岗敬业、志愿奉献、睦邻爱家四大先锋，激励全体党员积极行动起来，真正把党员先进性落实到行动上、体现在行动中。多家主流媒体进行报道，取得很好的社会效果；珠江路科技街工委开展"千支万名先锋行动"主题宣讲活动，新华海、中铁信息等八名党员在大会上宣讲，展示立足岗位作贡献的斗志，激发正能量。"两学一做"学习教育活动，玄武区党员在各条战线上真正行动起来，累计征集两新党员"金点子"300余条，为企业创收1100多万元，全年累计为民办实事530多件。（温　荣）

·组　　织·

【概况】 至2016年底，全区有党组织1282个，其中党委59个、党总支78个、党支部1145个、区委所属党组6个。中共玄武区委派出党(工)委18个，其中区级机关工委1个、系统工委7个、两新工委1个、科技街工委1个、园区工委1个、街道工委7个。全区有党员28497名，较上年增加201名，其中，男党员16487名，占党员总数的58%；女党员12010名，占总数的42%。2016年，玄武区发展党员121名。其中，女党员64人，占52.8%；少数民族党员4人，占3.3%；35周岁以下72人，占59.5%；具有大专及以上学历117人，占96.7%；在非公企业中发展37人，占30.6%，在社会组织中发展5人，占4.1%。

【换届工作】 完成区委换届。选好区党代表，召开两次选举工作会议，指导各党工委组织实施党代表选举，严把代表质量关，突出政治性、代表性和广泛性，对预备人员进行严格考察，确保代表候选人符合市委《通知》要求。全力以赴做好党代会的组织保障工作，加强与市委组织部的沟通联系，起草相关文件，精心谋划大会细节，确保第十一次党代会的顺利召开。组织实施社区换届。成立社区换届工作领导小组,制作《换届工作手册》,召开换届工作培训会议,明确换届具体要求和责任单位。严把人选关,落实市委“三强两好”的用人导向提出“五选十不选”的标准,切实把好“入口关”。严肃换届纪律,组织观看《镜鉴》换届警示教育片,发放“九严禁”等宣传资料。严格换届程序,各社区严格按照“两推一选”的步骤进行换届,区督查组参与重点社区的推荐大会、党员大会进行现场督导,确保选举规范有序开展。举办新任社区书记培训班,按照“缺什么补什么”的原则,精心安排培训课程,开设“小社区大舞台”社区书记论坛,促进社区书记能力素质提升。做好新一届人大代表、政协委员的产生工作。严把代表委员素质关,出台“11个不提名”,列出候选人提名负面清单,坚决把有“硬伤”的人挡在门外。严把代表委员结构关,严格按照候选人比例要求拟定名额分配表,确保基层代表委员特别是一线代表委员的比例有所提高。严把代表委员身份关,在人大代表身份把握上,明确“工人、专业技术人员、企业负责人”三类人员身份认定的政策把握口径。同时,特别对人选是否拥有外国国籍、永久居留权、长期居留许可、是否有境外资助背景进行认真查核,对存在问题的人选一律排除出候选人名单。严格考察审查,对322名代表和208名委员候选人初步进行全面深入考察,共谈话8000余人次,发放测评表16000余份,形成每人一份的考察材料。广泛征求意见,开展“四必听”,有针对性地听取纪检监察、公安、国安、信访、工商、税务、审计等14个部门意见,共征求意见6000余人次。开展“两公示”,对人选身份、国籍等情况一律在其单位进行公示,畅通监督渠道。加强风气监督,在中央“九严禁”的基础上,制作“10不准”漫画宣传册,发放换届纪律提醒卡、海报600余份。

【社区党员居民议事平台成立】 2016年,成立北安门社区民意直通车、樱驼花园社区“金樱”议事园等党员居民议事平台77个,征集梳理370个实事项目,吸引社会资金66万余元,推进社区为民服务专项资金使用管理,规范资金使用管理流程,精细拓宽项目,为社区居民修建自行车棚62个,出新和维护小区广场道路32条,安装路灯103处、防盗门92扇,修剪险树243处,有效提升社区居民的满意度。

【基层党建重点任务完成】 2016年,中央确立开展党员组织关系排查、开展党代表和党员违纪违法未给予相应处理情况排查、开展基层党组织未按期换届情况检查、党费收缴工作专项检查、集中推进非公有制企业和社会组织党的组织和工作覆盖、抓党建促脱贫攻坚、抓严抓实领导机关党员干部学习教育等抓基层党建七项重点任务。区委结合全区实际,重点抓好六项。至年底,六项任务完成。党员组织关系排查工作。梳理失联党员1099人,经努力取得联系的984人,纳入组织管理938人,仍未取得联系的党员40人。党代表和党员违纪违法未给予相应处理情况排查工作,共梳理出因涉嫌违纪违法被责令辞去人大代表职务的1人,因涉嫌违纪违法被撤销政协委员资格的1人,受到刑事责任追究的22人,涉及“黄赌毒”等行政处罚案件、应当追究党纪责任的8人。在排查前尚未给予相应党纪处分或组织处理的4人,已经处理完成。基层党组织未按期换届情况检查,梳理出2家延期换届党组织,已全部整改完毕。党费收缴工作专项检查,对全区1170个基层党组织2008年以来党费收缴情况进行梳理,开展党费补缴工作,确保该项工作规范有序推进。集中推进非公有制企业和社会组织党的组织和工作覆盖。细化行动方案,明确工作步骤、时间安排及责任单位,通过集中排查、覆盖、规范、保障,确保全区两新组织党组织组建率有明显提升。抓严抓实领导机关党员干部学习教育,邀请专家学者对党的理论创新成果及重大决策部署进行深入解读10余场次,讲授实用技术培训20余场次;严格落实“三会一课”、民主生活会、组织生活会、党员领导干部双重组织生活等党内政治生活制度,将学习教育融入党员组织生活中,党员领导干部带头上党课300余场次,组织开展专题讨论180余场次。

【党员教育管理】 2016年,区委组织部按党章要求,严把党员“入口关”,狠抓思想上入党。注重抓好发展对象的短期集中培训工作,全年开设2期入党积极分子培训班,根据学员考试成绩和出勤率综合评分,实行后5%淘汰制,形成好中选优、优中拔尖的精选机制。完善党员远程教育平台建设,为全区67个站点更换机顶盒,向省、市远教中心报送1个示范站点、1个示范基地和8个优秀站点管理员。

【党组织书记队伍建设】 2016年，印发《关于进一步加强社区党委（总支、支部）书记队伍建设的意见》，举办社区书记、“两新”组织党组织书记培训班，开始筹建社区书记工作室，在社区书记培训班中穿插开展“小社区大舞台”社区书记论坛，营造比争赶超、互学互助的良好氛围，增进党组织书记交流、提高党组织书记抓党建带队伍能力。

【人才培育】 2016年，玄武区遴选“创业玄武”高层次创业人才项目40个，落地37个；入选“创业南京”科技顶尖专家1名，创新型企业家4名（超额完成1名），高层次创业人才13名（超额完成1名）；入选省“双创计划”人数3人，进阶率为0.75；自主培养入选企业类国家“万人计划”1名；入选市高端人才团队1个。全区高层次创业人才企业、领军型科技创业人才企业优质孵化率9.17%；领军型科技创业人才初创成活率90.24%；科技创业家（创新型企业家）年均销售收入4659.88万元（增幅65.9%），年均税收88.24万元（增幅21.58%）；科技创业家（创新型企业家）人才企业吸纳高层次人才18名。

【“创业玄武”人才计划发布】 2016年5月，玄武区委区政府发布《印发〈关于“创业玄武”人才计划的实施意见〉的通知》，启动“创业玄武”人才计划。计划包括实施意见、实施细则、资金管理办法等系列文件，是玄武区未来五年人才工作的总纲。按照计划，“十三五”期间，全区将重点引进200名左右高层次创业人才，培育13名创新型企业家，引导1800名青年大学生创业。2016年，玄武区实施首次区级高层次创业人才选拔，从144个申报项目中遴选优秀人才项目40个；培养市科技顶尖专家1名；培育市创新型企业家4名；重点资助36个优秀大学生创业项目，扶持502名大学生创业，带动3453人就业。全年共给予各类入选项目相应政策扶持资金近5000万元。

【区“领创之路”人才服务与创业助推计划】 9月28日，玄武“领创之路”人才服务与创业助推计划在T80科技文化国际社区举行启动仪式，该计划包含9个板块共23项具体服务，为人才企业提供“全周期、全要素、全方位”的创业服务。截至年底，已形成徐庄创业咖·下午茶、苏宁青创营、产学研成果论坛、项目市场对接会、大师沙龙、创业金融平台、人才企业专场招聘会、企业家年会等多个品牌系列活动，全年共举办“领创之路”系列活动33场，惠及人才达1000人次。

【省人才创新创业促进会玄武代表处企业家年会举办】 12月30日，“领创之路·凤栖玄梧”江苏省人才创新创业促进会玄武代表处企业家年会在徐庄软件园举行，省市人才办领导、玄武区相关领导及全区创新创业高层次人才、众创服务机构代表、受表彰单位代表等共180余人参会。会上揭晓2016年“创业玄武”优秀人才企业及先进个人，并举行颁奖仪式；年会上发布2017年玄武代表处重点活动啡咖啡“问知金陵”活动及苏宁青创营开营仪式；江苏双创艺术团在年会上表演了文艺节目。 （温　荣）

·宣　　传·

【概况】 2016年，玄武区宣传思想工作以全面贯彻党的十八大和十八届历次全会精神、习近平总书记系列重要讲话精神为主线，围绕区委、区政府中心工作和决策部署，结合“两学一做”学习教育，着力抓根本、抓导向、抓改革、抓创新，抓好意识形态工作、强化核心价值引领、创新新闻舆论工作方式，各方面工作有序推进，取得新进展和成效，为建设“强富美高”新玄武提供精神动力和思想保证。

【理论学习】 2016年，学习贯彻党的十八届六中全会精神、习近平总书记系列重要讲话精神和省市区党代会精神作为理论武装的中心内容。全区各级中心组开展学习活动200余场。创新开展党员冬训工作，玄武区荣获2015~2016年江苏省基层党员冬训工作示范区。全面贯彻落实党委（党组）意识形态工作责任制。制定《党（工）委、党组意识形态工作责任制实施方案》，建立全区意识形态领域分析研判联席会议制度，定期开展意识形态领域情况分析研判，强化阵地管理，全区意识形态工作总体形势平稳向好。充分发挥区社科联作用，整合优势社科资源，推进玄武区诗词学会等社科学会建设。深入开展社科理论研究，区社科联荣获2016年度江苏省社科系统“工作创新奖”、南京市社科系统先进单位、南京市社科普及工作先进集体。打造“书香玄武”阅读品牌，创成省级“书香街道”“书香社区”各1家。全区共开展各类阅读活动200余

9月12日，南京市“文明交通进校园”行动启动仪式在樱花小学举行

场，全民阅读综合率达94.3%，位居全市第二。

【新闻宣传】 2016年，组织开展区两会、区第十一届党代会、人大换届选举、金洽会玄武专场等重点专题宣传，围绕“一城两街三片区”产业格局，对铁北红山新城、珠江路创业大街、长江路历史文化大街进行重点宣传。建立“媒体看玄武”宣传机制，定期组织全媒体对黑臭河整治、“雷霆行动”专项整治、区域党建等全区特色亮点工作进行集中采访报道。“珠江路创业大街的创新发展”登上央视《新闻联播》，“现代教育的玄武模式”被扬子智库精选为内参，一批高质量的新闻报道为玄武发展造势助力。全力加强“两微一网”平台建设，政府门户网站全新改版上线，2016年“玄武发布”微博、微信荣获南京新媒体传播峰会“优秀政务微信”“优秀政务微博”“经典政务微信传播范例”奖。

【舆论引导】 2016年，开展网上舆情采集、分析、研判、报送和处置工作，建立和完善舆论监督应急处置机制。定期向全区街道、部门通报“网络舆情预警”，妥善处置网络新闻事件，为全区营造良好的舆论环境提供坚实保障。策划开展“网络媒体进玄武”活动，加强与“网络大V”联系，增加共识、形成合力。组织网上红客队伍开展文明上网宣传活动，对于省、市、区的报道等内容，积极转载点赞评论分享，营造良好的舆论氛围。全年共采集研判分析各类与玄武区相关的舆情信息48700余条，向全区街道、部门通报网络舆情预警信息1392条，社会舆情信息被市文化信息平台录用785篇，妥善处置突发网络新闻事件共176件，受理答复南京网络问政及龙虎民生的各类帖子658条，办结率100%。

【主题教育宣传活动】 2016年，设计制作具有玄武特色、彰显南京形象的公益广告作品，囊括核心价值观、省市党代会精神、玄武印象等近10个宣传主题，展示总面积25035平方米，在区域重点路段、公交站台、自行车租赁点、出租车停靠点公益广告占比达到40%，墙体公益广告占比达到50%。制作反映老南京人文风情的复古墙绘“碑亭印记”，营造浓厚宣传氛围。选送的微电影《爱　传递》荣获全国社会主义核心价值观主题微电影征集展示活动二等奖。成立区道德讲堂分总堂，大力宣传道德模范和身边好人典型事迹，全区8人被评选为“南京好市民”，好人任克明被评为“感动南京”2016年度人物。加强未成年人思想道德建设，承办南京市“十岁成长仪式”优秀案例征评活动、“文明交通进校园”行动启动仪式。深入开展文明交通等社会志愿服务活动。

【智慧玄武建设】 2016年，成立区委网络安全和信息化领导小组及其办公室。召开全区信息化工作推进会议，对信息化建设工作作出整体部署。出台《智慧玄武建设三年行动计划》《2016年全区信息化建设工作要点》《玄武区信息化建设项目管理办法》等文件，不断完善智慧玄武体制机制建设。提升全区网络基础设施建设水平和承载能力，推进全区视频监控建设，完成区政府大楼无线WIFI全覆盖，高水平建设区政府门户网站，完成OA移动办公系统平台建设，推进区综合指挥中心平台建设。做好机关信息技术服务工作，全年累计顺利完成2447次技术服务，86会次视频会议保障任务。

（陈心月）

·统　　战·

【概况】 2016年，区委统战部紧紧围绕走在最前列、争当排头兵，

5 月 27 日，玄武区委统战部“玄武统战·同心汇”微信公众号开通

建设“强富美高”新玄武的奋斗目标，扎实开展“两学一做”学习教育，不断强化自身建设，提升工作效能，顺利完成各项工作目标任务。2016 年度被评为全市统战宣传工作先进单位，荣获全市统战理论研究创新成果二等奖。着力推进玄武统战“同心汇”品牌建设，构建“五微一体”新时期统战玄武模式。制定下发《玄武区创建统一战线“同心汇”品牌实施方案》，成立玄武区新媒体党外人士联谊会，开通南京市首家区级统战部门微信公众号“玄武统战同心汇”。与水晶石公司共同制作 6 集微动漫，各街道制作反映统战工作亮点的微电影，建立街道微阵地，开展微分享活动。8 月，举办全区统战干部培训班，全区统战干部知识结构进一步优化，理论水平进一步提升，工作能力显著提高。2016 年，在《南京统战》《挚友》杂志、《南京日报》等报纸期刊上发表宣传报道 20 余篇。

【党外知识分子调研】 8 月 9 日省委统战部、省社科院联合课题组调研玄武区青年一代党外知识分子工作。来自区学校、医院、中介组织、社会组织、新媒体从业人员、留学归国人员以及自由职业人员领域的 7 名青年一代党外知识分子代表参加座谈。

【党外干部培训班】 9 月 23 日，玄武区举办 2016 年党外干部培训班，来自各街道、园区、区机关各部门及教育、卫生系统的党外干部共 30 余人参加培训。区委常委、统战部部长朱天龙在开班动员做好重要指示；江苏省社会主义学院科研处副处长任世红教授作关于多党合作和政治协商制度的主题报告。学员参观珠江路创业大街上的太库创业孵化器，实地感受珠江路创业氛围。

【台湾工作交流推进】 4 月，玄武中等专业学校教学骨干成功访问台湾吴凤科技大学，共同探讨两岸技职教育教学，了解该校核心专业及精品课程设置和实训基地建设情况，为玄武中等专业学校新校区建设及休闲服务专业建设（美容专业、养老护理专业等）奠定基础。6 月，南京市第九中学篮球队受邀参加台湾新北市南山中学举办的第五届“南山杯”海峡两岸中学生篮球邀请赛。12 月，区人大赴台考察学习团圆满完成预期考察学习任务。8 月，接待“宁台大学生·寻访中山足迹”夏令营活动，组织两岸学生及教师共 47 人参观总统府、孙中山纪念馆、东南大学等地，增强两岸青少年对同根同祖、同一文化的认同感。10 月，接待“宁北一家亲·美丽社区行”台湾新北市议员连斐璠率领的新北市永和区里长联谊会一行 18 人到玄武区参访梅园新村、长江路社区。梅园新村社区与新北市中兴里、长江路社区与新北市民族里分别结为友好社区。

【服务涉侨企业】 2016 年，与有关部门一道，通过侨情调查，掌握重点涉侨企业，主动联系并为其服务。帮助百家汇精准医疗控股集团有限公司申报国家级和省级新侨创新创业基地；推荐南京智达康无线通信科技股份有限公司和南京华之聚信息科技有限公司参加中国侨联举办的新侨创新创业成果展，并取得良好效果。落实招才引智工作，加强海外联谊会建设，推动海联会活动有序开展，密切与海外侨团交往互动，新建成玄武区海联会澳大利亚悉尼和德国法兰克福两个海外联络站，向当地华人社团和留学生发布玄武经济社会发展状况、重点产业布局、产业政策信息，宣传玄武区创新创业环境和吸引高层次人才的政策措施，为引进海外高层次人才和招商引资起到窗口、桥梁和纽带的作用。

【侨务活动】 2016 年，组织侨届开展形式多样的活动。中秋节举办“月圆玄武”中秋联谊会，会上，大家欢聚一堂、畅所欲言、同祝佳节、共叙友情、共谋发展，对区侨联加强自身建设、发挥作用，促进玄武经济社会发展建言献策，提出许多中肯的意见建议。组织开展庆祝中国侨联成立60周年系列活动，依托当地侨界文化艺术资源优势，组织归侨侨眷和海外侨胞开展具有地域和侨界特色，内容丰富、形式多样、具有一定影响的纪念活动。10月，与市侨联一起组织19位老归侨到溧水周园参观，让老归侨感受南京的发展。为纪念孙中山诞辰150周年，组织归侨侨眷等30余人参观孙中山生平展馆、中山书院“双城记忆特展”，并向孙中山座像敬献花篮。组织老归侨到抗日航空烈士纪念馆观看《孙中山与华侨——孙中山与航空救国》专题展，缅怀民族英雄，激发爱国热情。

【帮扶归侨胞属】 梅园新村街道老归侨陈荣经生病住院，因医疗费高，玄武区向市侨办申请临时困难补助2000元；及时为企业退休归侨35人申请并发放生活补贴8万余元；为60名高龄空巢、独居、重病等困难归侨购买居家养老服务；中秋、元旦、春节前后走访慰问侨胞属等20余家，送去慰问金2万余元；积极与区教育局沟通协调帮助解决3名侨属子女上学问题。全年接待侨胞等来信、来访、来电30人次，受理涉侨信访案件3件，涉及到房屋拆迁、侨益维权等方面，及时做好维权稳定工作。 （刘好华）

·文明城区建设·

【概况】 2016年，玄武区共迎接城市文明程度指数测评6次，其中全国文明城市复查1次，省测评1次、市测评4次。完善区、街道（部门）、社区（网格责任人）三级责任人体系，将文明城市创建工作纳入街道及相关责任部门年度现代化指标考核内容，文明城市创建常态化建设工作由“重迎查”向“重提升”转变。提升创建工作常态化水平，全年共发督查专报22期。大力开展“我们的节日”主题活动，建设共有精神家园。全区荣获2013~2015年度市级文明单位标兵3个、文明单位33个、文明社区24个；荣获2013~2015年度省级文明单位14个、文明校园4个、文明社区7个。全区精神文明建设信息被“中国文明网”采用1篇，“江苏文明网”采用568篇，“南京文明网”采用99篇。制定《玄武区市民文明素质提升三年行动计划（2016~2018年）》，举办好人任克明事迹分享会暨玄武区道德讲堂分总堂揭牌仪式，推荐11人参加“南京好人”评选，8人被评为第十五届南京好市民，任克明当选2016年度“感动南京十大人物”。汤小霞家庭荣获首届江苏省文明家庭称号。开展未成年人思想道德建设特色项目推选工作，“我们十岁啦——共植青奥林”等16个项目被分别表彰为区未成年人思想道德建设优秀特色项目一、二、三等奖，承办南京市“十岁成长仪式”优秀案例征评活动启动仪式。开展“公益五进”广告宣传活动，精心制作具有玄武特色的公益广告，所有工地围挡全部做公益广告，重点路段公交站台公益广告占比40%，墙体公益广告占比50%。在全市墙体绘画公益广告大赛中，获优秀奖2个、提名奖6个、区文明办获组织奖。推进志愿服务建设，南京玄武一家圆心灵保姆服务中心的社区孤寡、独居老人心理陪护与疏导服务被南京市志愿者协会表彰为“南京最佳服务项目最佳口碑入围奖”。6家个人、组织、社区被表彰为南京市“最美志愿者、最佳志愿服务组织、最美志愿服务社区”。为全区7个街道志愿服务总站争取专项资助资金35万元。开展“新春送温暖”“雷锋精神永驻玄武”“交通志愿服务”等系列志愿服务主题活动，承办南京市“文明交通进校园”行动启动仪式。

【省文明单位创建工作推进会召开】 7月6日下午，区委宣传部召开江苏省文明单位（校园、社区）创建工作推进会，25个创建单位人员参加会议。会上，区文明办对各单位在文明单位（校园、社区）创建工作存在的问题进行梳理，对省文明单位（校园、社区）测评体系进行解读，并对下一步做好创建工作提出要求。

【任克明事迹分享会暨玄武区道德讲堂分总堂揭牌仪式】 12月16日下午，好人任克明事迹分享会暨玄武区道德讲堂分总堂揭牌仪式在南京市玄武区1913园区国民小剧场举行。活动邀请任克明生前同事、锁金村街道市民、任克明妻子进行了现场访谈，从不同的角度分享任克明的事迹。分享会上南京市总工会生产保护部部长张军向任克明妻子寇键颁发追授任克明南京市“五一劳动奖章”证书并送上慰问金，区委常委、宣传部长陈乙华和任克明妻子寇键一起开通玄武区网上道德讲堂。

【2016年度“玄武好人”评选】 区委宣传部、区文明办在全区范围内

12月16日，由玄武区委宣传部、区文明办主办的好人任克明事迹分享会暨玄武区道德讲堂分总堂揭牌仪式在1913园区国民小剧场举行。

开展2016年度“玄武好人”评选活动，评选活动于10月份启动，经过宣传发动、推荐上报、评审确定、社会公示等程序，共评出10名“玄武好人”，涉及企业家、职工、社区居民、公务员、教师、医生等职业，覆盖社会各个层面。（袁勤丰）

·政策研究与改革·

【区委研究室成立】 7月11日，区委研究室成立。按照《区委办公室关于印发〈中共南京市玄武区委研究室主要职责内设机构和人员编制规定〉的通知》（玄委办发〔2016〕33号）的精神和要求，设立中共南京市玄武区委研究室，并完成机构改革相关工作。将区委社建工委的职责划入区委研究室；将原区委办承担的相关政策研究和重要会议、活动综合性文稿起草等职责同时划入区委研究室；并与区委全面深化改革领导小组办公室一个机构三块牌子。

【“互联网+改革”访谈活动】 5月，南京市委研究室、南京报业传媒集团和龙虎网联合举办“互联网+改革”之百家街道（社区）书记系列访谈活动。通过现场采访、同步直播的方式，由街道（社区）主要领导介绍辖区基本情况、日常服务、特色工作及社区发展规划等；同时，针对居民代表提出的疑问和问题作出解答和解释，并给出解决方案。活动开展后，玄武区委研究室积极配合、精心组织，全区有5家街道完成访谈活动，圆满完成任务。

【幸福南京圆桌会启动】 9月23日下午，南京市委社建工委、市社科院和南京日报社联合举办幸福南京圆桌会启动仪式暨第一期圆桌会。玄武区委副书记易兵作题为“多元共治、社区重塑，不断加强和创新基层社会治理”的发言，通过精准翔实的数据、事例，从创新共治模式、治理机制和社区服务三个方面阐明如何激发基层社会治理的合力、活力和能力。

【获市“社会建设与发展”征文三等奖】 区委研究室积极宣传、精心组织，遴选一批优秀论文参加市委研究室“2016·社会建设与发展”论文征集评选活动。10月下旬，由市委研究室、市委社建工委主办，市社科院、南京大学社会学院协办的主题为“共建融合·共享发展—2016·社会建设与发展”研讨会上，区民政局编写的《再造理论视野下的社区治理路径探索—以玄武区孝陵卫街道小卫街社区营造为例》获得“社会建设与发展”论文三等奖。

【区社会建设工作领导小组会议召开】 2016年，区委研究室继续发挥区社会建设工作领导小组办公室职能作用，建立社会建设目标管理制度，形成规范化、常态化的社会建设工作长效机制。4月召开区社会建设工作领导小组工作会议，通报分析2015年度幸福都市指标测评结果，研究部署2016年度社会建设重点工作。11月再次召开领导小组会议，通报区内满意度测评结果、部署满意度测评迎查准备工作；转发《南京市民生幸福建设满意度评价指标体系的意见的通知》（宁委办发〔2016〕72号），对指标体系进行任务分解，并就测评迎查工作提出具体要求。区委副书记易兵针对民生幸福建设评价指标体系测评工作提出两点要求，一是提高思想认识，全力以赴做好迎查准备；二是强化责任落实，脚踏实地落实迎查要求。

【市委研究室专题调研玄武区体制改革工作】 11月28日，南京市委研究室副主任史锦平带队，对玄武区深化街道和社区体制改革进展情况进行检查调研，调研组实地查看梅园新村社区（博爱梅园社会组织服务园运营情况）和小卫街社区（多元主体参与社区治理），区委副书记易兵介绍玄武深化街社体制改革基本情况，区委研究室主任朱锡刚作专题汇报。调研组对玄武区的社会组织发展和社会治理创新工作给予充分肯定，并对下一步的深化街道和社区体制改革工作提出具体要求。（刘晓艺）

·党史研究·

【概况】 2016年，区委党史办以服务玄武区委中心工作重点，以玄武地方史和历史文化为主线，编撰出版玄武历史上的名人王安石专辑《春风又绿江南岸——王安石金陵咏唱新注析》一书，推进《中共玄武区委执政实录（2009年~2013年）》编撰工作，《中共南京市玄武区历史（1978年~2002年）》（三卷本）基本定稿。参加市委宣传部、党史办组织的南京红色文化遗址遗迹内涵挖掘和利用的初步探索与实践研讨会征文活动，征文获得优秀奖并入选征文集，组织开展形式多样的党史宣传教育活动，充分发挥党史工作“存史、资政、育人”的社会职能。

【《春风又绿江南岸——王安石金陵咏唱新注析》出版】 区委党史办组织编撰玄武历史上的名人相关作品《春风又绿江南岸——王安石金陵咏唱新注析》一书，2016年6月出版。全书约50万字，反映王安石“锐意改革、敢为人先的担当精神，廉洁勤政、忘我奉献的无私精神，体察民情、深入基层的求实精神，勤勉好学、奋发向上的进取精神”。区委党史办还与区文化局共同举办“王安石与南京”为专题的第十三期玄武文化讲坛，向全区各单位赠书并邀请东南大学教授魏福明专题授课。

【党史编撰工作】 3月，完成《2015年中共南京历史纪事——玄武篇》，编写稿件约5000文字、反映玄武区有关重大活动的照片30幅。组织编写《中共玄武区委执政实录（2009年~2013年）》一书，完成年度编撰计划。2016年，全面推进《中共南京市玄武区历史（1978年~2002年）》（三卷本）编写工作，并送中央党史研究室征求意见。

【党史宣传教育活动】 2016年，区委党史办组织开展党史进社区、进学校等系列宣传教育活动。参与南京日报社《探访红色遗址追寻光辉足迹》纪念建党95周年系列报道活动，前往东南大学梅庵，寻访共青团（当时称中国社会主义青年团）第二次全国代表大会会址和南京城区第一个党小组成立地。红色遗址的寻访活动刊登在6月28日南京日报头版。7月1日，玄武区委党史办与南京市民俗（非遗）博物馆、南京市中共党史学会抗美援朝分会、南京北京东路小学等单位共同主办庆祝建党95周年活动。

【编研成果获奖与利用】 6月，区委党史办编撰的《中国共产党南京市玄武区历次代表大会文献汇编》获2011~2015年全市党史系统优秀成果评选著作类二等奖。挖掘和利用玄武区红色文化遗址遗迹内涵，与区委党校、南京抗日航空烈士纪念馆共同进行调研和整理，组织编写《保护、研究、利用好红色文化遗址，为南京人民提供强大的精神动力——以玄武区中共代表团梅园新村纪念馆为例》和《从“养在深闺人未识”到“飞入寻常百姓家”——让抗日航空烈士纪念馆成为铭记城市精神的地标》两篇征文稿件，参选市委宣传部、市委党史办等7个部委局组织的关于开展南京红色文化遗址遗迹内涵挖掘和利用的初步探索与实践研讨会征文活动。9月，两篇征文均获得优秀奖并入

6月21日，东南大学梅庵红色遗址探访活动

选征文集，丰富和提升玄武红色文化内涵，充分发挥红色文化资源以史铸魂、资政育人的功能。（万　斌）

·党　　校·

【概况】 2016年，区委党校以习近平总书记系列讲话精神为指导，贯彻落实《中共中央关于加强和改进新形势下党校工作的意见》和全国、省、市党校工作会议精神，开展全区党员干部教育培训、轮训，举办中青年干部培训班。紧紧围绕区委、区政府的中心工作，组织科研资政、理论宣讲、课题调研，取得丰硕成果，为服务“强富美高”新玄武建设做出积极贡献。

【党校培训】 2016年，区委党校与有关部门协力合作，举办培训班16期，培训学员1100余人次。干部教育培训紧扣区委区政府的决策部署，始终坚持把党性教育放在教学的重要位置，突出主课主业，增强受训人员党性修养；创新培训方式，提升培训工作质量；强化组织协调，形成培训合力。

【中青年干部培训班】 9月28日，玄武区第13期中青年干部培训班在区委党校开班。区委常委、组织部长张惠民出席并作动员讲话，区委党校常务副校长曾艳主持开学典礼。中青班学员44人，历时两个半月。培训期间，学员们通过在校学习、建“党建一线”学员论坛、赴上海学习考察、个人专题调研等形式，系统学习党的理论和政策法规、区十一次党代会精神、城市转型发展研究、能力提升等专题。2017年1月20日第13期中青年干部培训班结业。张惠民出席结业典礼并讲话。

【课题调研】 2016年，区委党校采取重点课题和个人课题相结合的形式推进教学科研工作，围绕“党政所需、党校所能、教师所长”的科研导向，强化科研力量整合与利用，完成市委党校“南京低碳经济发展新路径研究”“基于创新驱动模式的新兴产业发展研究——以玄武区为例”两项课题及个人调研课题10多项。启动2016~2017年度省委党校调研课题“基层公务员心理契约问题研究——以玄武区为例”及市委党校“新医改前后社区卫生资源配置效率研究——以南京部分地区为例”“基层公务员职业倦怠问题研究——以南京部分地区为例”立项工作。成立课题组开展专题调研。完成区委领导交办的重点调研课题“玄武区机关干部意识形态状况的分析与对策”；完成市委宣传部、市党史办、市委党校共同举办的红色文化资源专题调查，形成“中共代表团梅园新村纪念馆再开发与保护”“航空烈士纪念馆利用”调研报告。（周宁宁）

·老干部工作·

【概况】 2016年，区委老干部局贯彻落实全国老干部工作双先表彰大会精神和市、区党代会精神，以“让党放心、让老干部满意”为标准，坚持以为党的事业增添正能量和主动服务管理老干部为重点，勇于开拓创新，积极扎实工作，全面落实离退休老干部政治待遇和生活待遇，完成区委区政府下达的目标任务。宣传报道工作获得全市老干部系统先进集体。

至年底，全区共有离休老干部183人(其中市管退休干部27人)，年内有13名老干部因病去世。

【老干部政治理论学习】 结合老干部的身体状况和政治需求，采取自学、集中学习等形式，引导广大老干部认真学习党的十八大和十八届六中全会精神，学习市、区党代会精神，不断增强坚

6月25日，市委党校常务副校长陈华到玄武区委党校调研

持和发展中国特色社会主义的自觉性、坚定性，永葆共产党员的先进性。认真组织老干部积极参加“两学一做”学习教育活动。及时传达党和国家的大政方针，及时通报区委、区政府重大事项的决策部署及重要会议精神。坚持送学上门，向每位老干部发放了全年理论学习自学计划和相关资料，为全区老干部征订了《南京日报》、《中国老年报》和《银潮》杂志550份。

【老干部政治待遇落实】 坚持老干部情况通报、走访慰问和参观考察制度。2月，召开全区老干部情况通报会，区委、区政府主要领导向老干部们通报2015年全区经济、社会发展情况及2016年工作目标。8月，召开原四套班子领导情况通报会，区政府主要领导通报全区上半年经济和社会发展情况及下半年重点工作任务。坚持走访慰问和领导干部联系老干部制度，细化服务，加大走访力度，贯彻执行“六必访”制度，全面实现走访慰问离退休干部工作制度化、常态化。在夏季高温和元旦、春节两节期间，区委主要领导率老干部局工作人员走访慰问四套班子退休老领导和机关离休干部，街道和系统领导对所属单位的离休老干部也普遍进行走访慰问。全年组织老干部参观考察“南京新农村建设”活动两次；4月下旬，组织区机关离退休干部开展党课主题教育并赴浙江桐庐学习考察，10月份组织机关离退休老干部赴四川成都开展爱国主义教育。坚持重大会议、重要活动邀请老干部参加制度。全年共举办专题讲座和报告会3次，组织外出参观考察4次。

4月15日，区机关离退休支部组织参观浙江桐庐

【老干部生活待遇落实】 巩固和拓展离休干部“三个机制”成果，完善离休费保障机制，按时审核发放离休干部生活补贴、房贴等专项经费。配合区人社局、财政局等部门，调整退休干部的基本工资、住房公积金基数和提租补贴比例和基数；调整提高和补发在区安置军队离休干部的离休费和护理费，主动从生活的方方面面给予老干部更多关怀。在生活补贴、医疗制度等改革中尽力做到适度优待。全年补办2名老干部的离休证和5名老干部的乘车证、医疗证。重视关心生活上有特殊困难的老干部和老干部遗属，对老干部提出的合理要求，本着特事特办的原则，尽最大能力给予照顾。坚持日常走访、生日祝寿、住院探视、去世送葬等制度，重点看望生病住院的老干部；妥善处理了13名老干部身后事。认真做好易地安置老干部管理服务工作，加强与易地安置老干部原单位的沟通。做好老干部信访工作，对来访的老干部和老干部亲属热情接待，对不符合政策的问题做好疏导解释工作，化解矛盾，消除了不稳定因素。做好全区老干部的健康体检工作，9月下旬，组织全区老干部体检，为106名老干部进行了健康体检，对体检报告有异常的老干部逐个通知复查和治疗，完善老干部的健康档案。

【纪念建党95周年暨红军长征胜利80周年系列活动】 七一前夕，区委老干部局组织玄武老干部书画协会离退休老干部创作一批优秀书画摄影作品参加南京市老干部书画摄影展；围绕增添正能量，先后举办了区老干部纪念建党95周年书画展、玄武区老干部棋牌邀请赛、“玄武杯”老干部门球赛等，极大地丰富离退休老干部的精神文化生活，得到老同志的普遍肯定和欢迎。

【离退休干部党支部作用发挥】 利用党支部活动阵地，组织离退休党支部干部理论学习活动，广大老党员、老干部始终牢记党员身份，坚定理想信念，保持对党忠诚的政治品格，增强政治意识、大局意识、核心意识、看齐意识。发挥广大离退休干部自己的政治、经验、威望优势，围绕经济新常态下促进经济发展、全面从严治党、构建和谐社会、关心教育下一代、捐资助学等方面取得了可喜成绩。邀请老干部列席区人大和政协两会，聘请老干部为党风、行风监督员，反映社情民意，促进和谐社区建设。每年为溧水白马中学贫困学生捐资，此项助学17年从未间断，老干部们捐资超过15万元，革命老区40多名品学兼优的贫困学子获得了帮助。

【社区老干部服务网络建立】 区委老干部局依托社区资源优势，以老干部生活圈子为半径，将老干部工作向社区延伸，形成区、街、社委会三级服务网络，全方位开展为老干部服务工作。深化社区老干部服务工作的内涵，融老干部文化娱乐、医疗保健、生活照料、精神慰藉等活动和服务为一体，形成比较完善的社区老干部服务网络。玄武门街道台城花园社区利用社区资源做好离退休干部服务的方法，获得省、市老干部局领导的充分肯定，并通过了省级示范点的验收。

【结对帮扶与党员义工服务】 2016年，开展结对帮扶困难群众和党员义工服务活动。遴选台城花园社区4户困难家庭作为局机关干部的联系点，坚持定期走访，帮助他们解决困难。全年5次慰问社区困难群众、帮扶贫困学子、看望社区工作者和指导社区老干部服务工作，共投入帮扶困难户资金3000元。在“慈善一日捐，济困送温暖”等捐助活动中，党员干部共捐资2400元。 （金晓静）

11月4日，区机关工委举办“两学一做”服务推介会

·机关党建·

【概况】 2016年，区机关工委以全面从严治党为主线，以庆祝建党95周年为契机，围绕“服务中心、建设队伍”两大任务，带领机关各级党组织和广大党员干部认真学习党的六中全会精神和习总书记系列重要讲话精神，开展“两学一做”学习教育，贯彻落实区委党代会目标任务。机关党建创新创优项目《着力打造“双结对、双促进”活动品牌》案例，被市推荐参加全省优秀案例评选获优秀奖；机关远程教学站点被市评为示范站点，并申报省级示范站点；以“身边的优秀共产党员”为主题，组织“手机制作微视频作品”职工技术大比武比赛项目，获南京市总工会创新大赛优秀奖；举办“守纪律、讲规矩”主题演讲比赛和“传承伟人风范，立家风正家规，美德传家行动”分享会等主题活动，分别被《南京日报》《扬子晚报》等媒体宣传报道。

【区机关党员干部理论轮训班】 2月24~26日，区机关工委举办“2016年区机关党员干部理论轮训班”。全区街道、园区、系统纪工委书记、监察室主任，区机关各级党组织书记、副书记和支部委及部分党员干部220多人参加培训。区委副书记杨乐华、区委常委区纪委书记张望、区委常委区委宣传部部长陈乙华分别参加培训活动。轮训班，采取理论辅导与参观见学相结合、集中组织与个人自学相结合、学习研讨与撰写体会文章相结合的方式进行。邀请江苏省委党校、南京大学政府管理学院著名教授和南京市纪委的领导分别进行“五中全会十三五规划建议解读”“加强党性修养，坚守共产党人的理想信念”和“以严明的纪律，推进全面从严治党迈上新台阶”三个专题的辅导。期间，组织参训学员参观梅园新村纪念馆和六朝博物馆。

【区机关青年“绿色玄武公益行”活动】 3月4日上午，在第54个“学雷锋纪念日”，区机关工委组织机关青年开展以“绿色玄武公益行”为主题的“我爱紫金山”环保志愿活动。区青年党政人才协会会员、机关青年党团员40余人参加活动。青年党团员们身着统一的志愿者马甲，从紫金山天堡山山脚的索道地堡城停车场出发，一路清理登山游客丢弃在天堡山森林范围内野道、陡坡的垃圾，恢复自然生态，保护紫金山良好环境。

【区机关妇女党务干部心理健康讲座】 3月24日下午，区机关工委在玄武区开放大学开办女性心理减压辅导课堂，区机关20余名妇女党务干部参加辅导课。辅导课专门邀请国家二级心理咨询师陈跃为大家作《心理压力调节与健康管理》讲座。辅导对如何处理好工作和生活关系，养成健康心理起到积极指导和帮助作用。

【2016年区机关党建工作会议】 3月29日下午召开。区机关各部门党组织书记、组织委员、纪检委员参加会议，区委副书记杨乐华出席会议并讲话。区机关工委书记夏桂萍总结2015年机关党的工作，部署2016年工作任务。杨乐华强调，机关党建工作要以发展为要务，以教育为重点，以抓作风为关键，以责任为基础，以干部为主体，以创新为动力，聚精会神创先争优。会上，机关各党组织还签订党风廉政建设责任书和机关党建工作目标责任书，省委省级机关工委副书记杨庆国作《做好新形势下机关党建工作》的专题辅导。

【“书香玄武·悦享机关”系列文化活动】 4月20日，举办2016年区机关“书香玄武·悦享机关”系列文化活动启动仪式暨读书分享会，机关各党组织支部委员和青年党政人才协会40余人参加活动。会上，机关党员干部畅谈通过读书，所带来的心灵感受和生活乐趣，互动交流氛围热烈、情感真诚。期间，机关工委书记夏桂萍为获得2016年区机关党员干部理论轮训班调研文章优秀奖的代表颁发证书；区委宣传部副部长、区文化局局长、区全民阅读办主任鲁中为获得优秀论文代表赠送新书。还部署安排年度区机关“书香玄武·悦享机关”系列文化活动。

【“五四”表彰暨“守纪律，讲规矩”主题演讲比赛】 5月4日下午举行。区机关各党组织书记和组织委员，区青年党政人才协会会员和机关青年党团员代表160余人参加活动，区委副书记杨乐华，区委常委、纪委书记张望，区委常委、组织部部长梁爱国，区委常委、宣传部部长陈乙华出席。大会首先对20名当选的玄武区“机关好青年”进行表彰。接着“守纪律、讲规矩”主题演讲比赛决赛。区地税局谢地获得一等奖，区教育局刘茜、区检察院徐达获得二等奖，区市场监管局冯舒丹、区检察院张玲蓉、区司法局周炜婷获得三等奖，区法院马锐、区财政局钱竹林、区环湖办王博获得优秀奖，区司法局周炜婷获得微信投票产生的“最佳人气奖”。

【区机关举办纪念建党95周年书画作品展】 年初，区机关工委、区机关工会在区政府大厦二楼，举办区机关纪念中国共产党建党95周年书画作品展。至6月10日，共收到区机关干部职工和离退休干部书法作品80余幅、绘画作品40余幅，书画作品以“挥毫歌颂党、共筑玄武梦”为主题，用书法和绘画的艺术形式，践行“深入生活、扎根人民”的文艺服务主旨，展现玄武人积极进取、奋发向上的精神风貌和时代风采。

【“玄武文化讲坛”进机关公益性讲座】 9月20日，由区机关工会、区党史办、区文联联合举办“玄武文化讲坛”进机关系列公益性讲座开讲，区机关干部职工120余人参加听课。区委常委、宣传部部长陈乙华讲话。区委党史办与区文联联合编撰的《春风又绿江南岸——王安石金陵唱咏新注析》一书首发。（江守国）

·关心下一代工作·

【概况】 至年底，玄武区各级关工委组织223个。其中，区关工委1个，街道7个，社区59个，机关系统7个，中小学校36个，干休所7个，公检司法4个，民企102个。经常参加关心下一代工作的“五老”(老干部、老战士、老教师、老专家、老模范）志愿者4000多人。2016年，区关工委围绕中心，服务青少年，按照“主题教育求实出新，科技工作创新品牌，平台建设拓展空间，宣传工作量质并重，队伍建设提升能力”的工作思路，积极发挥“五老”骨干作用，为青少年健康成长倾注关爱、提供助力。

【第二十届“心向党　梦飞扬”(苏宁杯）中学生演讲比赛】 全区7个街道20多所学校160多位学生和家长参加，14位选手角逐决赛，分获特等奖1名，一等奖3名，二等奖10名，市关工委副主任钱继红亲到赛场并给予高度评价。参加市关工委举办的“网上小红军重走长征路”活动，并获得优秀组织奖。

【“学史明志、爱党报国”教育活动】 2016年，区、街道、社区、学校“学史明志、爱党报国”教育活动330多场次，参与2万多人次。组织参加市关工委举办的“童心向党”“老少”诗歌朗诵比赛，梅园新村街道一对母女以《盐城诗画》为题的诗歌朗诵荣获大赛的一等奖。参加市“2016诚信南京·新春寄语”征集活动，征集寄语2.3万多条，名列城区第一名，获市最佳组织奖。锁金一村社区“阳光托管驿站”、聚宝山社区“阳光心心驿站”、晏公庙社区“希望来吧”等项目被评为2016年玄武区未成年人思想道德建设优秀特色项目。

【“四个结合”创新实践】 2016年，以梅园新村街道富贵山社区青少年校外教育辅导站为试点，发挥资源优势，加强内涵建设，探索实践“校站结合、院站结合、军站结合、企站结合”的办站模式，聘请“五老”科技志愿者任科技顾问，在职科技教师志愿者任辅导员，退休军官志愿者任宣讲员。通过他们沟通学校、院所、部队和企业，积极拓展活动途径。联合南京图书馆举办“我爱读书”活动，联合南京博物院、南京儿童福利院举办“与爱同行”活动，联合江苏省美术馆参观“博爱专线”主题展，联合南京军区政治部警卫连开展“我是小小军事家”活动，受到青少年和家长的欢迎。

【青少年科技实践活动】 7月12日，区关工委举办第三届中小学生“中国梦·我的科技梦”电子小报比赛，40位选手入围区决赛，4人获特等奖，8人获一等奖，9位优秀选手获参加市比赛资格。参加市《智慧南京·我的科技梦——南京市社区科技“四个一”作品竞赛活动》，2件“科技小发明作品”、16幅“科幻画”作品获一等奖，并入选“市科创大赛”。参加市科创大赛实践活动项目，锁金村街道“分类环保共造美丽家园”获二等奖，孝陵卫街道“让孩子走进食用菌世界”获三等奖。农科院社区辅导站分别在孝陵卫中心小学、农科院社区开展“小学生食用菌家庭栽培技术探究”活动。

7月12日，区关工委组织暑期中小学生电子报制作比赛

【“五老”网吧义务监督工作总结表彰会议召开】 区关工委、区文明办、区文化局联合召开2014~2016年全区“五老”网吧义务监督工作总结交流表彰会，新街口街道成贤社区关工委和3名“五老”网吧义务监督员代表先进集体和先进个人进行了交流发言，4个先进集体和23名先进个人受到表彰。区委常委、组织部部长张惠民到会并讲话。

【帮困助学工作】 2016年，区关工委组织各方力量，资助特困学生84人，资助金额13.4万元。同时，向受资助家庭和学生发出《爱心寄语》。对玄武高级中学家庭困难、品学兼优的5名学生实行连年跟踪帮扶。联合市关工委慰问资助花红园和锁金一村幼儿园。政法系统建立“二帮一”帮扶机制，关爱贫困学生34名。教育系统开展扶贫助学“朝阳工作”，组织老教师捐助9位困难学生。

（仲　华　章清君）

南京市玄武区人民代表大会

·概　述·

【概况】 2016年末，玄武区有区第十七届人民代表大会代表237名，有省十二届人大代表3名，市十五届人大代表45名。区十七届人大常委会组成人员有24名，机构设置有区人民代表大会法制委员会、区人民代表大会财政经济委员会、教育科学文化卫生委员会、环境资源城市建设委员会、民族宗教侨务台湾事务委员会、人事代表联络委员会、内务司法工作委员会（与区人民代表大会法制委员会合署办公）、预算工作委员会（与区人民代表大会财政经济委员会合署办公）、办公室、研究室，派出工作机构有7个街道工作委员会。区人大常委会在中共玄武区委领导下，贯彻党的十八届历次全会精神，认真履行宪法法律赋予的各项职权，努力在服务发展上履职尽力，在改善民生上持续发力，在促进和谐上凝聚合力，圆满完成了年度各项任务，为建设经济强、百姓富、环境美、社会文明程度高的新玄武做出了贡献。

【换届选举】 2016年第四季度，经宣传发动和选民登记核对、提名推荐代表候选人、协商确定正式代表候选人、代表候选人与选民见面会等阶段工作，区人大常委会、区选举委员会依法组织选民进行投票选举。全区14个选举单位93个选区，通过选民登记信息化管理系统，共登记选民410621人。经过精心组织，周密部署，全民参与，有序操作，区人大代表换届选举工作取得圆满成功，选民参选率达87.54%，顺利产生区第十八届人大代表237名。新一届人大代表结构比例符合省、市人大常委会的要求，代表整体素质比往届有所提高，进一步体现代表广泛性、先进性和代表性的要求。

【常委会自身建设】 发扬理论联系实际的学风，深入学习党的理论，举办形势报告会和专题学习讲座，开展人大工作理论研究，加强对党的理论成果的深刻领会，加强对区委决策部署的深入贯彻，加强对法律法规和人大业务知识的深度研究。认真开展“两学一做”主题教育，落实“严、实”要求，严抓理论武装，严抓队伍建设，严抓纪律规矩，依法履职，服务群众，推动工作有效开展。不断完善常委会学习、调研、会议、审议等工作制度，形成靠制度办文、办会、办事，靠制度管人、管事、管物，靠制度加强工作协调，规范内部管理，改进工作作风。深入基层群众，了解社情民意，帮助群众解决实际困难，积极组织结对帮扶、慈善捐款等活动，努力践行全心全意为人民服务的宗旨。

【各工作委员会工作】 2016年，区人大常委会内务司法、财政经济、人事代表、环资城建、教科文卫5个工作委员会，根据区人大常委会年度工作要点及议题安排，通过组织开展调研、视察、执法检查等工作，依法履职尽责，着力改善民生，各工委除对常委会、主任会议议题、省市人大交办的议题进行调研外，内务司法工委围绕玄武区“六五”普法工作完成情况和“七五”普法规划制定情况，财政经济工委围绕区全口径预决算审查监督工作情况，人事代表工委围绕玄武区十七届人大代表建议的办理及督办情况，环资城建工委围绕玄武区《中华人民共和国大气污染防治法》实施情况，教科文卫工委围绕全区科普惠民工作情况进行专题调研，为常委会审议和科学决策提供有效保障。

【街道人大工作】 2016年，各街道人大工委积极履行职责，围绕区人大常委会年初议题，组织人大代表调研视察；发挥街道人大代表之家、社区人大代表工作室的平台作用，开展代表接待选民、联系群众活动；组织各街道代表组代表向选民述职，区十七届人大所有代表已全部完成向选民述职工作；在区人大常委会统一安排下，各街道人大工委严格按照选举程序，圆满完成

3月25日，全区街道人大工委工作例会暨定向定点视察和检查工作总结部署会举行

区十八届人大代表的选举工作。为了让新一届代表尽快进入角色,新街口街道、梅园新村街道、红山街道人大工委等纷纷召开人大代表交流座谈会,由连任代表向新当选代表介绍履职经验,街道党政领导向代表通报当前工作完成情况和今后工作规划,采取各种方式让代表迅速了解街情社况,为代表更好地履职创造条件。

【人大代表工作】 2016年,区人大常委会结合全区中心工作、重点工作和特色工作,建立起代表挂钩联系网络、市区代表联动机制,密切广大代表与群众的联系。开展市代表向区人大常委会、区代表向选民述职活动,努力为选民做好事、解难事、办实事。在组织街道代表组季度活动的基础上,开展定向定点视察检查活动,开展对部门预算执行的跟踪监督,开展授权街道人大工委进行专项工作监督,指导街道人大工委积极探索做好人大工作的新路径、新举措,形成了亮点纷呈、各具特色的代表工作新局面。区十七届人大五次会议期间,共收到代表建议72件,通过全区共同努力,办成率达84.7%。建议的办理密切了与人民群众的联系,促进了全区经济社会协调发展。

·重要会议·

【概况】 2016年,区十七届人大常委会共举行会议8次,听取和审议区政府和区法院、区检察院专项工作报告16项,开展执法检查1项,作出决议决定10项,发出审议意见书4份,任免国家机关工作人员116人次,较好地发挥地方国家权力机关的作用。

【区人大常委会会议】 1月7日上午,区第十七届人民代表大会第五次会议期间,召开区十七届人大常委会第二十九次会议,区人大常委会主任张萍、副主任刘显平、杨冬梅、李辉及委员共24人出席会议,会议由张萍主任主持。会议主要议题:1.讨论关于玄武区国民经济和社会发展第十三个五年规划纲要草案的审查结果报告(草案);2.讨论关于玄武区2015年国民经济和社会发展计划执行情况与2016年国民经济和社会发展计划草案的审查结果报告(草案);3.讨论关于2015年财政预算执行情况和2016年财政预算草案的审查结果报告(草案)。

2月23日上午,召开区十七届人大常委会第三十次会议。区人大常委会主任张萍、副主任刘显平、杨冬梅、李辉及23名委员出席会议,会议由张萍主任主持。会议议题:1.会议审议了有关人事任免事项。会议以举手表决和无记名投票的方式,表决通过了区人民政府区长徐曙海提请的有关人事任免议案。会议现场首次举行任命人员宪法宣誓仪式;2.会议采取口头和书面相结合的方式,听取了尹群等12名市十五届人大代表履职情况报告,并现场进行了测评;3.会议听取了区人大常委会办公室主任刘康所作的关于区十七届人大常委会2016年工作要点及议题安排的通报。

4月26日上午,召开区十七届人大常委会第三十一次会议,人大常委会主任张萍、副主任刘显平、杨冬梅、李辉及委员计23人出席了会议。区政府及其办公室、区法院、区检察院、区环保局、区人大常委会各工作机构、街道人大工委的负责同志列席了会议,会议由张萍主任主持。会议议题:1. 会议审议有关人事任免事项。会议以举手表决的方式通过了区法院院长周迅提请的有关人事免职议案;会议以无记名投票的方式,表决通过了区人民政府区长徐曙海提请的有关人事任职议案,并举行了新任职人员宪法宣誓仪式;2.会议听取区人大常委会副主任、执法检查组组长李辉所作的关于检查《中华人民共和国大气污染防治法》实施情况的报告;3.会议听取和审议区检察院副院长王卫东受陆宁平检察长委托所作的《关于区检察院反贪污贿赂工作情况的报告》和区人大常委会内务司法工委主任刘必军所作的《关于区检察院反贪污贿赂工作情况的调研报告》。

6月20日下午,召开区十七届人大常委会第三十二次会议,区人大常委会主任张萍、副主任刘显平、杨冬梅、李辉和委员计22人出席会议。会议由张萍主任主持。会议审议了有关人事任免事项。会议以举手表决和无记名投票的方式通过了区人大常委会主任会议、区人民政府区长徐曙海和区检察院检察长陆宁平提请的有关人事任免议案;会议接受了徐曙海辞去区人民政府区长职务的请求;会议决定任命穆耕林为区人民政府副区长、代理区长职务;会议听取了区政府副区长苏郑所作的《关于区"六五"普法规划执行情况和"七五"普法规划制定情况的报告》和区人大内务司法工委主任刘必军所作的相关调研报告,会议对报告进行了认真审议,并通过了《关于开展第七个五年法治宣传教育的决议》;会议先后听取了区财政局局长王冬梅受区政府委托所作的《关于玄武区2015年财政决算草案的报告》、区审计局局长龚庆亚受区政府委托所作的《关于玄武区2015年度财政预算执行和其他财政收支的审计工作报告》和区人大财经工委主任陈小玲所作的《关于玄武区2015年财政决算草案的审查报告(草案)》,会议对报告进行了认真审议,并通过了《关于批准玄武区2015年财政决算草案的决议》。

8月19日上午,召开区第十七届人大常委会第三十三次会议。区人大常委会主任张萍、副主任刘显平、杨冬梅、李辉及委员计23人出席会议。区政府及其办公室、区人民法院、区人民检察院、区发改局、区财政局、区环保局、区国税局、区地税局、区人大常委会各工作机构、街道人大工委的负责同志列席了会议。会议由张萍主任主持。会议主要议题:1.会议审议了有关人事任免事项;2.会议听取和审议了区政府常务副区长滕涛所作的《区政府关于2016年上半年国民经济和社会发展计划及重点项目建设、财政预算执行情况的报告》,以及区人大常委会财政经济工作委员会主任陈小玲所作的《区政府关于2016年上半年国民经济和社会发展计划及重点项目建设、财政预算执行情况的调研报告》;3.会议听取和审议了区财政局局长王冬梅所作的《玄武区2016年省转贷新增地方政府债券安排及区级预算调整方案(草案)的报告》,以及区人大常委会财政经济工作委员会主任陈小玲所作的《玄武区2016年省转贷新增地方政府债券安排及区级预算调整初步方案的审查结果报告》;4.会议听取和审议了《区政府关于落实区人大常委会〔2016〕1号审议意见情况的报告》,并进行了票决;5.会议听取和审议了区人大常委会办公室主任刘康所作的《关于区人民代表大会换届选举问题的决定(草案)的说明》。

10月26日上午,召开区十七届人大常委会第三十四次会议,区人大常委会主任张萍、党组书记杨乐华、副主任刘显平、杨冬梅、李辉及委员计22人出席会议。区人民政府及其办公室、区人民法院、区人民检察院、区财政局、区卫生和计划生育局、区人大常委会各工作机构、街道人大工委的负责同志列席了会议。会议主要议程:1.审议有关人事任免事项,以举手表决和无记名投票的方式通过区人大常委会主任会议、区人民政府代区长穆耕林和区法院院长周迅提请的有关人事任免议案,并举行了新任职人员宪法宣誓仪式,接受朱天龙辞去南京市玄武区人民政府副区长职务的请求;2.听取和审议区财政局局长王冬梅、区卫生和计划生育局局长王礼铭的履职情况,并进行了测评;3、听取和审议了区人大常委会办公室主任刘康所作的关于区十七届人大五次会议及本届以来代表建议的办理及督办情况的报告。

11月30日下午,召开区第十七届人民代表大会常务委员会第三十五次会议,区人大常委会主任张萍,副主任杨冬梅、李辉及委员共19人出席会议。区政府副区长蒋兆全、区政协、区法院、区检察院、区委组织部负责同志列席会议,区人大常委会各工作机构、部分街道人大工委的负责同志列席会议。会议由张萍主任主持。会议听取和审议区人大常委会副主任、区代表资格审查委员会主任委员杨冬梅所作代表资格审查报告,以举手表决的方式通过了《玄武区第十七届人民代表大会常务委员会代表资格审查委员会关于玄武区第十八届人民代表大会代表资格的审查报告(草案)》;会议听取区人大常委会办公室主任刘康所作关于区人大常委会机构设立和更名的说明,以举手表决的方式通过了《关于区人大常委会机构设立和更名的决定(草案)》;会议以举手表决和无记名投票的方式通过区人大常委会主任会议、区人民政府代区长穆耕林、区人民法院院长周迅、区人民检察院检察长陆宁平提请的有关人事任免议案,会议举行了新任职人员宪法宣誓仪式。

12月26日上午,区第十七届人民代表大会常务委员会第三十六次会议召开。区人大常委会主任张萍,副主任刘显平、杨冬梅、李辉及委员共23人出席了会议。区人大常委会党组书记杨乐华、区人民政府代区长穆耕林、副区长滕涛、区政府及其办公室、区委组织部、区法院、区检察院、区发展和改革局、区财政局负责人列席会议,区人大常委会各工作机构和街道人大工委的负责人列席会议。会议由张萍主任主持。会议主要议题:1.听取和审议区政府关于玄武区2016年国民经济和社会发展计划执行情况与2017年国民经济和社会发展计划草案初步方案的报告并对2017年国民经济和社会发展计划草案初步方案进行审查。2.听取和审议区政府关于玄武区2016年财政预算执行情况和2017年财政预算草案初步方案的报告,并对2017年财政预算草案初步方案进行审查。3.听取和审议区政府关于玄武区2016年计划、财政预算调整方案(草案)的报告,批准2016年计划、财政预算调整方案。4.听取换届代表选举工作情况的汇报,并对部分新当选代表进行资格确认。5.讨论区十八届人民代表大会第一次会议各项建议名单。6.讨论区十八届人民代表大会第一次会议常务委员会工作报告。7.讨论区十八届人民代表大会第一次会议筹备情况的报告。8.以无记名投票方式补选吴政隆、吴晓茅、胡宁、穆耕林、杨乐华为南京市第十五届人民代表大会代表。9、以举手表决的方式通过了区人大常委会主任会议、区人民政府代区长穆耕林、区人民法院院长周迅和区人民检察院检察长陆宁平提请的有关人事任免事项。会议举行新任职人员宪法宣誓仪式。

【区人大常委会主任会议】 2016年,区十七届人大常委会共召开主任会议13次,除预审常委会议题外,还听取"一府两院"专项工作汇报。内容主要包括:听取区人民法院院长周迅关于刑事审判工作情况的汇报和区人大常委会内务司法工委主任刘必军关于刑事审判工作的调研报告;听取区科技局局长刘云关于区政府科普惠民工作情况的汇报;先后实地视察并听取区城管局局长姚晓晖受区政府委托所作的关于区政府停车智能化改造工作情况的汇报、区政府实施老旧小区"二次供水"设施改造工程情况汇报。

·重要活动·

【代表定向定点视察检查】 2016年,7个街道代表组围绕居家养老服务、群众体育、平价店规范建设、防空设施、文物监管、绿色联盟"3+X"、大学生创业项目等工作,对7个政府部门开展视察检查活动。

【人大任命人员履职评议】 为进一步提高人大任命干部履职能力和工作水平,促进"一府两院"依法行政、公正司法,按照《关于区政府工作部门主要负责人和区人民法院副院长、区人民检察院副检察长向区人大常委会报告履职情况的实施办法(实行)》和《关于区政府工作部门主要负责人和区人民法院副院长、区人民检察院副检察长向区人大常委会报告履职情况的工作流程》,区人大常委会组织委员结合听取和审议专项工作报告,对区财政局局长王冬梅和区卫计局局长王礼铭的履职情况进行评议,并将评议结果向社会公布。

【区人大信访工作】 2016年,共受理群众来信来访17件,参与、协助化解了信访矛盾,密切了与基层群众的联系,促进了人大监督水平的提升。

【人大学习交流和友好往来】 2016年,区人大组织外出学习交流10次,其中参加省人大组织1次,市委组织部组织1次,市人大组织6次,区人大组织2次。接待长沙市岳麓区人大、南宁市江南区人大、江阴市人大、合肥市包河区考察团来人来访4次,通过学习交流,进一步提高了人大工作水平。

【宁汉渝三市六区人大联席会议】 5月18~19日,宁汉渝三市六区人大常委会工作联席会第28次会议在南京市鼓楼区举行,出席会议的有南京市玄武区、鼓楼区,武汉市武昌区、江岸区以及重庆市渝中区、北碚区人大常委会代表,此次会议由南京市鼓楼区人大主办、玄武区人大协办。5月18日上午,各区人大进行经验交流,区人大常委会副主任李辉就"关于如何发挥区人大常委会审议意见监督作用的思考"作发言,本次会议重点围绕财政预算审查监督、代表履职创新服务、审议意见落实监督等方面进行了深入研讨。下午,参加会议的各区代表考察调研了苏宁睿城社区服务中心、苏宁慧谷、滨江风光带、下关历史陈列馆等。5月19日,来自三市六区的兄弟单位参会人员在区人大常委会主任张萍带领下,实地参观考察了长江路文化旅游大街、六朝博物馆以及江宁织造府博物馆,切实感受玄武区在经济、文化、社会事业发展所取得的巨大成就。

【宣传信息工作】 强化宣传意识,围绕人大工作的开展情况,统筹安排,精心组织,创新宣传形式,丰富宣传内容,深化宣传主题,营造宣传氛围,有亮点,有特色,有力地推进了人大宣传工作的蓬勃开展。贯彻落实宣传信息工作责任制,将外宣任务分解落实到人,并健全考核奖励制度,进一步促进宣传信息工作制度化、规范化。召开区人大办公室全体工作人员及街道人大工委联络员座谈会,围绕人大信息写作及宣传工作进行专题辅导,并对信息工作提出了具体考核目标,努力提升人大信息宣传工作水平。2016年共在市级以上刊物、网站发表图片、信息354条,文章13篇。 (赵　晖)

链接

人大代表建议办理结果选编

关于解决蒋王庙社区宁栖苑生活直供水问题的建议

此建议由赵克强代表提出，区城管局主办。办理情况如下：

一、基本情况：蒋王庙宁栖园小区是1997年开发建设的，共有6幢228户，均属多层（七层）住宅，其中1~3幢为江苏省龙潭监狱单位房改房，144户；4~6幢为拆迁安置房，84户。

二、所做工作：1.2012年小区进行了整体出新，为保障小区出新工作及出新后实现长效管理，在街道、社区的指导下，2012年8月小区成立了管委会，洁安序物业有限公司玄武湖分公司进驻管理。物业进驻小区管理后，对居民提出的四楼以上住户长期饮用楼顶水箱水问题，向自来水公司申请改直供水，自来水公司也曾派相关人员来小区检测水压。据自来水公司介绍：宁栖园小区属锁金地区供水管网，且位于该管线的末端，水压低，在夏季用水高峰水箱也经常供不上水，要改变现状，需要建增压水泵房，其费用由房屋产权承担。为此街道、社区与小区的房屋产权单位江苏省龙潭监狱和栖霞城乡开发公司沟通协商无果。自洁安序物业进驻小区管理以来，对小区楼顶水箱定期清洗维护。2.2014年9月应广大居民的强烈要求，再次向市自来水公司、玄武区住建局房产科申请对宁栖园小区6幢楼进行直供水改造。3.2014年12月按照南京市主城六区居民住宅二次供水设施改造实施意见的通知（宁政发〔2013〕130号文）要求，街道积极配合区住建局房产科做好辖区居民住宅二次供水设施摸底调查，全街共16个小区，对居民要求强烈的宁栖园小区向区住建局房产科重点申报说明。按照文件通知精神，与江苏省龙潭监狱协调沟通筹措资金应承担的二次供水设施改造费用，该单位已做出书面承诺，同意改造，愿意落实1/3产权单位配套资金。4.经过街道的多次协调努力，区住建局房产科已将宁栖园小区二次供水设施改造列入2015年第二批计划上报市住建部门。但在2015~2017年度区居民住宅二次供水设施改造计划表104处中，宁栖园小区并未列入。

2016年3月区城管（水务）局牵头区二次供水设施改造工作，区城管局将继续把这项民生工程做好、做实、做到位。

关于企业退休人员体检问题的建议

此建议由夏德传代表提出，区人社局主办。办理情况如下：

根据省、市人社部门统一要求，玄武区自2009年起面向企业退休人员全面开展两年一次的免费健康体检，到目前为止已进入第四轮尾期，玄武区的相关工作落实举措也日趋完善。1.关于体检医院的安排。目前区为企业退休人员提供免费健康体检的定点医院已由最初的9家增加到19家。一般情况下，街道社区按照居住地就近原则安排企业退休人员进行体检预约。同时，居住在区的企业退休人员也可自行选择到玄武区定点的19家体检医院进行体检，还可以通过个人网上注册、网上预约到南京市其他定点医院参加体检。2.关于体检报告的反馈。根据南京市企业退休人员免费健康体检工作要求，定点体检医院一般在20天内出具体检报告。区多数定点体检医院已将出具体检报告的周期提前到7—10天内。同时，在每一份体检报告中，都会有检查综述，内容附有本次体检的总体情况及医生建议、医嘱，如遇明显异常，医院也会及时联系受检者本人。此外，全区大部分社区医院都会定期组织医生进社区义诊，免费为退休人员测量血压、宣讲医疗保健知识等，提高退休人员的健康知识水平，增强健康保护意识。

关于设立文化产业发展基金的建议

此建议由吕冬阳代表提出，区委宣传部主办、区财政局协办。办理情况如下：

代表在文中提到的四项建议——加强政策引导、设立文化产业发展基金、加强与金融机构合作以及加强文化企业宣传，也正是近年来玄武区通过金融助力文化产业发展的重要举措，利用金融杠杆引导资源配置、撬动创业项目、服务企业需求，通过一系列差异化、分层次的金融手段，有效突破了区域内文化企业发展的资金瓶颈，推动文化产业又好又快的发展。强化政策引导机制。在《玄武区文化建设1+5文件》、《玄武区深化文化体制改革实施方案》《玄武区“十三五”文化产业发展规划》中均明确指出要改革投融资体制、做好金融保障、构建文化金融创新服务体系。设立了紫金玄武天使投资基金，规模2000万元，设立了政府性创投引导基金紫金玄武创投基金，对有潜力的初创期、发展期企业进行风险投资，目前已投资2个项目共计730万。搭建金融服务平台。利用徐庄全国版权示范基地版权保护平台，搭建了集宣传、推广、服务、管理为一体的版权管理服务网络；以国家知识产权培训（江苏）基地徐庄分中心为支撑，建立了知识产权人才培养、评价机制和保护体系，组建“徐庄金融公共服务中心”；以江苏长三角技术产权交易中心为平台，建立了无形资产评估体系和交易平台，为企业提供专利代理、知识产权流转等多种服务，该中心于2013年底建立创新创业企业融资报价系统，目前已有102家企业挂牌；联合南京紫金科创集团，参与组建南京市金陵文化科技小额贷款有限公司和南京同创汇金股权投资基金，发放创业贷款3920万元，2015年推出的“小微创业贷”已为5家企业实现融资900万元。做好文化产业专项贷款区级评审工作，积极与银行、风投、担保公司合作，共为36家企业发放专项贷款5.35亿元，位居全市第二。大力扶持众创空间发展，以国家级众创空间——啡咖啡、魔豆工坊为代表的一批文化产业众创空间也分别设立了自己的基金，为初创项目提供投融资服务，啡咖啡目前共有12个项目共拿到投资累计5000余万元，魔豆工坊成立了大魔投计划（一期）创业成长基金1亿元。十二五期间途牛科技顺利上市，亚奥、智达康、建策科技、赛特斯等4家企业在新三板挂牌，幸福蓝海、德乐科技、速度科技、迪威普光电处于上市辅导期。创优金融服务环境。打造一批知名项目路演活动品牌，包括全国首档视频化股权众筹栏目“路演秀”，特色活动“骡马会”，每周五固定活动“OPEN DAY”等，有IDG资本、软银中国、红杉资本等多家知名创投机构参与。深入企业广泛宣讲文化金融政策，定期召开融资对接会、文化银行金融产品发布会，针对企业融资需求的具体情况，提前发布给相关金融机构，由各金融机构制定解决方案，再召集企业和金融机构一起现场交流，完善融资方案，解决企业融资需求，对最新文化金融产品进行发布和推介，提高融资成功率。根据不同企业在发展过程中的不同需求，依托专业机构，进行专业培训。针对初创期企业，提供法律培训、人力资源管理培训、资金链管理培训等。针对成长期企业提供企业股改培训、资本市场运作培训等。针对中型成熟企业提供上市辅导培训等。组织召开上市联席会，协助拟上市企业申请IPO补助，牵头组织协调区内各相关部门，为企业开通绿色通道，大幅度提高企业办事效率和便捷度。2015年在全市率先成立了玄武文化产业联盟，开通微信公众号，大力宣传知名文化企业典范，发挥龙头企业引领带动作用。

区财政已在年度预算中安排文化产业发展引导专项资金，主要是按照《玄武区关于加快发展总部经济的意见（试行）》等政策，用于扶持文化企业发展和落实省、市相关引导资金的配套要求。下一步，区财政将根据全区财力总体情况，在条件允许情况下进一步加大投入，同时积极向省、市财政争取转移支付资金，为玄武区文化产业发展提供更多资金支持。

关于加大社会法律知识普及的建议

此建议由陈晓吉代表提出，区司法局主办。办理情况如下：

一、法律普及教育基本情况

玄武区司法局作为法治宣传教育主要责任部门，扎实组织全区普法规划的贯彻实施工作，努力在完善工作机制、整合资源和法治惠民上下功夫，全区公民法律意识和法律素质有所增强，取得了一定的社会效果。五年以来，共编写3种宪法法律读本；发放宪法、法律挂图40000余张、普法教材30000余册、各类法治宣传资料30多万份；组织区管干部任前法律知识考试193人次；开展“法律六进”“18法律广场”活动和法治文艺会演等各类普法活动300余场次，举办法治讲座（包括学校）1600场，组织各种培训班400场，受益面每年超过10万人次。

二、落实人大代表建议的措施

2016年是“十三五”规划开局和“七五”普法规划启动之年。法治宣传工作将认真贯彻党的十八届五中全会精神，紧紧围绕“十三五”经济社会发展的目标任务，准确把握全面推进依法治国新要求，重点做好以下几方面工作：

（一）科学谋划，在提升普法规划实施能力上取得新发展

1.深入研究，科学谋划。深入调查研究，根据国家、省、市对“七五”普法的总体部署，结合区普法工作实际，按照科学、规范、创新的原则，高起点、高标准地制定全区“七五”普法规划，并提请区人大作出决议，在全区统一实施。

2.总结经验，全面启动。召开全区“六五”普法总结表彰和“七五”普法启动工作会议，总结区“六五”普法工作成绩和经验，表彰在“六五”普法工作中做出贡献的先进集体和先进个人，全面

动员和部署“七五”普法工作，系统组织媒体宣传、专题讲座和广场活动进行宣传造势，为新一轮普法的顺利开展营造浓厚社会氛围。

3.统一认识，完善机制。召开成员单位、驻区单位、街道、系统、社区等各层面动员会议，统一对普法工作长期性，服务大局重要性的认识。加大普法目标管理、考核激励和成果运用机制和体系建设，构建职责明确的领导机制和赏罚分明的激励导向机制，以考核奖惩的刚性制约促进工作落实。

（二）服务大局，在提升法治惠民能力上取得新进展

服务中心工作。紧紧围绕协调推进“四个全面”战略布局，围绕“五个迈上新台阶”的重点任务和区“十三五”规划总体目标和中心工作，进一步加强知识产权、自主创新、资源环境保护等法律法规宣传，推进产业转型升级、资源节约型和环境友好型社会建设，主推玄武经济社会发展“迈上新台阶”。促进和谐稳定。加强以宪法为核心的法治宣传教育，着力培养居民的公民意识、爱国意识和权利责任意识。积极做好教育、医疗卫生、社保、调解等方面法律法规宣传，通过普法教育积极引导公民依法表达利益诉求，依法维权，依法解决各种矛盾和纠纷。深化法治惠民工作。紧贴人民群众的生产生活实际，紧扣人民群众的需求和期盼，着力解决群众关心的热点难点问题，以群众喜闻乐见的形式开展普法活动，增强全社会尊法学法守法用法意识，使国家法律和党内法规为党员群众所掌握、所遵守、所运用。

（三）把握重点，在提升示范引领能力上取得新成效

1.深化领导干部、公务员学法用法，着力提升公务人员以法治理念引领依法行政和执法实践的能力。健全领导干部年度述法制度，把领导干部学法用法纳入各级领导班子和领导干部年度工作考核内容。完善领导干部旁听法庭庭审制度，定期组织领导干部旁听依法行政相关庭审活动，努力提升领导干部运用法治思维和法治方式深化改革、推动发展、化解矛盾、维护稳定的能力。

2.深化青少年学法用法，提升青少年普法实践活动水平。进一步拓展玄武青少年普法网作为全国首家青少年普法网的影响力和覆盖面，做好全区中小学校园网、公益网站与青少年普法网的对接工作。充分发挥玄武区青少年法治宣传教育中心的作用，组织中小学生参观体验，通过提升法治实践活动的新颖性、趣味性和互动性，调动青少年学法用法的积极性和主动性，促进青少年法制教育与社会实践的良性互动。

3. 加强企业经营管理人员学法用法，提升依法治企能力。充分利用送法进企业、年度法律培训班、座谈会等特色普法平台和司法行政信息员网络，以依法经营、诚信经营为重点，加大企业生产经营、转型升级、投资开发、劳动保障、风险防范等法律法规的宣传；加强企事业单位经营管理人员学法用法制度化建设，扎实推进企业职工法治宣传教育，培育“外讲诚信、依法经营，内讲制度、依法管理”的企业法治文化。

4. 服务社区居民和流动人口学法用法，提升法律意识和法律素质。充分发挥玄武“新南京人服务中心”“法律服务夜市”“流动人口法律夜校”“社区法治学校”法律六进”等普法平台作用，组织志愿者和法律工作者，通过“综治宣传月”、“法润江苏·春风行动”“农民工学法活动周”等普法系列活动，广泛开展与其生产生活密切相关的法律法规、权利义务宣传。

关于加强学校学生伙食管理的建议

此建议由李翔代表提出，区教育局主办。办理情况如下：

食品安全关系广大学生的切身利益和身心健康，事关学校的和谐和稳定。区教育局和各中小学十分重视学生食堂管理工作。区教育局成立了学校食堂管理工作领导小组，制定了详细的工作方案。按照“整体设计、分布实施、逐年推进”的原则，积极主动地做好中小学食堂提升改造工程。近两年全区就先后投入近2千万元，对25所学校的食堂基建和设备进行了提升，提升总面积达10900平方米。

一、关于供应商的选择

根据南京市教育局的统一部署和安排，区教育局积极主动地参与市教育局主导的中小学食堂大宗物资供应和快餐配送联合采购招标工作。通过现场报名、资质预审、实地考察、评委会现场评标等环节，经过由区政府职能部门、媒体、学校和家长代表组成的评审组现场评审，确定每年的中小学食堂大宗物资供应公司和快餐配送公司。并在统一招标的基础上，再次召开所有中标企业和中小学的二次招标见面会，学校和家长代表现场与企业洽谈，经学校膳食委员会的共同研究，选择合适的企业签订供应合同。目前，全区所有中小学食堂的大宗食材

或集体配餐单位均通过集中采购确定。

二、关于食品安全管理

全区各学校均建立健全了食品安全管理组织网络，成立了以校长、书记为组长的食品安全工作领导小组，学校校务会每月定期研究学校的食品安全问题，分管领导每周、食堂管理员每天都要到食堂，参与原材料的验收、卫生检查，严把食品安全入口关。各中小学除有校务委员会、家委会以外，还成立了由学校领导、教师代表、家长代表和学生代表组成的膳食管理委员会，共同参与食堂的管理、监督、检查。同时，各学校还积极推进“家长义工进食堂”制度，让家长志愿者深入食堂，随时了解食品生产和销售的全过程。快餐配送的学校经常组织家长代表，到送餐企业生产车间进行检查。所有学校食堂均安装了无死角视频监控系统，确保学生用餐卫生与安全。

为了更好地推进中小学生营养午餐，各校还有组织地加强兼职营养师的考证培训，提升食堂管理人员、工作人员的营养配餐水平，做出营养可口的饭菜，力争让孩子在吃饱的前提下吃好，吃的有营养。

三、关于伙食费标准

目前，全区所有中小学食堂均单独设立了专有账户，按照“保本运行、收支平衡”的原则，确保学生缴纳的伙食费全部用于学生就餐。食堂水、电、气等费用全部纳入学校公用经费开支范围，由学校统一支付，不计入食堂运行成本。学校每学期的食堂账目都向膳食委员会的成员公布，伙食标准相对固定，但如遇物价上涨等情况，需要调整伙食标准的，由学校膳食管理委员会提出调价意见，征求全校家长意愿，由学校校务委员会决定，并报上级教育主管部门备案。

区教育局将进一步强化责任意识、服务意识，加强监督检查，加强安全管理，力争办好每个食堂，让学生吃得饱，吃得好，以拥有更加健康的身体去快乐地学习和生活，让所有家长更为满意。

南京市玄武区人民政府

·概　　述·

【概况】 2016年，玄武区经济运行有进。全年重点实施40个项目，完成投资54.3亿元。凯润金城苹果旗舰店、雨花巷总部企业楼基本建成，常发广场主体竣工，熊猫中央广场加快建设。圣和府邸豪华精选酒店、滨湖花园酒店相继开业，丽思卡尔顿酒店即将投入运营，金界精品酒店基本建成，环亚凯瑟琳广场成为休闲新热点。科创特区聚慧园组团6栋楼宇全部封顶。徐庄软件园中星微电子研发测试基地、先声药业百家汇（一期）、物联网与集成电路设计产业园基本建成。钟山生命科学园国际社区完成改造。

【经济结构优化】 2016年，新增国家“千人计划”创业人才2名、省“双创计划”人才6名、市领军型科技创业人才58名、市科技创业家3名，新增发明专利授权量1524件，被评为江苏省实施知识产权战略示范区。实施大众创业、万众创新工程，启动珠江路创业大街建设，新增3.8万平方米孵化器，先声药业百家汇、玄东创业集市等7个项目被评为省级众创空间。实施品牌战略，集聚国际一线品牌74个，新创省著名商标12个、市以上名牌产品12个。着力培育、引进和扶持优质企业，全区有世界500强（机构）36家，市级总部企业18家，常荣声学、赛特斯等6家企业在新三板挂牌。新兴产业加快发展，软件研发与信息服务业收入、电子商务交易额、生物医药产业销售收入增幅分别达40%、25%、50%。文化产业增加值占地区生产总值12.9%。

【环境品质提升】 2016年，坚持建管并重，统筹实施环境整治项目，城市面貌明显改观。以城中村、危旧房改造为主体，坚持征收、整治、建设相结合，实施11个征收拆迁项目，占地35.2万平方米，涉及房屋28.7万平方米，曹四地块完成拆迁，梅园、青石街、百子亭、藤子村等项目全面扫尾。改善老旧片区居住条件，出新曹后一村等小区4个，维修更换老旧高层住宅电梯20部，完成15个小区二次供水改造。锁金四村创成省级城市管理示范社区。加强基础设施建设，开工建设红山南路东延工程，整治出新锁金东路、东大影壁等5条背街小巷。长江路创成省级城市管理示范路。实施仙鹤门片区雨污分流工程，整治河道6条，建成红山片区40个排水达标区。全面排查整治防汛薄弱点，汛期全区无明显积淹水点。完成翠岭居小区、九华山等区域地质灾害治理工程，消除滑坡隐患。改建8

个垃圾中转站，垃圾拖运车全部实现密闭化运行，生活垃圾分类收集覆盖率80%。

【社会事业发展】 2016年，全力加强就业和社会保障。新增城镇就业2.3万人，实现再就业1.1万人，培育自主创业2044人。向低保户、优抚对象、残疾人等群体发放各类补助资金9500万元。推动公共服务优质均衡发展。完善义务教育阶段招生办法，扩大优质资源覆盖面，区获评江苏省义务教育优质均衡发展区，中考均分连续12年领跑全市，高考二本以上达线突破1000人。加快建设区公共卫生事件应急处置中心大楼，异地新建区口腔病防治所，完成锁金村、玄武门社区卫生服务中心改造，全区卫生服务设施改扩建1.5万平方米，兰园社区卫生服务中心被确定为江苏省中医类别全科医生培养基地。新增养老机构床位320张，养老机构医养融合覆盖率达80%。区被评为江苏省现代民政示范区。开展文化惠民活动1438场。创成江苏省公共体育服务体系示范区。优化社会管理和服务，推进社区服务活动用房提档升级，建成香铺营等8个民生服务分中心。打造"玄武公安"在线管理服务品牌，为百姓提供便利。全力做好"东方之星"号游轮倾覆事件协助救援和善后处置。严格落实安全生产、食品药品安全等监管措施，全区未发生重大安全责任事故，群众安全感达93%。

【改革创新推进】 2016年，加大改革攻坚力度，6大类28项重点改革任务有序推进。加快政府职能转变，行政审批由84项缩减为67项，公布行政审批、行政权力等10张清单，建成区政务服务多证联办并联审批系统。深化先照后证、一照一码等商事制度改革，新登记企业3609家，新增注册资本143.7亿元。分类实施重点领域改革，有序推动国有资本退出一般竞争性领域及国有企业混合所有制改革。推进政府向社会购买公共服务，市政、园林养护作业全部实现市场化运作。围绕公立医院改革、药品供应保障、分级诊疗体系构建，启动新一轮医疗卫生改革。

【信息化建设】 做好日常维护保障，提升网络边界设备的技术性能，加强网络监控能力，全年未出现影响工作的网络中断事故。完善全区私有云建设，完成虚拟化平台版本升级工作。强化网络安全管理，对网络进行漏洞扫瞄和安全分析，加强网上行为管控，切断外界网络入侵途径。顺利完成全国网络安全检查及第一次全国政府网站普查迎查工作。

【提案建议办理】 认真办理建议提案，全年区政府系统共承办区人大代表建议99件、区政协提案114件、省市建议提案11件，全部按时办结。其中区建议提案满意(含基本满意)率为100%，建议和提案的办成率分别为79.8%和80.7%。

·区政府常务会议·

2016年，玄武区共召开区政府常务会议23次。

1月11日上午，在905会议室，召开玄武区人民政府第43次常务会议，研究大开发公司请示有关房屋产权问题、新庄高力地块建筑密度调整、申请债券置换银行融资等事宜。

2月20日上午，在905会议室，召开玄武区人民政府第44次常务会议，研究区属国有企业资本退出一般竞争性领域、余粮保障房建设等事宜。

3月28日上午，在905会议室，召开玄武区人民政府第45次常务会议，学习传达国务院政府工作报告精神，研究玄武区2016年重点项目、与中国银行战略合作协议等事宜。

4月18日上午，在905会议室，召开玄武区人民政府第46次常务会议，研究徐管委关于物联网公司股权退出及股权投资、创建省级食品安全示范区推进情况、铁北红山新城建设推进情况、月苑小区社区服务中心产权过户、2016年涉及机构改革部门和单位预算调整等事宜。

5月4日上午，在905会议室，召开玄武区人民政府第47次常务会议，宣布区政府班子分工、研究珠江路创业大街发展公司注册资金有关事宜。

5月16日上午，在905会议室，召开玄武区人民政府第48次常务会议，研究《玄武区水污染防治2016年度实施方案》、柳营36路公交场站东侧2户住宅安置房款、"南京现代服务业发展(香港)推介会"玄武区上会签约项目、铁北公司申请债券置换银行融资、徐管委关于物联网与集成电路项目工程有关请示等事宜。

5月24日上午，在905会议室，召开玄武区人民政府第49次常务会议，听取"4·10"死亡事故调查汇报、研究有关经费申请等事宜。

6月17日下午，在905会议室，召开玄武区人民政府第50次常务会议，研究拟向人大常委会作的报告、小营村保障房审计有关问题。

7月1日上午，在905会议室，召开玄武区人民政府第51次常务会议，研究《玄武区区属企业负责人履职待遇、业务支出管理实施办法》、玄武区国有资产清查工作、区2016年新增地方政府债务资金纳入年度预算管理、《关于申请拨付被征地农民基本生活保障金等经费的请示》、《关于购置门面房用于开设中福在线第二销售厅的请示》等事宜。

7月8日下午，在905会议室，召开玄武区人民政府第52次常务会议，研究全区经济社会建设项目资金需求和解决方案，审议《2015年度玄武区机关绩效考核奖励工作实施方案》。

7月15日上午，在905会议室，召开玄武区人民政府第53次常务会议，研究迎接中央环保督察准备工作。

8月11日上午，在905会议室，召开玄武区人民政府第54次常务会议，研究《关于引进企业建设区智慧养老综合服务平台项目的报告》、《关于申请医疗保险调节金的请示》、《关于商请拨付公共区域地下管线基础地理信息维护经费的函》《关于同意为科创公司融资担保的函》《关于申请2015年专利专项经费的请示》《关于兑现2014、2015年南京市总部企业儿童用品股份有限公司区级财政奖励的请示》、2016年区优秀教育工作者和第十届“斯霞式”人民教师表彰工作、《关于南京市玄武区2016年上半年国民经济和社会发展计划、财政预算执行情况的报告(拟上区人大常委会材料)》《关于区人大常委会对〈大气污染防治法〉实施情况审议意见整改情况的报告》。

8月19日下午，在905会议室，召开玄武区人民政府第55次常务会议，研究《玄武区交通秩序治理三年行动计划》《玄武区市民文明素质提升三年行动计划》《智慧玄武建设三年行动计划》《玄武区政府门户网站建设管理办法》《玄武区环境综合整治三年行动计划》《玄武区城市品质提升三年行动计划》。

8月26日上午，在905会议室，召开玄武区人民政府第56次常务会议，研究《玄武区高层次人才创业投资基金管理暂行办法》《玄武区区属企业负责人履职待遇、业务支出管理实施办法》《关于拨付南京长江路文化旅游发展有限公司注册资金的请示》《关于支付2014年环卫作业车辆集中采购资金的函》《关于申请2016年上半年区机关及全额拨款事业单位补充医疗报销经费的请示》《关于申请拨付南京玄武房屋征收拆迁服务有限公司注册资金的请示》。

9月9日下午，在905会议室，召开玄武区人民政府第57次常务会议，研究《关于增加2016年老旧小区整治工程经费的请示》《关于申请百里风光带沥青拌合厂拆迁经费的请示》《关于成立珠江路创业大街产业发展基金的请示》《关于申请2016年度区级高层次创业人才资助资金的请示》、《玄武区城市发展基金设立方案》《关于申请使用往年征管经费的请示》《关于在全区推行法律顾问制度和区属国有企业单位律师制度的实施意见》《关于成立钟山融资租赁公司及参股互联网科技小额贷款公司的请示》《关于新增银行授信的请示》。

9月23日上午，在905会议室，召开玄武区人民政府第58次常务会议，研究《关于在全区推行法律顾问制度和区属国有企业律师制度的实施意见》(送审稿)、区政府规范性文件清理、《玄武区项目建设融资管理办法》《玄武区争取上级转移支付资金考核办法》、中山门大街299号42幢房屋招商政策、《玄武区企业国有产权、管理权无偿划转方案》《玄武区国有企业监事会实施意见》《珠江路转型升级专项资金管理办法》《南京珠江路创业大街科技发展有限公司组织架构和岗位职责设定方案》、未来城B座(负一楼到三楼)租赁、购买傅抱石故居等事宜。

9月27日上午，在905会议室，召开玄武区人民政府第59次常务会议，研究《玄武区企业国有产权、管理权无偿划转方案》《玄武区国有企业监事会实施意见》中山门大街299号42幢房屋招商政策等事宜。

10月28日上午，在905会议室，召开玄武区人民政府第60次常务会议，研究街道公务员继续执行职务与职级并行政策、九华山公园免费开放、原长江路66-82号住户房产等事宜。

11月17日上午，在905会议室，召开玄武区人民政府第61次常务会议，研究关于申请2016年全区行政事业单位人员类经费增支情况及相关资金筹集方案、解决教育系统2015年度绩效工资绩效增量部分、发放2015年产业引导奖励经费、发放总部企业奖励专项经费、天山路 39 号厂房出租、华飞二路剩余地块、沈阳村地块挂牌推进等事宜。

12 月 8 日上午，在 905 会议室，召开玄武区人民政府第 62 次常务会议，研究进一步加强统计工作的意见(送审稿)、钟山集团近期融资计划、申请使用往年经费、兑现高端人才团队第二期区级扶持资金等事宜。

12 月 16 日上午，在 930 会议室，召开玄武区人民政府第 63 次常务会议，研究 2017 年区政府工作报告、《关于进一步加强统计工作的意见》(送审稿)。

12 月 16 日下午，在 930 会议室，召开玄武区人民政府第 64 次常务会议，研究区水务局独立运作、建立政府部门责任清单和行政审批涉及中介服务项目的清单、2016 年国民经济和社会发展计划未完成目标的调整报告、2016 年国民经济和社会发展计划完成情况和 2017 年国民经济和社会发展计划草案的报告、2016 年财政调整预算草案的报告、2016 年财政预算执行情况和 2017 年财政预算草案的报告、2017 年区级财政预算编制工作、2017 年全区因公临时出国(境)计划(指南)等事宜。

12 月 22 日下午，在 930 会议室，召开玄武区人民政府第 65 次常务会议，研究 2017 年区政府工作报告、未来城 B 座招商、区城管执法大队等两家事业单位申报参公、钟山集团近期融资计划、北京东路等环境综合整治工程经费渠道、与市财政局签订 2016 年南京市政府债券转贷协议、拨付 2016 年第四批地方政府置换债券资金及发行费、汇缴置换债券及新增债券利息等事宜。（周　杰）

·机构编制·

【概况】 2016 年，全区稳步推进区政府职能转变和机构改革、行政审批制度改革和行政管理体制改革，不断加强机构编制管理，完成 2015 年度全区事业单位年度检验工作，110 家事业单位年检合格率 100%。

【党政机构改革】 2 月 3 日，全区召开政府职能转变和机构改革动员大会，9 月底，全面完成机构改革任务。改革后，区政府设置 24 个工作部门(区民宗局不计个数)和 2 个派出机构，玄武湖周边地区综合管理办公室为市政府派出机构，委托玄武区代管。同步完成党群部门的优化调整。区委增设研究室为工作部门，组织部增挂区人才工作办公室、“两新工委”牌子，区编办增挂区事业单位登记管理局牌子；设立区法学会机关，列入群团机关序列，由区委有关领导分管、区委政法委代管。完成区人大机构的优化。报市批复，区人大设 2 个专门委员会：区人民代表大会法制委员会、区人民代表大会财政经济委员会，区人大常委会设 2 个办事机构和六个工作机构中，办事机构为区人民代表大会常务委员会办公室、、研究室；工作机构为区人民代表大会常务委员会教育科学文化卫生委员会、环境资源城市建设委员会、民族宗教侨务台湾事务委员会、人事代表联络委员会、内务司法工作委员会（与区人民代表大会法制委员会合署办公)、预算工作委员会（与区人民代表大会财政经济委员会合署办公)。增核 2 名区人民法院审委会专职委员、2 名区人民检察院检委会专职委员领导职数。优化调整各街道机构编制事项。增核街道纪工委专职书记和副书记的领导职数，民生服务办公室增挂便民服务中心牌子、城建城管办公室增挂食品安全办公室牌子。

【行政审批制度改革】 制作部门责任清单。全面梳理政府部门职责，清晰界定部门职责边界，明确交叉、相近职责的归属，建立体系科学、内容完整、边界清晰的部门责任清单。2017 年 1 月 3 日，《南京市玄武区政府部门责任清单》已经区政府正式发文，向社会公示。制作中介服务清单。对辖区内行政审批中介服务项目及中介服务机构进行全面清理，建立并公布行政审批中介服务项目清单，无法律法规规章规定的中介服务项目一律取消。2017 年 1 月 3 日，《玄武区政府行政审批涉及中介服务事项清单》已经区政府正式发文，向社会公示。积极开展行政审批制度改革创新试点工作。根据《关于开展行政审批制度改革创新试点的通知》(宁审改办〔2016〕3 号)要求，玄武区选取“三证合一”“联合验收”“构筑多维平台”等 3 个行政审批热点问题进行研究，每个课题均由部门专人负责。

【机构编制实名制管理】 推进机构编制实名制管理。依托实名制管理系统建立常态管理机制，实现了全区机构编制的动态管理，即时管理，使机构、编制和实有在编人员一一对应。规范机构编制管理工作流程。主要从严格控制机构编制、强化科级职数使用审批、健全信息调整和入、出编管理制度入手，规范进人核编程序，依托机构编制实名制管理严格进人程序，从源头上控制财政供养人员的无序增长。至年底，全区完成事业单位设立登记1家、变更登记28家、年度报告公示110家；为全区110家事业单位和37家区级机关单位统一换发统一社会信用代码证，取代原来的事业单位登记证和组织机构代码证。

【三责联审机构编制审计工作】 9月初，对储永宏任玄武区委书记和徐曙海任玄武区政府区长期间选人用人责任、机构编制责任、任期经济责任进行审计。根据职能分工，区编办负责牵头配合机构编制责任审计，召集有关部门对储永宏和徐曙海任职期间的机构编制事项进行任务分解和认真梳理，制作上报8份机构编制情况汇总表，并分别拟订任期机构编制执行情况报告，圆满完成领导干部机构编制责任审计工作。

（胡思宇）

·信　　访·

【概况】 2016年，区信访局办理和谐信访信息系统信件345件，市长信箱信件616件。接待群众来访789批2021人次，其中集体访28批853人次，初访27批62人次，重复访762批1959人次。编写各类信访信息周报48期、专报15期，及时向领导提供全区信访信息动态、重大信访问题及有关建议，完成区委区政府交给的年度工作任务，为区经济社会和谐发展提供有力保障，确保全区社会总体稳定。

【领导干部接访】 2016年，按照省市关于开展领导干部“三访”（接访、下访、约访）的要求，结合开展“两学一做”专题教育活动的实际，区四套班子领导、各街道、部门及有关单位领导在全区继续开展领导干部接访约访下访工作。召开会议，制订接访下访计划并公示，接受人民群众监督。实行分层接待，属地接待，归口接待。信访局负责对接责任，落实办理区领导交办事项，做好“四单一记录”登记工作。全年区领导接访249批321人次，解决群众反映问题162件。

4月9日，区领导召开专门会议研究信访工作

【信访工作基层基础建设】 2016年，加强业务培训，组织街道、相关部门信访专（兼）职人员业务培训2次，规范程序，推动信访工作制度化、规范化、科学化和法制化建设，促进群众诉求得到公开、公正、公平的解决，实现信访事项办理全程可查询、可跟踪、可督办、可评价的目标。落实分级负责，坚持逐级走访，继续做好依法逐级走访权益保障卡实施工作，强化属地和责任主体的责任，明确区、街道和职能部门的受理范围，提高信访事项受理办理工作的质量和效率。加强权益卡的使用，实行首问负责制，为7个街道和建设局配发专门打印机，专题组织权益保障卡实施工作培训。继续开展信访条例宣传工作，大力宣传“群众走访线路图”，树立基层化解矛盾及时、直接、有效的导向，为群众依法逐级走访创造必要条件。推广“一单式”工作法，避免信访人因同一事项重复上访、越级上访。

【信访积案化解】 领导包案。对上级交办的33件案件及自查的17件案件全部列入领导包案范围，做到有案必包，促进高位化解。定期会办。坚持每周会办制度，选定具体案件，协调事发单位和相关部门联合会办，重大及疑难案件提交区委常委会研究决定，形成具体解决意见及方案。全年召开区委常委会2次，区委书记办公会2次，区政府常务会议1次，区长办公会2次，区领导专题会办会32次，研究信访问题，会办信访事项。调整区信访工作联席会议组成人员，对全区所有信访案件进行分类归口，推动各专项工作小组化解信访积案。由区委副书记和区委分管领导牵头，从区建设房产和交通局（征收办）、区人民法院、区信访局等部门抽调8名同志，组成信访积案化解攻坚组，专门处理征地拆迁类信访积案。2016年，市下交的33件信访积案，化解16件，终结10件；自查的17件案件，化解2件。

（成吉和）

·政务服务管理·

【概况】 2016年，区政务办围绕全市政务服务工作要点，紧扣服务全区发展和民生工作重心，大力推进政务服务中心建设和“12345”政务热线办理工作，在提升服务水平、促进作风转变等方面取得一定成效。一年来，区政务服务中心受理办结各类行政事项和便民服务事项共计113052件，事项办结率100%，综合满意率99.95%，在工作纪律、事项运行、办件时效、服务评价等方面处于全市领先水平，被评为区“群众满意窗口”。“12345”政务热线办理工作取得较大进步，群众综合满意率全市第一，考核排名全市第六，并受到市政府表彰。

2016年5月，经区政府批准，设立南京市玄武区政务服务管理办公室，挂区政务服务中心牌子，为区政府派出机构，承担组织协调、监督检查和服务指导全区各部门行政许可、公共服务等事项的集中办理、“12345”政务热线管理的责任。

【政务登记与监督管理】 2016年，区政务办加大对企业注册登记“多证合一”业务的考核监督，重点做好企业登记综合窗口人员管理和日常秩序维护，并根据业务实际发生情况及时调整窗口分工，确保该业务高效有序运行。全年受理登记业务15227件，发放“多证合一”营业执照14614份。

【街道便民服务中心建设完成】 2016年，区政务办加快推进全区街道便民服务中心规范化建设。加强对街道便民服务中心的业务指导和督促检查，主动上门服务，及时开展街道便民服务中心管理系统的配置、应用和培训工作。区、街投入资金近150万元，完成全区7个街道软硬件建设，所有街道使用该系统对外开展服务，系统办件3337件。

【“互联网+政务服务”试点工作】 2016年，参与全市“互联网+政务服务”试点工作，以优化商事服务为抓手，重点从服务商事制度改革优化企业发展环境出发，按照审批、服务事项办理全市“一张网”的工作目标，参与全市企业网上办理服务的运行设计和先行先试。积极与区信息中心沟通全区“互联网+政务服务”相关工作，明确“智慧政务服务系统”建设目标、任务内容和时间计划。

【“12345”政务热线】 2016年，区政务办共受理市“12345”政务热线派发工单39969件，办结36039件。落实制度，提升成效。严格落实例会、通报、督查督办等工作制度。定期召开工作例会，总结交流阶段性工作情况，讨论研究重难点问题解决建议和处理办法。加强平时考核，对工单办理实时监督，疑难工单坚持到现场核实，每月进行量化考评。坚持每月下发一期通报，及时反映群众诉求的特点和规律，总结、分析各成员单位工单办理的进度、质量等情况，查找不足，鞭策后进，落实整改。加强指导监督，提高办理水平。针对办理时效和综合评价两个短板，采取限时办结、不满意问责等办法，督促成员单位做好工作，成效十分明显。对工单量较多的7个街道、8个部门，区政务办主

10月31日，玄武区召开“12345”政务热线工作督办会

动上门就如何办好工单方式方法等问题进行交流，促进工单办理水平和能力的提高。对连续排名靠后的街道、部门以及成绩下滑明显的单位，要求其单位主要负责人在推进会和督办会上表态发言，同时报请区委督查室进行督查督办。坚持现场核处，强化督促协调。全年，区政务办安排专人到现场核实工单128件次，配合市政务办现场核实工单4件次，通过区领导批办工单78件，有效促进成员单位工单办理的力度。

【"12345"政务热线工作督办会】 10月31日，玄武区"12345"政务热线工作督办会在409会议室召开，区委常委、常务副区长滕涛全区47家12345政务热线成员单位主要领导、分管领导参会。会上，区政务办通报1~9月全区"12345"政务热线工作情况，对突出问题进行分析，对下一步重点工作进行部署。区市场监管局、红山街道、建设局、孝陵卫街道、城管局、玄武门街道6家单位作表态发言。滕涛希望大家有新的认识和提高，增强荣誉感和责任心，落后单位要奋起直追，在工作中不留尾巴，推进玄武区"12345"政务热线工作再上新台阶。

（孙　敏）

中国人民政治协商会议南京市玄武区委员会

·概　　述·

【概况】 政协南京市玄武区第十一届委员会有226名委员，列席人员26人，其中主席1名，副主席5名，秘书长1名，常务委员28名。区政协内设办公室（下设秘书科、调研联络科、行政科、委员工作科4个科）和提案法制、学习文史、经济科技、人口资源环境（城市建设）、社会事业、祖国统一6个专门工作委员会；下设新街口、玄武门、梅园新村、锁金村、玄武湖、红山、孝陵卫7个街道政协工委。2016年，在中共玄武区委的领导下，区政协常委会牢牢把握团结和民主两大主题，围绕全区工作大局，认真履行政治协商、民主监督、参政议政职能，广泛凝聚智慧服务科学发展，充分发挥优势助推民生改善，积极协调关系促进社会和谐，为促进玄武经济、政治、文化、社会和生态文明建设作出了积极贡献。

【知情明政】 7月26日上午，玄武区2016年上半年"一府两院"工作情况通报会在区政府416会议室召开。全体区政协委员听取了区委副书记、代区长穆耕林所作的关于区政府2016年上半年工作情况的通报，以及区法院、检察院2016年上半年的工作情况通报。会议由区政协主席邱小凡主持。会后，全体区政协委员集中视察了江苏省产业研究院、千秋意境文创产业园、红山南路东延工程等三个区重点建设项目，并听取了相关项目负责人的有关情况介绍。

【民主监督】 4月8日上午，区政协在玄武机关大楼805会议室，召开2016年社情民意信息工作会议。会议传达了全市政协信息工作会议精神，总结表彰了2015年区政协社情民意信息工作先进集体和个人，部署了2016年工作任务。区政协副主席蒋健，办公室、各专委会主任、副主任，各政协街道工委主任和负责信息工作的同志，特邀社情民意信息员及区政协机关干部参加了会议。会议由区政协秘书长、办公室主任吕俊主持。

5月13日上午，为结合"两学一做"学习教育，政协梅园新村街道工委组织片区政协委员，走进街道党建品牌"小红梅"微信网络服务平台和梅园新村社区，了解社情，倾听民意，分享社区社会组织发展成果。区政协王敬玲副主席及部分委员出席了活动。

8月22日–26日，区政协成立6个委员察效能小组，深入部门、街道、社区和项目现场，对照"玄武区2016年重点项目"部分目标任务及要求，开展了"政协委员察效能"活动。

10月27日下午，区政协在红山街道北苑社区召开全区"协商民主在基层"工作推进会，贯彻落实中央《关于加强城乡社区协商的意见》和市政协相关工作部署。区政协副主席蒋健、秘书长吕俊，各街道政协工委主任，区政协部分机关人员及全区各社区负责人参加了会议。会议由区政协秘书长吕俊主持。

·重要会议·

【区政协十一届五次会议】 2016年5~8日，政协南京市玄武区第十一届委员会第五次会议在玄武中心大厦举行。区四套班子全体领导，全体政协委员、列席人员，区政协历届原正职领导和区机关有关部门负责人近300人出席大会。中共玄武区委书记、区长徐曙海在开幕式作了重要讲话。区政协主席邱小凡代表区政协常委会作工作报告。区政协副主席蒋健作了提案工作报告。全体政协委员列席玄武区人大十七届五次会议开幕式，听取并讨论中共玄武区委书记、区长徐曙海代表区政府所作的政府工作报告，区2015年国民经济和社会发展计划目标执行情况及2016年国民经济和社会发展计划(草案)报告、区2015年财政预算执行情况和2016年财政预算（草案)，以及区人民法院、区人民检察院工作报告等。会议期间举行了献计献策大会，邀请区委、区人大、区政府领导和有关部门及街道负责人出席会议，听取区政协一年来的重点调研成果。会议期间，区委还召开了民主党派、界别人士部分委员座谈会，广泛听取和征求民主党派、无党派人士、界别委员对区委、区政府工作的意见和建议。

【区政协常委会会议】 2016年区十一届政协共召开5次常委会议。

十一届二十五次常委会会议于2月25日下午召开，会议协商通过了2016年区政协常委会工作要点、常委会议题安排、主席会议题安排、调研课题安排和主要活动安排，听取了区政协十一届五次会议提案立案情况报告，提出了意见建议。区政协主席邱小凡，副主席王敬玲、蒋健、王连安、冯小仙、贾民平，秘书长吕俊出席了会议。会议由区政协副主席王敬玲主持。

十一届二十六次常委会会议于4月20日下午召开。专题协商铁北红山新城建设和创建省级食品安全示范区推进情况。会议先后听取了区铁北红山新城管委会副主任李安受区政府委托所作的《铁北红山新城建设推进情况》和区市场监管局局长王培军同志受区政府委托所作的《区创建省级食品安全示范区推进情况》的通报。区政协人口资源环境委、社会事业委分别汇报了前期调研情况。区政协主席邱小凡，区政协副主席王敬玲、蒋健、王连安、冯小仙、贾民平，秘书长吕俊出席了会议。区人大副主任杨冬梅、区政府副区长陈云松应邀列席了会议，列席会议的还有办公室和专委会负责同志。会议由区政协副主席王敬玲主持。

十一届二十七次常委会会议于7月20日下午召开。协商讨论徐庄软件园转型升级推进情况及众创空间提升工程情况。会议听取了徐庄管委会主任吴开芬所作的徐庄软件园转型升级推进情况的通报，区科技局局长刘云所作的区众创空间提升工程情况的通报，区政协经济科技委主任张军汇报了调研情况，并进行协商讨论。会议协商通过了部分的职务任免决定。区政协主席邱小凡，区政协副主席王敬玲、蒋健、王连安、冯小仙、贾民平，秘书长吕俊出席了会议。区人大常委会副主任李辉、区政府常务副区长滕涛列席会议，列席会议的还有各街道政协工委、区政协办公室和专委会负责同志。会议由区政协副主席蒋健主持。

十一届二十八次常委会会议于10月19日下午召开。会议协商通过《中共政协玄武区委员会党组关于做好政协换届工作的意见》和干部任免事项。会议由区政协副主席蒋健主持。

十一届二十九次常委会会议于12月26日下午召开。协商讨论区政府关于2016年国民经济和社会发展计划执行情况及2017年国民经济和社会发展计划（草案）制定情况的报告、关于2016年财政预算执行情况及2017年财政预算(草案)的报告，听取全区2016年政治建设工作目标完成情况及2017年全区政治建设工作目标制定情况、2016年文化建设工作目标完成情况及2017年全区文化建设工作目标制定情况，协商通过区政协常委会工作报告、提案工作报告，协商确定区

2月25日，区政协十一届二十五次常委会会议召开

政协常委会工作报告和提案工作报告的报告人及关于召开区政协十二届一次会议有关事项。会议听取区发改局局长胡全康、区财政局局长王冬梅、区委办公室副主任朱锡刚及区委宣传部副部长、文明办主任高洁所作的情况通报,并进行协商讨论。会议协商通过了区政协常委会工作报告和提案工作报告,区政协常委会工作报告和提案工作报告的报告人,十二届区政协委员建议人选及关于召开区政协十二届一次会议有关事项。区政协主席邱小凡,区政协副主席王敬玲、蒋健、王连安、贾民平,区政协党组成员王玉兰出席了会议。区政府副巡视员凌立玉应邀列席了会议,列席会议的还有各街道政协工委、区政协办公室和专委会负责。会议由区政协副主席蒋健主持。

【区政协主席会议】 2016年区十一届政协共召开4次主席会议。

十一届十九次主席会议 于3月17日上午召开。协商讨论区民办教育发展情况、区义务教育巩固率和社区教育覆盖率达标情况。会议分别听取了玄武外国语学校董事长孙菊生、区教育局局长陈发山所作的情况通报,区政协社会事业委主任吴雄雄汇报了调研情况。区政协主席邱小凡,区政协副主席王敬玲、蒋健、王连安、冯小仙、贾民平,秘书长吕俊出席会议,部分特邀区政协委员列席会议。会议由区政协副主席蒋健主持。

十一届二十次主席会议 于6月23日下午召开。协商讨论长江路文化旅游大街建设推进情况和区停车管理智能化改造情况。会议听取了区旅游局、区城管局受区政府委托所作的情况通报,区政协学习文史委、人口资源环境委分别汇报了调研情况。区政协主席邱小凡,区政协副主席王敬玲、王连安、冯小仙、贾民平,秘书长吕俊出席会议。区政府副区长黄文聪列席会议。会议由区政协副主席王敬玲主持。

十一届二十一次主席会议于9月14日下午召开。专题协商讨论区法院司法体制改革试点情况和区检察院"两法衔接"工作情况。会议听取了区法院副院长张赟、区检察院检察长陆宁平所作的相关情况通报,区政协提案法制委汇报了调研情况。区政协主席邱小凡,副主席王敬玲、蒋健、王连安、冯小仙,秘书长吕俊出席会议;区政府副区长蒋兆全列席了会议;列席会议还有区政协办公室、专委会领导以及部分政协委员。会议由区政协副主席王敬玲主持。

十一届二十二次主席会议于11月17日下午召开。协商讨论关于棚户区改造任务推进情况及提案办理情况。会议听取了区建设局、区政府办受区政府委托所作的情况通报,区政协人口资源环境委、提案法制委分别汇报了调研情况。区政协主席邱小凡,副主席王敬玲、蒋健、王连安、冯小仙、贾民平,秘书长吕俊出席会议。会议由区政协副主席王敬玲主持。

【高层协商会议】 1月23日下午,区委在玄武机关大楼409会议室,召开区人大与"一府两院"联席会暨区政协高层协商会。会议由区委副书记杨乐华主持,区人大、区政府、区政协及法检两院领导出席了会议。区政协副主席王敬玲就2016年工作要点及相关工作安排(草案)作了通报,区政协主席邱小凡作了讲话。

·重要活动·

【调研视察】 4月13日上午,区政协政法街道组开展委员活动,视察高淳慢城旅游经济发展情况,区政协副主席蒋健参加活动。

5月25日上午,区政协在805会议室召开2016年度区政协重点调研启动会议,就"关于区级财税增长乏力原因及对策"重点调研课题进行了讨论。会议由区政协经济科技委主任张军同志主持,王敬玲副主席出席会议并讲话。

10月17日,区政协主席王敬玲就"玄武财税增长乏力原因及对策"重点调研课题,带领调研组成员到南京肯信精密机器制造有限公司开展调研,并组织召开了座谈会。

【学习培训】 4月12日下午,区政协举办专题学习报告会,邀请南京陆军指挥学院国防动员系动员理论教研室主任薛志亮作"国际形势与国防安全—从近代民族命运看强军梦时代蕴义"的报告。区委理论学习中心组全体成员,区政协全体政协委员、列席人员,各街道、园区,区机关各部门科以上干部出席报告会。区政协主席邱小凡,副主席王敬玲、王连安、贾民平出席报告会。报告会由区政协副主席王敬玲主持。

8月25日下午,区政协在政府大楼805会议室,召开党组(扩大)会议,传达全市政协工作会议精神。区政协党组班子成员、党外副主席、机关全体工作人员、政协街道工委负责人参加了会议。会议由区政协副主席蒋健主持。

11月23日下午,区政协举办委员学习报告会,邀请江苏省委党校哲学教研部主任章凝教授作“学习习近平总书记系列讲话精神,弘扬优秀传统文化”的报告。区政协全体政协委员、列席人员,各街道、园区,区机关各部门科以上干部出席报告会。报告会由区政协副主席王敬玲主持。

12月27日下午,区政协举办政协委员学习报告会。邀请南京市政协提案委巡视员车亚平讲授委员履职知识。区政协十二届全体政协委员、列席人员出席报告会。报告会由区政协副主席王敬玲主持。（姜海军）

链接

区政协委员提案选编

关于加强网络食品安全监管的建议

区政协委员　车　前

答复情况：

网络正以前所未有的速度融入生活、改变生活,人们的衣食住行都离不开网络。但网络空间的虚拟性、非直接性,决定了它提供服务的不确定性、不可知性甚至是欺骗性。2015年10月1日修订实施的《食品安全法》,重点加强了网络平台的管理义务,加重其连带责任,通过“史上最严”来重拳整治网络食品经营。区市场监管局于2016年5月开展网络食品餐饮非法外卖集中整治行动,重点解决当前食品餐饮外卖中的无证无照等突出问题,进一步规范网络订餐行为。同时,针对目前网络食品安全现状开展宣传教育工作,研究更适合当前现状的监管方式。

一是健全机制标准推动责任落实。当前,加强网络食品安全监管已成为监管部门的工作重点。特别是在今年南京市创建国家食品安全城市的大背景下,在央视3.15晚会等媒体关注参与下,网络食品安全,特别是通过网络平台提供的餐饮食品安全,成为政府和群众的关注热点。市场监管部门针对现状,一方面通过制定年度考核目标和创建责任目标等,以目标“指挥棒”推动工作开展,另一方面,市食药监局出台了《餐饮单位送餐活动食品安全指南》等制度,科学规范网络送餐,防范食品安全风险。

二是严格审查把好许可准入关。2015年10月1日起,随着《食品安全法》的修订,《食品流通许可证》和《餐饮服务许可证》合二为一,成为《食品经营许可证》。在制定《食品经营许可证》审批细则时,省级部门充分考虑到目前网络订餐的现状,明确规定了“无实体门店经营的互联网食品经营者不得申请所有食品制售项目”,即网络送餐单位必须拥有线下实体门店,避免线上餐饮制售游离于职能部门有效监管之外的情况。

三是上下联动强化网络平台责任。今年5月,区市场监管局采取了全面摸底调查和网络平台抽查等方式,对常用网络订餐平台进行检查。对检查中发现“脏、乱、差”的外卖商户依法查处,对检查中凸显的无证无照商户上线网络平台的问题,多次向上级部门反映。省、市食药监部门先后约谈了美团、饿了么、苏宁易购等网络平台负责人,通报了基层检查情况,责令并督促其落实食品安全主体责任,加强入网商户的资质审核,限期清理无证无照户。

四是加强监管打击无证无照经营。区市场监管局多次组织专人对辖区内网络餐饮服务提供者进行逐一筛查,重点检查是否持有有效的食品经营许可证,以及网络经营许可项目;实际经营地址、经营项目是否与取得的许可证一致;是否在网站首页或者经营活动的主页面醒目位置公示真实的营业执照、许可证件文字信息及图片;加工操作过程是否符合规范要求等,防止出现监管盲区和空白。对检查中发现无证无照经营的,及时联合街道、环保、公安部门进行取缔。今年以来,区市场监管局根据群众举报、媒体曝光,联合多部门取缔居民楼内无证网上经营快餐商户16家。

下一步区市场监管局将汇总和分析网络送餐平台的摸底数据,制定有效可行的分类监管方式,规范网络送餐市场,做到“规范提升一批”,对已取得证照的食品外卖经营者,督促其按照证照核定的经营范围和类别从事食品经营活动,加强食品安全管理;“疏导解决一批”,对目前尚不具备许可条件,但经过整改可以达到基本的食品安全要求的无证食品外卖经营者,针对实际情况加强对经营者的指导,完善硬件设施;对整改后符合许可条件的,督促其限期办证。对不符合许可条件的无证食品外卖经营者,在做好宣传说服教育工作的同时,引导其重新选址或转变业态予以疏导;“整治取缔一批”,对于基本条件不具备、存在严重食品安全隐患、周边群众反映强烈又拒不服从管理的无证食品外卖经营者,由街道牵头组织,采取综合治理、联合执法的方式,重点进行清理，坚决予以关停取缔，确保无证无照食品外卖经营行为得到有效遏制。

关于加强玄武区基层卫生机构人才队伍建设的建议
区政协委员　胡圆圆

答复情况：

卫生人才资源作为最重要的卫生资源，在医疗卫生事业发展中起着决定性作用，人才队伍建设目前已经成为卫生改革与发展的首要任务。最近几年，随着医药卫生体制改革的深入，基层医疗卫生服务体系建设摆上了政府的重要议事日程，基层卫生人才队伍建设越来越受到各方面的的高度重视。目前，区正在或即将采取下列措施努力抓好基层卫生人才队伍建设。

一、不断优化卫生人才发展环境。把卫生人才队伍建设纳入系统“十三五”规划，细化目标，分解责任。年初，制定卫生人才工作计划，加大工作落实力度，推进基层医疗卫生单位各类人才协调发展。重点做好四方面工作：一是提优工作环境，在已投入5200万元对社区卫生服务中心改造升级的基础上，继续推进硬件设施建设，为社区群众和医务人员提供良好的就医和工作环境；二是加强规范管理，完善运行管理机制，切实提升服务能力水平；三是深入开展“两学一做”、“三好一满意”等活动，发挥党员引领作用，全面提升医务人员服务意识，让社区群众得到实惠；四是与绩效考核挂钩，加大对医务人员继续教育培育力度。

二、做好基层卫生人才引进工作。系统现有医疗单位10家，根据南京市规定，区在医政中按照11/万人比例核定10家社区卫生服务中心编制总数为717人，目前缺编133人。2014年以前由于宏观政策因素制约，有4年时间未组织过进编招聘工作。后通过积极反映和协调争取，区委区政府高度重视，区编办、人社局给予政策支持，2014年开始，每年给予医疗卫生单位进人计划指标数额，特需岗位还给予编制外人员自主招聘政策等。2014年系统一次性招聘，招录36名卫生技术人员，全部充实到人才缺乏的孝陵卫、仙鹤门等偏远的社区卫生服务中心。2015年招录11人，2016年招录10人。如要引进人才，留住人才，还需要政协委员的不断呼吁，请求政府协调市、区两级人社部门在不超编的前提下能给予区卫计局一定的用编自主权，形成制度化的编制补充和人才引进机制。

三、加大基层卫生人才培养力度。每年初，区卫计局都要制定《卫计系统专业技术人员全年培训计划》，通过实施全科医生规范化和转岗培训，组织医务人员务实进修，开展医护人员业务培训等方式，促进基层医务队伍整体水平提升。2015年，选送6名医师参加省厅组织的全科医师转岗培训，选送7名医师参加省厅组织的全科医师规范化培训，选送15人到中大医院进修，开展社区适宜技术培训1600人次，聘请市院感协会专家对全区180家社会办医疗机构开展集中培训。同时，加大社区卫生服务中心与中大医院、八一医院、市中医院等大医院的“院社合作”力度，强化三级医院对玄武卫生系统的人才引领、学科支撑和技术带动。

四、激发基层卫生人才工作活力。实行绩效工资后，社区卫生服务机构职工的工资得到法定保障，但由于绩效工资总量控制，而人员工作量逐年增加，多劳却不能多得，影响了医务人员的工作积极性。针对这一状况，2013年区卫生局根据《省政府办公厅关于巩固完善基本药物制度和基层运行新机制的实施意见》（苏政办发〔2013〕131号）文件精神，及时对绩效考核方案进行了调整和完善，坚持考核结果与年度工作目标和预算指标挂钩，注重实绩与效率，尽可能体现多劳多得。今年，根据玄武区人社局下发的《关于玄武区区属事业单位绩效工资总量调控管理工作的通知》要求，结合区医疗卫生行业的实际情况，制定《区卫计系统关于调控绩效工资总量的实施意见》，调整后的绩效工资总量为原有绩效工资基准线的130%，从而，进一步调动了医务人员工作的积极性，维护了卫生人才队伍的稳定性。

五、强化监督管理提升服务能力。严格落实《玄武区社区卫生服务机构全面质量管理标准》，建立了社区卫生服务质量控制管理组织，不断完善基层医疗机构质量管理办法和基层医疗机构的医疗核心制度，使得服务行为和操作规程不断得到规范。同时，结合各类专项整治工作，加大力度规范社区卫生服务机构的诊疗程序，把质量监控作为提高服务质量，提升服务能力的主要手段。例如在抗生素专项整治工作中，把血常规检查作为使用抗生素的主要依据，有效规范和控制抗生素的使用。既做到合理使用抗菌药物，又能提高医疗质量。

六、打造中医特色提升服务

能力。中医药作为玄武卫生的一大特色，已彰显优势，打造出了一定的品牌效应，但仍有很大的空间可以发展，有更深的潜力可以挖掘。将继续做好以下工作：一是加大培养中医药人才队伍，通过引进或招录中青年中医药人才，打造一支年龄结构合理、基础知识扎实、实践技能精湛的人才队伍。二是明确自身定位，在充分调研的基础上，积极开展适合不同社区的中医药适宜技术，错位发展，共同提升，进一步打造具有玄武特色的中医药社区卫生服务。三是拓展中医药服务内容，开展慢病的中西医结合治疗、中药季节性保健等让居民感兴趣、易接受的项目，努力打造具有特色的中医药项目，用特色专科和特色项目带动中医药事业全面发展。

关于在中小型企业中建设协商民主制度的建议

区政协医卫妇幼组

答复情况：

牢固树立“以职工为本，主动依法科学维权”的工会维权观，坚持“促进企业发展、维护职工权益”的工作原则，把维权工作贯穿于推动改革、促进发展、积极参与、大力帮扶的全过程。

一是积极推广“协商民主在基层”。认真落实以职代会为基本形式的各项民主管理制度，全力服务改革发展。规范企事业职代会、探索车间议事会、实施班组周周评（班前会）三大平台，探索全员参与企事业协商民主的互动、反馈、评议、监督机制，进而推进形成层级衔接、形式多样、议题丰富、灵活高效的中小企事业全员参与的协商民主新体系。

二是积极推进工资集体协商。进一步扩大区域性、行业性工资集体协商的范围，着力推进工资集体协商工作由普遍建制向提质增效转型升级。健全完善工资集体协商共决机制、正常增长机制和支付保障机制，培育选树企业工资集体协商先进典型，推动职工劳动报酬与企业效益的同步增长。

三是不断深化工会法治保障机制。继续完善工会维权的利益协调、诉求表达、矛盾调处和权益保障机制，推动依法治会的制度体系建设。切实加强工会劳动法律监督组织和企业劳动争议调解组织的建立，依法对劳动法律法规的执行情况开展有效监督，推进企业社会责任建设，努力构建和谐稳定的劳动关系。

关于创建玄武微信大讲堂的建议

区政协委员　沈文龙

答复情况：

近年来，玄武区非常重视新媒体领域的阵地建设，区级层面以及多个部门都创建了官方微博和官方微信，在近两年的时间里，根据新媒体的运营特点和实际工作需要，全区上下在新媒体领域创新并积淀了很多品牌栏目，其中成果最显著的就是“微信大讲堂”。

组建阵容庞大的专家智库。从2014年起，玄武区重点加强官方微信专家团队的建设，先后借助南京网友节、玄武文化产业联盟成立大会、全民阅读日等重大活动契机凝聚了一大批专家学者作为微信讲堂的智库并分别颁发了聘书。这些专家构成多样，包括行业专家、知名学者、公众人物、网络大V、社团领袖、优秀企业家、资深艺术家等多种身份，总规模超过200多位。例如：南京网友节玄武专场活动中聘请了包括南京发布、南京头条、凤凰网等20多位全媒体大V作为微信顾问；玄武文化产业联盟成立大会上邀请到了包括叶南客、谢建明等35位学者、企业家、投资人作为智库专家。这些专家是微信讲堂强有力的后盾，可以通过微信平台源源不断的供应宝贵的知识、经验和思想。

输出丰富全面的宣讲内容。玄武微信讲堂内容有高端的艺术论坛、专业的经济讲座、轻松的文化沙龙、精彩的曲艺作品等等，微信讲堂根据不同目标受众和时事热点确定主题，采用“线上+线下”推广模式，实现最大的传播效果和宣讲价值。例如：去年底，邀请十名江苏省非常有名的文学艺术大家走进玄武区机关、街道、社区开展了十场专题讲座；年初，围绕“众筹”、“营改增”和“文创政策”等热点面向全区的文化企业举办了多场主题讲座；今年4月，围绕世界读书日热点，联合全市多家知名读书社团开展多场阅读分享活动……这些涵盖人文历史、科技发展、自然科学、艺术文化等多个主题。这些活动都通过微信前期预热报名，活动中记录重点，活动后再利用微信进行全程回顾或精彩再现，累计受众达3万人次。

设计灵活多样的运营形式。创新是玄武微信讲堂的生命力，这充分体现在丰富的线下活动和精彩的线上推广上。在线下活动上，形式兼顾严肃紧张的专业讲座和轻松活泼的文化沙龙，场地兼顾会议室、报告厅、图书馆和咖啡馆，讲座嘉宾从兼顾理论性强的专家学者和接地气的曲艺表演者……这些设置都是为了适应不同的宣讲内容，满足不同粉丝群体的需求。在推广形式上，将宣讲信息转换成图文、漫画、视频、动画等丰富多彩的形式，为保证受众的参与性，微信大讲堂融入在线报名、自助选课等互动方式。除此之外，根据特定粉丝群体的兴趣爱好，结合本职工作，专门注册了微信宣讲小号，为粉丝提供更加优质的订制化服务。例如：专门为阅读爱好者设立“悦读玄武”公众号、为文化企业设立的“文化产业联盟”公众号等。这些微信小号与“玄武发布”微信号号联动，拓展“玄武微信大讲堂”功能，帮助该品牌栏目凝聚住、维护好各自的粉丝群体。

以上都是已经开展的关于“玄武微信大讲堂”方面的工作成果，接下来，将邀请南京发布、新华网等资深媒体运营人员共同论证“如何通过微信群实现专家的在线实时授课”的设想，该宣讲模式已经在玄武文化产业联盟的会员单位——啡咖啡众创空间试点，等运行成熟后实现运营。将继续整合多方力量不断完善玄武微信大讲堂的功能，进一步提升该栏目的品牌价值，让更多的微信粉丝和玄武居民从中受益。

中国共产党南京市玄武区纪律检查委员会

【概况】 2016年，区纪委履行监督执纪问责职责，坚持把纪律挺在前面，深入实践“四种形态”，党风廉政建设和反腐败工作取得明显成效，为全区经济社会发展提供坚强的纪律保障。举行“心廉心”建设工程主题廉洁教育广场启动暨建设工程廉洁承诺书递交仪式。开展学思践悟岗位大练兵活动，建立全员办案、集中学习、岗位竞赛、全员培训4项工作机制。选派11名干部参加中央、省市纪委各类业务培训，举办新任纪检干部和基层纪检干部专题培训班，实行基层纪检干部在委局跟班学习机制，着力强化责任担当、提升业务能力。

【党风廉政建设和反腐败工作会议】 2月23日召开。区四套班子有关领导，区纪委委员、全区纪检监察和督察干部，各街道、园区、部门党政主要负责人和分管领导，区系统各直属单位党政主要负责人，各社区党组织书记，“两员”代表、非公企业纪律监督组织负责人代表共400余人参加大会。会议由区委副书记杨乐华主持，区委常委、区纪委书记张望总结2015年党风廉政建设和反腐败工作，部署2016年工作任务。各党(工)委、党组负责人向区委书记递交2016年度党风廉政建设责任制责任书。区委书记、区长徐曙海到会并讲话。徐曙海肯定全区2015年党风廉政建设和反腐败工作，对2016年工作提出三方面要求：深入学习贯彻习近平总书记重要讲话精神，把思想和行动统一到中央和省市的决策部署上来；保持定力、久久为功，扎实推进党风廉政建设和反腐败工作；落实责任、强化担当，切实推动全面从严治党取得新的成果。

【巡察工作机制健全】 10月13日，玄武区成立区委巡察工作领导小组，12月24日，成立区委巡察工作领导小组办公室。牵头组织、人事等部门，组建副组长库、巡察专员库、协查人才库，健全巡察机构和队伍，组织开展巡察专场培训，保障党委巡察工作深入开展。管党治党责任进一步落实。

【街道纪工委配备强化】 2016年，推进街道纪检监察机构优化调整。10月26日，同区委组织部、区机构编制委员会联合下发《区纪委、区委组织部、区编办、区监察局关于强化街道纪工委配备的实施

2月23日，2016年全区党风廉政建设和反腐败工作会议

意见》。协调推动7个街道纪工委书记单设，同时配备纪工委副书记和专职干事，进一步强化纪检监察组织的监督职能，切实加强基层党风廉政建设和反腐败工作，解决“街道纪工委‘三转’不到位、纪检干部普遍兼职”的问题。

【纪律防线加固】 2016年，加大对纪律执行情况的监督检查，始终把政治纪律和政治规矩摆在首位。严肃换届纪律，加强换届纪律监督，确保换届风清气正。加强廉政鉴定工作，为1600余人次出具廉政意见。坚持高标准和守底线相结合，组织学习新出台的党纪党规，协助区委编印纪律规范汇编，每周编发廉政提醒短信，每月印制“心廉心”纪律宣传画报，对60名新提拔干部进行集体廉政谈话，组织开展廉政文化教育活动200余场，推动纪律意识入脑入心。以“六项纪律”为重点，加大纪律执行情况的监督检查，查办违反政治纪律和组织纪律类案件14件14人；牵头开展两轮专项巡查，重点对12个单位落实“两个责任”、执行“两个汇编”情况进行检查，查纠问题90个，约谈相关责任人，立案追责5件5人，通报典型案例，各级干部纪律意识进一步强化。

【“两个责任”落实】 年内，协助区委拟定并组织全区21个党工委、党组负责人与区委主要领导签订《党风廉政建设责任书》，为“两个责任”落实立规矩、划硬杠。开展区四套班子领导“五个一”活动，实行“两个责任”月报制督责，严格执行玄武区落实“两个责任”检查考核办法及考核细则，区委常委带队检查考核11家单位党风廉政建设责任制落实情况。区委常委会专题听取基层党工委履行主体责任情况，区委主要领导逐一进行点评。认真落实中央、省委巡视组反馈问题整改要求，开展“巡视回头看”，严把整改落实关，省委巡视组交办的11个问题线索全部办结。

【违纪案件快查快结】 2016年，落实纪法分开、纪在法前、纪比法严的要求，坚持惩前毖后、治病救人的方针，切实用纪律管住大多数。建立“数说勤廉”数据平台，制定下发谈话制度和报送制度，对勤廉数据进行分析研判，强化“四种形态”结果的有效运用。2016年，共受理信访举报173件，业务范围内144件，综合运用谈话提醒、函询诫勉、批评教育等方式，全年运用“第一种形态”处理136件；对违反纪律的快查快结，全年立案76件76人，同比增长85.4%，给予党政纪处分59人，其中轻处分43人，重处分16人，挺纪于前的工作方法进一步形成。

【作风建设工作推进】 全年，紧紧抓住“四风”问题不放，坚持专项整治与长效机制相结合，发挥财政、商务、政府办等部门力量，开展常态化督查近20次，在全区开展会所整治“回头看”、违规吃请以及公款吃喝专项督查工作。严查群众身边的不正之风和腐败问题，办理省市挂牌督办件10件，给予纪律处分2人。组织参加省市政风行风热线活动，涉及区的12项问题全部整改落实。大力弘扬新风正气，强化廉洁家风建设，积极参与省、市纪委开展的寻找身边的“老严”、“南京历史上的传统家规”等活动，建成“心廉心”建设工程主题廉洁教育广场，《高悬利剑扬清波》在南京电视台“廉政纵横”栏目播放，《明城墙的叩问》在“钟山清风”、“玄武发布”微博平台推送播放，全区党风政风进一步向好。 （汪　杨）

民主党派·工商联

·民主党派·

【概况】 至2016年底，玄武区民主党派有8个，设总支6个，支部(小组)53个，成员1143人。

分布情况：

民革总支1个，支部9个，179人；

民盟总支1个，支部10个，244人；

民建总支1个，支部5个，153人；

民进总支1个，支部17个，275人；

农工党总支1个，支部7个，170人；

致公党总支1个，支部3个，62人；

九三学社支社1个，42人；

台盟小组1个，18人。

【民主党派“选题汇”成果汇报会】 3月15日召开。各民主党派负责人围绕“玄武区国民经济和社会发展第十三个五年规划纲要”，就进一步做好2016年“选题汇”调研工作进行交流互动。

【玄武区新媒体党外人士联谊会成立】 5月27日，省委统战部副

5月27日，玄武区委统战部新媒体党外人士联谊会成立

部长瞿超到会为玄武区新媒体党外人士联谊会揭牌，市委统战部副巡视员李永胜、区委副书记杨乐华共同开通“玄武统战·同心汇”微信公众号。新媒体党外人士联谊会有31名会员和10名特邀会员，成员人民网江苏视窗、凤凰网江苏频道、南京零距离、西祠胡同、南京发布等30余家知名网络平台负责人。以互联网思维推进玄武统战“同心汇”品牌建设，致力构建包括“微信号”“微动漫”、“微电影”“微阵地”“微分享”在内的“五微一体”新时期统战玄武模式。“玄武统战·同心汇”是南京市首家区级统战部门微信公众号。微信公众号精心设置“资讯汇”“专题汇”“互动汇”3个板块及11个子栏目。“创赢珠江路”微论坛同时举行。

【玄武区统战成员（长者）服务项目签约会】 4月19日，联合区民政局在玄东科技园召开。签约会上，区委统战部与社会组织签订总价款为7万元的服务项目采购合同，服务对象为全区80岁以上统战成员91人。服务内容为居家养老服务，包括室内保洁、健康保健及情感陪护等。 （闵 捷）

·工商联·

【概况】 2016年，玄武区商会总数33家，其中街道商会7家，行业商会6家，园区和街区商会3家、异地商会3家，社区商会12家，楼宇商会1家，青企会1家。会员1596名，副主席、副会长28名，执委81名。

7月15日，在市委统战部、市工商联召开“万企帮万户精准扶贫工程”推进会上，南京中科健康产业集团股份有限公司获“十二五”期间开展的“同心 万家民企帮万户工程”突出贡献奖；江苏先声药业有限公司、江苏东来信息产业集团有限公司、南京新华海科技产业集团有限公司、江苏德擎律师事务所4家企业获先进单位。

【组织企业参加市就业招聘会】 3月17日，玄武区工商联组织南京新华海科技产业集团有限公司、金鹰大酒楼、中科集团等企业参加了市工商联、市人力资源和社会保障局等部门在水西门大街人力资源市场联合举办的“2016年民营企业招聘会”活动。其中，玄武区工商联组织4家民营企业提供近50个就业岗位，意向录用人数达21人。

【玄武区青年企业家联合会成立】 5月12日，在徐庄软件园召开成立大会。市委常委、统战部部长徐锦辉，市委统战部副部长、工商联党组书记毛卫华，玄武区委书记、区长徐曙海等领导出席会议。市、区有关部门及企业负责人，区青年企业家联合会全体会员参加会议。市委常委、统战部长徐锦辉为“玄武区青年企业家联合会”揭牌。市委统战部副部长、工商联党组书记毛卫华为新当选的会长授牌。区委书记、区长徐曙海为玄武区青年企业家联合会致力于服务企业创新创业、服务企业家成长成才的“五个中心”授牌，并发表讲话。途牛科技有限公司创始人兼CEO于敦德，当选首任会长。会后，与会领导走访考察途牛科技、先声药业两家会员企业。

【调研微融资服务中心】 6月3日下午，区工商联党组书记、常务副主席汤浩，带领玄武区青年企业家联合会秘书处、“五个中心”负责人，到邮政储蓄银行大行宫支行，专题调研指导微融资服务中心工作。邮储银行大行宫支行行长纪东以“新起点，新希望”为题，汇报立足中心的平台资源优势，面向玄武中小微企业，全面推动特色金融产品服务的情况。

【玄武青年企业家俱乐部理事会成立】 7月1日，召开第一次会议。会议审议并通过玄武青年企业家俱乐部《章程》《议事规则》，选举产生第一届理事会理事长、常任理事、理事，聘请专、兼职理事会秘书。玄武区工商联党组书记、常务副主席汤浩为首届理事会成员颁发证书。玄武区青年企业家联合会副会长、江苏名庄汇文化发展有限公司总经理孟舒婷当选为理事长。玄武青年企业家俱乐部是由玄武区青年企业家联合会发起，以在册会员为主体，以“两个健康”为己任，以服务会员企业“市场化、实体化、产业化”为新时期商会改革与创新方向，志愿组成的非盈利性企业家组织。

【玄武区工商联获全国“五好”县级工商联称号】 8月11日，在全省“五好”县级工商联建设工作经验交流会上，玄武区工商联同时获得全国工商联和江苏省工商联颁发的“五好”县级工商联荣誉证书和奖牌。

【《玄武青企》微信公众号开通】 11月11日上午，《玄武青企》微信公众号启动式，在龙虎网演播厅举行。玄武区委常委、统战部长朱天龙，南京报业集团总经理王正文，玄武区工商联、龙虎网主要负责人，玄武区青年企业家联合会、玄武青年企业家俱乐部代表30余人出席活动。启动式上，朱天龙和王正文点击启动按钮，宣布《玄武青企》微信公众号正式上线。玄武青企会与龙虎网签署了战略合作协议。玄武青年企业家俱乐部运营方代表作了发言。

【玄武区青年企业家联合会会长扩大会议】 12月16日下午在途牛大厦召开。区委副书记、代区长穆耕林，区委常委、统战部部长朱天龙出席会议。区工商联主要负责同志，青企会会长、副会长、秘书长、“五中心”负责人，部分理事代表参加会议。与会领导为新任副会长、江苏电信未来城等5家“五中心”新成员授牌。穆耕林讲话。

（张　晨）

5月12日，市、区领导考察途牛科技有限公司

人民团体

·玄武区总工会·

【概况】 2016年，玄武区总工会深入贯彻落实区委党的群团工作会议及区党代会精神，扎实推进区委关于实施建功立业、核心引领、服务民生、凝心聚力、促进和谐、改革创新“六项行动计划”，坚持服务大局、服务发展、服务职工，全年各项工作较好完成。新增工会组织59家、会员3209人(农民工会员1652人)。完成4.5万条工会会员信息采集工作。各街道社区工会全面按期完成换届工作。在市总2015年度工会组织“数、质”量建设绩效评审中，区总工会被评为先进单位。区总工会获南京市群众体育工作先进集体、南京市第二十一届运动会(职工部)暨南京市第十五届工人运动会优秀组织奖、南京市第二十一届运动会(职工部)暨南京市第十五届工人运动会团体三等奖、南京市职工技能竞赛优秀组织单位。区总工会选送舞蹈“雨打芭蕉”获市第二届职工舞蹈大赛二等奖。12月30日，在市总工会十六届五次全委扩大会上区总工会作《敢闯先试，务求实效，全面扎实推进街道工会工作》经验介绍。

【区总工会五届二十一次全委(扩大)会】 2月1日召开。区总工会三委会委员，各街道、系统、直属工会主席、副主席(秘书长)及部分受表彰单位的代表共60余人参加会议。区人大常委会副主任、总工会主席杨冬梅出席会议并作题为《干在实处，走在前列，在“强富美高”新玄武建设中建功立业》的工作报告。会议传达学习了中央、省、市党的群团工作会议、市总工会第十六届第三次全委（扩大）会议和区委十届十四次全体（扩大）会议精神；对孝陵卫街道工会、教育系统工会主席进行述职测评；区房产经营公司工会作《探索协商民主新路径，架起职工行政连心桥》的经验介绍，与会委员讨论《关于进一步加强全区街道、社区工会建设的实施办法（征求意见稿）》。

【“两节”送温暖活动】 1月27日，市总工会副主席、党组成员刘方宁和区人大常委会副主任、总工会主席杨冬梅，到锁金村街道紫鑫城社区困难职工王女士家走访慰问，拉开玄武区总工会2016年度以“工会常伴　贴心送暖”为主题的“两节”送温暖活动帷幕。2016年“两节”送温暖活动历时1周，区总工会筹集资金24.98万元，对全区建档的市、区两级困难职工、困难企业的临时救助职工和困难劳模共264名人员进行走访慰问。

【关爱民工系列活动暨“健康行”活动】 3月4日，在玄武区大行宫广场由南京市总工会、解放军第八一医院、南京军区机关医院、市农民工办等单位联合主办，由玄武区总工会和市总工会职工援助服务中心联合承办的2016年关爱民工系列活动暨“健康行”活动在玄武区启动。区总工会组织40名环卫工和农民工参加启动仪式，市总工会副主席刘辉，区人大常委会副主任、区总工会主席杨冬梅，市总工会保障部副部长宗子伟，军区八一医院领导等出席启动仪式。主办方及各领导为玄武区的40名环卫工赠送毛毯、洗漱用品、电热水壶等慰问品。

【“智慧女性·幸福家庭”系列活动】 3月，区总工会开展以“智慧女性，幸福家庭”为主题女职工关爱行动月活动。3月9日，玄武区工会女职工委员会、区妇联特邀南京旅游职业学院烹饪学院副院长颜忠讲授营养配餐与家庭膳食搭配。区人大常委会主任张萍，副主任、区总工会主席杨冬梅，以及区机关干部、街道和系统工会干部、辖区企业女职工150余人参加。送医箱活动，为2016年新增的市区两级困难职工家庭赠送药箱；送保障活动，会同区妇联为困难单亲女职工赠送互助互济康乐保障；送健康活动，联合卫生系统工会、南京金域医学检验所工会为女职工免费量血压、验血型等广场公益活动；送法律活动，特邀区总工会职工法律援助团律师开展广场劳动法律咨询、宣传服务活动，面对面、心贴心、实打实地为女职工服务，推动解决涉及女职工切身利益的实际问题；送书籍活动，在广场法律咨询服务中，开展送《江苏省“一办法七条例”法规汇编》《职工维权手册》《女职工健康手册》等书籍。

【市总工会领导调研玄武区园区工会工作】 4月12日，南京市人大常委会副主任、市总工会主席臧正金到徐庄软件园，调研玄武区新形势下园区工会发展建设状况。玄武区委副书记杨乐华，区人大常委会副主任、区总工会主席杨冬梅以及紫金（玄武）科创特区党工委书记、徐庄管委会主任薛磊等区领导陪同参与调研。调研走访参观江苏先声药业有限公司、南京智达康无线通信科技股份有限公司，听取企业发展介绍和工会工作汇报。在园区听取玄武区总工会和徐庄软件产业基地总工会的工作汇报。

【第十五届职工技术大比武决赛暨首届创业创新大赛】 4月23日，玄武区总工会联合区委宣传部、区人才办、区人社局、区科技局、团区委、区妇联于在玄武高级中学（梅园校区）共同组织举办了主题为“创业创新十三五·共建美好新玄武”的第十五届职工技术大比武决赛暨首届创业创新大赛。市总工会党组副书记、常务副

4月23日，区十五届职工技术大比武决赛暨首届创业创新大赛

主席孙强，玄武区委书记、区长徐曙海，区人大常委会主任张萍，区政协主席邱小凡，区委副书记杨乐华，区委常委、区委办主任滕涛，区委常委、宣传部长陈乙华，区人大常委会副主任、区总工会主席杨冬梅，区政府副区长蒋兆全，区政协副主席蒋健等市区领导莅临现场观看比赛，并向劳模们致以节日的祝福。区委副书记杨乐华致开幕辞。本届大赛分技能岗位练兵和技术大比武两个阶段进行。岗位技能大练兵于2月初拉开帷幕，历时3个月。全区4万余名职工围绕倡导工匠精神岗位练兵，展开多种形式的业务学习、考级考证和技能锤炼，4千余名职工通过人社部门组织的培训考核。4月23日，技术大比武决赛现场，来自全区各街道系统2000多名技术能手参加35个比赛项目(当天决赛23项)和8个展示项目的角逐。决赛项目有传统的纯手工制作工艺，有先进科学技术和现代元素的融合运用，全方位覆盖不同年龄层次、不同工种类别的技能展示需求。参赛选手既有非公企业单位的员工，也有机关事业单位的干部和职工，还有为数不少的下岗职工和进城务工人员，充分体现了参与的广泛性和群众性。

【市总工会观摩推进会在玄武区召开】 5月19日，区锁金村街道总工会成立暨南京市街道(镇)总工会成立观摩推进会在玄武区召开。参加会议的有市人大常委会副主任、市总工会主席臧正金，市总工会副主席刘方宁；玄武区委副书记杨乐华，区人大常委会副主任、区总工会主席杨冬梅，十三个区及化工园区总工会主席、分管副主席、组织(建)部长及玄武区各级工会干部、会员代表等180余人。在锁金村街道工会会员代表大会上，审议通过工会工作报告、经费审查报告、女职工工作报告，明确今后五年锁金村街道总工会工作的目标和主要任务，并在第一次代表大会上选举产生街道总工会第一届领导班子，履行地方工会领导职能。在全市街道(镇)总工会成立观摩推进大会上，区委副书记杨乐华代表区委、区政府对锁金村街道总工会的成立暨现场观摩推进会的召开表示祝贺，对锁金村街道总工会提出了要求和希望。玄武区人大常委会副主任、总工会主席杨冬梅在大会上作《扎实推进街道总工会建设，促进基层工会组织持续规范发展》的经验介绍。市人大常委会副主任、市总工会主席臧正金作重要讲话，对进一步做好街道(镇)工会工作提出要求。

【街道总工会成立】 6月，玄武区总工会在全市率先成立街道总工会。研究出台《关于进一步加强全区街道、社区工会建设的实施意见》，研究制订《街道总工会会员代表大会组织工作规范》。强化人员和财力的刚性配备。配齐配强街道总工会干部和工作人员，街道每年配比经费不少于6万元，每个社区工会匹配2000元工作经费，街道按200平方米以上的标准，统筹建好、用好、管好职工服务活动阵地。选取锁金村街道先行先试，然后全面推开，全区所有街道在全市率先成立总工会，行使地方工会职能，市总工会在锁金村街道召开现场会推广经验。11月30日，市总工会副主席刘方宁一行代表市委督查组，到红山街道和锁金村街道进行街道成立总工会专项工作督查。区委常委、组织部长张惠民，区人大常委会副主任、总工会主席杨冬梅等陪同。

【金秋助学活动】 2016年，区总工会资助59名在读的困难职工子女，小学初中类每人1000元、高中职高类每人2000元、大二以上每人2500元，今年新考入大学的每人4000元，共发放助学资金10多万元。9月1日，市总工会党组书记孙强、副主席刘辉等市总工会领导，在区人大常委会副主任、总工会主席杨冬梅陪同下，到玄武区新街口街道唱经楼社区困难职工李女士家中进行走访慰问，并为其考取大学的女儿送上助学款。

【“玄东杯”3D打印创意设计大赛】 9月24日，由玄武区总工会主办，玄东科技园承办，南京肯信精密机器制造有限公司协办“玄东杯”3D打印创意设计大赛——玄武区第十五届职工技术大比武暨首届创业创新大赛，在玄东科技园举行。大赛经过资格初审，来自全市17支团队参加最后决赛。本次“玄东杯”3D打印创意设计大赛被列为2016年南京市职工职业技能大赛二级竞赛项目，大赛旨在鼓励广大职工及创业者掌握3D打印技术，推进企业利用3D打印技术提高设计、研发、制造的能力和效率，促进“大众创业、万众创新”，助推3D打印技术的应用。经过整整一天的激烈角逐，创造者空间代表队获得一等奖，授予“玄武区技术能手”称号。两支代表队获得二等奖，三支代表队获得三等奖。南京市总工会副主席陈慧男，玄武区人大常委会副主任、区总工会主席杨冬梅等领导到场为获奖团队颁发证书并授予荣誉称号。 (王跃群)

·中国共产主义青年团南京市玄武区委员会·

【概况】 2016年，玄武团区委以建设“强富美高”新玄武为中心，以群团工作改革为主线，推动全区共青团工作。截至2016年底，全区直属团组织32个(含7个街道团工委、1个园区团工委、7个系统团工委、14个中学团委、3个企业团组织)，团员13566名；少先队大队组织33家(其中小学22家，九年一贯制2家，初中9家)，少先队员21015名。

7月7日，团区委组建1支117名青年志愿者抗洪救灾突击队，为受水灾的银城东苑等小区居民送去方便面、矿泉水等物资。

【承办“2016年全省青年志愿者服务日活动”】 3月5日下午，为纪念学雷锋活动53周年，弘扬新时期雷锋精神，团省委、省文明办、江苏省志愿者协会联合开展“2016年全省青年志愿者服务日活动”，活动由团区委具体承办。活动中，来自机关、企事业单位和在宁高校数十支志愿服务团队近2000名志愿者，在开展服务的同时进行项目展示、志愿者文化产品发放。现场很多市民扫描“志愿者打卡器”二维码，成为注册志愿者。省委常委、省委组织部长王炯现场启动“关爱小候鸟公益行”活动，并为志愿者授旗。青年志愿者们与爱心市民共同完成3公里步行，每人获得爱心企业提供的20元爱心公益金，资金全部捐献给江苏省留守儿童关爱阵地——“希望来吧”。

【区域化团建暨“双报到”工作现场会】 3月28日在市老干部活动中心召开。来自全区“1+20”大团委成员单位负责人汇聚一堂，共谋2016年度玄武区区域化团建暨“双报到”工作思路。团市委青工部部长吕晨参加会议。玄武团区委书记吴丹总结2015年区域化团建暨“双报到”工作，介绍2016年工作思路。16家团市委直属团组织认真填写《玄武区“双报到”活动手册》的基本信息，并递交给街道团组织负责人。7个街道“1+20”大团委成员单位围绕“十个一”目标任务展开讨论。吕晨认真观看完7个街道的特色项目展示，对玄武区区域化团建工作给予充分肯定。

8月1日，玄武区第十二届城墙宝宝暑期公益夏令营第二批营员开营

【校地共建志愿服务项目双选会】 4月1日，在北京东路小学召开。团省委志工部副部长汤江林、调研员施静芝、区文明办、区民政局、团区委负责人以及来自全区10所高校的团委负责人和7个街道的团工委负责人出席会议。通过“校地共建”项目开展，使广大市民了解志愿服务、支持志愿服务，掀起“人人为我，我为人人”志愿服务热潮。

【“五四”表彰大会暨“青年先锋”事迹宣讲会】 5月4日，在区政府409会议室召开。区委副书记杨乐华、区委组织部长梁爱国、区青年商会会长王晓飞、区志愿者协会会长冯鹏与玄武区第四届“青年先锋”、“百名好青年”、各级团组织主要负责人、各界青年代表等200余人参加会议。活动以纪念五四运动97周年为契机，以第四届“玄武区青年先锋”暨“百名玄武好青年”评选为主线，由区委组织部、团区委联合开展，旨在积极倡导广大青年弘扬和践行社会主义核心价值观，激励全区青年奋发成才、创新创业、无私奉献，为谱写“中国梦”的玄武篇章建功立业。各级团组织和有关部门积极推荐、组委会考察评审、决赛评比等环节，最终产生10名玄武区“青年先锋”和100名“玄武好青年”。

【“六一欢乐颂” 手拉手志愿服务活动】 6月1日，江苏省志愿者协会暨团区委在南京十朝历史文化园举行“六一欢乐颂”手拉手志愿服务活动。团省委志工部部长汤江林出席本次活动。“六一欢乐颂”活动是玄武区晏公庙社区“希望来吧”孩子和区外学生“小手拉小手,健康共成长”结对志愿服务的见证,孩子们学到知识,体会到集体活动的乐趣。

【第十二届城墙宝宝暑期公益夏令营】 7月4日至8月5日,玄武区第十二届城墙宝宝暑期公益夏令营分两批在南京市古生物博物馆举办。活动以“漫游古生物 奇妙玄武行”为主题,由各街道推荐选派10名困难青少年儿童参加。玄武区城墙宝宝暑期公益夏令营已经连续举办十二届,为困难青少年儿童搭建课外实践学习的平台。

【共青团南京市玄武区第十七次代表大会】 10月20日~21日召开。来自全区各条战线的168名团代表以及区直属团组织分管领导、区青年联合会、青年商会优秀青年代表出席大会。大会总结区第十六次团代会以来的工作,研究确定今后三年玄武区共青团工作的目标和任务,选举产生共青团玄武区第十七届委员会,组织动员全区青年走在最前列、争当排头兵,为建设“强富美高”新玄武奉献青春智慧和青春力量。区委书记徐曙海、团市委书记林武平分别在开幕式大会上讲话。区领导穆耕林、张萍、邱小凡、杨乐华、易兵、许恺、滕涛、张望、毛银玲、陈乙华、张惠民、朱天龙、顾学椋出席开幕式。

【区内高校团委负责人调研珠江路创业大街】 11月4日,玄武团区委组织区域内高校团委负责人参观调研珠江路创业大街,先后赴爱创空间、耕耘开工社团、南京玄东科技园、南京科技金融园、太库科技参观交流。在几个众创空间里,青年创新人才聚集,青春创业激情涌动。参观过程中,众创平台负责人详细介绍和展示各自运营模式、项目特点、政策扶持、科技应用等方面的情况。

【玄武区第六届青年风尚节】 12月2日,为纪念“一二九”学生运动81周年,南京市中学团建片区工作站成立仪式暨玄武区第六届青年风尚节闭幕式在第十三中学举行,风尚节聚焦组织制度和运行机制的创新和突破,以科技创新为驱动,共同谋求中学生社团的跨越和发展。团市委学少部部长朱薇薇、副部长徐正超、区教育工委副书记、纪工委书记易红,以及来自全市高校团委领导,玄武、鼓楼、栖霞团区委领导,玄武区中学共青团分管领导和兄弟区县中学团委书记、玄武区青年社团指导老师、社团代表出席本次活动。

【区共青团干部、少先队辅导员培训班举办】 12月8日~10日,玄武区共青团干部、少先队辅导员培训班开班。团市委书记林武平、区委常委、组织部部长张惠民、团区委班子成员出席开班仪式,街道、系统、中学共青团干部以及少先队辅导员60余人参加培训。张惠民作开班动员。3天培训先后开展风采展示、业务知识考核、讲长征故事、特色项目路演、户外拓展训练等活动。培训夯实基层团队干部队伍建设,提高团队干部的综合素质,增强团队组织的凝聚力和战斗力。

【团省委领导调研玄武共青团工作】 12月12日,团省委书记王伟一行到玄武调研共青团工作。团市委书记林武平,团市委副书记王慧,区委常委、组织部长张惠民等陪同调研。王伟一行先后对徐庄软件园梦想家青创空间、玄武区团员发展中心等进行实地走访,就青年创业和基础团务等工作进行调研。在梦想家青创空间,空间负责人介绍投资平台、主持机构、创业导师团队、创业孵化项目等方面情况。在玄武区团员发展中心,王伟听取中心服务团员发展和团员成长、团队特色活动开展等方面情况介绍。(丁冬冬)

·玄武区妇女联合会·

【概况】 2016年,玄武区各级妇联组织围绕全区中心工作,服务妇女,服务家庭,服务基层。高标准完成“十二五”妇女儿童规划终期评估,11月17日,召开编制“十三五”妇女儿童发展规划专家论证座谈会,形成区“十三五”妇儿发展规划送审稿提交区政府审核。获江苏省“平安家庭”创建活动先进集体、南京市实施“十二五”妇女儿童发展规划先进集体、南京市“芳茉莉·秦淮杯”妇女儿童公益创意创业大赛优秀组织奖等多个奖项。红山街道北苑社区妇联主席从蓉被人力资源保障部、全国妇联授予“全国妇联系统劳动模范”称号。

【巾帼文明岗(星)表彰大会】 3月6日下午,在南京市玄武中等专业学校礼堂举办“弘扬时代楷模·展示巾帼风采”三八国际劳动妇女节106周年暨巾帼文明岗(星)表彰大会,玄武区各行各业、各条战线300余名妇女代表欢聚一堂。大会表彰在“巾帼建功”活动中表现突出的优秀妇女群体和个人,授予玄武区中央路小学等20个单位玄武区“巾帼文明岗”称号,授予宋蓓蓉等10名同志玄武区“巾帼岗位

8 月 23 日，区妇联举办“真情手拉手·爱心献春蕾”玄武区“七彩梦”公益夏令营

明星”称号。玄武区公安分局、玄武区地税局、南京市第五十四中学、先声药业集团公司等省、市级“巾帼文明岗”，以诗朗诵、表演唱等形式，将平常的工作搬上舞台，进一步展示立足岗位、建功立业的巾帼风采。

【第十三届邻里文化节举办】 第十三届邻里文化节由新街口街道“心领空间白领服务中心”承接，以寻找“孝老爱亲”“教子有方”“健康环保”“夫妻和美”“书香文化”五类最美家庭为主线开展系列活动。区妇联表彰 30 户最美家庭，并将最美家庭事迹汇编成册，在全区广泛宣传。12 户家庭分别获南京市“最美家庭”和南京市“书香家庭”称号，汤小霞家庭获得江苏省“最美家庭”称号。

【“春风送岗”女性专场招聘会】 联合区人社局举办以区级为主体，街道为辅助的“春风送岗”女性专场招聘会，吸引 100 余家用人单位进场招聘，提供总经理助理、销售员、客服等各类就业岗位 1000 余个，现场达成用工意向 216 名，发放宣传资料 6000 份。依托玄武区“妇女微创业实践基地”、“艺指独秀”巾帼创业创新基地，开办女性创就业培训班，为失业女性集中“充电”，全年举办 42 次培训，为 1328 余名女性传授项目推介、市场营销、企业管理等方面知识。区妇联推荐的南京赢立科技创业服务中心成功创建“省巾帼创业创新孵化基地”，获省市扶持资金 2 万元。

【妇儿权益保障】 2016 年，全区 59 个社区与省、市推荐的律师团队结对，从源头维权，常态开展社区维权咨询服务。依托“妇儿之家”“母亲学堂”等阵地，宣传《中华人民共和国反家庭暴力法》，全年举办公益法治培训 20 次，开展法律法规广场宣传活动 10 场，发放《反家暴法》简明读本、《妇女维权法律知识包》等维权宣传手册 5000 余份。全年接待信访案件 30 起，调处率达 100%。整合多方资源，2016 年区妇联筹集各类物资、善款总额 41.6 万元。先后两次协同区人大代表周兵开展慰问活动，惠及全区 465 名困境儿童和单亲贫困母亲。举办“真情手拉手·爱心献春蕾”——“七彩梦”公益夏令营，为 55 名困难学生每人放发 1000 元助学款，并通过区工商联青企会为 30 名“春蕾女童”筹集从小学到高中毕业的助学款 20.2 万元。为 50 名单亲贫困母亲购买为期 3 年的互助互济“康乐保险”和价值 280 元的健康体检卡；为 5000 名已婚妇女提供“两癌”免费筛查体检。

【基层妇女工作】 2016 年，在全区选取 17 个社区，推广红山街道北苑社区“七色花”家长工作室新机制经验做法，吸纳辖区内有影响力和号召力的楼幢支部书记、女性社会组织负责人等妇女代表，担任妇女儿童之家专职家长，充实基层妇联力量。举办项目推进会、评估会，继续扶持女性社会组织发展，开展“七色花”家长工作室新机制项目及 6 个“家和万事兴”家庭公益服务微创投项目，累计发放项目资金 27.35 万元。“蒲公英计划”困境儿童家庭教育帮助项目、“流动花开，心晴守候”——流动家庭未成年人城市融合促进项目分别获市妇联“芳茉莉”妇女儿童公益服务微创投、2016 年省妇女儿童公益社工服务项目立项，获项目资金 4 万元。指导区市场监督管理局成立妇联组织。全面完成基层妇联换届任务，全区 59 个社区按照 1 名主席+1 名专职副主席+2 名兼职副主席+7 名执委的架构配备社区妇联班子，执委比上届多 100 人左右，兼职副主席年龄在 40~47 之间，社区妇联主席 100%进“两委”。举办三级妇联干部培训班，提升新一届社区妇联干部思想品德、职业精神、法治思维和业务能力。

（李 萍）

法治·武装

Government by Law, Military

责任编辑　苏　成

◎ 法治

◎ 武装

法　　治

·社会治安和综合治理·

【概况】 2016年，区委政法委(综治办)贯彻落实中央和省、市政法综治工作会议精神，以建设更高水平的平安玄武为目标，以提升群众安全感满意度为着力点，扎实推进维护社会稳定、矛盾纠纷化解、社会治安防控、公共安全监管、综合管理服务、应急处突机制等各项工作。全区未发生重大有影响的安全生产事故、食品安全事故和恶性刑事案件，未发生重大有影响的群体性事件，为建设“强富美高”新玄武创造和谐稳定社会环境。

【社会稳定维护】 2016年，区委政法委(综治办)扎实开展反渗透、反分裂、反颠覆斗争，严密防范和严厉打击境内外敌对势力的渗透破坏活动，加强对政治敏感目标、重大经济目标、民生设施目标、人员密集场所和驻区高校的重点护卫，强化反恐实战演练，提高反恐处突能力，防止各类暴力事件发生。发挥专门机关职能作用和专群结合优势，推进国家安全人民防线建设，建立健全政治安全专项工作机制，按照“保核心、保要害”工作要求，加强涉稳情报信息综合收集和分析研判，密切掌控各类涉稳重点人基础信息和动向动态，强化管理、分化瓦解和教育转化。推进重点人员管控措施落到实处。全面推进社会稳定风险评估工作，建立健全不安定因素排查预警机制和社会稳定风险评估机制，对各类不安定因素实行滚动排查、动态跟踪。全区完成红山南路东延工程建设、青石街地块重点危旧房改造、藤子村剩余地块环境整治等35个项目的社会稳定风险评估工作。在稳评项目实施过程中，走访群众3000多人次，召开座谈会、专家论证会86场次，化解矛盾54件，解决实际问题101个，预防群体性事件10起，化解和钝化群体性事件2起。

【安全感调查测评机制建立】 2016年，区委政法委(综治办)建立群众安全感调查测评机制，邀请省社情民意调查中心，对各街道群众安全感建设情况开展专项调查活动，摸清居民群众的真实感受，以民意为导向，落实工作责任，采取针对性措施。建立案情分析研判通报制度，每季度对全区社会治安和社会稳定工作进行分析研判，重点将入室盗窃、非机动车盗窃、扒窃、电信诈骗等可防性案件进行分析研判，及时通报、落实整改。开展打击侵财性案件“百日专项整治行动”和治安重点地区排查整治工作，围绕侵财性案件多发、暂住人口密集、营运秩序混乱、“黄赌毒”等易发案部位，从群众反映强烈、社会普遍关注的治安热点问题入手，持续加强重点部位综合治理。积极实施人身和家庭财产保险，区财政投入100万元，为全区50万居民和14.5万家庭实施人身和财产保险，对见义勇为行为、家庭被偷盗财产以及自然灾害、居民意外伤害等实施赔付，增强居民幸福感满意度。广泛开展平安建设宣传活动，区委政法委(综治办)牵头7个街道及公安玄武分局、区检察院、区法院、区司法局、区委610办等职能部门，通过广场宣传、文艺会演、“走千家进万户”等形式，开展两轮全区范围内“政法综治宣传月”活动，制作发放20万份平安宣传袋、平安宣传品、致居民一封信等资料，同时，在新街口、珠江路、长江路等人员密集场所，利用室外电子显示屏滚动播放平安法治宣传标语。针对电话测评中群众反映影响安全感满意度方面的突出问题，在全区集中开展为期1个月进社区、进企业、进校园、进楼宇“四进”活动，取得良好效果。

【社会治安防控体系建设】 2016年，区委政法委(综治办)进一步整合治安资源，充分发挥信息员、治保会、治安巡逻队等群防群治组织作用，以每个社区50~80人核心力量为基准，建立全区35000人平安志愿者队伍，积极开展看楼护院、邻里守望、联户联防、平安小喇叭等多种形式群防群治活动。以每年21万元专项经费作保障，在全区7个街道人流量较大重点区域分别设置“平安志愿者守望岗”，动员组织社区低保户、治安积极分子、热心群众轮流参与街面治安防控工作。广泛发动保洁员、城管队员、停车场收费员、社区工作者，工作时间全部佩戴“红袖标”，不断扩大“红袖标”覆盖面，形成群防群治浓厚氛围。以培育社会组织方式，重点扶持锁五社区“金手杖巡逻队”、仙鹤门社区“平安卫士巡逻队”、成贤街社区“小喇叭巡逻队”等社会组织，开展老旧小区和校园周边治安巡逻，以及铁路、地铁站口附近群防群治工作。依托“府校联盟”平台，区委政法委(综治办)与南京理工大学社区合作治理研究中心协作，形成《玄武区无物业老旧小区治理状态调研报告》，为全区推广无物业小区治理工作提供重要参考依据。区委政法委（综治办）筹措100万元专项经费，经过广泛征求社区居民意见，因地制宜地推广普及单元防盗门、防爬刺、防盗锁芯等经济适用、防范效果好的物防设施建设工程，切实提高老旧小区自防能力，落实“社区物防设施建设到哪、平安宣传工作开展到哪”的工作要求。

【社会管理服务平台实战运用】2016年，区委政法委（综治办）按照“以人为本、服务为先、统筹资源、创新机制”要求，整合社会管理服务资源，理顺社会管理服务机制，实现资源整合、功能聚合、工作融合。强化对各类工作情况和信息的及时搜集、上报、研判和协调指挥，做到网格搜集信息、社区汇总上报、街道研究解决、区级横向协调，提升全区社会管理服务水平。构建以便民服务区、矛盾调处区和应急指挥区“三区合一”组织架构，通过整合区信访接待中心、区法律援助中心、区矛盾调解中心和区涉法涉诉接待中心，建立起“四心合一”社会矛盾调处机制。建立由区综治办、区维稳办、区联席办、区矛调办、区国安办共同参与、统一领导的“五办合一”维稳应急处置机制。充分利用和有效整合玄武区政务信息资源，安装运行南京综治工作信息平台，将全区“人、地、物、事、组织、场所”等网格管理要素全部纳入信息平台，实现市、区、街道、社区综治信息平台的联网运作，互联互通。及时为各街道社区和综治成员单位工作人员配置200部移动终端，开通综治微信工作群，区综治信息平台共录入有效信息和数据25.5万多条（个），进一步提升全区综治信息化建设水平。

【综治和平安建设责任制落实】2016年，区综治委制定印发《全区综治工作（平安建设）考核细则分解表》，进一步分解目标、落实责任，区综治五部门切实加大明察暗访工作力度，组织开展工作检查考核，及时通报存在问题和薄弱环节。加大区综治委各专项领导小组工作推进力度，发挥系列平安创建和挂钩联系街道牵头部门职能作用，全年平安社区、平安医院、平安家庭和平安铁路区等系列平安创建活动有效开展。区综治委成员单位结对帮扶街道、社区平安创建工作，帮助基层解决工作中实际问题。强化校园及周边治安综合治理，配齐112名校园专职保安，落实校园安保工作措施，全区所有中小学、幼儿园全部创成市级以上平安校园，创建成效名列全市前列，争创全省平安校园建设示范区。

【平安玄武建设】2016年，区委政法委（综治办）围绕“品质玄武”战略目标，各街道、各部门结合本地区、本部门实际，积极培育和打造平安建设特色亮点，努力形成平安玄武建设品牌百花齐放的良好局面。公安玄武分局探索建立的“玄微警”微信平台和区法院司法体制改革试点等经验做法，得到中央政法委研究室领导肯定。涌现出新街口街道新平安促进会、北门桥消防工作站、红山街道“尚大姐禁毒工作室”等一批在省市叫得响的平安建设特色品牌。全省消防工作现场会在北门桥社区召开，市委常委、政法委书记徐锦辉考察新平安促进会和“尚大姐禁毒工作室”予以肯定。8月11日，中央政法委秘书长汪永清一行在省委常委、政法委书记、省公安厅厅长王立科等陪同下，先后到区人民法院、人民检察院，调研司法体制改革等工作，并对区人民法院、人民检察院司法体制改革所取得的成果给予充分肯定。（谢　波）

·法治玄武建设·

【概况】2016年，法治玄武建设落实区委全面推进依法治区实施意见，坚持以法治理念凝聚改革共识、以法治规范引导发展行为、以法治手段促进社会和谐的理念，为建设“强富美高”新玄武营造公平正义、规范有序的法治环

8月11日，中央政法委秘书长汪永清到区人民法院考察指导工作

境。玄武区被市委、市政府表彰为法治南京建设先进区。

【依法治区】 推进政府职能转变和机构改革,完成区委、区人大、区政府工作机构优化调整。深化社会治理改革,在全市率先试点社会单位制定区属国企融资和资金调配管理暂行办法。坚持民主集中制原则,严格落实集体领导制度,出台加强"三重一大"事项决策和监管意见,提高区委常委会科学决策、民主决策、依法决策水平。编印《玄武区工作规范制度汇编》《"守纪律、讲规矩"党纪条规选编》,细化完善外出请假、出国(境)管理等制度规定,扎紧织密制度笼子。

【规范政务环境】 2016年,出台《关于在全区推行法律顾问制度和区属国有企业律师制度的实施意见》,落实《区政府重大行政行为备案暂行办法》《区政府合同管理办法》等管理规定。开展"国家级暨省级食品安全示范城区"创建,在进香河启动建设首家主城区农贸市场快检中心,社区食品安全科普宣传站覆盖率100%。针对全区网络交易投诉举报量庞大的客观现状,专门成立网络交易(电子商务)监管分局。

【司法改革】 2016年,区人民法院出台《司法体制改革试点实施方案》和9个配套文件,顺利完成首批42名员额法官遴选工作。区人民检察院以"探索出可复制、可借鉴的司法体制改革试点工作经验"为目标,全面启动新的检察权运行机制,完成首批28名员额检察官遴选工作,占比35%;推进刑事速裁试点工作,提起全国首起刑事速裁抗诉,维护法律的公平与权威,并在省政法委组织的刑事速裁工作评估会议上作经验介绍。

【法治宣传教育】 区委、区政府印发《关于在全区公民中开展法治宣传教育第七个五年规划》,召开区法治宣传教育工作会议。区委党校在街道干部轮训班、第13期中青年干部培训班中,开设法治专题课程。对拟提拔非人大任命的42名区管干部在公示期内进行任前法律知识考试,考试合格率100%。组织开展"我们的法治故事"微电影创作大赛,举办微电影大赛颁奖仪式,通过多种形式,讲述身边学法用法先进典型。全年开展"知法识礼、和谐共建"平安法治进社区和"中国梦·法治路·社区行"活动7场,举办玄武法治文化巡回讲坛14场。

【基层民主法治建设】 全面落实《中共玄武区委关于全面推进依法治区的实施意见》和5个专项规划。对全省法治建设197项工作指标逐条梳理,进行任务分解,核实任务清单,制作格式化专用U盘,交流工作任务。区基层民主法治建设协调指导办公室报送的"无物业小区居民自治路径探索"法治实践案例被评为第二批法治南京建设优秀实践案例。全区24个社区被命名为省级民主法治示范社区,省级创建率40.7%。 (杨学彬)

·依法行政·

【概况】 2016年,区法制办深入学习十八大四中、五中和六中全会精神,围绕区委、区政府重点工作,精心谋划、创新发展,政府法制工作取得明显成效,完成法治政府建设阶段性目标任务,为建设"强富美高"新玄武提供有力的法律服务和保障。

【政府依法行政】 2016年,区委、区政府《关于在全区推行法律顾问制度和区属国有企事业单位律师制度的实施意见》、区政府《关于做好依申请公开工作的会议纪要》、区法制办《外聘法律顾问服务导则》等文件。组织召开全区依法行政工作会议、全区重大行政行为备案情况通报会等,有序推进政府法制各项工作快速部署和落实。严格落实重大行政决策前专家评估、听证论证、合法性审查、集体研究决定等制度。依托区专家咨询委员会、行政执法监督员、行政复议委员会等工作平台,及时发现并纠正行政决策中可能存在的问题,努力减少决策失误。

【规范性文件管理】 坚持把规范性文件管理作为政府法制工作一项基础性工作抓紧、抓实。依据《玄武区规范性文件制定和报备办法》要求,2016年7月开始,由区法制办牵头对区政府4件现行规范性文件进行清理,根据有效期5年、试(暂)行类2年原则,参照各部门上报的清理意见,经过认真审核,按照"继续有效保留、修改、废止"三个层次进行分类,并提请区政府常务会议研究通过。清理结果为废止1件,保留3件。

【矛盾化解渠道拓展】 2016年,妥善处置各类行政争议案件,建立行政复议与信访、司法、法院有效衔接机制,形成化解行政争议工作合力,妥善处理一批历史遗留问题,维护社会稳定。区行政复议工作受到省、市法制办高度评价。全年受理28件向区政府申请的行政

3月21日，区政府复议委员会召开案件审议会

复议案件，召开4次行政复议案审会，结案23件，其中维持5件，确认违法或责令重新履职5件，移送2件，撤回5件，驳回3件，其他方式结案3件；办理信访复查件7件，全部在规定期限内予以答复；办理区政府被诉行政诉讼案件60件。机关大楼一楼新增两间97平方米办公用房，按上级主管部门要求分别作为行政复议接待、听证和法律顾问工作室使用。

【法律服务】 2016年，区法制办组织各科室业务骨干服务全区征收、拆违等重大项目，现场了解全区重大项目征收拆迁工作进度，主动对接重点建设征收项目，为区域经济社会发展提供技术支撑和法律服务。针对青石街、百子亭等征收项目所涉及的300余件行政复议与行政诉讼案件，严格依照法定职责和程序要求参与处置，发挥政府法律"智库"作用，为坚持依法行政，建设法治政府提供制度上的保障。对涉及社会经济发展和百姓民生的政府行政合同，依法依规提出审核意见，将惠及广大人民群众利益的工作项目真正做成民心工程，为区域经济社会发展贡献力量。

【专项督查与"两法衔接"工作】 2016年，多次组织行政执法监督员对区城管局、民政局等行政执法单位进行专项督查，实地了解检查玄武区贯彻执行《南京市城市治理条例》情况。邀请8名特邀行政执法监督员，共同参与行政执法案卷评查暨行政处罚案件"回头看"巡查等活动，对被查单位提出整改意见并要求限期整改，进一步提高行政执法能力与水平。推进"两法衔接"工作，编印《玄武区行政执法与刑事司法工作标准》，发放至各行政执法单位参照执行。召开全区行政执法机关"两法衔接"工作座谈会、联席会，对环境保护等执法过程中存在的难点问题进行探讨，交流类案经验。全年区行政执法部门向区法制办备案3件移送案件。

【行政执法队伍建设】 2016年，开展《行政执法案卷档案管理规范》培训。为规范行政执法案件档案管理，提高行政执法档案管理质量，会同区档案局举办"玄武区行政执法案卷档案管理规范"培训会，全区23个行政执法机关执法骨干56人参加培训。10月，区政府法制办组织工作业务骨干赴海门市、泗阳县法制办等全省法制工作典型单位进行短期实地考察学习。通过外出学习拓宽工作思路，进一步提高业务人员的综合法律素养。为全面落实行政执法人员持证上岗和资格管理制度，严格管理行政执法队伍，规范行政执法行为，12月17日下午，区法制办组织全区行政执法人员进行三年一度行政执法证件换证培训。全区800多名行政执法人员参加培训。邀请东南大学法学院硕士生导师、北京大成（南京）律师事务所执行主任、区政府法律顾问李晨律师就依法行政专题进行辅导讲解。市政府法制办公室综合处处长王兰就行政执法人员参加考试事宜进行指导。

【行政执法案卷评查】 2016年，为进一步促进行政执法规范化建设，提高全区依法行政能力和水平，依照《南京市行政执法监督办法》规定，区法制办组织开展2016年度行政执法案卷评查工作。评查小组由区法制办、财政局、档案局以及区行政执法单位业务骨干等人组成。为客观公正地反映出全区行政执法的真实水平，邀请部分区行政执法监督员、区法律咨询委员等法律专业人员参加案卷评查，采取各单位报送与随机抽查相结合的方式，评查案卷60卷，其中行政许可类案卷28件、行政处罚类案卷17件、其他行政执法类案卷15件。评查内容范围包括执法主体是否适当；执法方式、程序、时限以及事实依据、适用法律法规、执行自由裁量权基准是否准确；文书制作、卷宗装订是否符合要求及罚缴分离执行情况等方面。通过交叉互评方式，区各行政执法单位业务骨干积极沟通与交流，对每一案卷逐卷列出存在的问题和瑕疵，对执法工作中的难点和热点问题进行探讨，提高责任意识和行政执法办案能力。

【重大行政处罚备案审查】 各行政执法部门建立健全并严格落实重大行政处罚案件集体讨论决定等制度，进一步规范自由裁量权行使。在纸质文书备案审查基础上，充分利用重大行政处罚网上备案登记系统，对全区所有行政处罚案件进行网上报备，实施全方位立体监控。全年备案重大行政处罚案件6件，优良率达100%。

【法律顾问制度建设交流座谈会】 8月11日上午，市法制办在玄武区政府大楼1726会议室召开全市法律顾问制度建设交流座谈会，对各区政府以及部门全面推行法律顾问制度提出新要求。玄武、鼓楼、栖霞、雨花台、浦口、江宁等区法制办负责人参加。区法制办主任郭镰围绕近年来玄武区从立足于“法律咨询委员会”“法律顾问委员会”和“行政执法监督员”三个平台建设，全面深入推进全区法律顾问制度建设，不断健全完善法律顾问的管理、考核等方面的相关工作情况进行汇报。与会人员就各自法律顾问制度工作开展情况进行探讨交流，提出思路举措。市法制办要求各区充分认识建立法律顾问制度的重要意义，法律顾问担负着为党委、政府依法、科学、民主决策提供参谋服务的重要职责。把法律顾问工作落到实处，不断提高依法行政能力和水平，制定并落实好法律顾问工作制度，规范工作程序与细节，为法律顾问依法履行职责创造条件、提供保障。市、区政府法制机构要共同发挥好法律顾问的参谋助手和智囊团作用，为深入推进依法行政，建设法治政府做出应有贡献。（曹丽娟）

·公　安·

【概况】 2016年，公安玄武分局围绕公安部“四项建设”部署和省厅“一体两翼”布局，坚持改革创新与规范精细化管理两条主线交汇融合，队伍建设和业务工作呈现高速发展态势，继续保持在市公安局绩效考核总成绩第一、分县局机关作风评议第一、全区行风评议第一优异成绩。在2016年全市开展的打击扒窃犯罪、社会信息采集等专项行动会战中，分局均获得第一名。年内，分局被市委市政府授予南京市作风建设标兵处室荣誉称号，被市公安局推荐为全国优秀公安分局候选单位；因省市党代会安保等工作成绩突出，市局为分局向省公安厅申报集体二等功。分局有15个集体和148人次获部、省、市表彰，信访接待室被评为“全国公安信访窗口示范单位”，梅园新村派出所荣立集体二等功，“群众最喜爱的人民警察”、一等功臣李克俭等重大先进典型。

【情报、侦察、防范、处置体系构建】 2016年，公安玄武分局坚持以风险防范为重点，树立侦查思维，突出高效处置，全力构建集情报、侦察、防范、处置于一体反恐维稳体系，狠抓人力情报资源建设、重大事件研判预警、重点人员动态管控、现场快速反应以及群体瓦解、依法打击等措施，创新研发警戒围挡、旗语、头盔摄像仪等装备，提升现场处置能力，在省市“两会”等重大安保任务以及处置e租宝、高考减招等大规模群体性活动中发挥积极作用。对特勤开展交通管理技能培训，参与重点交通部位早晚交通高峰疏堵，配合全市三年交通整治等重点工作，发挥地区义务消防员、市容联动员等作用。以源头治理助推化解稳控，深入推进社会稳定风险评估，对不稳定事端化解稳控率92.9%，34名调解员实行弹性工作制和24小时值班制，全年调解各类纠纷5800件次，同比上升23.6%，调解成功率95%。

【打击犯罪】 2016年，公安玄武分局以合成作战为抓手，以打击街面侵财犯罪专业队为载体，以打击“盗抢骗”、移动通讯网络新型违法犯罪、涉众型经济犯罪及扫毒“安宁”等专项行动为龙头，打击街面犯罪和处理民生案件，提高破案打处质效。全年破获各类刑事案件1403起，公诉1004人，公诉总数连续两年以40%增幅上升，侵财类公诉数同比上升45.28%，抓获逃犯141人，八类案件破案率100%，未发生现行命案；成功侦破“2·14”特大跨省贩毒案、“7·18”公安部督办涉枪涉毒案、“1997.8.16”抢劫杀人案积案等一批有影响案件，摧毁盗转中石化加油卡、伪基站诈骗、新疆江苏跨省盗销手机等多个团伙；破获非法集资案件18起，辗转泰国成功抓获南京玄祥时韵商贸有限公司非法集资主犯孙某某，也是新中国成立以来南京警方从境外抓获红色通缉令逃犯第一案。

【警务基础工作】 2016年，创新巡防勤务模式，4个警务站全面投入运行，97名民警、700余名特勤24小时屯兵街面，累计接处警5.8万起，接警率66.7%，自处率95%，累计打处130余人，全区侵财类警情下降18.5%，侵财性刑事发案下降超过30%。开展机关下基层、警情分流处置、派出所"警组一体化""公调对接"及重点派出所"公调对接"向夜间延伸等工作机制和运转模式，为派出所减压减负，使派出所进一步夯实社区警务、信息采集等基础工作，提高服务管理和巡逻防范质效。深化监控外延工程，从联网自建、社会单位外延、互联网萤石云入网、老旧小区摄录一体机、治安复杂区域微网卡口等5个层级新建安装各类监控摄像机1.3万个。加大图侦专业队伍建设，有效提升案件图像采集串并率，成为破案打击最大增长点。

【警务服务】 全年，通过"玄微警"办理网上户籍2.8万件次，办理居住证2.7万件次，旅馆住宿身份核验9万件次，网上审批大型活动1000余次。新增2个户口(交管)服务点、4个车管业务办理服务点，群众在家门口能办成事。开展基础信息采集会战，创建"互联网+关注单位管理"新平台，将全区2.3万家单位纳入平台管理，推进社会治理社会化、智能化。作为全市一体化建设试点单位，分局探索社区治理一体化运作新机制，依托微警务企业号初步实现社区网格职责任务考核一体化、信息采集申报审批一体化。在全面规范标准地址基础上，将普通地址标牌叠加二维码，引入"互联网+"，建立信息化管理服务端口，打开智慧城市入口。 （庞　晓）

【交通管理】 2016年，完成G20峰会、"12·13"、南京马拉松等大型活动交通安保任务。完善市局机关、派出所承包20个高峰岗、80名志愿者参与交通执勤机制，路面警力高峰时段达到120余人，平峰时段达到70余人。全年共发生上报交通事故18起，致10人死亡、10人受伤，事故起数、受伤人数分别同比下降35.71%、44.44%，死亡人数持平。依托"微警务"全面提供事故快处、缴纳罚款等16项服务，2人被评为石城警星。大队民警积极参与支队首届警体运动会，并获市局甲组团体第一，金盾管乐团获"中国管乐发展突出贡献奖"。

11月28日，玄武公安分局系列二维码地址标牌安装启动仪式在玄东科技园举行。图为现场试用二维码查找相关信息

全年现场处罚各类交通违法行为164483起，其中行人3851起，非机动车41661起，机动车118971起；查处酒后560起，其中饮酒377起，醉酒171起，酒后拘留12起；查处渣土车违法729起；机动车违停现场处罚1301起，非现场处罚68214起，监控抓拍43617起；查处机动车不按规定使用号牌101起；查处违鸣1837起；查处不系安全带42起；查处违法变道319起；处罚货车闯禁区708起；取缔不礼让斑马线566起；查处不按规定使用灯光821起；查处开车打手机156起；处罚非机动车违法行为41015起，查处三轮车412起，查处残疾车违法81起，查处助力车违法153起，其他违章321起。

开展交通管理基础信息采集会战，建立上下联动、内外协作机制和常态更新完善机制，将重型自卸货车、混凝土搅拌车、重型罐式货车、五小工程车及环卫车等5类车辆纳入源头监管，累计排查"两客一危"企业87家、车辆1253辆，渣土运输企业2家、渣土车90辆，整改隐患车辆320辆、问题驾驶人30人，督促253辆车年检，7辆车报废。

完善缉查布控体系。配合支队指挥中心利用情报信息系统，海量研判高危车辆行驶的轨迹特征，查获假牌套牌、过检等高危车辆326辆，使"隐性违法"无处藏身。针对汛期银城东苑河流倒灌、城市内涝等险情，视情开展管制分流，积极协调抽排积水，同时对"e租宝"、高考减招等群体性事件强化交通应急处置，有效保障交通治安形势平稳。改进交通设施，落实精细管理。细化梳理交通设施排查工作要求和具体整改问题，复划非机动车停车线、增设非机动车右转专用道，累计整改标志标线类问题420处、交通信号灯类问题1058处、隔离护栏类问题281处；配合支队进一步优化交通信号配时管理，将主要路口信号配时划分为早间过渡、早高峰、早间平峰等9个时段，重点主要交叉口夜间时段信号参数进行优化调整，有效解决夜间信号配时不合理、车辆空等空待现象。

开展“122交通安全宣传日”“安全生产月”等主题活动，播发稿件450篇次；在全市交通秩序治理三年行动中坚持“宣传先行、人人皆知”，在主要路口、路段悬挂横幅8条，摆放图文并茂的宣传展板8块，发放宣传彩页200份、车贴400张；举办文明交通服务行主题活动、“文明交通进校园”和暑期训练营等活动，编辑制作微电影2部，有效提升文明交通共识。

配合做好市局机关、派出所民警支援高峰执勤工作，每天组织54名市公安局机关和派出所民警，30余名平安志愿者、16名文明交通志愿者以及32名机关工作人员，开展上路执勤和文明劝导，有效提升管控合力，遏制交通违法。

坚持民意导向，补足发展短板。开展“防风险补短板抓规范提能力转作风”集中攻坚行动，加强民意110监测结果应用反馈，通报接处警满意度，分析整改不满意事项，接处警满意率逐月增长；加强“12345”热线办理，月均受理280余件，按时办结率达99%，综合满意率达88%。（黄晶晶）

链接

二维码电子路、门牌助力智慧城市发展

2016年11月28日上午，玄武区系列二维码地址标牌安装启动仪式在玄东科技园举行。区委副书记、代区长穆耕林，市公安局党委委员、副局长、市维稳办主任胡士宁，区委常委、政法委书记许恺，市公安局人口支队支队长殷志强，公安玄武分局局长冯甦、政委卢伟共同为“珠江路680号玄东科技园”二维码门牌揭牌，标志着这种新型路、门牌在玄武区全面推开，助力智慧城市发展，在全国尚属首创。2016年10月开始，公安玄武分局率先在珠江路、长江路部分居民小区和商务楼试点二维码电子门牌。通过扫描门牌上的二维码，居民不仅能看到社区民警姓名和联系方式，还能在线办理居住证等业务。11月，公安玄武分局在长江路历史文化休闲街区进行二维码电子门牌试点，居民扫描电子路门牌上二维码，可以了解此处的基本信息，同时享受更多增值服务。

开南京警方“红色通缉令”抓捕先河

2016年4月以来，为将一起涉案金额10亿元非法吸收公众存款案件主要犯罪嫌疑人孙某某抓获归案，市公安局经侦支队会同公安玄武分局成立专案组，通过细致工作掌握孙某某潜逃泰国的线索。7月29日，在公安部、省公安厅统一领导下，专案组赴泰国开展抓捕工作。8月4日，在泰国警方协助下，专案组终于将犯罪嫌疑人孙某某抓获。8月11日，孙某某被平安押解回国。此案首开南京警方从境外抓获“红色通缉令”逃犯的先河，得到省公安厅、市公安局领导充分肯定。2016年8月，省公安厅“猎狐行动”领导小组办公室向市公安局发来贺电，对专案组成功从泰国将涉嫌特大经济犯罪“红色通缉令”逃犯孙某某抓获归案表示祝贺，向全体参战民警表示慰问。

李克俭获南京市第三届“群众最喜爱的人民警察”称号

“群众最喜爱的人民警察”评选活动，是南京市公安局在全市开展的评优活动。经过基层推荐、审核考察、网络投票等多个环节的评比，2016年，公安玄武分局人口管理大队二级警长李克俭高票当选第三届“群众最喜爱的人民警察”。5年来，李克俭立足岗位兢兢业业，解决3000余个户口难题，审阅5.4万余件户籍资料，推出30余套户籍办理模板，参与研发微信网上办理户政业务项目，在全省乃至全国人口管理部门引起轰动，受到广泛好评。2016年3月，李克俭依托“玄微警”平台开设“李克俭户籍工作室”，全时空受理群众户籍业务咨询，并承诺24小时内给予满意回复，为群众解决特殊疑难户口等问题提供极大便利，展示人民警察一心为民的公仆情怀和优良作风。

（庞　晓）

·检　察·

【概况】 2016年，区人民检察院围绕“四个全面”战略部署，贯彻落实新时期检察工作新要求，推进司法体制改革试点工作，履行检察职能，各项工作有序开展。依法履行批捕、起诉职能，受理审查逮捕案件367件614人，批准逮捕317件516人；审查起诉案件837件1191人，提起公诉787件1126人。受理非法捕捞水产品案件38件93人；受理非法出售珍贵、濒危野生动物、制品案件，非法狩猎案件等6件12人。保持惩治腐败高压态势，

受理并分流举报线索12件，立案7件9人。突出监督特性，督促公安机关立案3人，纠正漏捕4人，纠正漏诉1人，向公安机关提出纠正意见11件次；开展刑拘未报捕案件专项检查活动，查阅案卷247件、发现线索15件。加强审判活动监督，依法提出纠正意见3次，提出刑事抗诉案件2件。加强刑事执行监督，办理羁押必要性审查案件15件，提出检察建议18份；开展集中清理判处实刑罪犯未交付执行等专项检察活动，依法对27人收监执行，落实拘役服刑人员回家探视权11人次。加强民事行政诉讼监督，提出再审检察建议1件、审判程序违法检察建议2件、发出执行监督检察建议4件、提出督促行政机关履职检察建议7件。引导涉法涉诉信访案件当事人依法表达诉求，接待来访520人次，妥善处理集体访9件、告急访4件、闹访5件、重复访8件，办理刑事申诉案件4件。坚持从严治检，打造过硬队伍，1名干警获“第四届全国检察机关侦查监督业务标兵”。大力推进科技强检，自主研发“检察网远程温度自动检测报警系统”获全国检察机关信息化应用一等奖及最佳创意奖，并在全省检察机关推广运用。106名干警获区以上表彰奖励，区人民检察院获省“文明单位”荣誉称号。

【服务供给侧改革】 2016年，加强对非公经济保护，出台《关于服务和保障非公有制企业发展的若干意见》，慎重处理科技创新中的新情况新问题，依法保护市场主体的活力及收益。结合辖区特点，以知识产权保护为切入点，严肃打击各种侵权行为，牵头举办辖区电子商务企业代表座谈会；结合“世界知识产权保护日”，组织企业、高校、机关单位开展知识产权情景剧大赛，以更加生动、活泼的方式帮助企业普及法律知识，提高侵权“免疫力”。针对重点企业提供精准化定制服务，以检察工作站为载体，派员驻点办公，定期提供司法上门服务、跟踪服务，对司法办案中发现的问题、交流摸排中出现的盲点，结合企业制度设置、监管措施重点研究，提出检察建议，得到辖区企业的肯定。

【职务犯罪预防】 2016年，深化侦防一体化机制建设，深入剖析职务犯罪嫌疑人犯罪轨迹、发案原因，加大对民生领域和国有资产等重点领域腐败犯罪的预防工作，以年度报告、专题报告、检察建议等形式，为党委政府决策提供参考。开展系统预防，加强与重点行业和部门的联系，与辖区学校、企业签订“检校共建”“检企共建”协议。年内，检察长、分管副检察长牵头赴高校、医院、建设工地、社区开展预防职务犯罪预防宣传20余次，警示教育8次，受宣人员近2000人。开展“预防职务犯罪邮路”活动，通过“绷紧反腐弦、廉‘接’你我他”的专项投递活动，向全区500多名人大代表、政协委员、人民监督员发出节日慰问信。不断拓宽宣传渠道，将《一双手的自白》《检爱》等职务犯罪预防短片“搬上”地铁、公交、楼宇电视，进一步扩大预防受众范围。

【参与社会治理】 2016年，整合全院资源，选派28名干警为社区检察官，实行驻点或巡回方式，定期开展送法进社区等活动，实现延伸触角一体化工作格局。全年开展送法进社区22场次，收集群众意见和建议30余条，联合初查职务犯罪线索1件，配合逮捕必要性审查1件；结合办案，就无证微整形、非法集资等犯罪活动进行专题宣传，联合开展“平安玄武、法治玄武”宣传月活动。整治社会治理中的突出问题，针对辖区80岁以上老人“尊老金”发放工作中存在的问题，提出检察建议并被采纳。护卫青少年健康成长，妥善处理广受媒体关注的江西女童“婷婷”遗弃案，避免舆情发生。加大国家司法救助工作力度，全年办理救助案件5件，救助金额35000元。协助做好154名社区矫正对象的帮教工作，发出社矫建议书2份。

7月8日，区人民检察院召开服务保障非公经济发展座谈会

【司法体制改革试点】 以“探索出可复制、可借鉴的司法体制改革试点工作经验”为目标，全面启动新的检察权运行机制。按照精简、统一、效能原则，将16个内设科室整合为6部1局1室；实行人员分类管理，遴选产生28名员额检察官。按照“谁办案谁决定、谁决定谁负责”原则，调整细化检察官职权清单，厘清权责，并对接检察机关统一业务软件系统。加强对员额检察官的监督和考评，重点做好分管检察长、部门负责人直接参与办案工作。坚持问题导向推进改革，通过招录聘用制书记员，创造性实施“特别授权”等措施，解决速录员配比不足、案多人少等矛盾。具有“玄武特色”的司法改革，得到全国政协副主席齐续春、中政委秘书长汪永清和上级检察院领导充分肯定。

【刑事诉讼制度改革】 2016年，加强审前把关，充分发挥诉前主导、审前过滤的重要功能，防止案件“带病”进入审判程序。完善补充侦查制度，对事实不清、证据不足的案件坚决退回补充侦查。加强侦查引导及非法证据排除，提前介入案件，排除非法证据。完善不起诉制度，对经退查仍无法查实的案件坚决作存疑不起诉。推进刑事速裁试点工作，在拓宽罪名、简政放权、简化流程、保障权益、维护公平等各方面取得突破，针对速裁案件部分嫌疑人签署具结书后又反悔上诉情况提起全市首例速裁抗诉，得到市政法委和上级检察院的肯定。全年适用刑事速裁程序提起公诉人数占同期起诉人数32.47%，平均审查起诉周期缩短为2.98天。建立繁简分流机制，建议法院适用简易程序256件，提升诉讼效率，有效节约司法资源。

【检务公开】 2016年，全面深化以案件公开为主的检务公开，实现信息多载体、多层面同步发布，公开法律文书505份，发布重要案件信息46条，公开案件程序性信息674条，提供行贿档案查询共计3274次。专题策划未检30年微信微博系列栏目，实时发布“天翼杯”知识产权情景剧大赛、“鸟王”批捕听证会，保障人民群众知情权与监督权。扩大代表委员联络工作，邀请人大代表、政协委员、人民监督员考察检察工作，在各民主党派、工商联及无党派人士中聘请10人为特约检察员，参与案件公开听证。定期举办“检察开放月”“举报宣传周”活动，邀请普通群众走进检察机关，倾听群众呼声，回应群众期待。加强检律良性互动，依法保障律师会见职务犯罪案件当事人，在各诉讼环节认真听取律师意见。

【规范执法行为提高执法公信力】 2016年，构建与新的检察权运行相匹配内部监督制约体系，建立司法不规范问题预警、通报、纠正、惩戒机制，执行并修改完善考核评价、监督制约以及责任追究等7个规范性文件，使规范司法行为成为干警职业习惯。建立统一受案、全程管理、动态监督、定期评查、综合考评的案件管理监督机制，全年开展案件质量评查4次，抽查案件411件，实现案件办理全程留痕、动态监控、实时反馈。突出加强对职务犯罪侦查工作的监督，就指定居所监视居住、涉案财物管理等开展专项检查，对逮捕职务犯罪嫌疑人一律报市人民检察院审查决定，杜绝损害当事人权益行为的发生，提高检察机关的执法公信力。（汪倩倩）

·法　　院·

【概况】 2016年，区人民法院围绕“努力让人民群众在每一个司法案件中感受到公平正义”的目标，坚持司法为民、公正司法工作主线，忠实履行宪法和法律赋予的职责，在执法办案、司法改革、服务大局、信息化建设、队伍建设等方面，取得新进展。新收各类案件11867件，同比上升8.36%；结案11145件，同比上升0.93%；结收案比为93.92%，诉讼案件结案标的总额26.3亿元。区人民法院被批准继续保留江苏省文明单位称号，因推进司法改革试点工作成绩突出被省法院记专项集体三等功，被市委市政府授予2013~2015年度市级文明单位称号，党总支再次荣获先进基层党组织称号，被玄武区法治宣传教育领导小组评为“2011~2015年普法工作先进集体”称号。

【刑事审判】 坚持宽严相济刑事政策，坚持打击、保护与预防并重。新收刑事案件783件，同比上升29.21%，审结792件。加强对涉众型经济犯罪的刑罚处罚，审结非法吸收公众存款、集资诈骗案件12件30人。提升环境资源“三审合一”案件的刑事打击力度，细化入罪与量刑标准，审结非法捕捞水产品犯罪案件51件、非法出售珍贵、濒危野生动物制品犯罪案件8件。扎实推进刑事速裁程序改革，适用速裁程序审结249件，仅1起案件被告人上诉，缓刑适用率71%。

【民商事审判】 依法保护民事权利，明确判定民事义务，弘扬中华民族传统美德、社会公德和社会主义核心价值观。新收民商事案件7752件,审结7396件。依法妥善审理民间借贷案件,正确区分和处置刑民交叉问题,依法打击高利贷行为,新收民间借贷案件960件,同比上升7.74%。有效应对增速放缓、结构调整、动力转换引发的矛盾纠纷,依法保障供给侧结构性改革。办理网约车对传统出租车行业产生冲击的46名出租车司机群体性诉出租车公司案。有效发挥清算与破产审判功能,审结破产、强制清算案件5件,确保僵尸企业有序退出。

【行政执法维护】 自2016年4月1日铁路法院集中管辖全市行政诉讼案件以来,区人民法院积极做好行政诉讼案件审理扫尾及配合衔接工作,为南京市跨行政区划法院改革奠定基础。严格非诉行政执行案件审查程序和标准,维护行政执法权威。审查行政机关申请法院强制执行案件35件,其中准予并强制执行28件。加大协调、裁决力度,圆满完成对青石街地区重点危旧房改造项目的审查、裁决和执行工作。

【审判执行】 2016年,贯彻落实最高人民法院、省人民法院关于"用两到三年时间基本解决执行难问题"的要求,突出执行工作强制性,全力推进信息化、规范化建设,保障胜诉当事人及时实现权益,执行工作实现良性循环。执结民事执行案件2466件,执结率73.55%,执行标的到位率90.34%。司法网拍上传拍品188件,成交126件,为当事人节省佣金780万元。加强失信惩戒,已录入失信被执行人名单5534人次。在多方协调配合下圆满执结德基广场项目跨17年之久拆迁信访案件。

6月6日,跨17年之久拆迁信访案件执结

【司法责任制改革】 2016年,以审判权为核心,完善办案工作机制,落实"让审理者裁判";以权责统一为原则,完善办案责任制,落实"由裁判者负责";以审判管理监督权为保障,完善审判权监督机制,落实"用权受监督"。2016年直接由独任法官、合议庭裁判案件占审结案件数99.31%,因法律适用等问题提交审委会讨论的案件仅占0.69%。推进院、庭长办案制度,改革以来,占审判人员数量47.14%的院、庭长审结案件10376件,占全院同期结案数47.94%。

【人员分类管理改革】 2016年,根据省人民法院统一部署,按照严格的考试、考核和考评程序,42名具有较高法律素养、较丰富审判工作经验和较强履职能力的审判员、助理审判员遴选进入员额法官序列。组织开展执行人员转任司法警察工作,完成3名执行人员的转警以及3名不在警务及执行岗位的兼职司法警察的退警工作。加大法官助理招录选调及书记员定岗考核工作,确保司法辅助人员力量。推进审判团队建设,通过分工配合,实现团队效能最大化。8月11日,中央政法委秘书长汪永清一行到区法院看察指导工作。

【刑事速裁与小额诉讼工作】 2016年,区人民法院审理刑事速裁案件292件,占全部刑事案件39.3%,结案292件,平均自然审理天数2.53天;受理民事小额诉讼案件1053件,占全部民事案件的13.58%,结案1035件,调解撤诉率88.79%,判决结案的案件中仅有2件申请再审,平均审理自然天数44天,有效发挥提高效率、降低成本、减少讼累预期效果。

【司法便民惠民】 2016年,推进立案登记制改革,依法有案必立、有诉必理,当场立案率99.5%。加快推进诉讼服务中心系统化、信息化、标准化、社会化建设,科学利用信息技术手段,完善案件流程信息、诉讼电子档案等数据库,实现诉讼服务操作流程标准化。充分发挥公益律师诉讼服务作用,完善立案登记、诉讼服务、信访接待。加强"网上便民法院"建设,强化网上立案、网上缴费、网上送达、网上预约、网上证据交换等模块功能,2350人通过电脑、手机进行网上立案、网上证据交换等诉讼活动，其中网上立案2150件，成功率91.49%。为刑事被害人、困难申请执行人发放司法救助金10万元。

【参与社会管理】 锁金村法庭被南京市人大常委会确定为基层立法联系点后，先后参与《南京市见义勇为人员奖励和保护条例》《南京市物业管理条例》等多部地方性法规的讨论和制定。聚焦社会问题和现象提出立法建议，区人民法院院长周迅作为市十五届人大代表建议制定的《南京市未成年人保护条例》已于2016年5月1日正式实施。举办幸福家庭讲堂，帮助婚姻家庭案件当事人走出婚姻危机，构建和谐稳定的家庭关系。助力平安玄武建设，积极参与“平安玄武、法治玄武”宣传月活动、玄武法治文化巡回讲坛、“知法识礼和谐共建——平安法治进社区”大型广场活动。组织选派资深法官，走进社区、学校、企业和园区，开展巡回审判和法律讲座，增强群众法治观念。开展党员与社区结对共建活动，为社区群众和相关组织提供法律帮助和其他帮助。

【司法公开】 充分运用信息技术全面拓展司法公开的广度和深度，重点建设审判流程、庭审、执行信息和裁判文书四大公开平台，让司法权在阳光下运行。积极开展“万名群众进法院”及网络邀请群众旁听庭审活动，促进社会对法院工作的了解。整合“两微一网”全媒体新宣平台，提升司法公开的广泛度和影响力。通过网络直播庭审256档，邀请1万余名群众旁听庭审，互联网公布裁判文书5558篇。组织召开新闻发布会4次，发布微博241条，推送微信23条。

【接受监督】 增强接受监督意识，健全机制，落实措施，推进监督联络工作常态化。2016年区人大常委会专门听取关于刑事审判工作情况的汇报，对区人民法院充分发挥刑事审判职能作用，保障群众合法权益、维护区域社会和谐稳定给予充分肯定，同时就适应司法体制机制改革要求，开展刑事审判工作创新等方面提出了建设性意见。走访代表51人次，邀请代表考察座谈法院工作188人次，邀请代表评查文书、旁听庭审、监督执行25件。邀请政协委员开展调研座谈20人次，旁听评议及跟踪监督案件23人次。

2016年各类案件收结案情况

单位：件

	2015年旧存	新收案件	已结案件	未结案件	结收案比(%)
刑事案件	54	783	792	45	101.15
民商事案件	1772	7752	7358	2166	94.92
行政诉讼、行政非诉审查及执行案件	46	444	460	30	103.6
民商事执行案件	425	2823	2466	782	87.35
申诉复查、再审、监外执行案件	20	64	68	16	106.25
其他案件	0	1	1	0	100

（邵小波）

·司法行政·

【概况】 2016年，区司法局坚持法治引领，强化为民服务，深入开展进位争先，为经济社会发展和社会和谐稳定提供有力法治保障。全年举办法治广场咨询活动30余场，接待咨询2000余人，发放宣传手册及纪念品10000余份。全区7个街道、38个机关部门均聘请法律顾问，有效提升依法行政、依法办事意识和能力。推进普遍建立法律顾问制度落实，公证处办理各类公证1133件，其中国内公证768件，涉外公证365件。全区在册社区服刑人员135人，在矫秩序良好。19家律师事务所179名执业律师办理案件1713件，担任法律顾问395家，业务收入4366.61万元。各级调解组织共组织纠纷排查346次，直接调解矛盾纠纷7209件，调解成功7169件，成功率99.45%。

【法治宣传教育】 2016年，坚持举办区委中心组(扩大)学习会，先后邀请知名律师及国防专家作专题辅导报告，组织42名区管干部任前法律知识考试。严格落实“谁执法谁普法”责任制，按照普法责任清单和时序进度，实行目标化管理、项目化推进。联合区机关工会举办“玄武法治讲坛”进机关活动，与区委政法委等多家单位联合，在全区7个街道开展平安法治进社区宣传活动。开展青少年法治教育，在红山小学开展安全教育主题讲座。在民工比较集中的孝陵卫农贸市场，开展以“崇德尚法，圆梦人生”为主题法治宣传活动，引导广大外来务工人员增强法治意识。

【“七五”普法启动】 3月，坚持早谋划早准备，开展“七五”普法规划编制工作。为使“七五”普法规划更加科学完善，在多次征求区领导、有关单位和专家学者意见建议基础上，结合玄武区打造法治政府需求和驻军单位较多的实际，增加公务员为重点普法对象，把普法进军营列入“法律六进”内容，充分体现玄武特色。规划先后通过区政府常务会、区人大常委会和区委常委会审议。6月，区人大颁发《开展第七个五年法治宣传教育的决议》；9月，区委区政府印发《关于在全区公民中开展法治宣传教育第七个五年规划》；10月，召开区法治宣传教育工作会议，对全区法治宣传工作进行总结部署，明确“十三五”时期全区法治宣传教育工作指导思想、主要任务和工作目标，标志着全区“七五”普法工作全面启动。

【法治文化建设】 2016年，坚持举办法治巡回讲堂、广场法治咨询等，深入推进“法律六进”。先后组织开展宪法进万家专题宣传、农民工学法活动周和预防通讯网络诈骗专题法治宣传教育等活动。3月，集中开展“法润南京·2016春风行动”法律服务进社区专项活动，全区16家律师事务所、138名律师统一行动，深入结对社区，开展为社区居民义务提供专业法律服务。开展民主法治社区创建活动，完成太平门、红山公园和康定里社区3家省级民主法治社区创建工作。投资7万元，自创、自编、自演1部以社区矫正为主题的法治微电影，加大司法行政工作宣传力度。

【法律服务业规范管理】 开展律师行业规范化和诚信建设提升年活动，落实2016年国家新出台相关管理规定，对新设立律师事务所实行准入制，对2家新办所合伙人诚信档案和场所建设进行审查把关，确保源头管控。协调组织区政法委书记到律师事务所开展调研活动，研究探讨促进玄武区法律服务业发展具体措施。对区属各律师事务所进行分类指导，严密开展示范化律师事务所建设达标评比活动，李安祥律师事务所被评为2015年度市级规范化建设示范所。针对新开办和年审中存在不足的律师事务所和法律服务所，加强指导帮带，指定专人负责定期上门检查指导，明确存在问题整改时限，确保按要求落实到位。

【法律服务信用体系建设】 2016年，指导各律师事务所建立信用体系配套制度，完善律师诚信档案，全面推行法律服务业公示制度，对各所执业人员、服务指南、收费标准、监督举报电话、个人信誉记录等内容的公示情况进行巡查抽查，定期通过网络平台对律师事务所诚信情况进行检查，推进律师管理精细化、信息化水平。加大投诉处理力度，先后妥善处理4起针对律师和基层法律服务工作者的投诉案件，特别是1起涉及38人群体性退费投诉案件，全局高度重视，通过细致深入工作，促使双方调解达成退费协议，及时防止事态激化。

【公共法律服务体系建设】 扩大区公共法律服务中心辐射效应，在每个街道设置法律服务接待窗口，在每个社区推进司法行政服务站建设，以区公共法律服务中心为龙头、7个司法所为支撑、59个社区服务站为基础三级公共法律服务体系逐步完善。组织律师进社区，每周安排1名律师或法律工作者到服务站坐班接待，或通过网络进行远程服务，实现司法行政服务群众零距离。

【公证处法律服务】 为政府中心工作和经济建设服务，在省、市、区重点工程、老城改造和信访等工作中担当重要角色。先后为青石街项目、南京肿瘤医院改造项目等提供现场公证法律服务，为百子亭、沧波门等拆迁项目完成9户强拆物品清点工作；参与区信访局积案化解工作，有效化解矛盾纠纷；主动介入南京市公车改革取消车辆拍卖活动，为其提供严谨、细致、规范的现场监督公证，使公车拍卖活动顺利、合法、有效进行。

【法律援助】 2016年，探索建立城乡低保等困难群体法律援助普惠制，法律援助覆盖人群拓展至低收入群体，按照不低于最低生活保障标准2倍的新规定，将援助门槛降低至家庭人均收入1500元，完善刑事法律援助衔接，加强看守所及法院援助站建设，规范被羁押人员法律援助申请；试点开展对不服生效判决裁定的申诉法律援助，努力保障申诉人权利；加强与区劳动仲裁委及区公检法合作，深挖援助案源，不断扩大援助范围。截至12

月法律援助中心已办理法律援助案件737件，超额完成任务40%。全面落实省两办《关于完善法律援助制度的实施意见》，对援助律师团成员在扩大范围、提高质量以及提升保障能力等方面进行系统培训，明确办案实体和程序、文书制作以及质量标准等要求，强化办案实体程序规范检查，及时对受援人进行回访和评估，主动加强与民政、残联、社保信息沟通对接，建立受援对象信息库，对信息库成员开启“绿灯一条龙”服务。

《南京市未成年人保护条例》正式实施后，区司法局与南京新闻广播台联合开展宣传活动，向广大市民介绍玄武区法律援助中心对未成年人的帮扶措施，现场解读条例有关内容。六一节前，区司法局组织人员探访南京市社会儿童福利院，为孩子们送去图书等物品。10月，组织人员开展“重阳敬老，法治暖心”主题宣传活动，现场提供老年人关注的赡养、继承等方面的法律政策咨询，营造“敬老”的良好社会氛围。制作1部法律援助宣传动画片，在各法宣场所滚动播放，加大宣传力度。

【社区矫正】 2016年，严密组织“双严”(严格执法、严格管理)集中整治，认真落实“三检查、三规范”(检查廉洁自律、检查职能履行、检查责任落实；规范队伍管理、规范执法监督、规范执法行为)专项整改活动，以追逃专项行动、不假外出专项整治、遵纪守法专题教育、信息数据专项核查、执法质量专项考评等5项行动为抓手，抓执法监管质量。2016年，全区开展86次社区服刑人员专题集中教育活动，组织3次全体服刑人员参加的集中教育，通过邀请心理咨询专家和公安玄武分局、区人民检察院领导进行专门教育，收到较好效果。全年对6名不假外出社区服刑人员给予警告处分，起到明显震慑效果。

【安置帮教工作】 2016年，全区在册帮教的刑满释放人员726人，衔接率100%，帮教率100%，安置率100%。在全市率先启用服刑人员远程会见系统，实现在监服刑人员与家属远程会见，方便家属，促进在监狱服刑人员的教育改造。

【解除强制隔离戒毒人员后续照管站建立】 2016年，研究出台建立玄武区解除强制隔离戒毒人员后续照管工作服务站的实施方案，明确后续照管工作组织机构、队伍建设、工作目标、工作职责、运行机制等内容。2016年，区司法局和全区7个街道分别成立后续照管工作服务站，共接收后续照管人员42名。为摸清后续照管对象情况，梅园新村、红山等司法所分别与综治禁毒办、照管对象所属社区联合，开展2次摸底走访，对后续照管对象的犯罪原因、基本情况、家庭情况、思想情况、现实表现情况做到“五清”。

【调解组织规范化建设】 扎实开展基层调解组织规范化达标活动，针对人员未调整、场所不达标以及专职调解员配备不到位等情况，及时与街道及相关单位协商解决，2016年全区114个基层人民调解组织全部达到省级规范化建设标准。组织全区所有调解员进行为期3天专业培训，全面提高调解队伍能力素质。与区人社局、公安交警一大队等单位密切沟通，对专业性调解组织进行规范，有效提高劳动争议、交通事故民事赔偿等专业性纠纷调处成效。2016年，通过人民调解及时化解肿瘤医院扩建、板仓街天然气改造以及某学校学生非正常死亡等一批重大突发矛盾纠纷，维护区域和谐稳定。

【矛盾纠纷排查调处】 在春节、“两会”、中秋、国庆、G20峰会等重大节日及敏感时期，专题布置、梳理排查不稳定因素，利用全区纠纷网格化管理平台，实现动态化管理，确保把矛盾纠纷消灭在萌芽状态。2016年，全区各级调解组织共组织纠纷排查316次，受理调处矛盾纠纷5823件，调解成功5793件，成功率99.48%，全年无群体性纠纷、无因调处不及时出现纠纷激化和“民转刑”案件发生。

【人民调解宣传工作】 全年共印发人民调解宣传单1000多份、便民联系卡1000多张，通过举办广场宣传，现场开展法律咨询、纠纷调解等活动，有效提升人民调解在群众中的知晓率和满意度。玄武门公交一村调委会原主任王其生荣获省优秀人民调解员提名奖，梅园新村街道驻后宰门派出所“公调对接”工作室被市司法局和市公安局评为公调对接工作优秀单位，2名调解员被评为优秀调解员。 (唐小松)

武　　装

·人民武装·

【概况】 2016年，区人民武装部围绕实现强军目标和“能打仗、打胜仗”总体要求，着力铸牢军魂，聚焦能打胜仗，坚持从严治军，持续深改作风，不断提升人武部全面建设水平，全区武装工作各项建设有序有效推进，实现武装工作与全区经济社会发展同步跃升新局面。区人武部被省军区评为安全管理先进单位，被南京警备区表彰为军事训练先进单位，被市委市政府评为“南京市创建全国双拥模范城有功单位”并荣立集体三等功。

10月21日，区四套班子领导参加军事日活动

【思想政治建设】 2016年，树立思想政治建设首位意识，抓党的创新理论武装、党委班子和干部队伍素质。进一步加强党管武装工作，毫不动摇地坚持党管武装，切实把民兵队伍建设成为一支听党指挥、能打胜仗、作风优良的强大力量，真正做到召之即来、来之能战、战之必胜。高标准完成市和警备区军地联合工作组对区人武部党委第一书记履职尽责情况进行专项考评。在第一集团军陆航五旅组织召开区四套班子领导军事日暨区委常委议军会，进一步增强全区各级领导干部国防意识。接受警备区执行纪律情况监督检查和行业风气清理整治大检查。开展“两学一做”专题教育，根据省军区、警备区统一部署和要求，按照规定动作不缺少、自选动作有特色原则，扎实把“活动准备、动员部署、征求意见、读书学习、授课辅导、讨论交流、撰写对照检查材料”等各个环节抓细、抓实。开展改革强军主题教育，专题组织开展“坚决服从改革大局、踏实履行职能使命”专题教育活动。定期开展政治纪律教育，引导干部职工不传播灰色信息、不听信政治谣言，坚定理想信念，提高干部职工政治敏感性和鉴别力。打牢民兵队伍思想基础，抓住民兵整组点验契机，组织民兵应急分队进行使命责任教育，认清形势任务，切实增强国防观念和战备意识。利用民兵分队训练时机，开展思想政治教育，进行战斗精神培育，增强必胜的信心和决心。组织新街口、梅园新村街道民兵分队参观市国防教育基地展览馆，提高民兵队伍国防意识和爱国热情。

【战备工作】 2016年，围绕可能担负的任务，以信息备战为指导，以系统完备、齐全配套、快速反应为基本目标，抓紧抓实战备工作。修定完善战备方案，2月，修定完善《民兵抗洪抢险行动方案》《民兵森林防火行动方案》《民兵防抗台风行动方案》等18套非战争军事行动方案；3月，调整完善《江苏省广播电视总台协防方案》《鼓楼电信大楼协防方案》等5套重要目标防卫方案。正规值班制度，正规值班秩序，组织现役干部学习作战值班规定、突发情况处置程序等内容，培训通信工具使用、视频系统使用；落实各类值班及战备期间主副班，确保值班情况一口清，视频、电话、网络保持畅通，接受上级检查无一问题。担负省战备值班任务，每月组织拉动演练，重点抓好重大活动期间和节假日战备工作以及突发事件的处置，随时做好上级不打招呼拉动准备。完成战备规范化建设，购置移动保密对讲系统与4G手持式单兵应急终端等指挥通信器材，补充完善森林防火、抗洪抢险等非战争行动器材，基本做到指挥器材“一车一所，一所一区域，一席一包”，非战争行动器材“一行动一区，一器材一架”。

【军事训练】 4月，组织全区民兵“四会”教练员进行为期2周教学法集训，提高民兵教练员组训能力和教学水平，遴选专武干部和民兵骨干参加全市民兵“四会”教练员教学比武竞赛，获综合第二名。抓首长机关业务训练，认真组织《首长机关考核题要点》学习，开展首长机关强化训练，克服工学矛盾，在参加上级组织的军事训练考核中，取得较好成绩。落实干部骨干训练，按纲落实“三实”训练，3月，组织现役干部、专武干部和民兵干部完成手中武器实弹射击；4月，组织民兵双37高炮连骨干参加全市防空分队骨干跟训；二季度，分二批参加全市防汛、通信专业分队骨干跨区联训。抓实民兵分队训练；5月，组织40名民兵医疗救护分队开展自救互救和战场救护训练，并进行实弹射击考核；6月，分别组织新街口街道80余名民兵、梅园新村街道30余名民兵到南京市国防教育训练基地进行实弹射击训练。为有效应对2016年防汛的严峻形势，7月，组织220名民兵执行孝陵卫地区抗洪抢险任务。

三季度分别组织民兵参加全市防化、森林防火骨干集训。11月,组织民兵参加地铁事故应急救援演练,磨练摔打民兵队伍。

【民兵工作】 2016年,深化民兵组织调整改革,不断优化民兵队伍组织结构,完成民兵编组任务。抓好潜力核查,为全面掌握全区民兵整组潜力情况,根据警备区统一部署,紧贴担负任务,分动员部署、整组核查、统计汇总三个阶段,全面系统开展潜力核查工作,着力搞清全区民兵整组潜力数质量和分布情况,为扎实做好整组工作奠定基础。组织人员编组,着眼召得来,多元编组,编精应急分队,编强参战支前队伍,编足军兵种支援分队,编好新型分队。着眼用得上,纯洁编组,按照"三个优先"(工作稳定、思想可控、长期在位的优先编,退伍军人优先编,党团员优先编)、"三个不编"(长期不在位的不编,思想底数不清的不编,社会闲散人员不编)、"三个坚决调整"(参加教育训练不积极的坚决调整,有违法犯罪行为受过治安处罚的坚决调整,传播负面消息和对社会不满的坚决调整),确定出入转队人员,确保民兵队伍纯洁可靠,兵员整体素质有较大提高。落实集结点验,区人武部领导带队采取逐家过的形式,逐个街道点验民兵分队,检查物资器材,核对台账资料。5月,警备区工作组在国展中心点验玄武区民兵应急连,并对民兵整组工作进行检查验收。做好武装工作考核工作,对各街道、园区党管武装工作进行考评。

【征兵工作】 2016年,围绕提升"五率"(报名率、上站率、合格率、择优率、退兵率)得分,按"定量评估,过程控制,突出重点"的思路,开展征兵工作。认真抓好兵役登记,2月,组织辖区内高三年级和中专毕业班班主任进行网上兵役登记业务培训,高校大学生集中补登,针对户口在玄武,在外地上学适龄青年组织兵役登记。区征兵办和林业大学、南京体育学院联合制作一部展现高校优秀退伍大学生当兵经历视频宣传片。发放征兵宣传册16000余份,悬挂横幅24条,建立征兵QQ群、微信群,做到五进:进宿舍、进教室、进食堂、进操场、进网络。精准宣传,瞄准学生中党员、骨干、家庭困难、学业困难等群体学生,要求辅导员一对一宣传。高标准组织233名人员政治考核,分两批次组织公安、高校、街道相关人员政治考核。2016年,高标准完成兵员征集任务,大学生占比96.1%,居全市之首。9月,组织玄武区新兵欢送仪式,加强和推进军人荣誉制度体系建设,激发适龄青年参军热情,增强应征青年荣誉感使命感。做好新兵回访工作;9月,由区领导带队,分三个方向进行新兵回访工作,未发生一起退兵问题。

【双拥共建】 2016年,协调区委区政府组织走访慰问南京警备区,慰问辖区1个挂钩社区、2户特困群众。1月,向梅园新村街道太平门社区及贫困户家庭发放慰问金4000元。协助做好离退休干部移交工作;积极协调转业干部安置工作。做好"双百双建"工作,与徐州市睢宁县李集镇李潘圩村接对子,计划投入30万元,争取4年时间,改变该村贫困现状,至2016年底已投入20万元。 (徐华伟)

·人民防空·

【概况】 2016年是深化人民防空改革发展推进年,全区人防工作围绕区委、区政府中心工作及市人防办下达的目标任务,认真学习贯彻第七次全国人防工作会议文件精神,有效履行战时防空、平时服务、应急支援职能使命,树立和落实新发展理念,结合人防工作实际,推进军民融合发展,凝心聚力抓好落实,努力实现人防建设可持续发展。

【防空警报网布局】 2016年,新增安装6台警报器,已覆盖全区。圆满完成"9·18"人防警报器试鸣放,国家公祭日警报器鸣放。

【人防专业队重整】 2016对全区人防专业队进行重新整组并制订人防专业队训练计划。全区新整组人防专业队2支,现编有9支人防专业队。依据新颁布《人民防空训练与考核大纲》要求,制订科学合理的人防工作年度训练计划。组织区人防办机关干部和街道人武部长全区治安专业队骨干集训。

【人防应急指挥通信互联互通】 坚持定期与上级人防部门信息通信系统联机测试工作并将系统维护管理作为一项常态性工作。新增一套视频通信系统,对原有视频通信系统进行改造升级。

【人防工程使用管理】 加强人防工程维护管理。对辖区人防工程维护管理情况开展监督检查,与人防工程的维护管理单位签订安全生产目标责任书和人防工程维护管理责任书,完善安全管理台账,对所有工程进行年检备案。重点抽查40余处人防工程,全区人防工程维护管理合格率90%、优良率80%,平战结合率95%。完成2016年安全生产目标,区人防工程全年安全无事故。落实全区安全生产工作要求，利用小区电子屏幕、宣传展板、横幅等多种形式，宣传安全法律法规和人防工程维护管理各项规定。完成全区人防综合数据库基础数据采集填报工作。

【人防知识教育宣传】 2016 年，充分利用各个宣传节点有针对性地开展人防法规的宣传教育，提高群众的国防观念和人防意识。5 月 12 日，在锁金村街道组织“普及防空防灾知识，提高全民防护能力”为主题的应急疏散演练和人防知识竞赛；5 月 14 日，配合省民防局在南京理工大学组织科普宣传周活动。5 月 20 日，联合区民政局、区科协、玄武湖街道等单位在樱驼花园社区组织地震应急疏散演练；在“9·18”警报试鸣日期间，与锁金街道、南林大、锁金一小等单位联合组织应急疏散演练和人防知识竞赛。整合社会资源强化人防宣传，通过政府购买服务方式，推进人防社区行“橄榄枝在行动”活动。利用全区人防志愿者队伍，在全区范围内开展人防宣传工作。积极参加全市初中学生民防小报创作大赛，全区获一等奖 6 名，二等级奖 7 名，三等奖 8 名，优秀指导老师 3 名；组织参加小学民防知识教学推进和师资培训会；完成 2016 年中小学民防知识教材读本征订工作。

【人防宣传阵地建设】 9 月底完成明故宫社区防空防灾科普教育馆建设工作，建筑面积 221.92 平方米，展馆设有防空区、防灾隧道，地震体验、模拟报警、寻找家庭隐患体验区，防盗、防电信诈骗教育区，模拟救护区，烟雾逃生通道体验区、安全知识抢答游戏区、电梯安全使用区、逃生体验区等功能区。运用现代、简约的设计语言和互动体验设备，充分展示人防建设成果，让参观者在体验中熟悉了解防空防灾相关知识，掌握应急救生技能。利用区政府门户网站、市人防信息网及官方微博进行信息传递，全年发布 13 条人防信息，微博转发量 700 余条。

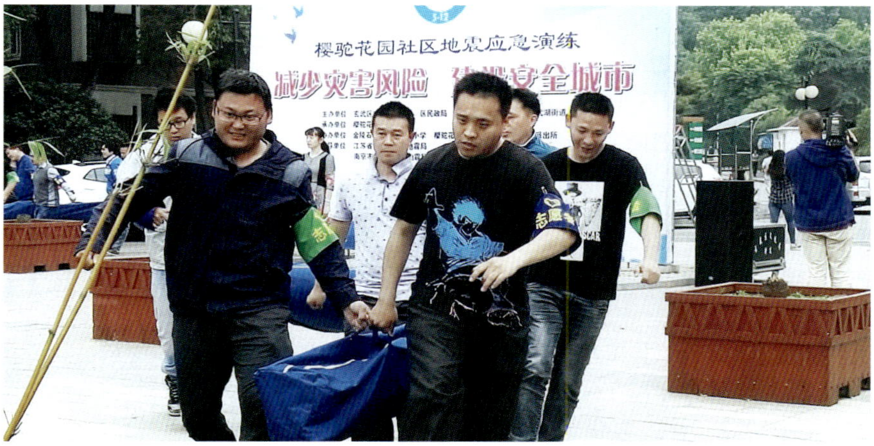

5 月 20 日，区人防办联合区民政局、区科协、玄武湖街道在樱驼花园社区组织地震应急疏散演练

【区人大代表定向定点考察】 2016 年，完成区人大代表锁金代表团定向定点考察。4 月，组织区人大代表锁金村代表团考察新庄社区人防文化墙及樱驼花园地下停车场；5 月，组织部分人大代表现场观摩樱驼花园社区地震应急疏散演练；9 月，组织部分人大代表参加在锁金村街道举行的应急疏散演练和人防知识竞赛活动；10 月，召开总结座谈会，对人大代表提出的建议意见予以回复，并进行双向测评。通过视察和体验，代表们对人防工作有更深入了解，对人防工作给予充分肯定并提出建设性意见，充分发挥人大代表监督职能。

【人防工作贴近百姓】 2016 年，切实开展为民办实事工作，7 月中旬到 9 月中旬，开放如意里地下人防工程，为附近小区居民提供纳凉场所，配有专人负责值班做好相关保障工作，接待纳凉市民近千人次。开展应急救援包发放工作，通过软件摇号方式，全年为 15000 户居民发放人防应急救援包。及时处理人防工程投诉件，全年受理“12345”和政风热线诉求 10 件，办结率 100%。 （徐美英）

·消　　防·

【概况】 2016 年，玄武消防大队全面贯彻落实消防安全责任制，以夏季消防安全大检查和冬春火灾防控工作为主线，开展重大火灾隐患整治、网格化建设、联防联治建设、微型消防站建设以及 G20 消防安保等专项工作，开展消防宣传、全力整治火灾隐患、不断提升人民群众的消防安全素质，全区防控火灾能力增强。4 月 19 日承办全省消防安全区域联防联治暨基层基础工作推进会，北门桥社区基层消防安全网格化管理工作作为先进案例向全省推广。以点带面，向纵深扩展，不断创新治理模式，科学整合社会资源，引导街道和社区精确落实主体责任，以形成一张全区消防安全网格化的大网。全年区消防大队接警586起，其中火灾256起、抢险救援330起，出动消防车1323辆次、消防官兵7592人次，抢救被困人员352人，抢救财产价值约969.4万元。

【消防安全】 2月，区政府召开全区消防工作会议，部署全区消防安全工作，将消防工作纳入年度社会综合治理考核指标，督促各级单位全面履行消防安全领导职责。根据季节特点，区政府相继召开夏季消防工作动员部署会、今冬明春火灾防控工作动员会等3次工作会议，由区领导带队组织开展各类专项检查4次。区消委会每季度召开消防安全生产工作例会，研究解决消防问题，重大问题均上报区政府专题会、常务会经集体研究解决。细化属地管理责任。区政府与街道、街道与社区层层签订消防安全工作目标责任状，重大火灾隐患整改、消防部队及装备建设、消防设施配套等纳入重要议事议程，并抓好落实。明确部门监管责任，严格按照"谁主管、谁负责，谁审批、谁负责"原则，明确相关行业主管部门、执法监管部门消防安全责任，加强部门协作配合，各司其职、各负其责。明确单位主体责任。督促社会单位认真履行消防安全主体责任，建立并落实"消防安全自查、火灾隐患自除、法律责任自负"消防安全责任体系，全面开展消防安全标准化管理工作，严防火灾事故发生。

【消防安全网格化管理】 2016年，在全区7个街道大网格、59个社区中网格以及居民小区、零散居民楼院、社会单位等小网格实行实时监管。实行重点单位重点管理。结合公安部门调整消防安全重点单位行动，明确推动重点单位"户籍化"管理工作，提高火灾防控能力。在商场市场、宾馆饭店、学校、医院、公共娱乐场所、易燃易爆场所、仓储物流场所、小单位小场所等八大类场所推行"三项备案制度""四个能力"建设，以及消防安全"三提示"的"343"消防管理模式。加强公安与街道社区联动。主动发挥公安派出所基础防范和动态管控优势，与街道、社区联合行动，形成有组织、有制度、有保障、有装备、有队伍、有培训的"六有"体制，加大力度开展日常巡查和管理。

2月22日，全区安全生产暨消防工作会议召开

【消防宣传】 2016年，开展消防培训和教育。以社区微型消防站、"消防之友"俱乐部为载体，组织开展家庭消防、学校消防、疏散逃生、消防志愿者等系列主题宣传行动，开展社区、校园消防演习。通过"玄武消防微信群"发布网上服务信息、网上宣传信息，畅通网络舆情收集、分析、处理、监督、反馈管道。发展1000名社区消防志愿者，建设"消防志愿者队伍"，成立区域联防中心消防宣传站点，为中心周边单位群体提供服务和救助。

【火灾防控】 2016年，为杜绝消防事故的发生，开展消防安全隐患整治。消防大队全年检查单位3736家，发现火灾隐患5310处，整改火灾隐患4779处，责令三停59家，临时查封77家，罚款28.38万元，拘留1人。抓重大火灾隐患整改。由消防大队牵头，区政府多次组织相关部门、街道召开协调会、推进会，全力推进富升大厦、鸿飞电信城和宁康养老院等3处重大火灾隐患的整改。鸿飞电信城已经顺利销案，富升大厦和宁康养老院进行整改。开展职能部门联动的专项整治行动。消防大队联合各职能部门开展众多消防安全专项检查。联合安监局开展餐饮场所油烟管道消防检查、联合教育局开展"开学第一课"消防宣传、联合文化局开展公共娱乐场所消防检查、联合宗教局开展宗教场所消防检查、联合区人社局开展民办职业培训机构消防检查等。创新派出所消防监督工作。5月，玄武区消防监督协管员队伍成立，作为全市首支消防辅助专门力量，有效缓解玄武区基层派出所消防民警和社区民警工作压力，为基层派出所消防监督开辟一条崭新途径。建立健全区域联防联治组织。在2015年已建成的1912街区—曼度街区联防联治的基础上，2016年，建立三处新的联防联治区域，分别是森林摩尔街区、羲和街区和环亚广场，玄武区东西南北的大联防联治区域已形成。（薛玲玲）

产业经济

Industrial Economy

责任编辑　黄红权

◎ 战略性新兴产业

◎ 软件与信息服务业·工业

战略性新兴产业

【概况】 2016年，全区软件和信息服务业实现主营业务收入530亿元，同比增长26.2%，增速全市排名第一。其中，软件业务收入300亿元，同比增长42.9%。生物医药产业实现主营业务收入66亿元，同比增长10%。全区企业申报战略性新兴产业项目、省级工业和信息产业转型升级专项资金项目、市软件和信息服务业发展专项、市新兴产业引导专项等各类专项扶持资金项目近100个，其中为南京途牛科技有限公司的基于大数据挖掘的全球旅游电子商务供应链系统项目、孩子王儿童用品(中国)有限公司的孩子王互联网及大数据平台建设项目一期工程、江苏柯菲平医药股份有限公司的柯菲平医药智慧营销电子商务平台等80多家企业项目获各类扶持和奖励资金4592万元。南京熊猫信息产业有限公司的自动售检票AFC系统区域中心(ZLC)、南京海泰医疗信息系统有限公司的海泰药物临床试验管理系统软件V3.0等5家企业的7个新产品通过认定，并列入2016年度《南京市新兴产业重点推广应用的新产品目录》。

【宏图三胞全员微店移动互联网项目】 6月，由宏图三胞高科技术有限公司投资建成。项目始于2014年，总投资4500万元。项目以移动终端为载体，结合移动互联网络、WiFi网络打造的宏图三胞移动全渠道零售平台，建设移动全渠道运营平台以及未来可能接入的各种平台无缝对接，在慧买网基础上扩展建设微信购物商城子系统及虚拟门店展厅的高科技术全渠道建设。全面升级支撑移动全渠道IT战略运营的后台管理及运营系统的升级建设。

【中星微电子研发测试基地主体工程】 由江苏中星微电子有限公司投资建设。项目起始时间2012年，总投资3.5亿元。项目占地136亩，可建设用地102.4亩，总建筑面积为11.6万平方米，东侧区域规划建设11栋多层研发楼，西侧朝向紫金山景观规划建设3栋低层研发楼；规划建设成为中星微电子研发测试基地。

【物联网与集成电路设计产业园】 由玄武区国有资产投资管理控股(集团)有限公司投资建设。项目起止时间2012~2016年，总投资4.3亿元。占地面积约38亩，地上总建筑面积55930平方米，建成专业的集成电路和物联网产业孵化器和加速器。

【途牛旅游平台信息化提升项目】 云计算环境下的途牛旅游平台信息化提升综合解决方案项目，由南京途牛科技有限公司投资建设，项目起于2015年，总投资8000万元。该项目以新一代信息技术应用为支撑，通过智能网络应用增强企业的反应能力和管理水平，实现企业内外部资源的动态配置，促进企业模式创新和产业升级，建立以技术融合、数据融合、安全融合和创新融合为特征的智慧型互联网企业。

【孩子王互联网及大数据平台建设项目】 孩子王互联网及大数据平台建设项目一期工程项目，由孩子王儿童用品(中国)有限公司投资建设。项目起于2015年，总投资5000万元。该项目围绕孩子王提升顾客满意度及企业内部互联化改造开展具体工作，包括成立跨组织互联网技术中心全面协同推动集团互联网转型，优化现有全渠道购销平台顾客服务体验，研发店内智慧购物及“孩子王身边”O2O产品，尝试跨境电商、互联网金融产品落地。 (吴宗玉)

·徐庄软件园·

【概况】 2016年，徐庄软件园实现与聚宝山科创特区全面融合，

4月6日，全国政协副主席罗富和率全国政协调研组一行参观途牛科技有限公司

推进徐庄软件园与钟山生命科学园的整合。全面拉开“三园合一”崭新框架，实现“十三五”良好开局。2016年8月，按照“三园合一”的总体战略，在保留科创特区牌子和国资运作平台的基础上，顺利完成与聚宝山科创特区人、财、物的的一体化融合，为推动园区新一轮产业发展增添了空间和“动力源”。同时在不改变钟山生命科学园运作体制与职责权属的前提下，充分发挥钟山生命科学园校所聚集、人才荟萃的禀赋，实现与钟山生命科学园要素互通、产业互补，重点推进四项整合。

2016年，省级高新区申报工作全面启动并获市政府批准上报。全年完成公共财政预算收入5.29亿元(全口径总收入11.35亿元)。完成软件和信息服务业收入500亿元、服务外包执行额完成66600万美元，离岸执行额完成28440万美元，完成外贸进出口6000万美元、外贸出口2170万美元，完成社会零售额15亿元，软件信息收入位居全市各软件园区前列，在全市软件名城格局中的重要性进一步提升。

【产业培育】 2016年，围绕打造南京“四名城”重要标志的战略目标，积极打造以软件信息和医药健康为龙头的高新产业集群。出台《徐庄软件园关于加快发展总部经济的意见》，为园区招商选资、招才引智提供政策支撑。招商工作取得进展，全年新引入千万元以上规模企业15家，完成聚慧园33%、研发六区50%招商任务；与医药行业龙头企业德国医谷谈判取得突破性进展，签订框架合作协议。

【创新平台】 2016年，坚持“政府引导、企业运营”运作模式，建成梦想家青年创业服务中心并正式投入使用，同步建立全市首家由企业家募资的创业基金——互成基金，为优质创业项目提供灵活便利的金融服务。年内新引进国家千人计划人才2名，完成高层次创业人才区级申报66人，新增高技能人才102人。88家企业申报国家、省、市专项60个，扶持资金5500万元。完成专利申报296件，新培育省市著名商标6家。

【园区项目建设】 2016年，徐庄软件园承担市、区重点产业项目7个，截至年底，百家汇(一期)、瑞华、中星微、科创聚慧园与研发六区均完成竣工，进入整体验收阶段；苏宁紫金嘉悦项目，基本完成主体结构施工；地铁地下商业项目完成一期主体施工。园区新一轮控详修编工作基本完成，对苏宁、百家汇、中诚商业地块等重点项目及聚宝山部分地块的用地性质及规划要点进行调整。

【梦想家青年创业服务中心】 8月，获市级众创空间备案企业资格，该中心由北京梦想天使投资管理有限公司与南京团市委、徐庄管委会联合筹建，围绕孵化、投资、商务协作等多方面助推初创企业及团队成长。配套有“梦想基金”和“互成基金”两支自有天使基金，20名南京科技创业家组成的“一对一”帮扶导师团队，1080平方米免租优质办公空间，徐庄软件园管委会专业的人才和资质申报服务团队、梦想家优秀的管理运营团队，打造成高端人才的聚集地。5月，海洋极端天气安全保障项目、油阻尼液压电磁式断路器项目、新能源汽车永磁无感电控及开关磁阻驱动总成项目、三维数字化打印服务平台、弯管机机器人协作控制平台、多视点大尺寸光场真三维显示系统等7个项目入驻，其中SIDDA智能化儿童口腔健康平台项目和新能源汽车永磁无感电控及开关磁阻驱动总成项目已入选玄武区高层次人才引进计划。

【扇贝系列学习产品用户超4000万】 扇贝系列学习产品由南京贝湾教育科技有限公司独立研发，其产品矩阵由扇贝网(网页端)，以及扇贝单词、扇贝口语、扇贝听力、扇贝新闻、扇贝炼句、扇贝读书(6个移动端APP)和扇贝学院(在线课程)组成，是业界唯一能在网页和移动端完成英语词汇以及听说读写训练的闭合系统。截至2016年底，扇贝系列学习产品总用户数量有4000万。用户以中学生、大学生以及职场白领为主，同时有10%海外用户。 (陈建彦)

·珠江路科技街·

【概况】 2016年，珠江路科技街以“大众创业、万众创新”为主线，以西至卢山路，东至龙蟠中路，全长约2公里区间范围，重点建设珠江路创业大街，并取得明显成效。2016年，珠江路创业大街建成众创空间12家，在建众创空间3家，其中引进国家级众创空间3家，培育国家级2家、省级3家，集聚创业导师160人，创客820人，在孵企业127家。8月，珠江路创业大街被江苏省科技厅认定为省级众创集聚区试点。

【省市领导考察珠江路创业大街】 2月17日，江苏省委常委、南京市

2月17日，省委常委、市委书记黄莉新考察珠江路创业大街

委书记黄莉新赴玄武区珠江路创业大街调研工作，市领导刘以安、徐宁、陈勇，区委书记、区长徐曙海等陪同调研。黄莉新一行先后到珠江路未来城广场、创业市集、优客工场和创派社区考察，并与企业负责人及年轻创业者交谈，与东南大学商讨共同打造珠江路创业大街的谋划。黄莉新强调，珠江路创业大街要精心规划设计、强化功能配套、完善创业服务、集聚优质资源，打造全市创新创业的重要平台，营造激发创业的浓厚氛围，建设江苏一流、全国知名的众创集聚区。

【珠江路创业大街重点项目推进】 2016年，大力推进珠江路创业大街重点众创载体项目建设。其中，同仁西街7号项目建筑面积约1.2万平方米，于10月正式进入开工建设阶段，全面实施内外装修改造工程；位于同仁西街7号南楼二楼的南京市众创空间展示中心完成方案设计，并于年底前完成该项目招投标工作；位于珠江路488号未来城A座完成约1800平方米载体转型改造；启动未来城B座负一层至三层约1.7万平方米承租谈判工作；协助完成未来城环境改造提升前期立项、招标等工作。引进和培育众创运营机构，其中太库南京孵化器于6月建成开业，面积1800平方米；优客工场正式签约南京赛格数码广场，面积约4000平方米；36氪及南创空间，与珠江路创业大街正式签约落户同仁西街7号项目，面积约3100平方米。创业市集、魔豆工坊、爱创空间被国家科技部火炬中心认定为国家级众创空间。

【珠江路创客节】 10月13日上午，珠江路创客节在太库南京孵化器正式启动，区委常委、组织部长张为民，区委常委、副区长毛银玲出席开幕式，优客工场、南创空间、太库科技、36氪、睿辰欣创、新华海集团、南京赛格数码广场等60余家机构和企业负责人参加。珠江路创客节是江苏省大众创业万众创新活动周系列活动之一，由区科技局、区委组织部（区人才办）、珠管办联合承办，分4个板块15场主题活动，持续至10月18日，期间集中展示玄武区双创最新成果，集聚对接区域创业创新要素，全面营造双创工作氛围。开幕仪式上，“凤栖玄梧”珠江路创业大街引才基地正式揭牌，新华海集团负责人发起成立南京珠江创新创业协会，36氪、优客工场、南创空间3家国家级众创空间正式入驻珠江路创业大街。珠江路创客节开幕当天，珠江路创业大街众创空间在赛格数码广场联合举办机器人擂台赛、VR体验及智能医疗穿戴展示、VR空间设计SAAS平台展示等主题汇展活动。

【政策扶持创新创业】 4月7日，区委办和区政府办联合发文《南京市玄武区众创空间认定和管理办法（试行）》，为加快发展众创空间，服务大众创业、万众创新，构建创新创业生态环境提供政策支持。11月15日，区政府办根据区政府第58次常务会会议精神，印发出台《珠江路转型升级专项资金管理办法（试行）》，引导和鼓励珠江路创业大街现有企业借助科技和资本力量，提升技术含量，创新商业模式，扩大业务范围，加快珠江路多层次、可持续、良性循环的创业和转型。首批设立专项资金1000万元。

【绿色服务政务通道设立】 2016年，为加快珠江路创业大街转型发展，“创业、创新”服务再升级。区政务服务中心建立珠江路入驻企业绿色通道，快速办理行政审批等公共服务，在涉企综合窗口做好标识、人员安排等各项预备工作，凡涉及珠江路创业大街投资创业活动，均可以在区政务大厅享受绿色通道服务。

（陈振昌　李　阳）

软件与信息服务业·工业

·软件与信息服务业·

【概况】 2016年，全区完成软件和信息服务业收入530亿元，同比增长26.2%，增速全市排名第一；其中，软件业务收入300亿元，同比增长42.9%。在高标准中国软件名城建设过程中，玄武区获2015年度高标准建设中国软件名城先进单位二等奖，全市排名第二；徐庄软件园获软件产业集聚区类三等奖。2016年1月，苏宁易购（江苏苏宁易购电子商务有限公司）、途牛金服（南京途牛金融信息服务有限公司）被评为2015年度江苏十佳APP和公众号（智慧江苏创新创业类）。2016年8月，途牛、赛特斯被认定为2016~2017年江苏省规划布局内（规模型）重点软件企业。2016年11月，南京熊猫信息产业有限公司的熊猫轨道交通自动售检票基于区域中心的系统管理系统软件被评为江苏省优秀版权作品（软件类）一等奖（全省仅2个一等奖）；南京海泰医疗信息系统有限公司的海泰电子病历系统软件被评为江苏省优秀版权作品（软件类）三等奖。

【第十二届软博会玄武活动】 9月2~5日，第十二届中国（南京）国际软件产品和信息服务博览会在南京国际博览中心举行。玄武区按照市政府要求，完成企业参展、项目签约等工作任务。组织苏宁易购、途牛、赛特斯、水晶石、啡咖啡、国瑞信安、好享购、金思维等企业参加软博会会展；德国医谷（南京）资产管理有限公司德国医谷（南京）资产管理有限公司的德国医谷项目等6个项目参加软博会重大项目签约，总投资133500万元。9月5日上午，在南京市第十二届软博会重大项目签约仪式上，徐庄管委会分别与赛特斯信息科技股份有限公司签订总投资1亿元工业互联网研究院项目、与德国医谷（南京）资产管理有限公司签订总投资10亿元德国医谷项目。

【信息化与工业化融合】 2016年，徐庄软件园被认定为“企企通”建设试点园区；江苏先声药业有限公司等13家企业先后被认定为“企企通”建设试点企业。11月，江苏省金思维信息技术有限公司、江苏鸿信系统集成有限公司被省经信委评为第一批江苏省企业互联网化重点示范推广服务机构；江苏墨宇信息科技有限公司被省经信委评为第一批江苏省企业互联网化重点培育发展服务机构。12月，江苏先声药业有限公司基于医药智能产销的移动互联网工程被省经信委认定为2016年度信息基础设施示范项目。江苏省金思维信息技术有限公司在首届“江苏智造”创新大赛中获三等奖。途牛、好享购入选“2016年中国互联网100强”榜单企业，苏宁易购入选“2016年中国互联网100强”榜单主要品牌；宏图高科入选“2016中国电子信息百强企业”榜单；文投集团的文客网城市文化消费综合服务平台被评为2016年省信息消费示范工程。

【智慧园区高峰论坛暨资本对接会】 9月2日下午，在南京国际博览中心举行，第十二届南京软博会玄武专场活动，主题为“打造智慧园区，对接产业资本”。副市长储永宏，省、市经信、科技等部门领导，玄武区相关部门、园区、街道负责人，以及国内外重点客商、知名企业负责人130余人参加活动。徐庄管委会与工业互联网研究院、德国医谷项目签署合作发展协议；徐庄管委会与瑞华控股投资、昆吾九鼎投资等产业资本机构建立产资对接纽带；速度中国、百得集团、智达康通信、合而元信息4家智慧产业企业发起成立“智慧园区建设发展联盟”；活动正式发布“智慧徐庄—数字地图”。江苏省产业技术研究院党委副书记、副院长胡义东围绕科技创新与产业技术发展做主旨演讲；中国智慧城市论坛副理事长、南京南大智慧城市研究院院长李旻作题为“中国智慧园区发展趋势及规划设计”演讲；国家千人计划特聘专家、江苏千人计划联合会信息分会副会长宋梁作题为“智慧园区网络与服务”演讲；华泰证券首席研究员高宏博作题为“智慧城市投资运营模式探讨”演讲。

（吴宗玉）

·工　业·

【概况】 2016年，全区实现规模以上工业总产值36.36亿元，同比下降6.1%，主营业务收入32.85亿元，同比下降3.3%；利润总额2.71亿元，同比下降24.0%。占比最大的外商及港澳台投资企业产值降幅有所收窄。全区规模以上工业国有企业实现总产值1.75亿元，同比下降20.0%;股份制企业实现总产值12.86亿元，同比增长2.3%;外商及港澳台投资企业实现总产值21.75亿元，同比下降9.2%,其占全区规模以上工业产值比重59.8%，规模以上工业涉及的5个行业“两升三降”。造纸和纸制品业完成产值1.75亿元，同比增长38.0%；印刷和记录媒介复制业完成产值1.23亿元,同比微增0.1%；计算机、通信和其他电子设备制造业完成产值8.49亿元，同比下降3.1%；仪器仪表制造业完成产值3.29亿元,同比下降13.6%;燃气生产和供应业完成产值21.61亿元,同比下降8.6%。规上工业综合能耗增幅回落。综合能源消费量为2366.16吨标准煤，同比增长3.3%;电力消费合计为1891.81万千瓦时,同比增长4.5%,其中:工业生产电力消费为1140.44万千瓦时,同比增长2.1%。

【科技创新促产业转型升级】2016年，提升企业服务能级,为企业做好服务。促进企业转型升级。确定软件、物联网、集成电路、两化融合等重点项目63个，政策上予以倾斜，优先申报国家、省市产业政策扶持资金项目。全年指导和帮助区域内50多家企业成功获得省、市级新兴产业引导资金4592万元,组织中生联合申报市级总部企业。全区市级总部企业总数排名全市第三,帮助江苏苏美达五金工具有限公司成功申报国家级工程研究中心。做精做细企业服务。建立党政领导联系服务企业制度,每位区领导挂钩5家以上重点企业,定期走访调研,帮助企业解决实际问题,促进玄武经济健康、持续发展。筹建企业服务中心。开展专业服务,帮助解决中小微企业发展共性需求,为企业提供优质、高效、便捷服务。牵头落实中央环保督察要求,配合市相关部门完成南汽集团黑墨营厂区搬迁,稳步推进南京精艺印刷有限公司搬迁(转型)。

【供给侧结构性改革落实】2016年,围绕中央和省、市关于推进供给侧结构性改革的部署，切实抓好“去产能、去库存、去杠杆、降成本、补短板”五大重点任务。召开专题会议对全区国有(集体)企业改革问题进行研究部署，确定涉改企业名单、有关改革方案,明确南京徐庄广告有限公司等14家区属企业国有资本退出一般竞争性领域，并要求徐庄管委会等主管部门在区相关部门的指导配合下,做好改革企业工商注销、资产及债权债务划转等相关工作,确保“僵尸企业”得到积极稳妥处置。按照分类分步原则,制定企业处置方案，明确对促进经济社会发展、关系到民生的服务类企业以及用于处理遗留债权债务问题的企业,可以暂时不进行改革;对符合退出一般竞争性领域条件的区属国有(集体)企业(包含“僵尸”企业),必须按照相关要求参加本轮国企改革,予以退出,各项工作稳步推进。（王　慧）

玄武湖景区——金陵盆景园

商贸·旅游业

Commerce and Trade, Tourism

责任编辑　卢永晨

◎ 商贸

◎ 旅游业

商　　贸

·概　　述·

【概况】 2016年，全区实现电子商务交易额618亿元，增长31.8%。社会消费品零售额累计实现475.2亿元，增长10.3%。外贸出口额完成28.8亿美元，增长3.1%；服务外包额完成22亿美元，增长15.2%，离岸执行额完成8.4亿美元，增长14.6%。实际利用外资完成2.25亿美元，同比增长4.5%，完成年进度117.6%。对外投资完成1.16亿美元，同比增长57.1%，对外承包工程1.47亿美元，同比增长42.8%。

【玄武区外向型企业联谊会】 12月29日召开。会议由区委常委、副区长毛银玲主持，省商务厅巡视员赵进，市商务局长孔秋云、副局长邹伟科，区委书记徐曙海，副书记、代区长穆耕林，以及省、市、区相关部门领导，海外代表和重点外资企业代表60余人出席。徐曙海肯定2016年全区外向型经济工作取得的成绩，向相关部门及企业机构表示感谢。玄武区坚持以企业发展为第一目标、以企业需求为第一导向，致力于创新机制、改善服务，为企业搭建广阔舞台。江苏苏美达集团有限公司总经理蔡济波、五星控股集团有限公司总裁王健分别代表外贸和外资企业发言。

【商务系统企业安全生产】 2016年，区商务局与商务系统企业签订安全生产责任书，召开4次商务系统企业安全生产工作会议，对13家企业每月一次安全生产检查。建立安全生产工作台账，开展“安全生产月活动”。

·市场管理·

【概况】 2016年，完成农贸市场蔬菜农药残留检测工作，蔬菜农药残留检测5万批次。投资70万元，完成红山小营农贸市场升级提档。完成5家农贸市场市级绿色市场创建工作。全年商务系统企业未发生安全生产责任事故。

12月29日，玄武区举办2017玄武外向型企业新年联谊会

【蔬菜农药残留检测】 2016年，做好农贸市场蔬菜农药残留检测工作，为市场配发检测用品并确保检测用品使用不断档。定期、不定期对市场蔬菜检测工作进行巡查。1~5月，全区市场总计完成蔬菜农药残留检测5万批次。5月初，根据市政府办公厅会议纪要第10号文件精神，与区市场监管局完成农贸市场蔬菜农药残留检测工作移交。

【农贸市场改造】 2016年，红山小营村农贸市场局部改造列入市场改造计划，工程总投资为70万元，其中街道出资50万元，区政府出资20万元，改造包括市场外立面出新、新建冻库、电子显示屏、居民活动区等，年底按计划均完成改造。

【市级绿色市场创建】 2016年，推进“三绿工程”(提倡绿色消费、培育绿色市场、开辟绿色通道)建设，全面提升农贸市场管理水平，促进农贸市场长效管理机制的形成，实现市场内部管理科学化、规范化、制度化。2016年全区完成3个农贸市场市级绿色市场创建工作任务。7月，区商务局对参加创建市场负责人员进行创建工作培训。8月，完成10个参加创建市场申报材料上报工作，11月，在市商务局每年进行一次市级绿色市场评审活动中区5家市场通过评审验收。

【肉类蔬菜追溯系统建成】 2016年，农贸市场肉类蔬菜追溯系统建成，形成肉菜流通信息来源可追溯、去向可查找、责任可追究的质量安全链条，变“点监管”为“链监管”，实现肉菜安全全过程无缝监管。全区19个农贸市场建立肉菜追溯系统，6月，在东箭道农贸市场组织2批信息员培训，进一步提升肉菜追溯工作水平。

·外向型经济·

【市商务局到玄武区调研外贸企业】 5月4日，市商务局副局长何小庆、外贸处副处长王晓军一行3人到玄武区就外贸企业发展存在困难及企业应对措施进行调研，苏美达、中石化、中建材等6家外贸龙头企业参会。何小庆肯定与会企业对南京外贸的贡献。

【跨境电商培训】 5月26日，市、区商务局在T80科技文化国际社区举办“南京市2016年跨境电商系列培训（玄武专场）活动”，玄武区100多家企业参会。市商务局副局长何小庆到会致辞。四海商舟电子商务有限公司、亚马逊华东大区、eBay华东大区、焦点科技股份有限公司中国制造网中美跨境团队、江苏跨境电子商务服务有限公司等龙头跨境电商企业代表，分别发表主题演讲，通过实例分享跨境电商领域经验成果。市商务局机电处负责人对跨境电商最新政策《市政府关于促进跨境电子商务快速健康发展的实施意见》进行解读。

·电子商务·

【概况】 2016年，玄武区电子商务呈现快步增长态势，全年实现电子商务交易额618亿元，同比增长31.68%。全区电子商务示范

9月9日，2016年中国·南京金秋贸易洽谈会玄武专场活动

工作稳步推进，新增南京市电子商务示范企业3家。

【电子商务示范企业创建】 2016年，玄武区苏盐生活家、先声在康和祥运股份3家电子商务企业被评为南京市电子商务示范企业，全区市级电子商务示范企业增至9家（包括3家国家级电子商务示范企业和2家省级电子商务示范企业）。2016年，区商务局推进国家级电子商务示范基地徐庄软件园电子商务生态环境建设，开展2017~2018江苏省电子示范企业、基地（园区）创建工作，在南京邮政跨境电子商务孵化基地建设基础上，寻求跨境电子商务突破。

【电子商务企业应用发展】 2016年，苏宁易购、途牛旅游、宏图三胞等龙头电子商务企业稳步发展，孩子王、汇通达、先声药业、苏盐生活家等企业积极运用“线下体验+线上购买”O2O、入驻第三方电商平台等模式，实现传统商贸企业转型升级。其中孩子王APP已稳居全网母婴电商平台前三名，2016年公司实现新三板挂牌，募集资金140亿元。

·经贸促进·

【“G20”贸投与发展工作组会议保障】 “G20”贸易与投资工作组和发展工作组第二次会议筹备工作任务部署，从3月21日至4月10日，全区13个部门和街道，在区保障工作领导小组指导下，认真筹划、紧密配合、上下联动，安全顺利完成各项保障任务。

【2016中国·南京金秋贸易洽谈会玄武专场活动】 9月9日，2016年中国·南京金秋贸易洽谈会玄武专场活动“开启众创集聚新格局 打造产城融合新典范——2016玄武专场活动暨‘双创’战略合作揭牌仪式”在汉府饭店取得圆满成功。活动邀请亿达、星河、电子城集团等123家企业参会，新客商89人。上会项目27个（新落地领证项目6个；签约项目21个），投资总额约404.2亿元。播放《魅力玄武，梦想起舞》投资环境宣传片，时长约8分钟，从不同角

度展示玄武山水城林投资环境，创新创业发展氛围，亲商暖商政务服务，直观展示区域经济投资发展的美好愿景，给与会来宾留下深刻印象。　　（高　超）

旅游业

【概况】 2016年，以优化全区旅游结构、提质增效为主线，促进旅游业与项目建设协调发展。开展旅行社星级评定、复核工作，全年通过三星级2家、四星级1家、五星级1家旅行社终评工作。完成全区三星及三星级以下旅游星级饭店复核13家。开展行业培训工作，协同市旅游委管理处，组织区内28家星级饭店总经理和饭店经理岗位管理人员60余人开展技能培训。完成全区A级景区年度“平安景区”创建工作7家。中山陵园管理局被评为全国文明旅游先进单位、南京途牛科技有限公司被评为江苏省先进集体，南京博物院创建首批省级研学旅游示范基地。开展各类安全检查21次，对7家A级景区、90余家旅行社开展为期3个月夏季安全生产检查。全年受理各类旅游投诉340余起，其中“12345”转办件140余件，市旅游行政执法支队转办件200余件，办结率100%。

【文明旅游进景区活动】 5月19日，举办文明旅游进景区活动。主要向游客介绍文明旅游十大标语，倡导游客文明旅游行为。活动受到广大游客欢迎，游客纷纷驻足学习、领取活动纪念品，并通过扫描微信二维码方式关注长江路历史文化大街，玄武区优质旅游资源得到充分宣传与推广。

【文明城市创建专项检查】 2016年，做好全区文明城市创建工作，以总统府周边（含长江路、珠江路、太平北路）及火车站周边为重点开展专项检查。对辖区30余家重点景区及星级宾馆文明测评达标情况开展明察暗访，发现景区周边环境杂乱、卫生不达标、行业规范展示欠缺、消防合格标识过期等问题，要求现场整改，并及时对接相关职能部门、街道，提出整改建议。除重点景区、星级宾馆外，旅游企业均通过旅游工作平台进行全覆盖督促指导。

5月19日，区旅游局在总统府景区举办文明旅游进景区活动

【参加南京旅游新产品上海推介会】 9月25~28日，南京市系列旅游宣传促销活动在上海、杭州、宁波开展。区委常委、副区长毛银玲带领区旅游局、南京博物院等相关人员，参加28日上海站推介会。向上海市民介绍玄武旅游景点基本情况，推介长江路历史文化大街人文底蕴、历史文化脉络，以及城市规划、城市景观和建筑风格。

【游乐设施安全检查】 9月29日，区旅游局、市场监管局组成联合检查组，对玄武湖公园进行节日期间安全检查。检查组重点检查在玄武湖游乐场游乐设施和游船码头游船等项目，听取玄武湖管理处设备安全工作介绍，查看公园管理处运营管理、安全管理等工作台账。检查组要求，各责任单位负责人提高安全意识，加大重点部位、重点环节隐患排查和整改力度，确保“十一”黄金周期间游园设备安全工作万无一失。

·长江路历史文化大街·

【概况】 长江路西起中山路，东至龙蟠中路，全长约1.8公里。长江路有“三高”特点：一是历史资源浓缩度高。两个“1800”，即“长度1800米，历史1800年”。东吴、东晋、宋齐梁陈、南唐、明、太平天国和民国的宫阙御苑、府邸机构都位于长江路及附近区域。历史时间跨度长、政权层级高、资源集聚密,优于同类街区。二是历史遗存品质高。梅园新村是国家级首批历史文化街区、总统府是省级历史文化街区,拥有全国重点文物保护单位太平天国天王府遗址等4处,省级文物保护单位国立美术陈列馆旧址,市级文物保护单位毗卢寺等3处。三是现代化程度高。长江路是历史文化和现代文明高度融合街区,除历史资源,沿线还有江苏省美术馆、南京图书馆、江宁织造博物馆、六朝博物馆、南京文化艺术中心等重要现代文化设施,有德基广场、凯润金城等现代商业场所,为历史街区开发和利用奠定基础和创造条件。1800年历史文明和现代人文在这条1800米街道上交相辉映、相融共生。“十三五”期间新增和提升载体约40万平方米,年接待市民及游客达2200万人次。

【规划布局完成】 2016年,围绕“一轴两带三片区”空间布局,以挖掘文化内涵、梳理在手资源、摸排重点项目、完善功能配套为手段,打造长江路历史文化大街。5月,成立南京长江路文化旅游发展有限公司(简称“长旅公司”),负责街区规划、建设和协调工作,完成编制《南京市玄武区全域旅游发展战略规划》《南京卷烟厂开发利用可行性研究》《碑亭巷建设与业态引导》《石婆婆庵喇叭口整体提升方案》《长江路文化旅游大街文化挖掘及提升研究》,配合市规划局完成《长江路地下空间综合利用规划研究》,配合区发改局编制《长江路地下空间商业利用可行性研究》。

【项目建设对接】 2016年,与南京卷烟厂对接,研究碑亭巷厂区项目定位、功能布局和合作模式,成立工作领导小组,明确工作任务,分阶段完成征收项目立项报告和规划红线工作。完成碑亭巷石婆婆庵喇叭口中段112、116号居民楼出新主体工程和垃圾站提档升级。协调推进曼度沿石婆婆庵沿街一楼的土豆先生、Talking、云朵烘焙、怕辣吗4家商户业态调整。服务SOLO ONE 1913街区,协助整体形象推广,实现街区开街运营。

长江路文化旅游大街

【宣传推广活动】 2016年,与龙虎网开展面向社会征集长江路文化旅游大街Logo、形象推广语及摄影作品活动。开通“长江路历史文化大街”微信公众号。在禄口机场安装长江路形象推广宣传牌,完成长江路宣传片(第二季)制作工作,更新长江路手绘地图,各类媒体刊登长江路相关工作信息与形象宣传200多篇,提升长江路的知名度和影响力。

【功能体系完善】 2016年,完善公共服务功能体系,在长江路沿线建设以汉府雅苑、1912街区、520广场为背景围墙式标识和知名景点为题材立式景点介绍牌10个,用九中、毗卢寺沿街围墙建设18块墙面标识,方便游客“按图索骥”式游览。以碑亭巷南外围墙为载体,邀请专业团队完成碑亭巷百米文化长卷《碑亭印记》,获市民和游客好评。9月29日,召开全市宣传部长现场会集体观摩。

(韩会贤)

·1912街区·

【概况】 南京1912街区于2004年创建,地处南京市中心地带长江路与太平北路交汇处。南京1912街区呈“L”型环绕在“总统府”花园西侧,街区建筑面积42000平方米,由共和、博爱、太平、新世纪4个文化休闲广场组成,分布着21栋民国初年建筑风格楼宇,其中4幢是原有民国建筑,均为青砖墙体。南京1912街区有机兼容历史文脉和时代风

11 月，南京 1912 街区"第二届茶文化主题周"活动

尚，至 2016 年，经 13 年倾力打造与精心运营，1912 街区已成为一条文化风情浓郁、定位特色鲜明、时尚消费集聚、管理运营有效、品牌价值凸显的"商业名街"；成为填补南京城市商业形态空白、浓缩南京城市人文魅力、代言南京城市时尚品位的"城市客厅"；成为历史风情与现代风貌、民国文化与商业文明、特色旅游与休闲消费和谐相融的"城市名片"。

【1912 街区建设】 2016 年，南京 1912 街区主导业态为主题酒吧、商务餐饮、品牌娱乐、休闲等现代服务业。通过街区建设和集约化经营，1912 街区精致休闲业态空间基本形成，特色餐饮聚集区域完成调整，各业态布局合理、融合一体，形成综合服务型、富有文化气息的商业名街。截至 2016 年底，街区由 68 家商户组成，其中文化娱乐 18 家、各类餐饮 29 家、休闲类商户 21 家；其中全国知名品牌或连锁 5 家以上商户 21 家，约占 30%。街区日平均客流量稳定在约 1.8 万人次，节假日和周末客流量达到 5 万人次。

【"铁笼 3v3"足球对抗赛】 7 月，营造球迷玩球、看球的聚会氛围，将观看欧洲杯的人留在 1912 街区，南京 1912 街区举办 1912"铁笼 3v3"足球对抗赛，活动期间在线上进行报名，招募 32 支球队在欧洲杯一个月时间内，在博爱广场进行比赛。活动期间，带动商户人流和营业额增加。

【第三届电子音乐暨极限运动挑战赛】 10 月，在南京街区博爱广场开展第三届南京 1912 "HEAT WAVE"热浪电子音乐 & 极限运动挑战赛。在延续前两届活动构架同时，邀请有影响力的专家评委和音乐主持人，旨在把年轻人对生活积极向上态度融入街区文化中，扩大 1912 街区品牌知名度。

【第二届茶文化主题周】 2016 年，独特民国建筑为特色的南京 1912 街区以茶为媒，通过围绕音乐、舞蹈、茶等符合 1912 街区业态的文化元素举办第二届茶文化主题周，让消费者能更透彻领悟民国茶文化精髓所在，同时把 1912 街区的场所精神、品牌理念进一步诠释。 （孙树敏）

·中山陵园风景区·

【概况】 2016 年，中山陵园风景区加快推动文旅融合、产业转型和服务品质提升，获"全国文明旅游先进单位""全国厕所革命最佳景区""全省风景园林和城市绿化工作先进单位"，景区志愿服务队荣获"江苏省优秀旅游志愿服务组织"称号。中山陵被列入"中国 20 世纪首批建筑遗产"，梅花山被授予"首批国家重点花文化基地"。

开展紫金山索道改造项目。开展山顶公园环境景观提升工程，建成灵谷景区至五棵松绿道，完成灵谷寺停车场扩建改造，完成"明孝陵保护规划""钟山建筑遗址保护规划"，以及"明孝陵遗产监测预警体系建设"方案省市级报批工作，同时上报国家文物局。完成航空烈士墓英烈碑修缮，中山陵陵寝、藏经楼、博爱阁、廖仲恺墓等文物建筑保护修缮。优化经营业态，发力文创产业。引入"好一朵茉莉花""小苹初见""一间陶吧""时尚明片"等一批文艺休闲设施，成功组织紫金山索道"告别游"、完成体育公园设施调整。举办第 21 届梅花节和"紫藤花开"音乐季，在中山陵音乐台成功举办第 2 届南京森林音乐会。加强生态保护和文化宣传。完成森林抚育 613.33 公顷、竹园抚育 66.67 公顷；播种特色树种 260 公斤、3.6 万穴。做好天文台路登山道沿线水土治理及生态恢复工作。完成紫金山防火道、绿道沿线排水沟清淤疏浚、军民友谊水库清淤加固以及博爱路排水管网维修工程；建成森林防火智能监控二级平台；完成三大主景区智能门禁系统建设，完成停车收费系统改造，景区重要水域、登山道路口以及外围文保单位加装监控，推进可视化平台管理；景区视频监控率先接入国家旅游局指挥平台。

【2016 年中国南京国际梅花节】 由南京市政府主办，市旅游委、中山陵园管理局承办的第 21 届梅花节 2 月 16 日至 3 月 26 日举行，主会场设在钟山风景名胜区梅花山。开幕式在明孝陵景区一号门广场举行。主会场活动以"健康乐生活"为主线，通过赏梅品梅、健康步行、专题展览、美食娱乐、新媒体线上线下互动等系列旅游活动，营造闲适愉悦的节庆氛围，吸引大量市民游客参与，打造符合大众需求的南京新春旅游盛宴。

【2016 年中国南京灵谷桂花节】 9 月 10 日至 10 月 10 日，2016 年中国南京灵谷桂花节在钟山风景区灵谷景区举行，由中山陵园管理局主办。本次桂花节以"走进城市森林·感悟人与自然""寻香识桂·秋到灵谷"为主题，设计和贯穿"南京森林音乐会""咔嚓自拍""我与灵谷有个约定""我爱灵谷古树名木""醉美钟山识桂香"等 12 项丰富多彩的活动，打造集游、购、娱一体化，独具南京特色的金秋旅游节庆活动。

【孙中山诞辰 150 周年系列纪念活动】 2016 年，中山陵园管理局协同省市有关单位共同策划举行"纪念孙中山先生诞辰 150 周年"系列纪念活动：10 月 21 日，"孙中山与现代中国"高层学术研讨会在中山陵隆重举行，来自台湾、广州、上海、南京等地 150 多位嘉宾出席研讨会。与南京市和广州市两家档案馆联合举办"双城记忆——南京广州纪念孙中山先生诞辰 150 年展览"纪念特展；征集一批珍贵文物史料，孙中山及中山陵方面文物史料 258 件/套，接收台湾许莉莉女士捐赠文物史料 73 件/套等；与市档案局联合推出《金陵全书》系列丛书之《中山陵档案》；开展系列爱国主义教育活动，联合市台办举办第 2 届海峡两岸青少年"寻访中山足迹"夏令营，组织 40 余名大学生赴南京、上海两地寻访孙中山先生留下的历史遗迹；选拔选手赴澳门参加由辛亥黄埔协进会举办的第 10 届海峡两岸青少年"民族心、中华情"征文演讲比赛。年内，拆除嘉麟楼南侧经营点及音乐台票口建筑，完成中山陵陵寝经营点改造，提升陵寝景观环境。

【港澳台和海外嘉宾晋谒中山陵】 11 月 13 日，全国政协副主席齐续春率港澳台和海外嘉宾团一行 140 余人晋谒中山陵。13 日 9 时 30 分，嘉宾团抵达中山陵举行谒陵仪式，齐续春一行在祭堂孙中山先生坐像前肃立，行鞠躬礼，敬献花篮，并绕陵寝一周，深切缅怀孙中山先生。

【中国国民党主席洪秀柱拜谒南京中山陵】 10 月 31 日，中国国民党主席洪秀柱率领中国国民党大陆访问团，拜谒南京中山陵。洪秀柱一行在中山陵祭堂向孙中山先生坐像敬献花篮，致祭文，并进入墓室瞻仰致敬，深切缅怀孙中山先生。

【第二届南京森林音乐会】 9 月 14 日，由江苏省委宣传部、南京市人民政府主办的 2016 年第 2 届南京森林音乐会在中山陵音乐台开幕。开幕当晚，世界最古老乐团——斯洛文尼亚爱乐乐团，为观众奉献一场名为"森林的交响"

第 21 届南京国际梅花节期间，市民游客在明孝陵景区梅花山梅花林间休憩

大型音乐会，这是该乐团在中国的首场演出。

【孙中山诞辰 150 周年档案史料展】 2016 年，为纪念孙中山先生诞辰 150 周年，由南京市档案局（馆）、中山陵园管理局、广州市档案馆共同主办“广州·南京双城记忆——纪念孙中山先生诞辰 150 周年档案史料展”，11 月 10 日起在广州和南京两地同期举行，南京展览地址在中山陵园风景区孙中山纪念馆。本次展览，由广州和南京共遴选出最具代表性 300 余张图片，60 余件实物、文书等档案史料，通过实体展览与 APP 网上展览相结合形式，全面反映孙中山先生在广州、南京两座城市留下的历史足迹和情感渊源。

（程　岩）

·玄武湖公园·

【概况】 2016 年，玄武湖公园成功创建国家水利风景区，获“全国旅游系统先进集体”称号。游客量首次突破 1800 万，达到 1813 万人次。自营收入 7428 万元，自 2010 年 10 月 1 日全面免费开放以来，首次超过财政补助收入。景区提高公益管理职责工作标准，卫生保洁、公共设施维护、安保等社会化外包合同总金额 1122 万元，比上年增加 32%。重视会所工作，制定《玄武湖管理处“会所中的歪风”专项整治工作方案》，成立整治工作领导小组，实行 365 天常态化管理。制定《“问题清单”效能督察工作方案》，实行问题清单化。举办春花展、荷花节、菊花展等 9 场特色花事活动；配合政府及相关部门开展“江苏省第 2 届全民阅读日”、江苏省第 3 届艺术节“美好家园　幸福南京”广场活动、2016 南京马拉松、端午诗会、中秋诗会各种公益活动 20 场。各种媒体报道约 200 篇次。

5 月 19 日，“我爱玄武湖”志愿服务队组建仪式授旗

【景区环境提升】 10 月 31 日，完成火车站喷泉修复提升工作，恢复 138 米音控高喷，及跑泉、龙摆、凤尾等 13 种水形，增设 21 组气爆泉，改机械升降平台为漂浮平台，水下灯全部更换成 LED 灯，采用线阵音响，重新编排表演曲目。10 月 25 日，配合市路灯管理处完成玄武湖景观照明提升工程。自行筹资 100 多万元完成九号公馆出新工作。推进玄武门外游客中心改造，完成平面方案，相关权证未移交。完成玄武湖水质配套工程项目可研申报，获建委立项批复，项目立项 1200 万元。

【平安景区建设】 2016 年，景区获南京市平安景区示范单位，获南京市保卫组织集体三等功。景区制定《住园人员管理办法》，加强住园人员管理；完成 13 处客流统计系统布局调整；完成景区损坏监控修复，更换摄像头 13 处，新增 100 处公安监控探头，实行全园 24 小时监控；建设巡更系统，设立巡更点 43 个，确保夜间安全；完善安保设备，更换、新增消防器材 498 只，新增防恐防暴器材 10 套；加强维护景区秩序，清理无证违章摊点 2900 处，清理遛狗者 11700 人次，禁车劝阻 10600 起，制止轮滑 2100 多人次；加强湖产管理，依法罚款 23080 元，偷盗湖产现象得到有效管控。

【菱洲儿童乐园项目】 1 月，玄武湖菱洲儿童乐园 PPP 项目完成与江苏中南建筑产业集团有限公司项目签约；3 月，注册成立项目公司——江苏中南玄武湖生态旅游开发有限公司；4 月，项目公司接管项目场地，完成项目树木移植和封闭围档工作；5 月 19 日，国家发改委稽察组对玄武湖菱洲儿童乐园项目进行现场稽察，同月市政府批复同意乐园采取封闭管理经营模式，玄武湖管理处与项目公司签订特许经营协议;12月,完成项目监理公开招标、签约工作。

【国家水利风景区创成】 2015年1月开始国家水利风景区创建工作。2016年4月26日通过省级考察评价,7月18日通过水利部专家组现场考察评价,8月31日被水利部评为国家水利风景区。11月11日上午,水利部景区办、中国水利学会、水利部综合事业局、省水利厅、省旅游局、市水务局、市旅游委等部门领导在玄武门共同为玄武湖水利风景区揭牌。

【国家AAAAA级景区创建】 2016年,推进国家AAAAA级景区创建工作,制定标识系统更新方案,完成玄武门、解放门景区导览图建设,更新标识牌253个,完成环湖路百米标识牌设置;新建解放门外电子大屏,完成玄武门外电子大屏更新;撤除解放门外两处经营点、改建为解放门游客服务中心;完成玄武门内游客中心的提档升级,新建母婴室和室外直饮水系统;在和平门、太平门、盆景馆等15处种植荷花20公顷;对玄武门、姐妹桥间沿岸、荷湾聆音、白苑前、览胜楼至黄册库段的驳岸进行维修;打造花坛花境微景观,引进香彩雀、细叶美女樱等新品种,换花15万盆;加强古树名木保护,完成37株古树名木定位及挂牌工作。完成环湖路泵站、九号公馆2座厕所提升改造;更换垃圾箱260个;提升景区展馆,委托专业公司对景区武庙闸、湖神庙、览胜楼等展馆进行展陈策划,并完成览胜楼出新和展陈施工。

【"我爱玄武湖"志愿服务】 5月19日,"我爱玄武湖"5·19中国旅游日暨玄武湖景区志愿服务队伍组建仪式在莲花广场举行。景区联合金陵科技学院,共同签订志愿志愿服务合作备忘录,成立"我爱玄武湖"志愿服务队。现场志愿者共同完成近3000平方米"我爱玄武湖·文明旅游承诺"巨幅扇形手印画。"我爱玄武湖"志愿服务队下设文明旅游、文化传播、生态保护3支分队,招募志愿者432人,志愿团队10个。 (陈雅静)

·红山森林动物园·

【概况】 南京市红山森林动物园是国家AAAA级风景名胜区,位于南京城北,园区总面积68.4公顷。园内山峦叠嶂,绿化覆盖率达85%,汇聚世界各地珍稀动物280多种,共3000余只(头)动物。每年吸引来自世界各地访客500万余人次。红山森林动物园开展形式多样的公众教育项目,致力于培养公众对自然、对生命的同理心、爱心和感恩之情,提升大众保护野生动物及生态环境的意识和行动力,是展示江苏省、南京市生态文明重要窗口。2016年,举办"生肖文化节""爱鸟周""全国科普日"等各类主题公益活动12项70余场次,其中直接参与各类主题教育活动的受众达13.2万人次。在敬好园内野生动物保育工作基础上,承担和发挥江苏地区野生动物收容救护重要职能。2016年收容救助红猩猩、鹦鹉、猕猴等野生动物90余种1441(头)只。

【猴年生肖文化节】 2月至5月,开展以"灵猴献瑞"为主题的猴年生肖文化节,包括"千姿百态"世界灵猴展、"灵猴3D画展""灵猴知识知多少""灵猴面对面讲解""灵猴献瑞"科普学堂进校园等公益活动,受到多家省、市媒体的报道和关注,获得社会好评。

【生物多样性日主题活动】 5月22日是世界生物多样性日,为提高人们对保持生物多样性重要性认识,动物园联合南京地铁"红山站"开展以"低碳生活"为主题的环保活动,向广大父母和儿童宣传"绿色出行、低碳环保"理念,从小事做起,共同维护生态平衡,爱

5月4日,在北京东路小学举办科普进校园活动

护其他生物资源环境，共享地球美好环境。活动现场市民积极参与，达到良好科普宣传效果。

【动物科普学堂进校园】 2016年，与玄武区科协合作，动物园的科普老师走进长江路小学、北京东路小学、樱花小学、南京市航空航天大学幼儿园等14所小学和幼儿园，开展《动物趣味便辨变》《大地上的星星——萤火虫》《暗夜精灵——蝙蝠》趣味动物主题课堂活动20余场，受众面达2300余人。其中在北京东路小学、锁金村二小幼儿园进行的科普学堂进校园活动，南京少儿频道进行全程跟踪拍摄。活动得到学校孩子们和老师的欢迎好评。

【"爱在南京"夏令营活动】 8月19日，受共青团南京市委委托，邀请江苏盐城阜宁、射阳等龙卷风、冰雹重灾区120名师生到南京参加"爱在南京"夏令营——参观动物园活动。动物园特别选取猩猩馆、大熊猫馆、细尾獴馆、长颈鹿馆和大象馆作为重点参观场馆，安排经验丰富的工作人员在师生们参观过程中讲解动物行为特点、饮食需求、栖息地保护现状和动物趣事等。

【景区厕所出新】 2016年，园内10座厕所进行改造扩建，增加无障碍卫生间13个，增加男女厕位20个。其中7座厕所新建工具间、管理间，以及家庭卫生间（母婴室），内设婴儿台、婴儿座椅、小儿便器、儿童洗手台等。改造后厕所结合动物园特色，分别用动物花纹、动物图片、动物形象进行动物文化氛围营造，设计27类图文，装饰图片近200张，做到一厕一景。园内厕所均达到A级以上标准。 （公　正）

·南京中国近代史遗址博物馆（总统府）·

【概况】 2016年，南京中国近代史遗址博物馆（总统府）接待观众376万人次。配合纪念中国共产党成立95周年、长征胜利80周年、孙中山诞辰150周年，举办多个专题展览或纪念活动。全国助残日、国际博物馆日、中国旅游日、国际禁毒日里，主办多个主题宣传活动。对照国家旅游景区质量等级标准，改进参观环境，完善服务设施。实行新的开放时间，优化参观进出线路，实现售检票系统提档升级。与360江苏夜景数字科技公司合作，在馆内主要景点布设智能讲解设备。为150多种树木换挂新一代二维码标识牌。总统府官方网站完成调整更新。响应国家旅游局倡导"旅游厕所革命"，保证所有厕所设施齐备完好，并落实卫生专人负责制。在同程旅游网主办"红遍神州　一路同程"目的地旅游峰会上，获得"十佳创新营销旅游景区奖"。在景域集团（驴妈妈）主办"旅游IP高峰论坛"上，被评为"旅游+互联网创新营销合作伙伴"。2016年被南京市评为"平安示范单位"。

【"闭馆日"实行】 4月1日起，南京中国近代史遗址博物馆开始实行"闭馆日"，即除法定节假日外，每周一不再对观众开放。4月11日为首个"闭馆日"。此举为馆内建筑和设施维修检测提供更多空间和时间，有效保证员工学习培训、业务活动开展落实，并为影视单位拍摄取景创造良好条件。年内，北京电视台纪录片《解放》、解放军国防大学文献片《向前向前向前》、江苏广播电视总台纪录片《中国南海》等影视作品取景拍摄都在"闭馆日"完成。

【"老照片"系列展】 4月30日起，南京中国近代史遗址博物馆利用收藏历史图片资料，在总统府马厩先后举办"老照片"系列展。4月30日举办民国体育图片展，通过54张记录中国参加柏林奥运会、举办全国运动会、台湾省代表队参加七运会以及民国体育活动等珍贵图片，展示民国时期重大体育事件及民众体育运动情况。同日开展"民国服饰图片展"，通过64张图片聚焦政要名媛、民间百姓服饰，再现民国时代风貌。9月27日开展"纪念南京解放图片史料展"，通过"山雨欲来风满楼"和"红日曙光照石城"两部分101张照片，再现解放前夕，南京百业萧条、民生凋敝、城市消费畸形和解放军以排山倒海之势，摧毁蒋介石集团苦心经营长江防线，占领国民党政府统治中心南京的历史。11月5日开展"晚清与民国社会民俗图片史料展"，以78张图片集文字资料为依托，从社会阶层、宗教、家庭、生活习俗、社会问题等方面展示近代以来中国社会渐变过程。

【售检票系统升级改造】 6月，启动票务系统升级改造项目，"十一"国庆黄金周期间正式上线运行。新系统为观众提供多样购票途径。可在售票窗口购票、网上预购门票、馆区门口专设"扫码购票点"扫码购票刷身份证入馆，并取消网购票现场换票环节，实现观众"快捷购票、快捷入馆"。

漪澜阁

【孙中山诞辰 150 周年纪念邮票展】 11 月 10 日，为纪念中国民主革命的伟大先驱孙中山先生诞辰 150 周年，由南京市集邮协会主办、南京中国近代史遗址博物馆协办“孙中山诞生 150 周年纪念邮票展”在二堂临展厅展出。孙中山先生为了中国资产阶级民主革命，足迹遍布众多国家和地区，在其逝世后，世界各国和地区陆续发行数百种以孙中山为题材的纪念邮票和专用邮票。本次展出其中部分存世精品。这些邮票制作精美，既有很浓的艺术韵味，又有较高学术研究价值。此展旨在更好地宣传孙中山先生的革命业绩和爱国主义精神，激励海内外中华儿女为实现中华民族伟大复兴中国梦而努力奋斗。

链接

中式园林建筑——漪澜阁

位于总统府西花园太平湖内，重建于清同治九年(1870)。中式园林建筑，砖木结构，单层歇山顶式。屋脊正中有一瓷葫芦瓶，传为盛水容器，为镇火宝物。灰瓦，雕花门窗。周围石栏环绕，八只憨态可掬的小石狮盘坐栏上。整体建筑四面环水，以东、西两侧石拱小桥与岸相接。这里曾作为太平天国天朝宫殿机密房。1912 年中华民国临时政府成立后，孙中山曾在此办公会客或休息。1930 年至 1940 年，先后作为国民政府高参室、参谋本部和总统府军务局的办公处。 (孙水晶)

·梅园新村纪念馆·

【概况】 中国共产党代表团梅园新村纪念馆位于长江路东端的梅园新村，占地面积 4600 平方米，由中共代表团办事处旧址、国共南京谈判史料陈列馆、周恩来铜像、周恩来图书馆等组成，属于近现代历史遗迹及革命纪念建筑物。其中，中共代表团办事处旧址是全国重点文物保护单位。2016 年，梅园新村纪念馆接待观众约 71 万人，组织观众讲解 4107 场，外出送教宣讲 8 场，累计培训大学生义务讲解员约 410 人，中学生讲解员约 25 人，义务讲解 3056 场。举办“崇高的精神　永远的榜样——弘扬优秀传统文化、培育社会主义核心价值观”专题展；“永远的旗帜　光辉的历程——纪念中国共产党成立 95 周年专题展”；完成省文物局 2016 年馆藏文物巡回展项目——“江苏省廉政史料图片展”徐州站、宿迁站、淮安站、扬州站、镇江站及常州站等地巡展；举办“从南昌起义走出的共和国将帅”专题展；“海纳百川——周恩来与党外人士”专题展；为支持新农村文化建设，纪念馆为南京市高淳区桠溪镇韩桥社区综合文化服务中心策划、设计并制作“永远的旗帜　光辉的历程”专题陈列。

【文物征集工作】 3 月底赴中央档案馆，查找并复制 26 份与国共南京谈判珍贵档案史料，填补馆藏资料空白；拜访 7 位原中共代表团老同志或家属，征集到珍贵文物及照片、画册、书籍等资料；4 月 12 日，中国红岩儿女联谊会一行 40 人到梅园新村纪念馆及八路军驻京办事处旧址纪念馆参观，并向纪念馆捐赠珍贵革命文物。

【宣教活动】 2016 年，开展形式多样宣教活动。“最美的花儿献给最爱的周爷爷”插花 DIY——纪念周恩来爷爷逝世四十周年活动；“永远的怀念”——纪念敬爱的周恩来总理诞辰 118 周年诗歌朗诵会；举办“我心中的梅园”社教活动；“追寻黑白光影中的红色身影”网友节活动；举办“我们是共产主义接班人——欢度‘六一’儿童节”活动。与沪宁高速公路南京站共同创建“周恩来廉洁文化教育基地”；为南京市第九中学命名“邓颖超班”；远赴宁夏回族自治区固原市为固原市回民中学、弘文中学、实验小学三所学校命名首届“周恩来班”；为江苏经贸职业技术学院创建第三届“周恩来班”举行授牌仪式。

【社会主义核心价值观专题展】 2016年，梅园新村纪念馆完成“崇高的精神 永远的榜样”社会主义核心价值观展览。展览于6月14日开展，到河海大学、江苏经贸职业技术学院、钟山职业技术学院、雨花台社区等学校社区展出。6月底，展览赴新疆伊宁市文化艺术中心、奎屯市、伊宁县等地进行巡展，获社会各界广泛关注。

【纪念中国共产党成立95周年专题展】 2016年，为纪念中国共产党成立95周年，配合“学党章党规、学系列讲话，做合格党员”学习教育，梅园新村纪念馆与浙江嘉兴南湖纪念馆合作，制作“永远的旗帜 光辉的历程——纪念中国共产党成立95周年专题展”。展览全面客观展示中国共产党历次党代会基本内容和政治意义，全面解读历次党代会通过党纲党章的主要内容和修改完善过程，体现中国共产党思想、理论和政治路线与时俱进的发展轨迹，并加入“两学一做”相关内容。展览开展以来，各机关团体、企事业单位相继前来参观专题展，接待各单位、团体100余场，展览成效显著。

【周恩来诞辰118周年纪念活动】 3月5日，梅园新村纪念馆组织南京市梅园中学、南京市第九中学、长江路小学、东南大学、宁沪高速公路南京收费站、三江学院和钟山学院7家学校、企业的“周恩来班”“周恩来班组”和“邓颖超班”100多名师生和员工，在馆浮雕前隆重举行“永远的怀念——纪念敬爱的周恩来总理诞辰118周年诗歌朗诵会”，并向周恩来铜像敬献花篮，表达对人民公仆周恩来的缅怀之情。同日，市文广新局广电社会管理处和江苏新希望电影公司走进梅园新村纪念馆，为游客播放公益电影纪录片《情归周恩来》，再现其人格魅力。

【“梅园杯”征文活动】 2016年，由梅园新村纪念馆承办的2016年南京文博之夏——“梅园杯”我最喜爱的博物（纪念）馆征文活动，通过官方微博、电话邀请以及向全市大、中、小学发送邀请函的方式，共征收文章487篇。经过各院校及本馆专业人员初评，有183篇文章进入评审。征文活动要求同学们参观博物馆、纪念馆的亲历感悟，鼓励大家走进文博场馆，丰富课余生活、开拓眼界。最终经专家评选出大学组、中学组和小学组优秀征文，并颁发奖品。

（林建英）

6月28日，纪念中国共产党成立95周年专题展开展

·六朝博物馆·

【概况】 六朝博物馆位于玄武区长江路302号，在原六朝建康城遗址上修建而成，2014年8月11日正式对公众开放。六朝博物馆总面积约22000平方米，展示1300余件（套）六朝文物，是国内目前展示六朝文物最全面的遗址博物馆，也是反映六朝文化最系统的专题博物馆。2016年，六朝博物馆接待观众42万余人次，全年讲解611场次。5月18日“国际博物馆日”，创新采用官方微信领取电子免费参观券的方式，实现错峰参观。全年招募培训志愿者130名，其中社会志愿者40名，与6所高等院校合作招募大学生志愿者90名。举办“发现南京之韵摄影大赛之六朝篇”优秀摄影作品展、“春之色彩——江苏名家油画邀请展”“兰亭修禊 如水之美——农历三月三风俗展”“南京文创展”“陶趣痕生——2016两岸现代陶艺交流展”等11个临时展览，举办“探秘六朝”“岁时有约”等105场社教活动，举办《中国古典文学名著——红楼梦（二）》特种邮票首发式、“博物馆璀璨夜”

钢琴音乐会、“翻转吧，小六！”——首届六朝魔方小达人评选大赛、“2016六朝小茶人评选大赛”等社会文化活动。其中，“探秘六朝之药香千年”活动获“2016南京网友节最佳新媒体传播奖”。

【农历三月三风俗展】 农历三月三，中国古代的上巳节，有着一系列风俗，包括祓禊、踏青、采兰等。六朝博物馆举办“兰亭修禊如水之美——农历三月三风俗展”，向观众介绍修禊习俗历史演变。通过观赏东晋时期“兰亭修禊”上巳节活动，观众了解民族风俗由来和寓意，增添文化传承责任感。3月26日开展，六朝博物馆举行了系列活动，包括“快闪”诗歌朗诵、汉舞表演、兰草香囊DIY、趣味对联、茶艺展示、古琴演奏等活动。当天着汉服参观者可免费入馆。展览期间，每逢周末举办相关配套体验活动，制作香囊、发簪、中国结，展示女子笄礼。展览以可观可赏可参与方式，鲜活地将古人“春禊”风俗展示给观众。

【南京文创展】 6月11日是国家第11个文化遗产日，由南京市文化广播新闻出版局主办，南京市博物总馆、南京城墙保护管理中心、江苏瀚港文化发展有限公司承办“南京文创展”在六朝博物馆开幕。展览汇聚南京市诸多优秀文创单位开发产品，以南京文博衍生品为主，分为博物馆精品文物仿制品、六朝风采、梦中红楼、城墙文化、状元文化、红色文化、非遗文创、南京精品文创八个系列百余组产品。展览与文化遗产日主题——“让文化遗产融入现代生活”有机结合，让城市中古迹、库房里文物走进大众生活，焕发新的生命力。

7月17日，首届六朝魔方小达人评选大赛开营

【2016两岸现代陶艺交流展】 9月15日，由江苏国际文化交流中心、广西国际文化交流中心、台湾跨领域艺术学会和六朝博物馆联合主办的“陶趣痕生——2016两岸现代陶艺交流展”开幕。展览共邀请来自台湾、上海、江苏、广西、江西等地区40位陶艺家参展，展出约110件风格迥异的陶艺作品，包含艺术陶瓷、生活陶瓷和雕塑等。两岸陶艺海峡阻隔，却一脉相承，有创作理念、表现形式和工法的差异，仍显现出文化源流相同旨趣。展览期间举办两岸陶艺家交流座谈会、陶艺研习、花道课堂等系列文化活动。

【首届六朝魔方小达人评选大赛】 六朝博物馆举办“翻转吧，小六！”——首届六朝魔方小达人评选大赛于7月17日开营。经网上报名，40位8~12周岁儿童加入训练营。经接受专业魔方培训和参加“探秘六朝之我是小小寻宝王”活动了解六朝历史与文化，8月7日，评选大赛总决选在六朝博物馆举行。比赛分为团体赛和个人赛。40位青少年为大家献上精彩的魔方表演，并被授予“六朝魔方小达人”培训证书。大赛使用的“六朝魔方”是六朝博物馆最具特色文创产品之一。魔方六面与六个朝代巧妙结合，构思新颖，受到广大游客喜爱，曾获评2014年中国文化创意产业最具人气十大文创产品。此次大赛是六朝博物馆首次尝试将文创产品和夏令营相结合。（朱晓雪）

·江宁织造博物馆·

【概况】 江宁织造博物馆位于玄武区长江路123号。2013年5月1日正式对外开放，占地面积1.87万平方米，建筑面积3.7万平方米，其中地面建筑4层，地下建筑2层。2016年，江宁织造博物馆举办8个临时展览，分别是：“锠行天下——中国织锦文化展”“彭玉香楷书作品展”“‘石乡名府庆新春·雨花美石靓金陵’猴年雨花石大展”“匠心忆梦——红楼梦文创艺术展”“巧手筑梦——《红楼梦》主题暑期游学营回顾展”“光墨·金陵——何宝森红楼梦主题书画展”“金陵百工·匠心独运——南京市工艺美术精品展”“拙中见奇·文寓匠心——纪念赵德桢诞辰100周年金陵竹刻邀请展”，并举办27场社教活动，分别以“重大节日”为契机、以“红楼梦”为主题、以“常设展览”和“临时展览”为根本进行策划和组织，其中“蚕宝宝系列活动”创新使用广播剧表现形式，增加趣味性。江宁织造博物馆设有红楼影院、时尚发布中心、织署戏台、红楼书场、红楼梦图书馆等展演和服务项目，并通过媒体、官方微博和微信做好宣传报道。截至2016年底，江宁织造博物馆官方微博粉丝10559名，官方微信粉丝5193名，发布微信286条，社会效益良好。

10月18日，组织开展“看织造展览　绘红楼人物”主题活动

【红楼梦文创艺术展】 2016年，江宁织造博物馆举办“匠心忆梦——红楼梦文创艺术展”作为开馆三周年特别献礼。整个展览以当代艺术创作形式，集中展现百余件红楼梦文化衍生艺术品，包括文具、首饰、家居及民生用品等。将古典与现代巧妙融合，将生活和《红楼梦》紧密结合，意在从不同角度诠释《红楼梦》文化内涵，用现代文创元素向传统文化致敬。

【暑期活动营】 7月，举办“红楼巧手少年团——江宁织造博物馆暑期活动营”包括“《红楼梦》可以这样搭——江宁织造博物馆乐高夏令营”“《红楼梦》主题公益课程”“‘红楼巧手少年团——江宁织造博物馆暑期活动营’手工作品展”三部分内容，各项活动都围绕名著《红楼梦》为主题，共招收一年级至在校大学生304名营员，从营员手工作品中挑选出100~200件，结合江宁织造博物馆馆藏《红楼梦》文物藏品，举办“红楼巧手少年团——江宁织造博物馆暑期活动营”手工作品展，评选出优秀作品颁发证书。《现代快报》《扬子晚报》《东方卫报》《南京晨报》《金陵晚报》，以及南京电视台教育频道等多家媒体进行相关报道，获得良好社会反响和观众积极响应。

【新媒体运用】 1~10月，发布微信85条，内容涵盖江宁织造历史知识、公益社教活动、本馆资讯等；组织公益社教活动与观众互动37次，粉丝人数有大幅增长。微信信息最高阅读量达2289次，平均阅读量达400次。发挥博物馆官方微博和微信传播优势，引导游客参观了解博物馆常设展、临展以及博物馆相关主题信息。

（杨海静）

财政·税务

Finance, Tax Administration

责任编辑　苏　成

◎ 财政

◎ 税务

财　　政

【概况】 2016年，玄武区完成公共财政预算收入48.91亿元，玄武区公共财政预算支出31.06亿元，公共财政预算收支平衡。政务依法公开透明，实时更新微博、网站等信息内容，全年撰写信息50余条、微博300多条。加强与相关部门、人大代表和政协委员的沟通协调，牵头完成7件人大建议和政协提案，完成率和满意率100%。做好档案收集、整理、归档、迎查工作，通过省三星级档案复查验收。推行"满意12345"，做到专人负责、及时处理、按时办结。区财政局获2010~2015年度全省财政系统先进集体、南京市"十二五"学前教育发展有功单位、2011~2015年全区法治宣传教育先进集体、2016年度玄武区先进基层党组织、区税源服务工作先进单位等称号。

【财政收入】 2016年，全区完成公共财政预算收入48.91亿元，同口径增长14.8%，完成年度预算预期目标。主体税种的完成情况：增值税（原口径）完成7.33亿元，同比增长65.1%；改征增值税完成7.02亿元，同比增长57.9%；营业税完成7.1亿，同比下降40.6%；企业所得税完成7.2亿元，同比增长28.8%；个人所得税完成7.22亿元，同比增长24.8%；房产税完成1.95亿元，同比下降37.5%。

【护税协税】 2016年，建立信息交流和反馈机制，完善护税协税工作网络和职能部门工作人员驻点工作制度、涉税工单反馈制度，建立税源分级分类管理、涉税信息共享、企业迁出内部流程和迁入绿色通道等工作机制，深化部门横向联系，增进区街纵向联动，减少税源异常流动，营造公平、有序财税环境。

【"营改增"税制】 2016年，按月做好区级重点税源企业分析，扩大分析范围，完成"十二五"期间收入情况分析、省局异地户情况分析、"营改增"税户情况分析以及建筑业、不动产租赁业分析。向上级部门报"营改增"征管工作建议和征管工作汇报，提高组织收入主动性和预见性。汇编"营改增"政策、"营改增"税率表和"营改增"工作提醒，深度解读改革政策，探索有效应对举措，做好行业征管、大户走访、税源跟踪，将"营改增"对收入的影响降到最小。

【挖潜增收】 2016年，协同区国税、地税、区金融办就拟上市及上市企业股改涉税问题达成信息共享方案，与区统计局普查数据实现共享。协助区招商部门对企业进行政策预估，与相关部门联合举办各种类型培训会，宣传税收政策，做好税收服务。按月跟踪国有资产处置信息，股权转让企业所得税成效显著；按月跟踪土地出让信息，做到第一时间跟进。

【预算执行】 2016年，按照新预算法要求，推进预算执行工作，严格按照区人代会审议通过的预算安排支出。建立预算执行进度考核机制，引导各预算单位提升预算执行效率，压缩新增结转结余规模，促进预算执行均衡有序。在预算执行中，针对全区多项政策性增支因素，做好预算内外资金统筹调配，保障机关事业单位工资调整、房贴提标、公积金调整、养老保险改革、住房补贴改革等全区性刚性增支，保障全区重大项目建设。同时，在2017年部门预算编制政策中进一步调整和完善部门预算编制各项政策和预算编报方式，全面推行综合预算、零基预算，将结余资金清理、绩效目标管理等与部门预算编制相结合，为提升预算编制质量夯实基础。

【财政支出】 2016年，合理安排预算支出进度，进一步发挥财政调控引导作用。围绕公共财政支出导向，坚持以人为本、民生优先，有力助推幸福城区建设。教育支出10.07亿元，大力支持学前教育发展，落实中专免学费政策，调整中小学及幼儿园生均公用经费投入，支持义务教育优质均衡发展。社会保障和就业支出3.99亿元，全力支持各项民生政策提标扩面，确保城乡低保金逐年增长，保障高龄老人营养补贴、退役士兵安置、军队移交地方安置离退休人员经费落实到位，加大投入促进就业困难群体实现就业。医疗卫生与计划生育支出1.85亿元，城乡基本公共卫生服务项目补助标准、城镇居民医保筹资标准及保障水平得到提升。城乡社区事务支出4.22亿元（含政府债券），大力支持宜居城区建设，市容管理、市政建设以及治安维稳等方面投入持续增加，支持城建、城管、环保等部门实施节能减排、垃圾分类、二次供水改造，依规统筹各级资金推进百里风光带建设及城中村、危旧房改造，进一步改善城市功能和居民生活环境。

【涉改单位预算】 2016年，针对政府机构改革涉及的新建单位、撤并单位及其他单位，坚持依法理财，按预算法有关规定履行预算调整程序。制定详细方案，对涉及本轮改革单位进行相关政策讲解和培训，明确本次预算调整原则、编制方法和上报时间节点，确保涉改单位按时保质完成预算调整上报工作，对涉改单位上报预算进行逐项审核，确保在涉改单位共同协商的基础上，按“费随事转”和“费随人转”原则进行调整。对新成立单位新建财务账套，对合并单位账务数据进行全面清理、核实、调整合并，所有涉改部门预算经费执行指标全部到位。进一步明确预算执行中可能发生的情况，有效保障区涉及改革部门正常有序地运转。

【财政资金规范管理】 2016年，按照综合改革有关要求，稳步推进预算管理改革各项工作，出台创业玄武人才计划资金管理办法。按政策清理规范重点支出同财政收支增幅或生产总值等挂钩事项，解决预算分配固化问题。深化国库集中支付改革，推进国库单一账户体系建设，严格按上级政策加强对预算单位基本账户、财政专户的管理工作，推进支出无纸化，提升资金拨付效率。配合人大推进公共财政预算改革和部门预算分项审查，提高财政资金使用效益，促进公共财政建设。作为全省首批司法体制改革试点工作区，对接做好司法体制改革工作，按照中央和省市改革工作要求，精心组织，认真落实，推进司法体制改革，6月顺利完成省区财政各类事项的对接，10月接受区法检两院区县财政代管工作，开启已关闭、冻结的各类法检账户及相关财政业务。

【预算管理】 2016年，围绕新预算法和中央、省、市深化财税改革政策精神，结合区情实际，全面推进全口径预算管理，一般公共预算、政府性基金预算、国有资本经营预算编制预算草案报人代会。完善国库集中支付制度改革，推进建设国库集中支付电子化，稳妥推进国库现金管理。对2015年部门预算中超过50万元的项目进行绩效评价，在推进以零基预算编制2016年度部门预算基础上，协同开展大额支出绩效评价工作，强化预算单位绩效意识，增强绩效评价结果在年度预算编制和预算资金配置等方面的应用，提升预算资金使用效益。

【政府购买服务】 2016年，全区全年完成政府采购13467.38万元，节约预算资金1659.89万元，预算资金节约率10.84%。辅导各部门单位科学细化编制政府采购预算，对重大项目招标活动工作重心前移，确保采购环节规范，采购操作严密。推进政府购买服务改革，完善政府采购预算管理，创新采购模式。完成全区“网上商城”采购单位信息收集录入，完善“网上商城”采购流程，进行全区“网上商城”采购业务培训，全面推行“网上商城”采购业务操作。

【会计管理工作】 2016年，组织全国会计专业资格报名考务工作和会计专业技术初、中级资格考试现场报名审核工作。完成代理记账机构备案工作。及时发布继续教育通知，完成省、市会计继续教育工作计划要求。配合市局完成财政部关于《会计法》问卷调查通知转发工作、财会人员专场招聘会遴选工作和参加省第21届珠心算能力比赛工作。对区内从事会计代理记账机构行政许可进行网络公示，提高政府监管和社会监督有机结合，构建全方位监管体系。

【政府债务管理】 2016年，根据市财政局统一部署，开展政府债务管理工作，加强全区政府债务管理，全面监控区财政和各部门各单位债务情况，定期更新全区债务数据，推进存量政府债务置换和新增债券拨付，减轻债务付息压力，为棚户区改造、市政设施建设等项目提供资金支持。完成地方政府置换债券支出工作，督促平台公司规范使用债券资金，切实防范债务违约风险。

【预算公开及专项监督检查】 2016年，落实区人大通过的2015年各项收支预算及其审计意见，完成2015年决算草案报告，自觉接受人大监督。完成2015年度部门决算工作，接受2015年度财政决算区级“同级审”。推进预算公开工作，2015年部门决算、2016年政府总预算、部门预算全面公开，公开内容细化至项级科目。结合内部控制制度，对市局核查发现问题加以改进，完成财政资金安全检查工作。联合区纪委、区审计局组成资金监管督查组，制定重大节日检查工作方案，组织单位开展自查自纠，对包括系统及下属事业单位、部门等，开展以违规公款购买节礼、违规发放津补贴等为主要内容的专项监督检查。配合市局做好医疗机构会计信息质量、预决算公开情况、罚没收入等财政监督专项检查。

（朱尘若）

税　　务

·国家税务·

【概况】 2016年，区国税局坚持组织收入原则，做到应收尽收的，制止收过头税、不落实税收优惠政策等行为，收入形势总体良好。2016年组织市级收入90.85亿元，比上年同期增收28.40亿元，同比增长44.64%。实现公共财政预算收入19.48亿元，比上年同期增收6.58亿元，同比增长51%。2016年共组织区级收入40.99亿元，比上年同期增收9.04元，同比增长28.29%；实现公共财政预算收入18.73亿元，比上年同期增收6.04亿元，同比增长47.62%。2016年，区国税局多名党员获江苏省国税局优秀党员、市级机关优秀党务工作者、全市国税系统优秀党员称号，区国税局纳税服务科被授予党员责任示范区称号。

【税制改革】 5月，"营改增"试点在全国范围内全面推开，生活服务业、金融业、建筑业、房地产业最后4个行业全部实现从营业税改征增值税。累计接收10414户营改增新增纳税人（包括后续上门户）。同时解决"营改增"转型后开票、申报、税负分析等问题，为"营改增"后续管理奠定基础。"营改增"最繁忙的4~6月间，日均叫号1500户次，发票发售29927户次，发售4392632份；代开增值税专用发票14633份，普通发票3034份；接进咨询电话10684次，办税厅日均接受营改增纳税人咨询近百人次。

【征管系统上线】 按照国家税务总局统一部署，全省于2016年10月上线金税三期系统。上线以来，区国税局累计开展清单事项测试294项、7000多笔测试业务，测试通过率100%，完成1300多户待匹配税户确认工作，建立国地税纳税人一一对应关系。办税厅业务处理流畅，未发生大规模拥堵现象，未接到纳税人相关投诉。

【整顿规范税收秩序】 2016年，根据国税总局打击虚开增值税专用发票及骗取出口退税违法犯罪专项工作要求，区国税局整顿规范辖区内税收秩序，对异常纳税人、高风险纳税人开展约谈，做好询问笔录；对失控票管理，结合各级督审工作要求，加强台账管理。从源头防控涉票风险，加强对持外地法人身份证、多家法人、财务人员互串、小型商贸等监管，有效遏制虚开增值税发票增长态势。

【税收管理改革】 2016年，根据省局要求，持续开展税收管理改革。规范统一职能配置。区国税局在岗责体系确定、流程操作规范、硬件保障跟进等方面深化改革，进一步完善"前台办理、后台支撑、风险指引、分类应对、过程控制"为特征的现代化税收征管格局。完善风险管理机制，严格按照风险管理模板及法律指引相关要求操作执行，确保应对过程规范到位。3月，通过省局深化税收管理改革综合示范点达标验收。

【国税服务】 2016年，"营改增"全面推开，管辖企业急剧增多，办税服务厅工作量成倍增长，区国税局采取多种措施，有效缓解办税厅压力。拓展办税场所，经市、区两级局领导与地税局多次协商，借用区地税局一楼办税服务厅8个窗口，有效缓解大厅排队压力；优化办税流程，在一楼办税厅开设7个"营改增"首次申报"绿色"通道，专门设置3个"营改增"申报预审台，有效提高业务办理的速度；力推各类非接触式服务，采取预约服务、延时服务等有

5月4日，中国人民财产保险股份有限公司南京分公司到区国税局赠送锦旗

效分流办税人流，推进电子税务局网上办税系统运用，有效缓解办税厅工作压力。

【创建劳模工作室】 2016年，在全市国税系统内率先创建柏正宇劳模工作室，选取区国税局爱岗敬业业务骨干作为工作室成员，以劳模精神为引领发挥正能量。劳模工作室被省总工会授予“创新劳模工作室”称号。区国税局以此为契机，多次开展劳动竞赛，激发干部干事创业热情。区国税局先后涌现出一批先锋能手、业务标兵，为重点工作顺利完成提供有力保障。 （孙 昊）

·地方税务·

【概况】 2016年，区地税局围绕组织收入中心工作，全面盘查税源，加强税收征管，克服区域税源增长乏力、“营改增”等因素影响，建立联系反馈机制，组织干部定期走进社区，有针对性开展走访座谈、咨询辅导、政策宣传等纳税服务活动；围绕“聚焦营改增试点、助力供给侧改革”的主题，与社区纳税人开展互动，构建和谐共进的征纳关系，认真落实各项组织收入措施。区地税局累计组织入库税收收入581427万元，较上年同期（578266万元）增收3161万元，增幅0.55%。入库市级公共预算342612万元，同比增收6574万元，增幅1.96%，完成市局年度计划的97.17%；入库区级公共预算304192万元（含教育费附加及地方教育费附加），较上年同期减收788万元，减幅0.26%，完成区政府人代会必成目标91.51%，期成目标89.86%。入库工会经费1376万元，入库残保金2234万元。

严格执行各项干部管理规定，积极开展公务员职业道德推广活动，以职业道德的自律和行为规范的他律双向引导，规范干部日常行为。加强优秀人才培养，对区局专业人才库进行人员更新和补充；充分盘活和优化人才资源，强化人才数据分析和运用，发挥专业人才支撑、引领和带动作用。开展分类岗位培训，春训期间，完成40课时培训时间，组织各类培训、讲座、研讨等春训活动8次，测试4次。2016年，区地税局获区“书香机关”及2013~2015年度区级、市级、省级文明单位称号；9名干部在市局“业务大比武”活动中获业务能手称号，2名干部被纳入省局“素质提升‘115’工程—岗位能手项目”。

【征管改革】 2016年，平稳落实“营改增”工作。制定“营改增”工作分解责任表，明确工作事项、内容、时间节点和责任部门，对发票管理、税款征收、个体管理、委托代征等事项进行细化。加强纳税人政策宣传和纳税服务，有序推进重大工程项目委托代征、个人出租不动产税收代征工作，及时清理发票、票证和代征关系，做好系统切换相关准备，确保“营改增”工作业务衔接顺畅，平稳过渡。推进“金税三期”上线运行工作。制定“金税三期”上线双轨试运行工作方案，做好人员岗位初始化和票证初始化以及相关培训，全面落实金税三期双轨试运行各项工作责任。双轨运行期间，组织人海仿真测试11次，测试模块61项，测试数据4377条，反馈问题904条。在做好双轨运行的基础上，做好金税三期单轨上线工作，组织保障小组，明确分片包干职责，形成“点、线、面”三维立体式的联动保障机制，为重点场所（办税服务厅、各代征点）在重点时段和后续时段提供无缝对接保障，确保金三上线后报缴期各项工作顺利推进。

【风险应对】 2016年，区地税局加强风险应对任务统筹，完善环节控制，强化日常推进率监控，截至12月底，区地税局推送风险应对任务1792户，累计完成应对户数1784户，入库税款18576万元，贡献率3.22%。开展税收风险识别模型（指标）整合优化工作，成立模型整合和优化任务项目组，参考省内其他市县模型，进一步细化和优化现有的风评模板，建立适合南京实际情况的土地增值税风险模型。开展“千户集团风评”工作，完成南京国铁电气有限责任公司等5户企业风险评估工作。

【国地税合作】 2016年，全面落实《深化国税地税征管体制改革方案》，定期召开国地税征管联席会议。加强联合办税服务，在办税服务大厅、区政务中心设立联合办税窗口，国地税互派干部、统筹协作办理涉税事项，提高办税效率。全面实行“三证合一、一照一码”登记模式，实现工商、质监登记信息的实时交换和应用。规范委托代征管理，结合“金税三期”上线，全面清理委托代征登记，与30家单位重新签订委托代征协议，实现个体、市场、重大工程国地税共同委托代征全覆盖。每月与区国税联合开展新办纳税人培训，全年累计培训236户。联合国税完成辖区内18000余户企业

2015年度纳税信用评定工作，做好信用等级复评、补评等动态管理工作。

【依法治税】 2016年，规范税收执法行为，强化内部流程控制，推进监督检查常态化，有效防止执法风险。强化税收执法督察，重点关注易发生执法问题的薄弱环节，推动税收政策有效落实，对严重违规执法行为予以通报。加大执法监察和效能监察工作力度，增强对税收执法、行政管理重点岗位和关键环节的监督制约。探索行政强制措施实行的刚正性、有效性。重新制定区地税局重大税务案件审理委员会制度，拟定《拟采取税收强制执行合议表》，对区地税局日常征管中的疑难问题进行审理合议制度，限期为基层所明确处理意见和操作方法。结合省、市局《税务行政处罚自由裁量基准操作标准》，进一步规范基层所行政处罚自由裁量权，全年办理行政处罚案件1138起，未发现一起自由裁量权或引用条款错误。

【税种管理】 2016年，多项措施推进企业所得税汇算清缴，截至汇缴申报期结束，区地税局有6575户企业所得税征管户，查账征收户5131户，核定征收户1444户，比上年增加29.17%。确保税收优惠落实到位，全年对符合政策规定的10种类型（不含小微）65户次企业办理企业所得税减免税备案手续，减免税款2.8亿元。全年核实认定高新技术企业3批12家，非营利组织资格资料审核上报12户。做好个税风险识别和股权转让核查工作，全年发现个税风险企业745户，查补税款1.16亿元；完成850户股权转让个税核查工作，入库税款1.06亿元，是2015年的6.3倍。

【执法督查】 2016年，开展日常和专项执法督察工作，完成区地税局《2016年税收执法督察工作任务梳理》，就14项内容从检查要求、检查内容、业务管理、涉及部门等多个方面进行梳理确认。在自主开展执法督察和迎接上级督察的自查中，扩大检查面，提升覆盖面。全年完成督察相关税务登记资料24份、“三代”手续费支付资料163份、行政处罚90份、股权转让个人所得税核查资料84份、大厅备案资料65份、后续管理风评资料32份、小微企业疑问数据161条、土地增值税清算项目14份、金融保险企业入库信息核对28户、外地来宁施工企业在宁项目19个以及其他所有省市区局关注到的重点事项，补征税款及滞纳金25.5万元；抽查风险评估案卷43份，补缴税款、滞纳金6.3万元。借助全系统联合执法督察平台，积极与兄弟单位开展互动检查，涉及34份纸质案卷资料、市局推送的疑点数据和机内查询比对的数据763条，提出48类问题，及时反馈整改被检查问题22条。完成外部审计疑点核实计75条，涉及企业54户，所有疑点均核实清楚、及时反馈和整改到位。

【地税服务】 2016年，完善纳税服务体系，推行“网上办税为主，线上线下相融合”多元化办税服务体系建设。探索大数据在纳税服务中应用，参与创新项目“大数据框架下的纳税服务策略系统”建设，完成需求编写、软件测试、情况反馈、系统完善工作。不断优化纳税服务方式，培训和推广纳税人掌上办税平台，及时汇总反馈使用问题，持续优化掌上办税平台的使用；开通税款网银支付，为纳税人创造更为方便快捷的体验方式；推进“税银合作”项目，深化与南京银行、民生银行、江苏银行合作深度和广度，直接惠及全区3000余家企业，提升税、企、银三方关联度，受到企业欢迎；优化举报投诉处理，畅通投诉维权渠道，规范投诉处理流程，强化跟踪督办，截至11月底，受理投诉112起，全部办结，回访满意率100%，受理举报24起，已处理22起，处理率91.67%。建立街道社区基层联络制度，将税收服务网络布到辖区内7个街道59个社区，定期收集基层群众对税收政策的需求。

【税收文化】 2016年，拓展区地税局“阳光团队”文化品牌内涵，全面融入基层建设。打造开放式文化驿站，利用现有文化展厅场地设备，播放《鉴史问廉》《习近平用典》《永远在路上》等视频和自制“微系列”作品，大力营造风清气正税收文化氛围。以“阳光团队”文化为引领，开展“三型”党组织建设，带动工青妇建设，联合开展党员先锋行动、阳光家园活动、巾帼建功活动和青年文明示范活动，增强组织凝聚力。开展党员义工活动，组织党员先锋走上街头为社区群众开展税收志愿者服务活动，弘扬雷锋精神；组织巾帼先锋开展“蓝色康乃馨”志愿服务活动，关注“码上公益”献爱心；积极参与“与文明同行”交通协勤志愿服务活动，全年党员协勤近300人次。（毛雨婷）

经济管理与监督

Economic Management and Supervision

责任编辑　顾　坚

◎ 宏观经济管理

◎ 国有资产管理

◎ 金融工作

◎ 物价管理

◎ 审计

◎ 统计

◎ 安全生产监督

◎ 市场监督管理

宏观经济管理

【主要经济运行情况】 地区生产总值平稳增长。2016年,全区实现生产总值590.20亿元,同比增长9.1%。其中:第二产业增加值18.83亿元,可比价同比下降26.1%;第三产业增加值571.37亿元,同比增长10.6%,高于地区生产总值增幅1.5个百分点,拉动全区生产总值增长10.1个百分点。从产业构成来看,二、三产业增加值比例调整为3.2:96.8,第三产业增加值占GDP比重较上年同期提升0.9个百分点,产业结构持续优化。财政收入增长较快。2016年,全区累计完成一般公共预算收入48.91亿元,直比增长7.7%,同口径增长14.8%,分别完成人代会、必成、期成指标的108%、107%、106%,分别超人代会、必成、期成指标进度8个百分点、7个百分点和6个百分点,其中,税收收入占一般公共预算收入的91.7%。消费品市场运行总体平稳。2016年全区实现社会消费品零售总额475.17亿元,同比增长10.3%。分行业看,全区限额以上社会消费品零售额中,批发业、零售业、住宿业、餐饮业分别实现零售额72.00亿元、230.34亿元、7.00亿元、5.23亿元,同比分别下降13.9%、增长9.3%、增长4.1%、下降3.5%。从规模上看,零售业以73.2%的占比稳居各行业首位,其后依次为批发业、住宿业和餐饮业,分别占限上社会消费品零售额的比重为22.9%、2.2%和1.7%。从拉动率看,零售业、住宿业分别拉动限上社会消费品零售额增长6.7个百分点和0.1个百分点,零售业对全区限上消费品零售市场起到关键支撑作用。限上重点贸易业企业中:得益于国家生育政策调整,婴幼儿产品市场快速发展,玄武区婴童商品零售领军企业孩子王和爱婴岛2016年销售额均呈现良好增长态势。高端商贸代表企业德基广场通过开展一系列促销活动,商品销售额增速逐月回升。住宿业也显现回暖迹象,紫金山庄、名湖美景大酒店、新世纪大酒店等知名酒店零售额均实现较快增长。从消费品类看,一是基本生活消费增长较快。全年,限上粮油食品类、饮料类、服装鞋帽纺织品类、日用品类合计实现零售额135.94亿元,占限上零售额的比重达43.2%,同比分别增长53.9%、38.8%、12.6%、43.4%,共同拉动限上社会消费品零售额增长9.9个百分点。二是家装类商品消费显著回升。房地产热销带动家装消费增长,全年家具类、五金电料类、建筑及装潢材料类零售额同比分别增长24.9%、下降4.8%、增长4.7%。三是家用电器消费量价齐升。受原材料成本回升、人工成本上涨的影响,家用电器价格出现不同程度上涨,且市场对此类商品需求比较稳定,全年,全区限上家用电器和音像器材类实现零售额12.06亿元,同比增长30.8%,对限上社零增长贡献率31.1%。四是石油制品类消费继续回升。2016年油价企稳回升并小幅上调,全年,全区限上石油及制品类实现零售额12.93亿元,同比增长6.1%,对限上社零增长的贡献率达8.2%。从消费形式看,网上零售继续快速增长。全年,全区限上单位通过公共网络实现零售额10.13亿元,同比增长133.8%,占限上社零比重为3.2%,拉动限上社会消费品零售额增长1.9个百分点。“互联网+”相关行业引领规模以上服务业快速发展。2016年,全区规模以上服务业企业完成营业收入493.68亿元,同比增长27.0%。分行业门类看,全年,全区规模以上服务业10个行业门类营业收入“八升两降”。其中,三大龙头行业门类营业收入“两升一降”,合计实现营业收入426.10亿元,同比增长30.6%,高于规模以上服务业平均增幅3.6个百分点。随着互联网信息技术的革新,企业积极利用互联网平台和信息通讯技术,加快互联网和相关行业紧密融合,信息传输、软件和技术服务业是全区规模以上服务业第一大行业门类,全年实现营业收入287.93亿元,占规模以上服务业营业收入比重为58.3%,同比增长52.4%,“互联网+旅游”产业的快速发展是主要拉动因素。租赁和商务服务业实现营业收入70.10亿元,同比增长1.1%,其中律师及相关法律服务业发展较快,营业收入同比增长34.1%。交通运输和邮政业实现营业收入68.07亿元,同比微降0.1%。全区规模以上服务业主要依靠龙头企业拉动,龙头企业支撑作用突出。一是亿元企业拉动作用大。全年,全区规模以上服务业营业收入超亿元企业44家,实现营业收入424.22亿元,占规模以上服务业比重为85.9%,同比增长32.3%,高于规模以上平均增幅5.3个百分点。亿元企业对规上服务业增长的贡献率为98.7%,拉动规模以上服务业增长26.7个百分点。二是前10强企业增长快。全区规模以上服务业营业收入前10强的企业营业收入占比69.2%,同比增长37.2%,高于规模以上平均

四城区主要经济指标比对

单位:亿元

四城区	地区生产总值		社会消费品零售总额		全社会固定资产投资		全体居民人均可支配收入(元)	
	总量	可比价同比±%	总量	同比±%	总量	同比±%	总量	同比±%
玄武区	590.20	9.1	475.17	10.3	133.93	14.4	55641.0	8.5
秦淮区	690.22	9.2	925.67	10.1	226.19	10.2	50870.7	8.5
建邺区	325.47	9.0	198.58	11.0	323.86	9.2	48776.0	8.4
鼓楼区	1123.03	9.0	884.84	10.3	251.43	−9.2	54791.0	8.4

增幅10.2个百分点，对规模以上服务业增长的贡献率为88.2%,拉动规模以上服务业增长23.8个百分点。固定资产投资稳定较快增长。2016年,全区固定资产投资完成133.93亿元,同比增长14.4%,保持稳定较快增长的良好态势。全区7个市重点投资项目全部达超全年计划投资额，累计完成投资25.38亿元,完成年度目标进度125.0%。在投资总量中,项目投资完成43.27亿元，同比增长10.9%；房地产开发投资完成90.66亿元,同比增长16.1%。项目投资占比继续提升。全年,全区项目投资完成43.27亿元,占全社会固定资产投资比重上升到32.3%,呈逐渐回升态势。新开工项目投资有所下降，亿元以上新开工项目增长较快。全区项目投资中,2016年，新开工项目完成投资18.15亿元,同比下降9.1%,其中亿元以上新开工项目完成投资15.71亿元,同比增长32.9%,反映出本年大项目开工建设情况较好。房地产开发投资增长较快,增幅略有回落。全年,在红山、孝陵卫地区大项目的有力带动下,全区房地产开发项目完成投资90.66亿元,同比增长16.1%。市房地产限购政策影响正逐步发酵,玄武区作为中心城区，房地产销售受到一定程度的制约，凭借优越的自然、人文、科教、医疗、商业和交通等资源禀赋，对刚需和改善性购房者产生巨大吸引力,全区房地产销售增长虽有所放缓,但同比增速仍保持在80%以上。全年,全区商品房销售面积86.17万平方米,同比增长80.6%;商品房销售额233.97亿元，同比增长134.7%。规模以上工业总产值降幅收窄。2016年,全区实现规模以上工业总产值36.36亿元,同比下降6.1%；主营业务收入32.85亿元,同比下降3.3%;利润总额2.71亿元,同比下降24.0%。分登记注册类型看，占比最大的外商及港澳台投资企业产值降幅有所收窄。全年,全区模以规上工业国有企业实现总产值1.75亿元，同比下降20.0%;股份制企业实现总产值12.86亿元,同比增长2.3%;外商及港澳台投资企业实现总产值21.75亿元,同比下降9.2%,其占全区规上模以工业产值比重达59.8%。分行业看,区规模以上工业涉及的5个行业中类产值“两升三降”。全年,造纸和纸制品业完成产值1.75亿元，同比增长38.0%;印刷和记录媒介复制业完成产值1.23亿元，同比微增0.1%；计算机、通信和其他电子设备制造业完成产值8.49亿元,同比下降3.1%;仪器仪表制造业完成产值3.29亿元,同比下降13.6%;燃气生产和供应业完成产值21.61亿元,同比下降8.6%。规模以上工业综合能耗增幅回落。全年,全区规模以上工业综合能源消费量为2366.16吨标准煤,同比增长3.3%;电力消费合计为1891.81万千瓦时,同比增长4.5%,其中:工业生产电力消费为1140.44万千瓦时,同比增长2.1%。

【目标工作】 2016年，区发改局进一步加强各指标和目标完成情况的监测，制定全区现代化考核办法，形成严密的目标编制–分解–监测–考核体系。全力推进全区经济健康发展。分解落实目标任务。在2016年全区国民经济和社会发展计划目标的编制过程中,坚持“强富美高新玄武”发展定位,紧紧围绕“创新创业、高端高质、宜居宜业、美丽美善”四大目标，突出打造“一城两街三片区”的产业发展格局。紧扣创新创业、民生优先等关键环节,坚持经济发展与社会发展相协调，在可行性论证的基础上增加目标的奋斗性。区发改局汇编成《玄武区2016年重点工作》，包括区目标、重点产业项目等6个方面的具体目标任务，做到每项目标任务明确分管区领导，分解到相关责任单位并且落实到具体责任人。加强指标预测预警。每季度召开全区经济工作例会，每月召开市对区考核目标工作会议，全面掌握所有指标运行动态，及时发现问题，主动牵头解决。按月收集“玄武区综合目标完成情况”，对主要指标完成情况进行预测，分析存在的问题和应对举措。对波动性大，完成难度高的重点指标，会同指标具体承担部门，对指标进行动态分析，尽早采取针对性措施。定期通过各种渠道收集兄弟区县指标完成情况，并进行模拟打分，及时掌握排位情况，明确赶超标杆，力争不断争先进位。完善考核机制，强化责任意识。结合南京市现代化指标考核体系的要求，进一步修改完善全区现代化考核办法。调动各单位的工作积极性和主动性，促进各项指标、目标的完成。考核区分党群、部门、街道(园区)，区分基础工作、重点工作和奖励加分。坚持考核公平性的同时，对工作主动性强并取得实效的单位给予加分奖励。鼓励各单位完成基础工作的同时进一步发扬主动性创造性，以点带面，推动全区工作更大发展。做好民生工作。牵头做好为民办实事的推进落实工作，定期向人大代表、政协委员汇报工作，组织人大代表和政协委员进行实地考察，增强人大代表和政协委员对全区民生建设情况的了解。同时做好各项民生项目的资金申请工作，把保障和改善民生放在优先位置，优先保障民生实事项目经费的到位。（韩雨芳）

【全面深化改革】 2016年，区委按照市委改革要求，结合区情实际，制定印发《区委全面深化改革领导小组2016年工作要点》《区委全面深化改革领导小组2016年工作要点季度推进计划》，安排40项改革任务，经济体制和生态文明体制改革领域：调整优化政府结构，完成政府部门机构改革，同步编制部门责任清单及公共服务事项目录清单；推进简政放权改革，编印《玄武区人民政府各部门行政权力事项汇编》；推进行业协会商会与行政机关脱钩，制定《玄武区行业协会商会与行政机关脱钩实施方案》；深化商事登记制度改革、审批制度改革，完善工商登记事中事后监管体制，全年列入异常名录企业9275家；推进区级财政全口径预算管理，加强财政支出管理，开展国库集中支付管理；强化财政预算统筹，着力推进“经费等项目”向“项目配资金”转变，统筹保障重点支出；推进区国有企业薪酬管理制度改革，推进区国有企业集团化整合，搭建区国资办—钟山集团—下属企业三级管理框架，14家区属国有企业国有资本退出一般竞争性领域；深化先行先试改革，市政园林、河道全部设施量全部实施市场化作业；推进区房屋征收系统机构改革，整合合并成立南京玄武房屋征收拆迁服务有限公司；优化徐庄软件园管理机构设置；推进构建生态文明建设制度体系，配合做好完善生态补偿机制工作，制定《玄武区水污染防治行动2016年度实施方案》；政治体制改革领域：推进法治政府建设，拟定《玄武区法治政府建设实施方案》，制定印发《玄武区联合执法事项目录》，推动全区行政执法向精细型、人性化执法，从单独执法向联合执法转变；规范信访事项受理办理，开展全区信访业务人员专题培训，发放信访权益保障卡及《依法信访逐级走访》告知书。文化体制改革领域：制定印发《玄武区深化文化体制改革重要举措及第二阶段（2016~2017年）工作项目》，制定出台《2016年玄武区文化建设目标考核细则》，拟定全区“七个一批”重点项目；完善网络安全和信息化工作机制，建立和完善舆论监督处置通报机制。社会体制改革领域：深化社区治理和服务创新，制定《社区治理和服务体制改革试点实施方案》，社区治理和创新建设经国家民政部实地验收评估组实地评估验收；深化养老服务改革，编制《玄武区社区养老服务设施达标建设指南》，全区社区养老服务用房每百户达20.88平方米；深化社会保障改革，强化社会保险扩面征缴；深化教育现代化改革，新增省优幼儿园2所，新建名校分校2所，十三中和九中被省教育厅确定为普通高中课程基地学科联盟牵头学校；深化卫生服务改革，推进家庭医生签约服务，提升基本公共卫生服务能力，制定《基本公共卫生服务项目绩效考核实施方案》，建立公共卫生服务逐级考核评估机制。（梁哲斌）

国有资产管理

【概况】 2016年，全区国资工作以“做大做强做活国资平台、规范国有资产监督管理”和“实施有效监督、理顺职责关系”为重点，紧抓国资改革主线，稳步推进国有企业改革，不断加强国资管理制度建设，全面开展国有资产清查，全力推进公有房屋规范管理等工作，国资监管效能显著提升。

【国有企业改革】 2016年，根据《中共中央、国务院关于深化国有企业改革的指导意见》精神,1月30日,区委常委会会议决定,搭建玄武区国有资产三级管理框架:区国资办—钟山集团—下属企业。年内完成14家区属国有企业国有资本退出一般竞争性领域改革;完成南京钟山资产经营管理集团有限公司更名注册。新成立长江路文化旅游发展有限公司和珠江路创业大街科技发展有限公司2家公司。完成43家区属国有企业产权划转工作。

【国资制度建设】 2016年,区国资办根据中央和省市相关文件规定,结合玄武国资在改革中遇到的实际情况,对全区国资管理相关文件进行重新梳理,年内印发《玄武区区属企业负责人履职待遇、业务支出管理实施办法》《玄武区债权债务和公有房屋清查工作实施方案》《玄武区区属国有企业监事会暂行规定》等6个国资管理相关文件;并从薪酬改革、公房管理、投资管理等方面按轻重缓急拟定2017年国资文件修改计划表。

【国有资产清查】 2016年6月1日起,历时半年时间,从制定清查方案、召开动员大会、牵头开展清查、组织召开“回头看”大会、聘请第三方机构核查、分析查找问题和规范整改落实等七个方面,对全区66家行政单位、93家事业单位和116家国有企业计275家单位的债权债务和公有房屋开展全面清查工作,完成全区资产清查汇总核查和规范整改工作,为规范玄武区国有资产管理工作奠定坚实基础、打下良好开端。

【公房规范管理】 2016年,整改落实全区6732处144.9万平方米出租、出借及自用等公房存在的违规现象,截至2016年12月31日,规范整改面积达超30%;开展公房招商与招租结合,推进全区公房公开招租,从2016年6月起约半年多时间,全区公房出租收益已超亿元,通过公开集中招租的公有房屋溢价率普遍达超100%,最高达608%,为政府带来可用财力净增1000万元以上。

【债权债务管理】 2016年,区国资办对全区2067笔54.46亿元债权,逐项逐笔分析,以“明确可用财力”为重点,制订清收计划,按难易程度逐步进行推进;针对可回收债权,梳理出各类债权中可用财力793笔5.27亿元;根据各单位上报情况,制订清收计划:预计能收回增加可用财力约1.73亿元,其中截至2016年12月31日已收回0.45亿元;针对不能收回、不确定能否收回的,一案一报、说明原因、提出整改意见,并对各单位上报情况进行统一梳理、分类汇总,逐条、逐项进行核实。

8月10日,全区国有资产清查动员大会在区政府416会议室召开

【国有资产处置】 年内,办理审核完成33家单位58批次价值19283951.47元的资产报废、捐赠、调拨处置等工作;完成审批报废资产处置的残值上交财政37391元;并全力催交已审批报废资产处置的残值回执和残值上交财政情况汇总。 (周鹏升)

·钟山集团·

【概况】 南京钟山资产经营管理集团有限公司(以下简称“钟山集团”)是由玄武区政府根据国家、省、市、区关于国企改革文件精神以及相关要求,由玄武区政府批准设立的一家多元化控股集团,主要功能是经营管理全区国有企业。钟山集团注册资本46980万元,下设综合管理(法务)部、投资部、人力资源部、财务部(财务结算中心)、资产运营部(商业地产运营中心)等部门,总资产约91亿元,净资产约32亿元。企业致力于打造科技、投资、建设和商贸等四大功能板块,在科技或投资平台培育1~2个在行业和领域内有充分竞争力的商业类企业,为企业上市做准备。

【资产划转】 2016年,完成管理架构搭建。集团按照区委区政府要求，在对全区国有企业功能重新定位的基础上逐步进行划转整合。形成以资本为纽带的三级架构国有资产管理体系，注册成立钟山科技等5家子公司。管理架构为：

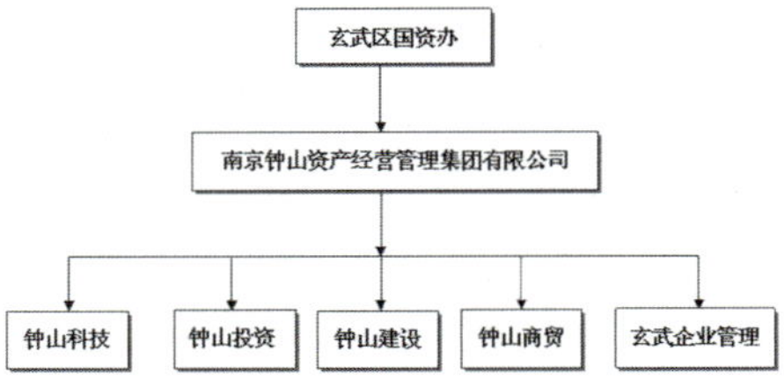

分步分类划转整合资产。集团按照区政府文件要求，根据“先变更主管部门—再清产核资—最后整体划转”的工作思路，全力推动110家企业产权、管理权的划转，集团主动到20家主管部门进行调研，了解企业划转过程中的实际困难，一家一策制定详细的划转方案。年内有99家企业管理权或产权划转至集团。

【资金运营】 钟山集团自正式成立以来，积极与金融市场对接，不断整合区内企业优质资产，聘请上海新世纪资信评估投资服务有限公司，确定集团信用等级为AA，评级展望为稳定，满足集团发债及非公开定向债务融资工具(PPN)发行指标要求。2016年面对集团旗下子公司存量贷款还本付息及全区多个项目资金需求，集团创新思路，通过申请低成本政府债券，同时以政府购买服务方式办理政策性银行贷款，设立玄武城市发展基金等方式实现融资渠道的多元化，大大缓解资金压力。至年底，累计新增多家银行授信21.89亿元，并根据项目需要完成部分提款。利率为同期银行基准利率下浮10%至基准之间，三年期贷款利率约在4.15%~4.75%之间。初步估算，通过提高闲置资金存款利率、降低存量贷款利率，仅2016年第四季度就节约财务费用约324万元。

【业务拓展】 2016年，打造金控平台。通过梳理，集团旗下已有的重要金融牌照(资产)为：持有南京银行股权约1000万股；国务院部际联席会议批复的权益类交易场所——江苏长三角技术产权交易中心(集团控股92%)，并积极将其转型为金融资产交易中心。已获取的金融牌照为：途牛发起的互联网科技小额贷款公司（集团参股10%）、融资租赁公司(集团控股75%)。介入研究医疗、养老等产业，积极介入医院、养老机构等领域。集团已完成玄武区口腔病防治所民营资本置换工作，并以“依托存量，发展增量”的思路，加大投入，与口腔病防治所采用股权合作模式，成立南京玄武口腔医院有限公司，进一步做大玄武口腔医院品牌；在养老产业领域，集团以“医、养、教”相融合的发展思路，统筹推进聚宝山公园地块、原儿童福利院地块、仙鹤门社区地块、老年公寓地块等养老项目的建设。

【百子亭项目】 该项目东至百子亭路，西至中央路，南至傅厚岗，北至中央路54号小区边界，总占地面积约3公顷，包括南侧占地约1.5公顷的历史风貌区、北侧占地约1公顷的配套地块和西侧占地约0.5公顷的中央路小学。南侧历史风貌区共有民国建筑12幢，是民国南京居住区的典型代表之一，也是现存民国住宅区中传统风貌比较完整的地区。依照规划引领、招商先行思路，百子亭片区城市设计与项目招商正同步进行，为将该项目打造成为集金融办公、高端商业和文化休闲为一体的商业街区，集团委托国内外多家知名设计、商业运营机构对该项目进行整体设计。已与瑞安集团签订战略合作协议。

（刘　楠）

金融工作

【概况】 2016年2月，玄武区金融管理办公室成为单列政府部门。全年全区金融工作围绕经济工作重心，牵头推动全区重点项目融资工作。负责业务指导、融资推介和综合协调；防范和处置非法集资以及金融监管工作，区金融办根据省、市、区监管业务要求，积极发挥牵头、协调作用集中精力打好防范和处置非法集资攻坚战；重点打造创新创业科技金融服务体系，成功组织有上百家企业及金融机构参加的“玄武区成长型企业融资对接会暨特色金融产品展示会”；积极构建多渠道融资平台、帮扶企业上市，为企业解决上市过程中遇到的问题。

【项目融资】 2016年，区金融办牵头制定《玄武区区属国有企业融资和资金调配管理暂行办法》，规范平台融资行为，有效降低融资成本，搭建虚拟资金池，促进资金在各平台间合理流动、高效利用；并设计科学合理的融资计划和方案。全区新增农发行、宁波银行、华夏银行等金融机构授信42.59亿元，获政府债券7.9亿元，全区累计完成融资52.49亿元。为统筹解决全区各类项目的资金需求，更好发挥政府平台资金的引导和杠杆作用，鼓励和撬动社会资本参与玄武经济、社会、民生等项目建设，结合全区城市建设和公共服务领域实际情况，制定玄武区城市发展基金方案。

【打击非法集资】 2016年，区金融办完善金融监管工作机制，多次召开全区防范和处置非法集资工作部署大会，出台《2016年全区防范和处置非法集资工作任务分工方案》《玄武区防范和处置非法集资工作操作流程》等文件，加大宣传以及集中整治工作力度。开展常态化的防范非法集资宣传活动，印刷制作环保袋、宣传册、折扇、雨伞、扑克牌等各类宣传资料超过3万份，下发到各街道、园区，开展形式多样的宣传活动，确保宣传工作在社区、楼宇全覆盖。区金融办同时组织联合执法工作小组对重点辖区、重点楼宇、重点企业开展集中整治行动。全区涉嫌企业数量从年初338家下降到年底72家，减少78.7%。在全市防范和打击非法集资工作考评中位列第一。

【金融服务】 2016年12月，区金融办组织召开"玄武区成长型企业融资对接会暨特色金融产品展示会"。全区100家成长型企业、20家人才企业以及银行、证券公司、创投机构、融资租赁公司等50家金融机构参加。市金融办与区政府签订市区共建科技金融创新示范区合作协议；区金融办与多家金融机构分别签订服务人才企业和中小企业合作协议；多家银行与区内企业分别签订贷款授信合同，中国银行等介绍特色金融产品，特约嘉宾发表演讲，部分优质项目进行路演。

【企业上市】 2016年，全区新增"新三板"挂牌企业7家：江苏明天种业科技有限公司，江苏大美健康科技股份有限公司，南京翔晟信息技术有限公司，南京埃森环境技术股份有限公司，南京中创水务集体股份有限公司，江苏肯立科技股份有限公司，江苏速度信息科技有限公司；新增上市企业1家，全年完成市目标新增创业投资额12.85亿元，在市对区现代化考核中排名第二。

【科技金融】 2016年，区金融办牵头制定《玄武区高层次人才创业投资基金管理办法》，成立人才基金公司，以股权投资的方式，对符合条件的单个高层次人才企业给予不少于50万元的扶持；协调区政府战略合作银行，为中小科技创新企业提供科技文化贷款、投贷联动、应急互助基金转贷等金融服务；建立区内企业融资需求信息采集和推介机制，健全区内企业融资需求信息库，针对不同的企业需要，组织涵盖银行、风险投资等金融机构和企业参加的融资对接会，拓宽银行、信贷、担保和创投全方位企业融资渠道。 （占秋君）

物价管理

【概况】 2016年，全面落实两个目标责任制，围绕区政府年度稳定物价的总目标，将18项目标责任细化分解到23个目标责任单位，制定《玄武区稳定价格和治乱减负目标责任制实施意见》，与责任单位签订目标责任书，严格执行国家、省、市制定的有关收费规定，落实各项优惠减免政策，全年全区落实各项收费减免优惠979.95万元。推进区一级公立医院医疗服务价格综合改革工作，按照市物价局关于一级公立医院医疗服务价格综合改革统一部署，联合区卫计局、人社局、财政局将改革精神发文全区16家参改单位，会同区卫计局召开专题会议，明确改革的内容、时间节点和要求。实地查看并重新核定5家医疗机构床位费标准，确保参改单位在2017年1月1日起执行新的医药价格政策。落实全区行政事业收费目录清单制度，动态调整收费项目并公布全区行政事业性收费单位目录。落实收费单位收费情况报告制度，在区政府门户网站进行正向公示。规范平价店管理，推进e监管系统建设；做好商品房价格监管工作；开展机动车停放服务和物业服务收费、涉企收费、药品价格、旅游景区门票价格和节日市场价格专项检查；及时处理价格举报投诉，提高办案质量和工作效率。年内全区7个街道全面开展诚信街区创建活动，并在学校、社区广泛开展价格诚信演讲活动，在零售药店和宾馆行业开展价格信用等级管理工作。开展价格诚信单位申报工作，进一步加强价格监测报告制度；加强节日期间和极端天气市场巡视，针对市场热点问题开展调研。建立价格社会监督服务网络，开展"《江苏省价格条例》宣传学习月活动"。

【价格监测】 2016年，落实价格监测报告制度。做好全区主要大型农贸市场的粮食、蔬菜、肉蛋禽、水产类66个品种主副食品信息及日用工业品、家用电器等价格信息采集、汇总、录入、发布工作，全年累计采集、审核报送市监测中心监测数据共69804条，上报率、准确率100%。做好节日期间和极端天气市场动态信息报送工作。加强市场巡视，重点监测粮油、肉禽蛋菜奶价格动态以及旅游住宿、交通运输、商贸餐饮等服务领域价格情况，及时上报节假日市场价格监测动态分析。针对市场热点问题开展调研。积极应对价格波动，确保各级领导和有关部门及时了解市场动态，开展对药品服务价格、商品房、平价店、民用液化气等价格改革政策效应的监测和分析，全年撰写价格分析材料31篇，被报纸和杂志采用27篇、采用图片新闻6张。

【平价店管理】 2016年，按照市物价局《关于加强农副产品平价商店规范管理促进平价商店健康发展的实施意见》要求，进一步规范平价商店日常管理。落实"1对1"巡查制度，逐店开展清查工作，对不合格的2家店通报撤销，并与现有的20家平价店重新签订协议和《南京市农副产品平价商店经营承诺书》。推进e监管系统建设。完成11家平价直销店视频监控、价格对比显示屏等e监管系统的安装调试，实现对平价店的实时动态监管。全面加强政策宣传。结合价格服务"三进"和价格诚信演讲等活动，向居民宣传平价店政策，发放玄武区平价店宣传彩页。全年销售低于市场15%的平价蔬菜376.7万公斤，销售金额1823.26万元，平均每店每日销售521.5公斤，平均降幅22%，为民节约472.7万元。

【商品房价格监管】 2016年，对全区12个项目28批次，建筑面积62.8万平米的4740套商品房进行价格申报指导和报备工作，申报均价为33047元/平方米，较上年上涨36.3%。采取有力措施遏制房价快速上涨，开展价格区间分类指导工作，严格执行房价年化涨幅要求，全年普通住宅价格增幅平稳，符合年化涨幅要求；引导企业合理定价，针对首次销售的项目申报价格虚高的情况，主动履行调控的主体责任，按照申报均价参照周边同类型、同品质楼盘的原则，采取约谈开发企业的形式引导企业合理定价；加强服务指导，及时向房产开发企业宣传价格政策，现场服务指导做好"一套一价"明码标价工作，签订《商品房经营者价格承诺书》，进一步规范商品房市场价格行为；开展房地产市场专项检查。集中检查奥克斯钟山府、宴山居、恒大翡翠华庭、中海玄武、苏宁朝阳府5家楼盘，未发现违规行为。

【物价专项检查】 2016年，开展机动车停放服务和物业服务收费专项检查。对公共场所、占用道路、旅游景点、酒店、写字楼等停车场的停车服务收费执行情况进行检查，出动检查车辆12台次，检查人员36人次。对存在明码标价不规范问题的3家单位责令整改。开展涉企收费专项检查。全区涉企收费项目8个，涉及收费单位8个。各收费单位均在醒目位置按照规范要求公示收费项目和收费标准，未发现乱收费行为。开展药品价格专项检查。配合市物价局对玄武湖卫生院和区妇幼保健所2家医疗机构进行检查，并抽查3家零售药店，对存在明码标价不规范问题限期整改。开展旅游景区门票价格专项检查。在对区属九华山公园门票价格进行检查中，未发现违规收费行为。

【价格举报投诉】 2016年，全区职业举报和涉电商投诉案件呈现爆发式增长态势，6月15日后，苏宁易购投诉举报案件移交玄武区办理，办案存在人手少、任务重、执法难度大等问题突出。为提高办案质量和工作效率，组织执法人员进行法律法规学习，针对投诉热点问题开展专题学习讨论，不断提高业务能力；成立案件审议小组，建立分管领导、科室负责人、直接经办人员组成的三级审议小组，对疑难复杂案件层层审议把关，提升各类办案质量；开展网上巡查工作，针对涉电商投诉举报案件不断增多的问题，加强与上级单位以及相关电商的

11月11日，区物价局在锁金村街道社区服务中心开展"共创诚信社会，共享放心消费"百场演讲活动

沟通协调，不定期开展网上巡查，对存在的不规范价格宣传等问题进行提醒告诫。全年办理各类价格举报投诉案件1285件，涉及电商举报289件，其中苏宁易购192件。

【价格诚信创建】 2016年，在全区7个街道全面开展诚信街区创建活动，将诚信街区创建作为区目标，由分管副区长与街道负责人签订责任书，确保诚信街区创建全面开展；举办诚信演讲活动，在学校、社区开展价格诚信演讲活动，演讲录制的光盘发放到企业、学校和社区，不断营造诚信文化氛围；在零售药店和宾馆行业开展价格信用等级管理工作，对全区78家零售药店和22家星级宾馆开展检查指导，局领导带队上门宣传与指导，提高其诚信意识；严格价格诚信单位申报工作，通过上门指导、集中培训、现场观摩等形式，对年内新申报的20家企业进行申报指导，经市局考核，有15家企业通过市级价格诚信单位，金域医学检验所被评为省级价格诚信申报单位。

【民办小学收费标准制定】 2016年，民办中小学学历教育收费标准的定价权限下放后，玄武区首次制定民办小学的收费标准。针对民办小学申报标准远远高于市指导价，学校方坚持办学成本高不愿降低收费标准等情况，区物价局多次与学校约谈宣传有关政策，认真审核学校申报材料和成本测算报告，按照制定民办中小学收费标准规定程序，广泛征求校方和家长代表意见，经研究，报区政府同意，确定玄武区民办学校的收费标准，7月，对南京玄武外国语学校附属小学收费标准予以批复。核准该校收费标准为每生每学期八千元，试行两年。

3月10日，区审计局全体女干部参加绿色玄武公益行活动

【价格认证服务】 2016年，规范价格认定工作规程，组织学习《价格认定规定》，严格业务操作，坚持集体审议，实现工作上程序化，认证上的标准化，格式上的统一化；提高服务司法工作成效。召开派出所刑侦所长座谈会，主动与区检察院沟通，及时了解工作动向，征求服务意见并听取各方对涉案财产价格认定工作意见；推进价格争议调解工作。在汽车维修、电子商城、停车场等热点行业建立15人价格争议调解员队伍，举办价格争议调解知识培训，为老百姓提供解决价格争议更便捷诉求渠道。全年完成刑事类鉴证410件，标的额171.2万元，案件数量比上年增长69.8%。

（王　华）

审　　计

【概况】 2016年是审计机关实施人财物统一管理改革年，全区审计各项工作强化责任担当，抓好贯彻落实。财政同级审项目在上年基础上进一步完善，获市优秀审计项目称号和计算机优秀审计项目评比第一名。5月12日，区审计局作为全国唯一区县级审计机关在全国大数据审计高峰论坛发言。在区机关作风评议中获第二组第三名，在区现代化建设考核中等级被评定为“优秀”；在全市审计机关年终考核中获“优秀单位”称号；区审计局获区级“文明单位”和市级“文明单位”称号。

3月10日，区审计局全体女班干部参加绿色玄武公益活动。年内，昆山市审计局、盐城建湖县审计局等10余家单位到玄武区学习交流。

【审计项目完成情况】 全年完成审计项目87项。同级审纠正不规范资金7405万元，促进上缴财政2500万元；经济责任审计查出问题金额989万元；工程项目审计总资金125亿元，核减7355万元，人均节约资金1226万元。与全局全年预算支出400万元对比，投入产出比达1:40。全年完成区领导批示及交办事项25件，有67篇次审计工作信息被各级采用。

【审计监督全覆盖】 2016年，继续创新利用联网审计技术，开发审计方法数量达到199个，连续两年实现对财政本级两本预算、全区150多家部门预算单位的审计全覆盖。审计工作报告从10个方面全面反映全年审计工作，对区财政工作提出整改意见和审计建议，区人大对报告给予充分肯定。坚持分类开展经济责任审计，坚持任前公告、任中审计、离任交接，运用分类管理模式完成经审项目11项，分类审计的运用实现经济责任审计全覆盖。强化政府投资项目审计力度，实行“三全”模式，即10万元以上建设项目全决算审计、重大项目全过程跟踪审计、集体土地拆迁项目全确认审计，实现政府投资项目审计全覆盖。全年审计人员累计参加工程例会200余次，现场提出审计建议200余条，全部整改到位，加强现场管理、规范建设行为。

【审计档案管理优化】 2016年，区审计局制定全区审计工作档案信息化“三年规划”和多项管理制度，实现审计档案保管期限永久、长期(30年)所有类别档案全文数字化，创建5个专题数据库，并开展13项审计档案编研内容，年内通过10个月创建工作，11月底，顺利创成省AAAAA级数字化档案室，进一步提升审计档案内部管理水平。

【审计文化建设】 2016年，创新培训形式，实现培训工作常态化，集中一个月时间参加市局组织的“冬训”“夏训”。制度规范干部行为，严格执行审理、现场管理等制度，制定局内部二级考核办法和信息宣传考核办法。开展审计文化建设，组织“七一”专题党课。健全党风廉政责任体系，与审计业务工作结合，做到“同部署、同落实、同检查、同考核”。专门召开作风建设专题会议，层层签订党风廉政建设责任状和作风优化专项行动承诺书，严格执行审计“八不准”工作纪律，对违法违规问题实行“一票否决”。（魏林玲）

统　　计

【概况】 2016年，玄武区统计局围绕全区中心工作，以服务为宗旨，以质量为核心，以创新为引领，以问题为导向，着力打造新常态下现代化服务型统计。践行“三心”理念，扎实推进统计事业科学发展。深化统计改革，精心组织新常态统计调查工作。继续推进GDP统一核算，积极开拓创新贸易统计改革，大力推进服务业统计改革，圆满完成2016年人口变动调查工作。践行服务理念，潜心打造多元化统计服务品牌。着力做好为党政领导服务，全力加强为统计调查对象服务，倾力完善为社会公众服务。加强自身建设，倾心推动全方位统计能力提升。驰而不息强化统计作风转变，锲而不舍补齐统计工作短板，学而不厌开展业务技能提升，对标找差力促工作提质增效，多措并举提升依法行政能力，常抓不懈推进机关党的建设。

【国家统计局领导到玄武考察】 9月19日，国家发改委副主任兼国家统计局局长、党组书记宁吉喆一行在南京调研经济形势和统计调查工作，到玄武区考察江苏苏宁易购商务有限公司和江苏省产业技术研究院。宁吉喆指出，统计数据是经济社会发展的“风向标”“指向器”，确保统计数据真实准确全面及时，是做好宏观调控、经济调节的重要基础。在产业更新升级速度不断加快的今天，统计部门要以改革创新精神做好统计调查工作，针对经济发展中涌现出的大量新产业、新业态、新模式，加快推动统计改革创新，不断完善统计调查方法，努力拓宽统计工作领域，提高统计数据质量，为经济社会发展提供扎实的统计支撑和优质的统计服务。

【统计监测评价】 2016年，区统计局围绕党政领导决策需求，进一步强化经济运行统计监测，为新常态下经济转型升级、提质增效提供全面、科学的决策依据，做到数据提供快，问题有预警，重点有分析。实时关注宏观环境的发展态势和影响因素，深入剖析经济发展的特色亮点和问题短板，精心撰写月度、季度经济运行分析和专题调研报告85篇，针对领导关注的重点领域和热点问题适时编写《领导参阅》15期，让统计分析产品成为反映玄武经济发展态势的“温度计”“晴雨表”。

【基层基础建设】 2016年，区统计局全面贯彻落实《关于进一步加强统计工作的意见》，研究拟定《基本单位名录库更新维护实施方案(暂行)》，加大部门协作力度，配齐配强“四上”单位统计及基本单位名录库维护工作专兼职人员，充实助理人员力量，逐步构建区、街、社共同参与名录库维护工作网络。开展联网直报企业规范化建设“回头看”100家，稳步推进部门统计规范化建设，全区联网直报企业规范化建设达标率达96%以上，9个部门通过规范化建设验收。

【依法统计宣传】 2016年，进一步加强统计法治建设。全年完成30家单位统计监审，开展统计行政指导70余家。发动全区统计系统干部职工，围绕自身工作和对依法治统的理解撰写“统计法在我心中”小故事15篇。精心筹办全区统计系统2016年统计法制宣传日书法摄影展,宣传统计干部依法统计的职业风貌,展示统计人的文化素养,大力营造尊法学法守法用法的浓厚氛围。统计执法水平不断提升,区统计局代表南京市在全省专职法治人员培训工作会议上作典型发言。

【第七届中国统计开放日活动】 2016年,在第七届中国统计开放日,区统计局邀请来自社区的20多名群众代表走进统计局,通过统计产品展示、视频播放、操作演示、现场问答,统计干部与现场群众就统计法规、社情民意调查和有关统计业务知识进行面对面地交流互动,这种“请进来”的方式让群众更直观地接触和了解统计工作,充分展示政府统计的服务宗旨、诚信理念和专业精神,增进社会各界对政府统计的理解、信任与支持,进一步推进中国统计走向公开透明。

【2016年人口变动调查】 2016年人口变动调查采用调查员手持PDA现场填报的调查方式,样本量从往次调查的1‰扩大到5‰,抽取11个调查小区(其中1个国家点,10个省点),涉及玄武区全部7个街道。于11月1日(正式登记的首日)接受省统计局的巡查,高质量入户调查工作受到省、市局领导充分肯定。 (张 昊)

安全生产监督管理

【概述】 2016年,区安全生产综合监管云平台更新细化,完善一企一档及隐患排查治理体系。建立隐患排查治理闭环工作流程,从检查排查、预估评估、报告整改、挂牌督办到验收销号等,有17487家企业(单位)进入安全生产事故隐患排查治理信息系统数据库,其中重点关注企业(单位)4208家;商务楼宇有207栋,覆盖7个街道和1个园区以及14个部门,年内排查累计894条。全年未发生一起安全生产责任事故,实现“双降双控一杜绝”和“四无、一比例”的目标;全局不定期组织集中学习《安全生产法》《安全生产事故隐患排查治理暂行规定》。

11月29日,市调查队到玄武检查指导网购调查入户工作

【安全生产监督管理责任体系建设】 2016年,依据《玄武区安全生产“党政同责、一岗双责”暂行规定》,制定实施配套制度,签订责任状24份。对相关部门和街道、园区领导班子安监工作的整体开展进行明确定位,明确安监工作事务层级、具体事项、基本规则、考核管理,推动安监工作的稳定发展。依据《玄武区安全生产监督管理职责暂行规定》,按照政府属地监管、行业部门直接监管、安监部门综合监管的总体要求,对街道、园区及相关职能部门安全生产监督管理共同职责、具体职责重新进行解读明晰,推动单位职能责任的具体履行。根据《安全生产法》,加强综合监管力度。加大安全生产考核权重,由区委组织部、督查办与安委办一同,组织一次对街道、部门安全生产职能责任履行情况的督查,并将督查情况进行通报,对存在的问题进行限期整改,对工作落实不到位的主要领导进行约谈,切实强化街道、部门安全职责的全面落实。

【生产经营单位主体责任落实】 2016年,开展好安全生产教育培训:一是主要负责人和安全管理人的合格性知识培训,二是持证上岗人员的资格性知识培训,三是生产经营单位自身从业人员的能力性知识培训。推动和强化生产经营单位法定代表人和实际控制人对安全生产第一责任的理解、认识和执行。年内开展企业法人培训4次650人。安全文化建设以强化全社会安全意识、提高全民安全素养、提升广大职工安全技能为重点,开展贴近实际、贴近生活、贴近基层、贴近群众安全生产系列宣传活动。利用媒体宣传,突出年度工作重点、工作特色和工作动态,及时报送安全生产工作信息。全年省安全生产网发表信息6篇,《中国安全生产报》1篇,《南京日报》1篇;市安全生产网发表信息近93条,玄武区政府网及安全生产网发表信息167条。2016年6月1日,玄武安监微信公众平台正式运营,至年底发布62篇推送图文,其中:工作动态6篇、安全规定13篇、安全知识23篇、热点追踪15篇、安全新闻5篇。原创文章23篇,原创图说10篇,改编文章20篇,转载文章9篇。单篇图文最高阅读量为744人次。全年在玄武区安全生产网上更新完善新闻发布、信息公开、文件发布、安全宣传、政策法规等栏目,使安全生产监管工作公开透明、阳光运行。6月16日上午,在大行宫广场举办玄武区"安全生产月"宣传咨询周活动,500多人参加启动仪式,区安监局、总工会、教育局等13家单位设置宣传咨询台,为广大群众开展法律法规和安全生产知识咨询服务,并发放各类宣传资料2万余份;各部门、街道根据各自职责分工,突出行业特点,分别制作宣传展板18块,现场集中宣传展示。区安监局开通"玄武安监"微信公众号推送安全生产政策法规、安监工作动态,宣传安全文化知识。注重开展"企业安全""校园安全""社区安全"等宣传活动,从源头上推进安全生产基础性、根本性工作。开展安全生产事故警示教育、安全文化和科技普及、安全生产宣传咨询、应急预案演练等主题活动,在全社会营造关注安全生产的良好氛围,规范安全生产秩序。在企业中开展突发事件应急演练活动,在中小学中开展了安全知识宣传教育系列活动,进一步在全社会推广安全文化,普及安全知识,强化全民安全意识,营造全民"关注安全、关爱生命"的良好氛围。

【安全生产专项治理】 2016年,开展打非治违和专项整治工作,结合"六打六治"专项行动,对有类似粉尘作业的生产、经营、储存、运输单位以及有限空间作业场所、油气经营(使用)场所等开展安全隐患排查,严防、严控易燃易爆企业、人员密集场所、加油站等容易发生群死群伤企业的安全管理工作;对汽车4S店、化工储运企业、木器加工企业等,开展职业危害等专项安全检查督查。开展玄武区电梯安全专项整治,全区有电梯5263台,截至2016年底检查3026台,检查隐患电梯2台,已限期整改。开展居民楼宇餐饮场所安全大检查,全区有小型餐饮场所2361家,其中居民楼下餐饮场所有1372家,集中联合检查1532家,发现隐患3606处,限期整改指令书2336份,停产整改17家,建议取缔1家,其余隐患按要求限期整改。开展机动车停车场安全大检查,全区临时停车场105个,公共停车场163家(其中停车场备案权下放后在玄武区备案6家)。经排查发现隐患52处,按要求限期整改。职业安全健康监督管理,加大危害项目申报与重点领域监管强度,对赛科利(南京)汽车模具技术应用有限公司等35家企业进行现场检查。经查南京金梦都工贸实业有限公司、南京捷希科技有限公司存在未按规定对员工进行职业健康体检和未对工作场所进行职业危害因素检测行为,根据相关职业病防治法,下达责令整改指令书,经复查2家企业完成整改。危险化学品企业行政许可及安全监管工作。联合相关部门多次深入危化企业进行执法检查。按照"逐个排查,集中整治,入园进区,改造提升"总体要求,集中整顿、淘汰各类违法违规危化企业。截至2016年底全区有危化品企业170家,其中经营企业168家、仓储企业2家;非药品易制毒化学品企业17家。根据年度执法计划制定执法检查方案,按照执法检查方案对辖区内60家危化品企业进行执法检查。全年危化品许可35家。非药品易制毒化学品备案换证6家。

【依法监管水平提升】 2016年,按照"管行业必须管安全、管业务必须管安全、管生产经营必须管安全"要求,按照全面推进安全生产标准化建设工作概念,分别明确行业监管部门的监督管理责任和对不同类别对象监督管理的要求,规范监督检查和行政执法行为,按法律法规的要求做好尽职尽责的事项。固化监督检查和行政执法模式,所有行业监管部门和属地管理单位全面制订实施监督检查计划和行政执法计划,明确具体的监督检查对象,明确监督检查的过程环节、过程内容和过程事务,明确日常检查、重点检查、跟踪检查、联合检查的方法,提高监督检查和行政执法的效果。 (孙粉华)

市场监督管理

【概况】 2016年,区市场监管局坚持深化改革,加速队伍融合,新成立网络交易(电子商务)监管分局,努力构建服务发展、执法监督、技术支撑相互衔接的市场监管新模式。持续深化商事制度改革,实行登记审批事项目录动态管理,保留前置审批48项、后置审批165项。全面落实"企业名称自主选择”、公司登记网上预审、食品经营许可审批下放等便利化举措。10月1日起实施企业“五证合一”改革，12月1日起实施个体工商户“两证整合”改革，全年新增企业3345户、个体工商户3351户，其中1319户享受到“先照后证”政策，新增注册资本323.94亿元，全区市场主体总量突破5万户。网络交易市场专项整治工作受到省工商局表彰，被评为玄武区2016年度法治玄武建设工作先进单位和安全生产工作先进单位。

【“质量强区”战略】 2016年，实施商标、名牌、标准化和质量管理“四大战略”，推动区政府印发《关于进一步深化质量强区工作的意见》，拟定《玄武区区长质量奖评定管理办法》，强化对龙头企业和重点企业的创牌定向培育，全年推荐申报市著名商标11件、省著名商标14件、驰名商标1件，注册商标总数达1.2万件；指导2家单位申报省质量奖，指导4家单位、3人申报南京市市长质量奖组织奖（个人奖）；指导10家企业申报江苏省名牌、14家企业申报南京市名牌。加快推进标准化工作改革，2016年新增国家标准立项15个、国家社会管理和公共服务标准化项目1个、省服务标准化试点项目1个、省标准化良好行为企业试点2个，指导帮扶企业申报省地方标准15个、省标准化项目试点5个，1912集团高分通过省级服务业标准化试点验收。

【帮扶企业发展】 2016年，把握扶优汰劣、优化结构的要求，激发小微企业、重点企业在深化改革、提升经济、保障民生、扩大就业等方面的作用，为江苏科凯惠创业投资管理有限公司等256家重点企业、43家高层次人才企业开通绿色通道，协助区国资平台整合组建南京钟山资产经营管理集团有限公司。通过股权出质、动产抵押等渠道，助企融资近56亿元，评定公示区级“守重”企业21家，申报公示市级“守重”企业65家。

【食品安全监管】 2016年，开展“国家暨省级食品安全区”创建，出台《玄武区创建省级食品安全区实施方案》等系列意见和考核办法，区主要领导及区人大、政协专题了解创建进展情况。在进香河农贸市场建成主城区首家农贸市场快检中心，副省长马秋林、副市长孙建友等省市领导考察给予肯定。实施“食品生产企业安全管理水平提升行动”“餐饮业明厨亮灶工程”和“学校食堂提升工程”，餐饮企业量化分级管理率和公示率达95%，129家学校及幼托机构食堂中A级占比63%，学校食堂视频化管理率达100%。做好两会、小中高考、G20工作组会议、南京马拉松等重大活动餐饮服务食品安全保障工作，开展居民楼宇餐饮服务场所、网络平台非法外卖及节假日专项检查近30次，抽检流通环节食品1422批次，对检出的15批次不合格食品均依法处理。开展学校食堂食物中毒（四级）演练，邀请江苏电视台全程跟拍刻录，推广突发事件应急处理模式，全年妥善处理食品安全突发事件5起。

【药品保健食品安全监管】 2016年，坚持严格监管与优化服务并重，对213家保健食品经营单位进行现场审查，2家药品零售企业完成新版GSP认证，全年抽检药品143批次、保健食品72批次、化妆品5批次，上报药品不良反应259例、医疗器械不良事件113例。联合区卫计部门开展医疗器械使用环节监督检查，联合食品药品环境大队开展保健用品整治巡查22家次，查处药品、保健食品、化妆品、医疗器械违法违规案件23件，向公安移交涉嫌刑事案件3件。

【特种设备安全监管】 2016年，开展全区电梯安全专项整治，对使用15年以上，以及使用强度大、配置水平低、管理力量弱、超期未检、关人故障率高、群众投诉举报电梯作为重点，开展“无物管、无维保、无

5月3日，玄武区召开质量强区工作会议

维修资金”电梯和高层电梯安全隐患排查。加强部门联动沟通，联合区住建局推进住宅小区特种设备保险，联合区旅游局开展节假日游乐场所专项检查，联合南京理工大学开展电梯突发故障应急处置预案演练，组织企业参加全省首届叉车司机比赛，妥善处理“2·16儿童逆行扶梯受伤”事故，解决紫金山仓库起重设备、鸡鸣寺佛堂电梯等重大安全隐患。开发运行“特种设备二维码管理系统”，通过收集设备基本信息、维保信息和自动发送预警信息等实现“过程”管理，在区内60%的电梯上覆盖使用。年内开展各类特种设备安全检查21次，检查特种设备生产、使用单位103家，检查各类设备126台(套)，发出安全监察指令书21份，整治隐患28项，确保在用设备安全运行。

【放心消费创建】 全年扎口管理12315、12365、12331和12345消费维权热线平台，出台《玄武区市场监督管理局投诉举报办理工作规定(试行)》，改进处置规范和流程。2016年，全局累计处理各类投诉举报3.5万件，国家工商总局副局长马正其、市社科院副院长李程骅等到玄武区调研。持续开展“3·15”“质量月”“食品安全宣传周”“食药安全进社区”等普法宣传教育，牵头开展玄武区旅游行业放心消费创建活动，揭牌成立全市首个区级“旅游行业放心消费工作站”。对消费者投诉举报反映热点问题，加强流通领域商品质量监测，抽检成品油、洗衣机、珠宝等商品151批次，对其中24批次不合格商品依法处理。针对全区网络交易投诉举报量大等客观现状，到北京、杭州等地调研，成立网络交易(电子商务)监管分局，2016年10月27日开始试运行。

【计量管理】 2016年，推进企业强制检定和重点监管计量器具网上备案，为1841台集贸市场电子秤提供免费检定，举办“计量媒体开放日”活动，展现集贸市场“三标签、五统一”计量管理工作成效，对区内30家计量诚信单位实施三级分类监管，熊猫集团社区卫生服务中心等5家企业被评为省级诚信计量示范单位，申报省级计量诚信示范单位10家。开展安全防护用计量器具、机动车安检机构、农资定量包装商品等专项检查，年内针对汽车4S店投诉举报情况、汽车三包管理规定及计量管理要求等，组织召开汽车销售企业座谈交流会，督促企业提升服务质量。

【市场交易秩序监管】 2016年，推进企业信用监管，加大年报公示培训和指导力度，2015年度企业年报率为76%，委托3家会计师事务所对335家企业公示信息进行抽查，发现涉嫌违规行为49起。加大重点领域执法力度，制定《进一步做好防范和处置非法集资工作实施意见》，开展金融类中介服务企业定向抽查、擅自变更登记事项专项检查和涉案公司广告资讯信息排查，加强与区金融办、公安分局和各街道协调配合，成功劝阻56家投资企业迁入玄武区，对长江路188号等10余处非法集资重点区域实施地毯式清理，配合对恒生财行、黑龙江冰辉集团等非法集资受害群众做好解释安抚工作。2016年，全局累计立案查处商标侵权、不正当竞争、产品质量不合格等违法行为和广告、合同、网络交易等各类案件近90起，罚没款入库188.7万元。

【市场监督行政管理】 2016年，出台《玄武区市场监督管理局行政争议处理办法》《“谁执法、谁普法”工作规则》等制度文件，理清部门职责，规范工作流程。梳理总结基层执法实践中存在问题，发布《一般程序案件处罚前公告》《投诉问题处理意见》《明确举报奖励范围》《广告法和江苏省广告条例如何适用》等系列执法提示。加强案件审核，对全局一般程序案件特别是基层分局“罚二没三案件”进行集中评审，推动实现执法监督检查常态化，并对相关案件的处罚信息进行公示，主动接受社会监督，全年处理行政复议52件、行政诉讼16起。 (史明静)

10月14日，区安监局集中学习《安全生产法》《安全生产事故隐患排查治理暂行规定》

城建城管·环保

Special Records

责任编辑　苏　成

城市建设

·城市规划·

【概况】 2016年，全区完成仙居雅苑小区北侧泄洪沟改造工程等64个政府投资城建项目立项审批工作；完成3个建设工程规划许可证审批颁发工作，分别是南京理工大学幼儿园食堂、成贤街小学临时女生厕所、江苏省农科院经信所办公楼修缮工程；完成400余处房屋建筑规划许可查档工作，协助城管执法部门依法查处违建。完成区教育局海英小学新建连廊工程等4个工程规划核实验收工作。编制玄武区棚户区改造三年行动计划。棚户区改造项目根据区政府“应改尽改”“应整尽整”要求，在全区各街道上报棚改项目基础上，对全区棚户区改造项目进行多轮梳理，汇总装订玄武区2016~2018年度三年行动计划和年度改造计划，总项目达47个，总户数2656户，需改造房屋面积60万平方米，总投资125.6677亿元。以与中标单位签订合同为依据、结合玄武区环境综合整治三年(2016~2018)行动计划，通过对主次干道、背街小巷全覆盖巡查，摸清底数，及时制定养护计划，加大道路管养力度，制定出台区《市政道路养护考核管理办法》《城市道路挖掘管理规定》《地下过街通道防汛应急预案》《市政道路扫雪防冻工作方案》《冬季城市道路设施保障工作方案》。

地质灾害治理工作。完成翠岭居小区滑坡地质灾害治理工程竣工验收、决算审计工作。完成墨香山庄小区和营苑东村小区的地质灾害排险工程。消除地质灾害险情和安全隐患，保障小区居民和房屋建筑的安全。

【玄武大道整治规划】 2016年9月出台《玄武大道沿线环境综合整治初步设计方案》。综合整治范围新庄至仙尧路，全长约8000米，车行道面积348610平方米，人行道面积47292平方米。道路整治工作要求：强、弱电整理下地，全线墙面屋顶陈旧老化不规范的广告牌、门头店招等拆除，对部分单位门口停车、工地围挡进行规整，对沿线单位建筑物外立面进行清理出新，与周边绿化环境相宜，做到整洁有序，达到白天美化、晚上亮化效果，提升城市品位；对沿线绿化进行修复，道路两侧绿化补植修剪、黄土复绿、增植草坪，替换一些路段行道树，绿篱增加金边黄杨，适当增加大乔木，形成层次丰富的路边绿带，营造美观整洁景观界面。同时要求加强后期精细化管养，确保道路两侧视觉景观效果。

【旧住宅区综合整治规划】 2016年，规范和提升全区老旧小区出新整治工作，总结以往小区出新工作经验，广泛听取社区民意，依据相关法律、法规和政策有关内容，归纳提炼并编写印发《玄武区老旧小区整治实施意见》和《玄武区老旧小区出新整治工作标准》，明确工作任务和要求，落实工作责任。制定和完善《玄武区老旧小区整治工作行动计划》《玄武区老旧小区整治工作程序》《玄武区老旧小区整治考核办法》《老旧小区整治安全责任制》《玄武区小区整治安全生产隐患排查治理工作方案》《老旧小区整治防尘防噪文明施工管理规定》《小区整治工程廉政公约》《每周工程例会制度》等制度。

按照宁委办发〔2016〕19号文精神，整治内容根据小区实际情况，合理进行安排，将群众反映强烈的下水不通、道路破损、环境脏乱差等突出问题作为整治重点，因地制宜制定整治方案。本年度基本整治内容主要包括：违章建筑拆除；排水系统的疏浚与改造；整修道路，增设停车位；大门及车棚整修；内楼道及楼道灯整治；安装路灯及监控；增设邮政信箱及休闲设施；安装防盗门；补栽绿化；整治陈旧、破损、脱落的外立面。（朱兴丽）

·铁北红山新城建设·

【概况】 2016年，铁北红山新城管委会围绕“拆、招、规、建、研”工作路线，全力推进铁北红山新城前期建设。按照“产业先导、规划先行”理念和工作方针，围绕“建设国家苏南现代化建设示范区”总体要求，贯彻落实年初确立的年度总目标，完成全年各项工作任务。

【铁北红山新城道路建设】 2016年，顺利完成红山南路东延工程。该工程是市重点城建项目，项目总投资8.55亿元，其中建设资金为2.3亿元。该工程2014年12月18日立项，2015年7月30日正式开工，2016年底顺利建成通车。

【土地挂牌】 2016年，完成两幅储备地块挂牌前期准备工作。年内，多次邀请市国土局市场办、储备中心及市规划局等到铁北现场办公,协调推进土地挂牌。2016年底完成沈阳村地块、华飞二号剩余地块挂牌所有前期准备工作。

【招商选商】 全年累计接洽企业102家、160名客商,其中世界500强企业6家,国内房地产百强企业11家,为新城开发建设提前锁定一批目标客户。2016年金洽会玄武专场活动中,红山铁北新城管委会分别与莱蒙国际、金浦控股、星河控股、亿达中国、北京电子城集团成功签订合作协议,签约金额302亿元,占全区签约总额74.6%。与莱蒙国际签订沈阳村地块托底协议。

(司书轩)

·道路市政设施·

【概况】 2016年,以市、区背街小巷整治要求为标准,制定2016~2018年3年街巷整治方案。街巷整治项目以片区为单位有序整治,确保整治一片,达标一片。截至年底,街巷整治基本完成。同时完成南京马拉松、省、市党代会、"五一"、国庆期间道路保障任务。

【长江路环境综合整治工程】 项目西起中山路,途经估衣廊、洪武北路、网巾市(邓府巷)、碑亭巷、太平北路、长江西街、东箭道(长江东街),经汉府街交叉口向南接上中山东路,全长约1.7千米,为一条东西走向的城市次干道。长江路-汉府街道路综合整治工程属遗留工程,原开工日期为2010年12月12日,虽做好施工准备,由于各种原因而停置。2016年10月重新启动,经设计院对原设计进行修改,2016年10月16日,开始机动车道施工。长江路道路功能要求高,考虑到以往沥青材料存在车辙、拥包、低温易开裂等缺点,在环境综合整治工程指挥部牵头和组织下,经专题研究和学习,提出使用SMA16材料。该材料具有抗滑耐磨、密实耐久、抗疲劳、抗车辙、减少低温开裂等优点。施工主要内容:车行道局部病害处翻挖新建、维修,层面统一"洗5还5"—沥青面层洗刨5厘米,然后整幅新铺5厘米;非机动车道局部病害翻挖新建,层面统一"洗4还4"—沥青面层洗刨4厘米,然后整幅新铺4厘米;人行道侧石现状为花岗岩的"见坏补坏",非花岗岩全部拆除更换为花岗岩;中山路—太平北路段破损的平石更换;太平北路—汉府街段平石全部更换;所有侧分带导头定制;无障碍设施更换调整。拆除旧收水井重砌,更换为铸铁收水篦子;车行道中井盖全部换为防沉降井盖,对雨水进行清疏,有损坏的翻挖更换。

【黄埔路综合整治工程】 北起军区南大门,南至中山东路,全长634米,宽30米,道路规划等级为城市次干路,最高车速50公里/小时,规划红线宽度33米,其主要工程内容包括:杆线下地、煤气管线铺设、立面出新、门头店招新做、快车道重修、慢车道与人行道出新、广告牌拆除等。区建设局严格贯彻市委市政府"立足市民满意、打造精品工程、经得起时间检验"要求,加强施工队伍管理,抓文明施二,严把工程质量,圆满完成整治任务。在管线施工过程中,严格要求管线单位夜间施工,早高峰来临前完成铺设管道、沟槽回填、并铺上沥青。绿化提升整改、道路两侧零星工程维修,绿化施工分为6处岛头花境施工和道路沿线绿化补植,花境施工位置省会议中心门口2处和军区总院东侧门口2处。沿线道路绿化补植主要是对绿化带金边黄杨、大叶黄杨、部分花卉病弱苗木进行更换,种植竹类、毛鹃和海桐;道路两侧零星工程维修主要是道路牙更换维修、路边配电柜周围防腐木栅栏更换,路两侧法桐树池进行清理并摆放鹅卵石进行覆盖。

【交通设施管养】 2016年,根据国务院《城市道路管理条例》《南京市城市道路设施管理条例》《南

11月,黄埔路出新改造完成

京市工程施工现场管理规定》要求，结合本区实际做好挖掘占用预审、过程监管、道路恢复工作。配合市道路管理中心对118处城市道路挖掘进行监管，监管各类管线单位（水、电、气等）抢修106处，按照抢修性挖掘的相关要求落实监管责任，督促养护及管线单位对施工路段及时予以修复。完成玄武区辖区范围内70条道路（路内、路外）架空杆线（第一阶段）专项整治调查统计。其中电信25件；公安交管72件；电力31件，涉及控制柜640件；废弃杆88件。接受井盖报修投诉（96196）59起，其中检查雨水井35起；非市政设施24起。

完成公共自行车站点建设39个，车桩1417个，投放公共自行车1559辆，相关车棚、车桩、调度卡等设备均已全部到位并验收投入使用。

公共停车场建设。人民中学地下停车场，有290个泊位，截至年底，一区、二区负二层桩基、支撑及土方工程完成。玄武门广场地下停车场建设，截至年底方案还在调整，按照市里要求，市城建集团与设计单位进行新一轮方案论证。

【工程施工监督管理】 2016年，区质安监站监督项目35个，有228个单位工程，建筑总面积150余万平方米。全年对25项工程开展施工现场标准化验收工作，其中对100余台机械进行登记挂牌，发送相关质安监短信3000余条。全年组织春节后复工、施工现场环境整治、现场扬尘集中整治、施工起重机械专项整治“双百日行动”、“安全生产检查整改”专项行动、“六打六治”、建筑市场综合执法、G20峰会保障工作、中央环保组督察、南京马拉松保障专项行动、岁末年初全区联合安全生产大检查等15项专项检查。开展工程质量监督巡查（抽查）180余次，监督抽测40余次，发出整改通知书80余份，签发局部停工通知6份，对15家施工单位进行通报批评，对4家施工单位和4家监理单位进行了不良行为记录，对4家施工单位和4家监理单位进行亮牌处理。8月，配合区安监局，对7个街道及铁北新区进行楼宇餐饮综合检查。9月，协助区环保局处理中央环保督查组下达的15次环境综合治理通知单，下发开展安全大检查方案、通知5份。

（朱兴丽）

城市管理

·城市综合管理·

【概况】 2016年，区城管局围绕建设“强富美高”新玄武总体目标，按照“勇于创新、善于协调、敢于维护、共建绿色、城市共享、生态第一”工作理念，结合区“一城两街三片区”产业布局，大力开展黑臭河整治、水环境治理、控违拆违、广告市场化、停车管理、规范执法和强化队伍管理等方面工作。2016年，区城管局防汛抗洪工作被市委、市政府记集体三等功；区行政执法大队通过省级验收，保持省级文明单位称号；区城管系统获玄武区第十五届职工技术大比武决赛暨首届创业创新大赛团体一等奖。

【黑臭河道综合整治】 对百水河支流、唐家山沟、友谊河（玄武段）、香林寺沟、内秦淮河北段5条黑臭河道沿岸118个污水排口进行整治，清淤5万立方米，基本消除黑臭。制定内秦淮河北段600米回流管原位治理方案，打通内秦淮河河道两岸人行步道，采取科技除臭方法减轻河道臭味，改善周边居民生活环境。对玉带河、清溪河等内秦淮河东段上游河道进行调查摸底，启动方案编制、立项、招投标等前期准备工作，编报19条黑臭河道整治计划。

【二次供水设施改造】 2016年，二次供水设施改造是全市重点民生项目，玄武区有52个片区的改造任务。在二次供水设施改造过程中各部门主动协调，克服困难，推进项目进展，所有片区全部符合施工条件，整体进度达到市二次供水改造办公室要求进度，同时启动2017年改造任务的前期准备工作。

【排水达标区建设】 2016年，玄武区排水达标区创建涉及玄武门39个片区，6月开始启动，先期对小区建成的排水管道进行排查，请市勘察测绘院进行管道测绘和CCTV检测，对发现的问题进行整改，请市政质检站有关人员到现场进行检查验收，工程有序推进。

【防汛及积淹水点改造】 2016年，根据区防汛防旱指挥部各成员单位部分领导人员变动情况，及时调整区防汛组织机构。对辖区内往年积淹水点进行重新梳理，按照“一点一案”原则，细化重点部位、重点地区应急抢险方案。汛前完成244公里雨水管网汛前疏通任务，消除险树46株。投入38.8万元，补充、更新防汛物资和机械设备，增强应急抢险能力。专项拨款22.08万元，对长巷泵站4台大功率潜水泵进行维修。年内，强降雨天气，区防汛办第一时间启动防汛方案，各防汛应急抢险小组及时上路巡查，针对各条主干道、居民生活小区周边等易积水区域情况进行重点监控。防汛期间，出动人员1.9万人次、防汛车辆930台次、动用水泵158台次、消除积淹水97处、清除倒树14棵，确保无人员伤亡和重大财产损失。完成富贵山小区、双拜岗和环陵路岔路口片区3个积淹水点改造，银城东苑片区整治工程启动。

【项目建设管控】 2016年，明确违法建设管控责任体系，完善工作机制，加大巡查力度，及时查处、拆除各类违建，做到新增违建零增长、已建违建逐步拆除。建立健全责任体系，完善违建督察机制。组织人员到青石街、麒麟科创园、钟岚里等项目工地协助工作，完善全区在建工程台账资料，各项目工地累计查处涉及违法建设案件近40起，执行司法强制拆除8处，取得良好效果。加强日常巡查、检查工作，全年拆除新增违建163处2351平方米，存量违建206处23102平方米，计369处25453平方米。

【市容整治】 2016年，通过夜间专项整治、错时街面整治、"春雷"专项整治等行动，加强对占道经营、倚门出摊、流动摊点、店外坐吃等现象重点整治。开展背街小巷专项整治。对辖区街巷内的店家、墙面、路面予以梳理，组织开展三清三逐工作，联合环卫部门共同整治街巷内卫生环境。开展门前三包专项整治。加强店家门前三包责任区履职意识，加大门前三包专项执法力度。开展占道经营专项整治。以主次干道、学校及集贸市场、地铁出入口周边等公共场所为切入口，以巡查执法、错时整治、规范管理为主要方式，加大对各类占道经营行为查处力度。全年开展各类整治914次，出动人员7944人次，出动车辆1010台次。排查整改主次干道店招问题菜单845个，整治违规户外广告715处，清理违规立面招贴8536处，取缔占道经营3214处。

【"雷霆行动"专项整治】 2016年，联合交警一大队、巡特警大队、公安派出所，同时各街道调配精干执法力量，放弃国庆假期休息时间，从早上7点至晚上12点高频次、不间断在主次干道、窗口地区和城郊结合部，针对占道经营为主的各类违章行为进行查处，强化错时管理，有效打击违停占道经营的嚣张气焰，并辐射所有背街小巷。其间，出动人员7200人次，车辆1048台次，设置宣传横幅404处，查处机动车违停和占道经营等各类违规占道行为436起，暂扣机动车51辆，暂扣电动三轮车和其他经营工具230件。通过专项整治行动，改善区域城市秩序和市容环境。

【渣土运输违规行为查处】 2016年，针对夜间渣土运输高峰期，在辖区开展全时段、全天候、全方位网格化巡查执法，在启迪大街、玄武大道东杨坊设置卡点，检查过往渣土运输车辆。组织机动力量加强全区范围内渣土违规运输的巡查，加大对孝陵卫顾家营、柳营西路等城郊结合部地区夜间巡查力度，防止偷倒、乱倒现象发生。加强环保督察"回头看"工作，强化全区工地源头监管，督促施工单位、运输单位文明施工、规范作业。加强各项目工地的管理，对存在违规现象的工地依法予以查处，全年查扣违规运输渣土车156辆次。

【省级示范路、示范社区创建】 2016年，联合新街口街道、梅园新村街道、锁金村街道开展太平北路等4条省级示范路及银城东苑社区等5个社区省级示范社区创建工作。通过制定方案、宣传发动、加强日常市容环境整治等方式，全面推进创建工作，提升创建区域周边市容景观层次和管理水平，银城东苑社区、东方城社区通过市级示范社区验收。

【门前三包管理】 2016年，全区签订门前三包责任书8384份，发放《致商户一封信》10299份，张贴宣传画3980份，建立微信群64个，设立红黑榜68处，成立自治联盟64个，处理问题2030处，道路街巷四个活动（发放告知信、签订责任书、建设微信群、拉网式检查）、五项制度（宣传教育、自治自律、日巡查、红黑榜警示、执法保障制度）落实149处。成立"城市治理绿色联盟3+X"创建领导小组，召开城市治理绿色联盟筹备会议，并制定联盟实施方案、组建联盟队伍、建立联盟微信群，常态化开展城市治理绿色联盟巡查、护学、门前三包活动，通过联盟微信群将传统城市治理与店家同盟相结合，变管理为同盟，以同盟促管理城市治理新模式。

8月，区城市管理局开展广告整治行动

【广告管理】 2016年，根据市、区两级统一部署，按照“减量提档、落实监管、打造精品、巩固长效”广告管理工作要求，依法对辖区内所有违法户外广告设施予以整治，对公交站台、公共自行车站点、电信公司设立的磁卡电话亭、出租车停靠点、道旗等公共设施上设置的户外广告也纳入整治范围，实现整治全方位、全覆盖。推进广告市场化，制定玄武区户外广告控制性详规，做好户外广告拍卖工作，广告市场化有序推进。

【停车管理】 2016年，通过第三方监管模式，对全区各主要道路停车场点进行暗访，查处收费不出示票据等重大违规行为51起，查处议价、不按照标准收费等一般违规行为125起，要求各街道(园区)开除违规收费人员38人，警告、扣除绩效奖金等形式处理违规收费人员138人次。通过试点移动监控方式，对收费行为录音、录像，提高收费人员工资待遇，每月收取收费人员规范收费保障金等措施督促收费人员规范收费。下发《规范道路停车包月收费工作通知》《关于停止玄武区道路停车收费服务外包行为的通知》等文件，规范停车管理秩序。

【环境整治】 2016年，根据玄武大道、长江路、珠江路、北京东路、黄埔路5条路整治工作要求，制定整治工作方案，明确责任和措施以及作业标准。针对重点道路环境卫生死角开展突击整治，建立联动值班巡查制度，坚持每天安排人员上路巡查，发现问题及时通知整改。针对背街小巷环境“脏乱差”等突出问题，成立专项整治突击队，重点围绕沿街地面油污、卫生死角等问题加强整改，及时清运背街小巷生活垃圾。全年整治街巷187条，出动人员1199人次，清理卫生死角470处。

【环卫基础设施建设】 2016年，全区投入使用各类环保车53辆，实际机械化作业面积为366.66万平方米，占全区道路90.88%。全面取缔街镇、社会单位非密闭收运车辆，完成垃圾收集运输车辆达到全密闭要求100%，生活垃圾密闭化收集运输率100%；结合主次干道、背街小巷整治，环卫保洁管理，实行标准化、专业化清扫保洁完成20%；规范设置果皮箱、垃圾桶，维修、更换破损设施完成40%，投入经费23.5万元。

【垃圾分类管理】 2016年，区成立垃圾分类检查考核办公室，按照市垃圾分类办公室考核要求对全区各街道社区垃圾分类工作进展情况进行实地检查，督促整改。创新举措，开展“垃圾换积分”活动1091场次，参与人数5.6万人次，回收可回收垃圾104.56吨，定时定点收集厨余垃圾410.9吨。投入150万元为推进小区集中采购4875个四色垃圾分类桶，全区垃圾分类覆盖率80%以上。配备7台厨余垃圾车对各街道厨余垃圾每天进行统一收运，确保推进小区垃圾分类设施保障到位，全年收运厨余垃圾1372.23吨。

【绿化景观建设】 2016年，开展墨香路、进香河路、东箭道和明城墙绿地整治出新工程；对九华山路、南博周边绿化、内秦淮河北段、玄武大道沿线路侧绿地、老宁栖路沿线路侧绿地等5处道路，进行改造出新和提档升级。完成市委门前路绿岛花境、和平公园花境和玄武大道岔路口花境；完成龙蟠路口太平盛世门前地块彩化提升改造。在主干道用“高射炮”向法桐喷洒悬铃散，抑制毛絮效果明显。

【城市治理标准化】 2016年，组织城市治理志愿者进行广场宣传，开展标准化工作培训会，做好标准化复检验收准备工作，超额完成2016年标准化创建任务。全年陪同市城治办检查验收12

批次356个单元，通过市城治办复查验收单元230个，超额完成32个，创建达标率为116%。组成巡查小组对全区街道、园区城市治理相关工作开展常态化检查，发现问题，及时下发菜单，并督促整改、认真核查，不断提升全区城市治理常态长效水平。每月下发“城市治理长效考核通报”，在对各街道量化排名，同时指出存在问题，剖析问题原因，为开展工作提供借鉴。

【城市治理督查考评】 2016年，坚持分季节、分专题、分内容开展督查，发区机关有关部门和街道，以及园区督察通知单61次，对督查中暴露出的弱项、群众投诉举报多的棘手问题，要求在规定时间内拿出相关措施加以解决，增加对长江路、珠江路、新街口CBD商业区等重点路段地区督察和督导频次。通过“一周一督查，十天一通报”方式，有效配合“黑臭河整治行动”和市容环境综合整治工作落实。

【城市管理社会化】 2016年，调动社会力量参与城市治理，形成管理合力。组织城市管理公众委员现场观摩，分别到玄武湖、新街口等街道数字化城管平台，以及南汽动能分公司锅炉环保改造项目工地参观，听取唐家山沟和内秦淮河北段整治情况汇报，到现场检查河道整治成效。邀请市城治办相关领导现场指导，并调动公众委员参与城市治理的积极性。完成玄武区第二届城市治理公众委员换届准备工作。

【城市管理宣传】 2016年，日常工作注重正面宣传引导，截至9月在各类网站发布信息398条，发布微博1149条，在各大报纸、电视台对外宣传248篇。认真做好人大代表建议、政协委员提案回复工作，2016年各类建议、提案39件，其中主办28件，协办11件，及时对任务进行分解，安排专人对各类建议、提案进行回复，并抓好落实。对市、区“12345”政府服务热线和市局“12319”举报信箱的回复实行专人负责，截至9月30日，受理“12345”“12319”投诉举报案件3305条，办结率为100%，满意率超过86%。 （陈青林）

·房产管理·

【概况】 2016年，玄武区以拆违治乱为抓手，高标准整治出新旧住宅小区，因地制宜落实物业管理，推进环境综合整治工作。全年计划整治小区48个，除梅园新村街道兰园8个小区，因2017年将提高整治标准，为避免重复建设，小区路面和围墙外立面未整治外，其他按时间节点全部完成。完成示范小区西家大塘16~44号小区整治任务（2017年项目提前到2016年实施），同时完成屋面渗水面积统计等临时性任务。全年维修资金受理案件125件，维修项目涉及到电梯、消防系统维修、防水、监控、单元门禁等，审批通过123件，拨付资金473万元，受益业主8250户。按照区党代会要求，结合居民实际需求，5年内，完成符合条件有效需求总量60%以上电梯增设工作。区住建局负责指导协调既有住宅增设电梯工作，编制年度计划，做好政府补贴资金汇总申报等工作。2016年，接收“12345”工单2717件，处理工单2070件，按时办结率99%，办结提速率59.34%，作风满意率80.69%，结果满意率67.45%。年内受理农民工工资清欠有效投诉91件，涉及民工2128人，涉及民工工资及工程款约16713.72万元。

【征收动迁】 2016年，征收动迁完成青石街地块重点危旧房改造、青石街地块环境综合整治、百子亭地块危旧房改造一期、百子亭地块危旧房改造二期、汉府新村环境综合整治、过街村土储中心地块、明外郭—秦淮新河百里风光带、南汽制动器厂及周边地块二期（孝陵卫街）、麒麟科技创新园二期、红山南路东延10个征收项目。在手征收项目省肿瘤医院剩7户居民、3家工企单位；藤子村地块剩余居民5户；胜利村路除总参六十研究所外，其余动迁任务全部完成；内秦淮河征收项目征收任务剩1户未完成签约交房。钟岚里地块，军区总院已与区政府签订协议，部队组织清房工作。紫金科创特区地块计划完成时间为2017年12月。

【危旧房、城中村改造】 孝陵卫街地块和钟岚里地块是玄武区2016年市下达棚改任务。其中孝陵卫街地块在年初完成一期前提下，自加压力把撤组剩余土地上32户居民和1家工企单位纳入改造，二期棚改改造任务顺利完成。钟岚里地块搬迁安置涉及部队住宅79户，该项目取得部队方面大力支持，项目已上报中央军委总后勤部并获批准，与军区总院签订产权置换及土地置换协议。区征收办、梅园新村街道成立工作组，进场协助军区总院房屋承租人做好腾迁工作。2016年有结转征收项目8个，其中梅园新村地块、百子亭地块、沥青拌合厂项目、青石街地块、藤子村二期国有土地征收项目、红山南路东延征收项目麒麟科技园（二期）7个项目在各部门通力合作下，至年底全部完成征收任务。省肿瘤医院项目经过攻坚克难，剩5户居民。胜利村路拓宽改造项目，为保证道路建设不受影响，积极与被征收单位协商，采取单位自拆后补偿方式处理。经各方共同努力，该项目除总参六十研究所外其余路幅内房屋全部拆除并移交道路建设方施工。

11月18日，玄武区保障房选房大会在佛心桥37号会议室举行

【低收入住房保障】 2016年，全区低收入住房保障在保家庭累计801户，受理公租房申请家庭446户，共有产权房申请家庭118户，租赁补贴申请21户，产权安置房30户52套。2016年，完成公共租赁住房446户的选房安置工作；同时对1501户双困家庭进行资格复审，完成经济适用房选房，解决遗留问题，全年组织经济适用房选房443户、共有产权房118户。严格把握租赁补贴发放关，要求半年签字审核，凭保障户签字资料上报区财政部门核发租赁补贴。全年发放租赁补贴801户，累计金额约240万元。执行住房保障退出制度。持续规范保障资料受理审核的程序，加强与区民政部门联系与协作，严格进入和退出制度，对于符合政策规定的及时受理、审核、上报；对于情况发生变化、不再符合保障条件的，坚决予以清退。对65户不符合保障条件的家庭进行清退，对53户不符合租赁补贴的家庭进行补贴清退，退回住房保障资金23.3万元。

【保障房建设】 2016年，完成余粮保障房项目南片主体工程建设和交付。余粮保障房南片项目总建筑面积22.9万平方米，建设2324套保障房。10月，项目主体完成综合验收。截至年底，南片已销售房源1884套，11月20日，孝陵卫街道办事处与南京孝陵卫物业服务中心有限公司组建物业管理团队，正式接管小区物业服务工作，并对房屋室内进行初验，公共设施设备进行交接。12月26日，首批业主正式拿房入住。2016年，完成330套（其中43套经适房，159套产调房，128套征收安置房）房源供应任务。小营159套产调用于逸仙村及军区总院环境综合整治项目；余粮南片43套经适房用于柳营项目；余粮北片31套征收安置房、余粮南片97套征收安置房用于孝陵卫街地块城中村危旧房改造项目（原制动器厂周边）。

【房屋租赁税收征缴】 2016年，区下达房屋租赁税收（房产和营业税）指标3.37亿元。5月，“营改增”政策实施前，完成房屋租赁税收1.28亿元，与上年同比增长4300万元，增幅50.58%。“营改增”政策实施后，完成房屋租赁税收2000万元。全年完成房屋租赁税收1.48亿元。房屋租赁管理，在册管理10306余户，合同登记备案8906余户，登记备案率86.4%，合同登记面积158万平方米，违章建筑登记备案率为零。房地产经纪机构在册管理户143家，其中87家在经营，全年下发整改通知6份，联合区工商部门取缔1家。

【公房管理】 2016年，直管公房经管、修缮工作开展顺利，完成房改售房126户报审工作，完成对老旧房屋翻瓦换席、平屋面漏雨防水等中修1.81万平方米，完成疏通下水道道6238米、清掏窨井741只、清掏化粪池56座、修水修电528处、修门窗47扇。根据不动产登记有关规定，全面摸清直管公房底数，并上报市房产局，为直管公房房改不动产登记扫清障碍。组织带领街道和部分物管企业房屋安全管理人员参加市房屋安全排查技术培训，完成全区老旧房屋安全排查工作，完成重点房屋复查和核查工作。继续跟踪危房管理和整治工作情况，会同红山街道处理红山过街村144号险房。督促完成玄武湖环洲5号、东方城68号车管所变电站、环陵路8号C20、C22危房治理工作。

【物业管理】 2016年是南京市物业条例颁布实施关键节点年，同时为全国卫生城市复审考评年度。根据区物业工作特点，从试点工作入手，在全区范围内开展《南京市住宅区物业管理条例》学习培训，在紫气钟山苑等9个小区进行试点，其中市场化小区6个，街道托管老旧小区2个，保障房小区1个。试点工作主要有投诉受理实名登记制度、联席会议制度、维修基金应急通道、物业服务信息公开、物业管理招标第三方评估、业主委员会(管理委员会)等配套制度。根据辖区实际情况，抽调人员组成4个检查小组对全区7个街道和徐庄软件园所有住宅物业项目进行巡查，第一阶段检查170个项目，下发整改通知74份；第二阶段巡查36个项目，下发整改通知10份。通过督促整改，小区环境卫生得到改善。全年通过专项检查、创优达标、资质年审、项目经理上岗证管理以及健全企业信息档案等措施，加强行业监管，规范物业行为，结合新条例指导街道依法开展物业行业监管工作。全年完成市、区专项检查项目186个，发放整改通知书56份，现场整改120处，完成项目业绩调查56次及招标项目诚信调查12次。做好辖区内物业项目信誉调查、三级(含暂定)物业企业资质初审及项目合同备案等常规性工作；完成聚宝山臻园、苏宁易购总部2个物业示范项目初审及上报及迎审工作。

【工程项目施工管理】 2016年，完成仙居雅苑小区北侧泄洪沟改造工程等64个政府投资城建项目立项审批工作。全年新增受理工程项目96个，其中27个为100万元以下明标明投项目，66个100万元以上公开招标项目，3个直接发包民营项目。定标公开招标施工标标段50个，合计成交金额22460.7万元。定标监理标段40个，合计成交金额921.48万元，非国有资金施工直接发包18个标段，合计成交金额91502.98万元。招标公告备案110个，招标文件备案90个，招标文件澄清答疑61个，资格预审事项1个。开标评标现场监管90场，办理建设工程施工许可证17个，完成未办理施工许可擅自开工处罚1起。

(朱兴丽)

·玄武湖周边地区综合管理·

【概况】 2016年，南京市玄武湖周边地区综合管理办公室（简称"环湖办"）按照"精致精细、品质品位；联动联治，常态长效"管理理念，开展环湖地区综合管理工作，圆满完成G20、国家卫生城市复审、南京马拉松赛事等重要活动，以及春运、国庆等重大节日保障工作。在全市窗口地区考核中总成绩排名第一；"12345"工单办理项目考核排名全区第一；获市春运工作先进集体称号。

【环玄武湖交通秩序管理】 5月中旬宁启铁路投入试运营，针对南京站为始发站，调整站前广场岗点部署，加强铁路进站口和广场地铁出站口定岗巡查力度，确保管理不留空档不滞后。世纪东路跨线桥5月底开通前后，会同交警、交通执法实地反复查看，确保管理无缝对接。针对太阳宫5月重新开始运营，投入力量加强管理，对周边秩序和环境进行高频率巡查，按照"早介入、勤巡查、严管理"思路，严防违章乱象，保持良好环境。针对玄武湖旅游景区玄武门人流量大，车辆停放、行驶受到场地限制和影响，以及湖南路封闭施工等情况，联合交警开展交通秩序整治，安装人行道隔离护栏，设置非机动车地锁，方便管理，确保安全；确定每天9时至17时对中央路、玄武门路口交通管制方案，收到良好效果。国庆黄金周期间，增加人员配合交警对玄武门路进行交通管制，效果明显。

【设施管养】 2016年，针对南京火车站南广场原有移动公厕存在设施陈旧、如厕环境差等问题，5月，改造升级建成新公厕，增设洗手池、男士小便间和感应冲水等设施功能，解决旅客如厕难、环境差等问题，满足过往旅客需求。完成南广场东、西"S"弯绿化改造工作，新增多种植物、地被和景石，提升窗口地区绿化品质。对广场树池加装不锈钢护栏，有效防止树木受到人为损害。结合各类任务保障及市园林局每月考核，落实移栽苗木、调整差异苗木、修补地被、修剪苗木等工作。"五一"、国庆期间结合广场环境布局，摆放时令花卉造型，悬挂灯笼、国旗、彩旗，营造节日氛围。年内与

改造出新后的南京站广场

访等信访事件、坚决不发生恶性刑事案件)总体目标。对照创卫迎复审检查标准,围绕环境卫生、市容秩序和健康教育宣传,在火车站站前广场人流密集地区,制作张贴健康教育展板和宣传标语展板,抓好环境秩序日常巡查、督查工作,确保国家卫生城市复审保障工作圆满完成。汛期24小时观测雨情,开展不间断巡查,出动防汛力量3600余人次,各类车辆112辆次,编织袋300余条,消除积淹水点3处,管辖范围内未出现影响市民出行积淹水情况。3月,与区委宣传部共同举办2016媒体看玄武(第一季)暨新闻媒体通气会活动,《新华日报》《南京日报》、人民网等20余家媒体记者参加活动,并现场考察宣传报道。

玄武湖公园管理处办理玄武湖音乐喷泉和配电房移交手续。

【城市管理综合执法】 2016年,组织召开标准化工作培训会,指导各管理单元编写标准化工作台账。完成市、区城治办对公共空间检查验收。落实门前三包责任制管理,做好责任单位门前三包管理升级,在强化门前三包管理责任制基础上,充分发挥自治联盟小组作用,安排专人进行检查督促、整改落实和考核,实现道路环境卫生整洁,市容秩序井然,沿街单位、店家建筑物立面美观。门前三包签约率100%。落实"河(段)长制"管理,完成环境监管网格化设置,按照4个片区(南京站南广场、南京站北广场、玄武湖东岸、玄武门)建立三级网格,明确各级网格长、网格负责人和网格责任人。整理规范台账资料,绘制河道排口位置图,清晰标明各排污口具体位置和排口性质,统一编号做好统计。开展机动车违停和占道经营集中联合整治"雷霆行动",协调区公安、交警、城管等执法单位,分片区组成联合整治行动组,开展机动车违停和占道经营集中联合整治,按照"先教育、后处罚"原则,对流动摊贩进行教育驱离,对违停车辆进行处罚,有效保持全天侯、无盲区管理,取得积极成效。

【重大活动保障】 2016年,春运、国庆期间,密切联系火车站、汽车站,保障客流高峰期旅客出行安全有序。按照G20峰会群防群治保障工作部署,对管理区域内的火车站南北广场、长途汽车客运站2个一级管控目标、8个地铁出口以及4个公交站台开展巡防守护,营造平安稳定社会环境,实现"五个坚决不发生"(坚决不发生影响政治安全的重大事件、坚决不发生暴力恐怖事件、坚决不发生重大群体性及个人极端事件、坚决不发生到活动现场和集体上

【社会化服务与管理】 2016年,组织开展协管员岗位业务技能培训,核发行政执法协管员上岗证。开展队列操练训练,骨干带头,以老带新,规范日常执法管理行为,强化执法人员和协管队员严格执法与文明执法意识。参与并促成地区铁路南京站"158"学雷锋、客运站"全国劳模班组"和地铁南京站"美德车站"共同建立爱心联盟,通过开展公益志愿服务,提升管理品质,打造"志愿者服务"平台。救助残疾人、受伤群众,帮助寻找走失老人儿童和拾金不昧50余次,收到锦旗感谢信10余件。9月初做好高校接新生保障工作,保障19

家大专院校5万余人次安全运送。

（许韦国）

环境保护

【概况】 2016年全年PM2.5浓度均值46微克/立方米，较2013年下降39.5%；环境空气质量二级以上天数达243天，环境空气质量继续全市领先。地表水环境达标率100%，5条列入年度整治任务的黑臭水体整治工作全面完成。声环境功能区达标率为100%，区域环境噪声控制在55分贝以下。

【污染防治与减排】 2016年，完成37家企业环境信用评价和10家企业数据填报，发放排污许可证20家。工业源主要大气污染物排放总量和规模以上企业煤炭消耗总量均控制在考核标准以内。优化产业机构，调高环境准入门槛，严守生态红线，对不符合国家产业政策、不符合玄武区产业定位项目一律不予审批。全年审批（备案）建设项目71家，验收22家，否决和劝退不符合产业规划和环保要求项目21个，建设项目环评执行率、“三同时”验收合格率均为100%，从源头遏制新污染源产生。

【大气污染防控】 2016年，落实新《中华人民共和国大气污染防治法》，编制《玄武区2016年度大气污染防治实施方案》。开展挥发性有机物整治，完成南京小森纸制品有限公司、南京通保交通科技有限公司等5家印刷企业和南京安吉名杰汽车销售服务有限公司、南京东华汽车贸易有限公司等4家汽修企业挥发性有机物整治任务。全面实施加油站监督管理，落实《玄武区加油站、储油库和油罐车办理年度油气排放合格证程序》，为10家地方汽油加油站点发放油气排放合格证，每季度进行现场监督检查，确保油气回收装置运行正常。推进黄标车淘汰工作，组织各相关单位强力攻坚，完成全区黄标车淘汰工作。抓扬尘污染防控，以房屋建设、市政设施、排水达标区建设和街巷出新等工程项目为重点，组织开展建设工地扬尘防治集中整治行动，对全区建设工地进行拉网式排查，全区在建工地控尘措施抽查合格率90%以上。实施重污染天气应急，建立玄武区污染天气应急预案，响应市污染天气应急预警，实施重污染天气应急响应管控措施，为空气环境质量达标提供保障。

【水环境监管】 2016年，编制《玄武区水污染防治行动计划》《玄武区水污染防治行动2016年度实施方案》，加强全区水污染防治工作。完成河道水体现场监察192次，完成水环境质量例行监测、河长制水体及黑臭河流监测300余次，获取监测数据3000余个；推进河长制河道管理工作，定期开展考核，推动全区水环境规范管理。

【餐饮企业污染整治】 年内，召开4次行政执法部门处置餐饮服务企业油烟扰民问题联席会议，公布2批148家“问题餐饮服务企业”名单。结合餐饮企业安全检查和中央环保督察，对“问题餐饮服务企业”开展检查执法，对太平门、林化所、仙鹤新天地等多处餐饮集中区域进行整治。联合区相关部门、各街道办事处对油烟扰民餐饮企业日常监管、执法，对“问题餐饮服务企业”实施规制，全年累计整治污染扰民餐饮服务企业73家。

【固废处置和辐射安全管理】 2016年，召开固体废物（核与辐射）管理工作会议，明确管理标准，规范处置程序。以医疗单位为重点，开展危险废物规范化管理工作。全年完成危险废物专项申报219家，转移危险废物2893.7

6月5日，区环保局联合区委宣传部、区教育局、团区委、区妇联以及新街口街道、梅园新村街道，在长江路“520”广场举办以“改善环境质量、推动绿色发展”为主题环保广场宣传活动

吨，其中医疗废物1364.5吨。危险废物规范化管理抽查合格率100%，医疗废物规范收集处置率100%。开展辐射单位监督管理，督促56家辐射单位按时完成年度评估报告，辐射监督检查覆盖率100%。结合环境安全专项检查等工作，对全区产废企业、医疗单位、科研院所、放射源应用单位进行高频次检查，消除潜在环境安全隐患。快速、稳妥处置童卫路6号南京寿德化学试剂有限公司化学试剂泄露事件，保障辖区环境安全。

【环境监管】 推进环境监管执法体制创新。编制《加强玄武区环境监管执法的实施意见》。2016年7月，区环保局联合执法指挥中心和网格化环境监管系统全面投入运行，形成全域覆盖、全时覆盖环境监管体制，多部联合、上下联动环境执法机制。全年开展各类环境现场监察3000余次，查处各类环境违法案件39件，处罚金额92.8万元。

【环境信访投诉处置】 2016年，践行环保服务民生理念，转变工作作风，完善环境信访投诉首接负责制、领导接访包案制、工作例会制等制度。全年坚持环保24小时值班执勤，完成5件突出环境问题整治，妥善处理“12345”“12369”等群众环境信访投诉1530件，环境信访办理满意率89%，按期办结率100%、综合办结率90%，群众环境权益得到有效维护。

【环保宣传】 2016年，结合新《中华人民共和国大气污染防治法》实施，组织开展新《中华人民共和国环境保护法》轮训、宣讲工作。以“6·5”环境日为契机，联合区委宣传部、区文明办、区教育局、团区委、区妇联，在全区广泛开展“6·5”环境宣传周活动。组织首届玄武区少儿环保绘画比赛，全区800余名学生参加比赛。在长江路东段开展生态环保宣传一条街创建活动，利用LED屏、工地围挡、广告灯箱展示环保宣传挂图、标语，相关工作受到省环保厅表彰。持续开展绿色学校创建工作，紫东实验学校成功创建为省级绿色学校。

（李　鹏）

中山陵景区——永慕庐

教　育

Education

责任编辑　卢永晨

综　　述

10月9日，江苏省基础教育前瞻性教学改革玄武区项目启动会

【概况】 2016年，玄武教育围绕区委、区政府“强富美高”新玄武战略，深入践行“爱的教育”，打造区域优质教育新样态。玄武区被认定为首批“江苏省促进义务教育均衡发展先进区”“南京市平安校园建设示范区”，高分通过全国中小学校责任督学挂牌督导创新县（市、区）省级督导考核，江苏省区域教育现代化建设水平监测评估获90.08分。

2016年，全区中小学、幼儿园（教育系统）、直属单位在职教职工3472人，其中专任教师3334人，具有高级职称741人，中级职称1700人。2016年，招聘中学新教师35名、小学新教师61名、幼儿园新教师23名，其中研究生学历27名。小学教师本科以上学历90.3%，大专以上学历99.8%，初中教师本科以上学历97.6%，研究生学历（含教育硕士）26.8%，高中教师本科以上学历99.3%，研究生学历（含教育硕士）32.7%。

【教育综合改革】 2016年，在新一轮教育综合改革中，成立玄武区第一所民办小学（玄武外国语学校附属小学）和全市第一所女子中学（汇文女子中学），在仙鹤门地区开设南京师范大学附属小学仙鹤门分校，9月1日，3所学校正式开学。

【教育基础设施建设】 2016年，全区完成教育装备政府采购6808万元，完成进度100%，节约资金493.86万元，节约率7.4%。学校新建、改造计算机教室5个，新建录播教室5个，完成31个计算机室、专用教室设施配备工作。新增计算机1370台，办公设备141台，空调420台，投影机加实物展台115台。在玄武高级中学建成全市中小学唯一一处攀岩场地，并承办南京市第21届运动会攀岩比赛。完成全区小学数字化气象站网站平台建设及小学走廊实验室专项建设，实现校园视频监控互联互通、图书管理软件系统升级，顺利推进全国义务教育、普通高中学生资助子系统及省高中校建档立卡系统研发等工作。全区学校基础设施不断完善。全年投入1.17亿元，对27所中小学进行改造，改造面积69300平方米，已竣工项目25个。新增全国生态文明教育示范学校1所（红山小学），省绿色学校1所（紫东实验学校），市园林式学校2所（长江路小学、洪武北路小学），市节水型学校1所（锁金二小）。以1000兆进校、100兆进班的建设标准完成24所中小学电信专网宽带接入，搭建覆盖全区各级各类学校的快速、高效、安全教育信息化运行网络。完成玄武区教育云数据中心机房改造、玄武教育高清视频会议招标等工程，逐步打通区校两级信息化交流渠道。区教育行政办公平台、区教师发展平台建设成效初显。

【义务教育】 2016年，全区义务教育阶段招生工作平稳有序。继续推行公办学校空余学额电脑派位工作，对区内12所学校422个空余学额进行派位；调配学位资源，解决区内特殊困难家庭适龄儿童入学矛盾；协调区域内外来务工人员随迁子女入学问题，确保公办学校“全接纳”。初中办学水平稳中有进。在“2015/2016年度南京市区域初中教育发展性评估工作”5个奖项评比中，玄武区获4个奖项，位列全市第一；南京市新优质初中年度考核评估，紫东实验学校获二等奖，区教育局获区级质量推进奖；2016年，全区中考成绩超南京市均分35.3分，连续13年保持南京市第一。特色文化建设成效凸显。小营小学、洪武北路小学被评为南京市首批小学特色文化建设示范学校，洪武北路小学成功申报江苏省特色文化项目。

【职业教育】 2016年，玄武中等专业学校尝试中高职衔接及普职融通模式，构建适应新兴产业、新职业、新岗位的校本课程体系。全校有5个以上精品课程，每个专业均有2本以上校本教材。学校现有中高职3+3分段培养专业5个，2016年，新增五年制高职专业1个，高职专业突破6个，为申报高职院校分院创造有利条件。在全国、全省大赛中获全国职业院校信息化大赛国赛金奖1个、省赛金奖5个，省技能大赛“8金4银5铜”优异成绩。2016年，被认定为江苏省高水平现代化职业学校，顺利通过江苏省高水平示范性实训基地现场评估。

【特殊教育】 2016年，依托玄武特教学校成立玄武区特殊少年儿童随班就读资源中心。组织开展与秦淮、六合等区县校本研修活动，与区内普教学校教学研讨、随班就读教师交流培训等活动，拓展视野、提升教师专业化水准；加强特殊教育学校“双Y课程”建设，促进教师以自我发展为根本，以科研、课题为抓手，丰富教学方法，促进残障儿童身心全面发展。2016年，玄武区特殊教育学校成功申报省级送教上门建设项目；被认定为第二批江苏省中小学心理健康教育特色学校（全市5所学校中唯一的特教学校）、南京市中小学特色心理健康教育中心；特殊教育学校及两所随班就读学校（中央路小学和锁金一小）在南京市区域随班就读工作视导中赢得专家组一致肯定。

【素质教育】 2016年，组织开展和参与青少年体育竞赛活动。构建从幼儿园到高中足球特色学校发展体系，创建10所全国足球特色学校；举办玄武区2016年中学校园篮球联赛、中小学生田径运动会、校园冬锻三项比赛、校园冬季长跑比赛等系列赛事；同仁小学挂牌南京市青少年体育舞蹈培训基地，承办“南京市第二十一届运动会体育舞蹈比赛”，南京市第十三中学成功承办江苏省第十届学生体育舞蹈比赛。学生体质健康测试工作稳步推进。2016年，十三中、科利华中学、理工大实小和樱花小学4所学校圆满完成教育部体卫艺司组织的《国家学生体质健康标准》测试抽查复核工作；南京师范大学附属小学被选为江苏省学生体质监测点校，红山小学、十三中锁金分校和第九高级中学3所学校被选为南京市学生体质监测点校。在全市中小学生小器乐比赛中，第九初级中学、科利华中学、南京师范大学附属小学、逸仙小学4所学校获特等奖3个、一等奖1个优异成绩，南京市第十三中学、十三中锁金分校、长江路小学、海英小学4所学校应邀参加展演，并获最佳表演奖；玄武区“唱享童年”公益合唱团参加第十届金陵合唱节，长江路小学合唱团、第九高级中学合唱团分别获比赛金奖和银奖。第九初级中学、科利华中学、玄武高级中学、北京东路小学、月苑第一小学5所学校被认定为全国青少年计算机科普创新实践教育示范基地学校，长江路小学被认定为江苏省首批科学教育综合示范学校；在江苏省科技创新大赛中，南京师范大学附属小学、北京东路小学、南京市第十三中学、玄武高级中学4所学校作品获一等奖2个、二等奖3个、三等奖2个，创意比赛一、二等奖各1项，辅导员作品二等奖、三等奖各1项；在2016年南京市中小学生小发明展示会展示与评比活动中，全区29件作品分别获9项优胜奖，20项优秀奖，位居全市前列；在南京市“四个一”科技活动中，全区参与的科技发明、论文、制作、读后感、科幻画等学生作品上传量位居全市第一。在全市中小学生国防教育征文和微视频评比中，第九高级中学、玄武高级中学获军训微视频一等奖；中央路小学、月苑第一小学获国防征文一等奖。

【教师队伍建设】 2016年，全区招录新教师120名，引进成熟教师15名。教师培养机制更加完善。区第九轮青年教师签约培养中，54对师徒涉及到9所中学、13所小学、8个幼儿园，覆盖面更广，指向性更强。名师、名校长队伍进一步扩大。2016年，新增5名江苏省特级教师，2名省教学名师，3名省优秀教育工作者，1名省教育系统优秀共产党员，1名江苏省人民教育家培养对象，3名南京市名校长，18名南京市学科带头人，10名首届南京市德育学科带头人。在职江苏省特级教师、南京市名校长绝对数比例全市第一。在南京市第二批名师工作室评选中，玄武区获4个，列全市第一。

【教育教学成果】 2016年，教学改革成效显著。在第四届江苏省教育科学成果奖评比中，全区获奖10项，占全市获奖总数29%；获南京市第四届教育科研成果奖19项，其中一、二等奖11项，占全市20%，获奖总数位列全市前列。

10月9日，玄武区2016年"三段一体"教学质量管理工作总结表彰大会

在江苏省2016年基础教育前瞻性教学改革实验项目申报工作中成果突出，由区教育局主持的"促进小学生综合素质发展的质量测查与评估研究"立项为区域重大实验项目；南京师范大学附属小学"斯霞'童心母爱'教育思想育人模式及其推广样式的实践建构"立项为教育名家教育思想推广类；十三中"校园俱乐部：'课内外一体化'的高中体育教学新探索"立项为实践探索类项目。玄武区成为全省唯一在实践探索类、教育名家教育思想推广类和教学改革重大研究项目三类项目中都获得立项的区县。2016年，在第十一届"园丁杯"论文评比中，获特等奖1篇，一、二等奖26篇，三等奖21篇，获"优秀组织奖"；在年度"管理杯"论文评选中，获特等奖2篇，一、二等奖9篇，获"优秀组织奖"；在省"师陶杯"论文评比中，获特等奖1篇，一、二等奖15篇，玄武区教育学会获"江苏省先进教育学会"称号，区教育局被表彰为"南京市教育新闻(宣传)工作先进集体"。（薛孝宏）

学前教育

【概况】 2016年，玄武区学前教育工作按照省、市、区学前教育五年行动计划，坚持改革创新、依法治教，扩大学前教育资源，提高学前教育质量，全面提升区内学前教育现代化建设水平。2016年，玄武区获评"南京市学前教育创新'三项工程'贡献奖"。2016年，新增省优质园2所，市优质园1所。至年底，全区幼儿园总数为47所。其中，省优质园37所，市优质园6所，省市优质率达91.5%。幼儿园占地面积197373平方米、园舍建筑面积136543.56平方米；幼儿园教职工总数1810人，其中专任教师972人，专科以上学历954人；在园班数414个、在园幼儿12661人，其中2016年入园人数4248人、离园人数4104人。（潘　舒）

【优质幼儿园创建】 2016年，组织省、市优质幼儿园创建工作培训会，通过教办园帮扶、教研部门指导、协调解决办园困难等积极措施，努力提升区内各类幼儿园办园水平。2016年，南京玄武东方城幼儿园和晶晶幼儿园被评为省级优质园，南京玄武墨香幼儿园被评为市级优质园，南京紫金东郡幼儿园申报创建省优质园，并顺利通过首轮现场考核评估。

【幼儿园课程游戏化项目】 2016年，积极开展省、市幼儿园课程游戏化项目建设，组织幼儿园参加市级现场会学习，分步骤重点培养教师观察能力、作品分析能力、谈话能力、课程设计能力、活动组织能力和评价能力，努力创设更适宜孩子的课程。参与并承担江苏省学前教育基于课程游戏化管理制度——园舍及环境建设审议制度、一日生活弹性管理制度研发，负责"幼儿园室内玩教具配备"撰写。

【学前教育招生工作】 2016年，进一步规范幼儿园招生工作，优化幼儿园招生形式，细化招生流程，积极做好与家长和社会的沟通，努力化解群众关心的入园矛盾。积极推进学前一年基本免费教育补助工作，召开培训会，广泛宣传政策，梳理困难问题，积极答疑解惑，确保区内所有符合条件的幼儿家庭都能享受到政策补助。

【市幼儿园课程开放与展示活动在北京东路小学附属幼儿园举行】 4月28日，南京市幼儿园课程开放与展示活动在北京东路小学附属幼儿园举行，活动主题是"关注儿童发展，践行《指南》精神"（全称是《3~6周岁儿童学习与发展指南》）。省教研室毛曙阳博士、市教研室主任陆静、区教育局副局长

沈峰、区教师发展中心主任丁加旗以及全市各区幼教教研员、幼儿园园长和一线教师150余人参加。通过现场观摩教学活动、班级游戏活动,开展专题讲座,让与会者全面深入了解北京东路小学附属幼儿园开放性课程研究探索和实践。毛曙阳、陆静针对开放活动进行点评,对幼儿园环境创设等问题提出建设性意见。（李 玮）

初等教育

【概况】 2016年,全区初等教育面对新形势、新问题、新诉求,扎实推进学前和小学教育发展,着力提升学校内涵品质,全面深化优质均衡教育改革,不断加强规范管理,圆满完成各项教育教学管理工作及年度目标任务。至年底,全区小学总数为24所。占地面积271037平方米,校舍建筑面积173872平方米;教职工总数1551人,其中专任教师1515人,专科以上学历1504人,有中学高级教师职称67人、小学高级教师职称860人;在校班级数621个,毕业学生数3350人,在校学生数23042人。

【玄武外国语学校民办附属小学成立】 2016年3月21日,南京玄武外国语学校附属小学成立,是南京玄武外国语学校和钟山集团合作投资的民办小学。学校位于玄武区太平门街79号,现有班级4个,学生166人,教职工15人。学校董事长孙菊生,校长闫勤。玄武外国语学校附属小学秉承“爱的教育”思想,将高质量教育和有个性教育作为办学追求。培养“有爱心、有童心,会学习、会创造”的儿童为目标,坚持服务为先,全面提高学校核心竞争力;坚持质量第一,全力提升学校办学品质;坚持改革创新,积极塑造和谐、向上、多元、开放学校文化。

【南京师范大学附属小学仙鹤门分校成立】 南京师范大学附属小学仙鹤门分校位于玄武区徐庄软件园东侧,与地铁二号线仙鹤门站一路之隔,学校占地面积28276.5平方米,总建筑面积34638.61平方米,是一所规划8轨,可容纳48个教学班级的公办小学。2016年9月开始招生,一年级有4个班。校园建设温暖、绿色、现代,空间布局合理,功能完备,南为艺体楼、运动场,北是教学楼、办公楼,园林小品、各色植物点缀其间。传承南京师范大学附属小学百年以来“怀大爱心,做小事情”的教育精神,学校把“爱的教育”作为指引办学的旗帜,着力打造绿色田园、人文家园、书香校园、儿童乐园。

【南京市青少年体育舞蹈基地在同仁小学挂牌】 2016年3月4日,由南京市体育舞蹈运动协会与南京市同仁小学合作成立南京市青少年体育舞蹈培训基地,在南京市同仁小学敏健馆举行挂牌仪式。南京市体育总会常务副主席甘双林出席挂牌活动。南京市同仁小学校园体育舞蹈运动的开展走在全省前列,2015年获江苏省学校体育舞蹈锦标赛小学组金奖和江苏省优秀组织奖,并获“南京市体育舞蹈工作先进集体”等殊荣。“每天锻炼一小时,幸福生活一辈子”健康生活方式已进入每个同仁学生的心中。每天学校大课间是学生最喜欢的活动时间,学生在体育舞蹈训练中尽情绽放童年光彩。

（陈同顺）

【玄武区庆“六一”表彰大会】 5月30日,玄武区在北京东路小学召开2016年“童心舞动六一”暨庆“六一”表彰大会。区人大副主任李辉,副区长蒋兆全,区政协副主席蒋健等领导出席表彰大会。全区中小学、幼儿园、直属单位分管领导、大队辅导员、获奖学生和辅导员代表、中小学学生代表及

5月30日,玄武区庆“六一”表彰大会

区教育局机关人员1000多人参加。会议表彰南京市优秀少先队员、玄武区优秀辅导员代表、玄武区十佳少年、玄武区三好学生代表、玄武区优秀少先队员代表、玄武区小学生校园集体舞大赛特等奖获得者并进行颁奖。（杨亮红）

【中小学生阳光体育运动会召开】 11月26~27日，由区教育局、区体育局联合主办，第十三中学和紫东实验学校联合承办2016年玄武区中小学生阳光体育运动会召开。运动会在分设田径项目比赛和冬锻项目比赛基础上，首次增设教工竞赛项目，旨在推动校园师生体育锻炼的普及。在冬锻项目比赛中，首次采用"三进三出"的跳绳形式，各校32名参赛运动员要完成长绳项目、跳短绳、踢毽子比赛以及迎面接力比赛，提升团队竞赛的凝聚力。田径项目比赛采用最先进的竞赛管理系统和电子计时系统，确保比赛公平、公正，及时、准确。两天比赛全区各校参赛运动员发扬"顽强拼搏，永争第一"体育精神，充分展现玄武区中小学生阳光健康、积极向上运动风貌。（韩　威）

【南京师范大学附属小学获驻外使领馆阳光学校合作基地称号】 12月14日，江苏省教育厅与驻外使领馆阳光学校总校合作框架签约仪式在南京举行。南京师范大学附属小学被评为中华人民共和国驻外使领馆阳光学校合作基地。外交部参赞乐爱妹、司长曹忠明、江苏省教育厅厅长沈健等领导为南京师范大学附属小学等3所学校授予驻外使领馆阳光学校合作基地。市教育局副局长张生和国际处主任占全庆出席。南京师范大学附属小学是南京市唯一一所中国驻外使馆阳光学校合作基地学校。（孙　权）

【市中小学艺术教育工作现场推进会在长江路小学召开】 4月6日下午，南京市中小学艺术教育工作现场推进会在长江路小学召开。省体卫艺处处长张鲤鲤、市教育局副局长张利明、市教育局体卫艺处处长秦雯、区教育局长陈发山等领导出席。全市各区教育局分管局长、分管领导、教研员、少年宫主任等90余人参加，会议由秦雯主持。在现场观摩过程中，舞蹈联盟活动、合唱联盟活动、器乐联盟活动、音乐特色课堂技能培训、美术特色社团联盟活动、美术联盟校教师沙龙活动等，每一场区域联盟学校教学及培训活动，直观呈现玄武区艺术教育工作的特色和亮点。会上，区教育局副局长沈峰带领区教师发展中心、区少年宫及艺术教育特色学校代表长江路小学，进行区域艺术教育团队创新管理与发展工作汇报。全区21所小学、14所中学和职业学校，每所学校都有属于自己的艺术教育特色，"一校一品"使全区艺术教育呈现出百花齐放可喜局面。全区现有2所全国艺术传承校、6所省艺术教育特色学校、12个市级艺术团、7所市艺术教育普及性特色学校、9所市小学艺术活动中心。全区各校已形成音乐、美术、书法、舞蹈、戏剧五大类计289个艺术活动校本课程。

（杨芳莹）

【成贤街小学篮球队蝉联市运动会儿童篮球赛冠军】 6月6日，在中山东路体校举行的南京市运动会儿童组篮球比赛中，南京市成贤街小学组队蝉联冠军。成贤街小学是一所体育文化传统学校，从建校伊始，就遵循毛泽东所提出的"野蛮其体魄，强健其精神"的口号，在抓教育质量同时未放松体育教学，做到全体参与，全员健身。篮球是该校体育特色，坚持常年开展训练竞赛活动，形成"教体结合，优势互补，齐抓共管，责任落实，共同培育'成贤篮球'"工作思路。学校训练着重在兴趣激发上，不断培养和发现有潜力的篮球小苗子。（张　琳）

中等教育

【概况】 2016年，以南京市薄弱初中教育质量提升工程为抓手，推进义务教育优质均衡发展。探索两个初中教育集团、九年一贯制、名校办分校、委托管理等办学模式的组织和运行方式。高中学科基地辐射作用进一步扩大。九中、十三中被江苏省教育厅确定为普通高中课程基地学科联盟牵头学校(九中音乐课程基地、十三中高中语文课程基地)。十三中省语文课程基地建设辐射作用成效初显，被授予首批江苏省作文基地学校。人民中学新高一女子班按四星级高中序列纳入第一批招生计划。2016年，中考成绩继续领跑全市，连续13年位居南京市第一。高考成绩实现再创新高，高考普通类本二以上硬达线1105人，达线率62.9%，4所高中均获得普通高中教育发展性评估"综合奖""教学质量优秀奖""教学管理奖"。至年底，玄武区有9所公办初级中学，1所民办初级中学，4所普通高中(独立高中2所、完全中学2所)，1所国家级重点职业学校。普通中学及中等专业学校总占地面积411218平方米，校舍建筑面积283010平方米。教职工总数1776人，专任教师1693人。其中：初中专任教师中研究生学历115人、本科学历779人、专科学历24人；有中学高级教师职称220人；高中专任教师中研究生学历123人、本科学历641人、专科学历9人，有中学高级教师职称384人。在校班级总数482个，其中初中254个、高中228个。初中毕业学生数3391人、招生数3246人、在校生数9946人；高中毕业学生数2871人、招生数3151人、在校生数9377人。

【南京九中民乐团获全国第五届中小学生艺术展演一等奖】 4月16日晚，全国第五届中小学生艺术展演在青岛市圆满落幕。在4月11~16日为期5天的激烈角逐中，南京九中民乐团演奏的民乐合奏《龙跃东方》，从众多参赛队伍中脱颖而出，获全国一等奖。这是南京九中民乐团连续三届蝉联该级别比赛一等奖。

【玄武区获市阳光体育节3个组别一等奖】 5月7~8日，市青少年阳光体育节校园田径比赛在金陵中学河西分校田径场举行。玄武区选派17所中小学36名运动员组队参赛，区代表队获小学、初中、高中3个组别一等奖的"大满贯"成绩。玄武区长期高度重视学生身体素质发展，积极开展学生阳光体育活动和体育、艺术"2+2"项目活动，不断创新开发学校体育校本课程，依托学校特色体育项目活动开展阳光体育学校创建工作。全区田径、足球、篮球、排球等项目多次在国家、省、市获得优异成绩。

（韩　威）

8月31日，南京市汇文女子中学举行揭牌仪式

【市汇文女子中学举行揭牌仪式暨开学典礼】 8月31日上午，南京市汇文女子中学举行揭牌仪式暨开学典礼。市政府副秘书长张强、市委教育工委书记刘莅、区委副书记易兵、副区长蒋兆全等领导出席活动并揭牌。女子中学优秀校友、退休教师代表、全校师生300多人参加活动。汇文女子中学在原人民中学位于中山路校址上一校两牌同址办学。从1887年建校至今，这所百年老校创下"汇文女子中学"女校办学品牌。易兵在会上致贺词，并表示人民中学在长期办学过程中形成办学特色，办学业绩日臻突出，社会影响日益扩大，教育教学取得可喜成绩，为玄武区乃至南京市基础教育优质均衡发展作出贡献；强调要抓住发展机遇，加强对女性教育的研究，以勇往直前气魄，敢为人先勇气走在最前列；树一流教育，办一流学校，育一流人才，实现汇文女中跨越式发展，为"强富美高"新玄武建设做出更大贡献。

【省、市职业教育活动周启动仪式在玄武中等专业学校举行】 5月13日下午，江苏省暨南京市2016年职业教育活动周启动仪式在南京市玄武中等专业学校举行。省政府副秘书长陈少军、省教育厅厅长沈健、市政府副秘书长张强、副区长蒋兆全等领导出席，各行各业400余人参加活动。由省教育厅巡视员杨湘宁主持，张强在开幕式上致辞，沈健在讲话中强调，"十三五"期间全省职业教育将继续坚持服务发展、促进就业办学方向，紧扣提高质量、促进公平两大主题，着眼经济社会发展和供给侧改革需求，着力深化改革、加快发展，大力弘扬工匠精神，不断提升发展质量、服务能力和现代化水平，巩固在全国领先地位，加快建成现代职业教育体系，为经济社会发展提供有力技术技能人才支撑。（段　标）

【第九中学获江苏省教育工作先进集体称号】 9月7日，在玄武区"庆祝第三十二个教师节"大会上，南京市第九中学获省级教育系统最高综合性奖项——江苏省教育工作先进集体。第九中学在充分尊重城市学生特点、充分尊重学校传统、尊重教育发展规律的基础上，提出“创造适合城市学生发展的高质量教育”的办学思路，大力推进实施深度教学，努力实现学生多向成才。这一城市高中模式得到学校老师高度认可和全力支持，做到让教育回归其本源。

【十三中红山分校与新西兰圣心中学友好交流】 5月11日下午，新西兰圣心中学副校长 Robert Pepping 和国际部主任 Ting Xu 到十三中红山分校交流访问。十三中红山分校副校长周德刚从课程建设、教师培养、学生活动等方面介绍学校发展及近年来取得的成绩，希望通过两校交流，更多了解新西兰圣心学校教育方式和理念以及课程开发等。Robert Pepping 介绍圣心学校教育教学情况，并希望有更多交换生去新西兰学习，加深两校交流合作。十三中红山分校 2015 年与新西兰霍维克学院签订友好学校合作协议，2016 年又迎来圣心学校交流访问，通过与优秀国外学校缔结友好往来关系，加速学校国际化发展。

高等教育

·东南大学·

【概况】 2016 年，本校五大门类 31 个学科参加全国第四轮学科评估。药理学与毒理学首次进入 ESI 全球前 1%，进入 ESI 全球前 1% 的学科数增至 9 个，其中工程学上升至第 44 位，计算机科学上升至第 69 位。在 U.S.News 世界大学排名中，工程学位居第 23 位，计算机学科排名第 29 位；在 ARWU 世界大学学术排名中，工程/技术与计算机科学（工科）排名第 20 位，国内第 5 位。依托“网络空间安全”一级学科成立网络空间安全学院。17 个学科获批“十三五”江苏省重点学科。深入推进研究生教育综合改革，获批江苏省各类研究生创新工程项目 322 项。获江苏省优秀博士学位论文 13 篇、优秀硕士学位论文 27 篇。新增研究生全英文课程 43 门。获批“国家建设高水平大学公派出国留学项目”研究生 194 名，其中攻读学位 55 人、联合培养 139 人，获批国家留学基金委博士生导师短期访问项目 34 人。

新增国家级虚拟仿真实验教学中心和国家级实验教学示范中心各 1 个，新增国家级“精品视频公开课”6 门，入选“国家级精品资源共享课”36 门，入选数位列全国高校前列。入选宝钢优秀教师特等奖 1 人、江苏省教学名师 2 人。获批省级重点教材 14 部，位列全省高校第一。在全国大学生电子设计竞赛中获 10 个一等奖和 8 个二等奖，一等奖数位列全国高校第一；在“创青春”全国大学生创业大赛中获 5 项金奖，金奖总数位居全国第二。“九龙 5G 创业谷”入选国家级众创空间。与法国 N+i 工程师学校联盟签署合作协议，并与其所属 8 所法国工程师学校，以及美国凯斯西储大学签署 3+2 联合培养协议。

新增欧洲科学院院士 1 人，“长江学者”2 人，“青年长江”5 人，“青年千人”6 人，“万人计划”专家 4 人。入选汤森路透 2016 全球高被引科学家 2 人。新增江苏特聘专家 3 人，江苏省突出贡献中青年专家 1 人，江苏省双创团队 1 个，江苏省双创人才 6 人，江苏省双创博士 8 人，入选江苏省“333 工程”66 人，第一和第二层次入选数位列全省第一。

东南大学—蒙纳士大学苏州联合研究生院获批“江苏省中外合作办学高水平示范性建设工程培育点”。积极推进国家外专局“国际化示范建筑学院”项目申报，与法国雷恩一大联合申报研究生学院工作进展顺利，“器官芯片学科创新引智基地”入选“111 计划”。与澳大利亚墨尔本大学、瑞典乌普萨拉大学等 17 个国（境）外高校签署战略合作协议。聘请 1000 余名外国专家到校讲学和合作研究，全年派出 1200 余名教师和 2000 多名本科生和研究生。外国留学生人数达 1849 人，其中学位生 1402 人，学位留学生比例达到 75.8%，继续位居江苏第一。“一带一路”可持续基础设施工程硕士项目完成首批学生录取。三所孔子学院建设良好，注册汉语学生达 4500 多人。加入“一带一路”高校联盟。

大力推进开放办学，积极拓展办学资源，与甘肃省、云南省、河北省、南京江北新区和江宁区等政府部门签订战略合作协议。各校区、各院系、各直属单位在学校领导下顺利开展工作，均取得较好成绩。

【《人民日报》刊发学校专家重要理论文章】 6月2日，《人民日报》刊发了东南大学郭广银教授和袁久红教授撰写的题为“治国理政科学体系的丰富发展”的理论文章。该文全长约 4500 字，《人民日报》在第一版显著位置对文章专门作通栏推介。文章刊发后，新华网、求是网、央视网、光明网及搜狐、网易等重要媒体都在显著页面全文转载，产生较大影响。

【学校团队为天宫二号研发在轨操作力测量系统】 9月15日，长征二号FT2运载火箭在酒泉卫星发射中心发射成功。由学校仪器科学与工程学院院长宋爱国教授带领团队专门为天宫二号飞行任务研发"航天员在轨操作力测量系统"随天宫二号一起"飞天"。该系统用于测量航天员在乘坐神舟十一号到达天宫二号后在失重状态下各种操作力信息。

【郭正兴教授团队为"中国天眼"项目解决反射面支承结构索网关键技术】 9月25日，有着"中国天眼"之称500米口径球面射电望远镜（简称FAST）在贵州省平塘县喀斯特洼坑落成启用，接收来自宇宙深处电磁波，实现我国在科学前沿重大原创突破。东南大学国家预应力工程技术研究中心副主任、土木工程学院郭正兴教授为首的团队，承担"天眼"反射面支承结构索网施工阶段技术支撑，解决若干关键技术问题。

【学校与故宫博物院签署合作框架协议】 12月4日，东南大学与故宫博物院在四牌楼校区签署合作框架协议。东南大学常务副校长王保平和故宫博物院副院长冯乃恩代表双方签署合作协议。协议本着合作互惠原则，共同致力于我国古代建筑价值特色及遗产保护和利用领域研究及人才培养，进一步促进科学研究创新和

12月4日，东南大学与故宫博物院签署合作框架协议。图为故宫博物院院长单霁翔作演讲

科技成果发展。双方拟建立"亚洲木构建筑研究中心"，加强亚洲木构建筑及建筑群保护的基础理论研究和前沿技术方法研究，以及亚洲木构建筑及建筑群的监测、规划和展示利用一体化研究。故宫博物院院长单霁翔受聘为东南大学兼职教授。（赵 光）

·南京理工大学·

【概况】 2016年，学校有15个专业学院，全日制在校生3万余人。本年度招生4054人，毕业3959人。拥有国家级重点实验室1个，国家级工程技术研究中心1个，国家级国际联合研究中心1个，国家级技术研究推广中心1个，国家级技术转移示范机构1个，国家级质检中心1个，部省级重点实验室13个，省级哲学社会科学研究基地5个。有本科专业69个、一级学科硕士授权点117个、一级学科博士授权点50个、博士后流动站16个。国家重点学科9个，江苏省优势学科6个，江苏省一级重点学科7个，工信部重点学科7个，工程学、化学、材料科学、计算机科学四个学科进入ESI国际学科领域全球排名前1%。有教职工3200余人，其中专任教师1900余人。专任教师中，高级职称1147人，博士生导师480人，院士12人，"千人计划"10人，"万人计划"8人，"长江学者"14人，杰出青年基金获得者7人，全国教学名师3人，"国家级有突出贡献中青年专家"8人，享受国务院政府特殊津贴196人。

【南京理工大学获国防科学技术奖】 1月12日，2015年度国防科学技术奖颁奖活动在北京举行，学校国防科学技术奖励工作取得突破：王泽山院士主持完成项目成果获国防技术发明特等奖，这是学校首次获得国防技术发明特等奖，也是该奖项设立以来第二个获此殊荣高校。王晓锋教授主持完成项目成果获国防科学技术进步一等奖，是"十二五"以来学校作为第一完成单位获得第二个国防科学技术进步一等奖。

【智能交通国际联合实验室揭牌】 3月13日，南京理工大学与华盛顿大学共建智能交通国际联合实验室揭牌仪式在学校举行。江苏省交通运输厅副厅长金凌、南京理工大学副校长王连军、校长助理陈钱出席仪式，省交通运输厅、省公安厅、省经信委、南京市交通局、南京白下高新园、常熟市大学科技园和智能交通领域重点企业共二十余名领导和负责同志出席成立暨揭牌仪式。智能交通国际联合实验室的成立，将联合地方交通运输部门和智能交通领域重点企业，致力于智能交通领域协同创新，为智慧交通和智慧城市建设做出贡献。

【南京理工大学首届院士专家咨询会召开】 4月23日，南京理工大学“聚焦一流学科建设，谋求特色创新发展”专家咨询会在科技会堂召开，24位中国科学院、中国工程院院士齐聚学校，共话学校“十三五”规划和“双一流”建设思路，为学校特色发展之路和人才队伍建设重大问题提出宝贵建议，精准把脉学校未来发展。

4月23日，南京理工大学召开“聚焦一流学科建设，谋求特色创新发展”2016年专家咨询会

【江苏省第二十八届科普宣传周主场活动】 5月14日，2016全国科技活动周暨江苏省第28届科普宣传周江苏省主场活动在学校喷泉广场举行。江苏省人民政府副省长、党组成员张敬华率省委宣传部、省科技厅、中科院南京分院、省教育厅、省民防局、玄武区政府等相关部门负责同志参加活动。学校党委书记尹群、副校长廖文和参加开幕式及活动。本次宣传周活动以“创新引领　共享发展”为主题。省级学会51家，高校科协7家，高新企业8家，省科协事业单位11家，相关企事业单位12家共同参与，吸引参加活动近5000人。

【获批全国创新创业50强高校】 8月，教育部办公厅公布了“2016年度全国创新创业典型经验高校”名单，学校获评首批“全国创新创业50强高校”。获评高校包括中央部属高校19所，省属高校25所，高职高专院校6所，学校毕业生创新创业工作满意度调查位居工信部部属高校第一名。

【首次获批国家地方联合工程实验室】 9月19日，江苏省发改委通知转发《国家发展改革委关于2016年度国家地方联合工程研究中心(工程实验室)的复函》文件，本校“数控成形技术与装备国家地方联合工程实验室”正式获批建设。该实验室是南京理工大学获批的第一个国家地方联合共建工程实验室，标志着学校在国家级科技创新平台建设方面取得新突破。

【南京理工大学获“创青春”全国大学生创业大赛“优胜杯”】 11月15~19日，2016“创青春”中航工业全国大学生创业大赛全国终审决赛在电子科技大学举行。学校共计33支团队、300多名队员参与备赛，经过数十轮的培训与选拔，历经江苏省赛初赛、决赛，全国网络评审、复审，最终我校以3项金奖、1项银奖、1项铜奖，总分440分，首次获得“优胜杯”。

【学校助力中国首颗中学生科普卫星】 12月28日，全国首颗中学生科普卫星在太原卫星发射中心搭载长征二号丁运载火箭发射升空。伴随着卫星成功入轨并顺利建立天地通联，中国继美国、俄罗斯等国家之后，进入发射中学生科普卫星先进国家的前列。该卫星制造与试验、总装与测试等环节工作均在学校完成。首颗中学生科普卫星的发射与应用，将航天技术、精神、文化等资源与中小学生科学素质教育有效对接，将激发中小学生探索宇宙奥秘的热情，推动全国航天科普教育事业发展。 （陈可珂）

·南京农业大学·

【概况】 2016年,学校推进"十三五"发展规划和综合改革方案实施,把握"双一流"建设战略机遇,加快世界一流农业大学建设步伐。全年录取本科生4252人,一志愿率达99.84%;录取硕士生2286名、博士生450名。建成大学生创客空间,应届本科生就业率94.36%、研究生就业率为90.28%。修订完善2015版本科人才培养方案。设立"钟山教学名师奖",重奖优秀教师。充分发挥教师发展中心职能,促进青年教师教学能力提升。推进第二课堂育人体系建设,不断丰富文化艺术、科技竞赛、创新创业、社会实践、志愿服务、大学体育和心理健康等教育形式。

师资队伍建设,全年引进高层次人才10人,招聘教学科研岗教师、师资博士后76人。新增"万人计划"领军人才5人、杰出青年基金获得者1人、"青年千人计划"2人、青年长江学者2人、中宣部文化名家暨"四个一批"人才1人,共40余人次入选江苏省特聘教授等各类人才项目。继续实施"钟山学者计划",增补钟山特聘教授1人,聘任首批钟山首席教授29人,完成首批钟山学术新秀聘期考核。

一流学科建设。编制"双一流"建设实施方案,规划构建"一流学科、特色学科、基础学科"三级学科建设体系,获一流大学(学科)和特色发展引导专项资金5400万元。4个学科入选"十三五"省重点学科及培育学科。学校ESI学科再获新突破。工程学、微生物学先后进入ESI世界前1%学科,增加为6个;农业科学排名升至世界第46位;植物与动物学、环境生态学、生物与生物化学排名稳步上升。

科技创新与服务社会能力增强,获批国家重点研发计划项目2项、转基因重大专项牵头项目2项、国家自然科学基金项目164项。发表SCI论文1419余篇、SSCI论文22篇,首次以第一通讯作者单位在Science发表论文。校办学术刊物影响力不断提高,《园艺研究》被ESCI收录。成立江苏高等学校新农村发展研究院协同创新战略联盟。新建3个新农村服务基地、3个农业科技综合示范基地,"南农易农"等信息服务功能日益完善,双线共推服务模式取得较好效果。依托科技支撑与项目合作,实现对贵州麻江等地区的精准扶贫。出版《江苏新农村发展系列报告(2015)》。

国际交流合作。举办第四届世界农业奖揭晓仪式,获赠世界农业奖开放基金1000万元。与密西根州立大学签署共建联合学院协议。获批1个"111"引智基地,1个中心被认定为国家级国际科技合作基地。开设全英文授课课程104门,1门课程入选教育部"来华留学英语授课品牌课程"。教育援外工作不断深入,全年举办援外培训班4期,孔子学院开设汉语课程62个班次。

【南京农业大学两项研究成果获国家科技进步二等奖】 1月,中共中央、国务院在北京人民大会堂隆重举行2015年度国家科学技术奖励大会。南京农业大学曹卫星教授主持的稻麦生长指标光谱监测与定量诊断技术和沈其荣教授主持的有机肥作用机制和产业化关键技术研究与推广两项科研成果获国家科技进步二等奖。

【两名教授获国际"棉花生物技术奖"】 5月16日,美国棉花公司(Cotton Incorpor ated)向全球宣布,南京农业大学张天真教授和陈增建教授荣获2016年国际"棉花生物技术奖"(2016 Cotton Biotechnology Award)。这是中国学者首次获此殊荣。

【两项成果参加国家"十二五"科技创新成就展】 6月1日,"国家'十二五'科技创新成就展"在北京举行。我校食品学院国家肉品工程技术中心技术成果"干腌肉制品风味品质调控现代工艺及装备成套技术"与资环学院国家有机类肥料工程技术中心的技术成果"利用农业废弃物制造生物有机肥技术及其产品"参加展览。前者为科技部"十二五"食品加工制造领域精选三项核心科技成果代表之一,后者被江苏省科技厅推荐为代表江苏省的核心科技成果之一。

【学校"工程学"进入ESI世界排名前1%】 9月23日,汤森路透公司公布最新版基本科学指标数据库ESI(Essential Science Indicators)显示,南京农业大学工程学(ENGINEERING)进入世界排名前1%行列,是学校继农业科学、植物与动物学、环境与生态学、生物与生物化学之后,第5个进入ESI世界排名前1%的学科。

【菊花新品种获第十二届中国菊花展览会金奖】 12月12日,第十二届全国菊花展览会在湖北荆

“南农紫乒乓”菊花

门举办，南京农业大学菊花课题组共送展的“南农紫乒乓”“松月”2个品种获标准展台竞赛金奖，“南农绿意”“南农岱雪”“南农黄乒乓”“紫松月”等6个品种分获银奖和铜奖。

【学校新校区立项建设批复】 12月22日，教育部下发《关于南京农业大学建设江北新区新校区》批复，同意南京农业大学在南京市江北新区建设新校区。新校区选址位于南京市江北新区核心区域。新校区总用地约166.67公顷，将按照一次规划、分期建设思路，规划各类用房约120万平方米。

【Science在线发表南京农业大学雷达昆虫学最新研究结果】 12月23日，国际顶级刊物Science在线出版学校昆虫生态课题组课题“Mass seasonal bioflows of high-flying insect migrants”研究成果。该论文以学校胡高副教授为第一作者和第一通讯作者，南京农业大学为第一完成单位，英国埃克塞特大学（University of Exeter）Jason Chapman副教授为共同通讯作者。论文发表对全国昆虫雷达技术发展具有推动作用。

（吴　玥）

·南京林业大学·

【概况】 2016年，学校有22个学院（部），73个本科专业，全日制在校生24498人（不含公有民办南方学院），其中本科生17140人，研究生3854人，成人教育学生3504人。本年度招生7507人，毕业6215人。有博士后流动站8个、一级学科博士学位授权点7个、二级学科博士学位授权点39个、一级学科硕士学位授权点22个、二级学科硕士学位授权点93个和专业学位授权领域27个。有林业工程、生态学一级学科国家重点学科2个，林木遗传育种、林产化学加工工程、木材科学与技术、森林保护学二级学科国家重点学科4个，江苏省一级学科国家重点学科培育点1个，江苏省高校优势学科4个，一级学科国家林业局重点学科7个，二级学科国家林业局重点（培育）学科2个，一级学科江苏省重点学科4个，一级学科江苏省重点（培育）学科2个，二级学科江苏省重点学科4个。有国家级特色专业建设点6个，国家级人才培养模式创新实验区1个，国家级实验教学示范中心2个。“园林”和“林产化工”专业被列入教育部“十二五”专业综合改革试点专业，林学类专业（林学、园林、森林保护）和林业工程类专业（林产化工、木材科学与工程、森林工程）入选教育部首批卓越农林人才教育培养计划改革试点项目。有教职工1986人，其中专任教师1291人，专任教师中，高级职称678人，博士生导师167人，中国工程院院士3人，长江学者特聘教授1人，国家杰出青年基金获得者1人，国家“青年千人计划”人选1人，国家“百千万人才工程”6人，国家“万人计划”领军人才3人，全国有突出贡献的中青年专家6人。

2016年，李萍萍、方炎明、潘惠新获全国生态建设突出贡献先进个人，施季森获江苏省先进工作者，李延军获江苏省优秀科技工作者，尹佟明、勇强、陈金慧入选第二批国家“万人计划”科技创新领军人才，李延军入选“中青年科技创新领军人才计划”。中意家居设计创新中心揭牌，竹资源培育工程技术研究中心获批。举办亚洲园林大会暨第六届园冶高峰论坛、首届全国林业工程学科高峰论坛暨林业工程博士生论坛、第十四届中国林业经济论坛、第四届森林科学论坛暨森林多功能经营与管理国际学术研讨会、全国林业科技活动周启动仪式、首届“憧憬·美丽中国”艺术设计大赛暨第四届"金埔杯"国际城市景观设计大赛颁奖典礼等。

【南京林业大学1项成果获国家科技进步二等奖】 2017年1月9日,2016年度国家科学技术奖励大会在北京人民大会堂举行,南京林业大学施季森教授主持完成的"林木良种细胞工程繁育技术及产业化应用"获得国家科学技术进步二等奖。林木良种是林业产业发展和生态建设基石,该成果围绕需求量大、传统技术难于繁殖重要树种的问题,突破林木体细胞胚高频诱导、同步发生技术、细胞工程繁殖材料、规模化繁育产业化技术等关键技术,构建了杂交鹅掌楸、杉木等针阔叶树种体细胞胚胎发生和高效繁育产业化技术体系,建成全国首个年产2000万株杂交鹅掌楸体细胞工程种苗规模生产工厂,从根本上改变"一粒种子育一株苗"传统繁育方式,推动了全国传统林木种业向工业化转型升级,经济、社会效益显著。

【南京林业大学多项成果获第七届梁希林业科学技术奖】 10月,第四届中国林业学术大会在浙江临安举行,会上举行第七届梁希林业科学技术奖颁奖仪式。南京林业大学吴小芹教授主持的"林木根际高效解磷微生物促生抗逆机理与效应研究"成果荣获梁希林业科学技术奖一等奖,张金池教授主持的"基于小流域尺度的森林水资源调控与水土保持生态建设技术"、方升佐教授主持的"南方型杨树优质高效栽培技术体系的研究与推广"两项成果荣获梁希林业科学技术奖二等奖。

【1项成果在第十八届工博会获奖】 11月1~5日,以"创新、智能、绿色"为主题的第十八届中国国际工业博览会在上海国家会展中心举行,南京林业大学作为江苏省参展高校,以"多功能高射程喷烟喷雾一体机""林木细胞工程繁育技术及其应用""户外重组竹材生产技术与应用"等10项代表性成果,林业机械、人造板(竹)材、林特产品领域3件特色展品参展。经组委会评选,周宏平教授主持成果"多功能高射程喷烟喷雾一体机"获高校展区优秀展品一等奖。"多功能高射程喷烟喷雾一体机"实现风送高射程喷雾系统、定向风送喷烟系统、生物农药喷洒系统融合技术,生物农药喷雾后的活性保证技术,高速气流中稳态燃烧烟雾机的空气供给与保温技术等关键技术的集成创新,该成果高效、智能、环保,具有自主知识产权,在森林有害生物防治领域广泛应用。

【9个学科获评国家林业局重点学科】 3月,在国家林业局公布的国家林业局重点学科和重点(培育)学科名单中,南京林业大学一级学科7个(林学、林业工程、风景园林学、生物学、生态学、农业资源与环境、农林经济管理)被评为国家林业局重点学科。二级学科2个(机械设计及理论、制浆造纸工程)获重点(培育)学科。

【全国林业科技活动周举行】 5月15日,2016年全国林业科技活动周启动仪式在南京林业大学举行。本次活动周主题为"推进生态文明,建设美丽中国——湿地让生活更美好"。国家林业局科技司司长胡章翠出席启动仪式并宣布系列活动启动,江苏省林业局局长夏春胜、南京林业大学校长曹福亮院士出席仪式并分别致辞。仪式由中国林科院院长张守攻主持,中国林科院、江苏省林学会、江苏省大丰麋鹿国家级自然保护区、苏州太湖湖滨国家湿地公园、南方现代林业协同创新中心、中国林业教育学会毕业生就业创业促进分会协办本次活动。胡章翠、夏春胜、程良、刘东黎、张高文、沈贵共同为"国家林业局林业科普微信平台"揭牌。国家林业局,江苏、上海、浙江等省市林业系统以

10月24日,校长曹福亮在第四届森林科学论坛开幕式上致辞

及南京林业大学、南京森林警察学院共400余人参加启动仪式。

【第四届森林科学论坛】 10月24~26日，由中国林学会主办，南京林业大学承办的第四届森林科学论坛暨森林多功能经营与管理国际学术研讨会在北京国家会议中心举办。国际林联主席Michael Wingfield先生，中国林学会理事长、亚太森林恢复与可持续管理组织董事会主席赵树丛，中国林学会副理事长兼秘书长陈幸良，中国林学会副理事长、南京林业大学校长曹福亮院士等出席会议。论坛主题是森林多功能经营与管理，会场设置学会在林业创新中的作用、多功能森林与多功能林业、森林生物灾害可持续控制与管理、林业可持续经营的遗传与生理基础、多目标育种与分子技术、亚太地区林权分化与森林治理等六个边会。南京林业大学薛建辉教授、叶建仁教授、施季森教授、尹佟明教授分别主持边会。来自美国、加拿大、德国、法国、芬兰、中国、日本、韩国、澳大利亚、尼泊尔等国的林业专家举办专题学术报告50余场，参会人员130余人。

【亚洲园林大会暨第六届园冶高峰论坛】 4月24~25日，亚洲园林大会暨第六届园冶高峰论坛在南京林业大学举行。南京林业大学校长曹福亮院士、亚洲园林协会主席王小璘、法国景观设计大师凯瑟琳·摩斯巴赫、美国大师杰弗瑞·米勒、新加坡环境局原副局长罗华端、韩国生态园林协会会长赵泰东、马来西亚景观建筑师学会会长奥斯曼·莫哈末·塔希尔等出席大会。本次大会由亚洲园林协会、园冶杯国际竞赛组委会、南京林业大学共同举办。来自美国、澳大利亚、英国、法国、新加坡、俄罗斯等10多个国家和地区以及我国国土资源部、住建部、中国工程院、清华大学等单位国内外嘉宾近500人参加开幕式。大会分别就海绵城市、新型城镇化、绿色建筑、园林城市、园林教育、养老社区等热点议题研讨。会议期间还举办园冶高峰论坛颁奖盛典，为“园冶杯”大学生国际竞赛中获奖师生和企业颁发奖杯。

【首届“憧憬·美丽中国”艺术设计大赛】 12月22日，由中国林学会、江苏省风景园林学会、江苏省科普美术家协会、南京林业大学主办的首届“憧憬·美丽中国”艺术设计大赛暨第四届“金埔杯”国际城市景观设计大赛颁奖典礼在南京林业大学举行。南京林业大学校长曹福亮教授、南京林业大学副校长赵茂程教授、中国林学会副秘书长沈贵教授、南京艺术学院副院长何晓佑教授、荷兰NITA设计集团创意设计总监Anthony Thomas Johnson、中央美术学院王沂蓬教授、东南大学赵军教授、江苏省风景园林协会副秘书长陆文祥、南京金埔园林股份有限公司董事长王宜森，以及获奖者代表等300余人出席颁奖典礼。大赛收到来自国内外33所高等院校和专业设计单位的近千份参赛作品。经专家评审委员会终评、专家仲裁委员会审查，评选出学生组特等奖3名，金奖5名，银奖11名，铜奖19名，优秀奖73名；专业组金奖1名，银奖2名，铜奖2名。

【南京市行道树树种规划编制】 12月13日，由南京林业大学田如男教授牵头编制的南京第一部行道树专项规划——《南京市行道树树种规划》(以下简称《规划》)由南京市园林局正式发布。规划团队结合南京市行道树应用现状调查结果，以树种的生态习性、观赏特性和生态功能为重点进行分析，筛选出可应用于南京地区的行道树树种103种，其中骨干树种24种、一般树种49种、试用树种30种，并从中选择出适用于不同道路绿带类型的树种以及植物配置模式。《规划》对不同行道树树种的栽培管理技术进行了详细阐释，对南京市行道树树种进行科学全面规划，能够满足城市园林植物多样性要求，创建具有地方特色城市道路景观。

【中意家居设计创新中心成立】 2月29日，中意家居设计创新中心在南京林业大学揭牌，意大利家具与室内装饰协会主席、锡耶纳省商会主席马西莫·加斯科尼，南京林业大学校长曹福亮院士等出席揭牌仪式，双方签署创新培训项目以及产品设计研发合作等协议。该中心的成立和相关合作协议的签署，将深化南京林业大学与意大利家具与室内装饰协会的合作，提升南京林业大学家具与工业设计相关专业学科的国际化水平，为江苏乃至全国家居行业的高素质专业人才培养、产品创新和研发提供支持。

【与国家林业局竹子中心签署战略合作协议】 5月27日，南京林业大学与国家林业局竹子研究开发中心战略合作协议签约仪式在南京林业大学举行。中国林业科学研究院院长张守攻、竹子研究开发中心主任于辉、南京林业大学校长曹福亮、南京林业大学副校长李萍萍等出席签约仪式。签约仪式由南京林业大学国际教育学院院长朱剑刚主持。协议以共同开展短期国内援外(技术)培训项目为载体，围绕来华留学生培养、共同申报商务部援外培训基地和中国林业走出去项目合作等方面开展全面合作。中国林科院国际合作处、竹子研究开发中心国际合作和技术开发处、南京林业大学国际合作处、林学院、生物与环境学院、国际教育学院、竹类研究所等相关部门负责人参加签约仪式。其间,来自埃塞俄比亚、肯尼亚、刚果(金)、印度、老挝、东帝汶、巴拿马和巴西等8个国家的32名ITTO成员国竹产业发展培训班学员参加在南京林业大学举办的相关技术培训学习。

(钱一群)

·南京体育学院·

【概况】 2016年，参加江苏省硕士学位授权一级学科点评估获得合格评级；完成体育教育专业和运动人体科学专业《江苏省高校品牌专业建设工程一期项目2015年度报告》,完成体育类专业和社会体育专业2个“十二五”江苏省重点专业验收，组织新一轮培养方案和教学大纲修订;2016年中国科学评价研究中心、武汉大学中国教育质量评价中心联合中国科教评价网(RCCSE)颁布《2016中国大学及学科专业评价报告》中，学院有6个本科专业排名进入前20强,其中有3个专业进入前10强。推进全院公选课修读模式改革,获批省“十三五”高等学校重点教材立项2部。制订《南京体育学院本科教学指导委员会章程》,建立“二级教务管理”机制,建立健全教学质量保障体系,开展教学督导和专业评估，学院获评“2013—2015全国大学英语四六级考试优秀考点”，教务处、学工处、体育系、运动系获“江苏省教育工作先进集体”称号。学生获批江苏省大学生实践创新项目立项41项、江苏省研究生培养创新工程立项4项，获江苏省“创青春”创业大赛金奖1项、银奖2项、铜奖1项,获全国“创青春”创业大赛金奖1项，实现学院及全国体育院校在该项赛事金奖零的突破;参加全国健美操联赛、全国学生啦啦操锦标赛等各类比赛获一等奖108个、二等奖85个、三等奖64个,第一名28个、第二名27个、第三名25个;选派4名交换生赴台湾体育运动大学学习交流、选派4名研究生赴丹麦葛莱体育学院学习；新增实习基地2家。成功承办中国壁球(南京)总决赛、省高校体教专业足球联盟足球比赛和省高校首届体育类专业大学生创新创业大赛等赛事。全年录取公办本科998人、民办本科743人，新签订生源基地2所，本专科毕业生就业率超过90%。完成国家体育总局青少司委托的全国青少年运动员赛前文化测试工作、科教司委托的国家乒乓球队等队伍和部分省市优秀运动队入队文化测试试点工作。完成国家级、省级社会体育指导员培训任务,承担“全国体育传统项目学校体育师资国家集中培训(武术)”工作。

2016年，学院整体科研实力不断提升,江苏省“运动与健康工程”协同创新中心培育建设点正式挂牌，顺利通过江苏高校协同创新计划项目绩效评估。获国家社科基金青年项目1项、教育厅科研项目11项、省体育局招标项目2项，获省高校社会科学研究成果奖二等奖1项、三等奖1项，省社科成果奖三等奖1项,1部图书获华东地区第29届科技图书二等奖。学报(社会科学版)被中国社会科学院中国社会科学评价中心《中国人文社会科学期刊评价报告(AMI)》的引文数据库收录为来源刊，并被中国社科院人文社科核心数据库收录；师资队伍建设加强，通过省人社厅和省教育厅审批，取得高校思想政治教育、教育管理研究高级职务任职资格学科评议权。获批省政府留学奖学金2人，获批境外研修1人;教师入选省第五期“333工程”第三层次培养对象3位，教师入选国家体育总局百人计划培养对象1位,入选“青蓝工程”学术带头人培养对象1位,入选“青蓝工程”骨干教师培养对象3位;聘请2位外国专家来院交流合作;开展第三届教师教学基本功比赛。

【桑切斯卡萨尔网球学校揭牌】 4月23日，由中国网球学院和西班牙桑切斯卡萨尔网球学院合作共建的桑切斯卡萨尔网球学校揭牌仪式在中国网球学院内隆重举行。仪式上,学院党委书记、院长陈国祥致欢迎辞，省体育局局长陈刚、国家体育总局网管中心主任李玲蔚、西班牙桑切斯网球学院院长Sanchez Vicario Emilio Angel、萨马兰奇体育发展基金会秘书长严建昌分别发表讲话,学院副院长、中国网球学院院长蒋宏伟主持仪式。李玲蔚、陈刚,陈国祥、蒋宏伟、Sanchez Vicario Emilio Angel、严建昌共同为桑切斯卡萨尔网球学校揭牌。

【江苏省第七届全民健身运动会开幕式举行】 6月18日，江苏省第七届全民健身运动会开幕式在学院东司令台外中山体育公园举行，学院党委书记陈国祥、院长杨国庆参加开幕式，学院奥运冠军仲满、陆春龙参加开幕式演出。开幕式后，省第七届全民健身运动会网球大赛暨2016年友好城市网球邀请赛在学院中国网球学院开赛。

【南京体育学院运动员参加里约奥运会】 2016年，学院共13名运动员参加里约奥运会（含双计分运动员2名），是学院同类项目境外奥运会参赛人数最多的一届。共获得1人次1项次金牌，4人次2项次银牌，2人次2项次铜牌。其中，陈若琳与搭档夺得跳水项目女子双人10米台冠军，成为中国最年轻的奥运五冠王，也是首位在奥运会、世界游泳锦标赛、跳水世界杯的女子10米跳台单人和双人项目中全部夺冠、成功实现"大满贯"的跳水选手。此外，许安琪与队友夺得击剑项目女子重剑团体银牌；顾笑、冯俐、梁馨枰与队友夺得花样游泳项目团体银牌；尤浩与队友夺得体操项目男子团体铜牌；史婧琳夺得游泳项目女子200米蛙泳铜牌。

【6名运动员获世界冠军】 2016年，学院共有6名运动员获3项次世界冠军，新增张腾（技巧）、周家槐（技巧）、芮留铭（技巧）、李铮（技巧）4位世界冠军，至此世界冠军人数为98人。

【一类赛比赛成绩】 2016年，学院各项目队在全国一类赛全运会项目中共获得14枚金牌，40枚奖牌，总分680.25分，与全国同类项目对比，金牌数列全国第三位，奖牌数列全国第二位，总分列全国第四位。（吴文婷）

·玄武开放大学·

【概况】 2016年，学校继续以"博"文化核心理念为引领，通过深入践行"爱的教育"，丰富学校特色内涵发展，促进学校高等职业教育、成人教育、社区教育三位一体融合发展，促进学生全面而有个性发展，不断提高人民群众对学校满意度，把学校打造成一所"博雅"学校。

2016年，学校招收新生687人，其中五年制高职新生135人、专接本103人，开放本专科249人，网络教育200人。现在校学生2115人，其中五年制高职班19个，学生766人；专接本班6个，学生236人；开放专本科专业7个，在籍学生763人；网络学院学生350人。采用合作办学形式，开展社区居民培训和青少年特色素质培训，全年累计培训社区居民3000人次以上，培训社区工作者1500人次以上，与社会力量办学单位联合办学丰富社区学院办学内容，青少年素质培训12000人次以上，进行会计证、计算机等级证书、英语四六级、英语应用能力B级、ERP应用、书法等证书培训3500人次以上。

2016年，学校获南京开放大学"先进办学单位""社区教育先进单位""南财专接本工作先进集体"等称号，并获国家开放大学"招生工作优秀集体"、南京城市职业学院"职业生涯规划大赛优秀组织奖"，顺利完成"南京市规范化社区学院建设"评估验收。

【"博雅"文化体系建设】 2016年，完善《推进"博雅"教育，提升学校发展内涵》方案，践行博雅教育理念，使博雅教育成为学校特色教育。根据学校育人目标，整合基础、实践、网络、社团、人文、德育等六大课程板块，完善《智慧和儒雅，让青春更精彩》课程方案，丰富课程内容，着力培养学生成为一个"四博四雅（志向弘博、胸怀广博、视野睿博、知识渊博、谈吐文雅、举止优雅、情趣高雅、气

跳水名将陈若琳（前），与队友合作获里约奥运会女子双人10米台冠军

2013级赴台研修学生在台湾东南科技大学合影

质儒雅)的博识之人和儒雅之士。多形式创新“博雅论坛”,鼓励教师们凝练自己的教育教学主张,建立和完善教师教育教学研究的指导、监督和激励机制,培养专业骨干教师。

【“专接本”品牌建设】 2016年,该项目经过7年实践,成果显著。10月,2015级、2016级会计和市场营销专业“专接本”130名学生参加自学考试,2015级五门课程考试整体通过率95.84%,2016级三门课程考试整体通过率97.43%,在“专接本”系统考试中名列前茅。统考课程通过率在系统中名列前茅。学校有“专接本”6个班级,在校生236人,本年度2014级129名学生顺利毕业,毕业率80.12%,其中115名学生取得本科学士学位。截至目前总毕业率97.1%,有71.2%以上学生顺利获得南京财经大学学士学位。学校连续四年获“南京财经大学专接本先进集体”。

【与北大青鸟Aptech联合办学】 2016年,学校继续与北大青鸟Aptech联合办学(TC精英教育),开设五年制电子商务(网络营销方向)专业,采取“学历+技能”教育为核心的职业教育新模式,是学校为部分在校第五年的学生提前“入职”专门开设的平台。学生入学时与北大青鸟Aptech签订技能教育协议书,按期缴纳技能教育费用,获得相关证书,由北大青鸟Aptech负责推荐至阿里巴巴、淘宝网、腾讯科技、联想集团、北大方正、苏宁云商、清华同方、宏图高科等多家知名企业。

【“书香校园”建设】 2016年,学校组织“书香校园系列活动”,内容包括:以“书香伴我成长”(书籍引领精神成长)为主题的演讲比赛、“书香萦校园,博雅润心智”校园原创文学大赛和“书香伴我行”好书推荐活动。配合玄武区全民阅读活动,开展网上阅读学习征文活动,利用“借阅机”平台,网上阅读网下感悟,把传统的阅读活动和南京学习在线的注册推广有机融合在一起。以丰富多彩的读书活动为载体,营造好学求进的校园书香氛围,为学生健康成长提供精神动力。 (张　然)

社区教育

【概况】 2016年,玄武区获全国2015年全民终身学习活动周优秀组织奖;3个街道获全国社区教育示范街道(全区7个街道全部成为全国社区教育示范街道);社区教育课题研究经验应邀在全省社区教育干部科研能力培训会上交流;连续第5年获省社会教育宣传先进集体;江苏省教育科学“十二五”重点规划课题《以促进学习型城区建设为导向的社区教育内涵发展的实践研究》顺利结题;社区教育机构玄武区社区进修学院通过南京市规范化社区学院验收、4个街道社区教育中心通过江苏省标准化验收(全区7个街道全部成为省级社区教育中心);《分享区域文化特色　承玄武文化遗产》等8篇案例获省级一、二、三等奖;开展各类特色活动,如玄武区全民阅读启动仪式专场活动、2016年全民终身学习活动周活动、2016年暑期中小学生进社区接纳仪式暨“追寻红色记忆”夏令营专场活动等;产生7个玄武区终身学习活动品牌,其中“锁金慈孝文化大讲堂”(锁金村街道社区教育中心)、“红霞学堂”(红山街道社区教育中心)获“2016年度南京市百姓喜爱的终身学习活动品牌”称号。

【全国社区教育示范街道创建】 3月,玄武区玄武湖街道、红山街道、孝陵卫街道3个单位获批全国社区教育示范街道，至此玄武区7个街道已全部创建为全国社区教育示范街道。自2001年玄武区被批准为全国首批社区教育实验区以来，坚持科学谋划社区教育，推进社区教育深度发展，2008年被授予全国首批社区教育示范区。全区各街道把握机遇，探索社区教育新路径，为居民终身学习提供支持服务。2008年以来，新街口街道、梅园新村街道、玄武门街道、锁金村街道、玄武湖街道、红山街道、孝陵卫街道等陆续创建为全国社区教育示范街道。

4月15日，玄武区2016年全民阅读活动启动仪式。图为受表彰的书香家庭、书香校园、书香社区、书香企业、书香机关、阅读之星领奖

【全民阅读活动】 4月15日，由玄武区全民阅读领导小组、玄武区社区教育委员会主办，区全民阅读办公室、区社区教育办公室承办"玄武区2016年全民阅读活动启动仪式"在南京文化艺术中心举行。江苏省新闻出版局全民阅读处处长徐伟、南京市文广新局纪委书记于长友、南京市全民阅读办处长葛继彬、南京市教育局职社处处长黄子亮，以及玄武区委副书记杨乐华、区委常委、宣传部部长陈乙华、区人大副主任李辉、区政协副主席王敬玲、区全民阅读领导小组和区社区教育委员会成员单位领导和企事业单位、7个街道59个社区居民、中小学生代表等400多人参加。玄武区作为全国首批社区教育示范区，注重社区教育内涵建设，用学习实践来推进全民终身学习。在全民阅读活动中，秉持"你一生的学习、我全程服务"理念，通过区社区进修学院、街道社区教育中心、社区居民学校及"博学玄武学习在线"网站以及辖区优质教育资源，为社区居民送上各类文化"大餐"。

【暑期夏令营开营】 7月1日上午，玄武区在江苏省美术馆举行2016年玄武区中小学生进社区暨"追寻红色记忆"暑期夏令营开营启动仪式。全区7个街道社区教育中心主任、59个社区居民学校校长、联盟单位相关负责人以及来自南京市第五十四中学、长江路小学教师学生和梅园新村街道社区居民约200余人参加。系列夏令营活动先后有8大类形式生动活泼暑期活动382场。围绕纪念建党95周年开展的"追寻红色记忆"系列活动，每个社区居民学校将开办暑期影院，观看红色电影以及"辉煌的历史"纪录片，走访老党员、老红军，制作手抄报，开展主题演讲等活动。科普类有电子百拼、模拟飞行、3D机器人；文化艺术类有国学经典、阅读分享、书法、摄影；手工制作类有剪纸、手工串珠，以及法治安全、环境保护、军事、体育等相关活动。

（王信芳）

科学技术

Science and Technology

责任编辑　黄红权

◎ 科技管理

◎ 科学普及

◎ 科研院所

科技管理

【概况】 2016年,新认定高新技术企业17家、省民营科技企业20家。全区众创空间17家,其中国家级5家、省级4家、市级8家。

【新认定17家高新技术企业】 2016年,全区累计已认定高新技术企业113家,其中新认定企业17家。

【创新载体建设】 2016年,重点推进珠江路创业大街建设。建成13个众创空间,总面积1.9万平方米。通过国家级众创空间备案4家:百家汇创业市集、魔豆工坊、I-space爱创空间、南京创客空间。通过省级众创空间备案3家:梦想家、众创研习社、东科优客工场。通过市级众创空间备案6家,分别是太库南京孵化器、数码众创空间、南京赛格SEG-Maker创客中心、秒空间、南京龙斑马众创空间、西祠创客胡同。

(高晔方)

·科技人才·

【概况】 2016年全区积聚“科技顶尖专家”1名,培育“创新型企业家”4名,申报“高端人才团队引进计划”1家。协助企业申报各类平台载体、奖项项目近30项,指导2家企业获省科技成果转化专项资金项目,获批省级企业院士工作站1家,省研究生工作站1家,省工程技术研究中心建设项目1家,省创新能力建设计划项目1家。争取各类扶持资金2285万元。

5月14日,江苏省第二十八届科普宣传周省主场活动现场玄武区获“全国科普示范区”奖牌

【高端人才团队引进】 2016年,指导南京睿辰欣创网络科技股份有限公司杜宇团队申报2016年度市“高端人才团队引进计划”,并进入公示。继续做好入选高端人才团队各项服务工作,兑现赛特斯信息科技股份有限公司高端人才团队扶持资金150万元。

【科技创业家(创新型企业家)工作】 2016年,申请科技创业家贷款贴息扶持资金57.37万元。江苏智道工程技术有限公司李来所、南京贝湾教育科技有限公司王捷、江苏艺之行文化投资发展有限公司龚军、南京中科盟联信息科技有限公司沈盟4人入选南京“创新型企业家培育计划”。赛特斯信息科技股份有限公司、江苏智道工程技术有限公司申报省科技成果转化专项资金项目,项目获得资助资金合计1800万元。

(卢　星)

·知识产权·

【概况】 2016年,玄武区深入实施知识产权强区战略,大力推进自主知识产权开发计划,全年专利申请总量7284件,发明专利申请量4997件,专利授权总量3375件,发明专利授权量1751件,有效发明专利7097件,万人发明专利拥有量排名第一。(级别与范围)

【专利资助与奖励】 2016年,坚持“量质并举,以质为主”,推进知识产权创造产出。东南大学、南京林业大学、农机化所、先声药业各1项专利获国家第十八届中国专利优秀奖。农业部南京农业机械化研究所、南京熊猫电子股份有限公司、南京熊猫信息产业有限公司3家企业,荣获南京市2016年度优秀专利奖。面向全区高校、科研院所、企业及个人发放授权专利资助334.5万元,发放专利大户奖励81万元。

【知识产权管理】 2016年，组织12家企业开展“江苏省企业知识产权管理标准化示范创建”工作，2家企业通过第三方认证，1家企业被评选为省级贯标工作优秀示范单位，先声药业有限公司通过国家知识产权示范企业年度考核，柯菲平医药股份有限公司通过国家知识产权优势企业年度考核。

【知识产权运用】 2016年，组织企业申报“江苏省知识产权战略推进计划”项目，先声药业有限公司获100万元重点项目经费扶持。江苏柯菲平医药股份有限公司获南京市科技计划专项20万元项目经费。苏宁、好享购成功申报省级电子商务平台分别获100万元和20万元经费支持。德基广场通过南京市“正版正货“示范街区创建，获经费支持10万元。

【知识产权宣传培训】 2016年，举办“4·26”知识产权周系列活动，举办《企业知识产权管理标准化》培训班、知识产权保护培训班，组织企业“一把手”和知识产权高管参加“市企业家知识产权高级研修班”“市知识产权总监培训班”；组织企业知识产权专职人员参加“市知识产权内审员培训”“市知识产权工程师培训”，组织企业研发人员参加“专利挖掘与布局初级实战班”等培训，累计受训超过200人次。

【知识产权保护】 2016年，充分发挥区知识产权联席会议作用，与区人民检察院、区商务局联合举办“天翼杯”知识产权情景剧大赛等知识产权保护宣传活动。联合市知识产权局执法队、市场监督管理局等单位开展打击侵犯知识产权和制售假冒伪劣商品执法行动，年度立案审查日常用品等假冒专利商品40余件，有效维护市场经营秩序。 （祁淑芹）

科学普及

【概况】 2016年，玄武区成功创建2016~2020年首批全国科普示范区（全市仅3家）；科普日期间举办的“大型野生鸟类科普摄影展”获“2016年中国科协全国科普日特色活动”，区科协获“全国科普日特色活动优秀组织单位”；区科技局获市“创建全国双拥模范城有功单位”并获集体三等功，获市“防震减灾工作目标管理先进单位”。承办科普宣传周江苏主场活动，举办科普日摄影展活动，开展科普“六进”活动86场次，直接受益群众约6万人，间接受益约30万人。撰写科普信息刊登在市级网站62篇、市级报刊5篇、省级网站16篇、省级报刊3篇、国家级网站3篇。

【服务科技工作者】 2016年，推荐5人获第十五届省青年科技奖，其中途牛科技有限公司于敦德获第十五届省青年科技奖暨省十大青年科技之星；1人获省《全民科学素质行动计划纲要》“十二五”实施工作先进个人；2名选手在全国科普讲解大赛中获三等奖，并获市科普讲解大赛一等奖；推荐科普作品《漫谈生命进化曲》获2016年省优秀科普作品二等奖。依托省级科技工作者站点平台，上报反映科技工作者状况信息4篇，有效3篇。

【服务创新创业】 2016年，组织41家企业人员参加专利工程师科普培训，新增注册专利信息库21家，其中2家企业进入市典型案例培育，1家获奖金支持；加强“海智计划”项目建设，举办各类海智活动6场次，引进海智项目5个，2个项目落地转化成功，玄东科技园与华美半导体、中美创新等7家海外知名的学协会签订合作协议，接待海外创业者20余位，现有14名海外人才在基地落地创业，推荐“智能数字病理诊断系统”获市科协海智引导资金扶持；2家企业与高校对接项目获2016年度市科协“金桥工程”项目。玄东科技园获市科协“海智计划”项目海智引导资金扶持3万元。

【基层科普】 2016年，拟制《玄武区全民科学素质行动计划纲要实施方案（2016~2020年）》，调整领导小组成员，召开座谈会，推进优质科普资源共建共享。5月，区第十七届人大常委会第52次会议听取科普惠民工作情况汇报并到基层进行专题调研。印发《玄武区科普教育基地暨场馆指南》《地震科普宣传读本》《中国公民健康素养66条》等科普宣传手册12000余份，推出网络科普进社区、播放科普动漫等活动。2家单位获省“基层科普行动计划”奖补资金20万元，1家单位获省级科普示范社区。支持街道、社区科普益民项目11个，下拨项目经费32万元。依托现有14所市级社区科普大学，发挥辖区科普资源优势，全年申请科普大学教学活动216场次、获市科协批准55场次。新增市级社区科普大学9家。

【科普基地建设】 2016年，新增市级科普基地2家、省级科普教育基地2家。建成梅园新村街道防空防灾科普教育基地、红山青少年无线电通联科普教育基地。全区已开放科普基地57家，6家科普基地获市科委科普项目资助30万元。新增市级科普基地2家，区级科普教育基地4家。

【精品科普打造】 2016年，承办第二十八届科普宣传周江苏主场活动，“爱上自由鸟——大型野生鸟类摄影展”活动获2016年全国科普日特色活动，玄武区科协获特色活动优秀单位；开展“四进社区三下乡”系列活动11次，承办“南京科协大讲堂”2场；开展“科技拥军”活动，在争创“双拥模范城”工作中获市级集体三等功；2名选手在全国科普讲解大赛中获三等奖，获南京市科普讲解大赛一等奖。

【青少年科技教育】 2016年，举办第十三届“紫金杯”信息编程竞赛，全市33所小学159名小学生参加比赛；南京师范大学附属小学、南京市玄武高级中学（梅园校区）及南京外国语学校获得江苏省首批STEM科学技术教育试点学校；承办第11届全国青少年教育机器人奥林匹克竞赛华东赛区选拔赛；拓展校外教育，促成香铺营社区启智机器人工作室为第九中学“科技教育实践基地”；组织“趣味科普”巡讲团，走进玄武区14所小学和幼儿园，讲课18场次，约2300名师生受到教育；邀请智高机器人俱乐部走进宇花小学，讲述机器人课程；与区机关工委、总工会、团区委开展城墙宝宝暑期公益夏令营，为辖区内困难家庭儿童提供探究科学、感受科技力量的平台。

【“一键入孵”平台搭建】 2016年，依托海智基地——玄东科技园，开通创业市集微信公众号，及时推送创业活动与服务，让创业者可“一键入孵”，目前有2000多粉丝，推广35场活动，每天有近500人浏览微信号内容。策应互联网及社会化营销思维，打造包含微信营销托管、电商开发、软件测试开发工具化平台。

【科普信息化建设】 2016年，加强科普信息化工作业务培训，构建微信、科普大屏、网络“三位一体”服务体系。新增“科普闻道”电子屏10台（全区39台）。积极推进社区全媒体科普益民系统建设，增设科普频道，将“无偿献血、玄武区科普展馆”等资料上传至“科普闻道”大屏，实现科普宣传面对面互动。

【校园科普e站试点建设】 2016年，根据《南京市科协科普信息化综合应用试点方案》要求，鼓励支持企业、社会组织和其他社会力量通过合作开发、赞助活动，以及捐助设备、资助项目等方式，参与科普信息化建设管理。在长江路小学、北京东路小学投入6万元开展科普中国校园e站的试点。

【防震减灾系列活动】 2016年，新增国家级防震减灾示范社区1个、省级防震减灾示范社区2个（现有6个）。1名选手在市防震减灾科普宣传员演讲比赛中获二等奖。2名学生获市“防震减灾进校园”手抄报比赛三等奖；发放防震减灾宣传用品8500余份、应急包30个。扎实开展地震应急知识“进机关、进学校、进企业、进社区、进家庭”等宣传活动，全年累计开展应急宣传近110场，邀请市地震局专家为防震减灾科普宣传员培训2次，完成防震减灾应急宣传信息30篇。开展防震减灾演练活动6场次，5月20日上午，在玄武湖街道联合开展“减少灾害风险、建设安全城市”防震减灾知识宣传及综合应急演练。 （刘小刚）

科研院所

·中国科学院南京地质古生物研究所·

【概况】 中国科学院南京地质古生物研究所（以下简称“南京古生物所”）成立于1951年5月7日，其前身是前中央研究院地质研究所及前中央地质调查所等机构的古生物室（组）。著名地质古生物学家、中国科学院副院长李四光教授为首任所长。

南京古生物所是一个从事古生物学、地层学及相关学科基础研究、应用基础研究和科学传播的综合性研究所。目标是建设成为国际一流的古生物学和地层学研究中心、古生物资料信息中心、古生物标本收藏中心、地质古生物学人才培养及科学传播基地。主要研究领域包括地球生命起源与早期演化，进化古生物学，古生物系统分类学，古生态、古地理、古气候研究，年代地层学，分子古生物学，地球生物学，生物与环境的协同演化，应用古生物学与地层学等。1998年成为中国科学院“知识创新工程”首批试点单位之一，2011年在中国科学院“创新

发现于燕山山脉的大型碳质膜化石，距今15.6亿年

2020”择优实施部署中再次获得首批整体择优支持。2016年，南京古生物所致力于“一三五”规划优化调整和“十三五”规划部署实施，积极联合院内相关单位筹建“生物演化与环境”卓越创新中心，持续推动研究所改革发展。

南京古生物所下设基础研究部（含古植物与孢粉学研究室、古动物学研究室、微体古生物学研究室）、现代古生物学和地层学国家重点实验室、中国科学院资源地层学与古地理学重点实验室3个科研机构，拥有图书资料信息中心、公共技术服务中心、科普部以及澄江古生物研究站4个支撑部门。

南京古生物所图书馆建于1953年，经过60多年的藏书建设，目前收藏古生物学与地层学专业图书期刊约28万册（期），其中外文期刊近2500种，约20万册（期），是亚洲最大的古生物学专业图书馆。南京古生物所标本馆是1928年在原中央研究院地质研究所标本室的基础上发展起来的，目前馆藏模式标本约20万件，不仅是我国最重要的古生物标本馆，也是世界上古生物标本收藏的重要机构。南京古生物所技术支撑平台包括扫描电子显微镜及能谱仪、X射线断层成像显微镜、激光共聚焦显微镜、大型精密光学显微镜及成像系统、同位素质谱仪、气相色谱-质谱议、光谱仪、元素分析仪、激光剥蚀机、化石处理及成像实验室、DNA分析实验室、稳定同位素实验室、地球生物学实验室等国际一流的仪器设备和实验装置。

经过60余年的发展和几代科学家的努力，南京古生物所目前已成为分支学科齐全、科技力量雄厚、技术条件配套、学术成果丰硕、国际交流频繁的地层古生物综合研究中心。国外同行将她与英国自然历史博物馆和美国斯密逊博物研究院并称为世界三大古生物学研究中心。

截至2016年底，南京古生物所有在职职工155人，离退休职工222人。在职职工中有中国科学院院士4人、研究员及正高级工程技术人员41人、副研究员及高级工程技术人员44人。有中国科学院“百人计划”入选者6人，国家杰出青年科学基金获得者6人。

南京古生物所是国务院学位委员会首批批准的博士、硕士学位授予权单位之一。现设有古生物学与地层学，地球生物学，地质工程和矿物学、岩石学、矿床学4个专业二级学科硕士研究生培养点，古生物学与地层学，地球生物学，矿物学、岩石学、矿床学”3个博士研究生培养点，并设有博士后流动站。2016年底共有在学研究生77人（其中硕士生43人、博士生34人）、在站博士后9人。

【科研项目与成果】 2016年，南京古生物所共有在研项目139项（包括新增项目36项）。其中，承担国家重点基础研究发展计划（973）课题5项、参加课题5项，承担国家科技基础性工作专项课题2项，参加国家重点研发计划1项（新增1项）；主持国家自然科学基金重点项目5项（新增1项）、国际合作项3项（新增1项）、面上项目41项（新增7项）、重大项目1项、创新研究群体科学基金项目1项、国家重大科研仪器设备研制专项1项、优秀青年科学基金项目1项（新增1项）、青年科学基金项目25项（新增9项）、联合基金2项，参加外单位重大研究计划2项（新增1项）、地区科学基金1项、青年科学基金1项；承担中国科学院战略性先导科技专项课题15项（新增7项），承担院创新国际团队项目1项，院科研装备研制项目1项，院“百人计划”D类入选者项目2项，院青年创新促进会项目6项（新增2项），承担院前沿科学重点研究项目1项（新增1项），承担中科院其他项目2项；承担英国皇家学会牛顿高级基金1项；参加中国地质科学院项目4项；主持江苏省自然科学基金项目7项（新增3项）；承担地方政府委托项目1项（新增1项）；承担大中型企业委托项目1项（新增1项）。

2016年共发表论文355篇，其中SCI论文251篇，出版图书著作7部，获软件授权1项。在河北发现距今15.6亿年前的大型多细胞生物化石群，改变了以前关于地球生命早期演化的既有认识，相关成果发表在《自然-通讯》。首次从分子层面证实了β角蛋白和色素体在距今1.3亿年前的始孔子鸟化石中的保存，使古生物的色彩复原更加可信，相关成果发表在《美国科学院院报》。“中国成为获得‘金钉子’最多的国家”入选国家“十二五”科技创新成就展。“距今6亿年前磷酸盐化动物和胚胎化石的发现与研究”成果获评2016年度“江苏省科学技术奖一等奖”，1项成果获评“十大地质科技进展”，5项成果获评“中国古生物学十大进展”。

【学术交流与合作】 2016年，南京古生物所继续以我为主，积极开展国际合作。获批中国科学院“国际访问学者计划”6项。共有72批142人次先后出访参加国际会议或进行合作研究，接待56批85人次外宾来访合作或讲学。目前有20余位专家担任30多个国际学术组织的主席、副主席、选举委员等职。

中国古生物学会挂靠在南京古生物所。南京古生物所主办的定期学术期刊有《古生物学报》《微体古生物学报》、《地层学杂志》、Palaeoworld，不定期系列丛书《中国古生物志》，以及科普期刊《生物进化》和科普网站“化石网”。 （陈孝政　顾元达）

·中国科学院国家天文台南京天文光学技术研究所·

【概况】 中国科学院国家天文台南京天文光学技术研究所（以下简称南京天光所）是我国专业天文仪器研制及天文技术研究和发展的重要基地，下设望远镜新技术研究室、天文光谱和高分辨成像技术研究室、太阳仪器研究室、镜面技术实验室、大口径光学技术研究室、望远镜工程中心和南极天文技术中心等7个科研部门，拥有中国科学院天文光学技术重点实验室。

至2016年底，南京天光所共有在职职工166人。其中科技人员109人、科技支撑人员38人，包括中国科学院院士1人、发展中国家科学院院士1人、研究员及正高级工程技术人员20人、副研究员及高级工程技术人员47人。共有中国科学院“百人计划”入选者3人（新增1人）。现设有天文学、光学工程2个专业一级学科博士研究生培养点，天体物理、天文技术与方法、精密仪器及机械等3个专业二级学科博士研究生培养点，天文学、光学工程2个专业一级学科硕士研究生培养点，天体物理、天文技术与方法、精密仪器及机械等3个专业二级学科硕士研究生培养点，并设有天文学、光学工程等2个专业一级学科博士后流动站，共有在学研究生66人（其中硕士生42人、博士生24人）、在站博士后2人。

【科研项目与成果】 2016年，南京天光所共有在研项目132项（包括新增项目69项）。其中，主持国家自然科学基金重点项目3项、面上项目21项（新增5项）；承担国家重点基础研究发展计划（973）课题2项，主持国家高技术研究发展计划（863）项目1项；主持国家自然科学基金委重大仪器研制项目1项；主持中国科学院战略性先导科技专项课题4项（新增2项）；主持重点国际合作项目2项（新增1项）；承担大科学装置运行与改造1项；承担院地合作项目50项（新增32项）。

推进地基大口径光学/红外望远镜关键技术研究，成功建议“大型光学红外望远镜”列入《国家重大科技基础设施建设“十三五”规划》，列为国家优先布局的10个建设项目，排名优先项目第二，正在完善项目建议书和准备项目建设前的工作。

“十二五”国家重大科技基础设施项目“南极天文台”在2016年底重新启动建设，南京天光所承担主干设备南极2.5米光学红外望远镜（KDUST）研制，正在准备新一版建议书。南京天光所3人和国家天文台1人作为第33次南极科考队内陆队员，于12月30日到达南极大陆最高点——冰穹A，在随后的3周时间，完成了第二台南极巡天望远镜AST3-2等设备维护和运控数据系统更新。

空间无缝光谱仪项目，基于CZ-7和CZ-5B的运载平台，分别完成无缝光谱仪方案阶段的初步方案设计和性能分析。空间磁像仪背景型号研究完成先进天基太阳天文台（ASO-S）的

BSST 在中山站

磁像仪滤光器原理样机的技术评审。

太阳系外行星探测技术研究方面，升级了超级自适应光学（ExAO）系统；提出了具有创新性的空间系外行星成像探测方案，取得关键技术突破性进展，超高对比度成像系统在 2λ/D 处达到10 的-9 次方；完成类地行星成像空间望远镜方案设计以及空间科学目标分析。

超高精度视向速度测量技术研究方面，基于天文光梳的高精度光谱定标系统，完成天文光梳在 2.16 米光学望远镜的安装、调试和多次实验，通过修购专项验收。

首个中亚国家天文设备升级项目——乌兹别克斯坦 1 米望远镜改造于 10 月完成现场验收。像切分器的初步设计方案于 11 月在美国 TMT 总部顺利通过初步设计评审（PDR-1）。与 TMT 项目成功签订 TMT 子镜试磨的年度协议。为加州理工学院光学天文台1.2 米望远镜下一代大视场巡天设施研制 ZTF 施密特改正板。

实验成功全球首个可工作在近紫外、可见光与红外波段的金增强型反射膜，该膜同时具备宽反射带宽、高反射效率、较低的膜层应力及优异的环境稳定性，使用寿命媲美介质反射镜，非常适用于大型天文望远镜与大型光学仪器中的反射镜面（主镜）。

全年向国家知识产权局提交发明专利申请 12 件，发明专利授权 11 件，实用新型专利授权 1 件；软件著作权登记 1 件；公开发表论文 40 篇，其中 SCI 收录 13 篇，EI 收录 17 篇。获得 2016 年度江苏省级（高价值、重点新型）专利资助 3 件，获得南京市级专利资助 7 件。

成功入选 2015 年度“十大天文科技进展”两项：“口径 710mm 国产碳化硅拼接凹非球面反射镜研制成功”和“南极亮星巡天望远镜在南极中山站投入观测”。另外，入选的成果“LAMOST 第三批数据对用户发布”也有该所科研人员的突出贡献。

【学术交流与合作】 积极开展国际、地区间的学术交流与合作。全年出访 14 批次，共 34 人次。主要赴英国、美国、加拿大、俄罗斯、法国、乌兹别克斯坦、西班牙、南极等国家和地区参加国际会议、进行研究合作等。接待来访 9 批次，共 13 人次。5 月 11 日，西班牙加那利群岛天体物理研究所（IAC）所长 Rafael Rebolo López 教授和加那利大型望远镜（GTC）天文台副台长 Romano Corradi 教授访问南京天光所，举行了国际合作双边会议。5 月 24~25 日，在南京承办主题为“中国地基大口径光学红外望远镜的科学与技术发展战略”的香山科学会议第 562 次学术讨论会，一致建议国家在“十三五”期间尽快立项建设中国12 米大型光学红外望远镜，抢占天文学前沿科学研究的先机，早日取得一系列重大突破。6 月 26 日至 7 月 1 日，在英国爱丁举行的 2016 年国际光学工程学会-天文望远镜和仪器研制会议上，所长朱永田研究员作邀请报告，详细介绍了下一个十年中国地基大口径光学红外望远镜的研制计划；会展期间，众多参会者对该所研制的 LAMOST 望远镜、中国正在筹建的 12 米望远镜建设计划、南极 AST3、TMT 子镜研制等工作表示了浓厚的兴趣。11 月 23~25 日，举办中国科学院大学“天文学研究与天文技术”研究生学术论坛。10 月，与南开大学现代光学研究所签订合作协议。（郑　健）

·中国科学院南京地理与湖泊研究所·

【概况】 中国科学院南京地理与湖泊研究所（以下简称南京地湖

所)的前身系1940年8月在重庆北碚成立的中国地理研究所,1958年更名为中国科学院南京地理研究所,1988年改为现名。中国科学院院士黄秉维、任美锷、周立三曾先后担任过所长。

研究所的战略定位是开展自然和人文要素驱动下湖泊-流域系统过程、格局及其相互作用与调控机理研究,为国家湖泊资源合理利用、湖泊环境治理与生态保护以及区域可持续发展做出基础性、战略性和前瞻性贡献。努力将研究所建成为国际著名湖泊-流域科学基础研究和高层次人才培养基地;国家湖泊资源利用与环境治理工程技术研究中心、经济发达地区可持续发展科学研究与决策咨询中心。

"十三五"期间,研究所将继续围绕湖泊及其流域的生态环境变化格局、过程及机制的科学前沿,面向湖泊流域水资源管理、湖泊流域水环境治理及饮用水源地安全保障等国家重大需求,面向生态环境改善的城乡发展及流域可持续发展地方发展要求,继续深化自然和人文要素驱动下湖泊-流域系统过程、格局及其相互作用与调控机理研究,努力为国家湖泊资源合理利用、湖泊环境治理与生态保护以及区域可持续发展做出基础性、战略性和前瞻性贡献。在湖泊生态系统演变与全球变化、浅水湖泊流域水质管理与生态系统调控、水环境及生态系统监测(模拟)技术及应用三个方面形成重大突破,重点培育湖泊沉积与气候变化定量重建、湖泊生物群落结构功能与调控、湖泊复合污染的生态效应与防控治理、流域-湖库生态水文过程与模拟和新型城镇化区域的乡村转型及其资源环境的可持续管理五个方向。

研究所现设有湖泊与环境国家重点实验室、中国科学院流域地理学重点实验室、湖泊生态与环境工程研究中心、区域发展与规划研究中心、湖泊野外观测与数据中心(含太湖湖泊生态系统国家野外观测研究站、鄱阳湖湖泊湿地观测研究站、抚仙湖高原深水湖泊研究站和湖泊-流域数据集成与模拟中心)。研究所现有30万元以上的大型仪器设备100余台/套。图书馆馆藏图书期刊12万多册,各种地形图63000多幅,航卫片77000多张。此外,还馆藏地方志4262种44000多册,其中善本近百种,孤本10余种。

截至2016年底,南京地湖所共有在职职工245人。其中科技人员196人、科技支撑人员17人,包括研究员及正高级工程技术人员47人、副研究员及高级工程技术人员82。研究所共有国家"青年千人计划"入选者2人(新增1人);"万人计划"入选者1人;中国科学院"百人计划"入选者11人(新增1人);国家杰出青年科学基金获得者4人,国家优秀青年基金获得者2人(新增1人)。

南京地湖所是1981年国务院学位委员会批准的自然地理学硕士学位授予权单位之一,现设有地理学、环境科学与工程2个专业一级学科博士研究生培养点,自然地理学、人文地理学、地图学与地理信息系统、环境科学4个专业二级学科博士研究生培养点,自然地理学、人文地理学、地图学与地理信息系统和环境科学4个专业二级学科硕士研究生培养点以及工程硕士(环境工程、建筑与土木工程领域)全日制专业学位培养点,并设有地理学专业一级学科博士后流动站,共有在学研究生194人,其中硕士80,博士114(含留学生4人),在站博士后28人。

【科研项目】 2016年,中国科学院南京地理与湖泊研究所共有在研项目328项(包括新增项目105项)。其中,新增国家自然科学基金委创新研究群体项目1项,主持国家自然科学基金重点项目7项、面上项目52项(新增25项)、国家杰出青年科学基金项目2项、国家优秀青年科学基金项目1项(新增1项);主持或承担国家重大科技专项5项;承担国家重点研发计划课题1项(新增1项);主持中科院海外基地专项1项(新增1项);主持国家重点基础研究发展计划(973)和国家重大科学研究计划项目2项、承担课题3项,承担国家高技术研究发展计划(863)项目课题1项;主持院重点部署项目1项、重点国际合作项目2项(新增1项)。

【科研项目与成果】 2016年,研究所作为第二完成单位参与完成的"亚洲季风变迁与全球气候的联系"获国家自然科学二等奖。主持"湖泊光学的理论方法与水色遥感应用"获得江苏省科学技术一等奖。主持"长江经济带的区域规划研究与应用"获得中国科学院科技促进发展奖。此外,研究所积极发挥科学家智库作用,提升研究所社会影响和地位。《多规不合原因分析与促进多规合一的建议》、《关于构建我国乡村污水治理体系的建议》作为中科院专报信息上报中共中央办公厅和国务院办公厅。关于淮安"多规合一"的工作获得江苏省省委书记李强的批示。以我所为主要技术单位和首席专家协助国家发改委完成《长三角城市群发展规划》编制工作,该规划于2016年6月由国务院同意、国家发改委正式颁布。

据统计,2016年共发表论文418篇,同比增长13.3%;其中SCI论文273篇,TOP SCI论文104篇。王建军、沈吉等有关微生物多样性维持机制的研究论文"Nutrient enrichment modifies temperature- biodiversity relationships in large-scale field experiments"在《Nature Communications》上发表,该论文首次证明微生物同样具有沿着温度梯度分布的生物区系,与经典的动植物生物区系分布相一致。2016年本所出版专著12部,申请和授权专利85件,其中发明专利57件;申请澳大利亚革新专利1件,软件著作权登记24项。

2016年,南京地湖所在科研支撑平台建设方面迈向新台阶。太湖湖泊生态系统研究站在CERN2011-2015年综合运行评估中获评优秀生态站。抚仙湖高原深水湖泊研究站2016年完成了基建项目并顺利运行。鄱阳湖湖泊湿地综合研究站2016年与国内12所高校协商共建科研教学实践基地,签订协议并陆续挂牌,为环境、生态和地理等专业学生实习、科研项目提供服务。合作共建的呼伦湖湿地生态系统定位观测研究站和天目湖流域生态观测站2016年顺利推进野外各项定位监测以及服务地方需求的生态监测工作。研究所在非洲筹建的东非大湖与城市生态研究站于2016年4月,在中科院院长白春礼的见证下,与坦桑尼亚渔业研究所签署了合作备忘录。湖泊与环境国家重点实验室和中国科学院流域地理学重点实验室2016年分别召开了学术委员会。所级公共技术服务中心持续获得中科院所级中心年度择优经费的支持,积极筹建中国科学院南京地球资源环境大型仪器区域中心建设工作并顺利启动。

1.3亿年前羽毛β角蛋白的始孔子鸟标本

研究所投资公司2个,分别为南京中科集团股份有限公司和南京中科水治理有限公司,从事科技开发人员数34人,年产值共约2.8亿元,研究所参股效益约2300万元。

【学术交流合作】 2016年,南京地湖所深入推进国内外学术交流合作,派出134人次赴美国、英国、德国、澳大利亚等20余个国家和地区进行交流。同时,有来自世界各地近200人次访问研究所。组织举办"亚洲能源转型——研究与政策议程初期职业研讨会"、"流域地理学国际研讨会"、"科技服务'一带一路'及长江经济带战略——地理学科发展战略研讨会'以及"参与式乡村规划与建设培训会"等重大国内、国际会议,进一步促进研究所与国内外同行的交流,提升了研究所国际学术影响力。

研究所是江苏省海洋湖沼学会、江苏省地理学会、江苏省遥感与地理信息系统学会、中国地理学会长江分会、中国地理学会湖泊与湿地分会、中国海洋湖沼学会湖泊分会、中国第四纪科学研究会生态环境演化分会、中国环境科学学会沉积物环境专业委员会挂靠单位。主办《湖泊科学》学术期刊。

(胡笑琪 陈亚芬)

·中国科学院南京土壤研究所·

【概况】 2016年,中国科学院南京土壤研究所推进"一三五"规划实施和特色研究所建设。在院发展规划局牵头开展的研究所“一三五”规划交流评议工作中被评为优秀规划。着力推进主要服务项目的开展实施，筹划和推进科研组织体系管理体制与运行机制改革，取得阶段性成效。目前拥有土壤与农业可持续发展国家重点实验室、土壤养分管理国家工程实验室、农田土壤污染防控与修复技术国家工程实验室、中国科学院土壤环境与污染修复重点实验室、农业部耕地保育综合性重点实验室等重要研究平台；设有土壤资源与遥感应用研究室、土壤–植物营养与肥料研究室、土壤化学与环境保护研究室、土壤物理与盐渍土研究室、土壤生物与生化研究室、土壤与环境生物修复研究中心、土壤利用与环境变化研究中心等研究单元；还拥有中国科学院生态系统研究网络土壤分中心、河南封丘农田生态系统国家野外科学观测研究站、江西鹰潭农田生态系统国家野外科学观测研究站、江苏常熟农田生态系统国家野外科学观测研究站、中国科学院三峡工程生态环境湖北秭归实验站。拥有联合国粮农组织的特约图书馆和亚洲最大的土壤标本馆。土壤与环境分析测试中心获得国家实验室认可和国家计量认证。该所是中国土壤学会、江苏省土壤学会和全国土壤质量标准化技术委员会的挂靠单位；主办 Pedosphere、《土壤学报》、《土壤》3 份中英文学术期刊，其中 Pedosphere 是我国唯一的土壤科学英文学术期刊且被收录为 SCI 源刊。

【科研项目与成果】 2016 年，南京土壤所坚持“以任务带学科”和在服务国家需求中求发展的方针，在科技项目争取方面，成功牵头申请到 4 项国家重点研发计划项目，项目经费达 1.2 亿元；申请到国家重点研发计划相关课题12 项，总经费逾 6300 万元。2016 年 9 月，完成“一三五”规划任务书签订工作。被评为全院优秀规划。

9 月 19~21 日，中国土壤学会第十三次全国会员代表大会

2016 年，针对黄淮平原潮土、褐土、黄褐土、砂姜黑土、水稻土和滨海盐碱土的低产障碍因子，开展土壤瘠薄、耕层变浅、板结粘闭、盐碱等障碍消减及以有机质提升为核心的地力培育原理研究和技术研发，建立不同类型土壤障碍消减与地力提升技术体系，集成创建的五大土类的土壤障碍消减与地力提升技术体系在河南省被大面积推广应用。在土壤生物与界面过程及调控方面，发现高浓度甲烷刺激是水稻土氧化大气低浓度甲烷的前提条件，解析了湿地土壤氧化大气甲烷的微生物代谢调控网络及其作用机制。

2016 年，“土壤养分管理国家工程实验室”建设任务通过验收；封丘站连续第三次获评中国生态系统研究网络五年综合评估“优秀生态站”；秭归站完成了对综合楼、科研辅助用房维修及站区配套设施的更新改造；土壤与环境分析测试中心全面完成分析任务，并顺利通过国家实验室认可复评和扩项评审。2016 年全所共发表科研论文 590 篇，其中 SCI 论文 373 篇；申报国家标准制定项目 26 项，其中已正式发布的有 11 项；新获授权专利 33 件；出版专著 1 部；申请获批软件著作权 3 项；提交国家咨询报告 2 项，其中赵其国院士等专家提交的《关于实施我国土壤安全科技工程专项的建议》获国家领导人批示。

【人才团队】 2016 年，人才队伍建设得到进一步加强。周东美、张甘霖获江苏省第四期“333”高层次人才培养工程期满考核优秀，第五期“333”高层次人才第二层次申报获批 4 人、第三层次申报获批 9 人；梁玉婷获得国家优秀青年科学基金和江苏省杰出青年基金项目资助；成功从海外招聘“率先行动”百人计划 B 类技术英才 1 人，C 类青年俊才 2 人；吴永红获第十四届中国青年科技奖表彰；推荐青促会会员 3 人；接收中组部“西部之光”人才计划3人。

研究生培养进一步加强。新增选博士生导师2名，硕士生导师12名；新招收46名博士生和48名硕士生，66名研究生获博士和硕士学位。积极推动研究生出国交流和外国留学生培养工作，出国交流学生达14人；新录取3名博士留学生，留学生人数达13名。2016年多位导师和学生获得院长奖学金优秀奖、朱李月华优秀博士生奖和优秀教师奖、地奥奖学金、南京市政府外国留学生奖学金等多项奖励。

【交流与合作】 2016年，与相关单位共同承办“第十三届国际植物技术会议”、“第五届土壤污染与修复国际会议”等重要国际学术会议，促进相关研究领域的国际合作与交流。全年共有91人次出国(境)参加国际会议和合作交流，60人次来访。在人才交流计划方面，新获院“国际杰出学者”“访问学者计划”等多个项目立项支持。9月，中国土壤学会第十三次全国会员代表大会暨第十一届海峡两岸土壤肥料学术交流研讨会、第十一届海峡两岸土壤肥料学术交流研讨会同期召开。主办或组织开展其他近20次国内重要学术交流活动。2016年，南京土壤所相关团队面向市场和社会需求，在20多个省(市)开展卓有成效的工作，合作内容涉及新型肥料应用、设施农业和渔业技术推广、烟草土壤改良、污染农田修复、污染场地风险评估等，全年新争取到合作项目近50项

建立5个百亩以上的核心试验示范区和5个中低产田治理和高标准农田建设万亩示范区，改造中低产田和建设高标准农田35.9万亩，新增粮食生产能力3.91亿斤，获河南省科技进步二等奖。同时，提出的滨海盐碱土治理新模式也在江苏盐城、南通两地的6个县累计推广100万亩。

在农田土壤污染过程及其修复原理与技术方面，依托多项基础研究成果，集成多套重金属污染土壤修复技术模式并在全国近10个省份推广应用，农田土壤污染治理与修复示范总面积达5000多亩，取得显著的社会效果，得到了国家领导人、地方政府和社会公众的广泛认可。 (秦江涛)

·江苏省中国科学院植物研究所·

【概况】 江苏省中国科学院植物研究所暨南京中山植物园是从事植物科学研究、植物资源收集保护和环境教育的公益机构，是我国中、北亚热带植物研究中心。拥有江苏省植物迁地保护重点实验室、江苏省药用植物研究开发中心两个省级重点实验室，以及植物信息中心和华东地区最大的植物标本馆，馆藏植物标本70余万份。植物园收集保存植物资源8000余种(含品种)，建成专类植物园(区)20余个，开展以提高公众对植物和环境保护意识为主要内容的科普教育，是国家、江苏省和南京市科普教育基地及青少年科技教育基地。

研究所是江苏省植物学会、中国环境学会—植物环境与多样性专业委员会挂靠单位。主办《植物资源与环境学报》学术刊物。截至2016年底，有在职职工249人，其中高级职称80人。设有“植物学”学术型硕士研究生培养点，在学研究生48人。

【科研项目与成果】 2016年，新增科研项目97项，到账科研经费同比增长9.19%。获得授权专利32项；主持编写国家或部、省颁标准10项，获江苏省审定或认定品种10项，国家林业局新品种权2项；主持及参与出版专(编)著18部；发表论文180篇(其中SCI论文71篇)。其中，英文版《植物园学》在本所及国家科学技术著作出版基金、中国生物多样性保护和绿色发展基金的资助下，历经五年修改与增订出版，开启了国际植物园学科研究的先河。《江苏

英文版《植物园学》——书封面

植物志》第四卷、第五卷修订版出版，全套五卷是江苏省生物教学、科研、生产和管理的重要工具书。《薄荷属植物研究与利用》专著出版，对指导生产、科研和相关药用植物的栽培利用具有重要的指导作用。

【本土植物物种资源收集保育】 2016年，依托"华东地区本土植物清查与保护(江苏试点)"项目，近年重点在全省范围内对苏北、苏南、西南和沿海4个地区进行了野外调查，采集了植物标本，拍摄了大量的照片，记录了调查轨迹和重要植物分布点，为今后开展濒危物种保护提供了重要的基础信息和资料。结合调查，收集和整理了江苏植物种类资料，编制出《江苏本土维管植物目录》。同时开展了现有的本土植物濒危状况评估，经调查前和调查后的两次快速评估，初步认为本省濒危等级为1级的可能有7种、2级的有25种、3级的有108种、4级的有499种。在此的基础上，开展了本土濒危物种保育工作，确立了就地保护的物种和地点，其中2级的有6种，3级的16种，迁地保存了2~4级濒危植物39种于南京中山植物园。举办了"本土植物保护计划项目—华东地区植物园培训班"，并初步建立了"江苏本土濒危植物数据库"，编写了《江苏1-4级本土濒危植物野外识别手册》。通过3年的调查研究，为本课题后期全面开展华东地区本土植物全覆盖保护工作打下了基础。

【植物科普教育】 举办特色科普展览。2016年是孙中山先生诞辰150周年及南京中山植物园建园87周年，为纪念孙中山先生的丰功伟绩，于2016年12月举办"纪念孙中山先生诞辰150周年暨总理纪念植物园史料展"，参观受众人数逾10万人。

秋季举办的"珍稀多肉植物展"，展出了200多种珍稀多肉植物，包括国宝级珍品植物龟甲牡丹、世界八大珍稀植物之一的百岁兰、每年只长1毫米的"花笼"等。

科普创作及科普讲解取得新突破。荣获2016年"江苏省科普产品研发基地"称号。科普图书《江苏农业野生植物资源》获得"2016年江苏省优秀科普作品"二等奖。获得南京市科普讲解员大赛一、三等奖，获得全国科普讲解员大赛三等奖。

科普馆初步建成。新改造的科普馆包括植物起源与系统演化、植物与人类、植物与生态文明、奇妙的植物世界等四个部分，所园史陈列室，多功能报告厅以及科普操作实验室、教室和专家工作室、临时展示厅等，为今后更好地开展科普工作奠定了基础。 (耿茂林)

链接

《植物园学》英文版出版。

历经5年编著完成的英文版《植物园学》，书名"PHYTOHORTOLOGY"，是在2005年中文版《植物园学》的基础上，修改与增订而成，得到了国家科学技术学术著作出版基金和中国生物多样性保护和绿色发展基金会的资助出版。书名是由已故世界著名植物学家吴征镒院士在评阅该书中文版时给出的学科术语。PHYTOHORTOLOGY是国内外第一部论述植物园学科的专著，开启了这一分支学科的先河。原中文版首次于2005年出版，受到植物园界的重视，2011年又第二次印刷出版。全书816页，136万字，分为11章，1-8章为总论，9-11章为各论。全面论述了植物园的专业定位、专业内容和发展方向。系统地总结了植物园引种驯化、经济植物、药用植物、环境植物研究的主要成就。指出了植物园为经济建设服务的方向和途径。全面和实事求是地提出了植物园物种保护的原则和技术以及我国植物园发展的战略等。论述了现代信息科学在活植物信息管理中的应用。分析了国内外植物园温室发展的历史特点和它们在多样性展示中的作用和效果。总结了植物园科普与旅游工作的特殊性和先导性，经营管理上的复杂性和多样性。介绍和评述了古今中外园景建设的艺术流派特点，及我国植物园应取的方针。鉴于直观在植物园学中的特殊意义，选用了2000余幅国内外的精品彩图，以传达用文字难以传递的信息、思维、意境和灵感。并且以200多个植物园的实例，让读者直接了解这些植物园。

耐盐草坪种质创新利用

耐盐草坪种质创新在南海岛礁生态建设中的利用。江苏省中国科学院植物研究所立足国家战略需求，在"江苏省省属公益类科研院所能力提升项目"和中国科学院A类战略性先导科技专项"南海环境变化"资助下，在南海岛礁实地开展了适生草种筛选、轻简化建植养护技术体系建立、海南草坪繁育基地建设以及优选草种和技术的集成示范示范应用。截至2016年，已筛选出在南海岛礁极低养护条件下表现优异的“阳江”狗牙根、“苏植2号”杂交狗牙根两个国审品种，这两个品种在南海岛礁极低的养护管理水平下，不仅成坪迅速、坪用质量高而且综合抗性强，是南沙生态岛建设中不可多得的优异绿化及固土护坡材料。在此基础上，制定了“南沙生态岛草坪建植养护技术方案”。以筛选出的自主知识产权的国审狗牙根品种‘阳江’狗牙根为材料，参与建立了南沙首个珊瑚生态修复示范区和高标准绿色生态示范区（草坪示范面积为3000平方米）。在海南文昌建立了3000平方米的‘阳江’狗牙根原种基地。相关工作得到项目主持单位的高度认可。文昌草坪基地也将进一步扩建，不断完善轻简化建植养护技术，为新品种新技术的大面积推广应用提供保障。

中山杉获国家授权发明专利并推广应用

中山杉合作推广进展顺利。江苏省中国科学院植物研究所作为国际上唯一开展落羽杉属树种杂交育种的单位，拥有以“中山杉”为品牌的自主知识产权。2016年，“一种中山杉系列品种高效繁育的插床设施构建方法”获国家授权发明专利（专利号:ZL 201310064870.0），为中山杉的大规模繁殖提供技术支撑。在合作推广方面，扩建了湖北荆州扩建中山杉育苗基地，达到100万株的生产能力。在育苗及技术指导方面，南京中山植物园科研人员对江苏靖江、江苏丹阳、重庆万州、浙江宁海、湖北荆州等授权的9家专业苗圃继续进行育苗技术指导，共计繁殖中山杉苗木约500万株。在造林示范推广方面，分别在重庆万州三峡库区消落带示范造林200亩、山东济宁煤炭塌陷区示范造林290亩、南京八卦州江滩造林300亩、江苏沿海滩涂地示范造林250亩，开展新品种区域试验造林60亩，为今后中山杉在三峡库区消落、煤炭塌陷区、沿海滩涂和长江江滩造林绿化建立示范作用。

·中国林业科学研究院林产化学工业研究所·

【概况】 中国林业科学研究院林产化学工业研究所(以下简称“林化所”)是全国唯一专业从事木质和非木质林产品化学加工与利用，集基础研究、应用研究、产品开发及工程设计为一体的国家级综合性研究开发机构。目前，在职职工212人，其中科技人员168人，包括研究员24人，副高级人员49人；中国工程院院士1人，国际木材科学院院士4人，国家杰出青年基金获得者1人，国家优秀青年基金获得者2人，全国劳动模范1人，国家级突出贡献专家3人，部省级突出贡献专家6人，享受国家级特殊津贴26人；博士生导师13人，硕士生导师25人。2016年获得全国生态文明建设先进集体、全国生态文明建设先进个人等称号，并入选江苏省团委青年创新工作研究室。现设有2个博士、4个硕士学位培养点和1个博士后流动站，与法国普鲁旺斯大学联合培养微生物学硕士学位研究生。附设有全国林化产品标准化技术委员会、国家林业局林化产品质量检验检测中心(南京)、全国活性炭专业委员会及行业协会、全国树木提取物利用分会等学术和技术机构。主办的学术期刊有《林产化学与工业》和《生物质化学工程》。

目前林化所主要研究方向已经由传统的林产化学加工学科拓展到生物质能源、生物质化学品、生物质新材料、生物质活性成份利用等新兴生物质产业领域。依托设有生物质化学利用国家工程实验室(国家发展改革委)、国家林产化学工程技术研究中心（科学技术部)、国家林业局生物质能源工程技术研究中心、国家林业局林产化学工程重点实验室、国家林业局活性炭工程技术研究中心、江苏省生物质能源与材料重点实验室等国家、部省级科技研发平台。拥有原子力显微镜、液相色谱–离子阱–飞行时间质谱仪等30万元以上大型仪器设备100多台/套。在国家级南京高新技术产业开发区和南京化学工业园区建立了国家林产化学工程技术研究中心中试基地、国家林业局林产化工中试基地、生物质化学利用国家工程实验室验证平台等，建成20多条工程化验证装备及中试线，一批重要成果在此进行工程化、产业化验证，成果推广到全国30个省市地区500多家企业。

【科研项目与成果】 2016年，林化所承担在研项目134项（包括新增42项)。其中，主持国家重点研发计划项目1项，承担课题3项，承担国家科技支撑计划课题9项，主持国际合作项目1项，参与国家863计划课题1项，承担林业行业科研专项资金项目6项；主持国家自然科学基金委项目25项，其中重点项目1项、优秀青年项目2项、面上项目11项、区域项目1项、青年项目10项；承担国家林业局项目18项,其中引进先进国家林业技术项目6项、国家级林业科技成果推广项目4项、林业专利产业化推广工程项目1项、标准项目6项;主持江苏省科技项目13项。

2016年,林化所“农林生物质定向转化制备液体燃料多联产关键技术”等成果获国家科技进步二等奖1项,江苏省、湖南省科技进步一等奖各1项,梁希林业科学技术奖一等奖1项,其它部省级奖励2项,生物质能源技术获全球可再生能源领域最具投资价值的领先技术蓝天奖。制修订国家、行业标准7项,申请国家专利96项,其中发明专利93项,获得国家专利授权65项,其中发明专利61项,获韩国、日本国际发明专利授权2项。“农林生物质定向转化制备液体燃料多联产关键技术”集成溶剂定向液化、自热式定向催化裂解、串联式加压连续酯化耦合精馏、连续酯化耦合酯交换、多联产高值化利用等关键技术与装备,开发了多途径农林生物质高值化利用新技术。突破了传统技术中反应过程定向可控性差、间歇式生产能耗高、产物组成复杂、利用率和附加值低等技术瓶颈。建成了国内首条年处理80000t/a木质纤维素制备乙酰丙酸酯、100000t/a生物柴油联产20000t/a生物基增塑剂连续化生产线,以及全球最大的5000 t/a催化裂解制备高品质燃料油、国内外首条60000m3/a木质素改性酚醛泡沫连续化生产示范线,成功实现了产业化应用,主要产品总产能达300000t/a,每年可转化生物质500000t,废弃物资源增值超过十亿元,替代化石资源300000t以上,减排CO2约1000000t。其中,乙酰丙酸及酯、生物柴油等产品国内市场占有率约30%,取得了显著的经济、社会和生态效益,提高了技术及装备的市场竞争力,推动和促进了我省及全国生物质产业的技术进步和产业化进程。

【学术交流与合作】 2016年邀请俄罗斯科学院西伯利亚分院有机化学研究所、美国密歇根大学等国外学者共13批21人次来实验室访问和技术交流。赴美国、德国等国访问国外交流、学习29人次。其5名中青年研究人员赴美国华盛顿州立大学进行为期6个月以上的访学。邀请国内外学者召开学术报告及讲座23场。与中国兵工学会活性炭专业委员、中国林产工业协会活性炭分会、生物基材料产业技术创新战略联盟等主办“2016中国(国际)活性炭学术研讨会”、“林业生物质能源与材料产业技术发展研讨会”等大型国际国内学术研讨会。

(刘玉鹏)

·环境保护部南京环境科学研究所·

【概况】 环境保护部南京环境科学研究所成立于1978年,是环境保护部直属公益性科研机构,也是我国最早开展环境保护科研的院所之一。自成立以来,一直以生态保护与农村环境为主要研究方向,科研范围涵盖生态保护与修复、自然与生物多样性、农村环境管理、有毒有害化学品生态效应与污染控制、土壤污染防治以及流域生态保护与水污染防治等6个领域。已建成“国家环境保护农药环境评价与污染控制、生物安全、土壤环境管理与污染控制”等三个部级重点实验室,装备国内一流的仪器设备千余台(套)。截止2016年底,有在职职工342人,其中科技人员314人、中国工程院院士1名、高级职称113人、博士104人、国家“百千万人才”2人、“国家环境保护专业技术领军人才”3人、江苏省333人才工程14人、享受政府特贴14人。此外,博士后科研工作站9人,兼职博士和硕士生导师26人,在所研究生80余人。

2016年,20人获高级专业技术职务任职资格,其中:研究员9人,副研究员11人。1名同志获得第七届“全国优秀科技工作者”称号;1名人被授予“国家环境保护专业技术领军人才”称号;4人被授予“国家环境保护专业技术青年拔尖人才”称号;1人获得江苏省民盟先进个人;1名同志获得“中国环境科学学会第十届青年科技奖”。此外,自然保护与生物多样性研究中心及3人在全国生态环境十年变化(2000–2010年)遥感调查与评估项目实施过程中表现突出、成绩显著,受到环保部、中科院联合通报表扬;土壤研究中心及5人在协助土壤司推进落实《土十条》过程中发挥了重要技术支持作用,受到环保部土壤司表扬。

【科研项目与成果】 2016年,全所新增各类纵向科研项目72项,落实课题总经费1.37亿元。其中获得国家重大科技专项2项;国家重点研发计划专项课题4项;国家及江苏省自然科学基金项目7项;国际科技合作专项、江苏省环保科研课题、中央级科研院所基本业务费项目等课题46项。2016年,全所共获得省部级以上各类奖项7项,其

9月1~7日,环科所所长高吉喜赴美国参加世界自然保护大会并作学术报告

中，环境保护科技进步二等奖3项，三等奖1项；测绘科技进步奖特等奖1项；江苏省科学技术奖三等奖1项；西藏自治区科学技术奖三等奖1项。全年共发表各类论文299篇，其中SCI论文96篇、EI论文14篇，出版专著7部。申报专利84项，其中发明专利41项；获得专利授权52项，其中发明专利20项。

【科技服务】 2016年，开展地方生态保护红线划定工作，完成福建省生态保护红线划定工作，并为江苏、山东、山西、河南、云南、广西等省(区)或相关市县在生态保护红线划定、成效分析、配套管控政策、监管平台建设等方面提供技术服务。为地方污染土壤修复治理提供技术支撑，在江苏、上海、重庆、浙江、安徽、云南和山东等七个省(直辖市)的25个市县开展污染场地调查评估及修复等咨询服务。积极开展有机咨询和认证，有机食品发展中心持续获得美国农业部有机食品认证认可(NOP)和国际有机农业评审委员会(IOAS)的国际认可，成功扩项食品安全管理体系、HACCP和GAP畜禽、水产养殖认证资质，率先在国内开辟有机餐饮认证新领域，全年受理认证及评估2402个，完成有机规划项目13个，有机食品生产咨询项目30项。此外，积极为地方政府和企业提供生态文明建设规划、生态安全评估、区域规划环评以及农用化学品、新化学品环境影响评价和危险废物损害鉴定等技术服务。

(张孝飞)

·江苏省农业科学院·

【概况】 江苏省农业科学院在编职工2190人，在职一线科研人员1374人，其中院士1人；享受国务院特殊津贴专家43人；省级有突出贡献的专家56人；入选科技部中青年科技创新领军人才1人；89位专家入选江苏省第五期“333工程”培养对象，总数居全省省属高校科研单位第一。具有高级技术职称人员947人、博士学位人员497人；研究生导师151名，其中博导20名。

建有48个基础性研究和公共服务平台，其中国家级创新平台2个，部省级创新平台46个。

引进学科带头人1人、青年拔尖人才4人，公开招聘录用60人。加强以“领军人才、中青年学术骨干和青年拔尖人才”为核心的三级重点人才体系建设。启动领军人才短期出国访学，选派第6批共29人赴国外知名大学开展为期一年的学习研究。加强优秀人才推介，新增享受国务院特殊津贴专家5人，45位专家续聘“十三五”国家现代农业产业技术体系专家。

招收博士后38人，博士后工作站在站博士后人数达到70人，成为全国省级农科院规模最大的工作站；在国外联合培养博士后达到14人，获“江苏省示范博士后科研工作站”称号。

【科研项目与成果】 2016年，新上科研项目980项，新增合同经费、到账经费均达到4.8亿元。主持申报的“河网平原区稻田面源污染防控技术集成与示范”等8项课题获国家重点研发计划课题资助。获国家自然科学基金资助65项，立项数在全国1400多家获资助机构中位列第137位，连续五年领跑全国省级农科院。

“南粳9108”等16个品种入选省级以上主导品种；25项技术入选省级以上主推技术，其中“秸秆块墙体日光温室”被国家发改委和农业部联合列为“十三五”农作物秸秆综合利用重点示范技术。获部省级以上科技成果奖励18项，主持完成的“水稻条纹叶枯病和黑条矮缩病灾变规律与绿色防控技术”获国家科技进步二

1月9日,省农科院研究员周益军主持完成的"水稻条纹叶枯病和水稻黑条矮缩病灾变规律与绿色防控技术"获国家科技进步二等奖

等奖;"果蔬休闲食品组合干燥技术创新及应用"获省科技技术二等奖;"小麦抗病抗逆种质资源的发掘与创新利用"和"高强纤维抗虫杂交棉苏杂3号的选育与应用"均获省科学技术三等奖。

【专利与获奖成果】 2016年,发表论文1180篇,其中SCI(EI、ISTP)收录255篇;授权专利302项,其中发明专利220项;授权植物新品种权84项,被农业部授予中国植物新品种培育领域"明星育种科研单位"称号。91个作物品种通过省级以上品种审(鉴)定,其中"扬麦25"、"苏甘27"等15个品种通过国家审(鉴)定。"猪细小病毒病灭活疫苗(NJ株)"获国家三类新兽药注册证书;12项成果通过省级以上新农药、新肥料和新食品市场许可;9项成果通过省级以上成果鉴定。农业知识产权创造指数在全国教学科研单位中位列第七;植物新品种授权总数居全国教学科研单位之首;农化领域发明专利总量在全国排名第六、省级农科院第一。

【成果转化】 2016年,加强自主创新成果熟化转化,院本部33项品种和技术向企业转移实施,知识产权和技术服务到账收益达到8182万元。成果转化工作持续保持行业领先,被科技部认定为"国家技术转移示范机构",连续获得中国技术市场协会"金桥奖"先进集体。

【科技服务】 2016年,加强综合示范基地、专业特色示范基地、科技服务中心、博士服务工作站等的建设运行。强化服务平台的辐射带动作用,着力构建"科技服务云平台+科研试验基地+区域示范基地+基层示范服务体系+农户"链条式农技示范服务新机制。

实施中央财政农业推广项目、国家重大农技推广服务试点项目、挂县强农富民工程等科技服务项目,加大农业生产急需的新品种、新技术、新模式的示范力度。其中,国家重大农技推广服务试点项目围绕省"稻麦"和"果蔬"两大主导产业,示范应用新品种、新技术36项,示范推广优质稻麦全程服务模式、高效果蔬样板示范模式和"三产"融合生态循环模式等,累计示范面积9.42万亩,提升全省7县市稻麦、果蔬产业水平,带动近千个新型农业经营主体增收增效。通过项目、人才和技术支持,加强对黄花塘革命老区和六大扶贫片区的精准扶贫。(周明月)

文化

Culture

责任编辑　黄红权

◎ 文化

◎ 档案

◎ 地方志

文　化

·概　述·

【概况】 2016年，区文化局围绕区委、区政府中心工作，认真落实“玄武区十三五文化发展规划”各项目标任务，树立文化自觉，用先进文化凝聚力量。积极构建都市“15分钟文化圈”，大力推进公共文化设施建设。创建玄武湖街道省级公共文化服务示范街道、新街口市级示范文化站。全民阅读活动蓬勃开展，配合区域25个阅读空间和组织建立13个社区阅读点，玄武区少儿图书馆新建3个服务点(锁金村街道锁五社区、红山街道月苑社区、交警一大队)，区全民阅读综合率94.3%，位居全市第二。区文化馆活动中心正式投入使用。2016年度文化产业增加值占GDP比重位列全市前列。

【区少儿图书馆送书区特殊教育学校】 5月30日，“六一”儿童节到来之际，区少年儿童图书馆工作人员到区特殊教育学校，为学生送去200余册，价值近1000多元爱心书籍，内容涵盖启蒙教育、童话寓言、艺术漫画等，形式包括认知绘本、益智拼图、儿童涂色书，满足了特殊儿童阅读需求。近年来，作为专业为青少年提供阅读服务的玄武少儿图书馆在注重建设学校、社区图书分馆和流通服务点的同时，也关注特殊群体的儿童的阅读需求。2015年，少儿图书馆和特殊教育学校签订阅读流通点协议，对在阅读方面存在困难的特殊儿童，采取精准服务，满足他们阅读的基本需求。

【区文化馆打造公共数字文化平台】 2016年，区文化馆整合利用公共数字文化资源，融合文化馆职能，打造玄武公共数字文化平台，有文化玄武、生活服务、健康指南、阳光少年、文化休闲和特色团队六大栏目。通过大数据信息随时可查。加上传统意义上的培训课程如电钢教室、舞蹈教室、电子鼓教室以及书法教室等设施，区文化馆可以基本满足公众日常文化和娱乐休闲需求。这个公共数字文化平台，将进一步扩散到全区街道、社区和学校。在社区和学校设置红外触摸屏，采取远程操控模式，实现线上与线下服务相互结合、远程与实体相互支撑的交互式艺术普及与体验服务，形成数字化的文化艺术内容和群众文化活动集成服务的全新格局，在全市率先打造全新的数字文化馆。　(许张琼)

·群众文化·

【概况】 2016年，区文化局深入开展“百千万工程”文化惠民活动，举办“玄武春韵　美丽梦想”第二十届“玄武之春”、“古韵金风”第十三届长江路文化艺术节、“金陵五月风”第十届南京文学艺术节、第十四届“文博之夏”、“书香玄武”等各类文化活动1200余场。文化惠民品牌“玄武文化行”被省委宣传部评为“全省优秀文化活动品牌”。全区开展各类阅读活动200余场，出台《玄武区书香城市建设实施意见》，明确成员单位责任分工。“书香系列”视频代表南京市参加省阅读办开展“我与阅读的故事”视频大赛。锁金村街道、成贤街社区创建江苏省“书香街道”“书香社区”，玄武湖街道、台城花园社区、小卫街社区创建南京市“书香街道”“书香社区”。区少儿图书馆发挥主阵地作用，利用省少儿数字图书馆平台，参与线上读书活动10期。3~6周岁低幼亲子阅览室开展集体阅读活动12期。区文化馆活动中心为街道、社区文化站长、文化社工、业务骨干举办为期3个月钢琴、古筝、书法、声乐等业务培训。通过微信公众号进行报名，面向玄武居民，区文化馆开办春季、夏季和秋季3批10余个门类免费艺术培训课程。

【玄武区少儿艺术作品获佳绩】 2016年，南京市第十一届少儿团队文艺大赛圆满结束，经过专家评委评选，玄武区多个文艺节目和美术作品获得佳绩。舞蹈类：舞蹈《“猪”你快乐》获优秀创作奖及表演一等奖，舞蹈《泥娃娃的梦想》获优秀创作奖及表演二等奖，舞蹈《天蓝了》获表演二等奖，舞蹈《勇敢成长》获表演三等奖。声乐类：独唱《My smile》获优秀创作奖及表演一等奖，独唱《永远的金孔雀》获表演二等奖。器乐类：《鼓扇韵》获表演二等奖。戏剧戏曲类：儿童剧《国王的新衣》获优秀创作奖及表演一等奖。美术类：《人物》《果篮的女孩》获一等奖，《脸谱》荣获二等奖，《儿童》《鸡》《动物》《戏曲人物》获三等奖。区文化局获优秀组织奖。

【玄武区2016全民阅读活动】 4月15日下午2点30分，玄武区2016年全民阅读活动启动仪式

4月15日，玄武区2016年全民阅读活动启动仪式

在市文化艺术中心举办。仪式上表彰2015年度“书香玄武”先进集体和阅读之星。启仪式上由区委副书记杨乐华致辞，区人大副主任李辉宣读表彰决定。江苏省新闻出版局全民阅读处处长徐伟、南京市全民阅读办处长葛继彬及区政协副主席王敬玲，相关牵头部门区机关工委、区文化局、教育局、区总工会、妇联及区社教办领导，以及全民阅读领导小组成员单位、社区群众、学生代表、机关干部等350人参加。在全民阅读活动中，玄武区建立党政推动、部门联动、专家指导、全民参与运行机制，充分整合社会资源，不断完善公共阅读服务体系。在富贵山、樱驼花园等社区建立5家金陵图书馆分馆；在孝陵卫街道中心小学和新街口香铺营社区建成2家区少儿图书馆分馆；设立紫东实验学校、红山小学等7个服务点，将3万多册图书和期刊，送到社区和学校。打造玄武全民阅读品牌“玄武文化讲坛”“博学玄武学习在线”网络阅读平台平台，推动全民阅读活动的开展。进一步培育和巩固“书香玄武”系列“玄武文化讲坛”等全民阅读活动品牌，组织群众开展形式多样的主题阅读活动，着力保障特殊群体、困难群体的基本阅读需求，玄武区全民阅读工作走在全市前列。

【第二十届“玄武之春”大型广场文艺演出】 4月22日上午，“玄武春韵　美丽梦想”——玄武区第二十届“玄武之春”大型广场文艺演出活动在大行宫广场拉开序幕。活动拉开玄武区2016年南京市文化惠民百千万行动计划—2016“幸福畅想”百场公益演出序幕。当天展演的所有作品都是2015年以来，在全市成人群众文艺调演创作大赛中获得创作奖和表演金奖的节目，舞蹈《在希望的田野上》、男声独唱《清晨我采下带露的鲜花》、女声独唱《一天一张笑脸》、男声四重唱《南京来斯啵》、小品《人活一口气》、服饰表演《红山果》，充分展现玄武区群众文艺创作的整体水平，实现群众文化生活齐参与、全覆盖、广受益，使群众成为文化惠民活动的主角。

【公益性艺术培训班】 2016年，区文化馆坚持公益性原则，为辖区舞蹈团、合唱团、民乐团等多支文艺团队免费提供排练场所。为社区文艺骨干、积极分子和机关干部近3000人开办书法、古筝、陶笛、钢琴等公益性艺术培训，课程采用馆内业务干部和聘请文化志愿者相结合办法，采取授课、视频教学、相互观摩等教学方法，让更多玄武区居民，特别是文化艺术团队骨干艺术修养得到提升，真正实现全民参与、人人共享的公共文化宗旨，促进玄武文化繁荣发展。

【第十三届长江路文化艺术节】 12月22日，“新玄武　民族风”文化会演结束，为期1个月第十三届长江路文化艺术节画上圆满句号，长江路文化艺术节在1个月内密集推出“艺韵长江路、书韵长江路、乐韵长江路”三大系列15场活动。艺韵篇通过省市专业文艺团队高品质演出，艺术化展现长江路的历史风韵和现代文化，提升艺术节的品质。书韵篇通过邀请市地方史研究专家邓攀开通线上导读“几度风雨长江路”拉开绚丽一页，南京出版社社长卢海鸣、南京大学历史系教授胡阿祥先后开办名家讲坛，讲述民国建筑和六朝文化。南京著名导游袁幼平配合2场讲座，组织触摸民国建筑和寻找六朝文化遗迹的文化行走，引导更多读者了解长江路历史文脉和沧桑巨变。乐韵篇充分整合长江路沿线单位资源，通过“雨花石与金陵风韵特展”“寻访江宁织造府及曹雪芹故居”等一系列展览活动，让群众在长江路沿线品味古今。通过一系列活动的举办，彰显长江路1800米1800年独特历史和深厚的人文内涵。

（许张琼）

·文化市场管理·

【概况】 2016年，区文化局组织开展扫黄打非“2016·清源”“2016·护苗”等系列专项整治行动，全年文化市场安全无事故。做好“南京森林音乐会”等重点活动及节假日、纪念日重点区域安全巡查。按时办结547家文化经营场所文化经营许可审核工作，完成118个许可备案项目。依法取缔查办4家无证场所。1912街区1家餐饮酒吧未经审批举办营业性演出案件，被国家文化部评选为“全国文化市场重大案件”。与区城管部门联合执法8次，年内，取缔游商、非法摊点40余个（处），实施夜间稽查5次，收缴非法出版物制品400余册。在省、市、区文明城市建设体系指数评查、城市标准化建设等各类测评检查中，数次明察暗访均满分通过。根据市信息通报，玄武区网吧监管继续保持“零举报”。

【重点区域及印刷复制业“扫黄打非”】 2月25日下午，江苏省“扫黄打非”工作领导小组办公室专职副主任赵纪明在南京市文化综合执法总队三支队队长曹岚陪同下，检查玄武区校园周边“扫黄打非”工作开展情况。区文化局就区域“扫黄打非”工作开展情况向赵纪明作简要汇报。赵纪明对印刷复印企业聚集的成贤街和南师附小周边区域进行检查。区文化局就检查情况，进一步细化落实全年“扫黄打非”工作，加大对出版物市场清理整治，深化联防协作，严厉打击和取缔各种非法出版物销售行为，做到不断线、不漏点、不缺项，使“黄”“非”无立足之地。

【迎全国“两会”广播电视安全播出专项整治行动】 为确保2016年国家“两会”期间区域文化安全，2月底，区文化局组织开展广播电视安全播出专项整治行动，2月29日下午，组织召开辖区在册广播电视卫星接收单位“两会”期间安全播出工作会议，强调安全播出工作要求。区文化综合执法人员会前开展专项整治巡查，出动执法人员16人（次），检查区域境内外卫星接收宾馆企业8家。区文化局确保全国“两会”期间卫星广播电视安全播出和辖区文化安全。

【城区便民亭出版物经营管理工作会议】 4月20日上午，区文化局组织召开区域便民亭出版物经营管理工作会议。南京邮政便民服务亭运营管理办公室、区城管局相关负责人及全区7个街道便民亭业主代表参加会议。区文化局、区城管局和南京邮政便民服务亭运营管理办公室分别对2015年便民亭管理工作进行总结，对2016年工作进行规划部署。会议要求区域便民亭业主自觉规范经营，严禁售卖非法政治性、淫秽色情、凶杀暴力、低俗迷信等内容书报刊和非正规进货渠道的出版物。

【文化市场检查整治行动】 5月12日晚，区文化综合执法人员对锁金村街道、玄武湖街道、红山街道文化市场进行夜间突击检查。重点检查南京林业大学等校园周边出版物销售情况和板仓街、红山等区域网吧夜间规范经营工作。查处1家电器小百货店无证销售盗版音像制品，收缴盗版影视剧和其它盗版音像制品300余盘。网吧整体管理较为规范，未发现有接纳未成年人行为和核验身份证不到位情况。全年，区文化综合执法大队持续开展对校园周边出版物销售检查整治力度，严打文化市场各类违法经营行为，扎实推进“扫黄打非”暨文化市场管理各项行动开展。 （许张琼）

·文物与非物质文化遗产保护·

【概况】 2016年，玄武区第一次全国可移动文物普查工作进入收官阶段，完成辖区内11家文物收藏单位数据报送与审核修正工作，编写《玄武区普查工作报告》和《玄武区可移动文物普查验收报告》。完成上报《孙中山临时大总统府及南京国民政府建筑遗存》保护规划立项。配合市局完成区级文保单位梅园新村42号民国建筑和百子亭风貌区6栋不可移动文物建筑保护与修缮设计方案审批。完成市第一、二批和第四批市级文保单位“两线”划定工作。加强辖区内230余处不可移动文物巡查，做好巡查记录表和汇总表，实现巡查率100%。新增11个区级非物质遗产传承人；选送国家级非遗项目南京剪纸、江苏省级项目雨花茶制作技艺、南京仿古牙雕、金陵竹刻、南京仿古木雕5个项目，参加南京市“金陵传颂，工匠精神”第十一个文化遗产日活动。

国家级非物质文化遗产传承人——张方林

【春节前文物安全专项检查】 1月27日起，区文化局对辖区内文物开展春节前安全检查。市文广新局文物处副处长王小龙对玄武区文物建筑进行调研督查。检查结合全国文明城市复查工作，一是对区域内历史文化街区、文物古迹保护完好状况检查；二是对传统文物民居内部安全现状检查；三是对文物寺院古建筑消防安全检查；四是对相关单位文物平时安全巡查落实情况检查。

【汛期文物安全工作】 2016年汛期，全市连降暴雨，汛情严重，区文化局采取多项措施，加强汛期文物保护，确保区域内各文保单位安全渡汛。提前部署，防患未然。5月下旬，区文化局通过当面递交、书面送达等形式，向全体文物产权单位及相关街道发放《关于加强汛期文物保护单位安全工作的通知》，要求各单位完善应急预案，加强汛前自查。汛前检查，排除险情。6月初，区文化局牵头，各街道配合，对辖区内216处文保单位开展一次以汛期安全防范为主要内容安全大检查，对发现的问题和薄弱环节进行警示和整改。汛期走访，重点保障。连降暴雨期间，区文化局重点对辖区内的城墙及70余处民国建筑进行不间断巡查，督促各级文保单位严格落实安全管理主体责任，切实加强应急值班，确保各级文保单位的汛期安全。

【第三批非物质文化遗产代表性传承人专家评审会召开】 6月23日下午，在玄武区政府大楼1621会议室，区文化局组织召开第三批区级非物质文化遗产代表性传承人专家评审会。会议推举王露明为专家组组长并主持会议，出席论证会的专家有赵鲁刚、马达、于志兵、万宝宁。区文化局局长陈静、副调研员葛勤、区文化馆馆长赵敬峰等旁听会议。与会专家仔细翻阅研究传承人申报资料后，对每个传承人情况进行深入细致的分析论证，通过气氛热烈的交流和讨论，最终有14名申报人作为玄武区第三批非物质文化遗产传承人通过专家评审。

玄武区非物质文化遗产代表作名录

序号	项目类别	项目名称	保护单位	保护级别
1	民间美术	南京剪纸	南京市工艺美术总公司	国家级
2	民间美术	仿古牙雕工艺	南京市工艺美术总公司	江苏省
3	传统技艺	金陵竹刻	南京市工艺美术总公司	江苏省
4	传统技艺	南京仿古木雕	南京市工艺美术总公司	江苏省
5	民间美术	瓷刻（南京瓷刻）	南京工艺美术行业协会	江苏省
6	传统美术	泥塑（南京泥人）	南京市工艺美术总公司	江苏省
7	传统技艺	鸡鸣寺素食制作技艺	南京鸡鸣寺	江苏省
8	传统美术	竹刻(金陵竹刻)	金陵竹刻艺术博物馆	江苏省

续表

序号	项目类别	项目名称	保护单位	保护级别
9	传统技艺	雨花茶制作技艺	南京盛峰茶业有限公司	江苏省
10	传统医药	灵芝的传统知识及应有	南京中科集团股份有限公司	南京市
11	民间信俗	蒋王庙庙会	南京市玄武区文化馆	南京市
12	民间信俗	南京赏梅习俗	南京市玄武区文化馆	南京市
13	传统技艺	苏作小木家俱制作技艺	南京观朴艺术博物馆	南京市
14	民间文学	胭脂井的传说	南京鸡鸣寺	南京市
15	传统技艺	景泰蓝平面画制作工艺	玄武区锁金村景泰蓝工艺画创作室	玄武区
16	传统技艺	金属造艺	南京市玄武区文化馆	玄武区
17	民间信俗	玄武湖菊花会	玄武湖公园	玄武区
18	民间文学	湖神庙的传说	玄武湖公园	玄武区

·文化产业·

【概况】 2016年，全区文化产业发展取得显著成效，由区委宣传部牵头编制《玄武区文化产业“十三五”专项规划》，明确“十三五”期间玄武区文化产业发展“1234”战略；编制《玄武区深化文化体制改革重要举措及第二阶段(2016~2017年)工作项目》，发挥区文化体制改革发展领导小组28个成员单位职能。按月督查改革进度，确保每项改革任务落地生效。培育一批精耕细作的新园区(众创空间)，包括以手工艺传承为特色的千秋艺境创意中心，以精品小剧场为特色的1913主题街区，南京首个集装箱文创街区—耘集青年社区，以IP打造为特色的苏宁青创园，以及魔豆工坊、啡咖啡等2家国家级众创空间。重点推出荔枝新闻、荔枝广场，太阳宫转型等一批标志性项目。文投集团获评市文化企业30强，幸福蓝海在创业板挂牌。民营文化企业逐渐兴起壮大，获省市高度认可，途牛、艺之行获评第二批省民营文化企业30强，途牛科技获评第二批省重点文化科技企业、市文化企业30强。年内，全区有10个项目入选南京市“七个一批”重点文化产业项目，16个文化产业项目获省市专项资金1380万元。

【构筑文化产业生态圈】 2016年，玄武文化产业联盟经过一年的发展，会员超过500人，在全市凝聚很高的知名度和影响力。打造出畅通高效的信息枢纽站，通过“月月有主题、周周有活动”打通政策传递最后一公里。全年11场月度主题活动涵盖政策宣讲、企业培训、人才招聘、统计辅导等多个方面，分别在创业南京人才计划、营改增、市级文化产业政策、高新技术企业申报、股权激励等新政出台当月，举办政策宣讲解读会。紧扣产业发展新风向，举办文化产业众筹、“六顶思考帽”高级管理课程等活动。通过“春夏秋冬”四大活动季，全年组织推荐联盟会员单位精品文创活动100余场。微信公众号推出200多篇信息，总阅读量破万，形成“活动季”“会员风采”“产业分析”“政策速递”等品牌栏目。打造互助提升发展加油站。扩容玄武区文化发展智库，邀请南京大学、东南大学知名学者专家指导各项规划编制，以及知名投资人亲临指导的融资对接会、文化银行金融产品发布会。帮助会员企业累计申请获得文化产业专项贷款8.67亿元，居全市第一。组织企业参加国内外各大文博展会，区委宣传部获第八届南京市文交会最佳组织奖。打造创新合作项目孵化站。整合全区资源，为会员单位“牵线搭桥”。省广电与名城文化合作打造荔枝文创里面众多大热的IP孵化衍生品，啡咖啡与小微视频网合作打造国内首档视频化股权众筹栏目《路演秀》，苏宁青创园与市委宣传部文创孵化器平台做深度嫁接。园区(众创空间)为联盟活动提供会务保障，同时加强自身入孵企业的服务。一批专业的第三方机构为联盟提供智力资源，同时拓展自身的业务。

【文化企业名录库建设】 及时调整更新区文化改革发展领导小组、区促进文化产业发展领导小组名单,确保各项工作责任到人。年内,围绕市级文化产业考核新规,进一步完善区级文化产业绩效考核机制,透过考核指挥棒引导基层文化产业工作的重点和方向。着力推进全区文化企业名录库建设,结合联盟活动和微信公众号,全年加强对文化企业统计法律法规政策宣讲,确保新增文化企业应统尽统,力求统计数据全面真实反映玄武文化产业发展现状,帮助更多文化企业获得享受产业政策扶持资质。由区委宣传部牵头,区统计局、文化局和各街道共同配合,对全区范围内文化行政事业单位进行全面梳理。9月,特别举办"文化企业名录库"入库统计培训会,现场辅导企业填报入库统计表。全年新增文化单位39家。 (夏星草)

·文联·

【概况】 2016年,玄武区文联举办多场玄武文化讲坛专题讲座。年内,与南京市文联、南京市广电联合制作的广播连续剧《南京审判》获评2015年度江苏广播剧奖连续剧一等奖,以及第十六届中国广播剧研究会广播剧专家奖连续剧金奖;与区委党史办合作编撰的《春风又绿江南岸—王安石金陵唱咏新注析》一书正式出版。区文联被市文联评为"金陵五月风"第十届南京文学艺术节组织奖。

【手机摄影讲座在台城花园举办】 4月9号下午,在台城花园社区四楼多功能室,由南京市摄影家协会与玄武区文联联合主办,玄武门街道具体承办"金陵五月风"第十届南京文学艺术节系列活动之一"一起来摄影"手机摄影讲座开讲。街道社区40多名手机摄影爱好者参加。江苏省摄影家协会老师鲍卫东主讲,从手机拍摄技巧、如何用手机拍花、哪些手机软件可以让照片变得神奇3个部分与大家分享手机摄影心得与体会。其手机摄影作品在国内相关比赛中多次获奖。

【"温润至美——玉文化鉴赏"专题讲座】 "金陵五月风"第十届南京文学艺术节系列活动之一,玄武文化讲坛邀请到南京博物院副研究员李竹作"温润至美——玉文化鉴赏"专题讲座。该讲座由区文联与区机关工会联合举办。区机关干部、政协委员、各民主党派成员及街道群众近百人参加。李竹从玉有五德、君子比德于玉讲起,阐述玉的深厚历史文化内涵与中国儒家文化关系;从听众所关心的玉石鉴定角度,对玉的定义、分类、产地和玉的辨析等方面进行详细解读。同时,李竹采用实物教学法,当场排出真假玉石教大家如何辨认,大家拿出自己藏宝请李竹一一鉴定。

【"如是我闻——2016邰劲书道展"开幕式】 2016年10月9日下午,在南京美术馆举行。由南京市文联、玄武区文联联合主办,新街口街道、江苏国际凤凰拍卖有限公司联合承办"如是我闻——2016邰劲书道展"。该活动作为南京市文联开展"文化惠民再出发"轮展系列活动之一,是南京市和玄武区文联为基层文艺工作者提供展示文艺创作成果平台,以及展示文艺风采的有力举措。省文联副主席、省演艺集团总经理柯军,市文联党组副书记、副主席李海荣,区委常委、宣传部长、区文联主席陈乙华出席开幕式。展览到10月13日止。 (许张琼)

档　　案

【概况】 2016年,玄武区档案局(馆)以档案新馆改造搬迁项目建设为中心,以档案馆基础建设、档案信息化工作和档案开发利用为重点,加速推进档案工作转型升级、提质增效。档案新馆于10月正式投入运行,固定展"钟灵玄武"和临时展"美丽新玄武"开展。抓好机构改革撤并单位的档案管理,完成原投促局、卫生局、计生局等3家撤并单位档案接收进馆。深化档案馆信息化建设,加大新馆的硬件配置及信息化建设投入,实现数据采集、保存、利用、管理功能。扩大数字档案室覆盖面,区审计局完成省AAAAA数字档案室创建,区政府办、区政法委、区编办、区教育局、理工大学实验小学和南京灵谷寺等6家单位完成省4A数字档案室创建。加大档案法制宣传,积极开展"6·9国际档案日"广场宣传、名人档案展板校园巡展等系列活动,为街道征订"档案与民生"宣传海报,大力宣传档案服务百姓、服务社会的途径和作用。开展档案行政执法"双随机、一公开"相关工作,加大行政执法力度,按照省、市统一部署和区工作安排,编制部门随机抽查事项清单,做好此项工作专项检查工作。坚持档案为民服务宗旨，严格落实“四零”服务承诺，全年共接待查档2200人次，出具证明2500份，档案查准率和查全率达100%。

【档案新馆建设】 2016年，区政府将档案新馆改造搬迁项目纳入全区年度奋斗目标。新馆位于玄武区月苑南路3号南楼1~5层，总面积4000平方米，总投资1150万元，其中财政拨款780万元，城投公司承担370万元。新馆改造搬迁项目包括基础设施改造和电力系统、消防系统、空调系统、智能化弱电系统和展陈布展等工程，既能够满足档案馆“五位一体”功能设置的要求，又能够满足档案馆长远发展和管理的需要，作为玄武区综合性档案馆基本具备为群众提供更好服务的软硬件设施的条件。结合新馆建设，加大新馆的硬件配置及信息化建设投入，在硬件上设置了专门服务器机房，配备了服务器、存储设备、精密空调、不间断电源等设施，实现数据采集、保存、利用、管理功能。完善弱电智能化系统设计，从发展的角度预留了软件接口，为下一步创建5A数字档案馆打下基础。在增量档案数字化、民生档案专题数据库录入、多媒体档案中心等方面继续加大建设力度。

【数字档案室建设】 2016年，在完成6家AAAA数字档案室的基础上，加大全区数字档案室的创建力度。根据机关、系统各单位实际情况统筹规划，努力做到成熟一个创建一个。区审计局在已创成AAAA数字档案室的基础上，继续完善档案管理系统及各项业务工作，创建省AAAAA数字档案室。扩大数字档案室覆盖面，区审计局完成省AAAAA数字档案室创建，区政府办、区政法委、区编办、区教育局、理工大学实验小学和南京灵谷寺等6家单位完成省AAAA数字档案室创建。

【机构改革撤并单位档案接收】 2016年，按照区委、区政府的要求，抓好机构改革撤并单位的档案管理，积极下发《关于做好机构改革中档案工作的实施意见》，召开协调会，推进此项工作有序开展。及时编印《档案进馆移交工作实用手册》，下发机关各部门街道档案室，便于档案人员学习、掌握和操作。并采取服务外包的形式，对需进馆的各类档案进行规范整理和数字化加工，实现了纸质档案和电子档案“双套制”的进馆要求，保证馆藏档案100%的数字化率。2016年，完成了原投促局、卫生局、计生局3家单位2001~2015年形成的文书、独生子女、再生育档案33559件、照片11册495张、实物档案51件和数字化加工数据硬盘3盘接收进馆。

10月25日，市档案建设和信息化交流会代表观摩玄武区档案新馆

【区情区史展布展】 2016年，结合档案新馆实际情况，优化爱国主义教育基地布局，将展厅与接待查档大厅合理衔接，让查档者在等待的同时参观展览，为市民提供服务和学习的公共场所，实现档案融入社会、充分开放目的。新馆展厅分为固定展区和临时展区，固定展“钟灵玄武”，主要是通过大量的图片和实物展现玄武从六朝时期到中华人民共和国成立前的发展历程，展示玄武区灿烂辉煌的历史文化与都市文明。临时展“美丽新玄武”，主要是通过图片让观者了解玄武区近年来发展成就，彰显玄武山水城林及文化气息，充分展示玄武现代化人文绿都风貌。

【档案法治宣传】 2016年，开展“6·9国际档案日”广场宣传、名人档案展板校园巡展等系列活动，为街道征订“档案与民生”宣传海报，大力宣传档案服务百姓、服务社会的途径和作用。同时结合“两学一做”教育活动，联合相关部门共同做好家庭档案的宣传和培训

"钟灵玄武"——玄武区区史展

工作，让更多居民感受家庭档案所带来的好处和乐趣。

【查档服务窗口建设】 2016年，档案馆充分利用多种渠道，向全区各机关街道、查档服务窗口和社区发放档案利用预测问卷调查，面向不同的服务对象了解档案利用需求。完成划控涉及档案553卷(17802件)，开放档案121卷、1913条。提前启动新一轮全区档案接收进馆的准备工作，制定区档案馆档案接收进馆工作实施方案，统筹规划，为顺利开展全区范围内各单位档案进馆打下基础。不断完善档案目录数据库、全文数据库，运用现代化、信息化手段做好接待查档工作，全年共接待查档2200人次，出具证明2500份。档案查准率和查全率均为100%。

【档案年度执法检查】 2016年，按照全年档案执法检查工作计划，配合新馆改造搬迁，区档案局邀请档案协作组组长参与。检查组通过听取汇报、实地检查、反馈意见等方式，按照《玄武区档案年度检查评分细则》相关要求，对被检单位组织管理、基础业务、信息化建设、开发利用等5大项26个小项进行检查。检查中发现要改进的细节地方，给予现场指导；对存在的问题，提出整改建议，后续跟踪，确保检查效果。年内，档案执法检查区机关部门及街道65家。同时，在机关部门、街道及相关档案进馆单位开展档案管理情况调查摸底，全面了解掌握室藏档案数量及不同门类、不同类别、不同载体的档案情况，为区档案新馆建成后统筹安排档案接收进馆工作做好前期准备。

【宗教场所档案规范化管理】 2016年，加强与区民宗局的沟通协调，做好服务指导，推动宗教场所档案保管硬件等基础条件的改善。完成了鸡鸣寺、灵谷寺2家单位五星级综合档案室创建，且灵谷寺在全市民宗系统首家达省AAAA数字档案室，成为全市宗教档案规范化管理的排头兵。

(刘成仓)

地方志

【概况】 2016年，区地方志工作服从大局、服务中心，坚持"求实、求新、求准、求精"工作作风，学习贯彻《全国地方志事业发展规划纲要(2015—2020)》和省、市地方志事业"十三五"发展规划。5月中旬，提前半个月完成《玄武年鉴(2016)》文字送审稿送北京方志出版社审稿工作。10月，区档案新馆落成，4层设置地方志图书资料室，面积近300平方米，统一购置摆放图书资料橱架，配有部分箱柜用以集中存放编修志书用资料长编等资料。11月，按照年鉴、志书及其他类图书资料分为三大类，并以一定的编目方法将近万册图书资料整理排架。

【玄武区志资料长编(2011—2015)编写工作完成】 2016年初，在完成玄武区地方志书资料长编(2000—2010)的基础上(已出版《玄武区志》下限断至1999年),区志书资料长编(2011—2015)编写工作在全区全面展开。区政府办下发关于开展区志资料长编(2011—2015)编写工作实施方案,加强编写工作统筹协调力度,为新一轮玄武区地方志书编纂做好资料准备。方案要求坚持"依法编修、求真务实和质量第一"的原则;在收集资料中树立"宁失于繁,勿失于简"指导思想,做到"有闻必录,有录必详",所收的原始资料必须保持完整真实,有所出处,便于核实查证。在开展资料长编收集编写过程中,建立起玄武地方志书资料长编工作QQ群,及时在网上进行指导交流,区方志办通过检查督促和个别指导相结合,力求资料长编思想性、科学性和资料性相统一。为确保资料长编编写质量,区各部门、街道和系统主管部门确定1名分管领导和1名编写人员负责进行协调和具体编写工作。年内全区58家单位完成玄武区地方志书资料长编(2011—2015)编写工作,同时编写完成材料各单位分管领导审核加盖公章,区方志办经整理编写材料、实物性资料和文件材料复印件等编目存放60盒,电子版材料制成光盘。

12月16日,《玄武年鉴(2016)》发行暨《玄武年鉴(2017)》组稿座谈会

【《玄武年鉴(2016)》出版发行】 12月初,《玄武年鉴(2016)》正式出版发行。《玄武年鉴(2016)》卷共设21个类目,编有71个分目、1450余条目,配有图片144幅,全书约85万字。"专记"栏目文章3篇,分别是《强化工作职能 为法治政府建设履职》、《抢抓战略新机遇 打造发展新优势》、《转型提升 推进铁北红山新城建设》,反映全区近年来特别是2015年度重要工作和主要成就,关于铁北红山新城建设专记文章全面翔实反映自2014年4月铁北红山新城管委会成立以来,依照玄武区"一城两街三片区"重要发展格局,破题推进,抓好项目环境综合整治,开工红山南路东延工程,高水准完成未来规划蓝图。为突出全区环境保护工作,在原"城市建设与管理"大类栏目中,将原年鉴"环境保护"内容提升,大类栏目标题改为"城建城管·环保",以充分反映环境保护工作的重要性,同时让社会各界和人民群众更加全面深入了解玄武区政府抓好环境保护所做出的努力与成效。

【年鉴撰稿人员培训】 2月15日,组织驻区单位《玄武年鉴》撰稿人培训,参加培训12家驻区单位有大专院校、科研单位和景区景点。培训内容主要是"年鉴综合性(概况)条目编写方法,并就《玄武年鉴(2016)》驻区供稿单位编写要求进行讲解。同时,培训中开展座谈和学习交流,部分为《南京年鉴》供稿驻区单位提出一些编写方面好的建议,起到"以座谈代培训"作用。 (卢永晨)

卫生·体育

Health, Sports

责任编辑　黄红权

卫　　生

·概　　述·

【概况】 2月2日,原区卫生局与区人口和计生局合并,成立区卫生和计划生育局。3月,完成区卫计局组建工作,保证人员和谐稳定,与原有工作无缝衔接。新成立卫计局在整合融合中谋求卫计事业新的发展。2016年,区财政对卫计事业拨款1.85亿元,占年度财政支出5.6%。新增20万元以上仪器设备2台(件),总价值117.4万元。全区有各级各类医疗卫生机构169个,床位3291张,卫生人员6872人。其中,卫技人员5456人,执业医生2056人,注册护士2249人。区属医疗卫生机构14个,床位176张,在岗人员1030人,在编人员652人,其中,专业技术人员568人,高级职称以上105人。完成社会抚养费征收4例,征收社会抚养费4.38万元;依据政策出具大月份引产证明154份。玄武区被评为江苏省"十二五"人口协调发展先进区,区卫计局评为江苏省文明单位;同仁街社区卫生服务中心承担省级课题——"玄武区糖尿病三位一体综合管理试点项目";仙鹤门社区卫生服务中心获"江苏省示范城市社区卫生服务中心"称号。

【爱国卫生】 2016年,新"三定"方案明确爱国卫生管理科设置,并承担区爱卫办工作职能。完善街道爱国卫生工作目标考核制度,各街道爱卫组织网络进一步健全,工作规范性得到加强。圆满通过国家卫生城市复审,迎复审工作期间,全区印发宣传资料2500多套,工作简报4期,下发问题菜单60余期,督促整改问题1000余处,解决一批城市卫生问题,玄武区在省和国家级复审中总体情况较好。根据"健康南京"建设行动计划,大力开展"健康玄武"建设,新建健康社区3个,健康食堂3个,健康餐厅1个,健康步道1条,健康单位2个。

(周　平)

【基层建设】 2016年,局工委把党风廉政建设作为重要工作,强化党支部书记第一责任人和领导班子成员"一岗双责"意识,与基层各支部签订《党风廉政建设责任书》,形成横向到边、纵向到底、覆盖完整责任体系。突出宗旨观念、廉政文化、医德医风三方面教育,坚定理想信念,强化廉政意识。从制度建设入手,编印《玄武区卫计系统工作规范制度汇编》,完善重大事项决策议事规范,狠抓四风监督检查,强化制度监管、质量监管,强化监督执纪问责职责,完善监督执纪的机制。落实"八项规定"。对系统基层单位领导班子全面考核。对基层单位4位离任领导开展离任审计,对基层新调整任用33名领导和局新任11位科长逐一进行任前廉政谈话提醒。对部分单位就执行民主集中制、三重一大事项集体决策情况及资产资金管理等内容开展专项巡察,防止滥发津补贴、奖金和实物等情况发生。严格控制"三公支出",全系统未发生因违规违纪被处理情况。

(蒋宇华)

·社区卫生·

【概况】 2016年,积极开展国家基本公共卫生服务,做实做细12大类45项服务项目。开展"三位一体"社区糖尿病患者健康管理模式试点工作,参与省、市重点专科创建,参加省、市组织的各项专科培训,不断提升服务能力。

【基本公共卫生服务】 2016年,为确保年度国家基本公共卫生服务项目任务指标全面完成,制定出台《2016年玄武区基本公共卫生服务项目实施方案》,聘请市社区卫生协会对全区各社区卫生服务中心开展基本公共卫生服务项目及服务满意度第三方考核评估工作。全区累计建立居民健康档案546631份,建档率83.79%;65岁以上老年人健康管理47308人;高血压患者健康管理47070人,糖尿病患者健康管理18681人,重性精神疾病患者健康管理1572人。

【妇幼保健】 2016年,全区早孕建册率98.06%,孕妇健康管理率100%,产后访视率97.88%。出生缺陷发生率1.36‰,孕产妇死亡率0,妇女病普查人数15583人,妇女病普查率100%。7周岁以下儿童保健覆盖率99.95%,新生儿访视率97.64%;3岁以下儿童系统管理率98.93%。5周岁以下儿童死亡9人,死亡率1.99‰,婴儿死亡5人,死亡率1.1‰。婚前医学检查5804人,婚前医学检查率87.09%,检出疾病216人,检出疾病率3.72%。孕前检查1600

对，覆盖率95%，完成全年指标任务。全年为4445名孕妇部分减免费用进行艾滋病、梅毒、乙肝筛查，筛查出梅毒阳性4例，乙肝表面抗原阳性167例，全年对8例梅毒感染产妇所生儿童进行随访，排除梅毒感染2例。完成两癌筛查5000人，通过病理室反馈及跟踪随访，宫颈检查发现癌前病变CINⅠ级13例，CINⅡ级4例，可疑癌CINⅢ级（原位癌）2例，乳腺筛查发现乳腺癌2例。

【计生药具管理】 2016年，全区发放男用避孕套355000只，女用避孕套75瓶，栓剂300盒，凝胶200只，膜380本，智能药具箱领取男用避孕套2165盒。

【糖尿病一体化综合管理试点项目】 2016年，在以省级机关医院为主体，南京市中心医院技术指导和专项培训下，玄武区糖尿病区域性“疾控中心—医院—基层社区”一体化综合管理试点项目在仙鹤门社区卫生服务中心、玄武湖社区卫生服务中心开展。建成糖尿病小屋2个，组建糖尿病自我管理小组3个，仙鹤门、玄武湖社区卫生服务中心完成高危人群筛查1600人，达标管理400人。

【家庭医生签约服务】 2016年，在全区范围内实行家庭医生责任制服务，开展以网格化管理、团队服务为支撑的全科医生签约服务，全科医生、社区护士和公共卫生医生分工协作、防治结合，对重点人群签约对象实施全程健康管理。全区重点人群累计签约172674人，签约率70.7%。

【社区糖尿病防治骨干培养】 2016年，为切实提高社区医生针对糖尿病等慢性病防治能力，区卫计局与鼓楼医院朱大龙博士团队，开展糖尿病骨干全科医师“一对一”带教培训，首批参加学习10名全科医师，2人因调动和身体问题未完成学业，8人参加结业考核，6人被授予社区糖尿病骨干全科医师。为加强社区糖尿病健康教育和健康管理，另优选10名社区护士参加学习。

【居家癌痛护理项目】 2016年，在全市率先开展肿瘤患者居家癌痛护理项目，由省肿瘤医院护理部副主任王守慧牵头合作申报省科技厅课题：南京市玄武区三级医疗服务机构癌痛规范化护理体系的构建。全区10家社区卫生服务中心130余人次参加学习，为玄武区癌痛患者提供疼痛门诊咨询、癌痛用药指导、家庭访视等服务，得到患者及家属好评。

（张　纯）

·医政管理·

【概况】 2016年，强化机构日常监管，依法依规规范机构运行。及时承接市下放相关机构的管理与审批工作，依法开展机构年度校验和行政许可工作。进一步落实核心制度，细化许可程序，健全长效管理机制。统一规范许可文书，推进“一站式”许可进大厅。

【机构管理】 2016年，严格机构的准入与管理。对2015年度市下放的门诊部及一级医疗机构进行梳理，全部进行现场年度校验，对校验过程中发现的问题及时整改到位。规范机构校验、变更管理。全年受理机构校验、机构变更等100余件，及时办结率100%。其中《医疗机构执业许可证》换证40余件，变更登记30件，注册登记5件，医疗机构年度校验100件。建立机构长效管理机制。认真核查机构的人员执业、设备管理、核心制度落实、医院感染控制等方面情况，力促医疗机构精细化、长效化、标准化管理，保证医疗质量，维护医疗安全。落实许可进大厅。对各类行政许可文书进行统一规范，做到“四告知，一办结”，即：告知地点、告知流程、告知要求、告知责任人，按法定时间及时办结。所有行政许可进大厅，做到受理“一站式”、菜单“一口清”，当场办理，当场不能办的告知办结时间，不推诿、不扯皮。全年接待患者投诉36例。其中，协助区司法调解中心协议调解2例，委托南京市医疗事故技术鉴定26例，委托江苏省医疗事故技术鉴定1例，患者向法院提请申诉3例，卫计部门与医患双方进行调解14例。

【药事管理】 2016年，进一步完善基本药物制度。对全区基本药物用药目录重新进行遴选，入选1453品规，基本满足基层医疗机构和社区居民用药需求。通过政府购买服务方式，将熊猫集团社区卫生服务中心、樱驼花园社区卫生服务站等2家社会办机构全部纳入基本药物采购范围，实现100%社区卫生服务机构基本药物制度全覆盖。对试剂、低值耗材等采购进行统一，一律实行网上采购与结算。

【中医药服务】 2016年，进一步提升中医药服务能力，以"中医药服务能力提升工程"为抓手，抓好中医药工作。根据市卫计委年初工作安排，重点抓中药饮片的采购与管理，推进中医特色科室建设。截至2016年底，全区拥有4家Ⅳ级中医特色科室，提升社区卫生服务机构中医药服务信息化水平。

【献血工作】 2016年，圆满完成无偿应急献血工作。市政府下达玄武区年度无偿应急献血400人任务指标完成。全区组织参加应急献血668人，成功献血638人，献血成功率95.5%。献血总量138500CC，与2015年相比，成功献血人数增加17.1%，献血量上升15.8%。72例造血干细胞采样入库，1名志愿者成功实现造血干细胞捐献。 （卢建华）

·卫生监督·

【卫生监管与处罚】 2016年，新办公共场所卫生许可证114户，复核303户，机构变更52户。加大行政处罚力度，高度重视投诉举报。全年行政处罚25件，处罚金额29700元。其中公共场所19件，医疗机构6件。处理各类投诉举报39件，其中公共场所7件，医疗机构32件，调查处理与及时反馈率100%。注重日常卫生监管，对辖区内经营性公共场所、医疗机构和二次供水单位进行监督巡查3200余家次，下达卫生监督意见书1338份。

【生活饮用水卫生监督检查】 4~5月，对辖区内使用直饮水学校开展水质卫生专项监督检测，检查中小学校38所，采样检测直饮水水样37件，桶装水饮用1件，提高辖区学校饮用水安全保障水平。联合区教育局对全区38家中小学校进行卫生综合评价，对检查中发现的问题逐一下达卫生监督意见书，督促各校建立健全学校卫生工作组织，落实责任，限期整改。

【卫生执法】 2016年，全年组织卫生监督执法人员开展1次为期3天全区非法行医专项摸底排查行动，对辖区7个街道158条街巷进行全覆盖摸底排查。协调区公安、食药监等部门和街道、社区卫生服务中心协管人员组织专项打击行动，取缔"黑诊所"2户次，对2所无证行医单位当事人进行处罚，处罚金额10000元，没收违法所得200元。对列入黑名单非法行医窝点采取每周定期巡查和不定期抽查，定期巡查521次，抽查93次，留存照片192张，对非法行医行为保持高压严打态势。

（刘志陆）

·疾病预防与控制·

【疾病预防与控制】 2016年，全区报告法定甲乙类传染病10种493例，比上年度下降12.43%。丙类传染病4种1105例，无死亡病例报告，比上年度上升16.56%。加强疫苗接种督导和检查，对全区二类疫苗进货渠道、冷链运输、贮存等环节进行自查，从各个环节确保疫苗的安全。全年接种一类疫苗96897针次。全年发现涂阳肺结核病人48例；涂阴肺结核病人94例；结核性胸膜炎4例；完成肺结核可疑筛查1926例。结核病"五率"均为100%。规范艾滋病疫情报告与管理，延续高危行为干预工作机制，加强艾滋病自愿咨询检测工作，扩大重点人群抗体筛查范围。全区现有存活艾滋病病毒感染者或病人245人，感染者或病人均转介至市二院接受抗病毒治疗，治疗率93.1%。艾滋病自愿咨询检测（VCT）门诊共检测895人次，初筛阳性16人，梅毒阳性3人。月平均暗娼干预数324人次，女性性服务人群（FSW）人群干预覆盖率月均91.3%，检测率为81.6%。男男性行为人群（MSM）检测2889人次，检测率为265.1%。完成看守所采血12批778人次，新增抗体阳性3人，检测率为100%。Ⅰ期和Ⅱ期梅毒报告发病率较2015年同期下降12.8%，报告准确率为100%。完成年度麻风疑似病例报告任务11例，完成任务数110%。经市皮防所诊断均排除。全区报告手足口病例942例。

【慢性病防治】 2016年，启动糖尿病5+1分阶段管理项目，组织2家项目社区服务中心开展工作，建成2家糖尿病健康小屋，并在其间开展糖尿病患者定期随访、并发症筛查、高危人群筛查及患者教育。全区累计高血压建档41133例，健康管理率31.6%，其中规范管理28093例，规范管理率68.3%；累计糖尿病建档14793例，健康管理率29.5%，其中规范管理10325例，规范管理率69.8%。全区重性精神疾病患者建档1853份，登记在册1805人，检出率2.72‰；在管患者1602人，检出患者管理率88.75%。

（尹晓军）

·计划生育·

【两孩政策推行】 2016年，制作4万多册《生育二宝》知识手册，发放到每一个符合生育二孩的家庭，并组织街道社区计生专干，在7个街道59个社区开展再生育一个孩子生育意愿专项调查，开展座谈会64场，走访调查2000多户家庭，发放并回收再生育一个孩子生育意愿调查表4000多份，摸清全区符合再生育一个孩子的家庭生育意愿，积极推行全面二孩政策起到积极作用。

（殷锦国）

【计划生育激励政策兑现】 全年累计为5372名失业人员发放独生子女父母奖励金38.15万元；为978名特殊困难家庭扶助对象发放扶助金676.62万元，发放中秋、春节慰问金28.87万元；为637名49~69周岁失独家庭人员和伤残家庭发放公交卡和游园卡合计37.58万元；为2896名企业退休职工发放一次性奖励1042.56万元；为113名计划生育特殊困难家庭申请计划生育公益金23.2万元。依据政策出具大月份引产证明154份。

【计划生育家庭保险服务】 2016年，政府出资27.84万元为2865名计划生育困难家庭和失独家庭人员参加保险，理赔金额达到33.16万元，计划生育家庭真正享受到政府帮养老的保障，提高计划生育家庭抗风险能力。

【特别扶助对象优先纳入家庭医生签约服务】 2016年，通过建立家庭医生制度，将530名特别扶助对象优先纳入基层医疗服务机构家庭医生签约服务，开展健康管理，对行动不便的按规定提供上门服务。2016年，全区有5家社会组织参与到失去独生子女家庭的帮抚服务项目当中，进一步提高服务质量和服务效能。

【幸福家庭创建】 2016年，先后开展“玄武区十佳幸福家庭评选”“玄武区百个幸福家庭故事征集”“关爱女孩行动”“心系红丝带”等主题宣传教育活动，普及人口与计划生育基础知识。以“新社区、新家庭、新文化”计划为抓手，先后打造社区人口文化广场（园）2个，人口和家庭公共服务中心1个、0~3周岁婴幼儿早期指导站1个。

【0~3周岁婴幼儿早期发展教育】 2016年，投入10余万元为全区社区0~3周岁婴幼儿早期教育指导服务站购制教玩具和图书，增强社区级婴幼儿早教指导站整体实力。全区各婴幼儿早教机构为近万名0~3周岁婴幼儿免费开展体验服务200余场。每月邀请专家进社区，开展“优生、优育、优教”知识讲座120余场。免费发放科学育儿报2000余份、0~3周岁婴幼儿早教指导手册3000余册。

（邹元莺）

【生育制度登记工作落实】 2016年，两孩政策实施以来，玄武区制定与两孩政策相适应的服务管理机制，广泛宣传生育登记服务制度，充分利用街道及社区政务公开栏、宣传展板宣传生育服务登记流程，区妇保所和基层社区卫生服务中心主动在孕妇建小卡时，一次性告知办理生育登记须提交的材料、办理地点、未办可能面临的问题等，保证生育人员全员参与。2016年，全区生育服务登记5261份，一孩3478名，二孩1783名。

【计划生育坚持“一票否决”制】 2016年，按照《关于实施全面两孩政策，改革完善计划生育服务管理的决定》要求，坚持计划生育是

5月4日，同仁街社区卫生服务中心青年党团员联合市中心医院开展免费医疗

我国基本国策、党政一把手亲自抓负总责和计划生育“一票否决制”三个不变精神。区有关部门严格执行计划生育“一票否决制”,对落实计划生育目标责任制、促进人口长期均衡发展起到重要作用。全年区级办理计划生育“一票否决”审核21批次,783人,51家单位。

【流动人口婚育管理】 全年完成约6.5万多条流动人口个案信息的核查。接收省内流动人口个案信息协查5231条,省外3800条,全区流动人口信息协查反馈率达95%以上;办理流动人口婚育证明催办通知6099份;办理流出人口婚育证明218份,流入人口婚育证明验证519本。完成80户流动人口动态监测任务。流动人口六项基本公共服务得到有效落实,实现与户籍人口基本公共卫生计生“同城待遇”。 (马新华)

体　　育

【概况】 2016年,玄武区体育工作以发展体育运动、增强人民体质为宗旨,进一步贯彻实施国务院《全民健身条例》和《体育法》,广泛开展全民健身活动,不断完善体育基础设施,提高竞技体育水平,推进“健康玄武”目标建设。区体育局被市局评为“群众体育工作先进集体”;区青少年业余体校被评为“国家高水平体育后备人才基地(2017~2020年)”;区老年人体育协会被评为“玄武区AAA等级社会组织”。

【玄武区第十一届运动会举办】 4月13日,区第十一届运动会在区体育活动中心羽毛球馆拉开序幕。运动会以“发展公共体育服务,推动全民科学健身”为主题,分社区部、机关部、残联部等3个部,设置广播体操、排舞、健美操、太极拳、拔河、登山、中国象棋、围棋、乒乓球、羽毛球、篮球、游泳、射击、田径、趣味运动等17个比赛项目。机关部组织乒乓球、羽毛球、登山、紫金山绿道健步行、趣味运动和自行车慢骑等比赛项目,全区各街道、党建片区14个代表团参加比赛。

5月26日,南京市健身秧歌大赛玄武区站选拔赛

【2016全国新年登高健身大会分会场活动在玄武区举行】 1月1日,2016全国新年登高健身大会江苏南京分会场活动,在玄武辖区内紫金山举行。活动由国家体育总局发起,旨在推动全民健身深入开展,引领健康生活方式,营造全民支持北京和张家口共同承办2022年冬奥会,杭州承办2022年亚运会良好社会氛围。江苏南京分会场为覆盖全国31个省(区、市),近300个活动地点之一。江苏南京分会场活动由国家体育总局和中华全国体育总会联合主办,玄武区人民政府参与协办。

【首届南京紫金山城市山地马拉松赛在玄武区举行】 5月8日,咪咕“善跑杯”2016年(首届)南京紫金山城市山地马拉松赛在玄武湖畔太阳宫广场鸣枪起跑,赛事由玄武区人民政府参与主办,咪咕互动娱乐有限公司冠名承办。市政府副市长胡万进,副秘书长张强,玄武区区委书记、区长徐曙海,副区长蒋兆全等领导出席起跑仪式。比赛设42公里和30公里两个项目,545名选手参赛,其中包括10名外籍选手。

【首届南京坐标城市印迹定向赛在玄武区举行】 5月28日,2016(首届)南京坐标城市印迹定向赛在玄武区国展中心鸣枪开跑。赛事由南京市体育局主办、南京体育产业集团承办、玄武区参与协办。48个地标性建筑和城市景观作为赛事点标遍布整座城市，吸引近1500名市民参与。城市定向赛是一项年轻、快乐、健康的全民健身运动项目，对推动全民健身、宣传城市、提升城市知名度和美誉度，发挥积极作用，充分融合定向运动、全民健身等元素，参赛者用脚步丈量南京，通过乘坐公交、地铁和步行，体验古都之美、风景之魅。

【区承办2016年江苏省全民健身日活动启动仪式】 8月8日上午，由玄武区承办江苏省“全民健身日”活动启动仪式在玄武湖公园举行。活动主题“全民健身促健康，同心共筑中国梦”，省体育局副局长颜争鸣、玄武区区长穆耕林等领导出席启动仪式。仪式由玄武区副区长蒋兆全主持，穆耕林致欢迎辞，颜争鸣讲话。启动仪式上，进行了轮滑、空竹和健身操表演，3000多名健身爱好者参与健步走活动。现场开展“体育大篷车·健康江苏行”活动，包括太极拳、健身秧歌的互动与教学，健康养生知识讲座，为群众免费提供体质健康测试等。

【国民体质测试】 2016年，区体育局贯彻实施《中国国民体质测定标准》，开展国民体质监测工作。自4月至10月，在全区范围内开展国民体质抽样监测工作，分别对区机关、街道、社区、工厂、学校、企业等单位不同人群进行测试，累计完成3500余人次体质测试任务，为辖区人民群众运动健身提供科学指导依据，受到各界好评。

【参加南京市第二十一届运动会】 4月，南京市第二十一届运动会开赛，玄武区组队参加青少部32个项目和社会部6个项目比赛，同时筹备承办市运会青少年部艺术体操、花样游泳和社会部轮滑障碍接力赛等3个单项赛事。经过教练员、运动员共同努力。区代表团在市运会青少年部获比赛综合、输送贡献、优秀组织一等奖和体育道德风尚奖；社会部比赛综合三等奖、优秀组织二等奖。

【体育后备人才储备】 2016年，竞技体育坚持以选好和培养优秀苗子为主线，突出以人才为本、以训练为本，着眼长远，狠抓优秀体育后备人才培养，逐步形成以区业余体校为龙头、以阳光体育学校为基础体育后备人才培养格局。玄武区业余体校开设艺术体操、花样游泳和羽毛球等8个学校布点训练项目，在训运动员270多人，向省少体校等单位输送艺术体操、花样游泳等项目运动员8名。在艺术体操、花样游泳等体育后备人才培养上继续保持全市领先水平。全年在省级比赛中获11枚金牌。里约奥运会上，玄武区输送运动员顾笑和呙俐在花样游泳集体项目比赛中获得奥运银牌。

【玄武区老年人体育节系列健身活动】 2月至10月，开展主题为“自觉参与健身，共享健康快乐”

10月14日，2016年玄武区老年人体育节闭幕式暨中老年人广场健身舞展示活动

全区老年人体育节系列健身活动。2月23日，在富贵山城墙举行玄武区老年人体育节开幕式；3至10月举办玄武区第二十三届“玄武杯”门球赛、玄武区“老干部杯”门球赛；玄武区第九届社区“玄武杯”乒乓球赛；玄武区广场舞大赛等。全年，全区老年人参加健步走、骑游、球类、棋类、操舞等95次健身活动，计33000人次。10月14日，在玄武区体育活动中心举行“玄武区老年人体育节闭幕式”。全区7个街道和区退教协等14支代表队200多名队员进行广场舞展示。同年，组队参加2016年南京市老年人体育节门球、太极拳(剑)、中国象棋、柔力球、手杖操、乒乓球、健身球操、气排球、羽毛球、健身秧歌、体育舞蹈、广场舞12个大项18个小项交流展示活动，获10个优胜奖，1个优秀奖。

【第二届“海南候鸟回归杯”门球赛在玄武区举行】 5月8~12日，由海南候鸟门球俱乐部主办，玄武区老年体协承办第二届“海南候鸟回归杯”门球友谊赛在玄武区机关门球场举行。来自海南候鸟门球俱乐部的会员及湖南、贵阳、河南、武汉、山东、南京等地门球爱好者100多人参加比赛。比赛设三人团体赛、双人赛。经过5天179场比赛，最终决出团体赛、双人赛获奖名次。（董长春）

玄武湖景区——采菊向秋园

人民生活

People's Life

责任编辑　顾　坚

人力资源和社会保障

【概况】 2016年，玄武区人力资源和社会保障工作立足“民生为本、人才优先”工作主线。年内编发《玄武人社》2期。9月，区人社局入选全国双拥模范城有功单位；11月，组织徐庄留创园入选市留创园，获30万元建园奖励。

11月23日，湖南省永州市人社局副局长蒋新山一行10人参观考察玄武区珠江路科技创业大街。市就业管理服务中心副主任韩小燕等陪同，围绕“激发全民创业活力、推动创新创业带动就业”等方面进行探讨和交流。

【就业创业工作】 2016年，区人社局实施市委《关于“创业南京”人才计划的实施意见》中青年大学生创业引领计划，制定《玄武区关于推进大众创业带动就业的实施办法》，组织遴选大学生优秀创业项目，扩大入选优秀创业项目资助，吸引大学生创业落户玄武。针对不同群体开展个性化公共就业服务，举办“就业援助月”“春风行动”“四送活动”“专场招聘会”等系列活动，强化职业介绍、职业培训、创业指导等公共就业服务，集中力量做好高校毕业生、外来务工人员和就业困难人员3个重点群体就业工作。全年全区新增城镇就业22475人，实现再就业10908人，帮扶困难人员就业2233人，培育自主创业2792人，创业带动就业19210人，大学生创业502人，组织各类职业培训、指导、鉴定25000人次，其中高技能人才培养966人。

【劳动关系监管】 2016年，加强对区域劳动关系形势的研判，规范集体合同合法性审查、企业工资集体协议审查、劳务派遣行政许可、特殊工时审批等行政权力，依法维护劳动者合法权益。开展送法上门、日常巡查等工作，及时查处劳动用工方面违法违规行为，全力维护区域劳动关系和谐稳定。坚持把维护劳动者权益、实现公平正义作为仲裁工作的出发点和价值目标，努力提升办案质量和效率。全年全区集体合同审查、工资集体合同审查各1050份；受理工伤认定177起；劳动保障书面审查6915户，主动巡查用人单位965户；受理劳动争议案件412件，审理结案410件，基层调解组织劳动争议案件855件。

2月26日，玄武区为失业人员开展送培训、送岗位、送政策、送服务活动

【人事管理】 2016年，按照优先考虑缺人单位、保障重点单位和人岗匹配等原则，合理分配新招录公务员和军队转业干部，优化有关单位干部队伍结构，公开招录公务员15名，教育系统招聘118人，卫生系统招聘卫技人员10人，开展事业单位参照公务员法管理申报和街道公务员职务职级并行工作。加大专业技术人才服务力度，初审各类职称申报材料195份，初定初级职称136人。深入推进事业单位岗位管理和聘用管理，严格执行按岗聘任原则，完善管理岗位晋升审批手续，加强各事业单位聘任流程管理，突出聘用合同作用，将聘任与岗位有机结合。有序推进工资福利改革，下发区属事业单位绩效工资调控管理办法，审核事业单位奖励性绩效超出基准线的额度，提高规范管理水平，统筹做好人事制度改革。

【人事干部培训班】 11月24日，区人社局在玄武中等专业学校举办为期2天玄武区机关事业单位人事干部培训班。区人社局局长袁芳作开班动员。培训围绕“公务员管理、事业单位管理、机关事业单位工资管理”三个方面内容，采取“请专家、明政策、理思路、强规范”的方式进行。通过专家讲解，使人事干部对人事工作的政策法规和上情动态加深认识；以会代训方式，针对玄武区人事工作中存在问题，从细节入手，强化人事干部规范意识。培训班本着“短平快”原则，强调课程设置的丰富性、针对性和实用性。

【人才引进服务】 2016年，强化政策引领，以环境揽人才。对接“创业南京”英才计划，制订玄武区高层次创业人才引进计划实施细则、资金管理办法、评审办法，为引进人才提供政策支撑。向人才企业兑现区级扶持金约3000万元，有力保障人才企业更好发展。强化成果转化，以实效聚人才。以江苏省技术产权市场启用为契机，联动省生产力促进中心、长三角技术产权交易中心等成果转移转化服务机构，积极搭建富有效力的孵化载体、创新平台，制定务实的奖励措施，实现科研与市场、人才与企业、产业与技术同频共振。强化以人为本，以服务助人才。对领军型人才企业开展年度监测，掌握企业进展状况。组织近50家人才企业参加6期创业公开课，推荐人才企业申报各类项目扶持。依托专业机构开展一对一定制服务，帮助企业获得投融资及优惠贷款4000余万元。玄武区连续3次获江苏省人才工作先进区称号。

【参加第九届南京留交会】 4月25~27日，第九届中国留学人员南京国际交流与合作大会在南京国际博览中心召开。区人社局通过精心设置展位、承办专场活动等方式，全力推介玄武区以“创业玄武”人才计划为核心新一轮人才政策。4月27日，60余名留学人员应邀参加海外人才玄武行专场推介活动，实地考察徐庄软件园内江苏省产业技术研究院、创新药物百家汇、途牛旅游网等载体，并对玄武区创业投资环境给予高度评价。同时召开海外人才推介会，着重介绍玄武创业环境和扶持政策。

【社会保障体系】 2016年，全面落实社保扩面目标责任管理，加强社会保险政策宣传，强化社会保险扩面征缴，通过严格书面审查、基数年审等工作，扩大社会保险覆盖范围。加大就业困难人员救助力度，以征地农民为重点，强化各类困难群体社会保障工作。提升企退人员社会化管理服务，通过举办健康讲座、组织参观游览、开展诗词创作等活动，10月9日上午，组织企业退休人员参观由市社会保险管理中心主办2016首届“南京社保杯”企业退休人员书画作品展。

【社会保险工作】 2016年，全区企业职工基本养老保险净增缴费7287人，社会保险中断缴费人员续保1606人，五项社会保险征收总额24.3亿元，城镇居民基本医疗保险缴费人数57504人，城乡居民基本养老保险参保缴费人数988人，组织41156名企业退休人员参加第四轮免费健康体检。

【失业人员“四送”活动】 2月26日上午，区人社局在珠江路华海广场举行大型广场培训咨询活动。市职业技术培训指导中心主任王建杰、区人社局局长袁芳到现场进行指导。区人社局组织8家职业培训机构，通过展板制作、资料发放、现场演示、咨询报名等方式，为符合条件的失业人员送培训、送岗位、送政策、送服务。同时区人社局把每周五固定招聘会也搬到现场，组织顺丰速运、新华海产业集团、候鸟养老服务等10家用工单位，为有求职意向失业人员提供销售、文员、服务员、保安等工作岗位166个。就业创业、社会保险、劳动维权等职能部门到现场进行咨询活动。“四送”活动为广大失业人员搭建一个面对面交流平台。

【“春风行动”广场招聘活动】 2月14日，区人社局、锁金村街道工作人员在南京火车站南广场举行“春风行动”招聘、维权和咨询活动。市、区人社局领导和相关部门领导到现场指导工作。活动现场开展职业介绍、劳动维权、政策咨询等服务，免费发放春风就业手册、法律维权扑克牌等宣传资料300多份，接待求职和咨询者120余人次。玄武区“春风行动”农民工服务工作开展以来，为农民工营造良好的就业创业环境，让更多农民工有到了“家”的感觉。

【全国政协领导调研玄武大学生创业】 4月6日，全国政协副主席罗富和率全国政协特邀常委视察团一行20余人，到玄武就“大学生创业政策环境与制度环境建设”进行专题调研。罗富和一行考察南京途牛网络科技有限公司，听取公司创始人、执行总裁于敦德关于企业创业历程、运营模式、发展概况的介绍，查看企业员工工作环境，详细了解企业生产经营状况。着重就大学生就业创业工作与企业负责人、员工进行交流，肯定企业在促进大学生就业创业方面取得的成绩。市政协副主席陆平贵、市人社局局长朱志宏、市人才服务中心主任马书婷、市人社局副局长冯冰，徐庄管委会主任薛磊、区人社局局长袁芳等陪同。

【人社部国际劳动保障研究所领导到玄武调研】 7月15日上午，人社部国际劳动保障研究所所长、研究员莫荣，省市人社部门领导到徐庄软件园就和谐劳动关系创建进行调研。区委副书记杨乐华，区人社局局长袁芳，区徐庄软件园党工委副书记、纪工委书记陈若谷等陪同。座谈会上，区委副书记杨乐华就玄武区区情、区况向与会的各位领导作介绍并分析当前全区劳动关系形势；区人社局局长袁芳重点介绍玄武区在创建和谐劳动关系工作中经验做法。会后，与会领导前往南京先声药业集团总部及南京途牛科技有限公司参观考察。莫荣对玄武区和谐劳动关系创建工作给予高度评价与充分肯定。指出和谐劳动关系的创建是保障和改善民生、维护社会安定和谐的基础，好做法、好经验可以形成玄武模式在更大范围内推广。 （尤燕萍）

民政工作

【概况】 2016年，全区民政工作以现代民政体系建设为主线，转理念、搭平台、调结构、做试点，全面加快玄武民政领域发展步伐。完善党委议事规则、“三重一大”监督制度等规定措施，改进民政作风。年内接受市委督导组、区委组织部和区委督导组7次检查督导，得到充分肯定。1月，区民政局联合区公安分局、街道等部门开展“寒冬送温暖”活动。

1月21日，区民政局联合区公安、街道等部门开展“寒冬送温暖”活动。救助路边流浪乞讨人员

【“全国社区治理和服务创新实验区”结项评估】 2016年，根据《民政部关于开展第二次“全国社区治理和服务创新实验区”中期评估工作的通知》要求，区民政局围绕“多元主体、社区善治”实验主题，扎实推进在社区治理体制创新、社区治理机制优化、社区治理结构完善等方面的各项实验任务。年初启动验收准备工作，完成实验区自评报告、创新案例、成果展示等；年中完成宣传片的拍摄及实地考察点的打造等工作，确保实验区结项评估达到“合格”等级。11月22日，民政部对玄武区“全国社区治理和服务实验区”进行评估验收，以首席特聘专家、南开大学政府管理学院教授唐忠新为组长的专家组认为，玄武区社区治理和服务创新方向正确、目标明确、路径清晰，值得推进。民政部《关于确认第二批全国治理和服务创新实验区结项验收结果的通知》文件通报玄武区圆满完成各项实验任务，结项验收结果为“合格”。

【街居体制机制改革】 2016年，推进民生服务中心、分中心建设，结合街道便民服务中心建设契机，深化街道民生服务中心、分中心改革。完善街道中心、分中心硬件设施，将社区各类行政事务收归街道中心、分中心办理，规范分中心组织机构、人员职责、工作制度及事务办理流程，确保运行良好。推进社区“去行政化”改革。按照“职能分类、事务回收、清单定责、准入审批、购买服务”的思路，在街道选择试点社区启动“服务外包”，由专业社工机构承接社区公共服务。推行社工“离案办公法”，社工从“坐诊”向“巡诊”转变。落实社区减负增效，严格执行社区工作准入制度，严防已取消的任务、评比、机构、台账等变相再次进入社区。推进“南京智慧社区信息平台”升级试点运行，使用率100%。推广锁金村街道“智慧锁金”、玄武湖街道“心连心”信息平台建设经验，开发社工手持终端系统，解决各类服务进家入户“最后一米”问题。

【第六届社区居委会换届选举】 2016年10~12月，玄武区依法组织第六届社区居委会换届选举工作。区、街、社区成立选举工作指导机构，召开“第六届社区居委会换届选举工作动员会”，组织专项培训，编辑下发600本《换届选举工作手册》，街道分管领导、民政科长、社区工作人员近180人参加培训。12月10~11日定为全区统一选举日，全区7个街道59个社区居民委员会全部参加换届选举并一次成功。本届换届直选工作实行1人1票民主直选，直接选举率为100%。其中，10个社区实行“无候选人一次性直接投票选举”。新一届社区居委会成员中，本科及以上学历124人，大专学历有176人。社区居委会正、副主任97名，其中女性92名，连选连任的有55名，新当选的有42名。新一届社区居委会主任、副主任平均年龄40.3岁。

【基层社区协商民主进程推进】 2016年，选定新街口街道唱经楼、梅园新村街道富贵山等7个社区，推广“社区营造”试点工作，通过整合各类社会资源，重塑社区公共活动和公共环境，引入社工机构专业支持，引导居民关注和参与解决社区的公共问题，增强社区居民的归属感和社区的凝聚力，推进基层协商民主进程。4月，依托华益社会组织评估中心成功举办“两岸城市社区营造研讨”活动，取得较好效果。推广“开放空间论坛”、“协商民主工作坊”等社区协商平台，拓展协商形式、规范协商程序、运用协商成果，培养居民自治和参与意识，依法居民自治率98.5%。

【社区公益服务项目实施】 2016年，组织实施市公益创投街道社区组织服务项目3个、市区联动项目6个，区公益创投项目12个。项目直接服务约18.8万人，通过公益创投项目平台，定向捐助为老服务项目6个，整合各类社会资源，提供60余万元资金开展专业服务，拓宽以项目化资助形式，撬动社会资源参与社区治理和服务体制。结合市区公益创投项目中期和结项评估，由区民政局纪工委及财务人员对项目资金进行检查审计，确保资金安全和项目质量。

【政府购买服务项目发布会】 4月19日下午，区委统战部、政法委及区民政局购买服务项目签约暨服务需求发布会，在玄东科技园召开。会上，区民政局局长汪凤华发布民政工作类、民政保障和服务类项目需求，计四大类，15小类，30项服务需求。

【“六个一”系列双拥文化活动】 2016年，为纪念“八一”建军节和红军长征胜利80周年，巩固双拥工作成果，构建融合发展的军政军民关系，全区投入近120万元用于走访慰问驻区部队，同时倾力打造“六个一”系列双拥文化活动：组织一次国防教育课、开展一次慰问基层连队活动、编辑一本以双拥为主题的画册、评比表彰一批“最美军休干部”、开展一场军休干部书画作品义卖活动和举办一场军民文艺演出。6月23日下午，在区政府416会议室，全区民政系统举办庆“八一建军节”国防知识讲座，全区各街道、社区双拥共建点联络员、民政系统全体工作员、军休干部和驻区部队代表约250人参加。7月25日，区双拥办在海军指挥学院礼堂，组织一场军民庆祝“八一”建军节双拥文艺演出，区四套班子、双拥领导小组各成员单位有关领导、军休干部代表、驻区部队官兵和群众600余人参加。演出前，对玄武军休一所吴雪等15名“最美军休干部”通报表彰。现场还举行军休干部书画作品义卖善款交接仪式，全区军休干部捐赠自己创作的书画作品119幅，拍得善款10万元，其中3万元现场捐赠给玄武区博爱勤善堂残疾人托养中心，用以改善智障残疾孩子生活学习条件。

【困境未成年人保障】 8月，区民政局成功注册玄武区第一家公募基金会——南京市玄武区益生同心儿童发展基金会，为玄武区困境未成年人的评估和服务提供有力保障。率先在全市引入未成年人保护专业组织，对困境未成年人进行评估分类和服务保障。至年底，玄武区有困境未成年人145名，其中孤儿3名、监护缺失和监护无力56名、重病重残22名、特殊困难64名。全部完成全区困境未成年人的走访评估，并及时给予分类保障。玄武区在《南京市未成年人保护条例》出台同时，介入特殊个案服务，2016年4月30日，事发地在玄武区锁金村街道的江西籍2岁女童遗弃案，区未成年人保护工作委员会各成员单位第一时间介入，及时启动保障程序并给予临时托管照护。在政府和社会多方面配合下，遗弃女童案得到妥善解决。

【社会保障多线托底】 2016年，全区新增低保166户，229人；退出低保199户，286人。截至12月，全区有城市“三无”人员34名；低保对象2118户，3131人。累计发放最低生活保障金38043人次，2425.59万元，人均补差637.59元；为全区城乡困难居民实施医疗救助17577人次，救助金额689.11万元；为全区困难家庭中因病、残疾、就学、突发灾害等原因而导致生活困难的2237户家庭办理临时救助，发放救助金114.46万元；实施“3+X”特色救助，支出救助金145.26万元，惠及困难群众近2.56万户次。全区累计募集慈善款物330万元，发放救助款物388万元，救助困难群众近3625人次。

【优抚安置全面落实】 2016年，完成对各类优抚对象春节、五一、端午等节日慰问工作，发放近130余万元资金及物品。落实伤残人员调评残、换证、补证工作，全年为500多名伤残人员发放残疾抚恤金近830余万元。组织不同形式送岗位进军营和军嫂就业专场招聘活动，安置军嫂20多人，审核通过发放随军家属无工作补贴18人；认真贯彻落实《江苏省实施〈军人抚恤优待条例〉办法》，发放义务兵家庭优待金和现役军人立功奖励金1600余万元，退役士兵自主就业补助金及奖励金600余万元。稳步推进退役士兵安置改革，鼓励94名退役士兵报名参加学历教育、驾驶、计算机、室内装潢设计等培训，组织退役士兵专场招聘会2场。

【社团、民办非企业办理及婚姻、收养登记】 2016年，新增社会组织64家，全区注册登记社会组织数量达到962个，其中社会团体62个，民办非企业单位898个，基金会2个。全年办理婚姻、收养登记：结婚7187对、离婚3870对、补领婚姻证1764对，登记合格率100%；办理收养31件，收养登记合格率100%。

【福利彩票】 2016年福利彩票区域性销售额1.82亿元，募集福利彩票公益金近5000万元。12月18日，玄武区红山路“中福在线”二厅开业。

链接

益生同心儿童发展基金会

2016年8月31日，南京市玄武区益生同心儿童发展基金会成立。业务主管单位是南京市玄武区民政局，为在区民政局注册成功的第一家公募基金会。由南农食品、玄武区慈善协会、南京市同心未成年人保护中心等单位28位发起人联合出资，具备公募资格的公益基金会。基金会宗旨：益生同心，童心一生。业务范围：帮困救助、权益保障、公益人才培养和机构支持、公益劝募师培养、儿童发展等公益项目研发、儿童期和成年后的助学助才项目。基金会主要工作：2017年1月，作为民间公益组织，基金会举办首次大型电视儿童慈善晚会，吸引北京、上海、四川等地公益组织和爱心人士参与。著名歌唱家德德玛，为帮扶困境儿童带病登台献演，感动多位爱心人士当场捐赠；2017年2月12日，基金会举办有民政部、最高法、主要高校和联合国儿童发展基金会领导与专家参加的儿童福利保障事业修法研讨会，社会反响强烈。基金会同时承担并完成一系列大型公益推广工程。2017年初投拍的儿童保护法治微电影《爸爸，你在哪儿？》和《南京市未成年人保护条例》宣传片，分别获省、市民政部门和政法系统的嘉奖。首次创作并演出公益小品《我把灯火点亮了》，获省、市主办单位好评。（卢　菲）

老龄工作

【概况】 2016年，玄武区60岁以上老年人口9.75万人，约占户籍人口20.4%。其中65岁以上老年

10月8日，区老龄办领导重阳节到区博爱老年公寓慰问老人

人口6.89万人,70至79岁老年人口2.89万人,80至89岁老年人口1.5888万人,90至99岁老年人口0.1860万人,100岁以上老年人口39人。80岁以上老年人口17787人。

10月8日，区老龄办领导到区博爱老年公寓慰问老人。

【老年优待工作】 2016年，加大政府购买服务力度，实现政府为60岁以上“五类”人群购买居家养老服务全覆盖;在全市率先为“五类”老人、享受政府购买服务等困难老人购买保险；为全区17000多名高龄老人发放长寿营养补贴1200多万元;为6500多位老人免费办理江苏省老年优待证；通过购买全民保险,为全区所有60岁以上的户籍老年人提供老年意外伤害保险;征订《老年周报》2000份下发到各社区，供老年人免费阅读。

【养老服务政策体系完善】 2016年,结合“十三五”规划编制,对全区养老事业进行全面梳理，经调研讨论和反复修改，出台综合性养老事业发展文件《玄武区关于加快发展养老服务业的实施意见》,为统筹推进养老服务业综合改革，加快全区养老服务业的发展指明发展方向、发展路径和扶持政策。

【养老服务项目建设】 2016年,优化养老设施布局,启动2300平方米盛和家园养老项目；建成1100平方米双龙巷养老项目;建成区级智慧养老服务指挥中心；建成全市首个军休养老服务中心。各街道充分整合资源,加强社区居家养老服务设施建设，全区社区养老服务用房每百户20.88平方米,建成AAA级居家养老服务中心15家，新建中心厨房7个、助餐点19个,助餐人次突破40万次。 (卢　菲)

残疾人扶助

【概况】 2016年，玄武区残联工作在大众创新、万众创业时代探索残疾人工作新路子、新模式;解决残疾人最关心、最直接、最现实的需求。全年以实施三大项目为重点和突破口，启动全省第一家“首馨侗医无声头疗”项目。探索“侗医头疗”助力聋哑残障人士就业，与南京首馨发源健康管理有限公司打造“江苏省听力及心智障碍残疾人创客就业基地”。

【残疾人就业】 2016年，区残联与栖霞区残联共同举办“残疾人大型专场招聘会”。区残联组织6家用人单位,50名残疾人参加专场招聘会,有10名残疾人签订意向劳动协议。区残联主动与用工单位联系,收集招聘信息,做好残疾人求职登记和单位招聘信息记录,筛选合适残疾人推荐就业。全年玄武区安排残疾人就业50人,扶持自主创业1人,实名制就业、培训录入100%。对按比例和超比例安置残疾人就业的企事业单位兑现奖励政策。

【残疾人教育救助】 2016年,开展残疾人就业年审和残保金征缴工作,年审企事业单位1448家,残保金征缴入库2200多万元。加强残疾人社会保障体系，推进残疾人意外伤害险人群全覆盖、困难救助制度全覆盖、临时救助动态全覆盖。年内为全区259名持证残疾人享受低保家庭重度残疾人发放重残补贴29.44万元;604名特困残疾人享受特困救助444.013万元;615名“重残、孤残、老养残、一户多残”特困残疾人享受定期补贴救助72.58万元;281名困难残疾人享受护理补贴50.14万元;11名残疾人家庭获临时救助资金0.75万元;206名残疾人享受省市残疾人福利基金会捐赠项目。

【残疾人康复服务】 2016年,区残联为165名0~14岁残疾儿童与22家康复机构签订委托训练协议，拨付训练经费186.6万元;为670名贫困残疾人进行“康复四进家庭”及辅具适配服务;为3家助残服务机构配备46件（套）残疾人康复训练器材；为437名一、二级重度残疾人免费进行健康体检。组织全区各社区卫生服务中心(站)的康复医生参加市残联举办康复业务培训;3月3日,按照市残联要求在全区各街道开展“爱耳日”系列活动。年内,玄武区残疾人康复中心经过提档升级,整合资源,引进区儿童孤独症中心和江苏民政医院康复科共同运作,统一管理。

【残疾人培训】 2016年，区残联有序推进全国残疾人基本服务状况和需求信息数据动态更新各项工作,年内,调查残疾人5684人,入户率97.07%，为下一步数据分析，制定残疾人各项政策打下基础。从残疾人需求入手,根据就失业调查摸底情况，有针对性开展残疾人培训工作，按照“培训需求、培训人员相对集中的科目优先安排”原则,组织近60名残疾人参加面点师培训、简单手工制作、编织等培训，年内有2名残疾人参加盲人医疗按摩培训及考试，6名残疾人参加盲人保健按摩培训及考试，10名残疾人和残疾人工作者参加清华大学就业指导员培训，2016年就业指导员远程培训考试通过率100%。

【残疾人文体活动】 2016年，举办第26次“全国助残日”大型广场活动和区第八届残疾人文艺汇演。参加市残联主办的“爱在金陵”2016残疾人文艺汇演，玄武区5个节目入选全市汇演。区助残社会组织——南京火凤凰助残中心创作的轮椅舞蹈《春江花月夜》参加全市残疾人文艺汇演节目录播。加强残疾人工作宣传报导，借助报刊、网络、电视等新闻媒介，宣传残疾人自立、自强典型事例和残疾人工作动态，全年在省级媒体刊载15篇，市级13篇。

【组联和维权工作】 2016年，区残联着力加强街道、社区专职委员管理，出台《玄武区残疾人专职委员管理考核办法(试行)》。组织街道残联理事长及残疾人专职委员参加全市业务培训；发挥专门协会自我服务与管理能力，全年组织各类专门协会开展适合残疾人的文体活动；组织街道残联和助残社会组织100余名残疾人和残疾人工作者观摩中荷原生艺术交流展。聋人协会开展盲人扑克比赛，为庆祝国际聋人节，聋人协会组织赴杭州观摩交流。做好市民卡免费开通办理业务，坚持每月一次残疾人免费乘车卡办理，规范残疾人免费乘车办理流程；继续做好残疾人意外伤害险的办理，让残疾人享受保险待遇，实现持证残疾人保险全覆盖。7月12日，在梅园新村社区召开市社区无障碍设施建设工作调研会，东南大学课题组和市、区残联维权处等领导出席，5个街道社区的10名残疾人代表、专职委员和社区工作者参加调研座谈。全年未发生重大群访集访事件，充分发挥区残疾人维权服务中心作用，常年聘请法律维权律师，年内办理残疾人法律救助案件2件，受理“12345”工单7件，办结率100%。

10月23日，书画班上义工老师指导聋哑残障朋友学习书法

【玄武区区级残疾人托养服务中心】 2016年，因铁北新区建设规划，原区级残疾人托养服务中心被列入拆迁范围，按照区政府要求，区残联主动协调拆迁单位、属地街道和托养机构，消化矛盾，确保拆迁任务和搬迁工作在限定时间内完成。2016年，区残联积极采取行动，新建区级残疾人托养服务中心。并通过资源整合，与玄武湖社区卫生院所属颐和老年公寓合作，在其刚完成改造出新基础上，按照托养机构建设规范化和无障碍建设要求，投入50万元，配备托养康复服务设施，进行无障碍建设改造，同时签订残疾人托养服务协议。新改造建成的玄武区残疾人托养服务中心位于玄武区鹤鸣路59号，拥有床位100多张，设备先进，设施齐全，做到医养结合，为残疾人提供更好地日间照料和全日制托养服务。

【全省第一家“首馨侗医无声头疗”项目】 项目将古侗医“侗静有法”的养疗原则嫁接听障人士的优势，进行大胆的尝试运用，实现无声技能与古侗医头疗术的结合。2016年5月，位于珠江路未来城A座2楼面积为200平方米的“首馨侗医头疗”珠江路示范点正式运营，年内接纳10名残障人士就业。

【全省首家“残疾人众创空间”项目】 年内，打造完成集残疾人培训、创业、就业为一体的综合性服务空间，玄武残疾人众创空间位于板仓街9号世界之窗文化产业园内，面积402平方米，空间内设办公区域、书画培育与创作室、舞蹈排练室、音乐工作室、会议与分享室以及带动残疾人就业的布艺工作室、3D高清工作室、创意工作室等，先后开发研制陶艺餐具修复、葫芦系列旅游产品、3d高清产品、非洲鼓二度创作、布艺、扇子等系列适合残疾人制作的文化产品，12名工作人员中有10名残疾人，有6家为残疾人提供就业服务的初创企业进场孵化。

（金丽娟）

红十字会

【概况】 2016年，玄武区有红十字基层组织57个，团体会员23个，会员11244名，志愿者3241名，红十字志愿服务基地3个，玄武区红十字救护培训基地1个，红十字博爱家园2个，红十字青少年教育基地1个，红十字服务队伍78支(其中应急救援志愿服务分队70支)，红十字博爱养老院1所，红十字冠名医院1所。

【基层组织建设】 12月29日下午，徐庄软件园召开红十字会成立暨第一次会员大会。会议选举产生徐庄软件园红十字会第一届理事、常务理事、会长、副会长。30余名企业员工成为首批会员。4月，为加强区红十字基层组织建设，区红会在梅园新村街道举办基层红十字工作培训班，来自街道、社区70余名红十字工作人员参加培训，了解玄武区红会发展历程，并系统学习红十字会干部基本素质等课程。

【救助活动】 春节前“博爱送万家”活动，覆盖全区7个街道，发放救助款物计22.57万元，受救助群众361户。2016年，由区卫生系统大病救助专项资金支出10.96万元，救助符合条件该系统内17名生大病职工；启用金陵宝宝博爱资金1.5万元救助4名患病儿童。开展博爱助学活动，募得资金5.9万元，结对帮助59名家庭贫困学生继续学业。联合区工商联、妇联实施“春蕾计划”，以项目形式筹集善款20.2万元，对30名贫困家庭学生从小学入学到高中毕业每年资助1千元。为因公殉职区城管烈士家属筹集7900元慰问金。全年实现筹资85.51万元，发放各类救助款92.09万元。推进“三献”工作。年内组织600多名机关干部、社区人员参加无偿献血活动，献血12万多毫升；实现造血干细胞入库72例，年内中北的士公司驾驶员戴洪林作为全省城市客运系统第一人成功实现造血干细胞捐献；组织区志友活动，资助、协助志友工作，完成18次“志友进社区”宣传活动，玄武区志友总人数1036人，实现捐体225人。全区已有持证师资45名。全年完成初级救护员培训752人，普及培训7560人。

【红十字会项目推进】 2016年，成贤街社区开展“红十字博爱微课堂”项目，为小学生提供学习辅导、专题培训、社会实践等服务，该项目获市红十字会7万元资金支持。继续实施“博爱助医，为失地农民送温暖”项目，项目历时5年，获上级红十字会表彰和资金支持，截至2016年底受惠居民250余人。“红十字光明行动”顺利收官，活动在玄武区6个街道32个社区，完成45场义诊筛查，实施白内障手术90台，手术满意度95%以上。

【红十字活动】 5月6日，由区红十字会和锁金村街道红十字会联合主办，锁二社区承办“红十字：处处为人人”主题宣传活动在锁金村街道科技广场举行，“5·8”世界红十字日暨博爱周系列活动拉开帷幕。全区广大师生踊跃参加“博爱校园行”活动，先后7所中小学校通过募捐、义卖、拍卖等形式“传递爱心，播种希望”，募集善款5.3万元；定向为湖南安化县乐安镇思源完小学募捐3万元；组织33所大中小学校参加全国红十字青少年自救互救知识竞赛，征

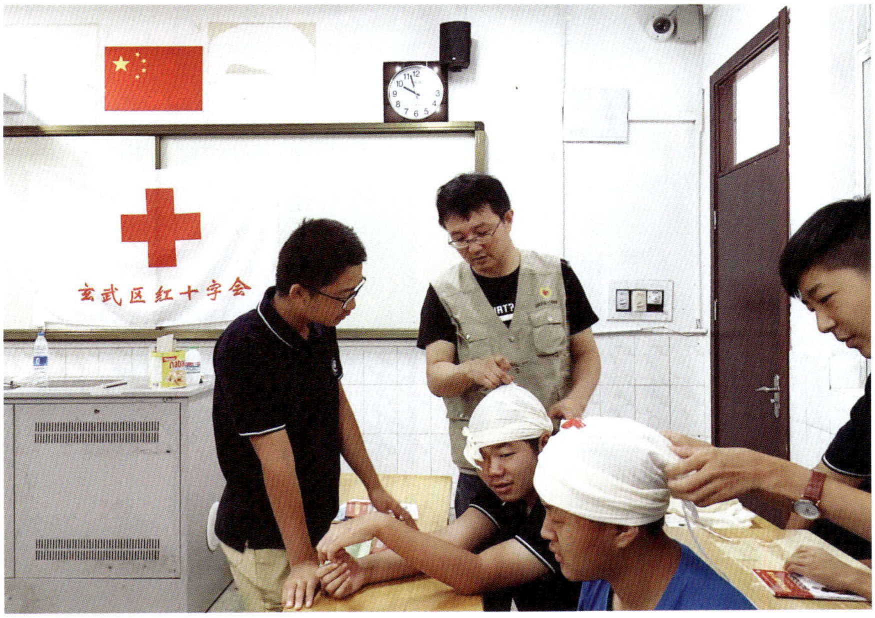

8月21日，区红十字会组织开展学生急救培训活动

订试题13000份，积极宣传青少年防灾减灾、自救互救知识，其中玄武区红十字会获组织一等奖，南京林业大学、玄武中专获竞赛一等奖，月苑一小、小营小学等7所学校分获二、三等奖；在市中小学师生应急救护技能大赛中，由第九中学、月苑第一小学等组成的玄武区师生代表队，获教师组团体二等奖、学生组团体优秀奖。

（李　青）

民族·宗教

【概况】 2016年，玄武区现有少数民族人口8931人，有27个少数民族，其中回族8146人、满族357人、蒙古族110人、壮族79人、苗族39人、土家族54人、维吾尔族9人、朝鲜族58人、白族4人、藏族3人、黎族3人、侗族6人、锡伯族6人、彝族7人、畲族3人、布依族8人、羌族12人、哈萨克族2人、高山族3人、达斡尔族8人、毛南族1人、阿昌族4人、仫佬族2人、瑶族3人、纳西族2人、撒拉族1人、鄂伦春族1人。少数民族流动人口1000余户、3000余人。

2016年，全区有宗教活动场所9处，各类信教群众2万余人，宗教教职人员74人。

【全区民族宗教工作会议】 3月7日下午，区民宗局召开全区民族宗教工作会议，对2016年全年工作进行部署，对当前工作进行梳理，各街道、系统民宗助理干事参加会议。区民宗局局长胡圆圆会上提出2016年全区民族宗教工作思路：一是夯实基础，提升民族宗教工作法治化水平；二是服务大局，营造民族宗教领域和谐氛围；三是开拓创新，打造民族宗教工作特色品牌。会上，区民宗局与全区7个街道签订社会治安综合治理暨平安建设工作责任书，明确责任，消除隐患。

【民族宗教政策法规培训班】 8月26日举办。全区各街道、社区及系统民族宗教工作助理、干事约120人参加培训。南京伊斯兰教协会会长米寿江教授宣讲伊斯兰教发展沿革和民族政策相关内容；市民宗局副局长王键授课内容“学习全国宗教工作会议精神为做好宗教工作奠定基础”。

（杨　菁）

·民　　族·

【少数民族合法权益维护】 2016年，做好少数民族考生中考加分民族成份审核，对照有关规定要求办理，年内110名少数民族中考考生民族成份通过审核。做好清真食品市场的执法检查，规范清真食品市场秩序。完成对10个少数民族居民发放牛羊肉补贴工作，发放涉及7个街道、59个社区、符合条件的少数民族人员8158人，发放金额1144848元。积极协调少数民族流动人口子女就学，按照“确保有学上、就近择校”的原则，2016年解决外来少数民族子女就学8人。

【吉兆营清真寺宰牲节安保协调会】 9月9日下午，玄武区召开吉兆营清真寺宰牲节安保工作协调会，区民宗局、城管局、公安玄武分局、新街口街道办事处、交警一大队、新街口派出所、消防大队负责人参会议。会上，吉兆营清真寺对开斋节活动各项保障方案进行了详细解读和说明，各成员单位对方案进行讨论和补充，并就各自所承担的任务分别进行确认，各项工作抓好落实，确保广大穆斯林群众过一个安定祥和的节日。

【“新玄武·民族风”专场文艺汇演】 12月22日下午，由区委统战部主办，区民宗局、文化局承办“新玄武·民族风”专场文艺汇演暨长江路文化艺术节在1913园区国民小剧场举办。市民宗局副局长曲学云，区委常委、统战部长

12月23日，“新玄武·民族风”少数民族专场文艺汇演在1913园区国民小剧场举办

朱天龙，区政府副区长戴航等市区领导，以及区民族宗教领导小组成员单位分管领导、各街道统战员、社区分管民族工作干部和微信抢票观演群众参加活动。区民宗局局长胡圆圆宣读玄武区民族工作示范社区表彰决定，市、区领导为获奖单位颁奖，朱天龙致开幕词。演出内容由锁金村和孝陵卫街道、吉兆营清真寺等单位选送，以及区文化馆编排的少数民族群众节目组成。

【省基督教协会领导到玄武区调研】 3月20日下午，中国基督教协会副会长、江苏省基督教三自爱国运动委员会主席张克运，南京市民宗局副局长王键等一行对玄武区基督教三自爱国运动委员会进行调研，区民宗局局长胡圆圆陪同。张克运等参加玄武区基督教三自爱国运动委员会主任董久兰按立长老仪式，并送上最诚挚的祝福，对玄武区基督教三自爱国运动委员会多年来积极与社会主义社会相适应，广泛开展公益事业，为地区和谐稳定尽心尽责给予肯定，同时希望玄武区基督教三自爱国运动委员会与时俱进、积极参与民生服务，不断创新，扎实做好政府与广大信众组带和桥梁作用。 （杨 菁）

·宗 教·

【市委统战部领导调研吉兆营清真寺宗教工作】 3月22日，市委常委、统战部部长徐锦辉一行到吉兆营清真寺调研宗教工作，区委常委、统战部部长许恺，区民宗局及街道有关领导陪同。吉兆营清真寺薛怀国阿訇介绍清真寺历史沿革，以及场所标准化建设、星级场所创建、重大节日安保及下一步发展规划。徐锦辉强调吉兆营清真寺是处理好民族宗教关系重要平台，要做好日常的科学服务和规范化管理，让中央民族工作会议精神落到实处。

9月28日，玄武区宗教界“爱心助学”活动，区内9个宗教活动场所和1个宗教团体捐款4万元

【玄武区召开佛教文化及伊斯兰教穆斯林开斋节活动协调会】 7月4~6日，中国佛教协会和南京市政府举办金陵刻经处成立150周年系列佛教文化纪念活动，7月6日，是伊斯兰教穆斯林的开斋节，两大主题活动涉及到玄武区内宗教活动场所。为确保活动热烈、祥和、有序的开展，7月1日上午，区政府召开相关活动组织协调会。区民宗局、城管局、卫计局、市场监管局、公安分局、消防大队、市交警一大队及相关街道和宗教场所参加。会议就活动期间有关消防安全、医疗保障、食品卫生、交通环境等进行协商安排并落实责任。副区长戴航对活动现场保障工作提出三点要求：一是高度重视，宗教活动无小事，各部门分管领导要向主要领导报告，主要领寻亲自统筹协调部署；二是做好事前保障检查，消防、安保等部门要在活动前对相关宗教场所再次检查指导；三是完善现场保障方案，明确时间节点，明确到场人员，保证通讯畅通，以便及时协调、处置突发事件。

【区宗教界资助困难家庭学生】 9月28日下午，区民宗局在玄武门街道台城社区开展“爱心助学”活动，组织辖区内9个宗教活动场所和1个宗教团体，捐资4万余元资助全区47名困难学生上学。资助对象主要是特困家庭学生，以及困难少数民族学生和外来务工学生，大学生资助1000元、高中生资助800元、初中、小学生资助600元。各街道民族宗教工作助理、宗教活动场所负责人、学生家长代表约50人参加捐资仪式。区委常委、统战部长朱天龙到会并讲话，对捐资的宗教场所和宗教界人士表示感谢，同时希望受助学生勤奋学习、弘扬美德、传递真情。

【市宗教星级场所考评工作组对区宗教场所考评】 8月22~23日，市民宗局副局长纪勤、巡视员宗志清带领市民宗局、公安局、房管局、城管局、食药监局、档案局和区消防大队组成的考评小组，对玄武区鸡鸣寺、灵谷寺、玄奘寺、基督教仙鹤门聚会点星级宗教活动场所创建工作进行考评。考评工作组分别听取各场所负责人关于2016年星级场所创建工作和场所规划建设情况汇报；对照考核细则仔细检查场所日常管理、教风建设和学习、内部管理等台帐资料；实地察看场所内外环境、各项基建设施配备情况。工作组对各场所开展星级场所创建工作取得阶段性成效给予肯定，对检查中发现的问题和薄弱环节提出整改意见，对场所创建工作提出指导性建议，要求区民宗局发挥好职能作用，继续加强场所创建和提升等方面协调服务与指导工作。

【南京灵谷寺、鸡鸣寺通过省五星级档案室测评验收】 10月13日、11月4日，南京灵谷寺、鸡鸣寺分别通过省五星级档案室测评。省档案局局长谢波，省宗教事务局副巡视员鞠桂富，市档案局副巡视员张建宁，市民族宗教事务局副局长纪勤、巡视员宗志清，区档案局、民宗局领导及相关人员参加测评，测评组经过听取汇报、检查台账资料，以及对档案室软件和硬件设施进行相应验收等程序，认为南京灵谷寺、鸡鸣寺将档案工作纳入全寺工作整体规划，设施齐全、档案完备、利用充分，均达到省五星级档案室标准，通过测评验收，并得到测评组高度评价。

（杨 菁）

玄武湖景区——玄圃大观

街　道

Sub-district

责任编辑　顾　坚

◎ 梅园新村街道

◎ 新街口街道

◎ 玄武门街道

◎ 锁金村街道

◎ 孝陵卫街道

◎ 玄武湖街道

◎ 红山街道

梅园新村街道

·街道工作·

【概况】 街道位于玄武区东南部，东起中山门向北城墙，西至太平北路，南至中山东路，北至北京东路，东西分别与孝陵卫和新街口两街道毗邻，北与玄武门街道隔街。内秦淮河蜿蜒穿过境内，明城墙横亘于街道东北部，面积6.35平方公里。辖大行宫、东南大学、梅园新村、大影壁、兰园、明故宫、太平门、北安门、富贵山9个社区居委会，街道常住户34193户，常住人口11.52万人。街道处南京市腹地，街区曾是太平天国和民国时期的政治和文化中心，历史文化底蕴深厚。有南京中国近代史遗址博物馆（总统府）、梅园新村纪念馆、明故宫等名胜；有毗卢寺等名刹；有南京博物院、南京图书馆、江苏省美术馆等被列为江苏省十大文化工程的场馆；有东南大学、南京外国语学校等名校；有珠江路创业街、长江路文化街、1912民国风情街等街区；有人保财险、宏图三胞、五星控股、中科集团、南京圣和府邸豪华精选酒店等名企。2016年，街道按照建设“强富美高”新玄武的目标总要求，以打造精品梅园为主线，稳步推进经济社会事业全面发展，较好地完成年度各项目标任务。获创建全国双拥模范城有功单位、南京市群众体育工作先进集体等称号。

【经济发展】 全年完成一般预算收入6.27亿元，完成省属户和异地户转户26户。达标完成本年度街道承担的5项重点经济项目，其中社会消费品零售额完成80.8亿元，固定资产投资完成12.29亿元。与多部门联手清理涉嫌非法集资企业22家。重点项目按序推进。熊猫中央广场项目，A地块已封顶，进行主体验收，D地块已主体封顶完成房屋销售，B地块拟修改原规划设计方案。“德鸿易生活”商业广场项目，7月，免税店开业。珠江路创业大街，6月，创业大街有限公司和华夏幸福成立，“太库”众创空间开业。完成长江路文化旅游大街（梅园段）和梅园片区项目建设。钟岚里项目进行清房，进一步完善搬迁方案。

【街道环境】 2016年，小区出新，完成第一批5个小区44栋楼出新工作量85%，第二批8个项目完成设计和招投标；棚户区改造，完成对9个危旧房片区的现场勘查等前期准备工作；全力推进易淹积水改造和二改水工程，完成富贵山小区易淹积水泵站建设，启动兰家庄易淹积水改造工程；黑臭河道整治，完成内秦淮河北段、香林寺沟沿线调查摸底等前期准备工作。完成汉府新村及梅园地块剩余户拆除，协调推进与军区总院钟岚里清房搬迁工作；拆除违建2281平方米，花红园楼顶违建基本拆完。“雷霆行动”中，街道开展11次联合整治行动，出动人员247人次，动用各种执法车67台次，查处各类占道经营车辆14辆，劝离171起小摊小贩路边经营行为，整治倚门出摊83处。

【民生事业】 强化民政托底保障职能，做好特殊人群服务工作及社会保障等服务工作。2016年，新增注册社会组织2家，梅园新村街道社会组织发展促进会被评为AAAA级（市级）社会组织。完成兰园AAA级居家养老服务中心提档升级、建成裕德里助餐点、与市普宴快餐店联合打造成功1个中心厨房；完成“残疾人之家”建设。开展玄武文化行广场活动、打造梅园新村、富贵山2个社区示范文化活动室，完成9个全民健身路径的更新，开展全国科普宣传周等活动270余场。全年新增城镇就业910人，实现再就业610人，培育自主创业345人，创业带动就业2810人，免费体检16430人，新办市民卡1257人，为城镇居民办理基本医疗保险缴费5470人，为失业人员开展职业培训589人，劳动争议案件调解数200件，其他劳动和保障服务项目服务6102人次。

【平安法治】 2016年，街道全力维护地区安全稳定，化解信访积案老案，与2名多年上访人员达成息访协议。深入推进“阳光信访”“一卡通”工作法，全面落实信访工作责任制，全年成功调解各类纠纷1121件。做好G20峰会、六中全会等重点敏感时期维稳工作。群众安全感测评满意度由上年93.5%提高到95%。

【基层党建】 2016年，扎实开展“两学一做”主题教育活动，按规定动作要求，街道党工委带领各级基层党组织以支部为单位，开展自学与集中学活动。集中组织全体机关党员上党课3次，班子成员开展专题大讨论3次，利用班子例会和中心组学习机会，以学促做。社区党委和基层支部以“三会一课”学习为基础，组织好每月统一活动日，开展手抄党章书法展示，家风故事分享交流会，“三比三争”党员亮身份，千支万名先锋行动等形式多样的活动。年内各支部还围绕个人查摆问题，做好专题民主生活会、开展党员民主评议工作。在广泛征集群众意见基础上，2016年确立62个为民服务项目，街道进一步规范资金使用办法，工程类项目由街道统一招标施工单位，活动类项目已全部启动，确保资金用在刀刃上。理顺街道4491名党员组织关系隶属情况，进一步加强党员管理工作质量。以“社区+非公”及非公支部“梯次创建”等模式，加强非公党建指导员和非公企业专干的能力培训。

【人才工作】 2016年，街道工委把人才工作为“一把手”工程，由专人负责，每周召开一次人才情况分析会，对人才信息进行分析梳理，细化工作目标，明确工作重点。全年对接人才80余人，完成市级人才目标任务1人，网上申报人才11人，通过资格评审10人，8人进入综合评审，3人入选区高层次创业人才并参加市综合评审。

【“小红梅O2O大党建平台”改版】 2016年，深化”小红梅O2O大党建平台”服务功能。改版小红梅微信公众号菜单，保留直观、可用性强部分，新增办事流程、活动预告等栏目。常态化推送微信号周刊，内容与基层党建更加贴近，以优秀党员事迹为主要宣传方向，集合传统文化、社区活动、志愿服务、廉政自律等不同内容。全年发布周刊48期，宣传辖区模范党员97人次，刊发党章党规学习资料60余篇。小红梅线下体验站依托各类资源开展环境美化类、文化鉴赏类、专业技能提升类活动，使党员群众增长智识，强化技能，养成持续学习。2016年获“南京区街镇最佳新媒体传播奖”。

·社　　区·

【梅园新村社区】 东起龙蟠中路，西至东箭道，南延中山东路，北至珠江路，占地面积约0.38平方公里，总计人口3077户，8160人。辖区有南京军事医学研究所、梅园新村纪念馆、毗卢寺等大小单位100余家。社区党委下设7个党支部，有党员312名，其中配备党委书记1名，党委副书记2名，楼栋支部书记7名。社区内辖60座楼栋，分为32个社区居民小组。2016年，梅园新村社区打造家风家训文化馆，开办多场主题展览，进一步提升基层党风廉政教育质量。2016年社区获南京市文明社区、南京市五四红旗团支部等称号。

【东南大学社区】 社区居委会位于文昌街2号9舍，为相对封闭的东南大学教职工宿舍区。北沿北京东路、南至太平北路122号、东到兰园28号、西至太平北路，占地面积0.5平方公里。社区办公用房面积为150平方米，居民小组数31组，居民总户数2565户，常住户数2350户，总人数7753人，常住人数6280人。社区内还有学生宿舍9幢，居住有5000多名大学生。社区党组织为总支建制，下设3个党支部，有党员129名。社区利用人才资源优势，通过与东南大学离退休协会和老干部长期以来的协调与沟通，不断扩充社区特色项目“院士专家服务站”的服务内容，提供更优质的便民服务。2016年，社区获省市两级文明社区称号。

【大行宫社区】 位于总统府东部，南至中山东路，北至太平北路120号，东至花红园路，与梅园新村社区、大影壁社区毗邻，西至太平北路1912街区，面积0.45平方公里，户籍人口3250余户，总人口9750人，有常住户2800余户，常住人口7200余人，社区有21个院落，65个居民小组。社区党委

5月7日，梅园新村街道东南大学社区院士专家服务站开展义诊服务

下设7个楼栋党支部，有党员312人。社区内有中国近代史遗址博物馆（总统府）、南京图书馆新馆、江苏美术馆新馆等大型场馆；有玄武区政府、区检察院、梅园新村派出所等党政机关；有雄狮国际电子商城、华海数码广场及宏图三胞等大型商务楼宇。党委7个支部根据自身发展特点，创建志愿服务型、学习型、互助型等7个特色支部，使支部建设有亮点，服务基层有创新。社区党委还与台盟南京市委共建"同心书屋"，为两岸青少年相互了解提供渠道。2016年，社区获"江苏省民族工作示范社区"称号。

【大影壁社区】 位于珠江路北侧，龙蟠中路西侧，南至珠江路，东至龙蟠中路，西至花红园路，北至荷包套路，占地面积74500平方米，居民常住户3341户，居民人口7432人，流动人口485人。社委会地址东大影壁6幢1号，社区党委下辖9个党支部，有党员317人，社区内有东大影壁小区、西大影壁小区、佰仕园小区、花红园小区、红旗新村小区、华山饭店小区和杨家胡同小区。主要单位有华山饭店、金鹏饭店、东方商城、雄狮商城、玄武外校、太平洋国际商城等。2016年，大影壁社区花红园片区出新工作完成车棚、地下管网、路面铺设、楼道灯安装等。

【兰园社区】 东起龙蟠中路、西至兰园路，南自红旗新村，北到北京东路，居民常住户3200户，9523人，社区有北京东路、兰园、演武新村、小营北路、红旗新村5个小区，社区面积约0.43平方公里，65个居民小组，居民住宅楼99栋。办公地点设在演武新村58号。社区党委下设7个楼栋党支部，25个楼栋党小组，共有党员348名。社区内有南京市教育局、玄武区党校、南京市外国语学校及小营小学等单位。2016年，社区党委为满足居民多样化需求，成立"兰园社区银发乐园艺术团"。开设书法、绘画、摄影、合唱、舞蹈五大兴趣班，为社区老人提供继续学习、展示自己、结交朋友的平台。

【明故宫社区】 东起前半山园路与北安门社区相邻，西至龙蟠中路与梅园社区相邻，南起中山东路与秦淮区相邻，北到珠江路、后宰门街与太平门社区、北安门社区相邻，社区面积约1.3平方公里，户籍人口5640户、12768人。社区内有中国第二历史档案馆、南京博物院、总参第60研究所、南京军区南京总医院、熊猫电子集团有限公司、五星控股集团有限公司、维景国际大酒店、钟山宾馆等单位。2016年，社区打造集人民防空、自然灾害、事故灾难、公共卫生事件、社会安全事件知识、宣传教育培训于一体综合性科普宣教人防馆，凸显社区的多方位服务功能。

【太平门社区】 东起北安门街（富贵山隧道），西至龙蟠中路，南至珠江路，北至龙蟠路（太平门街以南），户籍人口6234户、13264人，社区范围为太平门街、太平门东街、太平新村、农场巷、富贵山、佛心桥、后宰门西村。有党员549人，13个楼栋支部。社区内有金陵药业、南京市玄武区高级中学、玄武区教师进修学校、江苏省青年干部管理学院等400多家单位。社区内建有全民健身点4处，有精英艺术团、夕阳红老年艺术团、腰鼓队、舞蹈队、合唱队等多支民间组织队伍。2016年，社区打造的"橄榄绿"拥军社会组织，为居民和部队官兵提供服务，开展多样化的活动满足不同人群需求，营造鱼水情深太平门。

【北安门社区】 东起明陵路，西临北安门街，南及后宰门街，北至富贵巷，社区面积约1.2平方公里，住户5457户，总人口数15511人。社区办公地点设在后宰门西村13号。社区党委下辖17个楼栋党支部，584名党员。社区内有海军指挥学院、南京市慈善总会、市儿童福利院、金融科技园、江苏柯菲平医药有限公司、第五十四中学等100余家单位。2016年，社区党委细化社区党员义工"五化模式"工作法，以"居民下单、党委接单、共建做单"的方式，端出民生菜单12项，全面提升党委服务群众能力水平。

【富贵山社区】 西至北安门大街，南至富贵巷，北依富贵山，面积约10万平方米，户数为4133户，总人口数为11252人，楼幢113座。社区办公地点设在富贵山4号。社区党委下设17个楼栋党支部，党员503名。社区内有海英小学、陆军指挥学院第一干休所、金陵竹刻、佛心桥高层物业等单位。2016年，社区结合居民多元化需求，坚持引进专业型社会组织，打造"文化和助残"特色社区。"桑榆情"项目每月为社区老人开展各类文娱活动；康宁读书会每月开展读书分享活动；年内"邻里讲堂"开展主题讲座50余场。与驻区单位合作，开发"社区通"信息化服务平台，推进社区信息化建设。2016年,社区获南京市最美志愿服务社区称号。

·驻街园区·

【珠江路都市经济园】 位于玄武区龙蟠中路29号，与珠江路和北京东路两条交通干道相邻,区域交通便捷，园区占地面积10000平方米,建筑面积约12500平方米，园内建筑造型时尚、绿化秀美、环境优雅。园区入驻企业52家。2016年,全口径税收统计259.22万元。被列为南京市大学生创业园,南京玄武区劳动创业园。

【南京科技金融园】 位于后宰门西村95号，总面积13000平方米,为市级金融园。是江苏首个由政府引导、市场化运作的综合性的多层次科技金融服务的专业机构,实行“平台+园区+基金”(中小企业科技金融服务平台+知识产权投融平台+科技金融园+基金)的新型商业模式。2016年,园区新入驻同设设计有限公司、南京网元通讯技术有限公司2家企业。全口径税收统计1100.14万元。

【东南大学国家大学科技园长江后街创业园】 位于玄武区长江后街6号，毗邻著名的南京珠江路科技街，是东南大学国家大学科技园的孵化载体，园区占地面积26亩，建筑面积20000平方米。园区抓住区县共建大学科技园和建设战略性新兴产业创新中心的机遇，针对园区载体建设和资源要素集聚的现状，以科技成果转化为特色，发挥东南大学在科技、人才方面的优势,充分整合各种资源,按照“政府主导、市场导向、企业化运作”的发展模式和“整合、提升、转型、升级”发展思路，推进公共服务平台和公共技术平台的建设。2016年,全口径税收统计1960.02万元。

【玄东科技园】 处于珠江路科技街核心区域，毗邻东大科技园长江后街园区，总建筑面积10800平方米。园区一方面将长江后街园区的服务体系延伸过来，让玄东园区企业享受到东南大学国家大学科技园的专业和特色服务。另一方面探索建立创新性的“预孵化—孵化器—加速器”孵化培育模式,建成“人才基地、创业市集、创新市集、云端平台”四大公共服务体系，为入园人才和企业提供基础设施、技术研发、知识产权服务、金融支撑、信息化服务和咨询中介等服务。园区秉承“创业无忧,全程服务;创新无障,专业服务”的服务理念,致力于服务海外科技团体及科技工作者，主动与海外知名的华人学、协会组织合作,利用“口碑效应”以才引才,专门引进海归专业人士，为留学归国人才提供更加贴近海外生活习惯的针对性、专业化服务。玄东科创服务基地由有着丰富海外人才交流和引进经验的玄东管理和服务团队提供专业服务，有基于云计算先进性和高效性为海智计划人才提供定制的、便捷的临时办公和IT解决方案，将始终致力于构建一流的服务体系，营造一流的创业创新环境，使其成为海外科技人才、学协会、研发机构、科技型企业的聚集地。2016年,全口径税收统计1118.42万元。

(邹　欣)

新街口街道

·街道工作·

【概况】 新街口街道位于玄武区西南部，是南京市最繁华的中心地段。区域范围太平北路以西,中山路以东,中山东路以北,北京东路以南，域内面积2.6平方公里,街道办事处地址大石桥19号。现辖北门桥、唱经楼、成贤街、大石桥、香铺营、长江路6个社区居委会,在籍居民33885户,95400人。辖区内有3所小学,2所中学和1所大学,有德基广场、南京银行总行、金陵图书馆、汉府饭店等党政军企单位500余家。2016年,街道工委、办事处围绕突出经济发展、民生保障、环境整治、安全稳定、社会治理等重点工作，街道主要指标、各项重点工作稳步推进,各项目标基本完成。2016年,街道在全区现代化建设考核中，获先进单位、被评为法治玄武建设先进集体等称号。

【经济发展】 2016年，街道完成公共财政预算收入12.72亿元。服务外包执行额2.47亿美元，离岸服务外包执行额0.78亿美元;外贸进出口目标52.49亿美元。全年街道辖区企业专利申请量完成1592件,专利授权量完成854件;发明专利申请量完成1317件,发明专利授权量完成662件；引进注册资金1000万元以上规模企业138个,服务企业取得成效。健全重点企业库，建立网格化管理机制，全天候进行片区楼宇信息维护,确保掌握第一手企业情况。

以发展总部企业为目标，对全口径税收在100万元以上企业，进行分类分析筛选，对税户做好维护。加强上市企业辅导。组织辖区内10家拟上市的企业进行专题培训，培育新的拟上市企业。重点项目持续推进。德基二期丽思卡尔顿酒店，雨花巷总部企业楼(壹零壹座)、长九三期，洪武文化创意产业园园区招商进展顺利。完成青石街地块拆迁征收工作。

【城建城管】 2016年，街道全力抓好环境卫生、市容市貌、交通秩序、黑水河整治、二次供水等工作，进一步提升地区城市品质。强化控违拆违力度。全年拆除新增违建20处，拆除面积298平方米，存量违建36处，拆除面积905平方米。抓好老旧小区整治。2016年对双井巷1号、2号小区院落进行重点整治，对102间非机动车棚和6处披棚进行拆除，完成率100%，保证老旧小区整治工程按期保质推进。街道停车设施管理中心和交警一大队建立共管共创联席会，及时处理日常停车管理中出现的种类问题。加强重点路段调控，优化道路停车秩序，街道停车设施管理工作连续多次走在全区或全市前列。重点围绕群众关注的食品安全、油烟扰民、黑臭河等问题开展工作，落实河长制，加装监控设备，安排人员巡查，黑臭河道环境得到较大改善。积极回应12345工单，及时解决群众诉求。全年工单总量居全区第一，工单提前办结得分全区第一，工单办结率100%，满意度稳步提升。

【民生服务】 2016年，各项服务全面保障到位，综合救助应救尽救。全年为各类人群办理住房保障、低保及低保边缘户办理大病医疗救助、临时救助等计2000余人次，各类救助资金做到及时足额发放。为老服务扩面增量。辖区内有60岁以上老人16689人，按标准发放长寿补贴金146.5450万元，实行养老助餐7894人次，安装安康通手机加座机273人。基础设施建设有序投入。年内在完成香铺营、唱经楼、香铺营分中心、成贤街社区硬件改造的基础上，重点对北门桥、大石桥社区的办公场所进行规划改造，北门桥社区新增面积1000平方米，改造后面积1500平方米，大石桥社区新增面积900平方米，改造后面积达1200平方米。结合暑期教育开展“文博之夏”的青少年活动。完善“十分钟健身圈”建设，更新7套健身器材，并铺设地胶。举办玄武区第九届中老年乒乓球大赛，完成550名人员的国民体测工作，组织队伍参加南京市第21届体育运动会、玄武区第11届体育运动会、南京市秧歌舞大赛和中老年人广场舞大赛，取得较好名次。依靠社会组织参加举办多场文化体育类活动，公益创投项目，社会组织异军突起，为民服务、爱满成贤、微课堂、乐成贤等项目丰富为民服务手段。打造服务金字招牌。形成“一居一品”的新格局。围绕老人需求，在开展五助服务同时，借助“天天食堂”“爱松树”等社会力量，开展助餐服务。

【平安法治】 2016年，围绕安全生产、社会治安、信访稳定等方面，营造良好社会环境，满足居民需求，提升居民群众安全感满意度。治安防控能力提升。社区入室盗窃、盗窃机动车助力车等可防性案件发案稳中有降，分别较上年同比下降34%、39%，街面“两抢”案件较上年同比下降30%；省、市下交重点信访人员呈逐年下降趋势，是上年同期1/2，信访维稳态势不断向好，实现十八届六中全会、G20峰会、全国、省市两会期间等各个敏感时期稳定。积极参与、妥善化解各类矛盾纠纷451起，有效处置易租宝非法集资引发的集访、天时商贸楼多家公司非法集资跑路引发集访、高新手机市场百余名小业主集访、人民中学中考招生事件集访等各类群体性事件。完善安全生产目标管理制度，分类签订安全生产目标管理责任书。开展专项整治活动，检查各类场所4701家次，消除隐患502处。开展安全生产教育培训。全年组织180余家企业负责人、分管安全负责人和安全管理人员200余人次培训。派发各类宣传资料3万余份。提高辖区群众安全防范意识。

【人才工作】 2016年，人才引进达超进度。街道人才引进指标是完成“创业南京”高层次创业人才市级人才1名、区级人才3名。年内完成区级人才5名，同时完成落户。完成市级人才申报。

【基层党建】 2016年，开展学习教育活动。组织党员开展“两学一做”学习教育，认真贯彻落实区第十一次党代会精神，始终把准政治方向，巩固管党治党基础。加大为民服务专项资金投入。制定为民服务专项资金的使用计划，制定实施52个项目，街道在市区拨款的基础上，为每个社区再配套10万元专项资金，投入专项资金240万元，充分听取民意，解决居民群众的燃眉之急，把资金使用在惠及广大群众的方面，受到群众好评。全年开展各种宣传学习教育12次，组织正反典型学习6场次，组织党员干部到龙潭监狱开展警示参观1次60多人，观看《焦裕禄》等廉政影片8场次，领导班子讲廉政党课6次，邀请市纪委领导开展廉政建设专题讲座1次，累计参与人数达170人次。党工委与各中心、社区负责人签订2016年度党风廉政建设责任书13份，上报纪检工作信息22条、网评2篇，《十分钟廉教微课堂》做法被《金陵瞭望》杂志录用。年内党代表、社区党委、人大代表、居委会等换届选举工作中，严明“九严禁”规定，有力有序推进选举工作，确保选举风清气正。拓展中山路国际名品街区建设。先后举办省级价格诚信街区揭牌暨区“三信三优”诚信单位授牌仪式、邻里文化节、名品街区非公企业党支部书记党建工作研讨会等，开展各项文化、体育、相亲联谊会、讲座、参观等活动近40次。中山路国际名品街区微信公众号实现党员全覆盖。全年推送图文信息350多条，在龙虎网街道类政务微信排名中多次名列前茅。

【荔枝广场】 2016年，荔枝广场依托江苏广电(集团)资源位于位于南京市北京东路4号，北临北京东路，东至丹凤街，南与江苏广播电视总台相接，西与南京市邮政局相连。拥有南京独一无二的集体验、休闲、娱乐、文化商业于一体3000平方米开放式广场。建筑面积约为60000平方米，分为地上与地下两个部分，地下3层，地上10层，建筑高度50米，停车位536个。年内全面开业，有30余家商家入驻，一楼将引进品牌KTV，二至四楼引进人气餐饮如costa、汉堡王、棒！约翰、常青藤等，主要形式为单店或者连锁，五楼为红杏酒家，六至九楼引进幸福蓝海总部形象店，十楼为夜上海。

·社　　区·

【长江路社区】 东起太平北路，南临中山东路，西至中山路，北依长江路。2006年成立。社区面积约0.36平方公里。社区居委会办公地址邓府巷18-4号，分为上下两层，面积约500平方米。社区内政府机关、企事业单位较多，其中有南京市体育局、南京市总工会2家机关单位，有德基广场、江苏省人保大厦、长江贸易大楼、置地广场等大型综合商场和写字楼，有南京市文化艺术中心、江宁织造博物馆、大行宫会堂等文化活动资源，有南京市第九中学高中部、南京市长江路小学幼儿园2家学校，以及中国银行、工商银行、建设银行、民生银行、招商银行、江苏银行、交通银行、平安保险、新华保险等众多金融机构。2016年，社区围绕社区文化和公益特色，初步尝试众筹为民服务新模式，探索社区多元治理新格局，长江路社区依托区委宣传部阵地打造机遇，对社区软装提档升级，社区风格得到统一，文化气息彰显，同时社区通过社工学堂礼仪培训，使社工的职业形象得到提升。4月21日，迎接青海组织部参观团一行；9月13日，承接玄武区委统战部“月圆玄武”中秋联谊会；9月29日，承接全市宣传文化工作现场会社区实地参观任务；10月19日，迎接台湾新北市参访团，与新北市民族里签订友好结对协议书；11月23日，接待广西梧州市党委组织系统党建研讨班一行；11月30日，迎接市委宣传部实地参观指导。社区通过为民服务专项资金，为邓府巷54号和邓府巷24号无物管老旧小区硬件改造，长期困扰邓府巷54号居民小区污水漫溢得到解决，居民送来锦旗。社区公益伙伴联盟定位在加强合作，借助人大选举工作，公益伙伴成员数量得以扩展，服务范围和质量得到提升。上乘书院项目年内新增国画授课班；一米阳光项目各类帮扶救助人群从上年固定结对6户增加到17户；小区营造项目除为民服务资金以外，公益伙伴艺之行利用专业特长为

6月7日，新街口街道举办“心向党　梦飞扬”中小学生演讲比赛

小区车棚和窨井盖进行美化，增加小区人文气息；七彩人生项目年内通过伙伴南京文化艺术中心的帮助新增230人次观看大型文艺演出机会。社区探索服务对象众筹购买服务的创新模式，以学龄孩子托管服务为切入点，由社区、社会组织、服务需求家庭共同协商，最终形成社区免费提供服务场所，社会组织提供服务，服务对象众筹服务所需费用，同时服务对象交纳社区公益金，用作社区困难群体帮扶和社区公益活动资金，让三方同时受益的服务模式。这种服务模式与市面上另外三种常见的托管模式相比，既不同于完全市场化运作高费用的托管，也不同于服务对象全免费最后志愿者没有服务动力的“放学来吧”，更不同于依赖政府项目资金支持的项目化运作的托管。好处是运作模式灵活不受限制；三方处于平等合作关系；三方共同受益；服务模式可复制，可运用于其他社区服务领域。

【香铺营社区】 北临珠江路科技街，南接长江路文化街，东至太平北路，西靠洪武北路。2006年成立。社区面积约0.36平方公里，社区居委会办公地址玄武区相府营26号，位于香铺营小区中心。全年社区以“方便群众、服务群众”为宗旨，不断扩展社区服务、美化社区环境、加强综合治理，积极开展各项创建工作，服务功能围绕“一老一小”有显著提升。2016年，社区在全市成立首家“一家亲”互助社，延伸和拓展服务项目，对现有志愿者进行梳理，成立统一“一家亲”志愿服务队，对不同类型志愿者开展座谈、培训。社区在三楼屋顶平台新开辟为阳光论坛，每月开展以“议居民身边事，解居民烦心事，做居民想做事”为主题的活动。社区妇联“七色花”项目则从7个分支项目的开展，营造适宜妇女成长发展和相互交流的有益环境，其中创业就业项目所推动的女性自主创业典型吴维维代表社区参加“五一”职工大比武烘焙与咖啡拉花技能竞赛，取得全区第二名的好成绩。2016年，社区获江苏省和谐建设示范社区、南京市文明社区、玄武区文明社区等称号，在市金金网“三优”评选活动中被南京市关工委评为优秀通联集体，被玄武区全民阅读活动领导小组授予玄武区“书香社区”称号，被南京市科协新增为市级社区科普大学。

【成贤街社区】 东起太平北路，西至进香河路，南临珠江路，北接北京东路。2006年成立，由大纱帽巷社区、虹板桥社区、成贤街社区调整而成。社区面积约0.8平方公里。社区办公地址老虎桥18-1号。社区有东南大学，市文化局、市妇联，以及各民主党派社会团体等26家单位。2016年，社区党委注重引领党员积极参加各类服务，组建微课堂志愿服务队、网吧管理员、进香河大平台志愿服务队等队伍。2016年，成贤微课堂项目稳步发展，无偿为贫困家庭、流动人口家庭、“特殊”家庭孩子提供学习辅导和完成作业，有10余家单位参加微课堂服务。成贤诗词歌赋社学习创作和宣传格律诗词、现代诗歌、楹联等文学作品；同时参与社区综合建设。年内，成贤诗词歌赋社参加省市级活动2次，市级活动2次，区级活动6次，为企业服务3次，成为社区服务社会的抓手，提升社区影响力。2016年，社区微课堂获江苏省民政厅优秀社会工作项目三等奖，“中年两劳浪子”重启生活新篇章获江苏省民政厅优秀社会工作案例三等奖，社区被江苏省文化厅评为示范书香书屋，社区代表街道创建省示范社教中心通过考核，社区获南京市示范社区，诗词歌赋社获南京市社教中心终生学习品牌项目，微课堂获南京市妇联优秀服务项目。

【北门桥社区】 北门桥社区位于新街口区域东北角，东起洪武北路，南靠长江路，西至中山路，北临珠江路，社区面积约0.46平方公里，属混合型社区。社区总户数3711户，常住户数3175户，总人口9882人，常住人口8975人，民政对象330人。社区办公地址估衣廊38号，专职社工9人，居民小组31个。北门桥社区设党委，下设13个党支部，现有党员373人。辖区内有中山大厦、新世界中心、凯润金城，有人民中学、洪武北路小学、尚美学院，这里商贸、文化、教育集中。社区有星光艺术团、腰鼓队、武术队等28支基层民间组织，全年活动丰富；消防之友俱乐部等9家社会组织常年服务社区。2016年，社区加强居民民主意识，建设自管、自治、自由现代化城中老旧小区管理新模式。1月，社区动员居民对为民服务项目进行意见征集活动，确定9个项目：北门桥路高层小区街心花园项目、北门桥路高层小区休闲区项目、北门桥路2、3、4、5、6、8、10号七栋高层的残疾人坡道项目。年底前全部完工。年内完成社区居委会换届选举。10月13日第27个国际减灾日，10日下午，组织80余位居民在社区三楼活动室，围绕“用生命呼吁：增强减灾意识，减少人员伤亡”主题，开展防灾减灾宣传活动。社区先后获全国青年文明社区、全国社区服务先进社区、全国社区服务先进单位、全国综合减灾示范社区、全国科普示范社区、南京市玄武区少数民族工作示范社区等称号。

【唱经楼社区】 社区位于珠江路北侧，东起进香河路、西至中山路，南起珠江路、北至大石桥，社区面积约0.26平方公里。社区邻里中心位于珠江路185号佳汇大厦二楼，面积466平方米。辖区范围内有医疗服务中心1个，2所幼儿园，1所小学，1座清真寺。有87幢楼宇，14幢高层，3幢小高层，70幢多层，11个居民小区，10个物业管理公司。有省手机批发零售市场、虹飞电信城、越时空通信广场，信泰证券公司、地铁大厦、金鹰国际天地购物中心、华利国际高档写字楼、南京市交通局、新街口街道办事处等单位。是一个综合性大社区。2016年，社区党委开设网上“两学一做”学习专栏，建立微信群；以网上“微党课”为纽带，开展5次网上“两学一做”学习教育课堂。重点打造“互联网+社区服务”，与智慧社区公司合作，完善社区微信平台服务功能，增加社区活动、社区党建、诉求协商、社区服务、居民互动、社区商城等模块。居民利用社区微信公共号可以在家完成尊老金自助验证，居民需求与投诉都可以在线上及时上报，全年接受网上投诉3起。年内开展义诊、助老、助残、助学、讲座、便民服务等活动31场次，接受各类捐赠计20000余元。2016年，社区获省文明社区，市双拥有功单位、市文明社区，区基层先进人民调解组织、区平安示范社区等称号。

【大石桥社区】 东至东南大学，西至中信银行，北至江苏广播电视总台，南至学府路。社区面积约0.42平方公里，为融经济、文化、商业、居住人口密集的综合性社区。社区内有江苏省广播电视总台、江苏省物理勘探院、江苏省中信银行、南京银行、南京市审计局、南京市邮政局等单位。社区结对支部玄武区地税分局。2016年，社区党委与省广电有线信息网络股份有限公司、南京市烟草专卖局二分局、江苏银行鼓楼支行等多家单位形成新的合作关系，联合开展文化体育、妇女儿童、端午重阳节、扶贫救困等活动。 （杨彭慧）

玄武门街道

·街道工作·

【概况】 街道位于玄武区西北部，域内以鼓楼广场为轴心，纵轴沿中央路向北至中央门立交桥、护城河、神策门公园，横轴沿北京东路向东至太平门，内含玄武湖、太平门至神策门段明城墙和北极阁山，呈环湖抱墙之势。东北沿玄武湖与锁金村接壤，西以中央路为界与鼓楼区相望，南以北京东路为界与新街口街道、梅园街道毗邻。域内面积6.54平方公里（含玄武湖4.44平方公里）。街道办事处地址天山路5–2号。辖台城花园、公教一村、天山路、高楼门、百子亭、大树根、廖家巷7个社区居委会，户籍人口9.6万人。辖区有玄武湖公园、明城墙、古台城、古鸡鸣寺、玄奘寺、北极阁山、九华山公园等风景名胜；有南京明城垣史博物馆、中科院南京古生物博物馆；有傅抱石故居、徐悲鸿纪念馆、宋子文公馆等人文景观；有国家审计署驻南京特派员办事处、财政部驻江苏省财政监察专员办事处、中科院南京古生物研究所、中国科学院土壤、地理和湖泊研究所等国家级单位；有省气象局、科技厅、卫生厅、商务厅，市规划建设展览馆，省肿瘤医院、市口腔医院、南京市第十三中学、科利华中学、北京东路小学等单位。是南京市委市政府所在地。2016年，街道围绕建设“强富美高”新玄武的实践为涵，结合玄武门街情实际，充分利用转型升级的战略机遇期，主动适应和引领经济发展新常态。以促进经济平稳较快发展、建设和谐宜居环境、保障民生和社会稳定为主线，扎实推进重点工程建设，加快落实保增长促发展的政策措施，为“十三五”开好局、起好步。

【经济发展】 2016年，街道一般预算收入累计完成32337.6万元；社零指标累计绝对值25.73亿元，增幅21.48%，全区第四；人均可支配收入全区第一；固定资产投资14亿元，达全年目标6亿元的233.33%，力争目标7.7亿元的181.82%，进度全区第一。

【城建城管】 2016年，中央路224号开发项目规划设计图作最终调整，市教育局已正式批复同意中央路小学易址新建；玄武门广场改造工程将最新方案上报市规划局；中央路300号地块已基本形成地块再开发初步论证；玄武湖菱州儿童生态乐园项目正在开展现场临电临水及路面平整施工和设备招标；方圆置业北京东路57号项目推进动迁工作；百子亭历史风貌区项目南侧民国建筑修缮工程完成。

【民生服务】 全年发放低保金200.098万元，受理住房保障61户，募集慈善资金26.177万元，救助困难群体1249人次。双拥优抚累计发放工资、补贴1401.63万元，一次性抚恤金21.91万元，伤残金100.7886万元，慰问金72.7336万元。发放尊老金132.14万元，家家乐居家养老中心和南京轩辕悦心社区养老服务中心助餐点，累计刷卡就餐5万余人次，组织开展葫芦丝、合唱、书法等老年人培训活动。发放计生用品2万余盒，宣传资料1千余册，救助金56.69万元，下岗失业及流动人口育龄妇女健康体检260人次，完成百子亭社区亲子活动室、廖家巷社区青春健康教育基地的创建工作。举办文体特色广场文化活动25场，5处全民健身工程点更新，街道文化站改建扩容，台城社区代表玄武区接受江苏省文化惠民“百千万行动计划”检查验收，获省市领导肯定。发放低保重残补贴1.32万元，生活救助金31.414万元，“四类定补”8.64万元，慰问金5.475万元，组织17名残疾人参加就业招聘会。新增就业岗位1230个，实现再就业700人。对412家用工单位，开展农民工工资支付情况进行专项检查，涉及外来务工人员1580人，组织创业培训班2期、技能培训班4期。引进社会组织5家，成立玄武门街道未成年人保护中心，得到社会各界的关注和肯定。

【平安法治】 全年梳理辖区法人及产活单位1167家，个体户1065家，通过拉网式排查，上报涉嫌非法集资活动企业12家，其中9家已迁出。现有存量涉嫌企业迁出率超出区下达75%考核指标，打击“非法集资工作”成为全区推广典型。推动宣传到位、服务到位、管理到位的“三到位”城市管理措施。重点规范一项管控机制，对违建管控、渣土管控、停车管理、户外广告、油烟扰民等重点突出问题管控上形成规范机制，全年开展联合执法行动17次，整治新建违建、工地扬尘、渣土运输、机动车占道经营等违法行为40余起，让联合执法成为常态。突出抓好两项牵头工作，标准化建设有序推进，全覆盖能力不断提升。建立城市治理本底资料数据库，完善治理标准，构建组织网络，落实责任体系，实施定额测算，强化督查推进；调优做强三级网格，不断加强队伍建设，优化相关工作机制，提升政务服务效率。打造三项精品工程，巩固示范道路、达标网格管理成果，继续实施建筑垃圾清运、市政设施养护市场化，打造“靓丽玄武门”精品工程；深入推进市容环境卫生责任区绿色联盟3+X制度，助力门前三包有效落实。加大环卫基础设施建设，不断提升垃圾分类工作成效，联合开展建筑渣土、餐厨垃圾专项治理行动，对辖区所有餐饮、建筑工地、小五金、干洗、汽修、医疗卫生行业进行建档，全面施行环保网格化，打造“清爽玄武门”精品工程。实施老小区环境综合整治及物业管理工作，完成百子亭片区等11个小区出新工程，大力开展水环境整治工程，完成兴江公寓等3个小区二次供水改造工程。实施楼道牛皮癣清理市场化运行模式。加快推进既有住房加装电梯行动，31个单元确定电梯增设合同，2部电梯安装已经开工，年内完成其余29个单元资料送市规划局审批，打造“宜居玄武门”精品工程。

【基层党建】 2016年，街道推进“两学一做”扎实到位，以主题党日活动、知识竞赛活动、书记上党课等形式寓教于学；以QQ群促学、微信号“每周一学”、“网格社工+党支部书记”结对帮学、上门送学、因地因人施学；成立“泊爱——玄武”党员义工组织等形式，集中解决200多项群众关心的热点问题。通过早作铺垫提前学、广泛发动迅速学、领导干部带头学、专题讨论系统学、突出重点强化学、全街上下层层学、加强宣传助力学等“七学”方式，分解细化党代会报告提及各类目标，明确重点任务，责任到人，集中攻坚。建立完善党风廉政建设主体责任清单、监督责任清单；各分管领导每月上报“一岗双责”履行情况，党组织主要负责人切实履行“第一责任人”职责。就落实“三重一大”报告制度、干部日常请假报告制度、公务招待制度、选举工作中落实“九严禁”、文明交通执勤上岗情况等开展专项检查，落实监督责任。年内社区党组织换届工作，新任社区党组织班子成员平均年龄45岁，具有大专及以上学历33人，研究生学历1人，5名大学生社工进入班子队伍。

·社　　区·

【台城花园社区】 台城花园社区紧邻市政府，东倚明城墙，外靠玄武湖，南以北京东路与新街口街道隔街相望，西至北极阁风貌区、高楼门路，北以西家大塘路为界与天山路社区毗邻，内含北极阁山、古鸡鸣寺，因台城座落其间而

6月1日，玄武门街道开展六一庆祝活动

命名。社区面积约0.46平方公里。户籍人口3442户、8903人，流动人口780人，有10个党支部，有党员348人。社区办公地址台城花园3号。社区内有明城墙古台城、鸡鸣寺及北极阁风貌区；有江苏省科技厅、对外经济贸易厅、气象台、南京古生物研究所、博物馆、南京明城垣史博物馆、南京市老干部活动中心、宋子文公馆、工艺美术大楼、泰达机电等30个单位。2016年，社区坚持以人为本思想，实施多个为民服务项目，主要是小区险树修剪、化粪池管道维修、安装楼道扶手、老旧小区增设单元电子防盗门、居民自治管理，以及传统节庆、台城邻里文化节等活动。完成社区党委、人大、居委会三个重要的换届选举工作。引进南京同心未成年人保护与服务中心、布丁太太阅读写作社区服务工作室，提高"心活力"心理工作坊、宜幼社区教育发展中心、"家庭驿站"运作能力；与南京义工联、南京俏乐一族等多家公益组织合作开展为老为小志愿服务。联合结对支部、社区内单位，共同做好党员群众服务工作，区文化局在"全民阅读"活动中捐赠图书300余册，向省商务厅、省气象局、鸡鸣寺等单位募集慈善"一日捐"1.5万元，全部用于困难群体帮扶。2016年，社区获省科普示范社区、省文明社区称号。

【公教一村社区】 东至龙蟠路（太平门随心缘大酒店），南至北京东路，西至鸡鸣寺路，北至玄武湖明城墙。社区面积约0.4平方公里。户籍人口11050人，流动人口684人，党支部10个，有党员360人。社区办公地址北京东路51号22幢综合楼。社区有南京市委市政府、中科院土壤所、地理湖泊研究所、南空干休所、九华饭店、鱼翅皇大酒店、北京东路小学等单位；有和平公园、珍珠河、鸡鸣寺、九华山玄奘寺等名胜。2016年，社区围绕党的十八届三中、四中、五中、六中全会精神，坚持开展"两学一做"学习教育活动，增强党员对"两学一做"的重要性与必要性的认识。严格程序，依法选举，年内完成"四个换届选举"。把抓党建做服务与20万元为民专项资金结合起来，通过排查摸底，召开听证会，征求各方意见，商定7个为民服务项目。

【天山路社区】 东以玄武湖畔明城墙为临，北与百子亭社区紧邻，西至高楼门路，南以西家大塘、峨嵋路与台城花园社区比邻。社区面积约0.26平方公里，户籍人口6636人，流动人口1107人，10个党支部，有党员333人。社区办公地址天山路3-37号，办公用房面积300平方米。社区内有3304工厂、南京市第十三中学、昆仑路小学、玄武门幼儿园、高楼门饭店、唐会、喜悦会、江苏《东方娃娃》期刊有限公司、玄武门街道、玄武门派出所、苏果超市、峨嵋路农贸市场、天山路卫生服务站、老年康复护理院等单位。2016年9月，完成党委换届选举工作，选举出新一届党委委员会。利用新媒体创建"天山路社区在职党员群"集中管理。开展党员示范活动日、党员亮身份树形象"三比三争"活动等，发放《习近平总书记系列重要讲话读本》等读物，开展"环境大整治""文明交通、绿色出行"等活动。做好20万元为民专项服务资金工作，完成天山路1号、北极山村2~7号和天山路45~71号小区安防项目建设。引进天山路康复护理院义工、南京市第十三中学教师团队、南林大学生志愿服务队、河海大学生志愿者等社会义工组织，在社区开展"养生小讲堂""全民学书法"等活动；在重阳节、元宵节、端午节等传统节日，为孤寡、独居、空巢老人包粽子、包饺子、做元宵。

【高楼门社区】 东沿高楼门路，南起北京东路，西临中央路，北至傅厚岗东段。社区面积约0.173平方公里，户籍人口4961人，流动人口351人，8个党支部，有党员157人。社区办公地址高楼门65号。社区有院落42个，居民住宅楼50幢，总单元135个，小二楼11处，平房34处。社区内有中国移动、中国联通、国家审计署驻宁办事处、中信证券及江苏省卫生厅，南京市口腔医院等机关、企事业单位和医疗机构，有5000平方米鼓楼市民广场、大钟亭公园。年内南京证券公司拿出6万元慰问社区63户困难户。5月，开设有大钟新村携才老年人助餐点、省卫生厅助餐点。年内开展非法集资摸排工作。7月，市长缪瑞林到高楼门结对党支部参加社区党员活动日。9~12月，社区完成党委、人大、妇联、工会、社区等换届工作，选出高楼门社区新一届领导班子。10月，摸排既有住宅加装电梯工作，符合要求单元有5个。年内协调兴江公寓二次供水改为直供水工作。

【百子亭社区】 东靠明城墙玄武门段，南至傅厚岗路2~16号，西连中央路，北到玄武门路。社区面积约0.23平方公里，户籍人口6644人，常住人口5050人，流动人口850人，8个党支部，有党员238人。社区办公地址百子亭后49号。社区内有江苏省肿瘤医院、玄武门社区卫生服务中心、江苏省凤凰传媒出版股份有限公司、江苏省气象局、江苏省首家中国健康促进金奖学校——南京市中央路小学、南京军区司令部第三干休所和南京军区空军昆仑路干休所等单位。2016年，社区完成昆仑路18~38号、百子亭28-8号、36号以及百子亭35号、37号片区4个老旧小区整治出新，完成4项换届选举工作，选举出区党代表4名，人大代表4名，选出社区“两委”班子成员14名。全年为民服务20万专项资金，完成百子亭后小区文体活动点雨棚安装、电子防盗门、楼道灯安装，监控设施维修等，受益群众580户、1700余人。

【大树根社区】 东靠明城墙，西连中央路，北与玄武湖隧道接壤，南至玄武门路。社区面积约0.47平方公里，户籍人口4077人，流动人口780人。社区9个党支部，有党员252人。社区办公地址大树根11号。社区内有江苏省海事局、南京市城市建设规划展览馆、玄武湖公园管理处、南京港华燃气有限公司、南京军区第二干休所、红星家具城、金陵药业股份有限公司、南京公交总公司、南京城建集团、南京农垦集团等单位。2016年，社区实施“为民服务专项资金”项目6个：维修防盗门16个单元、维修门铃13个单元，污水管道维修改造约60米，大树根小区亮化安装路灯4盏，社区内道路修补约400平方米，小区内新建车棚8个。关注帮扶有困难群众，免费开展健康咨询服务，赠送有关保健书籍，免费提供法律援助。坚持人防、物防、技防“三防”结合的工作方法，创建“平安社区”构建和谐社会。完成换届选举任务。

【廖家巷社区】 东倚明城墙，外临玄武湖，西沿中央路，南起玄武湖隧道口，北至中央门护城河、神策门公园。社区面积约0.36平方公里，居民住宅楼52幢，户籍人口2150人，流动人口968人。社区有11个党支部，有党员398人。社区民间组织17个。社区办公地址中央路298号。有居民住宅楼52幢。社区内有江苏电信大厦、城市休闲酒店、新立基大厦、南汽大全、金陵威孚有限公司、南京市科利华中学等单位。2016年，社区党委利用自主学、集中学、辅导学、上门学，推进“两学一做”，学习中发挥各楼幢支部作用，分类指导，结合社区特点开展“立家规、正家风”主题活动。各支部党员积极参加困难帮扶、治安巡逻、环保护绿、矛盾调解等义工队伍活动。与区物价局开展扶贫帮困、物价宣传等活动；与邮电大学志愿者开办“相约课后、牵手优秀”周六辅导班。利用课外教育辅导站开办折纸、扎染、烘焙、羽毛球等课堂。用好20万为民服务资金。（王　莹）

锁金村街道

·街道工作·

【概况】 街道位于玄武区东北部，东靠紫金山，西临玄武湖，北接南京火车站。玄武湖隧道、九华山隧道、玄武大道、龙蟠路、地铁1、3、4线、宁栖路穿过境内，交通便利。域内面积7平方公里。街道办事处地址锁金村67号。辖锁一、锁二、锁三、锁四、锁五、新庄、紫鑫城7个社区居民委员会，户籍人口约7万人。辖区内有金思维科技大楼、林产化学工业研究所、江苏省科学技术情报研究所、南京林业大学、南京师范大学紫金校区、南京邮电大学锁金村校区、上海铁路分局南京办事处、南京商厦、南京太阳谷文化发展有限公司、南京南泰国际展览中心等单位70余家。2016年，街道以抢抓“十三五”开局机遇、深化“两学一做”学习教育，以打造“金陵幸福第一街”为目标，努力提升工作标杆，各项工作取得明显成效。经济工作围绕年度经济指标任务中心工作，抓好制度落实，强化服务意识，促进资源整合，挖掘现有潜能，加大协调力度。把项目作为经济工作重要抓手加以推进，重点项目取得明显进展。建立和完善安全生产责任体系，扎实推进安全生产责任落实，加强基层基础建设，严密组织隐患排查，开展安全生产专项整治行动。城市环境工作积极施行“服务前移、自治共建、智慧管理”门前三包管理新模式，在全市门前三包工作中名列前茅。城市基础建设工作按照“三年行动计划”要求，制订老旧小区改造计划。逐步拆除违建 23 处 685 平方米，实现新违建零增长。基本解决唐家山沟沿河多处问题排口，并接受国家验收考核。取缔 13 家环保不达标餐饮单位。完成板仓街 5 号、49 号-23 栋以及新庄 55 号小区整治，完成锁金二村 21 栋、22 栋、湖景花园、赞成湖畔居等 4 个小区(楼栋)二次供水改造。社会事业围绕建设“金陵幸福第一街”总体目标，突出重点、统筹兼顾，完成各项民生工作。以“幸福锁金　民创民享文化盛宴”为主线，组织各类主题活动 20 余场。为老服务基础工作有实质性进展，建设中心厨房、助餐服务点，开通(新办)助老卡，建设 AAA 级居家养老服务中心。培育自主创业 278 人，创业带动就业 2679 人，组织失业人员培训 435 人。对重点矛盾与信访案件落实领导包案责任制，受理、化解矛盾纠纷 575 件，化解率100%。区域共建、群众文体、基层民主、志愿服务、民宗侨务等方面得到社区群众认可，“一居一特色”凸显。街道党建开展“两学一做”学习教育，“三会一课”活动规范，规定任务达超序时进度。有序落实中心组学习计划。组织实施“三五十”工程，开展全体干部联系党员和困难群众行动。组织换届选举工作，落实“九严禁”要求，完成区十一次党代会代表选举，10 月 12 日在科技广场举行人大换届选举集中宣传日活动，9 个选区 100 余名选民参加。加快构筑区域化党建工程，实行项目化运作、精细化管理、便民化服务。在全市率先成立街道总工会，并成功组织现场观摩会。完成民兵预备役整组、超额完成征兵任务。2016 年，街道获 2016 年省民政标准化建设试点单位、省人民调解委员会规范化建设示范点，市依法治街先进街道、市先进基层党组织、市“2013~2015 年度文明单位标兵、市“平安建设先进街镇、市城市治理优胜街道、市人防先进单位、市人武基层建设标兵单位、市法制玄武建设先进集体等称号。

6 月 24 日，锁金村街道社会管理中心化建设综合标准化试点中期评估会

【经济发展】 2016 年，街道应对经济发展转型期，创新路径方法，优化经济工作机制，从整合资源、挖掘潜力、提高服务等多方面入手，全力推进转型发展。固定资产投资 3.56 亿元，地方社会消费品零售总额 30.43 亿元，全年完成税收 2.25 亿元。强化项目意识，形成梯度推进，街道始终把项目作为抓经济、促发展的重要抓手，不断挖掘和整合项目，排出了一批在建、待建、筹建项目，使项目形成梯次，持续发展。同时，进一步明确了责任领导和责任人，排出时间节点和推进菜单，使项目目标化、刚性化。2016 年，新隆基广场、国展中心转型等项目按计划有序推进。强化税收组织，根据每月完成情况，及时调整税收组织策略，对全年税收形势进行客观、科学分析，将全年经济任务量化到月，细化到人，做到周周要进度，月月出指标。深入企业、加强服务，对现有企业现状，建立企业数据库，即时对企业纳税情况做到科学分析、适时评估，对重点企业，做到专人负责、跟踪服务，对开门红、双过半等各个税收关键环节，提前安排，合理部署，将影响税收的各种不利因素纳入可控范围。强化招商意识，提高引资质量；把投

资促进工作为经济发展的重点工作来抓，千方百计整合招商资源，拓展招商领域，突出产业链招商，坚持真情服务，创优服务。多次参加市、区组织的专题招商对接会，发放招商手册200多份。组织多批客商到玄武湖沿线项目、文化产业园等项目实地参观推介，成功储备一批客户。积极拓展招商渠道，同多家商会和群团组织建立紧密联系，借助商会资源，为街道招商引资服务。

【城建城管】 2016年，街道按照"三年行动计划"要求，完成板仓街5号、49号-23栋以及新庄55号小区整治工作。在小区环境整治中，城管中心及社区对小区内存量违建进行拆除，其中，拆除板仓街5号小区内违建67处，260平方米，板仓街49号23栋旁违建1处100平方米。8月后3处小区陆续进入环境整治施工阶段。发挥网格化巡查作用，对违法建设加大管控和拆除力度，年内拆除其他各类违建23处，685平方米，其中在建违建11处，153平方米，确保新违建零增长。在老旧小区整治中，对辖区内违法建设进行全面摸底排查，在以往排查数据的基础上，对违建进一步梳理，完成对存量违建和楼顶违建调查摸底工作，形成较为完善的数据库，为后续违建拆除工作打下基础。按照上级部门要求，做好辖区内3条城市河道(唐家山沟、紫金山一沟、轻卡便沟)各项清理和整治工作。通过督促、沟通、协调，沿河多处问题排口得到基本解决，河道周边环境得到有效改善。9月25日至10月8日，完成南林大二食堂管网改造、隔油池安装工程，彻底解决油污下河隐患。10月10日，林大垃圾站渗滤池改造，11月完工，改造后杜绝污水下河隐患。唐家山沟整治成效显著，作为玄武区黑臭河道整治成果，街道先后12次完成国家、省、市各级部门检查、考核保障工作，并协助做好国家和南京市新闻媒体对黑臭河道治理采访报道工作。2016年街道以市场化运作为导向，推进物业管理市场化进程，强化小区自管的力度，加强对辖区内物业公司监管的同时，稳步推进居民小区市场化管理工作。

【民生服务】 2016年，街道以"惠民生、优服务、强基础、促和谐"为主线，突出重点、统筹兼顾，较好完成各项民生服务保障工作。做到应保尽保，应助尽助，通过建立严格工作程序和加强对业务工作人员培训，落实好低保、救助等各项政策。慰问困难边缘户、低保户200余户，发放慰问金200余万元，发放救助金5万余元，救助人数100余人。全面做好为老服务，尊老金按月审核发放，全年发放尊老金100多万元。建成中心厨房，完成6万人次助餐服务，设7个服务点，为1200位老年人开通办理助老卡。对已有资源整合建设，继续扩大在社区现有场地养老服务设施面积。加强AAA级居家养老服务中心建设，按年度目标计划街道新建一个AAA级居家养老服务中心。做好双拥优抚工作，街道领导对驻区部队、军烈属、重点优抚对象进行走访慰问，发放慰问费、慰问品。完善全面两孩政策实施情况监测制度，建立健全全面两孩政策月报制度，建立政策实施情况动态分析制度，加强组织协调，推进再生育审批信息化。宣传落实创业扶持政策，鼓励大学生自主创业，鼓励企业录用高校毕业生，吸纳就业困难人员，提高就业率，全年培育自主创业278人，创业带动就业2679人。开展失业人员技能培训及创业培训，分批组织失业人员参加职业指导培训435人，65人参与创业培训，培训项目紧跟目前市场就业需求，提高针对性和实用性，提升劳动者创业和就业竞争能力，增强其就业稳定性。整合街道辖区内"一个中心七个站"和"5分钟服务圈"公共服务资源，成立新南京人服务中心，围绕管理服务、权益维护、文化教育、党团活动四大服务功能，提供登记办证、政策咨询、社会保险、就业培训、劳动争议调解等10项基本服务。

【平安法治】 2016年，街道开展法治和平安创建宣传进广场、进社区、进校园活动。加大矛盾排查与化解力度，做好重大节假日和敏感时期地区维护稳定。受理矛盾纠纷575件，化解575件，化解率100%。辖区没有发生重、特大矛盾纠纷和民转刑案件。开展形式多样平安法治建设安全感满意度活动。

【基层党建】 2016年，街道开展"两学一做"学习教育，"三会一课"活动规范，规定任务达超序时进度，学做效果显现，选树13个党员先锋模范、4个社区"党员示范活动日"。有序落实中心组学习计划，以多种形式宣传贯彻区第十一次党代会精神。组织实施"三五十"工程(处级领导各联系10名、科级干部各联系5名、一般干部各联系3名)。开展全体干部联系党员和困难群众行动，打造"德孝锁金"文化品牌，塑造向上向善的锁金人文特质。组织换届选举工作。落实“九严禁”要求，完成区十一次党代会代表选举，推选产生13名区党代表。完成社区党委换届，推选产生49名社区党委委员。加快构筑区域化党建工程。实行项目化运作、精细化管理、便民化服务。深化“侨法宣传角”“小霞驿站”等老品牌项目建设，新增锁一社区党委“北斗星”区域共建项目、锁三党委参与式评选为民办实事项目新途径。结合市区专项检查指导意见，完善专项资金使用规范，街道坚持一定数量配比资金，形成制度，提高社区党组织办事能力和服务水平。在全市率先成立街道总工会，并成功组织现场观摩会。完成民兵预备役整组，超额完成征兵任务。集聚资源，深入服务，增强统战工作活力，发挥社会组织能量。组织侨眷子女依托“五位一体”侨文化——侨之室，开展阅读活动，满足街道归侨、侨眷子女精神生活需求，推动社区读书文化建设、渲染书香氛围。街道人大、政协围绕中心工作履行职能，组织代表、委员和街道议员议事会察效能、定期例会、举办论坛议事等履职活动。“省人大民主立法联系点”工作得到推进，“协商民主在基层”试点工作展开，与区委政法委及区司法局、民政局联合在锁三社区启动“社区协商治理中法治保障与能力建设”项目试点。

【人才工作】 2016年，街道全面发动，拓展渠道，创新方式“引”才。组织参与国内外各类人才交流活动，实现外出引才工作常态化、日常化。引进集聚一批符合区产业规划高层次人才和团队到玄武区创业。年内引进高层次创业人才1名，培养高技能人才56名。完成已入选南京市领军型科技创业人才及其项目的落地、配套政策的兑现。联合经济、劳动和社会保障等定期上门服务。促进以才引才，加强科技人才创业经验交流，为创新人才、初创企业提供创业指导和服务。实践锻炼“育”才。分类人才定向培养，努力建设一支数量充足、结构合理的人才队伍，实现各类型人才队伍新鲜血液补充。构建系统培训体系，满足人才知识更新、能力提升需求，为人才沟通合作搭建平台，全面提升人才素质。注重提高人才科技创新能力，增强活力，着力把锁金村街道打造成为玄武发展的智库和自主创新能力的来源，打造成为玄武人才培养锻炼的基地和高层次人才创新创业的平台。完善监督，严格机制“管”才。强化人才工作机构和人才队伍建设，落实街道、园区人才工作机构编制、职责、人员、经费“四到位”，专人负责，任务明确，经费保障到位，保障引才活动的正常开展。坚持从严管理与爱护人才并重，加强人才及创业项目监督管理，不断完善人才综合考核评价机制。

【街道总工会成立暨第一次会员代表大会】 5月19日在南京金陵之星大酒店三楼召开。参加会议有市总、区总工会及街道相关领导，街道辖区工会会员代表102人。全市各区、化工园区及玄武区各街道工会分管领导、工会干部全程观摩。在大会预备会上，会员代表听取《锁金村街道工会第一次会员代表大会筹备工作报告》，听取并通过《锁金村街道总工会成立暨第一次会员代表大会代表资格审查报告》，缜密筹备、严谨审查得到会员代表赞许。会员代表大会审议通过锁金村街道工会联合会第六届委员会工作报告、经费审查委员会工作报告、女职工委员会工作报告，明确未来5年锁金村街道总工会工作目标和主要任务，并在第一次代表大会上选举产生街道总工会第一届领导班子。街道党工委书记石磊在大会闭幕式上讲话。市总工会组建部部长马岩提出三个方面要求：加强工会组织自身建设；开展“三亮三公开”；全面建设“六有”工会。

【“锁金向党　德孝当先”大会暨“德润锁金·民创民享”演出】 6月28日下午，由街道主办，万家帮家园和谐促进中心、乐颂文化空间承办，“锁金向党德孝当先”——锁金村街道庆祝中国共产党成立95周年大会暨“德润锁金·民创民享”群众文艺演出，在板仓街109号部队大礼堂举行。大工委大党委委员、街道党代表、干部职工、社区党员群众400多人参加。视频《锁金向党　德孝当先》拉开大会序幕，回顾街道各方面取得的成绩。大会集中推出一批“德孝锁金”先进人物，表彰一批优秀党员、优秀基层党务工作者、先进党组织、优秀党员志愿服务队和优秀党员义工，同时对体现社会主义核心价值观精神风貌先进典型进行表扬通报。有优秀社区主任朱丽玲、抗击病魔康复患者汤小霞、环卫工作者张志伦等。街道中南京好人3名，玄武好人2名，善行义举人物42名。演出有诗朗诵《红旗飘飘》、舞蹈《锁金美》等，大型歌舞《共筑中国梦》将“德润锁金·民创民享”群众演出推向高潮。7月中街道与7个社区开展纪念建党95周年暨“德孝锁金”系列主题活动，有“廉在我心中”主题书画展、“党员义工在锁金”主题摄影展等。

【街道系列法治宣传活动】 2016年，街道在“国家宪法日”前开展“法治宣传月活动”，协调南京林业大学宣传部、团委和法律援助中心，邀请该校法学专业教师、具有一定法律知识并热心普法宣传教育的党政干部和法律系学生成立普法志愿者大队，普及宪法知识、弘扬宪法精神。普法志愿者大队与所在锁三社区结对，定期为辖区居民提供法律服务。12月4日上午，街道开展系列宣传活动，“宣传宪法”——义务普法宣传进校园活动。举办“法律伴我行”宪法日主题演讲活动，南京林业大学6位演讲同学结合自身成长经历和专业背景，向大家生动讲述法治故事、传递宪法精神；演讲者与现场近百名听众就宪法的相关知识进行学习探讨。通过观看视频直播，同步参与教育部举行的国家宪法日暨教育系统宪法学习日活动并讨论。普法志愿者大队在校内举办“宪法知识问答”活动。普法志愿者们将写有宪法知识问题的纸条放入盒中，供活动参与者现场抽取并作答，回答正确送上小礼品。

·社　　区·

【锁一社区】 东临玄武湖，南至南京师范大学紫金校区，西靠南京市第十三中学锁金校区，北依紫金山。社区办公地址于锁金六村17幢旁，社区有1个街道大工委和6个社区大党委单位，7家单位象征锁一社区7颗明星，形成“北斗星”综合党建品牌。9月24日，按照街道党工委的统一部署，锁一社区党委召开党员大会，选举产生新一届社区党委委员。社区大力推进社区建设，不断完善社区服务设施，改善居住环境，丰富社区文化生活。培育自主创业者74人，创业带动就业682人，开放论坛议民意，征求意见谋福祉。4月20日上午，社区召开党员、居民骨干会议，就为民服务专项资金使用听取和征求居民意见想法，开设开放论坛，让大家畅所欲言表达意见建议。2016年，社区获“2013~2015年度市级文明社区”，区“先进基层党组织”称号。

【锁二社区】 东至锁金中路，南临锁金南路，西接玄武湖公园，北靠锁金北路。社区共有住宅楼35幢，其中高层住宅楼3幢，多层住宅楼32幢。社区办公地址锁金二村12幢旁。小区内建有休闲、娱乐、学习为一体的科普广场，面积约为1000平方米。社区内有南京邮电大学锁金村校区、江苏省科技情报所、江苏省金思维信息技术有限公司、金陵之星大酒店等单位。2016年，社区围绕开展“两学一做”专题学习，运用社区党建网、智慧党建幸福锁金平台等媒体广泛报道和宣传“两学一做”学习教育相关精神，并利用社区微博、党员微信群等多媒体平台让党员进行自学。社区橱窗内张贴海报，悬挂宣传横幅。在整个社区营造浓厚的学习宣传氛围，全年开展学习活动23次，参观主题学习红色传承活动3次，4月，邀请《南京日报》“红色文化看传承，穿越时空的对话”走进锁二社区，开展红色书籍传承活动。以弘扬社会主义核心价值观为出发点，社区打造三大民生服务亮点，“乐学拓展大课堂”“居家养老服务中心”“弘孝源”社区大讲堂，以安民、便民为着力点，以学习、活动为平台，将文明礼仪、科普知识、文体活动、书法绘画等各类居民基本需求整合起来，通过“乐享便民服务站”的运作，打造“社区便民服务体系”，提升社区管理和公共服务水平，把便民、利民服务真正落实到实处。2016年，社区获“江苏省和谐社区建设示范社区”、“3013~2015年度市级文明社区”、“南京市和谐社区建设示范社区”等称号。

【锁三社区】 东靠林产化学工业研究所，南临锁金北路，西倚龙蟠路和新庄立交桥，北接312国道。社区分为锁金三村和锁金村80号、84号3个大院及林业大学校区。社区办公地址锁金三村14幢旁。社区内有南京林业大学、玄武区军队干部休养一所、南京市政工程管理处、金卡大厦和锁金二小幼儿园等单位。2016年，针对社区年轻党员较多特殊现象，成立“锁三锋坛园”讨论组，年轻党员有一个交流、发展、学习，展示先进性平台。为民办实事项目采取居民公投方式，将投票箱放在社区大小门，每户选出一名代表参与公投。全年完成对坑洼路面维修、三村监控安装、楼道灯安装等。持续开展银发互助公社工作，社区将有需求的独居老人互助结对，做到每日有活动，“每日一见”“邻里守望”。每月组织一次主题活动，如“岁月留影”“厨艺大赛”“专题培训讲座”等。持续深化韩先林志愿者工作室的品牌建设，6月，韩先林志愿者工作室正式开始提供日常服务，对有需要的居民提供上门服务。推进民俗文化艺术社区品牌建设，搭建“四个平台”，做好锁三墙面文化宣传，丰富民俗楼、民族楼等楼道的文化内容，征集优秀的居民文化作品在宣传区展示，与南林大红十字会学生分会对接，组织大学生学习简单的民俗文化。2016年，社区获市平安建设先进社区、2013~2015年度市级文明社区等称号，获区中小学师生科技创新大赛实践活动类作品二等奖。

【锁四社区】 东临锁中路，南与锁金一村相接，西靠锁金二村，北临锁北路。社区办公地址锁金四村12幢-1。2016年，社区做好两委班子成员思想建设、作风建设和组织建设。加强两委班子能力建设，开好社区两委会。将现代远程教育与群众生活相联系，开展科普教育和礼仪知识的宣传，组织党员群众参加到和谐社区创建中来。推选先进典型事例，引导全体居民向上向善。年内社区推荐区优秀团员1名，优秀玄武好青年1名。“善行义举榜人员”推选4名。“南京好人”侯选人2名。全年媒体报道55篇。在小区内悬挂宣传横幅10多条，张贴多幅有关平安和谐社区宣传画，走访500多户居民家，发放致居民一封信等。与多家经营单位签订综合治理目标管理责任书，组建由社区党员和积极分子组成的安全巡逻队伍。开展好垃圾分类工作，组织志愿者开展共同保护社区卫生环境活动4次，利用宣传栏张贴宣传画10张，发放《健康苑》宣传资料110份，组织居民参加卫生知识讲座4次。2016年，社区获2013~2015年度市级文明社区称号。

【锁五社区】 东与玄武湖街道相邻，南到宁栖路，西以锁东路与锁四、锁一社区相临，北至南京林业大学。社区办公地址锁金五村4号。社区有锁金五村南院、北院、翠岭居、板仓街130号、板仓街78号、锁金村200号、林化所7个院落。社区内有南京师范大学紫金校区、锁金二小、中国林产化工研究所、总参炮兵干休所等单位。2016年，社区自治组织在构建和谐社区中发挥作用。社区党委各支部书记运用现场教学、小微课堂等多种方式开展学习教育10次，以实际行动践行“四讲四有”新要求，按照“三会一课”制度，围绕“学习系列讲话、强化‘四种意识’”“做‘四讲四有’合格党员”“亮身份树形象 立足岗位作贡献”“三比三争”等专题活动，开展大讨论8次。社区探索基层军民融合式发展新机制，1月29日下午，锁五社区携手总参南京干休所举办2016年新春军民联欢会，老同志、老年居民欢聚一堂。开展双向服务，社区以“侨眷关爱月”为平台，汇聚“侨”力，开展主题活动。2月4日，锁五社区同10位归侨、侨眷在活动室举行侨界迎新春联谊会。9月14日上午，社区组织归侨侨眷和社区居民开展“月满中秋，情暖侨心”侨界人士共庆侨联60周年文艺汇演暨表彰大会活动。2016年，社区获“创建全国双拥模范城有功单位集体三等功”、“2013~2015年度市级文明社区”、区“先进基层党组织”等称号。社区主任达敏获“全国百名社工人物”称号。

【新庄社区】 东靠紫溪湖桥，南临玄武湖，西倚白宫大酒店，北接红山铁道口。社区办公地址新庄39号综合楼。社区内有南京南泰国展中心、园林实业总公司、铁路办事处、中铁24局江苏公司、新世纪大酒店、南京火车站、邮政枢纽、曙光国际大酒店、军转站、南京商厦等10多家企事业单位。2016年，社区以“党员教育启民智、社区活动促融合、社区建设现新意”为出发点，形成“学习、活动、勤改、提升”为一体模式，调动社区党员特别是年轻党员参与的积极性，创新社会组织激发社区党建工作新活力，全年开展相关学习活动35次。5月17日上午，社区党委组织党员40余人参观新四军纪念馆。8月22日，新庄社区开展党员示范活动日活动，请社区老党员讲述入党故事，邀请南理工大学生党员志愿者表演情景剧。社区公开承诺制度化、长效化，坚持“应诺尽诺、有诺必行、承诺必果”原则，开居民议事会、两委成员圆桌会议研究制定2016年为民办实事12件。社区志愿服务队伍6支，其中学雷锋志愿服务流动站和居家养老站颇受居民欢迎。学雷锋流动站每周周三上午在各个小区流动开设，解决居民家电维修、寻求家政等诉求，“站员”也从业余到专业。社区主任周会娟获“南京市第二届‘全科社工’技能大赛”优秀奖。

【紫鑫城社区】 东靠紫金山，西临玄武湖，南面毗邻白马公园与北安门大街，北接宁栖路。社区办公地址板仓街49号14幢旁。社区内有南京电影机械厂、江苏文化产业园、白马公园、紫金山索道等单位。2016年，深入家庭了解居民想法，掌握民意，发挥特色项目品牌小霞驿站作用。帮助申请公益创投项目资金，为项目开展提供保障;“生命绿茶吧”癌友康复之家坚持特色服务;开展“爱心一元捐”“众筹”活动,用所得款项开展“冬日温暖社区行”,资助困难癌友、贫困家庭;举办“夕阳乐”中老年电脑培训班。年内,社区居家养老服务点“南京汇艾堂中医研究中心”落户社区,为社区居民提供艾灸、刮痧、中医保健讲座等。社区获“南京市2013~2015年度文明社区”称号。

·驻街园区·

【世界之窗文化产业园】 位于板仓街9号,是锁金村街道目前最大的一处商业载体,园区占地面积约6.7公顷,可供营业及办公的房屋面积约38000平方米,园区分A、B、C三区,A区临街约60米长,面积约8100平方米,B区位于园区中央位置,由7栋小楼组成,面积约20840平方米,C区位于园区东南部,紧邻紫金山,由3栋建筑组成,面积约9060平方米。园区内南京金域医学检验所有限公司成立于2007年5月,技术领域涉及临床生物化学、临床免疫学、临床血液学临床微生物学、理化分析学等学科。目前于江苏省700余家医疗机构建立长期合关系,2009年成为江苏省首家通过ISO15189认可的第三方医学独立实验室。江苏色达文化发展有限公司成立于2011年1月,注册资本1000万元,致力于开发“中国文化元素新体验”为导向。金东康信息系统有限公司是国内最早从事AIDC与执行管理整体解决方案研发和实施服务的专业公司,总部设在南京。1999年起,金东康分别在北京、上海、深圳、苏州设立分支机构,投资成立比邻软件有限公司。金东康是国际著名的AIDC厂商美国Honeywell公司、DATAMAX-O′NEIL公司、日本CASIO公司在中国的主要业务合作伙伴,同时与国内外众多知名的IT及管理咨询公司保持着紧密的合作关系。园区内还有南京平泰科技有限公司、南京尚金文化传播有限公司、南京讯点软件技术有限公司、南京视野工程有限公司等50多家以文化、科技、医药、信息技术等为核心的产业。

(孟　军)

孝陵卫街道

·街道工作·

【概况】 街道东起顾家营与栖霞区相接,西至中山门与秦淮区相连,南至沧波门外秦淮河与江宁区接壤,北至紫金山与玄武湖街道相连,毗邻国家AAAAA级钟山名胜风景区。沪宁、宁杭高速公路穿境而过。域内面积约27.47平方公里,辖区有小卫街、孝陵卫、铁匠营、康定里、盛和家园、晏公庙、钟灵街、农科院、南京理工大、南农大、银城东苑等11个社区居民委员会,居住人口29700余户、132745人(含在校学生)。辖区内有南京理工大学、南京农业大学、南京体育学院、江苏省农科院、江苏省地震局、江苏省石油物探所、南京军区政治部文工团、中山陵园管理局、南京奶业集团等单位50余家。2016年,街道坚定调结构、稳增长,下力抓改革、促转型,继续转作风、惠民生,统筹推进“五位一体”建设,经济社会发展稳中向好,机构趋优,质效提升。

【经济发展】 2016年,街道财政税收完成40415.4万元,完成基准值三的133.1%,同期增幅48%,增幅和进度位列全区街道第一,首次突破4亿元大关,又一次实现税收增长历史上新跨越;全社会固定资产投资完成298914万元,同比增长215%;社会消费品零售总额完成约678811万元,同比增长10.3%;服务外包执行额完成15862万美元,同比增长34.6%,离岸执行额完成5916万美元,同比增长28.8%;外贸出口总额完成3573万美元,同比增长3.2%。新注册企业197户,其中亿元以上规模企业2家,3000万元以上企业6家,1000万元以上企业27家。持续推进在手项目,培育挖掘新项目,全面推动11万平方米的市重点项目卫岗奶业集团1928创意广场建设,加快钟鼎山庄商业配套(二期)、顾家营紫金华府、钟灵街50号晏山居、双拜巷技工学校地块等项目建设步伐,完成小顾家营地块环境综合整治项目立项备案、规划选址、土地使用预审手续办理。

【城建城管】 2016年,街道城管中心开展“雷霆行动”集中联合整治10次,出动676人次,依法查处扣押违法违规大型机动车36辆,电瓶、电动三轮车111辆,现场教育、警告971次,取得阶段性成效。罗汉巷小区出新改造进入全市先进行列,6个小区二次供水施工进展顺利,拆除新建违建15处1429平方米。指导4个小区业主委员会改选、3个业主委员会筹备,召开听证会、选举会、筹备会等38次。依托街道物业服务中心,常态管理老旧小区,集中整治126次、疏通下水管网186处、清理楼道院落杂物48次、铲除菜地8300平方米、拆除乱搭建1429平方米、规范停车44处。做好迎接国家卫生城市复审工作，抓好垃圾分类、扬尘管控、食品安全等督查落实。全年共受理12345政府热线工单2500余件。

【民生服务】 2016年，街道在做实低保、计生、劳保、双拥、残联等各项惠民政策基础上，发放低保金319.8434万元，为3102名80周岁以上高龄老人发放尊老金155万元，新增城镇就业人数719人、实现再就业人数473人。

【平安法治】 2016年，街道安全突出信访老户和新增重点户，严格落实"五包一"责任机制，接访124批次、260余人，化解重点信访积案2件，消除集体访，确保建党95周年、G20峰会、十八届六中全会等重大时期信访稳定。广泛开展"平安守望岗""交通文明劝导岗"活动，排查各类纠纷隐患582件，调处各类纠纷151件(成功142件)，为3个老旧小区安装防爬刺630个。分别与驻街各大院校、企事业单位签订安全生产责任状1063份，对卫岗加油站、双拜巷换气站等21个重点目标和137家居民楼宇餐饮服务场所进行安全消防隐患排查、问题整改。协助打击处置君临紫金一起非法集资案，加强宗教场所和清真食品安全检查。

【基层党建】 2016年，街道落实省、市、区党代会精神，不断强化"四个意识"，充分挥班子核心领导、统筹协调各方作用，把方向、管大局、作决策、保落实。集中组织《准则》《条例》学习培训，加强常态

6月28日，孝陵卫街道庆祝建党95周年表彰大会暨"两学一做"学习教育专题党课

监管，严格落实党风廉政建设"两个责任"和"一岗双责"。围绕"一城两街三片区"发展规划，突出引导做好新一轮孝陵卫地区城市设计。把握大局、统筹兼顾，严格规范，确保区党代表、社区党组织、人大代表社区居委会等换届选举顺利进行。突出"两学一做"主题教育，采取集中学习、专题党课、缅怀先烈、示范带头、研讨交流等，以及"三比三争"、领导干部立家规、共产党员正家风等形式，不断丰富和深化学习教育成效，引导和激励党员弘扬信仰至上、对党忠诚、干净做事、勇于担当。

【人才工作】 2016年，街道完成对7名创业南京人才项目的申报工作，其中入选区级创业南京人才2名，并做好市级创业南京人才申报工作。此外，申报专利申请总量2000件，发明专利申请总量1500件，协助对43名321人才项目绩效评估及扶持资金发放。

【创业载体建设】 2016年，着力打造1928创意广场、T80文化国际社区品牌和特色，依托"创洽会""金洽会""紫金山峰会"等国内招商主题活动平台，大力宣传推介南京钟山生命科学园和区域项目资源，签署了投资额为10亿元的佳源国际总部项目（南汽制动器厂地块）合作开发建设协议，引进和新增生命科学类企业40家；生物医药园、生命科学国际社区、生物基因产业园3个主题分园开园。

【排涝抢险】 2016年7月，秦淮河水位受持续降雨天气影响引发倒灌，致使辖区内南京理工大学、银城东苑及钟山花园城等处大面积涉水被淹。街道迅速启动抗洪抢险应急预案，由街道主要领导和重点片区挂钩领导现场指挥处置，50名城管队员突击排涝抢险，100名街道干部、法律人士、社区群众志愿服务队伍，不怕困苦、连续奋战，全力打赢抗洪抢险攻坚战，《新华日报》《南京日报》等多家媒体报道。

·社　区·

【盛和家园社区】 位于栖霞区、江宁区、玄武区三区交界处。社区面积约0.14平方公里，有2个小

区29幢住宅,4244户，常住人口5826人，户籍人口1739户、4608人,流动人口368人。二期设有配套办公用房1100平方米，未入住，居委会地址盛和家园小区9幢一单元201室，办公用房面积170平方米。设有居家养老服务站、世代服务室、综治办公室、党员会议室、居民学校、宣传橱窗等。加强社区网格化管理,定期走访社区居民，党员志愿者巡逻队增强民安防范。2016年,社区党支部发挥党员、居民骨干、楼栋长作用,定期召开议事会,反映居民问题,商讨解决方案,利用社区为民服务专项资金打造社区休闲凉亭、长廊和晾衣架。年内完成人大换届选举、社区换届选举、党支部换届选举、妇联换届选举、工会换届选举。全年开展养生讲座、慰问困难老人、糖尿病筛查、“美好睡眠,放飞梦想”、消防安全知识讲座和演练、“品味端午粽，共享邻里情”“两学一做”专题党课、全民运动健康登山行、金秋重阳节慰问暖民心等活动。2016年,社区获区平安社区、区基层先进人民调解组织称号。

【康定里社区】 位于孝陵卫街道西南角,东、南、西三面与秦淮区相邻。 2001年成立。社区面积约1.6平方公里，由康定里小区、胜利村100号、108号、紫金南苑、胜利村路50号、长巷200号、小卫街226号等7个自然小区组成，总人口7135人，常住人口6526人,专职社工7人,其中6人取得社会工作者资格证书。社区有玄武军休六所、60研究所、胜利村2号产业园、南京振华包装厂等单位。社区党总支下设3个党支部,有党员178名。社区办公地址康定里小区3幢，办公房面积400平方米，设文体活动中心、阅览室、居民学校、多媒体室等服务场所,另设有卫生服务中心,方便居民医疗咨询、就医治疗。社区电子科普宣传栏及时更新普及相关知识。2016年,社区请专业指导老师免费指导大家打乒乓球、唱歌、跳舞等。社区联接高校志愿者为老人提供基本的家政服务，理发店定期为高龄老人免费理发。社区医院为老人开展健康养生知识讲座;志愿者定期走访,为老人提供心理慰藉服务；一年2次组织失地农民免费一日游活动。社区先后获市六好社区关工委，区平安社区、区民主法制社区、区和谐示范社区、区未成年人零犯罪社区等称号。

【南京理工大学社区】 东至罗汉巷,南至光华路,西至友谊河,北至中山门大街。社区居委会办公地址孝陵卫200号，办公用房面积110平方米，居民分住在8个住宅小区内,有住宅楼114幢,总人口3278户、9278人。社区党总支辖4个支部,有党员164人,为企业退休或是民营企业工作人员。2016年,接收15名党员组织关系转入社区，发展预备党员1名,全年缴纳党费13750.5元。年内完成人大代表、社区党组织、社区妇联、工会的换届选举。2016年，完成各种民事调解60余起，每月出一期综治宣传橱窗，组织居民各种文体活动10次,先后开展10次“垃圾分类从我做起”主题宣传活动,召集居民骨干、社区楼幢长、社区党员代表等参加垃圾分类24次以物换物活动。2016年,社区获区文明社区、区平安社区称号。

【南京农业大学社区】 东至龙宫路,西至童卫路,南至后标营路,北至中山门大街。2016年,社区落实防爬刺安装、楼道亮化惠民设施;定期组织党员志愿者、青少年开展环境卫生清扫活动；结对帮扶南农大社区困难户、开展禁毒教育活动。年内每月第一个星期天组织党员开展党员生活会,每月组织居民观看远程教育纪录片,组织老年人健步走活动,组织老年居民观看爱国纪录片，组织青少年参加“漫游古生物　奇妙玄武行”夏令营活动。在“两学一做”学习期间,组织党员学习《中国共产党问责条例》及习近平《在庆祝中国共产党成立95周年大会上的讲话》。完成南农大社区换届选举、党支部换届选举、妇联换届选举、工会换届选举,以及居民代表大会召开。2016年,社区获区平安社区称号。

【江苏省农科院社区】 东临南京农业机械化研究所，南临宁芜铁路,西至孝陵卫1号,北依森林摩尔商业街区。社区居委会办公地址钟灵街48号(江苏省农业科学院内)。社区有71座住宅楼宇,科研院所、幼儿园、现代农业展示中心、大学生创业园等150多家。2016年,社区以服务居民、努力提高居民文体素质和生活质量为目标，以提高居民综合素质和文明程度为宗旨，充分利用社区教育资源,与院校形成共建,共享文化发展,结合自身特点,制定社区发展规划,建立居务公开制度,健全居民自治机制,完善组织结构。社区利用“党员义工服务队”“小小志愿者”等志愿服务组织开展各类服务活动,在清洁家园、文明交通、垃圾分类、困难帮扶等活动中发挥示范教育作用。依靠志愿者队伍，开展关心下一代活动，寒暑假期间开展青少年道德、法律、科学等社会教育实践活动40多场次。社区利用“博学玄武学习在线”网络教育资源，广泛宣传，鼓励社区居民参与学习。完成市人大换届选举工作，完成社区党组织、社区居委会、社区工会、社区妇联换届工作。2016年，社区获区文明社区、区平安社区、区人民调解先进集体等称号。

【铁匠营社区】 2001年7月成立，由童卫路社区和铁匠营社区调整组成。位于紫金山南麓，北沿中山门大街，东与理工大学相邻，西与秦淮区相连，社区面积约2.3平方公里。社区内有东郊美树苑小区、东元山庄小区、樱花苑小区等16个自然小区，有125幢楼宇。社区居委会办公地址小卫街218号园区内。社区有江苏省地震局、中石化物探研究院、中山陵园管理局、前线文工团、南京市歌舞团、奶业集团、玄武区市场监督管理局等单位。社区以“资源共享、优势互补、文明共建、共同发展”为原则，加强与各单位联系，开展志愿活动。年内江苏省干部疗养院为社区居民开展糖尿病预防知识讲座，南京农业大学志愿者每周六开展下马坊地铁4号口“稍序立整”自行车整理活动，中山陵园管理局春节走访社区困难群众慰问金10000元。在职党员下社区发挥机关单位政治、组织优势，组建治安巡逻、关心下一代、扶贫帮困等党员志愿者队伍；依托党员活动室、法制宣传栏、法律服务站等服务阵地，开展形式多样活动。年内社区通过党建20万元为民专项资金，完成卫岗26号小区1号、2号、3号大门新装、社区范围内宣传栏新装和维修、传统节日、治安巡逻等4项。2016年，社区获市2013~2015年度“文明社区”，区“平安社区”、区“2016年度优秀基层党组织”，街道2016年度先进单位称号。

【小卫街社区】 东靠邵家山公园，南临宁杭公路，西倚下马坊公园，北接紫金山，社区面积约0.85平方公里，属商品房和拆迁安置混合型社区。社区总户数2018户，总人口4520人；常住户数1820户，常住人口3291人；民政对象42人。社区办公地址铁匠营1号，办公用房面积1200平方米，专职社工8人，有居民小组9个。社区党总支下辖4个党支部，有党员103人。2016年，社区组织开展老年大学活动，为老人免费开展书法、舞蹈、电脑、太极拳教学等志愿服务。口袋公园升级改造二期工程，针对小卫街18号都市山庄大门口广场公共设施破损严重，新增设公园隔离护栏，同时广场绿化补栽，铺设花砖，升级改造周边邮箱，优化配置自行车位，修补周边水泥道路。“敲门大姐“系列服务项目是社区为民服务金子招牌，服务点亮空间，为小区12户生活困苦，居住房屋破旧漏水的空巢、独居老人提供免费房屋出新服务，包含墙面刷新，电路改造、开关灯具更新等，改变近20年居住环境恶劣情况。为居民过“重阳、腊八”等传统节日，参与活动居民600多人。为爱驻足项目，每周聘请志愿者上门为老人提供修脚服务，缓解高龄老人孤独情绪，及时掌握空巢独居老人的身体和心理状况，防止高龄老人出现突发状况。2016年，社区“敲门大姐”系列服务项目分别获省民政厅优秀社区服务项目，区社建工委组织基层创新项目评比一等奖、区精神文明最美志愿服务示范项目等称号。

【孝陵卫社区】 2009年6月成立，由原孝陵卫东段社区、孝陵卫西段社区、晏公庙西村社区、铁匠营社区部分合并而成。社区面积约2平方公里，社区有孝陵卫街道办事处、南京孝陵卫供销实业有限公司、紫金宾馆、玄武区第二干休所等10家单位，非公有制经济组织和新社会组织15个，个体商业网点205个。社区依托居家养老服务站、劳动保障服务站、流动人口管理服务站开展面向社区老年人、残疾人、孤儿，以及社区贫困户、优抚对象社会救助、社会福利和优抚保障服务；同时面向社区居民便民利民服务；面向社区单位社会化服务；面向下岗失业人员再就业服务和社会保障社会化服务。社区成立银发乐园，为社区内老年人设计并提供其交流、保健以及其他服务的综合活动场所，以工作人员组织，志愿者参与为主体的公益性活动，分为健康服务、心灵陪伴、真人图书馆、休闲娱乐、特别服务五大服务板块。2016年3月，社区党组织为用好20万元为民服务专项资金，通过上门走访居民、发放调查问卷、召开党员代表大会和居民代表大会等形式，广泛地征求意见和建议，年内完成安装社区宣传栏、晏公庙52号、53号小区环境整治、晏公庙54号小区围墙整治出新、“我们的传统节日”4个项目。5月，社区党组织召开“两学一做”学习教育动员部署会。9月，社区银发乐园夕阳红歌舞队编排的歌舞丰收的希望在“中国旗袍会香港旗袍秀表演赛”上获最佳风尚奖。年内完成社区党组织、社区居民委会、社区妇女联合会、社区工会联合会换届。2016年，罗汉巷小区5~14幢环境整治评为区“环境整治示范小区”；孝陵卫街二期房屋征收项目完成，居民搬迁完毕。全年在公交站台、地铁进出口、交通要道口开展志愿巡逻服务。社区获2016年度区平安社区、区人民调解工作“先进集体”、区“民族工作示范社区”，被街道工委评为2016年度先进基层党组织、2016年度先进单位等称号。

【晏公庙社区】 位于街道以东，紫金山脚下，社区面积约1.5平方公里。有常住户3053户，常住人口6513人，流动人口938人，其中老年人口1045人，残疾人口99人，青少年1357人，低保户79户。社区党总支辖3个支部，有党员172名,。社区有南京市公路管理站、南京钟山生命科技园等企业，有孝陵卫初级中学，钟山幼儿园等单位。2016年，社区利用好为民服务专项资金，为晏公庙新村小区安装23个摄像监控，小区治安发案率下降；维修晏公庙新村下水道；为双拜巷散居小区、晏公庙新村小区等安装路灯11盏，以及双拜巷151号小区安装楼道灯，解决居民夜晚行难问题。年内社区完成党总支换届，人大代表换届，第六届社区居委会换届，妇联及工会换届。2016年，社区成立志愿者服务基地，有志愿者队伍4支；大学生志愿者义务辅导功课队，党员义工治安巡逻队，志愿者结对帮扶队，志愿者环境保护队。志愿者在册登记158名，全年开展活动43次。社区“希望来吧”主要面向新市民子弟和城市困难儿童及特殊儿童，继续实施青少年关爱活动、为少年儿童提供长期学业辅导、兴趣培养等。社区居民学校开展法律法规、消防安全、健康教育、普法维权及青少年教育等各类讲座。2016年，社区获省级示范和谐社区称号。

【银城东苑社区】 东起胜利村北路，南至光华路，西至后标营路，北至锦湖路。2007年10月成立。社区面积约0.397平方公里，有菱香园、东篱园、毓秀园、望山园、揽翠园、西华园、紫荆园、山水居、陶然居、博雅居10个居民小区，居民楼宇76栋，其中66栋高层，10栋多层。总人口4973户、12000余人。社区有1个党支部，有党员99人。社区有南京市第九中学弘光校区、银城东苑双语幼儿园，以及代表社区服务特色的外国人服务站和韩国1004超市。2016年，社区成立七色花工作室，协助完成钟山花园城博雅居二次供水改造；年内完成社区党支部选举、社区人大换届选举、妇联换届选举、居委会换届选举及银城东苑社区工会换届选举等工作。

【钟灵街社区】 东至栖霞区五棵松，西连灵谷寺路，南至江苏省农科院，北邻中山门外大街。社区居委会办公地址顾家营2号，办公用房面积667平方米。社区内有森林摩尔大型商业街区以及南京体育学院、南京农业机械化研究所等单位；有钟鼎山庄、宏图上逸园等6个小区，新建紫金华府小区入住率提高，进一步纳入社区管理。2016年，社区整合驻区单位资源，实现多方联动，完成社区两委班子换届选举、四项集中排查、20万元为民服务专项资金项目立项，并推进54号小区整治、困难群体救助、安全生产等工作，美化小区环境。2016年，社区获区平安社区称号。 （周　川）

玄武湖街道

·街道工作·

【概况】 街道位于玄武区东北部，东与栖霞区马群街道和尧化门街道接壤，西与锁金村街道交界，南隔紫金山同孝陵卫街道毗邻，北临沪宁铁路与红山街道相望，玄武大道、长江二桥连接线贯穿全境。域内面积19.6平方公里。街道办事处地址板仓街98号。辖板仓、花园路、蒋王庙、樱铁村、樱驼花园、东方城、聚宝山、仙鹤门、仙居雅苑9个社区居委会。辖区总人口92628人，其中户籍人口51533人。辖区内有中科院南京天文研究中心、中国医学院皮肤研究所、玄武中等专业学校等单位50余家。街道区域整体以玄武大道为轴呈哑铃型分布，东部为仙居雅苑和仙鹤门社区组成的仙鹤门经济适用房片区，西部为板仓等7个社区组成的城市化片区。街道现有机关干部82名，其中，公务员58名，事业人员24名。街道现有社工116名。街道托底成立两个物业公司：其中，雅苑物业承担经济适用房片区物管工作，现有员工86人，年经费支出380万元；洁安序物业承担辖区12个老旧小区物管工作，现有员工69人，年经费支出240万元。2016年，街道抓住结构调整、有效投入、优化环境、安全稳定等关键环节，不断巩固既有基础，克服现实瓶颈，实现经济社会发展新突破。街道获全国地震安全示范社区、全国综合减灾示范社区、全国社区教育示范街道、江苏省科普示范社区、江苏省标准化社区教育中心等27项称号。

【经济发展】 2016年，街道围绕年初制定的任务目标，经济指标呈现快速发展良好势头。全年实际完成财力基准值2.91亿元，完成人代会指标100.2%。完成固投指标11.1897亿元，超额完成全年指标。街道承担区5个重点产业项目，奥克斯钟山府、骋望云邸项目推进顺利，销售势头良好；王家湾总部经济园，新规划方案市规划局已批准，报市国土局评估，地面民房全部拆除，与开发商协商签署合作协议；完成千秋艺镜文化创意中心二期改造工程，实现招商80%，进展明显；仙鹤门2号地块完成进场准备，正在申请建筑施工许可证，赶超预定目标。全年街道招商引资成效显著。引进以科技、医药、文化产业为主的企业389家，其中出资额超千万企业8家。为做好企业服务，实施重点企业工委成员包干制，按区域划分11个网格，每个工委委员负责一个网格的企业服务，及时帮助企业解决问题和困难。

【城建城管】 2016年，围绕打造功能完善、环境优美、秩序文明、充满活力的精品街区要求，抓住源头管理、环境出新、治理创新等手段，做优环境品质。源头监管，突出门前三包和窗口地区管理，规范门前三包自治联盟运作，对长途汽车东站、南京皮炎所南门区域实施综合管理，严格落实检查考核、红黑榜张榜公布、定期奖惩激励等手段，引导门前三包责任单位开展自治、自管、自律，确保交通通畅，环境整洁，秩序井然。坚持拆建并举，全力推动城市功能、人居环境的全面提升。加大楼顶违建和院落违建整治力度，共拆除违建80处，3775平方米；拆除非法广告59处，2082平方米；清理各类垃圾、杂物7700余吨。落实河长制管理，配合做好唐家山沟、百水河巡查，对出现的污染源及时进行整治；处理国家环境督察组督办单8件；完成6家污染扰民餐饮企业整治。处理物业管理投诉586件；协助东方花园、帝豪花园开展业委会换届改选；对花园路5号、15号、78号小区进行自来水二次供水设施改造；对1201幢老旧房屋进行安全排查，加大危房防范措施。坚持一分建设、九分管理，以城市治理全覆盖责任制为抓手，提升城市治理的科学化、精细化、常态化水平。以“心连心”云平台为依托，全面推广责任溯源、圆桌议事等工作法，促进城市治理水平全面提升。创造性提出物业星级管理评比，全面激发小区物业提升服务水平，探索出物业服务管理新模式。

【民生服务】 2016年，街道坚持“以民为本、为民解困、为民服务”宗旨，抓各项民生政策落实，拓宽为民服务渠道，完善服务体系。全年累计发放低保金等各类救济救助金额1451786元。对低保和六类低保边缘户实行动态管理，按照政策宣传到位、深入调查到位、热情服务到位、公开公示到位原则，严格依照审核程序，对超标的15户低保户，做好退保政策宣传和说服解释工作，实现“应保尽保、应退尽退、分类施保”工作目标，维护困难群众基本生活权益，促进社会稳定、和谐发展。提高老年人生活品质，推进和规范居家养老服务工作，通过有效发挥载体优势和作用，进一步扩充居家养老服务内涵。依托樱驼花园金樱居家养老服务中心和老管家志愿者服务站等社会组织，结合公益创投项目，开展为社区老人提供助餐、助医、助洁、助急、日常照料、文化休闲、安全巡视等居家养老服务，截至2016年底，为社区内老年人提供各类服务20000多人次，满足老年人日常生活基本需求。坚持以居民生活需求为利益导向，不断创新居民自治方式，探索社区“闭门议事”向“开放议事”转变，突出“自我管理”，方便居民参与社区决策，充分给予居民话语权。年内社区召集居民议事会79场次，议题主要涉及物业管理、毁绿种菜、毁绿停车、地铁施工噪音扰民、房屋漏水、污水管堵塞漫溢、道路破损等影响居民生活现实问题。通过沟通协调，社区居民与驻区单位集思广益、建言献策，破解社区管理难题，车辆乱停得到有效遏制，堵塞的污水管道被及时疏通，脏乱破旧公厕改造修整，存在安全隐患的破损围墙加固修复。进一步强化“10分钟体育健身圈”和“10分钟文化圈”建设目标，建成樱驼花园2000平方米居民休闲广场，完善社区居民健身、小型文艺演出、儿童活动等功能，在社区更新13套健身路径。全年在社区举办“粽叶飘香话端午传承传统显新意”为主题文体活动57场次，读书会81场次，进一步丰富和满足社区不同年龄段居民文化体育休闲需求。社区团队之间形成“比、学、赶、超”势头，社区文化体育工作呈现良好局面。举办招聘会6场，完成创业培训105人，在职职工培训2000人，实现再就业610人。

【平安法治】 2016年，推行司法引导、制度引导、“基层调解劝说人”引导和信访接待引导，严格信访考核制度。发放便民卡19000余张，解答群众咨询6000余次，排查矛盾纠纷680人次，成功阻止群体性事件7批次，成功调处矛盾66件，化解历史遗留问题5件。

7月5日，玄武湖街道庆祝中国共产党成立95周年文艺汇演

【基层党建】 2016年，街道以严实标杆抓好“两学一做”专题教育，推动党员做到学习教育见氛围、查找问题见细节、剖析原因见根源、整改落实见成效，抓实关键动作，对梳理出58条共性问题和487条个性问题清单逐项整改。先后召开6次党建专题研究部署会，开展19次党建主题调研活动，现场解决问题78个。建立党工委委员党建负责和联系点制度，指导和协助支部开展各项活动140余次。按照换届纪律“九严禁”、换届风气监督“四从严”的要求，完成9个社区党组织换届和选举产生12名新一届党代表。结合千支万名先锋行动活动，开展以“公开承诺、实干履诺、民主评诺”为主题的“三诺”活动，公开承诺事项67项，惠及民生工程、困难帮扶等5个方面，营造出“比拼比干、竞相作为”的发展氛围。强化党员管理，对党员管理难、奉献意识薄弱等问题着重从树立先进典型、开展“双述双评”“卡片式管理星级评定”等方面入手，激励党员奉献意识和服务群众的积极性。投入80多万元，对党员活动阵地面积不达标的仙鹤门社区进行升级改造，顺利完成软弱涣散党组强整改要求。严格党员党组织关系排查，对查找出的9名“失联”党员，依规除名不合格党员1名、限期整改3名；严肃查处3名违纪党员，开除党籍2名，进一步纯洁党员队伍。建立为民服务专项资金项目事前、事中、事后监管机制，抓好责任分工、民意调查、项目筛选、工程进度、资金管理等多个环节，23个为民服务项目的实施，让群众得到了实实在在的实惠。依托金华商会党总支，抓好非公党建示范点建设，以点带面，促使街道非公党建整体提升。发挥“大工委、大党委”作用，依托在职党员力量，打造“党建共赢、幸福家园共建”的区域化党建品牌，为683名在职党员提供87个义工岗位，服务3000余次。建立“党员政治生日”制度，11次为72名80岁以上的老党员集体过生日，唤醒党员身份意识，增强党员服务群众的主动性。深入开展“三比三争”活动，拓宽党员服务领域，启动“同在玄武、共享蓝天助学行动、阳光助残、老管家真情解难”等37个特色服务，通过“一承诺两评价”，实现党员模范作用与便民服务的有效结合，践行“党心聚民心、服务惠民生”的承诺。

【人才工作】 街道围绕建设“人才强街”目标，把引进人才、留住人才作为街道的重点工作来抓。在对市、区引进人才政策进行充分研究的基础上，制订街道人才工作计划，明确工作要求，做到把建设人才队伍和当好企业引才工作“智囊团”，作为人才强街的主要抓手。2016年，街道坚持以服务企业为宗旨，带政策跑高校、下企业。通过发放相关资料、座谈会等形式宣讲、解读，让企业更加了解政府在引才中的政策及措施，力促企业加快自主创新步伐。按照“定人、定时、定量”三定原则，详细制订宣传计划，对街道各重点企业包干进行政策宣传，同时发动各板块力量，协助做好引才需求企业服务工作，真正把政策的“利好”宣传到企业，让企业不仅接受政策，更加积极参与政策。在此基础上，针对各企业对人才需求不同的层次要求，专门下发海外领军型人才需求调查，对辖区企业引进海外领军型人才进行摸底，对几家重点企业建立人才需求信息台账。真正做到利用高端业态平台吸引人才、集聚人才，打造服务企业的高竞争力团队。全年有16人申报321人才项目，4名区级人才参加市级人才评审。

【物业管理星级考核评比】 2016年，街道为解决好老旧小区物业管理问题，在物业管理企业中提出星级考核制度。实施物业管理星级考核，以提高辖区物业企业服务管理水平和服务质量，促进区域内物业企业规范、主动、高效、优质服务，提高小区居民幸福满意度，为小区居民创造宜居环境。鼓励物业企业开展创优达标工作，提升玄武湖街道物业服务企业整体服务水平。街道通过制定规范的考核方案，要求各物业项目负责人为第一责任人，对照考核细则内容，明确分工职责，完善内部管理，科学组织实施，加强自查、自纠、自建、自考，建立健全长效机制。街道物业办严格按照考核细则规范好各物业项目的行为、职责，强化考核措施，做到指导跟进、协调跟进、监督跟进，全面推进物业管理星级考核工作规范化。通过开展物业管理星级考核评选活动，将促使物业服务企业发现自身存在的问题和不足，提高企业服务意识和服务品质，打造一批服务水平高、管理标准高、人员专业化的物业服务企业，实现物业管理规范化、服务精细化，为区域经济发展营造和谐稳定的社会环境。《南京日报》先后两次整篇幅对街道物业星级考核进行报道，为老旧小区管理提供可借鉴做法。

【全国地震安全示范社区创建】 2016年，为增强社区居民防灾减灾意识，提高灾害发生时应急避险和自救互救能力，街道特邀南京市地震局专家在樱驼花园社区为居民讲解地震成因、地震应急知识及应急逃生紧急避险知识，开展应急避震和疏散演练活动，社区卫生院的医务工作者还模拟自救互救，对伤势较轻人员进行止血、包扎、固定等现场救护。通过宣传和演练活动提高居民对地震等灾害的认知程度，掌握基本的避险和应急措施，增强自救互救的能力，为在各种灾害中赢得救援时间，提高灾害存活率，最大限度保证人民生命财产安全打下基础。2016年，樱驼花园社区获全国地震安全示范社区。

·社　　区·

【板仓社区】 南临紫金山，东接蒋王庙社区，西接玄武湖畔，和锁金村街道接壤，风景秀丽、地理位置优越，社区面积约2.7平方公里，地带狭长。有居民小区17个，住宅楼91幢，总人口数6795人。社区党总支下设5个党支部，有党员162人。社区内有中科院南京天文研制中心、南京市疾病预防控制中心金山医院、玄武区法院锁金村法庭等单位。2016年，社区深化居民自治，推进基层民主建设，充分调动社区居民参与管理和监督社区事务的积极性、主动性。通过民主议事会，解决2个小区化粪池堵塞满溢的问题。严格按程序确定并陆续实施“板仓是我家”居民自助互助项目、“书香童年”四点钟书屋、“板仓之声”合唱班、爱在钟麓邻里情、钟麓花园休闲文化长廊及凉亭修缮项目、板仓社区环境整治项目、老旧小区“亮灯”工程等7个为民服务项目。按照“活动特色品牌化、品牌活动项目化”思路，“钟麓好声音”品牌项目持续开展。围绕特色品牌，开展第三届“钟麓好声音”歌唱比赛，体现全社区的幸福欢唱之声；针对社区青少年开展弟子规国学诵读讲堂、“尊师重道，孝敬父母”开笔礼、“科技夏令营”等一系列读书、教育活动，传递书香社区朗朗书声；为弘扬互帮互助、志愿服务的正能量，社区组织志愿者和党员义工开展平安巡逻、高龄老人结对帮扶、卫生单元承包等公益服务，谱写板仓人的小善大爱之声。社区先后获江苏省科普文明社区、南京市六好关工委、全国和谐邻里建设示范单位、省先进村(居)委会、市级和谐示范社区、南京市廉政文化示范点、南京市关心下一代先进集体、南京市流动人口计划生育示范社区、省和谐示范社区、南京市品牌社区等称号。

【花园路社区】 东临华新西路，西临南京林业大学，南至花园路5号（省经干院住宅楼）、8号(南京环保创业园)，北至玄武大道(东北至花园路39号加油站、西南至花园路78号)。社区面积约1.0平方公里，有居民楼96幢，常住人口8645人。社区内有南京长途汽车东站、先声再康江苏药业有限公司、花园路8号创业园等单位。社区党总支下设6个党支部，有党员185人。2016年，社区以创建“共建共享型”和谐社区为目标，社区党建、社区自治、社区服务水平得到提升。“群众需要什么，党建工作就提供什么”作为服务群众的目标，以推进服务型党组织建设，提升基层党组织活力。为民服务专项资金使用按照规定程序，设立文化宣传、“我们的节日”文化系列活动、“社区学堂”“平安家园”4个项目，并有序开展。组织党员义工参加平安志愿岗义务值勤、小区巡逻、网吧义务监督、文明劝导等活动；积极开展“双结对双促进"工作,与区纪委党支部开展廉政知识讲座、结对帮扶活动;在职党员进社区服务居民群众活动持续开展。全年慰问困难居民群众113人次,累计金额7.3万余元;开展垃圾分类试点、全国月度劳动力调查试点工作;完成区第十八届人大代表换届选举、社区党总支委员会换届选举、第六届社区居委会换届选举;引导居民积极参与居民自治,全年开展各类议事会15次,解决邻里纠纷、下水道堵塞等问题11件;按照"活动特色品牌化、品牌活动项目化"思路,党建"廉心家园"项目持续开展,"夕阳手牵手"为老服务项目获区社建工委民生创意二等奖;"健康365"健康服务项目内容得到丰富;"七彩假日"课外加油站利用寒暑假举办多次活动;开展纪念红军长征胜利80周年系列活动。社区获2016年度区平安社区称号。

【蒋王庙社区】 地处紫金山下、玄武湖畔,南靠宁栖路,西临312国道,北与华新西路连接。1992年6月成立。社区内有中国医学科学院皮肤病医院、国家环保总局南京环科所、野生植物研究院、博爱老年公寓、淘淘幼儿园等单位,有省级文物保护单位明朝朱元璋外甥李文忠墓。社区面积约0.85平方公里。社区由钟山山庄、宁栖园、园丁园、南空四站、皮研所、环科所等9个小区组成。总户数2183户,人口6183人,住宅楼60幢,有60岁以上1038名,80岁137人名,90岁13人名,空巢老人102名,是典型老龄化小区。2016年,社区党建工作的思路是社区通过慈孝文化,以文明、生态、康乐、和谐为主旋律,打造聚焦钟山.邻里一家亲"幸福来牵手"项目特色品牌,深化社区服务为主线打造"一居一品 "特色项目,营造积极向上文化娱乐活动。以创建特色社区活动为载体,提高社区人文修养,搭建社区工作新平台,通过多渠道揽资源,惠民生,开展党建"邻里一家亲"系列活动。

【樱铁村社区】 东与经五立交相邻,南至樱驼花园路社区,西到长途汽车东站,北至玄武大道。位于紫金山脚下,玄武湖畔,紧邻312国道。社区面积约0.6平方公里,居民1710户、5289人。社区内有上海铁路局南京办事处党校、铁路职校、铁路体育馆等9家单位。社区党总支下设7个支部,有党员185人。2016年,社区努力加强居民自治建设,做好社区综合治理、文化教育、计划生育、环境卫生、社会保障等方面工作。组织召开各类居民代表会议,听取居民代表对社区工作的意见和建议。樱铁村各项工作以社区为平台,开展多方面便民服务,对居民关心的各项事务及时解决,关心社区居民的生活质量,充分发挥社区党支部的领导核心作用和共产党员的先锋模范作用。

【樱驼花园社区】 位于紫金山北麓,东临经五立交桥西南角,南邻宁栖公路,西有华新西路,北毗312国道。社区有13个园区,面积约0.32平方公里,常住人口7890人。社区党委下辖8个党支部,有党员236人。2016年,社区以"满足居民生活需求,提升居民幸福指数"为抓手,社区党委通过抓 "四个载体"(思想载体、组织载体、共建载体、活动载体),夯实党建工作基础,开展"金樱微心愿"党员义工行动2300多人次;在社区"两委"协调下,承乐园小区成功续签物业;针对樱海公寓小区内非机动车车棚年久失修进行维修;改善华康苑、承乐园夜间照明,小区内安装太阳能路灯10盏;在小区公共场所合适部位统一安装不锈钢管晾晒架;在小区广场、人行道、学校、菜场附近增设垃圾桶;在小区增设各类宣传栏10余个。利用为民服务专项资金开展环境类、活动类、管理类、公益类共8个为民服务项目。依托金樱居家养老社会服务中心、润恬心灵家园社区服务中心2家社会组织开展为老服务2200多人次。"乐活樱驼"全年举办大小文体活动30余场次,组织社区文体团队参与市、区举办各类文体活动16次,获奖牌10余枚。2016年,社区获全国和谐示范社区、全国综合减灾示范社区、国家级地震安全社区,省地震安全示范社区、省科普示范社区等称号。

【东方城社区】 东方城社区位于风景秀丽的紫金山下,南依紫金山,北靠312国道,东邻岔路口,西沿宁栖路至经纬立交桥,社区环境优美、治安良好。社区面积约1.3平方公里,有居民小区5个,社区总户数3328户,总人口8565人。社区党总支下设3个支部,党员153人。2016年,社区以党建带社建,社建促党建,社区工作项目化,项目目标化为理念,由社区党总支牵头,先后组织策划了针对社区独居、空巢老人的幸福合唱队、关爱流动儿童的"爱在东方"项目。通过项目化的运作提升社区公益服务水平,提高居民的满意度。2016年，社区党总支积极做好为民服务专项资金使用工作，并做好“一表三会一公示”工作，多方征求居民意见和建议，最后，决定将此项资金用于启明园1幢和9幢平台改造。2016年，社区先后荣获玄武区平安示范社区、武湖街道先进集体等荣誉称号。

【聚宝山社区】 2010年1月11日成立。东以绕城公路为界；南以紫金山为界与栖霞马群接壤；西以刘王井为界；北与朝阳山红山街道、栖霞尧化门街道接壤。有聚宝山庄、臻园、帝豪花园、高尔夫别墅等商品房小区和水田村1号、东杨坊130号、蒋王庙267号等老小区，社区面积约3.5平方公里，总户数3558户，总人口7536人，户籍人口为4103人，其中残疾人11名，60岁以上老人184名。社区有索菲特大酒店、新华日报社、南京邮区中心局、北京东路小学阳光分校等180多家单位，社区办公用房面积620平方米，社工11人，取得助理社会工作师证6人。2010年10月成立党支部，2015年9月改设党总支，下设3个党支部，有党员127人。社区以“汇聚幸福、共创和谐”为理念，以“换位思考、真心真意为民服务”为宗旨，打造一支素质高、业务强、同心协力的社区工作者队伍。社区获“江苏省科普示范社区”“南京市文明社区”；玄武区“未成年人零犯罪社区”“平安社区”“先进基层党组织”“关心下一代先进集体”“绿色社区先进单位”“安全生产先进集体”“环保先进单位”“平安家庭”等称号，社区努力打造生存环境一流、生活质量一流、文化生活一流、道德品质一流社区。

【仙居雅苑社区】 东至紫东实验学校，南至仙鹤门3号路，西临宁芜铁路，北至百亩渔塘，位于紫金山东郊风景区，是典型征地农民为主体的经济适用房小区，社区面积约2.1平方公里。社区总户数3734户，常住户2730户，总人口9763人，常住人口5678人。社区办公地址仙居华庭63号，办公用房面积980平方米，专职社工10人。社区现由仙居雅苑小区和仙居华庭小区组成，有楼幢116幢，居民小组116个。社区设党委下设5个支部，有党员180人。社区坚持打造以老年人参与为主“老管家志愿服务队”特色服务项目.以校外护导、巡逻、绿色环保等多形式开展社区志愿服务。2014年2月，雅苑禾苗耘作园成立，志愿者是南京师范大学地科院“心韵”协会成员。社区与南京师范大学有长期合作关系，学生志愿者每周固定前往仙居雅苑做义务家教的志愿服务，开展暑期夏令营活动。8月，社区“雅苑禾苗耘作园希望来吧”在全市希望来吧考评中成绩优秀，被市共青团评为三等奖。以社区为平台、社工为核心、社会组织为依托“三社联动”机制，充分发挥社区在和谐社区建设上的基础性作用，全力构建服务平台，不断完善服务功能，社区整体建设迈上新台阶。社区获省和谐社区建设示范社区，区平安社区、区文明创建工作先进集体、区为老服务“最佳服务团队”等称号。

【仙鹤门社区】 东与仙林街道接壤，南邻仙林大道，西接徐庄软件园，北与仙居雅苑社区相邻。由仙居花园和仙鹤茗苑2个小区组成，为经济适用房小区。社区面积约2.7平方公里，有社工10人。社区人口6776人，社区居民由原仙鹤门、新庄，王家湾，蒋王庙街拆迁组成，绝大多数是失地农民。社区党总支下设4个党支部，有党员101人。社区内有企事业单位18家，五小行业263家，在建工地5个。2016年，社区工作紧扣“两学一做”，完成玄武区党代表，区人大代表、社区党总支、居委会换届选举工作。运用为民服务专项资金完成电动车驿站、小区广场升级改造、步行街出新、安全便民门改造等项目；组建平安卫士夜间巡逻队，使社区侵财案发率同比下降65%；在文化建设方面，社区围绕慈孝文化和法律诊所开展各项法律宣传工作，把社区邻里纠纷，拆迁遗留问题和家庭矛盾拉入法治化轨道解决，提升社区法治化建设。

·驻街园区·

【南京环保科技创业中心】 2006年11月，在南京市经济委员会、玄武区发改局、玄武湖街道的大力支持下，高信环保公司开始投资改造江苏省新华书店集团有限公司位于玄武区花园路8号的发行和物流中心，建设一个集软件开发，环保检测系统设计、研发，环境评价咨询及提供相关软硬件服务和支持，以及物业管理，房屋租赁相关配套服务的都市产业园。园区占地面积10276.8平方米，建筑物总面积3万平方米，总投资3300万元，入驻企业75家，注册资金达3亿元，从业人员1327人。创业中心共四幢创业楼：1号楼，5层，半地下一层，总面积15000平方米，分层面积2500平方米，作为专业环保类科技企业研发、设计、环保类产品检测平台、企业产品展示、环保知识宣传等办公用；二号楼，楼高6层，总面积9000平方米，作为餐饮、娱乐、办公场所；三号楼，楼高5层，总面积4500平方米，分层面积900平方米，作为入驻企业商务洽谈、商务宾馆、员工食堂等公共配套设施；四号楼，总面积1000平方米，分层面积250平方米，作为风险投资公司（种子基金）、法律事务所、会计师事务所、质量认证咨询管理、物业管理公司办公用，整体规划充分体现生态、科技、健康三大特色。经过几年努力，创业中心先后被评为江苏省科技创业孵化器、南京市都市产业园、南京市现代服务业集聚园区等荣誉称号。2016年，创业中心按照“有就业、有税收、有环保、有形象的现代绿色产业”的经营思路，为入驻企业创造良好的软硬件投资和办公环境以及完善的技术服务体系。园区设立专家技术委员会、南京市环保产品检测服务窗口、科技服务平台、专家技术委员会、综合管理部、技术服务平台部、财务部、招商部、物业管理部，提供政策、管理、法律、财务、融资、市场推广和培训等方面的服务，以降低企业的创业成本和创业风险，提高企业的成活率、成功率、竞争力，为社会培养成功的科技企业和新型科技企业人才。2016年，创业中心上缴税收727万元。

【南京千秋艺境文创园】 位于玄武区花园路11号（原南京森林警察学院），2013年10月开始打造，2014年10月对外招租。园区占地面积约30000平方米，总建筑面积43000平方米。园区分为1号楼和2号楼，1号楼建筑面积19000平方米，办公面积从100~3000平方米不等，园区有咖啡馆、小剧场、青年公寓、足球场等个性配套。2号楼总建筑面积24000平方米，主要用于商务办公、培训、创意展示等，期望通过园区这个富有活力和互动成长的平台，将千秋艺境打造成为集生态商务、时尚休闲、艺术内涵于一体的文创产业园区。园区的优势主要体现在四个方面：一是“南京制造”转向“南京智造”，文化创意产业提档升级。南京已确立“创意产业化、产业创意化”的发展理念，透过文化创意产业的“整合、渗透、提升”功能，助推“南京制造”向“南京智造”转变。同时，南京深厚的历史文化积淀，以及丰富的高校资源将成为支撑产业发展的重要基础。二是文创新名片，资源“富氧区”开枝散叶厚积薄发。园区的主体单位千秋艺境与各相关行业和企业、高等院校以及设计大师的友好关系，与有志于传统手工传承的媒体和机构的深度合作交流，有利于吸引同好汇聚交流，迸发源源创意。三是踞中富甲全城畅达，地铁4号线贯通10多所高校。即将开通的地铁4号线贯通南京艺术学院、南京林业大学等10多所院校；周边拥有10多条公交线路；城市快速通道使入住机构商务出行高铁、机场、高速公路乃至新街口商业中心都及其便捷。四是森林办公主城难再有，财富与健康顶级盛宴。千秋艺境园区位于玄武湖东畔，紫金山北麓，园区内大树参天，绿草如茵，更拥有足球场、篮球场等高校校区的健康配套。设计者、学习者如同在森林里办公，坐拥内外双景，更为健康、舒适的工作环境，绿色而富有活力的园区的确是催生创意灵感的最佳场所。

2016年，园区完成二期装修改造，新增办公场所100000平方米，引进企业47家，年税收318万元。（葛京园）

红山街道

·街道工作·

【概况】 街道位于玄武区北部，东靠南京长江二桥，西含红山森林动物园，南望紫金山，北抵栖霞和燕路。区域面积6.9平方公里。现辖10个社区居民委员会。常住人口31386户、90164人，流动人口38543人。辖区内有玄武公安分局、区司法局、省建材检测中心、依维柯公司、中北巴士公司、红山森林动物园等单位11家。2016年，街道围绕区第十一次党代会确定的目标部署，有序推进社会经济各项工作，全年街道与铁管委共同承担区重点产业项目10项，由街道独立完成6项，配合完成4项，均按时序进度推进。南京常发广场项目，招商工作已经完成，12月18日开业。恒大翡翠华庭项目，A地块土建工程结束，所有房屋进入装修阶段，B地块土建工程已经完成，C地块正在实施地下工程。上汽·东华汽车生活广场项目，一期改造已经全部结束。中海玄武公馆项目，实现三期的销售。红山小吃小贩中心项目，改为自建，年内开工建设。月苑南路低效用地改造项目。2016年，街道在各项工作中克服“难事”办法不多，“难题”本领不高；“难缠”事解决不好问题，下功夫在作风转变和服务意识上求提高。

【经济发展】 2016年，街道承担区现代化建设考核经济指标18项。全年完成地区一般预算收入32916.3万元，同期相比增长17.8%。完成全社会固定资产投资

27.3亿元，社会消费品零售总额完成11.1亿元，达超序时进度，同比增长23%，服务外包执行额10600万美元，完成进度83.8%，达超序时进度，离岸执行额3460万美元，完成进度的83.6%，达超序时进度。

【城建城管】 2016年，环境整治开展“雷霆行动”，主要街巷悬挂横幅60条，印发宣传单600余份，集中整治15场，出动人员380人次，车辆45台次，暂扣机动车违停占道经营车辆11辆，查处违规停放车辆32辆，清理僵尸车6辆，倚门出摊及不规范经营66处，乱披乱挂60处，乱堆乱放80处，清理牛皮癣38处。进一步加大查违、控违、拆违力度，截至2016年底，计拆除新建违建406平方米，拆除户外广告28处。完成紫藤苑小区集中整治工作。9月21日，原省委常委、市委书记黄莉新视察紫藤苑小区出新工程。全年街道立足“以点带片，以片促面，强力示范，全面推进”，以营苑南路整治为点，以营苑东村、西村老旧小区整治为片，逐步拓展，全面改善辖区环境面貌。通过实施营苑南路道路立项整治，统一出新辖区内店招牌，全面取缔书报亭、流动摊点，营苑东村、西村片区整治出新四大工程，打造营苑片区环境整治亮点工程、样板工程。以营苑片区环境整治为突破点，带动对营苑北路、北苑东路进行全面综合整治。2016年筹划“小吃小贩中心”建设；配合中海玄武公馆、恒大翡翠华庭等楼盘续建，以及东华红山科技产业园和东华红山汽车生活广场的建设；配合做好“曹四地块”“沈阳村地块”“曹三地块”等项目挂牌落地后衔接工作；推进红山动物园南大门景观工程开工和月苑南路低效用地建设。

【民生服务】 2016年，街道民政工作目标任务34项，计划完成进度率100%。实施街道民生服务中心提档升级改造工程，目前场所配置、事项管理、人员配备和相应管理制度基本完成，便民服务中心配置新系统处于试运行阶段。全力推动北苑社区服务外包改革试点工作，推进社区工作由买人买岗向购买服务转型。12月24日，市长缪瑞林参观北苑社区银龄工作室。培育社会组织开展专业化养老，提供助餐、失能老人康复指导，承办阿里巴巴“爸妈食堂”困难老人免费助餐项目。创建阳光嘉园、紫金小营市级防灾减灾演练社区。引进南京大慈怀居家养老服务中心，树立全市一流的居家养老服务标杆。整合社区资源，依托云养老平台的构建及云数据管理运作模式，对传统居家养老服务进行互联网化升级。打造“一刻钟居家养老服务圈”，为辖区老年人和社会特殊群体提供足不出户医疗急救、日间托老、就餐配送等服务项目。精心塑造居家养老文化品牌，通过打造“互联网+居家养老服务”“互联网+老人精神关怀”，塑造红山特色养老文化。

【基层党建】 2016年，重点围绕支部书记职责任务清单，在全街58个基层党支部、2020名党员中开展“两学一做”学习教育。完成党代表换届选举、社区党组织换届选举和人代大表换届选举工作。利用为民服务专项资金，开展为民服务项目56个。2人入选区级领军型科技创业人才。完成街道商会换届，开展会员“同心双服务”活动。成立街道总工会，开展“七色花”家长工作室建设。开展“从严治党百人讲坛”，组织支部书记、党员骨干上党课，宣传党的十八届六中全会精神。开展“争做合格党员”积分制管理。继续开展“红星闪闪”社区党员设岗定责活动，开展区机关双结对“连片联动”双月服务活动。开展楼栋支部星级评定管理，实施社会组织党建“双员共推”全覆盖，选派优秀社区党员担任联络员和机关党员担任指导员。开展“一居一特色”党建品牌创建活动，挖掘社区现有资源，推出“银龄管家工作室”“和事佬团队”、社区党建微平台等带有浓郁本社区特色、可操作性强、贴近民心的社区基层党建品

12月24日，市长缪瑞林参观红山街道北苑社区银龄管家工作室

牌。围绕街道中心工作，充分发挥人大代表的监督作用，促进街道经济发展。

【平安法治】 2016年，禁毒工作继续打造“尚大姐”工作室品牌，争创全国性禁毒教育示范工作室。以加强社区禁毒，强化戒毒帮教措施，创新社会管理模式为引领，搭建禁毒工作平台。街道戒毒办及民政、计生、劳保等相关科室，社区和民警共同参与，以心理疏导、家庭关爱、组织帮扶等方式，拉近戒毒人员与社会的距离，使“尚大姐”工作室成为戒毒人员心灵港湾，以及融入新生活新起点。全年做好春节、全国“两会”、G20峰会、十八届六中全会等重要时期安全维稳工作。

·社　　区·

【紫金小营社区】 地处京沪城际铁路北侧(月香路6号)。2013年6月筹建社区。社区面积约14.8万平方米，有各类楼房18幢，总住户3079户，安置有沪宁城际铁路、华电路、北广场、红山商贸地块、小营地块、小营南侧、北站房、中南里、明城墙等项目拆迁户。社区办公地址紫金墨香苑4幢。社区党支部有党员13名。社区有红山物业管理中心、紫金小营农贸市场等单位。打造以社区为平台、以社会组织为驱动、以社会工作人才为手段“三社联动”社区服务体制，实现资源共享、优势互补、相互促进，有机互动良性运转。社区开设社区党建、民政、社会保障、计划生育、流动人口管理、民事调解、文教、卫生、信访、安全生产等服务窗口，为居民提供“一站式服务”。2016年，社区携手区法院打造青少年法制教育基地——“向阳花”工作室；携手区妇联打造“艺指独绣”巾帼创业就业中心；建成信访调解室、0~3岁幼儿功能室、电教室、多功能活动室，科普活动室、电子阅览室。社区通过引进社会组织为居民提供专业化、常态化和长效化服务。通过各类活动为社区有需求的特定人群提供帮助。开展“新市民法护家园”服务项目。2016年，社区获省防震减灾示范社区，人民调解先进集体等称号。

【红山社区】 1994年成立，由原沈阳村居委会合并到红山村。地处红山街道西南部，东起南汽黑默营厂区，西临下关区黄家圩，南及南京火车站，北至十字街十里长沟，环抱红山森林动物园，社区面积约0。68平方公里。经历年拆迁，2016年有黄家圩一个片区，社区户籍人口约1404户，总人口约2580人，党员81人，60岁以上老人675人(其中80岁以上老人62人)，在册残疾人36人，低保户8户、12人。有在册工作人员15人，社工7名，原村工作人员7名。2016年，社区以特色活动为载体，搭建社区工作新平台。寒暑假及节假日组织青少年开展敬老爱老、环保宣传、主题教育等关爱活动，寒假组织青少年到养老院看望老人，暑期组织青少年开展读书活动、科技小制作、法治讲座等活动；组织青少年及家长参观南京科技馆让青少年充分体验到科技的魅力。社区以加强基层民主政治建设为抓手，以为居民群众排忧解难为宗旨，倡导精神文明和社会公德，努力加强基层民主政治建设，关注弱势群体，努力为村居民提供基础生活保障和救灾助学、帮困、助残、扶老、法律等援助。社区先后获省级村集体财务规范化先进集体，市级经济实力百强村、市计划生育协会先进集体、市社区民族工作先进单位等称号。

【北苑社区】 东至北苑东路，南临华飞路，西到北苑西路，北至网板路，社区面积约1.14平方公里，是新老兼容混合型居住小区。由北苑一、二、三村及北苑之星所组成，共74幢楼房。其中北苑一、二、三村分别有楼房27、21和5幢，北苑之星21幢。社区居民主要由当地拆迁失地农民和华飞、南汽、网板等公司职工及部分商品房居民构成。社区总户数3444户，总人口11383人。其中，老年人口1055人，低保户30户，残疾人82人。社区设党委，下设7个楼幢支部，有党员257名，社区居委会办公地址北苑二村19幢1号，办公用房面积达1000平方米，现专职社工10人，设有服务大厅、居家养老服务站、银龄管家工作室、妇女儿童之家、党员活动室、未成年人活动中心等。有红山物业服务公司、永和物业服务公司、华飞卫生所、北苑之星幼儿园、南京立贤小学等驻区单位。社区依托“红星闪闪”党员设岗定责园地为平台，发动党员主动认领民生服务监督岗、文明劝导岗、治安巡逻岗、青少年服务岗等，定期开展志愿行动。以“银龄管家工作室”为平台，逐级分类别进行管理，形成规范的志愿者服务体系。设一级领袖管家20名，实行首席接待制；二级管家由网片志愿者、党员志愿者组成，实行一家四员制；三级管家由驻区单位志愿者、社会组织志愿者、高校外部大学生志愿者组成，实行项目召集制。2016年，银龄管家工作室自主承接自治服务项目，开展培训学习、季度例会、文明劝导、文化娱乐等一系列常态化、规范化、专业化的自治活动。

【曹后社区】 2000年6月成立。南以红山南路中间为界，西南均与原红山社区相邻，东起红山南路路口，紧依沪宁铁路线呈东西走向，308、318、36路等多条公交车横穿境内，北与红山森林公园、红山公园社区相邻，社区面积约0.24平方公里，属城区老旧小区型社区。社区办公地址曹后村9号，办公用房面积416平方米，专职社工9人，社区有7个住宅小区，住宅楼71幢。社区总户数2482户，常住人口6818人，残疾人91人，低保30户50人，流动人口1218人。社区党委设有8个党支部，党员257人。社区对各个小区进行实地察看摸底，召开党员代表会议以及居民代表会议，确定为民服务专项资金使用，在小区内安装路灯20盏、架空摄像头23台，实现小区亮化无死角，微型监控全覆盖，实现物防、技防、人防相互结合，有效改善治安状况。成立“便民365志愿者巡逻队”，为居民群众提供各类便民利民服务和志愿者结对帮扶服务。

【藤子社区】 西邻南京火车站，东靠南京长途汽车东站，社区面积约1.5平方公里，原属村居合一社区，2012年底撤村并居，由黑墨营、尚塘村、伊刘村等自然片区组成，居民小组3个。总住户约4600户，总人口数9584人，其中常住人口约742户、2198人，民政对象约152人，拆迁后流出户籍人口约441户、1177人。社区原办公用房拆迁，新办公用房待定，办公用房暂位于藤子村103号，面积约410平方米，有专职社工7人。社区党委下设3个党支部，有党员70人。设有社区党建、社区综合治理、计生服务、社区环境保护、民政事务、劳动保障和社区警务室等服务窗口，社区服务中心内设图书室、电教室、棋牌室、乒乓球室、电脑室。社区先后获全国敬老模范社区，省文明村、省非公企业职代会建设先进单位，市文明村、市先进社区老年活动室、市综合实力百强村、市双拥共建工作先进集体、市模范职工之家等称号

【月苑社区】 东至经五路，南与藤子村、南汽厂区相邻，西至北苑东路，北至营苑南路。1988年成立。社区面积约1.6平方公里，属拆迁安置房、商品房型社区，由11个自然小区组成，有83幢楼房。社区党委下设5个党支部；有居民住户4452户，常住人口12450人，户籍人口3800户、8169人，流动人口910人。社区呈现“五多一低”特点：即低收入人员多、老年人口多、下岗失业人员多、两劳释放人员多、残疾人多和居民文化水平低。社委会地址新苑路6号，社区办公用房1000平方米。建有文化信息共享工程室、图书室、居家养老服务站、世代服务室、何婷工作室、社区服务(志愿者服务)站、综合会议室、宣传橱窗、宣传栏、居务公开栏等。社区以打造“和谐文明社区”为宗旨，体现“以人为本”服务理念。强化社区网格化管理，每位社工定期定点下网格走访居民。社区何婷工作室为社区青少年缓解和解除心理压力；“和事佬”工作室充分发挥人民调解“第一道防线”作用，成功调解200余起矛盾纠纷；夜间“小喇叭”巡逻队，全面强化治安防控 夜间“小喇叭”巡逻，增强居民安全防范意识，提升治安状况。2016年，社区党委成立“草根智囊团”队伍，由党员、楼栋长和居民组成，定期召开例会，在小区内开展宣传活动，协助社区化解矛盾纠纷。2016年，社区获2013~2015市文明社区称号；获市健身秧歌大赛玄武区站选拔赛优秀奖。

【营苑社区】 位于营苑南路以北，东以经五路，西以北苑东路，北与栖霞区接壤为界。1998年3月成立。辖区内含营苑东村、营苑西村、营苑新寓、祥和佳园4个自然小区。社区面积约0.4平方公里，有居民住宅楼68幢，社区办公用房面积560平方米，常住人口9562人，户籍户数2946户，户籍人口6775人，流动人口2787人，残疾人108人、低保户43户。社区党委设5个支部，有党员211名。社区内有红山街道办事处、红山卫生院、苏果超市、大贺房地产公司、晶晶幼儿园、月苑农贸市场等驻区单位。2016年，社区为民服务专项资金为营苑西村广场、祥和佳园、营苑东村和新寓广场添置休闲桌椅。与星期三童书馆合作联手家庭阅读指导，推荐可读书目，解答家长疑惑和问题。每周组织南师大志愿者到社区开展科技制作活动。社区常年邀请南京大学陈晶晶教授进行授课，辅导个案上千余例。社区坚持志愿者服务活动，由社区党员、积极分子、五老志愿者组成志愿者服务队，常年进行小区清扫，义务巡逻等活动。

【墨香山庄社区】 东临农场山，南临月香路，西临墨香路，北临栖霞区兴卫村。社区面积约0.3平方公里，其中经济适用房小区约36万平方米，商品房小区约18万平方米。兴贤佳园二期有修贤苑、尚贤苑、近贤苑3个小区；商品房有墨香山庄小区。社区有居民住宅楼116幢，人口7041户，常住人口

16426人,户籍人口4549人。2016年,社区成立星火工作室,实施困难家庭“阳光成长”项目。通过网格化管理走访沟通,帮助困难家庭联系亲友19位,联系相关单位10家,提供财物或就业岗位,为15户家庭减轻困难,其中5户家庭主动退出低保。实施“独居老人幸福晚霞”项目,组建银貂模拟家庭。社区主动牵头,尝试组成由独居老人、社工、亲友、志愿者及邻居作为成员的模拟家庭,社区已为9名独居老人组建模拟家庭,5月,为88岁蒋姓独居老人找到失联近40年儿子。实施“独居老人乐享晚年”项目,有8位高龄老人实现以房养老心愿。社区与玄武区锁金法庭、街道司法所、红山派出所、城管中队、物业公司六方联手,建立社区重大纠纷及突发事件大调解机制,年内清除11个楼栋地下室住人、加工等隐患,联合玄武区城镇大开发公司清空墨香山庄8000多平米人防地下室,排除重大安全隐患。社区建立覆盖墨香山庄商品房小区的墨香山庄居者-爱家园,覆盖兴贤佳园二期经济适用房小区的南京兴贤佳园业主两大QQ群,利用微信公众号,党建微信群,社区网站等,更好了解民声,倾听民意,宣传政策,发布信息。

【红山公园社区】 东至石景山山边和东化培训中心围墙,南至曹后村社区中北的士公司,西至红山动物园西大门围墙,北至小白桥以北。2000年4月成立。十里长沟将社区与栖霞区迈皋桥街道十字街社区南北分割,从红景路东面兵工物资学校围墙往南至红山路玄武公安分局围墙属红山山公园社区,以北属栖霞区。社区面积约1.5平方公里,社内有18个小区,楼栋102幢,总户数3923户,户籍人口6048人,外来人口4337人,常住人口10385人,其中低保户有15户,有证残疾人63人,边缘户有43户。社区60岁以上老年人约有968人。社区内有南京质检院、南京玄武公安分局、江苏省建筑工程质量检测中心、南京红山森林动物园、南汽东华培训中心、南京兵工物资学校、江苏天泓4S店、华夏医院、南汽工程研究院、新华书店仓库、海南马自达4S店、红森菜场。社区党委有党员411人,社区工作人员10人。2016年,社区通过党代表议事会、居民议事会讨论确认专项资金使用方案,继续为157号小区安装路灯、107号小区安装摄像头、江南公寓小区补种绿植、老旧小区橱窗门头出新,161号碧玉苑小区更换水泥护栏、加固开裂围墙和安装路灯、为老年大学添置演出服装等具体事项。签订文明单位文明社区牵手促和谐协议,形成政府牵头,单位支持、群众参与的良好局面。推动资源共享、共驻共建,开展广场便民咨询、“六一”助学献爱心活动;红山森林动物园“我心目中的藏羚羊”活动;与南京爱心之旅、云思想吧共同举办革命主题教育活动;趣味运动会、端午粽香情、中秋包饺子送老人、重阳节慰问、栖霞山赏枫叶、红山老年大学年终汇演等系列活动。成立“律师进社区公共法律服务站”,开展法律知识讲座;成立维稳工作小组,制pg维稳工作预案。邀请名师来社区授课,努力打造“学有所教、学有优教”红山老年大学,在街道“社区杯”广场舞大赛中获一等奖,选送参加区“八一”军民鱼水情文艺演出。居民杨丹龙利用业余时间绘制百米文化墙,文化长廊分为生肖民俗卷、四季花鸟卷、诗词歌赋卷、历史典故卷四个篇章。由红山街道、南京爱心之旅、南京大慈怀爱心基金会主办,红山公园社区等多家单位共同协办“爱心手机大讲堂”在社区落户。2016年守望者联盟野生动物保护协会计划落户红山公园社区,依托红山森林动物园资源共同打造科普基地。社区实践“三社联动”社会治理新模式,引进南京蔚然天诚社会工作服务中心专业开展青少年服务,以绘本剧为主题,以团体社会工作为方法开展绘本阅读、绘本表演、戏剧体验、亲子互动等多层面开展活动。

【阳光嘉园社区】 东与藤子村毗邻,西以恒嘉路为界,南临沪城际铁路,北至依维柯公司。社区由阳光嘉园和中电颐和家园二期2个小区组成。有多层和高层住宅楼46幢,住户2229户,常住人口6108人;老人2233人。社区办公地址为黑墨营98号南会所二楼。2016年,为民服务专项资金20万,通过会议征集居民意见,梳理出8条符合社区实际的项目。开展“我推荐、我评议身边好人”和善行义举榜评比活动,对小区内孝老爱亲、助人为乐、见义勇为、爱岗敬业、拾金不昧等好人好事进行宣传,传递社区正能量。全面建立矛盾纠纷排查调处长效机制,年内矛盾纠纷排查调处和化解不安定因素87次,其中调解邻里矛盾纠纷24次、物业与居民54次、环境污染2起、婚姻家庭7起。全年按照网格化管理,经常性走访入户了解老人各类需求,加大老年人优质服务力度,开展“为百岁老人庆生”等特色活动。组织开展“假期安全知识—青春自护”“百变魔方”“趣味涂鸦放飞梦想”等寒暑假少年儿童特色活动。（章　静）

人物·荣誉

Characters, Honors

责任编辑　卢永晨

新任区领导

穆耕林

2016年5月17日，经中共南京市委决定，任玄武区委委员、常委、副书记。2016年6月20日，南京市玄武区第十七届人大常委会第三十二次会议任命为玄武区人民政府代理区长。2017年1月7日，南京市玄武区第十八届人民代表大会第一次会议选举为玄武区人民政府区长。

男，1963年7月出生，江苏东台人，1987年9月参加工作，1986年12月加入中国共产党，研究生学历，博士学位。1987年9月，任江宁县中医院医师；1989年9月，南京中医学院中医系中医外科学专业硕士研究生学习；1992年12月，在省人大教科文卫委办公室工作(其间：1993.02~1994.04在省委驻泗洪县扶贫工作队工作)；1994年4月，任省人大教科文卫委办公室副主任科员；1997年11月，任省人大教科文卫委办公室主任科员；1999年8月，任省人大教科文卫委办公室助理调研员；2002年4月，任丹阳市副市长、省人大教科文卫委办公室调研员；2003年2月，任丹阳市副市长(正市级)；2007年4月，任南京市旅游局副局长、党委委员；2010年4月，任南京市旅游园林局副局长、党委委员；2010年6月，任南京市政府副秘书长；2012年7月，任南京市政府副秘书长（正局)；2014年1月，任南京市政府副秘书长，市级机关事务管理局局长、党组书记；2014年12月，任南京市市级机关事务管理局局长、党组书记；2015年10月，任南京市机关事务管理局局长、党组书记；2016年5月，任玄武区委副书记、区政府党组书记、代区长；2017年1月，任玄武区委副书记、区政府党组书记、区长。

毛银玲

2016年7月8日，经中共南京市委决定，任玄武区委委员、常委。2016年8月19日，南京市玄武区第十七届人大常委会第三十三次会议任命为玄武区人民政府副区长。

女，1972年6月出生，江苏南京人，1991年8月参加工作，1995年7月加入中国共产党，研究生学历，硕士学位。1991年8月，任雨花台区雨花镇党政办秘书、档案员；1993年10月，任雨花台区雨花镇团委副书记、书记；1997年3月，任雨花台区雨花镇丁墙村党总支副书记；1997年11月，任雨花台区团委副书记；2001年4月，任雨花台区赛虹桥街道工委副书记；2002年3月，任雨花台区团委书记；2003年3月，任雨花台区西善桥街道工委副书记、办事处主任；2005年9月，任雨花台区西善桥街道工委书记、人大工委主任；2007年11月，任栖霞区副区长；2011年6月，任栖霞区委常委、区政府副区长；2016年7月，任玄武区委常委、区政府党组成员、副区长。

张惠民

2016年7月8日，经中共南京市委决定，任玄武区委委员、常委、组织部部长。

男，1969年11月出生，上海人，1990年1月参加工作，1995年12月加入中国共产党，党校研究生学历。1990年1月，任南京市国家安全局五处工作人员、办事员、科员；1996年10月，任南京市国家安全局政治部组宣科科员；1997年4月，任南京市国家安全局团委书记（副科级，其间：1999.12~2000.12借调至市委组织部区县干部处帮助工作)；2000年12月，任南京市委组织部区县干部处副主任科员；2002年2月，任南京市委组织部干部三处副主任科员、主任科员；2004年5月，任南京市委组织部干部三处副处级组织员；2008年10月，任南京市委组织部干部三处副处长；2010年12月，任南京市委组织部干部三处调研员、副处长；2011年11月，任南京市委组织部干部二处处长；2014年1月，任高淳区委常委、组织部部长；2016年7月，任玄武区委常委、组织部部长。

王承江

2016年12月26日，南京市玄武区第十七届人大常委会第三

十六次会议任命为玄武区人民政府副区长。

男，1975年3月出生，江西上饶人，1996年8月参加工作，1995年6月加入中国共产党，大学学历，学士学位。1996年8月，南京二桥筹建办公室工作，派至江阴长江公路大桥实习；1997年1月，任南京二桥指挥部科员、副主任科员、助理工程师，团支部书记；2001年12月，任南京二桥管理局计划工程处主任科员、工程师，团委书记；2002年12月，任南京三桥建设指挥部计划处主任科员；2003年3月，任南京三桥建设指挥部计划处处长助理；2004年3月，任南京三桥建设指挥部计划处副处长(主持工作)；2008年1月，任南京四桥指挥部计划处负责人；2011年5月，任南京重大路桥建设指挥部计划处临时负责人；2011年8月，任南京重大路桥建设指挥部计划处处长（其间：2012.05~2012.07在六合区信访局挂岗锻炼)；2012年7月，任南京重大路桥建设指挥部计划处处长，浦口新城开发建设指挥部指挥长助理、党组成员(挂职)；2013年5月，任南京重大路桥建设指挥部副指挥长、党组成员；2014年1月，任南京市交通运输局副局长、党委委员；2015年11月，任南京市交通运输局副局长、党委委员（机构改革，重新任命)；2016年12月，任玄武区政府党组成员、副区长。

沈 湧

2016年12月26日，南京市玄武区第十七届人大常委会第三十六次会议任命为玄武区人民法院代理院长。2017年1月7日，南京市玄武区第十八届人民代表大会第一次会议选举为玄武区人民法院院长。

女，1965年6月出生，江苏海门人，1989年8月参加工作，2000年11月加入中国共产党，研究生学历，硕士学位。1989年8月，任南京市中级人民法院干部；1989年10月，任南京市中级人民法院书记员、科员；1992年10月，任南京市中级人民法院书记员、副主任科员；1995年1月，任南京市中级人民法院经二庭助审员、副主任科员；1997年6月，任南京市中级人民法院经二庭助审员、主任科员；1998年3月，任南京市中级人民法院经二庭审判员、主任科员；2002年7月，任南京市中级人民法院民五庭副庭长；2007年3月，任南京市中级人民法院民五庭庭长、审判委员会委员；2011年2月，任南京市中级人民法院民二庭庭长、审判委员会委员；2016年12月，任玄武区人民法院党组书记、代院长；2017年1月，任玄武区人民法院党组书记、院长。

倪一斌

2016年12月26日，南京市玄武区第十七届人大常委会第三十六次会议任命为玄武区人民检察院代理检察长。2017年1月7日，南京市玄武区第十八届人民代表大会第一次会议选举为玄武区人民检察院检察长。

男，1963年1月出生，江苏南京人，1980年12月参加工作，1989年3月加入中国共产党，大学学历，学士学位。1980年12月，任高淳县印刷厂职工；1985年8月，任高淳县人民法院书记员、助审员；1989年12月，任高淳县人民法院执行庭审判员；1991年4月，任高淳县人民法院副局级审判员；1992年12月，任高淳县人民法院砖墙法庭副庭长；1993年3月，任高淳县人民法院经济庭副庭长；1995年3月，任高淳县人民法院执行庭副庭长；1996年4月，任高淳县人民法院民庭庭长、审委会委员；1998年2月，任高淳县人民法院政工科科长、审委会委员；1998年3月，任高淳县人民法院副院长；2003年3月，任高淳县人民法院副院长、党组副书记；2004年6月，任高淳县人民法院副院长、党组副书记(正局级)；2005年12月，任溧水县人民检察院党组书记；2006年1月，任溧水县人民检察院检察长；2012年3月，任栖霞区检察院检察长；2016年12月，任玄武区人民检察院党组书记、代检察长；2017年1月，任玄武区人民检察院党组书记、检察长。

吴开芬

2016年4月26日，经中共南京市委决定，任南京徐庄软件园管委会主任。

女，1970年8月出生，江苏滨海人，1993年9月参加工作，2000年1月加入中国共产党，大学学历，硕士学位。1993年9月，任玄武区卫生防疫站医师；1995年7月，任玄武区卫生局借用工作人员；1999年5月，任玄武区卫生局干部；2000年7月，任玄武区委办公室秘书；2003年5月，任玄武区委办公室调研信息科科长；2004年3月，任玄武区政协办公室主任助理；2005年11月，任玄武区政协办公室助理调研员；2007年6月，任玄武区招商局副局长；2010年7月，任玄武区新街口街道工委副书记、办事处主任；2011年12月，任玄武区发改局局长；2016年4月，任徐庄软件园管委会主任；2016年5月，兼任徐庄软件园党工委副书记。

先进人物

吴　刚

东南大学教授、副校长、博士生导师，2016年5月获第14届中国青年科技奖。

男、汉族、1976年8月生，浙江东阳人。1993年，由东阳中学保

送进入东南大学土木工程学院学习；1997年9月至2002年4月，东南大学土木学院硕士、博士连读并获博士学位；2002年6月至2003年8月，在日本茨城大学作博士后；2003年8月，东南大学土木工程学院工作，曾短期在美国北卡罗来纳州立大学、日本茨城大学等做访问学者；2008年4月，晋升教授；2008年12月，担任土木工程学院副院长；2009年3月，晋升博士生导师；2009年11月，担任土木工程学院院长。长期从事结构工程的研究工作，承担国家十二五科技支撑计划课题1项、国家自然科学基金4项、国家973子课题2项、江苏省杰出青年和自然科学基金3项。发表SCI论文65篇，EI论文125篇。主编行业标准1部，副主编国标1部，参编4部。2011年获教育部科技进步一等奖，2012年获国家科技进步二等奖，2014年度科技部中青年科技创新领军人才，2015年获国家杰出青年科学基金资助，入选教育部长江学者特聘教授。先后获首届全国高校青年教师教学竞赛一等奖、江苏青年五四奖章、江苏省十大青年科技之星、江苏省高校优秀共产党员等荣誉称号。

吴永红

中国科学院南京土壤研究所研究员，男，博士生导师，中国科学院三峡工程生态环境秭归实验站站长，2016年5月获第14届中国青年科技奖。

2005年7月，进入中国科学院南京土壤研究所工作，历任研究实习员、助理研究员、副研究员、研究员。自2002年起，一直以微生物聚集体（自然生物膜、周丛生物）为研究对象，从事土—水界面生态过程、农业面源污染控制、受损生态系统修复方面的研究。发表论文70余篇，参与撰写英文专著2部，主持和承担10余项科研项目，获授权发明专利9项和1项实用新型专利。2013年，入选江苏省333高层次人才培养工程中青年科技带头人、中国科学院青年促进会会员；2014年，中国科学院卓越青年科学家项目获得者，国家自然科学基金“优秀青年基金项目”获得者；2015年，科技部“973计划”青年科学家项目获得者。

秦伯强

中国科学院南京地理与湖泊研究所研究员、博士生导师，2016年5月获第7届全国优秀科技工作者称号。

男，1963年2月生，江苏苏州人，中共党员。1998年6月，进入中国科学南京地理与湖泊研究所工作；1993年10月，获中科院兰州冰川与冻土研究所自然地理专业博士学位；1993年11月至1995年12月，瑞典隆德大学攻读

博士后；1996年6月至1998年6月，美国犹他州立大学访问学者。组织开展以太湖为代表的长江中下游地区浅水湖泊富营养化及其驱动机制、内源污染、饮用水安全保障和湖泊生态恢复等一系列交叉研究，破解我国浅水湖泊污染治理的难题。出版专著4部，主编出版SCI论文专辑4期；发表SCI论文164篇，总他引2976次，单篇最高他引265次。先后获国家科技进步奖一等奖1项，江苏省科技进步奖一等奖1项、二等奖2项。享受国务院政府特殊津贴，获得全国优秀科技工作者、江苏省有突出贡献的中青年专家及中国科学院优秀导师等荣誉称号。

高吉喜

环境保护部南京环境科学研究所所长、研究员、博士，2016年5月获第7届全国优秀科技工作者称号。

男，1964年生，汉族，内蒙古呼和浩特人。1989年8月，进入中国环境科学研究院生态所工作，任助理研究员；1994年9~12月，亚洲理工学院访问学者；1995年1月，任中国环境科学研究院生态所所长助理、副研究员；1999年7月，任副所长、研究员；2005年9月，任所长、研究员；2007年7月，任中国环境科学研究院副总工程师、研究员；2009年3月，任环境保护部科技标准司副司长、研究员；2010年12月，任环境保护部南京环境科学研究所所长、研究员。主持科技部、国家自然科学基金、环境保护部和省级重点项目100余项，获国家和省部级科技奖19项，累计发表中英文科研论文300余篇，编写中英文著作14部，获国家发明专利8项。先后入选第一批国家环境保护专业技术领军人才、国家百千万人才工程、江苏省333高层次人才培养工程，获全国杰出专业技术人才、全国优秀科技工作者等荣誉称号。

顾　宁

东南大学教授、江苏省生物材料与器件重点实验室主任、苏州纳米科技协同创新中心纳米药物与医用材料专业中心主任，2016年5月获第7届全国优秀科技工作者称号。

男，汉族，1964年5月生，江苏南京人。1986年，南京工学院无线电工程系微波技术专业本科毕业；1996年，获东南大学生物科学与医学工程系博士学位并赴日本东京大学访问研究；1998~1999年，先后在日本山梨大学、通产省工业技术院物质工学工业技术研究所作博士后及特别研究员；2002年，日本冈崎国立研究机构分子科学研究所访问教授。从事医药铁基纳米材料的宏量制备、表征与标准、生物效应及其生物医学应用研究。承担、完成10余项国家级及部省级科研项目，发表国内外学术期刊论文300余篇，发明专利授权60余项；研制纳米氧化铁获批国家弛豫率标准物质。获国家自然科学奖二等奖、国家科技进步二等奖、教育部首届青年教师奖、省部级科技进步奖数项、政府特殊津贴等。

孙长银

东南大学教授、博士生导师、自动化学院副院长，2016年5月获第7届全国优秀科技工作者称号。

男、汉族，1975年8月生，安徽霍邱人。1996年，获四川大学应用数学专业理学学士学位；2001年、2004年分别获东南大学控制理论与控制工程专业工学硕士、工学博士学位；2006年4月，河海大学教授；2007年3月，东南大学博士生导师。在国内外学术期刊（会议）上发表学术论文40余篇，SCI收录16篇，被SCI他引60余篇次，出版专著3本。先后参加或负责国家自然科学基金重大、重点项目、江苏省自然科学基金项目、中国博士后基金项目、香港政府研究基金项目等项目10多项。国家杰出青年基金获得者，东南大学特聘教授，江苏省333高层次人才培养工程中青年科技领军人才，“智能机器人感知与控制”江苏省高校优秀科技创新团队带头人，国家“创新人才推进计划”科技部青年科技创新领军人才，入选教育部新世纪优秀人才计划。获2007年教育部自然科学一等奖、2010年教育部自然科学二等奖、江苏省青年科技奖、2013年国家自然科学奖二等奖。

孙子林

东南大学教授、博士生导师、医学院副院长、糖尿病研究所所长，2016年5月获第7届全国优秀科技工作者称号。

男，汉族，1964年2月生，江苏如皋人。1986年，原南京铁道医学院医疗系本科毕业；1999年，获原南京铁道医学院内科学专业硕士学位；2005年，获德国ULM大学医学博士学位；2006年，获中国药科大学理学博士学位。主要研究糖尿病慢性并发症发病机制和干预策略；糖尿病胰岛纤维化的细胞和分子机制；糖尿病教育和管理模式。先后主持国家重点研发计划、国家自然基金、江苏省科技厅临床专项、中华医学会科研基金、国际合作基金等科研项目。发表学术论文200余篇，其中SCI收录论文55篇。主编、参编专著9部。获省部级科技进步奖6项，江苏省卫生厅新技术引进奖3项。先后获江苏省兴卫工程创新团队、领军人才，百姓信任的医疗专家，江苏省首席科技传播专家，中国农工民主党中央服务社会先进个人。

芮筱亭

南京理工大学教授、博士生导师、发射动力学研究所所长，2016年5月获第7届全国优秀科技工作者称号。

男，汉族，1956年8月生，江苏镇江人。1982年，苏州大学本科毕业；1994年，获南京理工大学博士学位；1996年，晋升研究员；2000年，任博士生导师。从事发射动力学和多体系统动力学研究，建立多体系统传递矩阵法与发射动力学理论与技术体系，主持国家973项目、国防创新专项等国家重大和重点项目20多项。获授权国家发明专利68项、软件著作权12项；出版专著6部并获中国图书奖等奖5项；发表论文302篇，其中SCI收录37篇，EI收录157篇，SCI他引52次，论著他引1646次；牵头制定国家军用标准和兵器行业标准共6部；获国家技术发明二等奖2项、国家科技进步二等奖2项。先后入选国防科技工业511学术技术带头人、江苏省333高层次人才培养工程第一层次培养对象、江苏省有突出贡献中青年专家，享受国务院政府特殊津贴。

廖文和

南京理工大学教授、博士生导师、副校长，2016年5月获第7届全国优秀科技工作者称号。

男，汉族，1965年1月生，江西万安人。1985年，获南京航空学院飞行器制造专业学士学位；1990年，获航空宇航制造工程专业硕士学位；1996年，获航空宇航制造工程专业博士学位。1999年，任南京航空航天大学机电工程学院常务副院长、研究生院副院长、学位办主任、学科建设办主任、科技部部长、高新技术研究院院长；2007年，任南京航空航天大学校长助理兼高新技术研究院院长；2010年，任南京理工大学副校长。主要从事飞机三维数字化设计制造、数字化装配技术、微小卫星设计与试验技术、高精度数字医疗装备等领域的研究工作。获国家科技进步二等、三等奖各一次，省、部级科技进步一等奖四次，二等奖7次，发表高水平学术论文120余篇，出版专著2部，培养硕士、博士研究生120余名。先后被评为江苏省劳动模范、江苏省有突出贡献中青年专家、江苏省333高层次人才培养工程中青年首席科学家、南京市十大科技之星，享受国务院政府特殊津贴。

施季森

南京林业大学教授、博士生导师，2016年5月获第7届全国优秀科技工作者称号。

男，汉族，1952年12月生，江苏省启东人。1981年，获原南京林产工业学院林木遗传育种专业硕士学位；1989年，美国奥本大学细胞科学中心研修生物技术；1992年，加拿大Alberta大学遗传实验室和美国阿肯色大学遗传工程实验室从事分子遗传合作研究。历任南京林业大学科研处副处长、研究生部主任、学校副校长，林木遗传与生物技术省部共建教育部重点实验室主任、国家林业局南方林木种子中心主任。主要从事林木遗传改良、林木功能基因组、林木生物技术、花卉育种等研究。主持国家科技攻关、国家自然基金、国家科技支撑计划等20多项重点科技项目。先后入选国家百千万人才计划，教育部跨世纪人才工程，江苏省333高层次人才培养工程第一层次培养对象，江苏省首席科学家。1985年，获林业部有突出贡献的中青年专家；1990年，国家教委、国务院学位委员会授予中国培养的有突出贡献的硕士学位获得者，国家人事部授予有突出贡献的中青年专家称号；2016年，获国家科学技术进步二等奖。

张保龙

江苏省农业科学院研究员、博士生导师，2016年5月获第7届全国优秀科技工作者称号。

男，汉族，1973年11月生，安徽淮南人。1991年9月至1995年6月，南京农业大学遗传育种专业学习，获学士学位；2002年6月，获南京农业大学作物遗传育种专业硕士；2004~2005年，在澳大利亚联邦科工业组织做访问学者；2014年6月，获南京农业大学应用植物基因组学博士学位；2015年，在荷兰瓦赫宁根大学做访问学者。主要从事棉花优异基因挖掘和分子育种研究。先后主持国家转基因新品种培育重大专项2项、国家基金面上项目3项、国家重点研发计划“七大作物育种专项”等课题。克隆抗黄萎病基因3个，育成棉花新品种7个。获授权专利12项，发表SCI源期刊论文14篇，其他学术论文83篇。获国家科学技术进步二等奖、农业部中华农业科技奖、江苏省科学技术进步二等奖、江苏省农业科技二等奖各1项。入选科技部中青年科技创新领军人才、江苏省333高层次人才培养工程以及江苏省六大高峰人才。

王适娴

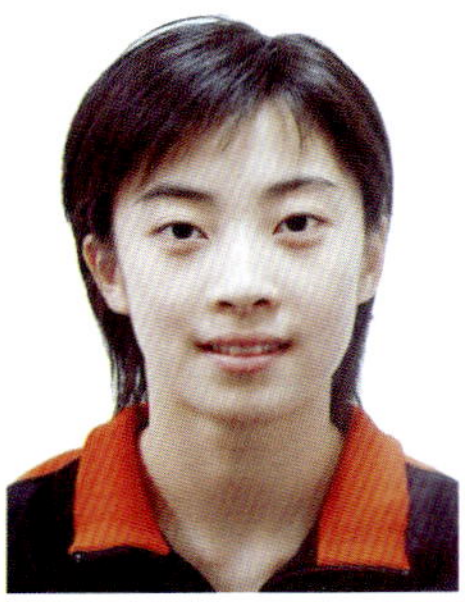

南京体育学院羽毛球队运动员，2016年8月获尤伯杯羽毛球锦标赛冠军。

女，1990年2月生，江苏苏州人。2007年，获第6届城运会女团冠军；2007年，获世青赛团体冠军；2009年，获马来西亚黄金大奖赛女单冠军、中国羽毛球大师赛女单冠军、第11届全运会女子羽毛球团体冠军。2010年，获韩国羽毛球超级赛女单冠军、瑞士超级赛女单冠军、第23届尤伯杯亚军、广州亚运会女团冠军、女单冠军；2011年，国际羽联超级赛总决赛冠军、马来西亚公开赛冠军、苏迪曼杯冠军。2012、2014年，连续2次加冕尤伯杯世界冠军。

翁　浩

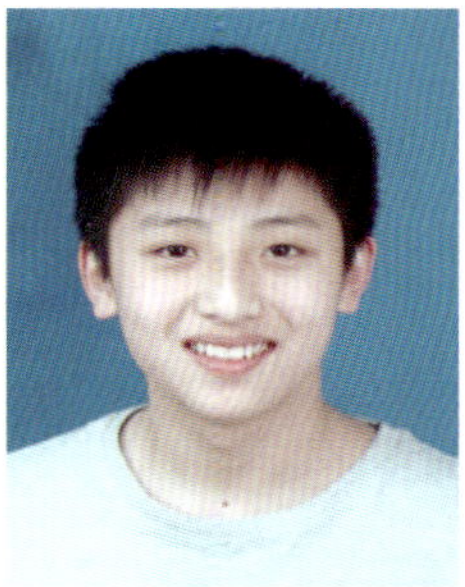

南京体育学院体操运动员，2016年10月获体操世界杯体操分站赛（匈牙利）男子鞍马冠军。

男，1998年3月生，安徽肥东人。2004年，进入苏州市儿童业余体校；2011年，进入江苏省少体校；2014年，进入优秀运动队；2016年，调入国家队。2014年，获全国青年体操锦标赛鞍马冠军、全国体操冠军赛鞍马冠军；2015年，获全国青运会鞍马冠军；2016年，获全国体操锦标赛鞍马冠军、全国体操冠军赛鞍马冠军。

先进集体

国家级先进集体

获奖单位	荣誉称号	授予单位	授予时间
区委、区政府	全国科普示范区	中国科学技术协会	2016 年 2 月
区人民检察院	全国检察宣传先进单位	最高人民检察院	2016 年 8 月
区工商联	全国“五好”县级工商联	中华全国工商联合会	2016 年 5 月
玄武中专	全国五四红旗团支部	共青团中央	2016 年 4 月
区国安办	全国一级国安办	国家安全部	2016 年 12 月
区科协	全国科普日特色活动优秀单位	中国科学技术协会	2016 年 9 月
樱驼花园社区	国家地震安全示范社区	中国地震局	2016 年 11 月
区人民检察院	全国检察机关信息化网上轻应用开发一等奖	最高人民检察院	2016 年 7 月
区红十字会	中国红十字总会报刊宣传先进集体三等奖	中国红十字总会	2016 年 11 月

省级先进集体

获奖单位	荣誉称号	授予单位	授予时间
区委、区政府	江苏省促进义务教育均衡发展先进区	江苏省政府	2016 年 3 月
区委、区政府	江苏省基层党员冬训工作示范区	江苏省委宣传部	2016 年 7 月
区委、区政府	江苏省平安区	江苏省综治委	2017 年 7 月
区财政局	江苏省财政系统先进集体	江苏省财政厅	2016 年 4 月
区档案局	江苏省档案系统先进集体	江苏省档案局	2016 年 2 月
区人民法院	江苏省法院执行系统先进集体	江苏省高院	2016 年 7 月
第九中学、玄武中专、小营小学、北小幼儿园	江苏省教育工作先进集体	江苏省教育厅	2016 年 6 月
区司法局	江苏省普法工作先进单位	江苏省司法厅	2016 年 8 月
新街口街道	江苏省基层党员冬训工作示范街道	江苏省委宣传部	2016 年 9 月
区地税局、区人民检察院、唱经楼社区、富贵山社区、十三中、北小、南师附小、小营小学	江苏省文明单位	江苏省文明委	2016 年 9 月
区环保局	江苏省“生态文明建设宣传一条街”活动优秀奖	江苏省环保厅	2016 年 10 月
红山公园社区	江苏省和谐社区建设示范社区	江苏省民政厅	2016 年 3 月
聚宝山社区、紫金小营社区	江苏省科普示范社区	江苏省科协	2016 年 7 月
玄武湖街道、红山街道	江苏省标准化社区教育中心	江苏省教育厅	2016 年 12 月
区市场监管局	江苏省网络市场监管专项行动先进集体	江苏省工商行政管理局	2017 年 1 月
锁金村街道、孝陵卫街道	江苏省人民调解委员会规范化建设示范点	江苏省司法厅	2016 年 2 月

续表

获奖单位	荣誉称号	授予单位	授予时间
锁金村司法所、孝陵卫司法所	江苏省优秀司法所	江苏省司法厅	2016年1月
孝陵卫司法所	江苏省“双严”活动先进集体	江苏省司法厅	2016年10月
梅园新村街道、锁金村街道、孝陵卫街道	江苏省标准化社区教育中心	江苏省教育厅	2015年12月
锁金村街道	江苏省民政标准化建设试点单位	江苏省民政厅	2016年4月
锁金村街道	江苏基层建设标兵单位	江苏省军区	2017年1月
第十三中学	江苏省十佳中学共青团组织	共青团江苏省委	2016年2月
第九中学	江苏省书香校园	江苏省教育厅	2016年1月
小营小学	江苏省健康促进学校金奖	江苏省卫生厅	2016年11月
玄武特教学校	江苏省中小学心理健康教育特色学校	江苏省教育厅	2016年10月
月苑一小	江苏省红十字示范学校	江苏省红十字会	2015年12月
红山小学	江苏省优秀家长学校	江苏省妇联	2015年12月

市级先进集体

获奖单位	荣誉称号	授予单位	授予时间
区委、区政府	法治南京建设先进区	市委、市政府	2016年5月
南师附小	南京市先进基层党组织	市委	2016年7月
区城管局(水务局)、孝陵卫街道	南京市防汛抗洪有功集体	市委、市政府	2016年9月
锁金村街道	法治南京建设先进街道	市委、市政府	2016年5月
锁金村街道、北京东路小学	南京市文明单位标兵	市委、市政府	2016年7月
人社局、区科技局、区司法局、玄武门街道、梅园新村街道、孝陵卫街道、区人武部、板仓社区、新街口社区卫生服务中心、海英小学	南京市创建全国双拥模范城有功单位	市委、市政府	2016年9月

个人奖项

2016年江苏省劳动模范

姓　名	性别	工作单位及职务
丁　磊	男	江苏先声药业有限公司研究院技术总监
高日余	男	南京玄武环境工程有限公司职工

2016 年江苏省先进工作者

姓　名	性别	工作单位及职务
曹勇军	男	南京市第十三中学高级教师

第十五届南京好市民

姓　名	性别	工作单位及职务
王向宏	男	南京东大智能化系统有限公司董事长
丁　磊	男	江苏先声药业有限公司技术总监
孙江宁	男	玄武门社区卫生服务中心全科医生
朱昌贵	男	南京市玄武地方税务局第一税务所主任科员
蒋学武	男	玄武区市场监督管理局科员
任克明	男	玄武区锁金村街道中队副指导员
潘顺群	男	玄武公安分局巡特警大队梅园新村警务工作站民警
吕志涛	男	中国工程院院士、东南大学学术委员会主任

2016 年度玄武好人

姓　名	性别	工作单位及职务
李耀忠	男	仙鹤门社区卫生服务中心全科医师
曾策力	男	交警一大队民警
田美华	女	玄武区房产经营有限公司梅园分公司管理处主任
陈晓吉	男	南京大贺房地产销售公司总经理
马　健	男	玄武检察院主任科员
周　祥	男	香铺营小区门房保安
蔡云春	男	玄武环境工程有限公司保洁
王其生	男	公交一村社区党委书记
吴恒全	男	玄武公安分局玄武门派出所关工站副站长
梁　伟	男	南京市玄武高级中学德育主任

玄武籍现役军人二等功以上获得者

部职别	姓　名	立功等级	授予单位	授予时间
武警江苏总队政治部文工团管理员	王星星	二等功	武警江苏总队政治部	2015 年 6 月

统计资料

Statistics

责任编辑　顾　坚

◎ 综合

◎ 人口

◎ 科技·教育

◎ 人民生活

综　　合

地区生产总值完成情况

计量单位:亿元

指　　标	2016年	可比价增幅(±%)
地区生产总值	590.20	9.1
第一产业	0.00	—
第二产业	18.83	−26.1
工业	10.14	−27.1
规模以上	10.14	−20.0
规模以下	0.00	−100.0
建筑业	8.69	−25.0
第三产业	571.37	10.6
批发和零售业	98.74	6.0
批发业	68.09	5.0
零售业	30.65	8.2
交通运输、仓储和邮政业	2.99	0.0
住宿和餐饮业	14.39	4.9
住宿业	10.28	5.0
餐饮业	4.11	4.7
金融业	66.27	14.0
房地产业	40.32	17.2
房地产开发经营	23.24	28.0
物业管理	8.81	7.0
自有房地产经营活动	8.27	5.0
其他服务业	348.67	11.0
营利性服务业	235.32	13.9
信息传输、计算机服务和软件业	124.75	18.0
其他营利性服务业	110.58	9.5
非营利性服务业	113.35	5.4

备注:绝对值按现行价格计算,增长速度按可比价格计算

全社会固定资产投资完成情况

计量单位:万元

指　　标	2016年	2016年为上年(±%)	完成2016年计划(%)
合　计	1339327	14.4	人代会目标116.5 市发改目标100.7
其中:项目投资	432748	10.9	
房地产开发投资	906579	16.1	

全区固定资产投资完成情况

计量单位:万元

部门名称	2016年
全区合计	1339327
其中:梅园新村街道	122288
新街口街道	140928
玄武门街道	140000
锁金村街道	39286
红山街道	273595
孝陵卫街道	298914
玄武湖街道	163439
徐庄管委会	72223
教育局	26060
科创办	220
铁北管委会	54500
其　他	7874

房地产开发投资完成情况

指标内容	计量单位	本期止累计	同比(±%)
房地产开发投资额	万元	906579	16.1
1.按工程用途分			
住　宅	万元	632887	48.7
办公楼	万元	44249	−34.5
商业用房	万元	77020	−8.5
其　他	万元	152423	−25.1
2.房屋建设面积			
施工面积	平方米	3034027	1.6
其中:住宅	平方米	1446573	3.2
竣工面积	平方米	551175	55.3
其中:住宅	平方米	252819	69.3
3.商品房销售面积	平方米	861676	80.6
其中:住宅	平方米	692347	66.5
4.房屋销售额	万元	2339676	134.7
其中:住宅	万元	2001084	132.6

说明:商品房销售面积包括现房销售面积和期房销售面积;销售额同指

社会消费品零售总额完成情况

计量单位:万元

项　　目	2016年	2015年	2016年为上年(±%)
社会消费品零售总额	4751677	4308868	10.3
一、按规模分组			
(一)限额以上	3145558	3054286	3.0
其中:批发业	719950	836146	-13.9
零售业	2303357	2106871	9.3
住宿业	69950	67172	4.1
餐饮业	52300	54202	-3.5
(二)限额以下	1606119	1254582	28.0
二、限额以上按登记注册类型分			
(一)内资经济	2107621	2117765	-0.5
(二)港澳台商投资经济	965295	866607	11.4
(三)外商投资经济	53643	53870	-0.4
(四)个体经营经济	18999	16044	18.4

说明:本表数据产业活动单位按在地划分

外向型经济完成情况

	年计划	本期止累计	同比(±%)	完成年计划(%)
实际利用外资(万美元)	17000	22585	18.0	132.9
外贸出口额(亿美元)	28.2	28.8	3.1	102.1
对外承包工程营业额(万美元)	11500	14749	42.8	128.3
服务外包执行额(亿美元)	21.6	22.0	15.2	101.9

人　　口

玄武区2016年末户籍人口情况

计量单位:人

城区	总户数	总人口			性别比(%)	2015年末户籍人口
		合计	男	女		
玄武区	147639	478683	240967	237716	101.37	486506
梅园新村街道	30670	85350	40915	44435	92.07	864320
新街口街道	25456	84493	42884	41609	103.06	86417
玄武门街道	15746	79618	42555	37063	114.81	84681
锁金村街道	13625	43571	21515	22056	97.55	44617
红山街道	19278	53451	26762	26689	100.27	52105
孝陵卫街道	25463	84734	42854	41880	102.33	85964
玄武湖街道	17401	47466	23482	23984	97.91	46302

玄武区 2016 年户籍人口变动情况

计量单位:人

			总人数	男	女
人口变动情况	增加数	出　生	4292	2234	2058
		市外迁入	10792		
		市内移入	17013		
		其　他	65		
	减少数	死　亡	2397	1341	1056
		迁往市外	12435		
		市内移出	25114		
		其　他	39		

科技·教育

2016 年高新技术、科技型企业认定情况

	新增数	全区累计数
高新技术企业(家)	17	113

2016 年科技园入驻企业情况

	新入驻企业	累计入驻企业
徐庄软件产业基地(含江苏软件园)	28	501

2016 年专利申请量完成情况

类　别	2016 年(件)	2016 年为上年(±%)
发明专利	4996	4.3
实用新型	1921	13.2
外观设计	384	20.8
合　计	7301	7.3

玄武区 2016/2017 学年初幼儿园学生、办学条件基本情况表

学校名称	班数(个)	入园人数(人)	入园人数(人)	离园人数(人)	幼儿园占地及校舍面积(平方米)				户外活动场地(平方米)	图书(册)
					占地面积	建筑面积	教学及辅助用房	行政办公用房		
总　计	414	4248	12661	4104	197373	136543.56	91280.7	8494.3	85742.2	188928
北京东路小学附属幼儿园	10	115	297	57	3248	3247	1890	160	2000	2600

续表

学校名称	班数（个）	入园人数（人）	入园人数（人）	离园人数（人）	幼儿园占地及校舍面积（平方米）				户外活动场地（平方米）	图书（册）
					占地面积	建筑面积	教学及辅助用房	行政办公用房		
半山园小学附属幼儿园	9	90	234	56	4528	3775	1939	409	2088	2715
长江路小学幼儿园	9	95	257	83	4000	3544	2715	345	1800	4431
逸仙小学附属幼儿园	9	88	260	60	3000	2246	1398	104	1899	2500
锁金村第二小学附属幼儿园	9	85	245	88	3600	1677	1383	199	1600	3482
珠江路小学附属幼儿园	12	120	345	93	4554	5413	4274	330	2450	13232
玄武区玄武门幼儿园	7	55	185	60	3670	1367	1137	99	609	4080
长江路小学附属银城双语幼儿园	9	106	289	110	7000	3650	2790	120	2762	3300
孝陵卫小学附属幼儿园	9	106	285	72	3813	2518	1619	86	1500	2850
南京理工大学附属幼儿园	17	147	506	153	8038	5425	3101	267	4749	4770
东南大学后勤服务集团幼儿园	12	129	409	157	7001	4213	3594	120	2788	5587
南京体育学院附属幼儿园	6	76	200	60	3285	1719	1518	63	740	3481
南京农业大学附属幼儿园	11	93	333	109	3078	3300	2789	199	1848	4537
玄武区钟灵农科苑幼儿园	11	129	346	65	4200	3100	2820	100	2000	3420
海军指挥学院政治部幼儿园	9	90	266	91	5500	2800	1258	200	3300	8500
七三六一〇部队香禾幼儿园	11	31	312	78	6450	4127	1873.7	1178.4	3106	4662
南京军区南京实验幼儿园	12	101	352	144	11340	5880	3869	116	5732	9000
南京前线幼儿园	7	61	219	69	4600	2687	2107	60	1750	2750
南空后勤部机关幼儿园	11	124	364	120	2146	3387	2142	165	1350	7777
南京军区空军直属机关幼儿园	13	172	425	157	7451	5183	3198	594	1665	2300
南京军区政治部小天鹅幼儿园	15	157	442	161	7500	7750	5422	615	2470	16600
七三六八一部队幼儿园	6	64	162	67	3770	2475	1392	100	1400	2400
南京市市级机关幼儿园	14	148	444	119	5163	4295	1552	170	2600	3680
南京熊猫公司御道街幼儿园	11	159	418	138	4800	3956	2331	104	2700	6942
锁金新村第一小学附属幼儿园	9	110	315	111	2500	1000	770	30	1050	3200
南京熊猫公司后宰门幼儿园	5	80	196	78	2324	1254	912	170	1300	2518
玄武区如意幼儿园	7	81	243	77	2125	2426	1805	97	964	6318
玄武区花红园幼儿园	5	77	187	84	1057	640	510	30	450	1810
玄武区钟山幼儿园	6	63	222	73	1563	863	657	18	700	2530
玄武区锁金村第一幼儿园	6	86	219	67	3265	1921	1434	73	1285	4320
玄武区行知实验幼儿园	7	77	234	69	4600	4060	2985.6	382	2037	3053
玄武区华星艺术幼儿园	6	19	145	55	2120	1740	850	150	1000	600
玄武区小哈佛双语幼儿园	9	96	283	110	1100	1700	970	90	700	3155
玄武区淘淘幼儿园	9	104	261	80	4500	3000	2042	110	1900	3200
玄武区樱花双语艺术幼儿园	7	76	237	70	2644	1697	1357	30	1020	3900
南京市玄武晶晶幼儿园	9	95	268	97	6048	2628.56	1229	68	2412	2986
南京玄武东方城幼儿园	6	50	157	55	2223	1923	1693	40	921	1765

续表

学校名称	班数(个)	入园人数(人)	入园人数(人)	离园人数(人)	幼儿园占地及校舍面积(平方米)				户外活动场地(平方米)	图书(册)
					占地面积	建筑面积	教学及辅助用房	行政办公用房		
玄武区红山幼儿园	12	65	369	112	6376	3933	2969	528	2904.15	5069
北京东路小学附属幼儿园分园	9	88	249	103	4517	3049	1478	107	1553	2600
南京玄武北苑之星幼儿园	9	87	273	106	4100	1900	1295	20	2000	3000
南京玄武月苑幼儿园	7	53	147	98	1200	1268	990	35	400	965
南京玄武墨香幼儿园	6	60	177	56	2800	2350	1025.4	39	1464	4030
南京紫金东郡幼儿园	6	59	160	12	10466	3635	3085	350	3400	2173
北京东路小学附属幼儿园月香分园	5	104	151	0	5160	3672	2082	173.9	1876	1000
南京市玄武区淘淘幼儿园十字街分园	8	74	244	110	1000	1840	1220	15	300	1700
南京市玄武区淘淘幼儿园钟山山庄分园	6	48	152	60	1750	1450	1120	15	500	1640
南京市行知实验幼儿园花园路分园	6	55	177	54	2200	860	690	20	700	1800

玄武区2016/2017学年初幼儿园教职工数、专任教师学历和职称情况

单位：人

	教职工	专任教师	专任教师按学历分					专任教师按职称分					
			研究生毕业	本科毕业	专科毕业	高中阶段毕业	高中阶段毕业以下	中学高级	小学高级	小学一级	小学二级	小学三级	未评职称
总　计	1810	972	11	581	362	18			274	265	41		392
北京东路小学附属幼儿园	50	31	1	29	1				10	17			4
半山园小学附属幼儿园	25	20		18	2				11	7			2
长江路小学幼儿园	33	25		23	2				10	8			7
逸仙小学附属幼儿园	26	20	1	17	2				13	6			1
锁金村第二小学附属幼儿园	27	23		18	5				13	9			1
珠江路小学附属幼儿园	36	27		26	1				16	9			2
玄武区玄武门幼儿园	26	24		19	5				16	7			1
长江路小学附属银城双语幼儿园	36	19		16	3				2	11			6
孝陵卫小学附属幼儿园	24	18		17	1				7	11			
南京理工大学附属幼儿园	80	41		26	15				13	10	1		17
东南大学后勤服务集团幼儿园	70	42		31	10	1			9	2	5		26
南京体育学院附属幼儿园	26	12		2	10				2	1	1		8
南京农业大学附属幼儿园	49	25		14	10	1			2	8			15
玄武区钟灵农科苑幼儿园	40	18		3	15								18
海军指挥学院政治部幼儿园	50	24		16	8				7	12			5
七三六一〇部队香禾幼儿园	45	23		11	12				4	5			14

续表

	教职工	专任教师	专任教师按学历分					专任教师按职称分					
			研究生毕业	本科毕业	专科毕业	高中阶段毕业	高中阶段毕业以下	中学高级	小学高级	小学一级	小学二级	小学三级	未评职称
南京军区南京实验幼儿园	73	28		14	14				15	5			8
南京前线幼儿园	33	14		5	9					5	4		5
南空后勤部机关幼儿园	62	29	2	20	7				12	9	4		4
南京军区空军直属机关幼儿园	75	49	1	23	21	4			30	9			10
南京军区政治部小天鹅幼儿园	78	39	5	33	1				22	12	2		3
七三六八一部队幼儿园	30	14		12	2				3	8			3
南京市市级机关幼儿园	77	34		31	3				15	9			10
南京熊猫公司御道街幼儿园	42	21		8	13				5	4	4		8
锁金新村第一小学附属幼儿园	38	20		18	2				12	8			
南京熊猫公司后宰门幼儿园	20	10		3	7				2	2	2		4
玄武区如意幼儿园	33	16		10	6				6	8			2
玄武区花红园幼儿园	20	10		8	2				3	5	1		1
玄武区钟山幼儿园	29	12		1	11					6			6
玄武区锁金村第一幼儿园	30	15		7	8					3	6		6
玄武区行知实验幼儿园	30	14		7	7					2			12
玄武区华星艺术幼儿园	26	12		2	10								12
玄武区小哈佛双语幼儿园	47	23		4	18	1			6	4	1		12
玄武区淘淘幼儿园	34	19		4	15						1		18
玄武区樱花双语艺术幼儿园	31	14		7	5	2			2	8			4
南京市玄武晶晶幼儿园	40	18		6	12					3			15
南京玄武东方城幼儿园	25	12		3	8	1				1			11
玄武区红山幼儿园	54	28		14	13	1			1	4	6		17
北京东路小学附属幼儿园分园	21	20		20					2	14			4
南京玄武北苑之星幼儿园	35	17		2	12	3			1				16
南京玄武月苑幼儿园	28	14			14								14
南京玄武墨香幼儿园	28	13		3	9	1							13
南京紫金东郡幼儿园	35	14		12	2					8			6
北京东路小学附属幼儿园月香分园	18	11	1	10					2	5			4
南京市玄武区淘淘幼儿园十字街分园	29	16		1	14	1					2		14
南京市玄武区淘淘幼儿园钟山山庄分园	22	12		3	8	1							12
南京市行知实验幼儿园花园路分园	24	12		4	7	1					1		11

玄武区2016/2017学年初小学学校班级、学生数情况

学校名称	毕业生数(人)	招生数(人)	在校生数(人)							班级数(个)						
			合计	一年级	二年级	三年级	四年级	五年级	六年级	合计	一年级	二年级	三年级	四年级	五年级	六年级
总计	3350	3919	23042	3919	3614	4432	3922	3477	3678	621	107	100	112	107	98	97
南京师范大学附属小学仙鹤门分校	0	139	139	139	0	0	0	0	0	4	4	0	0	0	0	0
南京玄武外国语学校附属小学	0	166	166	166	0	0	0	0	0	4	4	0	0	0	0	0
南京市锁金新村第一小学	86	93	568	93	95	101	89	99	91	18	3	3	3	3	3	3
南京市锁金新村第二小学	79	85	616	85	117	106	113	104	91	20	3	3	3	4	4	3
南京市宇花小学	83	76	459	76	66	78	85	76	78	18	3	3	3	3	3	3
南京市小营小学	120	161	1044	161	189	228	181	139	146	32	5	6	6	5	5	5
南京市成贤街小学	154	135	1026	135	143	211	188	173	176	26	4	4	5	5	4	4
南京市逸仙小学	78	66	476	66	76	82	88	74	90	16	2	2	3	3	3	3
南京市长江路小学	276	203	1524	203	203	289	259	275	295	34	5	5	6	6	6	6
南京市洪武北路小学	61	105	634	105	123	142	107	82	75	20	3	4	4	3	3	3
南京市同仁小学	65	83	514	83	78	116	84	72	81	18	3	3	3	3	3	3
南京师范大学附属小学	345	371	2178	371	317	406	388	339	357	55	9	8	10	10	9	9
南京市中央路小学	125	147	911	147	182	160	156	104	162	31	5	5	5	6	4	6
南京市红山小学	100	175	857	175	146	151	161	116	108	23	4	4	4	4	4	3
南京市孝陵卫中心小学	146	185	1151	185	205	220	185	184	172	29	5	5	5	5	5	4
南京市海英小学	94	128	768	128	148	135	124	112	121	24	4	4	4	4	4	4
南京市北京东路小学	260	226	1635	226	214	328	294	287	286	37	6	6	7	6	6	6
南京市月苑第一小学	202	289	1617	289	247	352	270	227	232	39	6	6	8	7	6	6
南京市北京东路小学阳光分校	82	104	558	104	87	95	110	79	83	16	3	3	3	3	2	2
南京市立贤小学	135	159	966	159	139	187	178	159	144	23	4	4	4	4	4	3
南京理工大学实验小学	306	445	2373	445	399	467	394	339	329	51	10	9	10	8	7	7
南京市樱花小学	161	197	1026	197	177	181	152	158	161	26	5	5	4	4	4	4
南京市科利华小学	56	79	475	79	91	98	75	67	65	16	3	3	3	3	2	2
南京市樱花小学(东方城校区)	160	0	349	0	0	85	53	51	160	9	0	0	2	2	2	3
南京市孝陵卫初级中学	70	102	488	102	69	104	84	54	75	17	4	2	4	3	2	2
南京市紫东实验学校	106	0	524	0	103	110	104	107	100	15	0	3	3	3	3	3

玄武区2016/2017学年初小学学校教职工基本情况

学校名称	专任教师按职称分(人)						专任教师按学历分(人)				
	中学高级	小学高级	小学一级	小学二级	小学三级	未评职称	研究生毕业	本科毕业	专科毕业	高中阶段毕业	高中阶段毕业以下
合计	67	860	445	2	0	141	97	1244	163	11	0
南京师范大学附属小学仙鹤门分校	0	8	1	0	0	2	2	7	2	0	0

续表

学校名称	专任教师按职称分(人)						专任教师按学历分(人)				
	中学高级	小学高级	小学一级	小学二级	小学三级	未评职称	研究生毕业	本科毕业	专科毕业	高中阶段毕业	高中阶段毕业以下
南京玄武外国语学校附属小学	2	3	4	0	0	3	2	9	1	0	0
南京市锁金新村第一小学	1	33	10	0	0	2	1	34	11	0	0
南京市锁金新村第二小学	2	26	17	0	0	3	3	43	2	0	0
南京市宇花小学	2	22	15	0	0	4	3	38	1	1	0
南京市小营小学	4	44	17	0	0	2	3	59	5	0	0
南京市成贤街小学	4	41	19	0	0	3	2	54	10	1	0
南京市逸仙小学	3	28	6	0	0	6	2	31	10	0	0
南京市长江路小学	8	42	27	0	0	5	6	70	6	0	0
南京市洪武北路小学	1	33	8	1	0	10	2	44	6	1	0
南京市同仁小学	1	30	8	0	0	2	1	35	5	0	0
南京师范大学附属小学	8	81	41	0	0	14	19	110	15	0	0
南京市中央路小学	3	52	19	0	0	1	1	66	8	0	0
南京市红山小学	2	27	16	0	0	5	2	44	4	0	0
南京市孝陵卫中心小学	2	41	18	0	0	6	3	55	9	0	0
南京市海英小学	3	55	12	1	0	1	2	57	12	1	0
南京市北京东路小学	7	70	18	0	0	5	3	88	9	0	0
南京市月苑第一小学	2	43	32	0	0	9	5	71	9	1	0
南京市北京东路小学阳光分校	1	6	22	0	0	8	4	33	0	0	0
南京市立贤小学	1	22	25	0	0	4	8	43	1	0	0
理工大实小	4	64	37	0	0	21	8	111	7	0	0
南京市樱花小学	2	35	26	0	0	5	5	49	14	0	0
南京市科利华小学	0	15	16	0	0	6	5	31	1	0	0
南京市樱花小学(东方城校区)	0	6	7	0	0	8	0	9	6	6	0
南京市孝陵卫初级中学	2	15	13	0	0	4	3	29	2	0	0
南京市紫东实验学校	2	18	11	0	0	2	2	24	7	0	0

玄武区2016/2017学年初小学学校办学条件基本情况

学校名称	占地面积(平方米)	校舍建筑面积(平方米)					图书(册)	计算机(台)		运动场地面积(平方米)	固定资产总值(万元)	
		计	教学及辅助用房					计	教学用计算机		计	仪器设备
			计	体育馆	实验室	教室						
合　　计	271037.53	173872.59	102983	7707	8276	76457	687757	5429	5049	103546	26429.771	8340.7896
南京师范大学附属小学仙鹤门分校	4911.5	1184	518	0	0	518	0	13	13	200	21.23	21.23
南京玄武外国语学校附属小学	3061.03	1249	892	0	0	770	1954	29	29	1222	14.83	14.83
南京市锁金新村第一小学	6345	3459	2113	0	80	1841	26296	199	199	3471	523.58	219.45

续表

学校名称	占地面积（平方米）	校舍建筑面积（平方米）					图书（册）	计算机（台）		运动场地面积（平方米）	固定资产总值（万元）	
		计	教学及辅助用房					计	教学用计算机		计	仪器设备
			计	体育馆	实验室	教室						
南京市锁金新村第二小学	7575	3779	3135	0	135	2720	21499	158	150	3260	702.90	398.00
南京市宇花小学	9414	6239	3844	0	200	3180	15944	143	140	3500	1387.83	282.91
南京市小营小学	15200	6425	4043	0	365	3254	29263	279	223	4050	1213.84	531.93
南京市成贤街小学	9476	6453	5987	880	115	4732	34148	271	191	4486	1011.00	456.00
南京市逸仙小学	9805	6958	2554	0	89	2087	12302	72	70	2193	792.00	94.77
南京市长江路小学	11512	8350	4102	780	190	2552	47650	461	452	3852	1192.02	552.65
南京市洪武北路小学	8600	6710	5276	520	109	4406	17097	143	140	4000	572.94	238.20
南京市同仁小学	6442	7090	6055	993	828	3820	19942	197	192	1400	734.20	216.72
南京师范大学附属小学	23932	17309	12098	1150	340	9778	76397	495	474	9000	2487.30	854.14
南京市中央路小学	4719	7266.59	3634	0	160	2974	23965	281	271	2960	1336.46	520.10
南京市红山小学	14100	10040	3199	432	345	2009	25613	303	223	4314	1584.96	456.78
南京市孝陵卫中心小学	13872	6151	3468	0	155	2746	34972	271	201	5239	969.98	522.00
南京市海英小学	7389	6810	5372	300	712	3960	22598	205	200	2400	1160.61	314.60
南京市北京东路小学	18820	13086	6945	360	2495	3010	52685	435	431	13730	2687.21	563.30
南京市月苑第一小学	12321	9882	3990	462	198	2928	45179	257	252	4550	948.40	369.70
南京市北京东路小学阳光分校	15000	6525	3589	570	800	1798	21178	108	106	4344	1947.00	147.00
南京市立贤小学	10907	5559	2560	340	120	1800	28103	188	179	3520	162.70	154.90
南京理工大学实验小学	24926	14960	11432	920	298	9617	64912	462	460	11079	1778.00	505.00
南京市樱花小学	17729	9562	3648	0	270	2874	29987	280	276	6827	1017.06	553.26
南京市科利华小学	5500	4318	1961	0	152	1403	11073	115	113	1870	2092.87	328.47
南京市樱花小学（东方城校区）	9481	4508	2568	0	120	1680	25000	64	64	2079	90.85	24.85

说明：孝陵卫初级中学小学部、紫东实验学校小学部办学部分统计在初中

玄武区2016/2017学年初普通中学班级、学生数情况

学校名称	合计	班级数（个）								毕业学生数（人）		招生数（人）		在校学生数（人）								
		初中				高中				初中	高中	高中	初中	初中	合计				高中			
		计	一年级	二年级	三年级	计	一年级	二年级	三年级						计	一年级	二年级	三年级	计	一年级	二年级	三年级
总计	399	254	83	83	88	145	47	52	46	3391	1909	2089	3246	3246	16243	9946	3043	3657	6297	2089	2231	1977
南京市梅园中学	22	22	6	8	8					242			211	211	780	780	282	287				
南京市孝陵卫初级中学	7	7	3	2	2					80			83	83	212	212	60	69				
南京市科利华中学	33	33	10	11	12					569			451	451	1493	1493	431	611				
南京市紫东实验学校	12	12	4	4	4					129			134	134	335	335	90	111				
南京市弘光中学	29	29	10	8	11					495			421	421	1234	1234	345	468				

续表

学校名称	合计	班级数(个)								毕业学生数(人)		招生数(人)		在校学生数(人)								
		初中				高中									合计				高中			
		计	一年级	二年级	三年级	计	一年级	二年级	三年级	初中	高中	高中	初中	初中	计	一年级	二年级	三年级	计	一年级	二年级	三年级
南京市第十三中学锁金分校	31	31	10	10	11					445			400	400	1248	1248	375	473				
南京市第十三中学红山校区	33	33	10	11	12					489			410	410	1348	1348	394	544				
南京市第五十四中学	18	18	6	6	6					146			155	155	489	489	180	154				
南京玄武外国语学校	30	30	10	10	10					342			443	443	1328	1328	451	434				
南京市第九初级中学	30	30	10	10	10					404			420	420	1250	1250	374	456				
南京市玄武高级中学(太平门校区)	30					30	11	10	9		394	443			1236				1236	443	417	376
南京市人民中学	28	9	4	3	2	19	6	7	6	50	221	290	118	118	1037	229	61	50	808	290	276	242
南京市第十三中学	49					49	16	17	16		594	689			2111				2111	689	756	666
南京市第九中学	47					47	14	18	15		700	667			2142				2142	667	782	693

玄武区2016/2017学年初普通中学教职工基本情况

学校名称	专任教师(人)	初中专任教师(人)										高中专任教师(人)									
		按职称分					按学历分					按职称分					按学历分				
		中学高级	中学一级	中学二级	中学三级	未评职称	研究生毕业	本科毕业	专科毕业	高中阶段毕业	高中阶段毕业以下	中学高级	中学一级	中学二级	中学三级	未评职称	研究生毕业	本科毕业	专科毕业	高中阶段毕业	高中阶段毕业以下
总　计	1511	220	469	157	0	74	115	779	24	2	0	304	231	22	0	34	101	482	8	0	0
南京市梅园中学	82	18	55	7	0	2	5	76	1	0	0										
南京市孝陵卫初级中学(中学部)	34	10	17	3	0	4	3	30	1	0	0										
南京市科利华中学	123	38	54	21	0	10	20	94	7	2	0										
南京市紫东实验学校(中学部)	35	6	14	12	0	3	2	32	1	0	0										
南京市弘光中学	100	28	47	18	0	7	18	79	3	0	0										
南京市第十三中学锁金分校	114	28	59	17	0	10	18	91	5	0	0										
南京市第十三中学红山校区	115	21	52	25	0	17	20	94	1	0	0										
南京市第五十四中学	70	28	34	5	0	3	4	65	1	0	0										
南京玄武外国语学校	97	5	52	32	0	8	5	92	0	0	0										
南京市第九初级中学	105	24	60	11	0	10	16	88	1	0	0										
南京市玄武高级中学(太平门校区)	143											82	53	5	0	3	5	133	5	0	0
南京市人民中学	135	14	25	6	0	0	4	38	3	0	0	49	36	5	0	0	10	80	0	0	0
南京市第十三中学	171											76	67	6	0	22	53	118	0	0	0
南京市第九中学	187											97	75	6	0	9	33	151	3	0	0

玄武区2016/2017学年初普通中学办学条件基本情况

学校名称	占地面积（平方米）	建筑面积（平方米）					图书（册）	计算机（台）		运动场地面积（平方米）	固定资产总值（万元）	
		计	教学及辅助用房					计	教学用计算机		计	仪器设备
			计	体育馆	实验室	教室						
合　计	380916	262291.85	119770.31	18687.46	21550	62450.26	737396	5319	4752	120199.45	31460.81	9955.33
南京市玄武高级中学(梅园校区)	15965	18534	8307	1030	1440	4637	37515	338	338	3481	2261.12	620.20
南京市孝陵卫初级中学	15840	6173	3221	0	548	2249	23734	229	223	4588	1132.25	424.75
南京市科利华中学	18031	13684	6606	0	864	4972	69478	484	480	7397	2413.70	639.91
南京市紫东实验学校	39824	9920	4750	0	1117	3013	30812	367	291	11192	1981.29	615.81
南京市弘光中学	28380	18195	14265	1320	5420	5665	50245	595	486	9280	560.70	531.50
南京市第十三中学锁金分校	19079	11505	4545	0	400	3414	50476	490	490	6400	1609.00	856.00
南京市第十三中学红山校区	40494	24977.85	8888.31	1393.46	1773	4466.26	50982	428	398	11800	920.89	788.38
南京市第五十四中学	16170	9541	3263	0	610	1881	21285	205	202	7004	1009.97	378.39
南京玄武外国语学校	17207	17242	7547	748	629	5916	37373	284	259	5641	2946.05	414.40
南京市第九初级中学	14164	11010	4134	224	681	2703	46003	403	387	3667.45	626.74	380.27
南京市玄武高级中学(太平门校区)	19606	22160	9065	1278	1445	4254	63370	692	485	8000	4145.24	478.41
南京市人民中学	27105	31826	13980	7284	1963	3212	54658	407	338	9602	1814.71	717.80
南京市第十三中学	41670	28719	15216	2800	2000	8616	85717	610	610	15700	5103.31	2272.57
南京市第九中学	67381	39324	15983	2610	2660	7452	115748	593	420	16447	7457.00	1817.00

玄武区2016/2017学年初特殊教育学校基本情况

<table>
<tr><td>学校名称</td><td>校数</td><td colspan="6">学校情况</td><td colspan="3">学生情况</td></tr>
<tr><td rowspan="9">玄武特殊教育学校</td><td rowspan="2">1</td><td colspan="2">学校类别</td><td colspan="2">学校办别</td><td colspan="2">班数</td><td colspan="2">毕业生安生</td><td>学生数</td></tr>
<tr><td colspan="2">弱智学校</td><td colspan="2">教育部门</td><td colspan="2">5</td><td colspan="2">4</td><td>49</td></tr>
<tr><td colspan="10">教职工情况</td></tr>
<tr><td colspan="4">按学历分</td><td colspan="5">按职称分</td></tr>
<tr><td>研究生毕业</td><td>本科毕业</td><td>专科毕业</td><td>高中阶段毕业</td><td>中学高级</td><td>小学高级</td><td>小学一级</td><td>中学二级</td><td>未评职称</td></tr>
<tr><td>2</td><td>12</td><td>0</td><td>0</td><td>1</td><td>6</td><td>6</td><td>0</td><td>1</td></tr>
<tr><td colspan="9">办学条件</td></tr>
<tr><td>占地面积(平方米)</td><td>建筑面积(平方米)</td><td>教辅用房(平方米)</td><td>行政用房(平方米)</td><td>图书(册)</td><td colspan="4">数字资源(GB)</td></tr>
<tr><td>4289</td><td>5377</td><td>4190</td><td>500</td><td>3338</td><td colspan="4">0</td></tr>
</table>

玄武区2016/2017学年初中等专业学校基本情况

学校名称	校数	学校情况						学生情况					
		学校类别	学校办别	高中				在校学生数(高中)					
玄武中等职业学校	1	专业学校	教育部门	合计	一年级	二年级	三年级	毕业生数	招生数	合计	一年级	二年级	三年级
				3080	1062	1042	976	907	1054	3059	1057	992	1010

学校名称	高中专任教师								
	按学历分				按职称分				
玄武中等职业学校	研究生毕业	本科毕业	专科毕业	高中阶段毕业	中学高级	中学一级	中学二级	中学三级	未评职称
	22	159	1		80	63	22		17

学校名称	办学条件										
	占地面积(平方米)	建筑面积(平方米)					图书(册)	计算机(台)	运动场地面积(平方米)	固定资产总值(万元)	
		计	教辅用房(平方米)			行政用房(平方米)					
玄武中等职业学校			计	普通教室	实验室					计	仪器设备
	30302	20718	16496	6085	10411	4222	69566	983	9556	4717	2358

人民生活

城镇居民生活情况

计量单位:元

	2016年	2016年为上年(%)
城市居民人均可支配收入	55641	108.50
城市居民人均消费支出	41662.7	107.20
恩格尔系数(%)	—	—
文教娱乐支出比重(%)	—	—
人均住房建筑面积(含偶尔居住房平方米)	—	—

注:其他未列数据,因国家统计局南京调查队未提供数据

附　录

Appendix

责任编辑　卢永晨

2016年玄武区街道、社区一览表

街道办事处		社区居民委员会		备注
名称	驻地	个数	名称	
新街口	大石桥19号	6	香铺营、长江路、北门桥、唱经楼、大石桥、成贤街	
玄武门	百子亭8号	7	台城花园、百子亭、大树根、高楼门、天山路、廖家巷、公教一村	
梅园新村	后宰门街23号	9	东南大学、兰园、大影壁、梅园新村、大行宫、太平门、富贵山、北安门、明故宫	
锁金村	锁金村67号	7	锁一、锁二、锁三、锁四、锁五、新庄、紫鑫城	
孝陵卫	罗汉巷119号	11	小卫街、孝陵卫、晏公庙、盛和家园、钟灵街、农科院、南农大、铁匠营、理工大、康定里、银城东苑	
玄武湖	板仓街98号	9	板仓、花园路、蒋王庙、樱驼花园、东方城、樱铁村、仙鹤门、仙居雅苑、聚宝山	
红山	营苑南路58号	10	北苑、月苑、营苑、红山公园、曹后、藤子、墨香山庄、红山、阳光嘉园、紫金小营	

2016年玄武区地名命名表

地名名称	类别	所在位置
朝阳山路	道路	玄武大道岔路口立交西北角，北起水田村，南至紫金朝阳府项目入口
海嘉花园	住宅小区	位于恒嘉路东侧，华飞路南侧，规范道路西侧，用地红线北侧
营苑南路(西延)	道路	东起北苑东路与营苑南路交会处，西南至华飞路
北苑路	道路	北起网板路，南至华飞路
柳营西路	道路	北起中山门大街，南至省农科院试验田
钟鼎名悦广场	综合性建筑群	中山门大街北侧，邵家山东侧，钟鼎山庄西南侧
陵前路	道路	东起陵园路行健亭，西至灵谷寺路北端
陵东路	道路	东起灵谷寺路北端，西至环陵路景区东入口处
陵西路	道路	东起陵园路行健亭，西至明孝陵(紫霞湖门)
音乐台路	道路	北起中山陵博爱广场西南侧道路路口，南至陵前路
灵谷寺西路	道路	北起陵前路与水榭交叉路口南侧，南至邮局东路
邮局路	道路	南起原陵园邮局，北至陵园路
邮局东路	道路	西起原民国邮局东侧，东至灵谷寺路
邮局西路	道路	南起原陵园邮局，北至博爱东路
博爱东路	道路	西起中山陵停车场主入口南侧，东至邮局西路
博爱西路	道路	东起钟山博爱路中山陵停车场西侧，西至陵园路美龄宫路口
体院南路	道路	北起陵东路与体院南路交叉路口，南至灵谷寺路体院西南侧路口
钟毓街	道路	西起柳营西路，东与栖霞规划道路相接
钟秀街	道路	西起柳营西路。东至顾家营路
熊猫大厦	办公楼	东至浦发大厦，西至龙蟠中路，南至中山东路，北至地质矿产陈列馆
浦发大厦	办公楼	东至南京军区总医院，西至熊猫大厦，南至中山东路，北至地质矿产陈列馆
世纪东路	道路	南起龙蟠路，跨越京沪及沪宁城际铁路，此至红山南路
曹后村巷	街巷	南起红山南路，北至凤凰山庄小区大门
迎贤路	道路	南起汇贤路，北至兴贤路
新影巷	街巷	西北折西南走向，北邻板仓街，南至北安门街
南影巷	街巷	北起板仓街，南至“世界之窗文化产业园”围墙
五一广场	广场	洪武北路东侧，中山东路北侧，邓府巷西侧，长江路九号三期综合楼南侧

玄武区 2016/2017 学年初幼儿园一览表

学校名称	校数	学校类别	学校地址
一、教育部门	10		
南京市北京东路小学附属幼儿园	1	幼儿园	南京市玄武区北京东路 47 号
南京市半山园小学附属幼儿园	1	幼儿园	南京市后宰门街 46−2 号
南京市长江路小学幼儿园	1	幼儿园	南京市玄武区邓府巷 36 号
逸仙小学附属幼儿园	1	幼儿园	南京市玄武区紫金东路 2 号 28 幢
南京市锁金新村第二小学附属幼儿园	1	幼儿园	南京市玄武区锁金三村 1 号
珠江路小学附属幼儿园	1	幼儿园	南京市玄武区老虎桥 16 号
南京市玄武门幼儿园	1	幼儿园	南京市高楼门 26−5 号
南京孝陵卫中心小学附属幼儿园	1	幼儿园	南京市玄武区钟山花园城陶然居 1 号
南京市北京东路小学附属幼儿园分园	1	幼儿园	南京市玄武区玄武大道 88−2 号
北京东路小学附属幼儿园月香分园	1	幼儿园	南京市玄武区月香路 8 号
二、民办	16		
南京玄武钟灵农科苑幼儿园	1	幼儿园	南京市玄武区钟灵街 48 号
南京市行知实验幼儿园	1	幼儿园	南京市玄武区仙鹤门 2 号路
南京华星艺术幼儿园	1	幼儿园	南京市玄武区玄武湖街道樱驼花园
玄武区小哈佛双语幼儿园	1	幼儿园	南京市玄武区丹凤新寓 6−1 号
玄武区淘淘幼儿园	1	幼儿园	南京市玄武区仙居花园内
南京玄武樱花双语艺术幼儿园	1	幼儿园	南京市玄武区樱驼花园思立园
南京玄武晶晶幼儿园	1	幼儿园	南京市玄武区营苑新寓 14 栋
南京玄武东方城幼儿园	1	幼儿园	南京市玄武区樱花路东方城小区内
南京红山幼儿园	1	幼儿园	南京市玄武区月苑南路 5 号
南京玄武北苑之星幼儿园	1	幼儿园	南京玄武区华飞路 8 号
南京玄武月苑幼儿园	1	幼儿园	南京玄武区月苑南路 7 号
南京玄武墨香幼儿园	1	幼儿园	南京市玄武区墨香路 30 号墨香幼儿园
南京紫金东郡幼儿园	1	幼儿园	南京市玄武区苏宁大道 8 号
南京市玄武区淘淘幼儿园十字街分园	1	幼儿园	南京市玄武区十字街 1 号
南京市玄武区淘淘幼儿园钟山山庄分园	1	幼儿园	南京市玄武区钟山山庄 28 幢
南京市行知实验幼儿园花园路分园	1	幼儿园	南京市玄武区花园路 7 号

玄武区 2016/2017 学年初小学学校一览表

学校名称	校数	学校类别	学校地址
总计	24		
南京师范大学附属小学仙鹤门分校	1	小学教学点	南京市玄武区仙鹤门社区 2 号路
南京玄武外国语学校附属小学	1	小学	南京市玄武区太平门街 79 号
南京市锁金新村第一小学	1	小学	南京市玄武区锁金村 61 号

续表

学校名称	校数	学校类别	学校地址
南京市锁金新村第二小学	1	小学	南京市锁金五村2号
南京市宇花小学	1	小学	南京市玄武区佛心桥36号
南京市小营小学	1	小学	南京市龙蟠中路21号
南京市成贤街小学	1	小学	南京市太平北路120号
南京市逸仙小学	1	小学	南京市中山东路281号
南京市长江路小学	1	小学	南京市玄武区长江路260号
南京市洪武北路小学	1	小学	南京市北门桥1-16号
南京市同仁小学	1	小学	南京市玄武区同仁西街16号
南京师范大学附属小学	1	小学	南京市玄武区四牌楼4号
南京市中央路小学	1	小学	南京市中央路52号
南京市红山小学	1	小学	南京市玄武区红山街道黑墨营路96号
南京市孝陵卫中心小学	1	小学	南京市玄武区小卫街1号
南京市海英小学	1	小学	南京市玄武区半山园20号
南京市北京东路小学	1	小学	南京市北京东路47号
南京市月苑第一小学	1	小学	南京市月苑南路10号
南京市北京东路小学阳光分校	1	小学	南京市玄武大道88-1号
南京市立贤小学	1	小学	南京市玄武区网板路9号
南京理工大学实验小学	1	小学	南京市玄武区胜利村路4号
南京市樱花小学	1	小学	南京市玄武区樱花路15号
南京市科利华小学	1	小学	南京市玄武区龙蟠路151-2
南京市樱花小学(东方城校区)	1	小学教学点	南京市玄武区东方城拂晓园7号
南京市孝陵卫初级中学		九年一贯制学校	南京市玄武区双拜巷133号
南京市紫东实验学校		九年一贯制学校	南京市玄武区仙鹤门

玄武区2016/2017学年初普通中学一览表

学校名称	校数	类别	学校地址
总计	14		
南京市梅园中学	1	初级中学	玄武区梅园新村街道梅园新村社区居委会
南京市孝陵卫初级中学	1	九年一贯制学校	南京市玄武区双拜巷133号
南京市科利华中学	1	初级中学	中央路后大树根40号
南京市紫东实验学校	1	九年一贯制学校	南京市玄武区仙鹤门
南京市弘光中学	1	初级中学	南京市玄武区孝陵卫街道胜利村路68号
南京市第十三中学锁金分校	1	初级中学	南京市玄武区锁金村71号
南京市红山初级中学	1	初级中学	南京市玄武区营苑南路3号
南京市第五十四中学	1	初级中学	玄武区梅园新村街道富贵山社区
南京玄武外国语学校	1	初级中学	南京市玄武区珠江路653号

续表

学校名称	校数	类别	学校地址
南京市第九初级中学	1	初级中学	南京市玄武区杨将军巷46号
南京市玄武高级中学(太平门校区)	1	高级中学	南京市玄武区太平门农场巷124号
南京市人民中学	1	完全中学	南京市中山路178号
南京市第十三中学	1	高级中学	南京市玄武区西家大塘14号
南京市第九中学	1	高级中学	南京市玄武区碑亭巷51号

玄武区2016年居家养老服务中心(托老所)一览表

序号	社区名称	地　　址	实际运营组织	服务项目
1	北门桥社区	估衣廊38号	爱松树居家养老服务中心	社区居家养老服务
2	香铺营社区	香铺营26号	玄武颐天居家养老服务中心	为老服务
3	长江路社区	中山路3号	银龄视界居家养老服务中心	社区居家养老服务
4	大石桥社区	尖角营29号	南京玄武新街口大石桥居家养老服务站	开展社区老人互助和社会关爱服务
5	唱经楼社区	珠江路185号	南京玄武维宁工作室	为老党员、孤寡、失能、家庭纠纷的老人上门做心理疏导和生活照料、营养保健的指导
6	成贤街社区	大沙帽40号	南京玄武颐贤工作室	老年健康管理及文化生活服务
7	富贵山社区	富贵山4号	富贵社区老年照料中心	助洁、助医、助急、助餐、精神关爱
8	梅园新村社区	梅园新村34号	南京梅园老年服务中心	精神关爱及其他上门服务
9	明故宫社区	清溪路4号	新禾社会服务中心	助餐
10	大行宫社区	东箭道31号	大孝援通	养生讲堂、健康检查、心灵陪护、空巢老人,独居老人陪护
11	东南大学社区	文昌街2号9舍	一家圆心灵保姆中心	助洁、助医、助急、助餐、精神关爱
12	大影壁社区	演武新村58号楼下	一家圆心灵保姆中心	精神关爱、心里咨询
13	兰园社区	演武新村58号104室	梅园街道老年照料中心	助洁、助医、助急、助餐、精神关爱
14	太平门社区	富贵山2号	鸿福老年公寓	为老助餐
15	北安门社区	后宰门西村13号	南京玄武欣禾社会工作服务中心	为老助餐
16	梅园街道居家养老服务中心	演武新村60号	梅园街道老年照料中心	助洁、助医、助急、助餐、精神关爱
17	台城花园社区	台城花园3号	家家乐养老服务中心	助餐、助洁、助浴、助急、助医
18	公教一村社区	北京东路51号22综合楼	南京玄武公教一村社区暖心工程服务站	精神关爱及其他上门服务
19	天山路社区	天山路1号	南京玄武天山路社区家庭综合服务中心	精神关爱及其他上门服务
20	高楼门社区	高楼门65号	南京玄武高楼门社区家庭驿站	精神关爱及其他上门服务
21	百子亭社区	百子亭后49号	南京市玄武区玄武门街道爱心援助协会	精神关爱及其他上门服务

续表

序号	社区名称	地　址	实际运营组织	服务项目
22	大树根社区	大树根11号	南京市玄武区大树根社区暖心工程服务站	精神关爱及其他上门服务
23	廖家巷社区	中央路298号	南京市玄武区玄武门街道老年服务中心	精神关爱及其他上门服务
24	锁一社区	锁金六村17幢旁	锁金社区老年照料中心	助餐、助洁、助医、助急、助浴，精神关爱及其他上门服务
25	锁二社区	锁金二村9幢旁	南京玄武锁二社区乐享居家养老服务站	助急、精神关爱
26	锁三社区	锁金三村14幢旁	南京玄武锁三社区红枫居家养老服务站	助餐、助浴、助洁、助医、助急、精神慰藉、法律咨询、文化娱乐、代办服务
27	锁四社区	锁四社区12幢旁	锁四社区四叶草居家养老服务站	助急、精神关爱
28	锁五社区	锁金五村4号	南京玄武锁五社区喜来乐居家养老服务站	精神关爱、助医、助急
29	紫鑫城社区	岗子村63号12幢旁	紫鑫城社区生命绿茶吧康复之家	精神关爱、助医、助急
30	新庄社区	新庄村39号综合楼	心缘居家养老服务站	助洁、助医、助急、助浴，精神关爱及其他上门服务
31	锁一社区	锁金一村5号	万家帮居家养老服务中心	助洁、老年旅游、营养保健
32	孝陵卫社区	孝陵卫晏公庙西村	南京玄武希望家园社会工作服务站	助餐、助洁、助医、助急、精神关爱及其他上门服务
33	小卫街社区	孝陵卫小卫街铁匠营1号	南京俏乐一族老年文化交流中心	1. 开展社区文化系列活动；2. 开展老年精神关爱公益活动；3. 开展拓展户外文娱活动；4. 开发老年精神文化产品；5 组织先进养老文化交流；6. 建设养老文化学习基地
34	晏公庙社区	孝陵卫双拜巷98-1号	南京玄武博爱勤善堂老年人服务中心	助餐、助洁、助急、精神关爱及其他服务
35	理工大社区	孝陵卫200号	俏乐一族文化交流中心	助餐、助洁、助急、精神关爱及其他服务
36	南农大社区	童卫路6号	俏乐一族文化交流中心	助餐、助洁、助急、精神关爱及其他服务
37	银城东苑社区	银城东苑小区106号	娱乐养老南京社区连锁店	助餐、助洁、助急、精神关爱及其他服务
38	铁匠营社区	小卫街218号	娱乐养老南京社区连锁店	助餐、助洁、助急、精神关爱及其他服务
39	钟灵街社区	顾家营2号	南京玄武希望家园社会工作服务站	助餐、助洁、助急、精神关爱及其他服务
40	盛和家园社区	马高路	博爱勤善堂老年服务中心	助餐、助洁、助急、精神关爱及其他服务
41	康定里社区	康定里小区3幢	娱乐养老研究中心	助餐、助洁、助急、精神关爱及其他服务
42	农科院社区	钟灵街48号	南京玄武希望家园社会工作服务站	助餐、助洁、助急、精神关爱及其他服务
43	樱驼花园社区	玄武湖街道樱驼花园1号门103室	全樱居家养老服务中心	“助餐、助医、助浴、助洁、助急”五助、精神关爱、文化休闲等居家上门服务

续表

序号	社区名称	地　　址	实际运营组织	服务项目
44	板仓社区	玄武区玄武湖街道钟麓花园11栋	板仓社区居家养老服务站	精神关爱、文化休闲等居家上门服务
45	仙居雅苑社区	玄武区玄武湖街道仙居华庭63幢	仙居雅苑社区居家养老服务站	精神关爱、文化休闲等居家上门服务
46	花园路社区	花园路70号17幢一层	花园路社区居家养老服务站	精神关爱、文化休闲等居家上门服务
47	蒋王庙社区	玄武区钟山山庄28号	蒋王庙社区居家养老服务站	精神关爱、文化休闲等居家上门服务
48	东方城社区	玄武区玄武湖街道东方城社区拂晓园3号	东方城社区居家养老服务站	精神关爱、文化休闲等居家上门服务
49	樱铁村社区	樱铁村22幢旁	樱铁村社区居家养老服务站	精神关爱、文化休闲等居家上门服务
50	聚宝山社区	玄武区玄武湖街道聚宝山社区红豆街区8-3号	聚宝山社区居家养老服务站	精神关爱、文化休闲等居家上门服务
51	仙鹤门社区	玄武区玄武湖街道仙居花园26幢	仙鹤门社区居家养老服务站	精神关爱、文化休闲等居家上门服务
52	藤子社区	藤子村48号	藤子社区居家养老服务中心	助洁、助医、助急、助浴，精神关爱及其他上门服务
53	北苑社区	北苑二村19幢-1号	南京市城市老年服务中心	助餐等全部服务项目
54	红山公园社区	红山路157号	红山公园社区	精神关爱
55	太平门社区	南京市玄武区珠江路687号2幢	亲和家园养老服务中心	居家养老五助服务(助餐助洁助医助急助浴)、老年健康管理、老年精神关爱服务
56	大树根社区	南京市玄武区大树根11号	乐慈居家养老服务中心	居家养老服务以及中心厨房，老年文体娱乐，老年精神关爱
57	明故宫社区	南京市玄武区明故宫路21号	悦心军休居家养老服务中心	1.养老七助服务(助餐、助浴、助行、助洁、助购、助医、助急)；2.老年日间照料服务；3.老年文化娱乐活动；4.老年心理关爱服务；5.便民代办服务
58	仙鹤门社区	南京市玄武区仙居花园26幢	仙鹤门颐养居家养老服务中心	为社区广大老年居民提供老年人文化生活服务；独居老人、空巢老人的精神关爱服务，“五助”服务养老服务
59	仙居雅苑社区	南京市玄武区仙居华庭63幢	仙居雅苑康乐居家养老服务中心	为社区广大老年居民提供老年人文化生活服务；独居老人、空巢老人的精神关爱服务，“五助”服务等养老服务
60	紫金小营社区	玄武区月香路6号4幢	中鼎紫金养老服务中心	居家养老“五助”(助餐、助急、助洁、助医、助浴)服务；老年文化娱乐活动
61	晏公庙社区	玄武区双拜巷98号-1	爱孝亲和家园养老服务中心	居家养老五助服务(助餐助洁助医助急助浴)、老年健康管理、老年精神关爱服务、老年文化娱乐服务、动态养老服务、适老化改造、智能看护服务、养老咨询评估和培训服务、便民代办服务等

续表

序号	社区名称	地址	实际运营组织	服务项目
62	新庄社区	新庄村39号综合楼一楼	绿之韵居家养老服务中心	老年助餐、老年文化娱乐、老年日间照料
63	紫金小营社区	月香路6号	紫金小营社区居家养老服务中心	精神关爱、文化休闲等居家上门服务
64	阳光嘉园社区	黑墨营98号	南京市城市老年服务中心	助餐、助洁、助医、助急、助浴
65	月苑社区	新苑路6号	南京市城市老年服务中心	助餐等全部服务项目
66	营苑社区	祥和佳园内	营苑社区居家养老服务中心	精神关爱、文化休闲等居家上门服务
67	墨香山庄社区	兴贤路6号修贤苑18幢一楼	墨香山庄社区居家养老服务中心	助医、助急、精神关爱及其他上门服务

玄武区养老机构一览表

序号	养老机构名称	地址	负责人	联系电话
1	南京锁金社区老年照料中心	锁金六村9号	陈琪	85431486
2	梅园街道老年照料中心	玄武区演武新村60号	吴梅芝	83602749
3	玄武区老年公寓	月苑南路9号	蒋晓燕	85363561
4	南京宁康老年康复护理院	玄武区玄武门天山路10号	王国俊	83359870
5	南京博爱老年公寓	玄武区钟山山庄20幢	祝玉梅	85283097
6	玄武区颐鹤老年公寓	玄武区仙鹤门鹤鸣路59号	王四新	85750599
7	君兆老年服务中心	樱花西路10号	周玉华	85472776
8	南京市玄武区宏滕老年公寓	红山藤子村48号	蒋丽萍	83248729
9	玄武区鸿福老年公寓	珠江路667号	钟年华	84669199
10	快乐谷养老院	孝陵卫双拜巷3号	张勇	86892685
11	博爱勤善堂老年人服务中心	双拜巷98-1号	梁襄	84341179
12	玄武区幸福人家老年公寓	红山路128号	陈燕	13057501671

玄武区卫生系统单位一览表

序号	单位	地址	序号	单位	地址
1	新街口社区卫生服务中心	杨将军巷21号	8	红山社区卫生服务中心	营苑南路102号
2	兰园社区卫生服务中心	珠江路318号	9	孝陵卫社区卫生服务中心	孝陵卫200号(一部)东苑路30号(二部)
3	同仁街社区卫生服务中心	同仁街42号	10	仙鹤门社区卫生服务中心	鹤鸣路59号
4	锁金村社区卫生服务中心	锁金村63号	11	玄武区疾控中心	板仓街9号
5	后宰门社区卫生服务中心	后宰门西村10号	12	玄武区卫生监督所	杨将军巷21号
6	玄武门社区卫生服务中心	天山路5-2号	13	区妇幼保健所	佛心桥22号
7	玄武湖社区卫生服务中心	板仓街288号	14	口腔病防治所	北京东路46号5楼

玄武区非物质文化遗产传承人名录

序号	传承人	项目	单位	保护级别
1	张方林	南京剪纸	南京市工艺美术总公司	国家级
2	殷嘉才	南京剪纸	南京市工艺美术总公司	省级

续表

序号	传承人	项　　目	单　　位	保护级别
3	赵　荣	金陵竹刻	南京市工艺美术总公司	省级
4	倪小庆	仿古牙雕	南京市工艺美术总公司	省级
5	戴德裕	仿古牙雕	南京市工艺美术总公司	省级
6	王学龙	仿古木雕	南京市工艺美术总公司	省级
7	张林娣	南京剪纸	南京市工艺美术总公司	市级
8	冯　敏	灵芝中医药中的运用	南京中科集团	市级
9	张　钧	中国剪纸(南京剪纸)	南京市工艺美术总公司	市级
10	戴德霖	象牙雕刻(南京仿古牙雕)	南京市工艺美术总公司	市级
11	王中帮	象牙雕刻(南京仿古牙雕)	南京市工艺美术总公司	市级
12	王　艺	木雕(南京仿古木雕)	南京市工艺美术总公司	市级
13	张林娣	金陵竹刻	金陵竹刻艺术博物馆	市级
14	龙双衡	竹刻(金陵竹刻)	金陵竹刻艺术博物馆	市级
15	林媛英	金陵竹刻	金陵竹刻艺术博物馆	市级
16	黄　羚	南京瓷刻	南京市工艺美术总公司	市级
17	黄建强	南京泥人	南京市工艺美术总公司	市级
18	何　斌	南京泥人	南京市工艺美术总公司	市级
19	雷　勇	苏作小木家俱制作技艺	南京观朴艺术博物馆	市级
20	莲　华	素食制作技艺	南京鸡鸣寺	市级
21	陈盛峰	雨花茶制作	南京中山园林建设(集团)有限公司中山陵茶厂	市级
22	王金明	金属造艺		区级
23	张国祥	苏作小木家具制作技艺	南京观朴艺术博物馆	区级
24	杨召云	苏作小木家俱制作技艺	江苏苏作明式家具有限公司	区级
25	马卫军	苏作小木家俱制作技艺	德基观朴文化艺术南京有限公司	区级
26	张加生	苏作小木家俱制作技艺	德基观朴文化艺术南京有限公司	区级
27	侯庆发	象牙雕刻(南京仿古牙雕)	南京市工艺美术总公司	区级
28	曾　斌	南京瓷刻	南京市工艺美术总公司	区级
29	张春林	竹刻(金陵竹刻)	金陵竹刻艺术博物馆	区级
30	何　胜	竹刻(金陵竹刻)	金陵竹刻艺术博物馆	区级
31	宋继光	竹刻(金陵竹刻)	金陵竹刻艺术博物馆	区级
32	张仓凤	竹刻(金陵竹刻)	金陵竹刻艺术博物馆	区级
33	张志远	竹刻(金陵竹刻)	南京市工艺美术总公司	区级
34	荆红花	绿茶制作技艺(雨花茶制作技艺)	南京中山园林建设(集团)有限公司茶厂	区级
35	陈　群	绿茶制作技艺(雨花茶制作技艺)	南京中山园林建设(集团)有限公司茶厂	区级
36	陆葵香	绿茶制作技艺(雨花茶制作技艺)	南京中山园林建设(集团)有限公司茶厂	区级
37	陈　军	绿茶制作技艺(雨花茶制作技艺)	南京中山园林建设(集团)有限公司茶厂	区级
38	周加梅	绿茶制作技艺(雨花茶制作技艺)	南京中山园林建设(集团)有限公司茶厂	区级
39	郑素芬	绿茶制作技艺(雨花茶制作技艺)	南京钟山旅游发展有限公司中山陵茶厂	区级
40	王亚仑	绿茶制作技艺(雨花茶制作技艺)	南京盛峰茶业有限公司	区级
41	兰　浩	绿茶制作技艺(雨花茶制作技艺)	南京盛峰茶业有限公司	区级
42	王　丹	绿茶制作技艺(雨花茶制作技艺)	南京盛峰茶业有限公司	区级
43	李万华	中国剪纸(南京剪纸)	南京市工艺美术总公司	区级
44	欧　坚	中国剪纸(南京剪纸)	张方林剪纸工作室	区级
45	张　滢	中国剪纸(南京剪纸)	张方林剪纸工作室	区级
46	朱建东	南京泥人	南京枚石文化传播有限公司	区级

玄武区现代化建设目标

玄武区2016年国民经济和社会发展计划

一、综合指标

1.地区生产总值可比价增长7%(责任单位:发改局、统计局)

2.一般公共预算收入同口径增长6%(责任单位:财政局、国税局、地税局)

3.全社会固定资产投资115亿元(责任单位:发改局、统计局)

4. 社会消费品零售总额同比增长10%(责任单位:商务局、统计局)

5.实际利用外资完成市下达数,增长达市要求;外贸出口增长达市要求(责任单位:投促局、商务局)

6.服务外包执行额、离岸服务外包执行额、软件研发与信息服务业收入完成市下达数[责任单位:商务局、发改局(经信办)]

7.文化产业增加值占GDP比重达市要求(责任单位:宣传部、文化局、统计局)

8.新增城镇就业人数完成市下达数,大学以上人员占比达市要求(责任单位:人社局)

9.城市居民人均可支配收入增幅完成市下达数;落实稳定物价和治乱减负目标责任制(责任单位:发改局、物价局)

10.非工企业碳排放指标完成市下达数[责任单位:发改局(经信办)]

二、重点项目

11.建设珠江路创业大街(责任单位:科技局、珠管办)

12.建设长江路文化旅游大街(责任单位:商务局)

13.南京常发广场开业(责任单位:铁管委、红山街道)

14.德基广场丽思卡尔顿酒店开业(责任单位:新街口街道)

15.“德鸿易生活”商业广场开业(责任单位:梅园新村街道)

16.金界精品酒店开业(责任单位:锁金村街道)

17.洪武文化创意产业园开园(责任单位:新街口街道)

18.建成江苏瑞华金融创新研发基地(责任单位:徐管委)

19.建成中星微电子研发测试基地(责任单位:徐管委)

20.建成物联网与集成电路设计产业园(责任单位:徐管委)

21.建设熊猫中央广场(责任单位:梅园新村街道)

22.建设南京高力新庄商业广场(责任单位:锁金村街道)

23.建设百子亭历史风貌区(责任单位:城投公司)

24.建设仙鹤门奥克斯钟山府(责任单位:玄武湖街道)

25.建设千秋意境文化创意中心二期工程(责任单位:玄武湖街道)

26.建设仙鹤门骋望云邸项目(责任单位:玄武湖街道)

27.建设先声药业“百家汇”项目(责任单位:徐管委)

28.建设苏宁312国道商业金融综合体项目(责任单位:徐管委)

29.建设徐庄软件园地铁4号线地下商业开发项目(责任单位:徐管委)

30. 建设钟山生命科学园生物基因产业园项目(责任单位:孝陵卫街道)

31.建设钟鼎山庄商业配套(二期)项目(责任单位:孝陵卫街道)

32.建设顾家营紫金华府项目(责任单位:孝陵卫街道)

33.建设钟灵街50号晏山居项目(责任单位:孝陵卫街道)

34.建设双拜巷技工学校地块项目(责任单位:孝陵卫街道)

35.建设恒大翡翠华庭项目(责任单位:红山街道、铁管委)

36.开工建设玄武湖菱州儿童生态乐园(责任单位:玄武门街道)

37.开工建设华飞路2号地块(一期)(责任单位:红山街道、铁管委)

38.开工建设小吃小贩中心(责任单位:红山街道、铁管委)

39.完成钟山生命科学园生物医药园招商(责任单位:孝陵卫街道)

40.完成长江路九号三期招商(责任单位:新街口街道)

41.完成雨花巷总部企业楼招商(责任单位:新街口街道)

42.完成西家大塘文化创意产业园招商(责任单位:玄武门街道)

43.推进紫金(玄武)科创特区聚慧园组团招商工作(责任单位:科创办)

44.推进金贝家俱广场配套设施招商(责任单位:孝陵卫街道)

45.推进龙蟠路沿线商务楼宇招商(责任单位:锁金村街道)

46.推进板仓街9号产业园转型升级(责任单位:锁金村街道)

47.建设后宰门精品文化产业园(责任单位:梅园新村街道)

48.推进梅园片区项目建设(责任单位:梅园新村街道)

49.推进藤子村拆迁(责任单位:铁管委、红山街道)

50.推进沈阳村地块、曹四地块等一批土地挂牌(责任单位:铁管委、红山街道、徐管委、玄武门街道)

三、重点任务

51.举办各类招商引资玄武专场活动[责任单位:发改局(经信办)、投促局、商务局、珠管办]

52.实施知识产权战略推进工程,完成市专利目标下达数(责任单位:科技局)

53.完成玄武区众创空间提升工程、高新技术企业培育计划(责任单位:科技局)

54.完成丹霞路地下空间规划(责任单位:铁管委、发改局)

55.完成玄武区产业规划研究(责任单位:发改局)

56.完成新街口CBD核心区扩展规划(责任单位:发改局)

57.培育1家企业技术中心,力争2家[责任单位:发改局(经信办)]

58.推进名牌、标准化战略,开展质量强区活动(责任单位:市场监管局)

59.推进"一照一码"登记制度改革,加强企业信用监管(责任单位:市场监管局)

60.引进注册资金1000万元以上企业70家(责任单位:市场监管局)

61.深入实施商标战略,完成市下达的自主品牌申报目标(责任单位:市场监管局)

62.推广特种设备二维码管理系统,加强特种设备监管(责任单位:市场监管局)

63.推动国家电子商务示范基地建设,电子商务交易额增长20%(责任单位:商务局)

64.培育发展国际知名品牌,引进国内外知名服务外包企业1–3家(责任单位:商务局)

65.继续开展全国1%人口抽样调查(责任单位:统计局)

66.推进全区安全生产标准化体系建设(责任单位:安监局)

67.深化平安玄武建设,创建平安社区,群众安全感达省市要求(责任单位:政法委)

68. 为全区户籍人口购买人身和家庭财产保险(责任单位:政法委)

69.全面推进依法治区工作,法治建设满意度达省市要求(责任单位:政法委)

70.执行全市最低生活保障。实施低保及低保边缘家庭"3+X"工程(责任单位:民政局)

71.新增养老机构床位数达市要求(责任单位:民政局)

72.开展玄武区社区治理和服务创新工程,和谐社区建设达标率达市要求(责任单位:民政局)

73.完成成贤街社区硬件改造升级(责任单位:新街口街道)

74.开展社区居家养老医养融合提升工程;建成3A级居家养老服务中心1个(责任单位:民政局、玄武湖街道)

75.计划生育率达98%以上,流动人口管理服务率达96%(责任单位:人口计生局)

76.城市居民生活垃圾分类收集覆盖率达市要求(责任单位:城管局)

77.完成富贵山小区东侧等积淹水片区改造(责任单位:城管局)

78.实施高端人才计划(责任单位:人才办、人社局、科技局)

79.执行全市最低工资标准。企业职工"五险"覆盖率99%,城乡居民养老保险覆盖率98%、城镇居民基本医疗保险覆盖率97%(责任单位:人社局)

80.每万人拥有公共文化设施面积达市要求(责任单位:文化局)

81.举办系列文化活动,打造玄武文化活动品牌(责任单位:文化局)

82.开展全国第一次可移动文物普查工作,做好物质文化遗产保护利用,加强文化市场管理(责任单位:文化局)

83.完成区档案馆搬迁(责任单位:档案局)

84.工业企业污染物减排达市要求(责任单位:环保局)

85.医疗废物无害化处置率 100%,核与辐射监管合格率 100%(责任单位:环保局)

86.完成友谊河玄武段清淤工程(责任单位:住建局、城管局)

87.建设红山南路东延工程,规划建设红山支路(青年路)(责任单位:铁管委、红山街道)

88.建设社区司法行政服务站(责任单位:司法局)

89.强化公共体育服务示范区工作;做好全民健身工程点的更新及改造;开展国民体质监测工作(责任单位:体育局)

90.强化城市社区"10 分钟体育健身圈"建设,举办系列运动会(责任单位:体育局)

91.组织开展科普系列活动,推进全民科学素质提升工程(责任单位:科技局)

92.建设区域智慧医疗项目(责任单位:卫生局)

93.建设街道便民服务中心(责任单位:政务中心)

94.举办第十三届玄武区邻里文化节,实施"春蕾计划"、"巾帼助困"行动(责任单位:妇联)

95.新建区级残疾人托养服务中心(责任单位:残联)

96.拓展"智慧康复"残疾人社区康复项目。购买残疾人意外伤害保险,残疾人免费健康体检全覆盖(责任单位:残联)

97.推进"智慧锁金"(二期)建设(责任单位:锁金村街道)

98.打造"玄武区新平安促进会"公益品牌,吸纳志愿者 500 名(责任单位:新街口街道)

四、为民办实事

99.推进区公共卫生突发事件应急处置中心建设项目,提升社区卫生服务中心中医药服务能力(责任单位:卫生局)

100. 义务教育巩固率、社区教育覆盖率均达100%,创建江苏省优质幼儿园 1 所、南京市优质幼儿园 1 所;完成仙鹤门小学、孝陵卫小学等建设工程(责任单位:教育局)

101.建设"智慧玄武",提高公共服务信息化水平。实现重点部位视频全监控(责任单位:宣传部、政府办、发改局)

102.建设区级食品快速检测室;打造食品安全星级街区,创建省级食品安全示范区(责任单位:市场监管局)

103.农贸市场实施升级改造,维护肉菜流通追溯系统,创建市级绿色市场(责任单位:商务局)

104.完成部分住宅二次供水设施改造;开展小区出新综合整治工程(责任单位:住建局)

105.深化城市治理全覆盖责任制改革;完成停车管理智能化改造,完善停车管理物理设施设置(责任单位:城管局)

106.建成区人防教育体验馆(责任单位:梅园新村街道)

107.培育自主创业、创业带动就业、大学生创业人数达市定目标(责任单位:人社局)

108. 推进餐饮服务企业油烟扰民问题规范化管理(责任单位:环保局)

玄武区 2016 年政治建设和党的建设工作目标

中共玄武区委办公室
2016 年 2 月 23 日

2016 年玄武区政治建设和党的建设工作的指导思想是:全面贯彻党的十八大和十八届二中、三中、四中、五中全会精神,深入学习贯彻习近平总书记系列重要讲话精神,认真落实全面从严治党要求,充分发挥党总揽全局、协调各方的领导核心作用,以做好区委、区人大、区政府、区政协换届为重点,深化民主政治建设,加快依法治区进程,为全区各项事业实现"十三五"良好开局提供政治保证、组织保障和人才支持。

一、充分发挥人大政协作用,保证人民当家做主

1.支持区人大及其常委会依法行使职权。坚持党的领导、充分发扬民主和严格依法办事的有机统一,选举产生新一届区人大代表。支持区人大及其常委会依法行使重大事项决定、监督和人事任免法定职权,通过考察调研、听取专项工作报告、执法检查等,支持和督促"一府两院"依法行政、公正司法。实行人大任命干部向宪法宣誓制度,继续开展对人大任命干部的履职评议、区人大代表定向定点考察检查活动。强化财政预决算的审查监督,开展区、街人大工委对部门预算执行的跟踪监督。密切代表与选民的联系,深化街道人大代表之家、社区代表工作室建设。完善代表建议办理督办机制,加大督办力度,确保建议办结率达 100%,满意率和基本满意率超过 98%,建议办成率超过 75%。

2.发挥政协协商议政和民主监督的重要作用。严格把好新一届政协委员的政治关、素质关,组织好区政协领导机构选举。发挥政协组织整体优势,充分调动政协委员参政议政的积极性,加强政协街道工作委员会建设,推动政协工作的制度化、规范化、程序化。围绕群众关心、关注的热点、难点问题,组织委员做好调查研究、协商议政和建言献策等工作。加强政协提案办理工作,提升提案办理质量与水平,确保办结率达100%,满意率和基本满意率达99%,提案办成率超过75%。

二、巩固和发展最广泛的爱国统一战线

3.做好新时期统战工作。贯彻中央和省、市委统战工作会议精神,全面落实党的知识分子、民族、宗教、侨务等政策。坚持民主党派政情通报制度,党外领导干部、党外知识分子联席会制度,举办党外干部培训班,严格落实关于党外干部安排使用的政策规定。举办侨台届人士联谊活动,加强对台交流交往。开展星级宗教活动场所创建、评比和验收。继续推进"宗教慈善周"活动,开展标准化宗教活动场所建设,加强对宗教活动场所的管理。健全社区民族工作服务管理机制,维护少数民族权益。强化清真食品市场的行政执法工作。新发展工商联会员100家以上,成立1家行业商会。

三、大力发展基层民主,保障人民享有更多民主权利

4.进一步健全基层民主机制。规范企业职代会,探索车间议事会,推进班组周周评、班前会,规模以上建会企业工资集体协商建制率达90%以上。全面推进青少年综合服务平台建设,新建8家以上非公企业团组织。发布实施全区"十三五"妇女儿童发展规划。开展社区妇联换届,成立1~2个基层妇联组织。依法组织社区居委会换届选举,民主直选率达95%以上,实行无候选人一次性直接投票率达20%。增强社区服务功能,积极探索社区协商民主,深入推进"政社互动"和社区减负,增强基层自治能力。

5.有效保障公民的各项权利。提高"12345"政务服务热线按时、提前办结率和群众满意率。完善党委领导、政府主导、社会协同、公众参与、法治保障的社会治理体制,培育社会力量参与社区建设,提升社会组织服务管理能力,逐步推动政府向社会组织转移公共管理服务职能。健全社会舆情引导机制,加强网上思想文化阵地建设,落实网上舆论生态治理工程,发展积极向上的网络文化。做好党的十八届五中全会精神和习近平总书记系列重要讲话精神的学习宣传,精心组织基层宣讲活动,为政治文明建设营造良好的舆论氛围。

四、推进法治玄武建设,完善制约和监督机制

6.加快推进政府依法行政。深入推进依法行政,依法设定权力、行使权力、制约权力、监督权力,依法治理经济和社会事务。深入推进行政审批制度改革,落实政府部门权力清单和责任清单制度。认真落实政府法律顾问制度。扎实推进机构编制实名制管理,做好事业单位分类改革和等级管理工作。稳步推进党政正职"三责联审",依法强化审计监督全覆盖,增强领导干部廉政意识。完善政府信息发布制度和监督保障制度,推进行政权力网上公开透明运行。坚持公共财政支出导向,确保区级一般预算支出中城乡公共服务支出比重不低于70%。

7.推进法治社会建设。弘扬社会主义法治精神,培育社会主义法治文化,实施"七五"普法规划。落实全市《关于加强社会治安防控体系建设的指导意见》。坚持重大决策社会稳定风险评估制度,完善社会矛盾源头预防和调处化解综合机制。完善大调解机制,建立社区法律顾问制度。进一步强化领导干部"接访、约访、下访"工作,加大信访积案化解力度。把法治建设成效作为衡量各级领导班子和领导干部实绩的重要内容,纳入政绩考核指标体系。增强全社会特别是公职人员尊法学法守法用法观念,坚持区管干部任前法律知识考试制度。不断扩大法律援助覆盖面,提升法律援助质量。加强反邪教阵地建设,深入开展警示教育活动。依托社会化回归平台,积极做好教育转化和巩固工作。加强法治工作队伍建设。

8.切实改进政风行风。推进优化作风"个十百千万"行动,深入开展机关党员"奉献社区、服务群众""四解四促""三个服务"等活动,认真落实为民办实事项目,提升机关党员干部为民办实事、解难事的能力水平。完善机关作风建设意见建议征集、反馈和整改机制,继续开展"千人评议机关"和机关部门"一把手"信任度测评。改进会风文风,减少会议文件。

9.完善对权力运行的制约和监督机制。从严落实"把纪律挺在前面"的要求,运用"四种形态",把监督执纪问责做深做细做实。进一步加强对"两个责任"落实情况的日常检查,特别是加大年中监督检查力度,注重了解情况、发现问题、推动工作。探索开展专项巡查工作。强化对纪律和规矩的宣传提醒,不断增强党员干部的守纪意识和底线意识。认真执行外出学习考

察管理和区管领导干部因私护照证件管理规定，严格控制因公出国(境)。

五、坚持党管干部原则，打造高素质领导班子和干部队伍

10.优化区管领导班子结构。结合政府机构改革工作要求，加强区管领导班子配备，统筹做好年轻干部、党外干部、女干部的培养选拔，增强领导班子整体功能。坚持把考核功夫下在平时，对区管领导班子和领导干部进行动态研判和日常考核，及时跟踪了解领导班子运行情况、工作实绩、整体结构、优化方向，以及领导干部的能力水平、履职成效、作风表现。按照干部选拔任用全程纪实工作要求，对动议、民主推荐、考察、讨论决定、任职等环节逐项进行写实记录，做到步步留痕、处处建档。

11.加强和改进干部教育培训工作。将理想信念和党性教育作为干部教育培训的首要任务，依托市内党性教育现场教育专线、井冈山等革命老区红色资源，提高领导干部党性观念、道德修养和精神境界。围绕区委中心工作，紧扣干部需求，开展各类主体培训班次，促进干部队伍能力提升。继续举办街道科级干部轮训班，实现街道科级干部培训全覆盖。加强对领导干部在线学习、领导干部进高校、市委党校调训等工作的日常管理和跟踪服务，充分发挥网络培训效能。

12.进一步完善干部监督工作。做好领导干部个人有关事项填报工作，加大抽查核实力度。全面实行拟提拔对象个人有关事项重点核查，务实推进新提拔区管干部个人有关事项报告公开试点工作。运用巡视成果加强日常监督，对巡视组反馈的问题、移交干部监督部门的问题线索，件件有落实、事事有结果。完成干部人事档案专项审核。继续推进领导干部离任交接和离任审计，确保干部监督不留死角、不走过场。

六、建立健全集聚人才体制机制，打造区域人才高地

13.加大人才引进力度。落实“创业南京”人才计划相关要求，研究制订“创业玄武”人才计划。大力开展系列宣传推介与人才对接活动，加强与引才工作站、人才服务机构合作，不断拓宽引才渠道。探索建立人才项目评价机制，委托技术专家、风投机构等遴选把关，着力引进符合我区产业需求的高层次创新创业人才，进一步提升引才的质量和效益。

14.优化人才服务体系。推动多元孵化平台建设，制定专门政策支持众创空间发展，大力引进、培育“创客联盟”“创业市集”等新兴孵化组织，引导我区自有载体资源改建众创空间，承载人才项目落地。大力引进并推动各类社会化创服机构向珠江路创业大街、科创特区、徐庄软件园等载体集聚。加大政府采购社会服务力度，积极与驻区高校、科研院所开展高层次人才战略合作，通过创新券等形式鼓励人才企业与社会化服务机构深度对接，着力提高创客、资本、技术等区域创业创新要素的集聚度与活跃度。开展企业成长绩效评估工作，建立人才企业分层管理与服务机制。推进省人才创业创新促进会玄武代表处建设，成立玄武人才创业创新服务中心，打造人才服务与创业创新文化品牌。

15.完善人才工作体系。调整全区人才工作领导小组成员，明确职责与分工，突出科创特区、徐庄软件园、钟山生命科学园、珠江路创业大街等功能园(街)区在人才工作中的主体作用。加强人才工作者队伍建设，常态化开展业务培训。建立人才走访与企业重大事项报告制，推进政务服务“工单制”，实施领导小组和专项小组会商会办制。认真落实全市人才工作考核要求，完善区人才工作专项考核体系。实施人才发展动态监测，对区域人才发展环境、人才工作满意度与发展绩效进行评估，不断提升全区人才工作水平。

七、树立大抓基层鲜明导向，提升基层组织建设科学化水平

16.强化基层组织。认真做好社区党组织换届选举工作，打牢社区党建工作基础，多渠道、多方式选优配强社区党组织负责人。继续鼓励和引导区机关干部、街道干部等到社区任职，提高下派干部担任社区书记的比例。加强新一届社区党组织领导班子培养，年内把社区党务干部普遍轮训一遍。根据党建工作责任清单要求，加强社区党组织班子思想政治建设，切实发挥社区党组织的领导核心作用。根据党员年龄、地域和所处行业的不同，科学灵活设置组织，分层分类设置载体，多种形式开展活动。强化基层党组织政治功能，发挥政治优势，把基层党组织打造成坚强的战斗堡垒。

17.严管党员队伍。加强党员教育管理，严格执行“三会一课”制度，严格落实“统一活动日”制度，推动基层党的组织生活制度化、规范化、常态化。严格党员发展程序，实行群团推优与党组织党员荐优“双推荐”，要求党支部对发展对象、转正对象“双公示”，做到质量优先、宁缺毋滥。做好市、区党代会代表选举，充分发挥党代表作用。结合民主评议党员工作，对排查出的“失联”和不合格党员进行严肃处置，努力做到处置一个、警醒一批、教育一片。

18.提升基层服务能力。深化街道“大工委”、社区“大党委”制，推行“项目工作法”，充分发挥社区为民服务专项资金作用，提升为民办实事能力。推广产业社区党建模式，让更多非公企业优势互补、抱团发展。主动运用“互联网+”、大数据等手段，进一步提升“小红梅”“红旗飘飘”等信息化平台的功能，更好地占领产业园区、众创空间等新兴领域，扩大党建工作的覆盖面，提升党建工作有效性。

19.严明党建工作责任。严明政治纪律，引导党组织书记牢固树立“抓好党建是本职、不抓党建是失职、抓不好党建是不称职”的责任意识。认真组织开展工委书记抓基层党建工作述职，强化书记抓党建的第一责任，做到重要工作亲自部署、重大问题亲自过问、重点环节亲自协调，担当起在党言党、在党忧党、在党为党的政治角色。

玄武区2016年文化建设工作目标

中共玄武区委
2016年2月23日

2016年玄武区文化建设工作的指导思想是：深入贯彻落实习近平总书记系列重要讲话精神，紧紧围绕“四个全面”战略布局，以培育和践行社会主义核心价值观为主心骨，以深化文化体制改革为主动力，以深入实施文化建设工程为主抓手，大力实施文化强区战略，全面提升文化软实力，全面提升人的现代化水平，全面提升城区文明程度，为建设“强富美高”新玄武提供强大的文化支撑和精神动力。

一、强化理论学习，推进习总书记系列讲话精神的贯彻落实

1.强化理论武装工作。深入学习习近平总书记系列重要讲话精神，深入开展党的十八届五中、六中全会精神的学习教育，广泛开展中国特色社会主义和中国梦主题教育实践活动。充分利用“玄武讲坛”“社区学堂”“流动党校”及“玄武发布”微信、微博平台等线上线下传播阵地，推动讲话精神进机关、社区、企业、学校。切实抓好全区各级党(工)委中心组理论学习和基层党员干部冬训，开展基层中心组旁听，进一步推进基层中心组规范化建设。举办区机关党员干部理论轮训班。深入开展全区“书香玄武”系列文化活动，推进学习型城区建设。创新廉政教育方式，引导广大党员干部坚定理想信念、加强政治纪律和规矩意识。

2.强化意识形态工作。加强全区意识形态工作，牢牢掌握意识形态工作的主导权，抢占思想阵地、发声阵地和网上阵地。加强意识形态工作的领导和管理，形成党委统一领导、党政齐抓共管、宣传部门组织协调、有关部门分工负责的工作格局。

3.推进社会科学工作。举办全区读书节，开展社科理论研究、社科普及。围绕如何“迈上新台阶、建设新玄武”的重大问题，重点开展中国梦社会实践活动、全面深化改革、依法治区等课题研究，充分发挥区社科联理事会的作用，整合与引进优势社科资源，促进全区智库建设，形成一批高质量的调研成果。

二、强化典型引领，深入践行社会主义核心价值观

4.开展核心价值观教育实践。深入贯彻落实中央《关于培育和践行社会主义核心价值观的意见》和省、市实施意见，努力在落细落小落实上下功夫。广泛开展微博、微信、微公益等系列网络文明传播。推荐“身边好人”，常设善行义举榜，开展“最美家庭”“最美人物”“玄武好人”等评选工作，举办全区职工技术大比武活动，加强“职工(劳模)创新工作室”建设，发挥道德模范的典型示范效应，提高社会文明程度。精心培育“三信三优”企业，加强价格诚信建设，规范企业诚信经营。

5.推进群众性精神文明创建。构建文明城市创建的长效常态工作机制，加强人大代表、政协委员对文明城市建设工作的监督，进一步巩固文明城市创建成果。深入开展社会主义核心价值观公益广告宣传，推出一批具有时代感的公益广告作品，抓好重点地段、重点区域、重点场所的社会宣传。开展春节、元宵节、中秋节、重阳节等“我们的节日”主题活动。

6.推进志愿服务制度化建设。加强街道志愿服务总站建设，深入推进“校地共建”区域化志愿服务合作机制，大力培育社区志愿服务组织，着力在项目设置、队伍培训、嘉许激励等方面下功夫。进一步发挥区社会志愿服务活动协调小组和区志愿者协会的桥梁、纽带作用，共同推进志愿服务制度化建设。

7.推进未成年人思想道德建设。开展“我的中国梦”主题教育实践活动。坚持网上网下互动，开展清明祭英烈、“童心向党”、七彩的夏日、缤纷的冬日等活动。大力开展“八礼四仪”文明礼仪养成教育实践活动。举办区第二十届中小学生演讲比赛。

三、健全长效机制，加快建立舆论宣传引导新格局

8.强化舆论宣传引导。围绕建设"强富美高"新玄武主题，聚焦"一城两街三区"建设、加快转型提升等中心工作，积极整合全媒体资源，对全区的重点工作和重大项目、基层的好经验、好做法、创新发展的特色成果等进行多视角、多层面的深入报道，为"十三五"开局营造良好舆论氛围。完善全区政务微博和微信联动引导机制，深化政务新媒体应用，提升信息发布和舆论引导水平。结合"纪念建党95周年""纪念孙中山先生诞辰150周年""国家公祭日"等重大活动，大力弘扬爱国主义精神，激发民众的爱国热情。

9.加强宣传干部队伍建设。规范党委政府新闻发布工作，提升新闻发布质量和效果。加强部门、街道新闻发言人培训。加强舆情员队伍建设，突出新媒体应用能力。组建区网络安全和信息化领导小组，完善全区网络安全和信息化工作领导体制和统筹协调机制。推进网上意见领袖培育计划，强化与驻宁网络媒体和网上意见领袖的交流互动，做好重要时间节点、重大事件的网评工作。

四、坚持文化惠民，扎实推进文化事业产业全面发展

10.推动文化事业繁荣。加大投入，做好文化体育支出的资金保障工作，完成每万人拥有公共文化设施面积达1200平方米的市现代化考核目标。繁荣文艺创作，推出更多百姓喜闻乐见的精品力作。构建都市"15分钟文化圈"，继续推动文化品牌建设，开展"玄武文化行"百场文化惠民活动。举办第二十届"玄武之春"等系列活动，全年活动不少于1000场次。举办第十三届邻里文化节系列活动。完成"钟灵玄武"区情区史展。围绕纪念孙中山先生诞辰，举办"两岸一家亲"文化交流活动。开展"绿色网吧"创建活动，积极组织开展区域"扫黄打非"等专项整治行动，净化文化市场环境。

11.推进文化产业发展。完成文化产业增加值占GDP比重的目标，完善文化产业企业名录库。发挥玄武文化产业联盟的作用，打造系列品牌活动，提升联盟影响力。加大对重点文化产业项目引进和培育力度，滚动推进七个一批重点文化产业项目。组织文化产业专项资金区级评审工作，加大对重点文化企业和成长型文化企业的扶持力度。充分利用"创赢未来""文化+"创客大赛等活动平台，引进领军型文化创业创新人才。参加第八届南京市文交会。

五、建设幸福城区，提升群众幸福感和满意度

12.提升社会文明和谐水平。深化"全国社区治理和服务创新实验区"建设，加快推进街道社区体制机制改革。依托企业等社会力量投资养老服务，推进老年健康产业发展；加快医养融合型社区居家养老服务中心建设，年底前建成27家。创新培训新模式，解决企业"招工难"和劳动者"就业难"问题。开展雏鹰助学行动，帮助困难青少年不少于3000人次。开展以"幸福家庭创建"为抓手的主题宣传活动，新建1~2个人口文化宣传阵地。规范信访事项受理办理程序，全面推进依法治区，开展法治玄武系列创建工作。开展法官、检察官进社区活动，加强法律夜校等宣传教育主阵地建设。发挥"玄微警"平台的作用，提升群众安全感满意度。坚持"房产直通车"24小时一站式服务，打通服务居民的最后一百米。坚持制度拥军、实事拥军、特色拥军，做好双拥工作。

13.倡导健康科学生活方式。提升城市社区10分钟健身圈，举办区第十一届运动会。开展"5·8世界红十字日""5·12防灾减灾日""世界急救日" 等重要节日纪念活动。组织开展区第十六届科技活动周、第26次全国助残日、安全文化"进校园、进企业、进社区"等活动。加强反邪教警示教育，开展"无邪教"示范区创建活动。开展国防教育"四进"活动，加强中小学人防知识教育。开展世界环境日环保宣传周活动，创建市级绿色学校1所。开展省级食品安全示范区创建工作。加强经营性公共场所的长效管理，各项卫生制度齐全、记录规范，卫生许可证持有率达100%，从业人员健康证达95%以上。构建全区医疗联合体，为辖区内社区居民提供"一站式"便捷的就诊绿色通道。实施幸福玄武行动计划，加强幸福玄武建设的宣传教育，提高群众的满意度和幸福感。

玄武区2016年人才工作目标

玄武区人民政府
2016年5月13日

2016年玄武区人才工作的指导思想是：深入贯彻党的十八大、十八届三中、四中、五中全会精神和习近平总书记系列重要讲话精神，抢抓苏南自主创新示范区建设机遇，紧扣全市人才工作的总体部署，加快构建更具竞争力的人才集聚制度和大众创业、万众创新的优良环境，为建设"强富美高"新玄武提供智力支持和人才支撑。

2016年人才工作的具体目标是：

一、实施高层次人才引进培育计划，确保完成各项指标任务

1.实施“创业玄武”人才计划。对接“创业南京”人才计划的相关要求，进一步强化人才优先发展理念，积极整合政策与渠道资源，建立健全玄武区新一轮的人才政策体系、组织体系、服务体系、责任体系等系列配套措施，建立人才项目遴选机制、优化创业创新扶持机制，明确实施方案，并出台相关文件加以落实。〔责任单位：各成员单位〕

2.面向海内外引进集聚一批拥有自主知识产权，以带技术、带项目、带资金形式来我区创业创新的高层次人才和团队。全年引进和培育科技顶尖专家、创新型企业家、市高层次创业人才、省“双创计划”人才等各类创新创业人才40名。〔责任单位：见附件〕

3.开展系列宣传推介与人才对接活动。举办“玄武创业节”，开展玄武大学生创业大赛等系列活动。利用紫金高层论坛、留交会、中国创新创业大赛、国际创客大会高峰论坛、文化产业交易会、中国电子商会年会等人才与项目交流合作活动平台，积极开展人才对接。与“千人计划”海创智库、北美洲中国学人国际交流中心、创客邦等专业机构加强合作，发挥海内外引才工作站作用，加强与海内外高层次人才沟通联系。以“创业玄武”为品牌，立足南京、深入国内各大城市开展玄武投资创业环境推介活动，全年不少于8次。认真筹备“金洽会”等重大招商活动，引进更多高价值、高创新性的项目落户玄武。〔责任单位：区委组织部(人才办)、区委统战部、区科技局、区人社局、区商务局、区珠管办、团区委、各街道、徐管委、科创办〕

4.加强区域高层次人才开发合作力度。全年组织开展不少于2次驻区高校、科研院所组织(人事)处、科技处负责人联席会，开展不少于2次校(院)企人才项目对接活动，帮助高校、科研院所研究成果与区内优质企业进行对接，推进科技创新成果就地转化。积极走访驻区规模企业，组织开展送政策进企业活动，强化企业在人才开发中的主体地位，支持鼓励企业大力引进各类高层次创新人才。〔责任单位：区委组织部(人才办)、区科技局、区人社局、区珠管办、各街道、徐管委、科创办〕

5.做好省“博士计划”、江苏省有突出贡献中青年专家以及六大人才高峰的选拔工作。加强对博士后科研工作站的服务与管理，探索区域优质企业与高校、科研院所博士后工作站的交流，推动人才、项目、科研成果全面对接。全年确保新增1名博士后进驻徐庄国家级博士后工作站。〔责任单位：区人社局、徐管委〕

6.招录、引进10名具有研究生学历的公务员，充实党政人才队伍。做好高校优秀青年教师到玄武挂职工作。〔责任单位：区委组织部、区人社局〕

7.培养高技能人才600名。〔责任单位：区人社局〕

二、加快多元孵化载体平台建设，营造干事创业优良生态

8.加快推进珠江路创业大街建设，重点打造未来城创业大街示范段，完成景观改造、氛围营造，形成街区形象。着力推进未来城、国土大厦、佳汇大厦3个楼宇的众创空间建设工作，综合采取购买、租赁、置换等手段，对现有载体进行转型改造，建设具备创投机构、风投机构、金融机构、技术平台、创业者5大创业要素的众创空间，大力引进10家左右的创业服务机构。建立创业大街行政服务站，为创业者提供证照联办服务。稳步推进煤炭大厦和雄狮国际2个楼宇的提档升级。〔责任单位：区科技局、区珠管办、新街口街道、梅园新村街道〕

9.深入推进依山科技创新区建设。加快紫金(玄武)科技创业特别社区项目进展，健全完善紫金(玄武)科创特区一期聚慧园组团功能配置，大力引进各类实验室、研发中心，加强创业苗圃、孵化器、加速器等功能要素配备，注重提升各类功能平台的专业化水平。加快徐庄软件园转型升级，突出徐庄软件园创新创业龙头的带动作用。积极推进铁北红山新城示范区建设，加快钟山生命科学园建设，集聚40名生命科学产业高层次人才，在孵50家生命科学企业。〔责任单位：孝陵卫街道、红山街道、徐管委、科创办、铁北管委会〕

10.大力推进众创空间发展，加强交流合作，鼓励众创空间承载人才项目落地。引导和鼓励驻区自有载体资源改建众创空间，并引入社会资本和专业团队参与运营管理。推进众创空间与区域建设深度融合，逐步建成以众创空间为孵化器、成熟产业园区为加速器的载体链、孵化链，形成全区多元孵化载体和服务平台体系。〔责任单位：区委组织部(人才办)、区发改局、区科技局、团区委、各街道、徐管委、科创办〕

11.打造南京紫金常春藤大学生创业园，创意中央大学生创业园，开展相关评估认定工作。完善徐庄科技创业服务中心功能，为大学生创业提供平台。配备成熟企业的负责人作为大学生创业导师，为入园创业学生提供辅导。〔责任单位：区科技局、区人社局、玄武门街道、孝陵卫街道、徐管委〕

三、深化人才管理改革，优化人才扶持与服务体系

12. 推进省人才创业创新促进会玄武代表处建设，明确运作模式、完善工作职能，实现促进会工作常态化，全年开展活动不少于2次。成立玄武人才创业创新服务中心，完善玄武区青年商会、徐庄软件园区企业人力资源部长联席会、珠江路IT人才沙龙、珠江路IT企业人力资源经理俱乐部、文化产业人才交流平台、文化产业联盟运作，全年各开展活动不少于2次。建立“文化创意企业创新联盟”，整合区域优质文创企业资源，深入推进企业技术合作和人才交流。建设“毕业生人才中转站”，依托南京市人才服务中心建立区域人力资源配置平台，为高校毕业生提供就业见习推荐等服务，促进人力资源与企业需求高效对接。〔责任单位：区委组织部（人才办）、区委宣传部、区珠管办、团区委、玄武门街道、徐管委〕

13.加大对社会化、市场化服务机构的引进和扶持力度，积极引进、推动各类社会化创业创新服务机构向珠江路创业大街、科创特区、徐庄软件园等载体平台落地。加大政府采购社会服务力度，委托社会机构开展创业训练营、创业沙龙、产品推广会等活动，全年组织创业系列服务活动不少于8次。鼓励人才企业与社会化服务机构深度合作，推动建立与人才需求相匹配的市场化、专业化人才服务体系。〔责任单位：区委组织部（人才办）、区科技局、各街道、徐管委、科创办〕

14. 加快推进人才创业企业利用多层次资本市场。优化人才政策扶持方式，探索建立以市场化扶持方式为主、财政直接扶持为辅的政策体系，建立政府引导资金与社会资本多元联动扶持模式，鼓励和支持投融资企业对人才企业的多元化资本投入。充分发挥重点企业服务系统作用，着力培育一批拟挂牌上市或初步具备挂牌上市条件的人才企业，对完成上市或在“新三板”成功挂牌的给予补贴。以“长三角·骡马会”为品牌，定期开展项目路演、资本对话沙龙等活动，为金融资本与人才智本“联姻”牵线搭桥。〔责任单位：区财政局、区金融办、区国资办〕

15.建立人才企业分层管理与服务机制，通过开展人才企业成长绩效评估工作，遴选一批优质企业以集中资源重点培养，选树一批优秀人才典型。以建设珠江路创业大街为契机，通过树立广告牌、张贴海报、播放宣传片、建设服务中心等方式，辐射带动全区各功能园区创业创新氛围营造，不断提高区域的创客、资本、技术等要素的集聚度与活跃度。建设“玄武人才创业创新服务”“投资玄武”等微信公众服务平台，借助平面、网络等多媒体渠道加强宣传，积极打造玄武创业创新文化品牌，全年通过南京日报等重要媒体进行宣传不少于6篇。〔责任单位：区委组织部（人才办）、区委宣传部、区科技局、区商务局、区珠管办、梅园新村街道、徐管委、科创办〕

四、自主培育各类紧缺人才，充分发挥区域各层次人才作用

16.加大对企业资质认定的指导扶持力度，全年新增高新技术企业8家，力争新增企业技术中心1~2家。〔责任单位：区发改局、区科技局〕

17.整合徐庄园区人才培训资源，以徐庄人才实训联盟为载体，全年为园区企业输送150人次以上实用人才，为园区300人次以上在职员工提供培训。完善徐庄人力资源和社会保障服务中心、劳动争议调解室运作机制，为园区高层次人才及企业提供便捷周到的人才引进、政策咨询、人事工作代理等综合性人才人事政务服务。〔责任单位：区人社局、徐管委〕

18.加大对党政人才的培训力度，紧密结合从严治党要求，围绕区委重大决策部署，设计若干专题，创新培训形式，提升党政人才的综合能力。发挥玄武区青年党政人才协会作用，为青年党政干部搭建学习锻炼成长平台，全年开展各类活动不少于4次。〔责任单位：区委组织部、区级机关工委、区人社局〕

19.加强教育卫生系统专业技术人才培养。推进名师工作室建设，积极发挥“学科专家指导团队”的引领辐射功能，着力提高教培人员专业素养。做好第八届“南京市学科教学带头人”候选人的参评指导，力争评选通过率位居全市前列。推进“1+X”托管项目，进一步明晰工作思路，合理配置资源，促进全区教师队伍建设水平提升。全年完成卫生系统专业技术人员培训1500人次，组织社区卫技人员到上级医院和预防保健机构进修学习不少于15人次。〔责任单位：区教育局、区卫计局〕

20.推进“社工人才成长行动”计划，加大专项培训力度，落实社工待遇自然增长机制。将项目运作与社工人才培育有机结合，培养专业督导，实施专业督导项目20个，大力培育社会工作专业机构，全年新增不少于5个。〔责任单位：区民政局〕

21.充分发挥“玄武区经济和社会发展专家咨询委员会”作用，召开专家评审或专家认证会，为玄武经济社会发展建言献策，全年组织不少于2次活动。利用行政复议委员会工作平台，开展行政复议案件公开

审理会不少于2次。〔责任单位:区发改局、区法制办〕

五、优化工作体制机制建设,增强党管人才工作组织合力

22.理顺人才工作体系。调整全区人才工作领导小组,进一步明确区职能部门分工与职责,更加突出科创特区、徐庄软件园、钟山生命科学园、珠江路创业大街等功能园(街)区在人才工作中的主体作用,重点加强各专项办和功能园(街)区的工作力量。进一步加强人才工作者队伍建设,集中举办1场全区人才工作者专题培训班,注重业务培训常态化,不断提高业务综合能力和服务人才水平。〔责任单位:各成员单位〕

23.建立人才工作制度清单,完善人才工作制度体系。落实人才工作领导责任制,实行领导小组联席会议制、专项工作小组例会制,定期召开工作会议,完善会商、会办机制。优化重点人才联系制度,扩大领导直接联系与服务人才范围,逐步实现全区高层次人才联系服务全覆盖。建立人才走访与企业重大事项报告制,推进人才政务服务"工单督办制",协同解决人才落地、项目申报等发展需求,形成全区人才服务和企业管理的动态网络体系。〔责任单位:各成员单位〕

24.优化人才发展绩效考核体系。积极对接全市人才工作考核要求,优化区人才专项考核体系,严格实施人才工作目标考核。实施人才发展动态监测,委托江苏人才发展战略研究院等机构对玄武区域人才发展环境、人才工作满意度与发展绩效进行测评,并形成区域人才竞争力公报等成果,为不断加强和改进全区人才工作提供指导。〔责任单位:区委组织部(人才办)、区发改局〕

25.将人才专项资金列入年度财政预算安排,按实列支。区财政安排不低于3000万元的人才专项资金,用于人才引进、培养、使用和奖励,引导各街道及产业牵头部门加大对人才工作的投入。健全人才项目评审和资金管理制度规范,做好人才项目落地及配套政策兑现。〔责任单位:区委组织部(人才办)、区财政局、各街道、徐管委、科创办〕

附件:1.2016年玄武区"创业玄武"人才计划任务分解表

2.2016年高技能人才培养目标分解表

附件1

2016年玄武区"创业玄武"人才计划任务分解表

街道、园区	高层次创业人才(人)			创新型企业家(人)
	市级入选数	区级入选数	申报数	
徐管委	5	15	40	2
科创办	3	9	24	0
新街口街道	1	3	8	1
玄武门街道	1	3	8	0
梅园新村街道	1	3	8	1
锁金村街道	1	3	8	0
孝陵卫街道	1	3	8	1
玄武湖街道	1	3	8	0
红山街道	1	3	8	0
合　计	15	45	120	5

附件 2

2016 年高技能人才培养目标分解表

任务承担单位	新增高技能人才数(人)
新街口街道	65
玄武门街道	65
锁金村街道	65
孝陵卫街道	65
玄武湖街道	65
红山街道	65
梅园街道	70
徐庄管委会	70
珠江路管委会	70
合　计	600

文件目录

区委文件

2 月 1 日　玄委发〔2016〕9 号　关于表彰 2015 年度全区“现代化建设”先进单位的决定

2 月 16 日　玄委发〔2016〕12 号　关于表彰 2015 年度玄武区机关“文明科室”、街道“文明中心”和“群众满意窗口”的决定

2 月 19 日　玄委发〔2016〕13 号　关于表彰 2013-2015 年度区级文明单位、文明社区的决定

5 月 12 日　玄委发〔2016〕22 号　关于印发《关于“创业玄武”人才计划的实施意见》的通知

6 月 29 日　玄委发〔2016〕27 号　关于表彰先进基层党组织、优秀共产党员、优秀党务工作者和优秀党员义工的决定

9 月 1 日　玄委发〔2016〕35 号　关于表彰 2016 年玄武区优秀教育工作者的决定

9 月 1 日　玄委发〔2016〕36 号　关于表彰第十届“斯霞式”人民教师的决定

9 月 14 日　玄委发〔2016〕4 号　关于转发《区委宣传部、区司法局关于在全区公民中开展法治宣传教育的第七个五年计划(2016—2020 年)》的通知

9 月 14 日　玄委发〔2016〕39 号　关于印发《玄武区城市品质提升三年行动计划(2016-2018 年)》的通知

9 月 14 日　玄委发〔2016〕40 号　关于印发《玄武区环境综合整治三年行动计划(2016-2018 年)》的通知

9 月 14 日　玄委发〔2016〕41 号　关于印发《玄武区交通秩序治理三年行动计划(2016-2018 年)》的通知

9 月 14 日　玄委发〔2016〕42 号　关于印发《玄武区市民文明素质提升三年行动计划 (2016-2018 年)》的通知

9 月 14 日　玄委发〔2016〕45 号　关于印发《智慧玄武建设三年行动计划(2016-2018 年)》的通知

4 月 8 日　玄委办发〔2016〕12 号　关于印发《玄武区众创空间认定和管理办法(试行)》的通知

10 月 10 日　玄委办发〔2016〕44 号　关于印发《玄武区内秦淮河水段沿线环境综合整治实施方案》的通知

区政府文件

5 月 18 日　玄政〔2016〕80 号　关于印发《玄武区区属国有企业融资和资金调配管理暂行办法》的通知

5 月 18 日　玄政〔2016〕81 号　关于印发《玄武

区开放型经济绩效考核办法》的通知

6月15日　玄政〔2016〕101号　关于印发《关于进一步做好防范和处置非法集资工作的实施意见》的通知

8月22日　玄政〔2016〕132号　关于上报2016年防汛抗洪有功集体和有功个人的报告

9月30日　玄政〔2016〕173号　关于加快推进玄武区特色小镇建设的实施意见(试行稿)

5月18日　玄政〔2016〕80号　关于印发《玄武区区属国有企业融资和资金调配管理暂行办法》的通知

1月14日　玄政办〔2016〕2号　关于印发《玄武区关于〈南京市住宅物业管理条例〉小区试点工作方案》的通知

4月20日　玄政办〔2016〕26号　关于印发《玄武区公务用车制度改革总体方案》的通知

5月12日　玄政办〔2016〕30号　关于印发《玄武区老旧小区整治工作实施意见》的通知

7月8日　玄政办〔2016〕49号　关于印发《玄武区水污染防治行动计划》的通知

8月16日　玄政办〔2016〕61号　关于实施第二期学前教育五年行动计划的意见

9月22日　玄政办〔2016〕74号　关于印发《玄武区关于进一步做好农民工服务工作的实施意见》的通知

11月3日　玄政办〔2016〕90号　关于印发《玄武区冬春季节大气环境质量保障管控方案》的通知

12月20日　玄政办〔2016〕106号　关于印发《玄武区既有住宅增设电梯实施办法》的通知

12月22日　玄政办〔2016〕107号　关于转发《玄武区关于推进大众创业帮助就业的实施办法》的通知

文件选编

智慧玄武建设三年行动计划（2016—2018年）

玄委发〔2016〕45号

根据智慧南京建设的总体规划，结合玄武区信息化建设的实际需求，制定智慧玄武建设三年行动计划，全面提升玄武经济社会的信息化水平，为新形势下加快发展奠定基础。

一、总体要求

(一)指导思想

紧紧围绕建设“强富美高”新玄武战略目标和“走在最前列、争当排头兵”发展定位，按照走集约、智能、绿色、低碳的新型城镇化道路的总体要求，坚持以服务民生为导向，以新一代信息技术创新应用为支撑、加强和完善政府引导，统筹物质、信息和智力资源，加强城市管理和服务体系智能化建设，聚焦发展民生服务智慧应用，强化网络安全保障，促进城市发展品质全面提升，有效提高居民幸福感和满意度，为建设经济强、百姓富、环境美、社会文明程度高的新玄武奠定坚实基础。

(二)建设原则

统筹规划，分步推进。立足于市民生活、企业生产与运营、政府管理与服务的实际需求及信息化现状，科学制定智慧玄武发展规划，精心制定项目实施计划，有组织、有步骤地推进。强化政府引导，发挥政府在顶层设计、规范标准、统筹协调等方面的作用，积极吸引社会力量参与，形成政府、企业、社会合力推进的格局，促进智慧玄武建设持续深入发展。

以人为本，突出重点。把信息优政、信息兴业、信息惠民作为信息化推进的根本宗旨，对城市管理和公共服务中需求迫切、效益明显的应用系统进行先期规划和重点建设。坚持以人为本，致力于打造服务型政府，把服务民生需求作为智慧玄武建设的基本要求，实施一批重点项目，让广大居民享受到安全、高效、便捷、绿色的城市生活。

创新驱动，转型升级。充分利用信息化条件下高效配置物质、信息和智力资源的有效途径，激发市场主体活力，大力促进技术创新、管理创新、制度创新和商业模式创新，大力发展新产业、新业态、新技术、新模式，通过信息化引领发展方式转变和经济转型升级，提高经济发展质量和效益。

集约建设，强化保障。积极推进信息基础设施、业务系统、信息资源的统筹建设，通过建设云计算服务统一平台，实现基础设施集约建设、信息资源共建共享。强化网络和信息安全管理，加大依法管理网络的力度，建成与发展水平相协调的网络安全保障体系。

(三)建设目标

到2018年底，基本建成以信息感知和智能应用体系为重点，以信息基础设施体系、城市管理服务体系、电子政务服务体系、网络安全保障体系为支撑的智慧玄武体系框架，智慧城市建设成为玄武提升竞争力和软实力的强大支撑和重要基础，全区信息化整体水平迈入全省先进行列。

信息基础设施更加完善。全面优化区机关部门、街道、园区和社区网络，改建基础设施，增加带宽，提升政务系统服务群众、服务企业的运行能力。加大与运营商的合作力度，推动重点区域的WIFI建设，覆盖率达到90%以上，公众在主城区基本实现随时随地享受上网服务。

城市管理服务更加高效。覆盖全区的人、地、物、事智能网格化管理服务体系基本形成；全路网智能监控体系基本建成；视频监控网络基本覆盖全区公共场所和重点区域；智能应急响应体系有效支撑社会公共安全、公共卫生安全、食药品安全、生产安全等领域的快速响应。

电子政务服务更加便捷。建成高效便民的电子政务体系，推行智慧政府云服务模式，政府部门普遍实现信息共享和业务协同；行政权力网上公开透明运行覆盖率达100%，适于网上办理的行政审批事项网上办理率达100%；加强政务信息资源开发利用，建立政务信息开放平台，政府部门核心业务系统基本实现信息化，政务公开信息网上发布率达100%。

网络安全保障更加有力。利用城市级数据中心云计算服务和区信息中心机房互为容灾体系，提高安全水平和保障能力。强化网络数据安全保护和管理，推动信息安全风险评估、等级保护和安全保密检查等基础性工作制度化、规范化、常态化。

二、重点任务

以信息感知和智慧应用为发展重点，大力推进“智慧玄武”四大重点任务，建设16项重点项目。

任务一：支撑体系建设

1.建设“智慧玄武”数据中心。搭建云计算服务统一平台，整合全区的政府部门服务器资源，统一管理、动态调配。升级扩容区政务数据中心，提升虚拟化服务平台承载能力。采购城市级数据中心云计算服务，与区信息中心机房互为容灾和备份，为“智慧玄武”建设提供安全、稳定、高效的运行环境。

牵头单位：区委宣传部，配合单位：区信息中心。

时间节点：2016年底完成建设方案，2017年底基本完成。

2.整合提升网络基础设施。依托全市政务网络架构，整合全区网络资源，推进宽带网络提速升级，实现百兆到社区，千兆到街道（园区）、部门，互联网出口带宽达1G；推进无线城市建设，实现区政府大楼无线网络覆盖，全区重点区域的WIFI覆盖率达到90%以上。

牵头单位：区委宣传部，配合单位：区政府办、区信息中心。

时间节点：2016年6月份完成建设方案，2018年底基本完成。

3.加强网络信息安全保障。加大网络安全设施硬件投入，健全网络信息安全保障体系，实现网络安全保障基础设施智能化和全覆盖。强化网络数据安全保护和管理，推动信息安全风险评估、等级保护和安全保密检查等基础性工作制度化、规范化、常态化。开展网络信息安全宣传教育，提升网络安全应急处置能力。

牵头单位：区委宣传部，配合单位：公安玄武分局、区信息中心。

时间节点：2016年底完成建设方案，2018年底基本完成。

4.完善数据处理与交换平台。完善人口库、法人库、宏观经济库、空间地理信息库等公共基础数据库，加快推进各部门专题数据库建设。优化数据处理与交换平台，形成数据资源交换目录体系，大力推动政府信息系统和公共数据互联开放共享。

牵头单位：区信息中心，配合单位：各相关部门。

时间节点：2017年6月完成建设方案，2018年底基本完成。

5.提升电子政务建设水平。做好街道和政府机关部门网站的关停整合工作，以用户服务为导向，整合全区信息资源和服务内容，集约化建设政府门户网站。打造全区公共信息服务平台，基本实现公共服务“一站式”办理。优化OA办公系统，实现移动办公，提升政府协同办公效率。

牵头单位：区委宣传部、区信息中心，配合单位：区政府办、各相关部门，各街道。

时间节点：2016年底基本完成。

任务二：城市管理智慧应用体系建设

6.建设综合指挥中心平台。整合公安、城管、街道等单位的视频监控资源，搭建覆盖全区域的视频监控系统，打造集应急指挥、协同联动、城市管理、公共安全为一体的区级综合指挥中心平台。汇集各部门、业务系统和信息资源，基于GIS地理信息系统，叠加各类智慧应用，为城市管理和突发应急指挥提供全面、直观、智能信息,不断提升社会管理水平和应急处置能力。

牵头单位:区委宣传部、区信息中心,配合单位:区委政法委、区城管局、公安玄武分局,各相关部门、各街道。

时间节点:2016年底完成建设方案,2017年6月基本建成。

7.升级智慧城管系统。以提高城市管理效率为出发点,在现有的数字城管基础上,扩大管理范围,增加管理内容,提升管理的智慧化水平,实现全区城管人员数字化管理全覆盖。

牵头单位:区城管局,配合单位:各街道。

时间节点:2016年6月底完成建设方案,2017年底基本完成。

8. 建设智慧安防系统。发挥区综合指挥平台作用,通过监控、传感器等手段,解决老旧小区巡防力量不足、发现安全隐患不及时等问题,实时分析公安的治安案件数据,对易发案件的重点路段、重点地点提前设防,构建平安防控网络。加强区政府大楼安防、监控、人员出入、停车场等智能化管理。利用视频监控、紧急求助、一卡通等信息化技术保障校园安全。深化区安全生产综合监管云平台建设,实现全天候、全方位、全过程监控。

牵头单位:公安玄武分局、区政府办、区教育局、区安监局,配合单位:各街道、各相关部门。

时间节点:2016年底完成建设方案,2018年底基本完成。

9.建设智慧政务服务系统。利用智慧玄武的基础设施建设和系统运用,实现区政务服务大厅、街道便民服务中心和社区终端政务服务信息共享,打造"一点式、零距离"政务服务。

牵头单位:区政务办,配合单位:各街道、各相关部门。

时间节点:2016年底完成建设方案,2018年底基本完成。

10.建设智慧环保系统。利用物联网技术平台,结合环境普查大数据, 建立全区环境管理GIS系统,与数字城管等现有平台进行数据共享,动态显示环境污染治理设施运行情况,实现"两网合一",切实发挥网格化环境监管效能,提升环境保护执法能力。

牵头单位:区环保局。

时间节点:2016年底完成建设方案,2018年底基本完成。

任务三:智慧民生体系建设

11.建设智慧健康服务系统。依托人口信息管理系统,构建完善居民电子健康档案,升级基层医疗卫生信息系统和区级卫生信息平台,建设远程医疗系统(区域LIS、PACS、心电等)和区域公众健康服务平台,普及应用居民健康卡,与市卫生信息平台对接,实现网上预约挂号、远程会诊、诊间支付等便民医疗服务功能,为全区居民提供及时、便捷的医疗卫生健康服务。基于市体育信息管理系统,构建"十分钟体育健身圈"电子地图,为玄武居民体育健身提供服务。

牵头单位:区卫计局、区体育局,配合单位:各街道、各相关部门。

时间节点:2016年底完成建设方案,2018年底基本完成。

12.建设智慧养老系统。建设智慧养老综合服务平台,将我区各类养老服务机构和服务资源纳入系统进行统一监管, 并在社区建立线下实体服务中心,提供养老基础"五助服务"及老人安全、医养融合、文体教育、精神慰藉等服务,实现线上线下互联互通、养老服务供给项目的全覆盖。

牵头单位:区民政局,配合单位:各街道、各相关部门。

时间节点:2016年底完成建设方案,2018年底基本完成。

13.建设智慧教育系统。利用云计算、物联网等技术改革教学模式、提升玄武教育管理水平,完善智慧校园建设、在线学习系统、社会继续教育学习系统,通过构建中小学综合管理服务、教师服务、学生服务和家长服务四大平台,经过两年时间全面建成玄武教育信息公共服务体系,提供等个性化服务,打造全新教学模式及教育管理方法。

牵头单位:区教育局,配合单位:各街道。

时间节点:2017年6月完成建设方案,2018年底基本完成。

14.建设智慧旅游系统。从旅游服务、旅游管理、旅游营销三个方面入手, 通过全市智慧旅游平台,利用监控、定位、传感、即时通讯等技术,整合旅游资源优势,为游客提供定制化服务,提高管理水平,优化游客体验。

牵头单位:区旅游局。

时间节点:2016年底完成建设方案,2018年底基本完成。

任务四:现代智慧应用体系

15.完善智慧企业服务系统。优化玄武区重点企业服务系统，为全区企业提供方便、快捷、优质服务，对辖区重点企业提供"一企一策"的针对性支持。升级区目标管理系统，研发"智慧发改"APP，对全区主要经济指标、市区目标、重点项目进行及时、准确的动态监管。力争实现企业立项、工商、税务等各类手续网上办理。打造电子商务投诉与维权公共服务平台，提升企业服务水平，保障消费者权益。

牵头单位：区发改局(经信局)、区市场监督管理局，配合单位：各街道、各相关部门。

时间节点：2016 年底完成建设方案，2018 年底基本完成。

16.建设智慧园区系统。以"园区、街区、社区"三位一体的智慧型产城社区为目标，运用大数据分析、云计算、移动互联网、物联网、社交网络等技术手段，推进智慧园区建设，营造开放创新的智能环境，全面提升园区招商、运营管理、企业服务、商户服务和人才服务水平，打造富有活力的创新型园区。

牵头单位：徐庄软件园，配合单位：区发改局(经信局)、区科技局、区城管局

时间节点：2016 年底完成建设方案，2018 年底基本完成。

三、保障措施

(一)强化组织领导、落实部门责任。成立玄武区网络安全与信息化建设领导小组，明确领导小组办公室及成员单位工作职责，做好全区信息化建设工作和智慧玄武建设的规划、指导和协调工作；各相关部门按照职责分工，细化项目实施方案，落实工作责任，加强协调配合，建立完善智慧玄武建设评估体系，定期发布智慧玄武建设统计报告和评估报告，确保智慧玄武建设高效运行、协调推进。

牵头单位：区委宣传部、区信息中心，配合单位：区政府办、区发改局、区财政局。

时间节点：2016 年 6 月底完成。

(二)成立专家智库、加强业务指导。成立智慧玄武建设专家咨询委员会，针对智慧玄武总体架构、重点项目、推进实施办法、技术方案等方面，不定期召组织专家进行业务指导，检查实施质量，帮助解决项目建设过程中存在的技术问题，广泛汇聚政府、高校、科研院所等各方力量，为智慧玄武建设提供智力支持。

牵头单位：区委宣传部、区信息中心。

时间节点：2016 年 10 月底完成。

(三)强化资金投入、保证建设实效。整合分散在各部门、各条线与智慧玄武建设相关的资金，建立智慧玄武专项资金，尽可能在政府主导的前提下，发挥市场和社会力量，拓宽智慧玄武融资渠道，完善多元投融资机制。区财政每年安排 800 万元智慧玄武专项资金。

牵头单位：区委宣传部、区信息中心，配合单位：区财政局。

(四)严格目标考核、确保任务落实。建立智慧玄武评估考核体系，加大考核力度，按照当年信息化工作要点和责任分工，在项目招投标、方案制定、组织落实等方面，定期进行检查和督导，发挥目标考核在智慧玄武建设中的引领作用。

牵头单位：区委宣传部，配合单位：各相关单位。

智慧玄武建设三年行动计划表(2016–2018 年)

序号	任务名称	任务内容	责任单位	实施安排		
				2016 年	2017 年	2018 年
1	"智慧玄武"数据中心建设	整合部门服务器资源，升级扩容区数据中心，提升中心数据运行和承载能力	区委宣传部	启动区信息中心机房改造，完成机房虚拟化平台升级扩容	完成"智慧玄武"数据中心建设方案，采用自建+外包服务模式建设"政务云"服务平台	基本完成"智慧玄武"数据中心建设
2	网络基础设施建设	整合全区政务网络资源，推进宽带网络提速升级；推进无线城市建设，全区重点区域的 WIFI 覆盖率达到 90%以上	区委宣传部	完成街道、社区政务网络接入和切换工作，互联网出口带宽达 1G；完成区政府大楼无线网络覆盖	对全区政务网络设施进行检测和升级，实现百兆到社区，千兆到街道(园区)、部门，确保政务网络运行安全稳定高效	探索下一代互联网建设，推进无线城市建设，实现全区重点区域 WIFI 覆盖覆盖率达到 90%

续表

序号	任务名称	任务内容	责任单位	实施安排		
				2016年	2017年	2018年
3	网络信息安全建设	加强网络数据安全保护和管理，提升网络安全处置能力	区委宣传部	完成区政府门户网站三级等保评测，增加网络安全设备，做好区信息中心机房网络安全加固	建立健全网络信息与数据安全保障体系，进一步加固全区政务网络建设，开展网络信息安全培训	完善网络信息安全保障体系，提升网络安全应急处置能力
4	数据处理与交换平台建设	完善人口库、法人库、宏观经济库、空间地理信息库等公共基础数据库。优化数据处理与交换平台	区信息中心	完成四库一平台升级建设方案	实现公安、民政、计生、人社、工商、质检、发改等数据汇聚，形成数据资源目录体系	对各部门数据进行清洗比对，初步实现数据资源的开发利用，实现大数据辅助政府决策
5	电子政务建设	加强电子政务应用系统建设，提升政府服务群众和协同办公效率	区委宣传部、区信息中心	完成街道和区政府部门网站关停整合工作，区政府新门户网站上线运行。完成OA办公（移动办公）平台一期建设，实现移动办公	整合各部门便民服务资源，借助“两微一端”，打造移动门户平台。拓展政务应用，推进移动办公平台二期建设	完成区政府部门网站的整合，在政府门户网站平台统一提供服务。进一步深化、拓展两大门户平台应用，利用移动互联网、大数据、云计算等，不断完善平台功能
6	综合指挥中心平台建设	搭建覆盖全区域的视频监控系统，汇集各部门、业务系统和信息资源，基于GIS地理信息系统，叠加各类智慧应用，打造区级综合指挥中心平台	区委宣传部、区信息中心	调研各部门需求，完成平台建设方案	完成软件系统平台开发，初步实现在大屏幕上基于GIS地理信息系统汇聚展示各部门数据资源和业务系统	深化平台应用，实现跨部门业务协同、应急联动和智能分析，为领导决策提供全面、直观、动态的信息
7	智慧城管系统建设	升级智慧城管系统，扩大管理范围，增加管理内容，提升管理的智慧化水平，实现全区城管人员数字化管理全覆盖	区城管局	完成首批4个街道数字城管平台建设，实现区、街信息资源共享；进一步完善升级区级平台，确保与市级平台的互联互通	完成第二批3个街道数字城管平台建设；依托全区监控资源平台，拓宽城市管理监控平台覆盖面；推进街道城管人员“城管通”使用比例	增加4套车载移动视频监控平台；拓展全区城管人员“城管通”功能，实现数字化管理全覆盖
8	智慧安防系统建设	构建平安防控网络，对易发案件的重点路段、重点地点提前设防。建设区政府大楼安防系统。加强校园安全系统建设。深化区安全生产综合监管云平台建设	公安玄武分局、区政府办、区教育局、区安监局	基于治安视频监控一、二期建设，完成平安防控网络建设方案。完成区政府大楼安防、监控、人员管理等系统建设	基本建成全区平安防控网络，实现重点路段、重点地点、主要社区全覆盖。完成区政府大楼楼宇智能化系统建设。完成全区教育系统监控管理平台建设；全区小学监控接入玄武教育专网	进一步完善平安防控网络，补盲补密监控探头，基本实现全区各类监控资源的整合和利用。完善全区教育系统监控管理平台功能；全区中学、幼儿园监控接入玄武教育专网。深化安全生产综合监控平台应用，扩展功能，完成安防指挥联动系统建设

续表

序号	任务名称	任务内容	责任单位	实施安排		
				2016 年	2017 年	2018 年
9	智慧政务服务系统建设	实现区政务服务大厅、街道便民服务中心和社区终端政务服务信息共享，打造“一点式、零距离”政务服务	区政务办	开展需求调研，完成需求建设方案	完成网上预约取号模块的设计工作；与相关业务部门研究数据对接互通工作；开展区街便民服务事项网上办理的流程设计	基本完成“智慧政务服务系统”的建设工作，并通过适当途径进行宣传推广使用
10	智慧环保系统建设	建立全区环境管理 GIS 系统，与数字城管等现有平台进行数据共享，动态显示环境污染治理设施运行情况，实现“两网合一”	区环保局	汇总全区环境监管工作实际需求，形成智慧环保系统建设方案	对全区重点污染源建立环境污染及时监控系统，完成自动化监控平台搭设；完成环境监管 GIS 系统的初步搭建	进一步完善环境监管 GIS 系统，实现环境监管与城市管理数字平台全面对接，部分采集公安交管数据信息，不断完善功能
11	智慧健康服务系统建设	完善居民电子健康档案，升级基层医疗卫生信息系统和区级卫生信息平台，建设远程医疗系统（区域 LIS、PACS、心电等）和区域公众健康服务平台，普及应用居民健康卡。构建“十分钟体育健身圈”电子地图	区卫计局、区体育局	完成区域智慧医疗建设总体方案的制定和论证工作。启动区域基层医疗综合业务系统、区域远程医疗系统（一期）以及相关配套设施的建设工作。完成“十分钟体育健身圈”建设方案	完成区域基层医疗综合业务系统、区域远程医疗系统（一期）建设工作。启动区域卫生信息平台（一期）建设工作。收集体育建设资源数据，完成平台建设并投入试运行	基本完成区域卫生信息平台（一期）和区域公众健康服务平台的建设。进一步完善体育健身平台功能，扩大用户群体
12	智慧养老系统建设	建设智慧养老综合服务平台，将我区各类养老服务机构和服务资源纳入系统进行统一监管，建立社区线下实体服务中心，提供养老基础“五助服务”及老人安全、医养融合、文体教育、精神慰藉等服务，实现线上线下互联互通、养老服务供给项目的全覆盖	区民政局	启动应用系统的研发，完善全区老年人口数据库，研发政府购买服务网上审批系统，建设玄武区养老服务网站、微信公众平台、民政综合管理子系统等，初步搭建玄武区智慧养老综合服务平台。建成 3 至 5 个线下实体的街道社区服务中心	继续完善玄武区智慧养老综合服务平台线上平台建设，积极推进线下实体店布点，努力实现居家养老服务 15 分钟网格化全覆盖	不断充实系统内的功能布局，积极完善线上的玄武智慧养老综合服务平台，努力实现老人的多层次需求与智慧养老服务平台无缝对接。确保每个街道有两至三个线下实体的街道服务中心，实现对全区养老服务的全员覆盖
13	智慧教育系统建设	构建中小学综合管理服务、教师服务、学生服务和家长服务四大平台	区教育局	开展需求调研，完成建设方案初稿	完成综合管理服务平台、教师服务平台	完成学生服务平台、家长服务平台
14	智慧旅游系统建设	通过全市智慧旅游平台，利用监控、定位、传感、即时通讯等技术，为游客提供订制化服务，提高管理水平，优化游客体验	区旅游局	完成全区旅游景区智慧旅游建设方案，实现长江路文化旅游大街主要景区智慧平台接入。搭建长江路历史文化大街微信平台	系统平台进一步扩容，实现全区 4A 级以上旅游景区覆盖	完成玄武区“掌游玄武”手机 APP 应用开发

续表

序号	任务名称	任务内容	责任单位	实施安排		
				2016 年	2017 年	2018 年
15	智慧企业服务系统建设	完成玄武区重点企业服务系统升级，对辖区重点企业提供“一企一策”的针对性支持。完成玄武区目标管理系统升级，研发“智慧发改”APP。力争实现企业立项、工商、税务等各类手续网上办理。打造电子商务投诉与维权公共服务平台	区发改局（经信局）、区市场监督管理局	完成玄武区重点企业服务系统升级方案。完成玄武区目标管理系统升级，研发“智慧发改”APP。完成工商营业执照网上预审。完成电子商务投诉与维权的公共服务平台建设方案	完成玄武区重点企业服务系统升级；完成“智慧发改”二期改造升级方案。实现工商营业执照网上办理，初步建成电子商务投诉与维权的公共服务平台	进一步深化、拓展玄武区目标管理系统、玄武区重点企业服务系统两大平台应用。进一步完善电子商务投诉与维权的公共服务平台
16	智慧园区系统建设	推进智慧园区建设，全面提升园区招商、运营管理、企业服务、商户服务和人才服务水平，打造富有活力的创新型园区	徐庄软件园	启动企业服务系统、智慧服务平台（一期）建设以及智慧徐庄整体规划方案制定，11月完成	推进智慧的硬件（交通、办公、楼宇和配送）在园区的应用和建设；进一步提升智慧园区软件功能、建设品质、效能以及参与度	力争在2018年底前把徐庄软件园建设成为全国领先的智慧园区建设示范区

玄武区水污染防治行动计划

玄政办〔2016〕49 号

为贯彻落实《市政府关于印发南京市水污染防治行动计划的通知》（宁政发〔2016〕1 号）文件要求，全面改善我区水环境状况，建设生态宜居城市，结合我区实际，制订本行动计划。

总体要求：深入贯彻党的十八大和十八届三中、四中、五中全会精神，全面落实习近平总书记系列重要讲话特别是视察江苏重要讲话精神，围绕全面实现小康社会对应的生态环境目标，大力推进生态文明建设，持续改善水环境质量。以“节水优先、空间均衡、系统治理、两手发力”为原则，贯彻“安全、清洁、健康”方针，强化源头控制、系统治理、综合施策、社会共治，全面推进水污染防治、水生态保护和水资源管理。改革创新治水机制，实施最严格的环保制度，严格考核问责，营造全民参与氛围，形成“政府统领、企业施治、市场驱动、公众参与”的水污染防治新机制，着力解决总体水环境质量不高、城市水体黑臭等突出水环境问题，为建设经济强、百姓富、环境美、社会文明程度高的新玄武打下扎实基础。

工作目标：到 2020 年，全区水环境质量得到明显提高，水生态环境状况有所好转，污染严重水体大幅度减少，饮用水安全保障水平不断提升，地下水污染得到有效控制。

主要指标：2016 年底前，玄武湖水质达到并持续保持Ⅳ类；2017 年底前，基本消除黑臭水体；2018 年底前，北十里长沟东支水质达到Ⅴ类；到 2020 年，所有河道实现水清岸绿，区内地表水水质明显改善，达到Ⅴ类；地下水质保持稳定。

一、保护水生态空间

1.评估水资源水环境承载能力

2017 年底前，配合市有关部门组织完成全区水资源、水环境承载能力现状评价，实行承载能力监测预警，对已超过承载能力的区域，制定污染物削减方案，加快调整发展规划和产业结构，对严重超载区域停止审批新增项目。2017 年底前，完成全区水功能区规划调整，按照水功能区规划用途，从严核定水功能区纳污能力。［区城管（水务）局牵头，区发改局、环保局参与］

2.加强水生态空间管控

严守生态红线。严格执行省、市生态红线区域保护规划及管理办法，加强保护区内基础设施建设，落实管控措施，全面提升生态红线的管控和保护水平。落实南京市生态红线考核管理和覆盖全部红线区域的生态补偿机制相关内容。［区环保局牵头，区发改局、建设局、城管(水务)局、相关办事处(园区)参与］

3.优化产业布局

把主体功能区、生态红线、城市规划蓝线及绿线作为产业布局的前置条件，重点行业建设项目严格依据水资源、水环境承载力评估结果进行生产力布局。［区发改局牵头，区建设局、环保局、城管(水务)局等参与］

4.严格环境准入

严格负面清单管理，严禁重污染项目准入，严格污染物排放总量控制、污染物排放标准和清洁生产等要求，形成产业结构、生态空间和总量控制“三位一体”的环境准入模式。实行排污总量前置管理，严控新增排放量。［区环保局牵头，区发改局、建设局、城管(水务)局等参与］

二、狠抓工业污染防治

5.加强工业企业污染监管

加强工业企业的环保设施运转情况检查，督促企业落实主体责任，确保污水达标排放，严厉打击非法排污企业。［区环保局牵头，区发改局、公安玄武分局、相关办事处(园区)等参与］

三、加强生活污染源治理

6.完成排水达标区建设

按照排水系统划分，遵循先干管后支管再片区的时序，分步改造合流制地区，实施雨污分流、截流和雨污混接治理工程。2016年完成39个排水达标区建设，年内验收移交，纳入日常管养；已完成雨污分流片区做好清淤疏浚、修复破损雨污水管网，整改错接、混接问题，确保雨污水管网正常运行。［区城管(水务)局牵头，区发改局、建设局、环保局、各办事处(园区)等参与］

7.规范行业排水行为

对车辆清洗点、车辆修理厂(含4S店)、加油站、餐饮服务、垃圾收集点和中转站、豆制品等食品加工点落实污染治理预处理设施建设与完善，规范接入污水管网的排水行为，严禁直排雨水管网。重点开展沿河非居民户排口整治，依法核发排水许可证。［区城管(水务)局牵头，建设局、市场监管局、环保局、各办事处(园区)等参与］

8.控制城市面源污染

进一步健全完善垃圾收集、转运、处置体系，提高垃圾处理能力，确保日常保洁机制有效运转，及时清运城市垃圾，禁止违法倾倒，严控污染物进入城市排水系统和避免垃圾入河。［区城管(水务)局牵头，各办事处(园区)等参与］

9.整治城市黑臭水体

完成区内水体排查，建立黑臭水体档案，向社会公布黑臭水体名称、责任人及达标期限。制定黑臭水体整治计划和年度实施方案，明确整治责任和时限，按要求向社会公布整治情况。通过实施控源截污、河道清淤、引流补水、生态修复、堤岸绿化、长效管护等措施，使全区水生态环境得到根本改观。2016年完成唐家山沟、友谊河、内秦淮河北段、香林寺沟、百水河支流等5条河流的整治工作。2017年底前，区内基本消除黑臭水体。［区城管(水务)局牵头，区建设局、环保局、各办事处(园区)等参与］

10.推进海绵城市建设

开展海绵城市建设工作，按照海绵城市设计规范要求，分类推进海绵型道路广场、公园绿地、建筑小区、河道水系等项目建设。结合排水达标区建设、淹水片区改造和老旧小区整治出新等项目，统筹实施既有建成区海绵城市建设。推广应用低影响开发建设模式，综合采取“渗、滞、蓄、净、用、排”等措施，最大限度减少城市开发建设对城市水环境的影响，增强雨水就地消纳和收集利用能力，有效缓解城市内涝问题。［区建设局牵头，区城管(水务)局、发改局、财政局、各办事处(园区)等参与］

四、着力节约保护水资源

11.推进节水型社会建设

继续推进全区节水型社会建设，深入开展节水型企业、学校、机关、园区、教育基地等载体创建。建立万元地区生产总值水耗、万元工业增加值用水量等用水效率指标评估体系。2020年底前，全区万元地区生产总值用水量达到国家最严格水资源管理考核要求，万元工业增加值用水量比2015年下降35%，全区节水达到国家节水型城市标准要求。［区城管(水务)局牵头，区发改局等参与］

12.执行节水“三同时”制度

严格执行节水“三同时”制度，落实建设项目节水设施“三同时”实施细则。新、改、扩建项目需要取用水的，应当制定节水方案，进行节水评估，配套建设节水设施。已建项目未配套建设节水设施的，2020年底前，逐步整改到位。［区城管(水务)局牵头，区建设局等参与］

13.促进再生水利用

落实再生水价格政策。发展污水回用、雨水利用等非常规水源开发利用,加快城市污水处理回用管网建设,工业生产、城市绿化、道路清扫、车辆冲洗、建筑施工以及生态景观等用水,应优先使用再生水。开展建筑中水应用示范工程建设,探索建立建筑中水应用管理制度。[区城管(水务)局牵头,区建设局、发改局、物价局、各办事处(园区)等参与]

五、保障水生态环境安全

14.整体提升地表水水质

实施区内入江支流的综合整治,开展控源截污、清淤疏浚、引水蓄水、生态修复等工程。2020年底前,主要河流支流断面基本消除劣Ⅴ类。[区城管(水务)局牵头,区建设局、环保局、相关办事处(园区)等参与]

15.加强生态引水

主动协调市有关部门,合理安排河流的生态引水,维持河流基本生态用水需求,重点保障枯水期生态基流。2017年完成区域河道所有引水补水工程。[区城管(水务)局负责]

16.加强重点行业地下水环境监管

对加油站地下油罐污染防治设施加强管理,按市要求加快加油站地下油罐污染防治设施改造,新建加油站一律采用双层罐。控制区域内地铁、隧道等地下工程设施建设中对地下水的影响。[区环保局、商务局牵头,区发改局、建设局等参与]

六、严格环境监管执法

17.强化监管制度建设

推行环境监管网格化管理。严格监管全区工业企业的废水治理及排放行为。加大夜间、节假日等八小时以外的环保监管执法行为。利用在线监测、视频监控、例行监察、随机抽查等手段,细化对工业企业、医疗单位的环境监管。[区环保局牵头,各办事处(园区)等参与]

18.加强污染物排放总量控制

按照市下达的污染减排目标,严格落实我区工业源化学需氧量(COD)和氨氮(NH_3-N)排放总量指标控制。完善统计监测考核体系相关工作。加强对总氮、总磷以及铅、汞、铬、镉、类金属砷5类重金属污染排放的总量控制。[区环保局牵头,区发改局、建设局、城管(水务)局、相关办事处(园区)等参与]

19.强化排污许可证管理

根据《江苏省排污许可证发放管理办法(试行)》,依法核发排污许可证,强化"持证排污、按证排污"的法律要求。实现重点工业企业持证排污全覆盖。[区环保局负责]

20.强化排水许可证管理

依据《城镇排水与污水处理条例》,向城市排水设施排放水污染物的单位和个体工商户,核发排水许可证。排水户严格按照排水许可证要求排放污水。加强对重点排水户排放口设置、预处理设施监督以及水污染物排放自动监测设备的监管。[区城管(水务)局负责]

21.全面推行排污权交易

按《南京市主要污染物初始排污权核定办法(试行)》要求,推行主要污染物排污权有偿使用和交易,引导企业自觉参与交易。对水质超标的控制单元,排污单位不允许作为受让方与本辖区范围以外的排污单位进行交易。[区环保局牵头,区财政局、城管(水务)局等参与]

22.强化环境风险源头管理

开展重点环境风险源环境隐患排查,以排放重金属、危险废物、持久性有机污染物和生产使用重点环境管理危险化学品的污染源为重点,建立重点风险源清单,逐步开展重点风险源环境和健康风险评估。2016年底前,对环保敏感目标构成威胁的风险源要编制完成风险源转移、搬迁年度计划方案。2020年底前,完成方案中全部高风险企业或仓储设施的转移、搬迁任务。[区环保局牵头,区发改局、城管(水务)局、安监局、公安玄武分局、各办事处(园区)等参与]

23.防范危险化学品事故风险

对可能引起水体污染的企业单位从源头采取安全技术措施,有效控制易燃易爆、有毒有害介质泄漏后果,防止泄漏及事故物料直接排入或下渗进入水体。开展危险品运输交通安全的专项整治,强化危险品车辆道路运输安全监管。开展应急处置能力建设,防范因发生生产安全事故引发水体环境污染风险。[区安监局牵头,交警一大队、区发改局、公安玄武分局、相关办事处(园区)等参与]

24.有效处置突发水环境污染事件

在突发环境事件应急预案的基础上,修订完善区水污染事故应急预案,落实责任主体,明确预警预报与响应程序、应急处置与保障措施等,重点加强危险化学品污染事故的应急响应。定期组织水污染事故处置应急演练。[区环保局牵头,区建设局、城管(水务)局、安监局、卫计局、公安玄武分局、各办事处(园区)等参与]

25.严惩环境违法行为

综合运用挂牌督办、按日计罚、查封扣押、限产停产等手段，严厉打击环境违法行为。对重点环境违法案件实施挂牌督办，对环境问题突出的企业，依法追究环境违法企业及其负责人的责任。对拒不改正的违法排放行为，实施按日连续处罚。严肃查处建设项目环境影响评价领域越权审批、未批先建、边批边建、久拖不验等违法行为。2016年底前，完成违法违规建设项目的排查和清理整改工作。[区环保局负责]

26.推行环境责任追究制度

严格落实环境污染责任赔偿制度。造成环境污染危害的单位和个人，须排除危害，对直接受到损害的单位或者个人赔偿损失，并对环境造成的污染损害给予赔偿，为环境修复提供资金保障。[区环保局负责]

27.完善环境信用评价制度

根据企业环境遵纪守法的执行情况，评定相应的信用等级格次，定期将评价结果向社会公开并接受公众监督。根据企业环境信用等级予以相应的鼓励、警示或惩戒。[区环保局牵头，区发改局等参与]

28.加强行政执法与刑事司法的衔接

按要求建立环保警察工作机制，向环保联合执法指挥中心派驻环保警察，实行行政和刑事联合执法、联合办案。健全行政执法与刑事司法衔接机制，强化环保、公安、检察等部门和单位协作，完善案件移送、受理、立案、通报等规定。建立检察监督工作机制，检察院依法对水污染防治工作实施法律监督，必要时提出相关检察建议。建立非诉案件执行联动配合机制，积极配合人民法院对拒不履行行政处罚决定的环境违法者采取强制执行措施。[区检察院牵头，区法院、公安玄武分局、区环保局等参与]

29.加强环境执法联动与协同

按照环境监管网格化体系及联合执法有关要求，各相关职能部门和单位开展联合执法，加大对重点行业企业违法排污行为的打击力度。加强区域执法合作，解决流域污染问题，集中打击流域性、跨区域重大环境违法行为。[区环保局牵头，区建设局、城管(水务)局、公安玄武分局、各办事处(园区)等参与]

30.完善水环境监测网络

按要求建立全区行政单元全要素水环境监测体系，优化全区地表水、地下水等监测网络，按要求增补跨界河流和重点控制区水环境监测点位，提升水环境监测网络的整体功能。实施河流水质监测全覆盖及整治河流跟踪监测。[区环保局牵头，区发改局、建设局、城管(水务)局等参与]

31.提高环境监管能力

提高环境监察、监测、应急的标准化、现代化建设水平，开展人员专业技术培训，严格落实执法、监测等人员持证上岗制度，充实环保监管力量。2016年底前，区环境监察大队按要求配备使用便携式手持移动执法终端。提升水环境质量、污染源和应急监测能力。[区环保局、编办负责，区财政局等参与]

32.强化环境应急处置能力

按要求落实重点企业环境风险评估、应急资源调查和应急预案备案管理工作，定期开展水污染事故处置应急演练、评估与预案修订工作。[区环保局牵头，区建设局、城管(水务)局、安监局、各办事处(园区)等参与]

七、强化政策及科技支撑

33.强化环境污染责任保险

做好对全区高风险企业环境污染强制责任保险的“应保尽保”工作。督促保险企业定期对参保企业进行现场勘查和环境风险等级评估。按市下达任务推进重点环境风险企业开展环境污染强制责任保险。鼓励其他排污企业参加环境污染责任保险。[区环保局牵头，区发改局等参与]

34.增加政府资金投入

逐步加大对水污染防治项目的财政投入力度，重点加大黑臭河流整治，排水达标区建设、河道管养、垃圾收运系统等污染治理工程的运行管理投入，确保长期稳定运行。对环境监管能力建设予以必要保障。有序储备水污染防治重大项目，积极争取中央、省级和市级资金支持。区级财政要加大相关资金统筹整合力度，资金使用部门和单位要加强资金管理，提高资金使用绩效。[区财政局牵头，区发改局、建设局、城管(水务)局、环保局等参与]

35.加快发展环保产业

明确监管部门、排污企业和环保服务公司的责任和义务，完善风险分担、履约保障等机制。鼓励发展包括系统设计、设备成套、工程施工、调试运行、维护管理的环保服务总承包模式、政府和社会资本合作模式。按市指导意见推行环境污染第三方治理，加快推进环境公用设施、重点行业等领域第三方治理试点工作。支持鼓励互联网技术与环保服务业融合发展，积极培育环保电商等新业态。[区发改局牵头，区商务局、财政局、城管(水务)局、环保局等参与]

36.严格排污收费

按市级要求，对国家重点监控企业依法按自动监测数据核定排污费。对需要缴纳排污费的企业确保

实现应收尽收。[区环保局牵头,区财政局、物价局等参与]

八、加强组织实施

37.强化党委政府治污同责

切实履行党政同责、一岗双责。逐年制定区水污染防治工作年度实施计划,明确年度水环境质量改善目标,确定治理项目实施进度安排、资金来源、政策措施推进要求及责任分工,并向社会公开。[区环保局牵头,区城管(水务)局、建设局、发改局、督察办、财政局等参与]

38.建立健全工作运作机制

成立全区治水工作领导小组,统筹全区水污染防治工作。各部门、办事处(园区)是落实各自水污染防治工作的责任主体,按照职责分工,于2016年6月底前,制定各自水污染防治任务的专项工作方案,上报区治水工作领导小组办公室(区水务局),并向社会公开。[区城管(水务)局牵头,区环保局、建设局、发改局、财政局、督察办、各办事处(园区)等参与]

39.落实排污单位主体责任

各类排污单位是落实治污减排、环境风险防范等责任的主体。应严格执行环保法律法规和制度,加强污染防治设施建设和运行管理,开展自行监测并公布监测结果,确保稳定达标排放。国有企业及其他上市企业要自觉落实治污责任,向社会公开环境承诺。[区环保局牵头,区发改局等参与]

40.严格目标任务考核

区政府与各相关部门、各办事处(园区)签订水污染防治目标责任书(环保工作任务书),分解落实目标任务,将目标任务纳入区年度绩效考核。[区环保局牵头,区发改局、各办事处(园区)等参与]

41.加大问责力度

对未通过年度考核的牵头部门,约谈主要负责人,提出整改意见,予以督促。[区督察办牵头,相关部门等参与]

42.依法公开环境信息

国控、市控重点排污单位依法向社会公开其产生的主要污染物名称、排放方式、排放浓度和总量、超标排放情况,以及污染防治设施的建设和运行情况。[区环保局负责]

43.加强社会监督

拓展公众、社会组织法规培训和咨询渠道,通过公开听证、网络征集等形式,充分听取公众对重大决策和建设项目的意见,适时邀请其参与重要环保执法行动和重大水污染事件调查。健全有奖举报制度,充分发挥“12369”环保举报热线、“12345”政务服务热线和网络平台作用,限期办理群众举报投诉环境问题。公开曝光环境违法典型案件,积极推进环境公益诉讼,引导环保社会组织有序参与环境保护。[区环保局牵头,区法院、民政局、各办事处等参与]

44.构建全民行动格局

开展环保社区、学校、家庭等群众性创建活动,推动节约用水,鼓励购买使用节水产品和环境标志产品。定期开展系列主题宣传教育活动,引导公众关注水环境保护。[区环保局牵头,区委宣传部、区教育局、城管(水务)局、各办事处(园区)等参与]

区各相关单位应按照国务院《水污染防治行动计划》、《江苏省水污染防治工作方案》、《南京市水污染行动计划》和本行动计划要求,切实履行相关责任,制定并实施好年度相关工作,全面落实治水责任。

质量目标清单

玄武区地表水水质目标清单

序号	水体	市控制断面	2014年水质监测结果	2015年水质监测结果	考核目标(2020年)	达标年限	备注
1	内秦淮河	逸仙桥	劣Ⅴ	劣Ⅴ	Ⅴ	2020年	—
2	玉带河	东玉带河	劣Ⅴ	劣Ⅴ	Ⅴ	2020年	—
3	玉带河	西玉带河	劣Ⅴ	劣Ⅴ	Ⅴ	2020年	—
4	玄武湖	西北湖	Ⅴ	Ⅳ	Ⅳ	2016年	—
5	玄武湖	东南湖	Ⅴ	Ⅳ	Ⅳ	2016年	—
6	北十里长沟东支	太龙路涵洞口	—	—	Ⅴ	2018年	—

玄武区地下水水质目标清单

序号	点位名称	含水层类型	2013年		2014年		2020年目标		水质类别
			综合评价	水质类别	综合评价	水质类别	综合评价	主要超标指标	
1	南京中山陵苗圃	裂隙	Ⅳ	较差	Ⅳ	较差	Ⅳ	较差	浊度、肉眼可见物、铁、砷

重点项目清单

序号	项目名称	主要建设内容	牵头单位	参加单位	完成时限
一、工业污染防治					
1	加强工业排污监管	对辖区工业企业排污行为进行排查，加强监察监测，确保污水达标排放	区环保局	区发改局、相关办事处	2016—2020
二、加强生活污染源治理					
2	排水达标区建设	基本完成建成区污水收集体系全覆盖	区城管(水务)局	区发改局、建设局、环保局、各办事处(园区)	2017.12
3	城市黑臭水体整治	分批完成城市建成区黑臭河道整治工作	区城管(水务)局	区建设局、环保局、各办事处(园区)	2017.12
4	海绵城市建设	按市要求推进海绵城市建设，基本完成试点片区示范工作	区建设局	区城管(水务)局发改局、财政局、各办事处(园区)	2020.12
三、保障水生态环境安全					
5	加强生态引水	完成区域河道所有引水补水工程	区城管(水务)局		2017.12
6	加强重点行业地下水环境监管	按市要求开展加油站地下油罐污染防治设施改造，新建加油站一律采用双层罐	区环保局、区商务局	区发改局、建设局	2016—2020
四、严格环境执法监管					
7	总量控制与排污许可管理平台建设	配合市局完成总量控制与排污许可管理平台，全面实现全区排污许可证电子化管理	区环保局		2020.12
8	企业环境安全达标建设	按要求落实全区生产、使用、存储或释放涉及《企业突发环境事件风险评估指南(试行)》中突发环境事件风险物质、临界量清单中的化学物质以及其他可能引发突发环境事件的化学物质的企业环境安全达标建设工作	区安监局	区发改局、卫计局、公安局、环保局等	2018.12
9	建设项目环境违法行为整治	严肃查处建设项目环境影响评价领域越权审批、未批先建、边批边建、久试不验等违法行为，完成违法违规建设项目的排查和清理整改工作	区环保局	各办事处(园区)	2016.12
10	环境监察机构标准化建设	落实执法、监测持证上岗制度，环境监察大队要配备使用便携式手持移动执法终端，进一步充实基层环保执法力量	区环保局、区编办	区财政局	2016.12

关于实施第二期学前教育五年行动计划的意见

玄政办〔2016〕61 号

各街道办事处，区各委办局，区各直属单位：

为认真贯彻落实党的十八大 “办好学前教育”和十八届三中全会“推进学前教育改革发展”的要求，进一步落实《江苏省教育厅、发展改革委员会、财政厅、人力资源和社会保障厅、物价局关于实施第二期学前教育五年行动计划的意见》(苏教基〔2015〕15 号)，巩固第一期学前教育改革和发展五年行动计划成果，提高学前教育公共服务水平，推动我区学前教育持续健康发展，结合我区实际，特制订本行动计划。

一、区内学前教育发展基本情况

(一)基本情况

自 2011 年起，我区大力推进学前教育五年行动计划(2011—2015 年)》，区委、区政府坚持把学前教育事业发展作为教育现代化建设的重要任务和民生幸福工程的重点领域，学前教育财政投入大幅增加，体制机制明显改善，全区学前教育保持了健康发展、高位运行的良好态势，普惠优质发展水平走在全市前列。2013 年 11 月我区被评为首批江苏省学前教育改革发展示范区，首批《3—6 岁儿童学习与发展指南》省级实验区。截至 2014 年底，全区共有幼儿园 39 所，其中省优质幼儿园 33 所，占比 84.6%，比 2010 年的 66.7%提高了 18.9 个百分点；学前教育教职工 1616 人，其中专任教师 (含园长)952 人；在园幼儿总数 10932 人，比 2010 年的 9556 人增加了 1376 人，适龄幼儿在公办和民办惠民园就读比例达 80.8%。人民群众反映强烈的“入园难”问题初步得到缓解，人民群众满意度提升。

(二)存在问题

虽然学前教育五年行动计划成果显著，但仍然存在一些亟待解决的困难和问题：学前教育资源尤其是公办学前教育资源在某些地域仍然不足，学前教育规模、布局、结构需要进一步优化；办园体制和管理机制需要进一步改革完善，相关制度瓶颈需要进一步破解；公办及民办园之间优质均衡水平需要进一步提升。

二、基本原则和主要目标

(一)基本原则

——坚持政府主导。把发展学前教育纳入区域“十三五”发展总体规划和政府重要议事日程。政府主导学前教育规划建设、主导政策制度设计、主导管理与质量提升、加大办园经费投入、加强师资队伍建设、强化督导评估。

——坚持公益普惠。进一步优化学前教育资源配置，新增学前教育资源以举办公办幼儿园和民办惠民园为主，重点向城郊结合部等人口集聚地区倾斜。健全学前教育公共服务体系，努力提高学前教育公共服务水平。

——坚持内涵发展。在进一步扩大学前教育资源的同时，全面加强各级各类幼儿园内涵建设，重点关注民办幼儿园及薄弱公办幼儿园的办园质量。硬件建设与软件建设同步推进，使幼儿园运转能力、师资队伍水平、保育教育质量与事业发展相协调。

——坚持创新推动。加强学前教育治理体系和治理能力建设，拓宽经费投入渠道，创新用人机制，破解发展难题，为学前教育可持续发展注入强劲动力。

(二)主要目标

1.总体目标

到 2020 年，全区基本建成以公办园和民办惠民园为主体的学前教育服务网络，90%以上幼儿在公办或民办惠民幼儿园就学，基本解决“入园难”“入园贵”问题。全区公办幼儿园教职工编制标准配备达到全市领先水平，教职工 100%持证上岗，教师持幼儿园教师资格证比例达到 92%，大专及以上学历比例达 99%，本科以上学历达 70%，具有硕士研究生学历(学位)达到 2%以上。新增特级教师、市学科带头人和市优秀青年教师 8~10 人，师资队伍整体质量和省级以上名优教师数量位居全市前列。区内省、市优质园比例达 92%以上，继续实施名园集团化战略，推进区内学前教育公平、均衡、优质、和谐发展。

2.具体目标

——2016 年，新建、改扩建一批公办幼儿园，扶持已有民办惠民幼儿园改善办园条件、增加普惠性学前教育学位。学前三年毛入园率保持 100%，80%以上幼儿在公办或民办惠民幼儿园就学。鼓励持中小学教师资格证的幼儿园教师通过进修学习考取幼儿园教师资格证。

——2017 年，新建、改扩建一批公办幼儿园，继续扶持一批民办惠民幼儿园改善办园条件、增加普惠性学前教育学位，全区每个街道至少有 2—3 所公办及民办惠民幼儿园。学前三年毛入园率保持 100%。专任教师本科以上学历达60%，教办园50岁以下教师100%持幼儿教师资格证。成立1~2个学前教育品牌集团。省、市优质园比例达90%以上。

——2018年，新建、改扩建一批公办幼儿园，进一步扶持一批普惠性民办幼儿园改善办园条件、增加普惠性学前教育学位。学前三年毛入园率保持100%。新增特级教师、市学科带头人和市优秀青年教师5~8人。通过委托式、直管式、帮扶式、培训式等多种方式，全区每个街道均有1~2所幼儿园加入名园集团。

——2019年，初步建成以公办园和民办惠民园为主体的学前教育服务网络，不同地域、不同办别幼儿园之间办园条件、保教水平大体相当。省、市优质园比例达91%。教职工100%持证上岗，教师持幼儿园教师资格证比例达到92%，专科及以上学历比例达99%。

——2020年，90%以上幼儿在公办或民办惠民幼儿园就学。在2018年的基础上新增特级教师、市学科带头人和市优秀青年教师3~4人；专任教师本科以上学历达70%，硕士研究生学历(学位)达2%以上，师资队伍整体质量和省级以上名优教师数量位居全市前列。区内省、市优质园比例达92%以上，形成3~5个成熟的学前教育品牌集团。

三、重点任务

(一)扩大总量，优化结构

扩大小区配套教育资源，重点增加城乡结合部学前教育资源总量。进一步扩大公办和民办惠民幼儿园的覆盖面。优化资源结构，重点解决部分地区公办幼儿园不足问题；优化质量结构，重点加强新园及民办园省优创建工作，实施名园集团化战略，推进区内学前教育公平、均衡、优质、和谐发展。

(二)健全机制，强化保障

健全投入保障机制，重点建立学前教育成本分担和运行保障机制，合理确定公共财政对学前教育成本的分担比例，切实做到保工资、保安全、保运转、保发展。探索建立民办惠民幼儿园经费管理机制，引导支持民办幼儿园提供普惠性保育教育服务。

(三)创新机制，强化师资

健全幼儿园教职工聘用与补充机制，依法落实幼儿园教职工工资福利待遇和社会保障。健全职前培养与职后培训机制，创新教师培养培训模式，提高幼儿园教师专业素质和教育实践能力。

(四)规范管理，保证质量

完善学前教育管理体制，健全信息公开和动态监管机制，推进依法办园。深入贯彻落实《3~6岁儿童学习与发展指南》，推进指南实验区建设和幼儿园课程游戏化建设，加强对幼儿园保育和教育实践的研究与指导，提高幼儿园课程实施的科学化水平。加大学前教育社会宣传，转变家长教育观念，普及科学育儿知识。

四、主要措施

(一)建立健全学前教育公共服务体系

加强公办园建设。大幅提升公办园“广覆盖、保基本”的能力。综合考虑区域经济社会发展、人口流动趋势和生育政策调整等因素，制定2016—2020年学前教育设施布局专项规划，合理确定公办园的布局，逐年安排新建、改扩建一批公办园。凡已立项建设的幼儿园工程项目必须按规定期限保质完成。加强事业单位登记管理工作，切实落实相关制度。

大力支持国有企事业单位和集体幼儿园建设。出台支持国有企事业单位和集体办园的具体措施，通过给予财政补助、政府购买服务等办法，提高其面向社会提供公共服务的能力。国有企事业单位和集体举办的幼儿园不得擅自出售或变相出售，不得借转制之名停办。

进一步规范小区配套幼儿园建设。保障学前教育设施与居民区建设项目同步设计、施工和交付使用。建成后的配套幼儿园交由辖区教育行政部门统筹安排举办公办园或委托举办为民办惠民幼儿园。

积极扶持民办惠民幼儿园建设。积极扶持资质合格、条件达标、面向大众、办园规范、收费较低的民办惠民幼儿园发展。对办园质量好、收费低的民办惠民幼儿园给予奖励。奖补资金重点用于支付园舍租金，补充玩教具、保教和生活设施设备，校舍维修改造，弥补公用经费不足等支出。建立公办幼儿园与民办惠民幼儿园对口帮扶机制，可采用选派公办幼儿园园长和骨干教师到民办惠民幼儿园协助管理，安排公办幼儿园骨干教师到民办惠民幼儿园支教，建立民办惠民幼儿园园长及教师到公办幼儿园跟班学习制度等方式，提高民办惠民幼儿园的管理水平与保教质量。

进一步推进学前教育集团化办学，发挥名园优势，以名园办分园、名园带民园的方式进一步扩大优质教育资源。

积极发展特殊儿童学前教育。鼓励有条件的幼儿园为具有接受普通教育能力的学龄前残疾儿童提供融合教育，特殊教育学校设置学前教育班接收学龄前残疾儿童。

(二)进一步加大学前教育投入

积极落实区内学前教育投入主体责任。完善学前教育财政投入增长机制,设立学前教育专项经费并纳入年度财政预算。财政性学前教育经费占财政性教育经费比例达到市定标准,公办和民办惠民幼儿园预算内生均公用经费不低于小学标准的1/2, 并建立与办学成本、物价水平、财力情况联动的稳定增长机制。每年继续安排100万元作为集体幼儿园硬件设施改造专项经费补助。新增教育经费向学前教育倾斜,逐步加大对学前教育师资队伍、内涵发展、质量提升方面的财政经费保障力度。

健全经费管理制度,提高预算执行效率和资金使用的效益。积极整合各类资源,落实项目规划,将项目建设纳入政府的民生工程予以保障。进一步规范学前教育各项经费使用和管理,健全财务制度,强化监督检查,提高资金使用效益。进一步督促幼儿园完善内部财务制度, 加强对幼儿园经费使用和收费行为监管。

(三)切实推进幼儿园教师队伍建设

对照教育部《幼儿园教职工配备标准(暂行)》,认真梳理区内学前教育师资队伍状况, 制定2016—2020年幼儿教师队伍建设专项规划。加大对幼儿园师资配备情况检查力度, 确保到2020年所有幼儿园均按标准配齐配足保教人员。认真执行幼儿园教师专业标准, 严格落实幼儿园教职工持证上岗制度,到2020年,教职工100%持证上岗,教师持幼儿园教师资格证比例达92%。

支持鼓励幼儿教师积极参加学历进修, 到2020年幼儿教师大专以上学历比例达到99%。依据教师的专业发展阶段和不同的职业定位,建立分层次、按需要设立的教师在职培训体系。增强培训的针对性和实效性,不断提升幼儿教师的教育水平和专业能力。加强幼儿教师骨干体系建设,加大全区幼儿园优秀青年教师、学科带头人等的评选力度和比例,有计划地培养我区学前教育领军人才。建立区域内幼儿园管理干部和保教骨干合理流动机制,鼓励公办幼儿园管理干部和保教人员到民办幼儿园支教。

完善和落实幼儿教师工资待遇、专业技术职称评聘机制和社会保障政策。通过生均财政拨款、专项补助等方式,支持解决好公办园非在编教师工资待遇问题,逐步实现同工同酬。公办幼儿园非在编教师的工资待遇,依据幼儿园和聘用人员双方约定执行,其工资水平应高于本地企业最低工资标准, 并逐步达到本市城镇职工平均工资水平。将民办幼儿园教职工工资待遇保障状况作为对其进行年检、等级评定、督导评估等重要指标,以督促民办幼儿园依法保障教师工资待遇,足额足项为教师缴纳社会保险和住房公积金等。

(四)提高幼儿园保教质量

全面推进《3—6岁儿童学习与发展指南》实验工作,深化幼儿园课程改革,提高幼儿园课程建设意识,开展幼儿园课程游戏化建设。

完善区域教研和园本教研制度,划分学前教育教研指导责任区,安排专兼职教研员,定期对幼儿园进行业务指导。鼓励各类幼儿园针对教育实践中的困惑与问题积极开展保育教育实践研究,加强与师范院校横向合作课题研究以及专家引领的园本教研活动,在提升幼儿园的保教质量同时形成幼儿园的办园品牌。

开展学前教育质量监测,构建科学的幼儿园保教质量评价体系,促进学前教育质量提升。完善幼儿园保育教育与小学教育有效衔接的机制,严禁幼儿园提前教授小学教育内容。

(五)加强组织领导,完善工作机制

高度重视第二期行动计划的编制和实施工作,切实落实学前教育规划、投入、监管和保障公平等方面责任,研究解决编制实施行动计划中的重大问题。继续实行学前教育联席会议制度,加强统筹协调,建立政府牵头、有关部门参与的工作机制,形成推动学前教育发展的合力。

加强对幼儿园的监管,各部门按职能履行职责,建立健全日常管理和随机抽查制度。教育行政部门要充实管理力量,落实幼儿园年检制度,加强对幼儿园办园资质、教师资格、办园行为、收费等的监管。建立幼儿园信息公示制度,及时发布幼儿园基本信息,接受社会监督。建立无证幼儿园清理整顿机制,坚决取缔存在安全隐患的幼儿园及办园点。教育督导部门加强学前教育专项督导,向社会发布督导报告。卫生计生部门切实把幼儿园的卫生保健工作作为公共卫生服务的重要内容,加强监督和指导,落实儿童保健、疾病预防控制、卫生监督执法等工作。公安、价格、质检、安全生产监管、食品药品监管等部门根据职能分工,加强对幼儿园的监督指导。幼儿园要建立健全定期自查自纠制度和家长委员会制度,对卫生、消防、园舍等方面的安全隐患及时发现并消除,对事关幼儿和家长切身利益的事项应充分征求家长委员会的意见。

关于加快推进玄武区特色小镇建设的实施意见(试行稿)

玄政〔2016〕173号

为加快推进我区特色小镇建设,推动经济转型升级,根据市委、市政府《关于推进我市特色小镇建设的意见》(宁委发〔2016〕30号文)精神,结合我区实际,提出如下实施意见:

一、指导思想

高举中国特色社会主义伟大旗帜,以习近平总书记系列重要讲话,特别是视察江苏重要讲话精神为指引,紧紧围绕建设经济强、百姓富、环境美、社会文明程度高的新玄武,努力建设好玄武特色小镇。

二、主要目标

按照"创新、协调、绿色、开放、共享"发展理念,围绕南京市"四个城市"和"五型经济"的决策部署,紧跟玄武区"创新创业、高端高质、宜居宜业、美丽美善"发展目标,坚持"创新驱动、协调均衡、绿色发展、开放融合、共建共享、特色发展"的核心战略,通过整合重点产业园区、文化产业街区等存量资源,培育创建一批产业、文化、旅游和社区功能叠加的特色小镇,将特色小镇打造成为我区经济增长的新引擎、创业创新的新载体、产业发展的新高地、文化传承的新载体、城市化建设的新动能。力争到2020年,力争建成3~4个市级特色小镇,建设一批区级特色小镇。

三、建设要求

(一)坚持规划引领。要结合"十三五"国民经济和社会发展规划,高起点、高标准编制好特色小镇建设发展规划。特色小镇要充分利用现有园区平台和存量资源,规划区域面积一般控制在3平方公里左右,核心区域面积控制在1平方公里左右,文化创意、生态旅游类特色小镇可适度放宽。严格控制建设用地总规模,与城市总体规划、土地利用总体规划等有关法定规划做好衔接。

(二)深入产城融合。每个特色小镇只选择一个具有地域特色和比较优势的产业作为主攻方向,使之成为特色小镇未来发展的重要支柱。对新引进的重大项目优先布局到相同产业类型的特色小镇,强化特色小镇的产业特色。优化特色小镇空间布局,将特色小镇建设成为生态园林式的新型企业社区。鼓励有条件的特色小镇按照国家等级景区、度假区等相关标准打造和提升。

(三)提高投资强度。每个特色小镇要结合自身实际,认真谋划一批新的建设项目,三年内区级特色小镇固定资产投资一般应达到20亿元,创建市级特色小镇原则上3年内完成固定资产投资30亿元以上。金融、文创、科技创新、旅游等产业以及历史经典产业类特色小镇投资额可适当放宽。

(四)严格建设要求。特色小镇建设实行政府引导、企业主体、市场运作。每个特色小镇必须明确投资建设主体,吸引民营企业、社会资本参与建设。政府做好政策引导和服务保障,在规划建设、基础设施配套、资源要素整合、创业环境优化、文化内涵传承等方面更好发挥作用。

四、建设程序

(一)申报建设名单。各街道、园区自愿申报,制定特色小镇建设方案,明确小镇建设范围、产业定位、投资主体、投资项目计划、用地规模等。原则上每年申报一次,具体时间根据南京市要求确定。

(二)组织审核筛选。组织区相关部门和专家对各街道、园区申报的特色小镇建设方案进行初审,提出创建市、区特色小镇名单建议,并提交区特色小镇建设工作联席会议组织审核,筛选确定特色小镇建设名单。

(三)准备申报材料。新申报的特色小镇,根据南京市通知要求认真准备申报材料,2016年申报的特色小镇,要在9月10日前完成材料准备。

(四)制订实施计划。已确立的特色小镇,建设单位在每年11月底前向区领导小组办公室上报下一年度投资建设计划,明确项目名称、投资额度、建设规模内容、时间节点、进度要求、存在困难和管理责任人,经领导小组审议并综合平衡后,报区委区政府批准后公布实施。

(五)加快推进建设。制定特色小镇建设管理办法,对列入市级、区级的特色小镇,明确责任单位,实行季度通报情况、年度综合评估。纳入区目标考核体系,对照年度目标,严格落实项目管理主体责任制和领导包干推进机制,明确责任主体和时间节点,挂图作战,加快推进。

(六)建成验收命名。通过三年左右的建设时间,对完成各项目标任务、达到建设标准的市级、区级特色小镇,验收合格后,申报市、区命名,并享受相关政策。

五、政策措施

(一)加强用地保障。区政府每年从新增建设用地计划指标中安排建设用地指标支持"特色小镇"创建。按照"多规合一"的要求,结合城乡规划修编和土地利用总体规划调整完善,将特色小镇建设用地有序纳入城镇建设用地扩展边界。推进低效用地再开发,调剂出的规划用地指标优先用于特色小镇建设。鼓励特色小镇盘活存量建设用地,实施城镇低效用地再开展,促进土地集约高效利用,对转型升级项目优先安排土地指标。

(二)强化财政扶持。对列入区级建设名单的特色小镇,连续三年考核合格后,规划空间范围内新增财政收入上交区财政统筹部分(仅限主体税种),前三年全额返还、后两年返还一半(所在街道、园区)。各区级部门牵头管理的现有各类专项资金(有明确用途和性质等限制的除外)应优先向特色小镇倾斜。特色小镇规划范围内的产业及项目优先支持申报国家及省市各类专项资金。区财政安排专项资金,支持各特色小镇制定专项扶持政策。

(三)加大金融支持。坚持政府引导、社会参与、市场运作,拓宽特色小镇建设投融资渠道。鼓励社会资本与政府合作,采取PPP等多种方式,参与特色小镇公共服务、资源环境、基础设施建设等重点领域建设。

(四)人才优先保障。以特色小镇为平台引进各类人才,全面落实高层次人才引进计划、创新型企业家培育计划、青年大学生创业引领计划、创业创新金融发展计划、创业创新社会服务体系促进计划、建立健全人才创业创新等人才政策,并对特色小镇优先保障,加快特色小镇人才引进和培育。

六、保障举措

(一)加强组织领导。建立区特色小镇建设工作联席会议制度,由副区长担任召集人,区发改局局长担任副召集人,区相关单位责任人为成员。联席会议下设办公室,办公室设在区发改局,负责处理日常事务,及时协调解决问题。各街道、园区也应成立相应领导小组及办公室,切实增强对特色小镇培育建设工作的组织领导和统筹协调。

(二)完善工作机制。各街道、园区是建设、培育特色小镇的责任主体,要因地制宜地建立工作机制,明确创建任务,抓好规划建设,加强组织协调,确保各项工作按时间节点和计划要求规划有序推进,确保取得实效。

玄武区关于进一步做好为农民工服务工作的实施意见

玄政办〔2016〕74号

为进一步做好为农民工服务工作,促进经济持续发展和社会和谐稳定,根据《国务院关于进一步做好为农民工服务工作的意见》(国发〔2014〕40号)、《省政府关于进一步做好为农民工服务工作的实施意见》(苏政发〔2015〕75号)和《市政府关于进一步做好为农民工服务工作的实施意见》(宁政发〔2015〕272号)等文件精神,结合我区工作实际,现就进一步做好为农民工服务工作提出如下实施意见。

一、总体要求和目标任务

(一)总体要求。全面落实国家和省、市有关文件精神,深入学习领会习近平总书记系列重要讲话精神,坚持以人为本、公平对待,统筹兼顾、改革创新,分类推进、逐步实施的原则,推动农民工享受基本公共服务,维护农民工合法权益,提升农民工公共服务水平,促进农民工社会融合,不断提升农民工服务管理工作水平。

(二)目标任务。以街道社区为载体,促进新南京人服务中心建设和发展,到2020年,全区新南京人服务中心比例达到街道总数的50%以上,农民工职业技能培训人数稳步增加,农民工综合素质显著提高、劳动条件明显改善,工资基本无拖欠,参加社会保险全覆盖,平等享受城镇基本公共服务,符合条件的农民工及其随迁家属在城镇落户并融入城市生活。

二、大力推进农民工就业创业

(三)稳定和扩大农民工就业。建立统一开放灵活的人力资源市场体系,进一步规范人力资源服务机构经营行为,促进人力资源市场健康发展。开发适合农民工的就业岗位,为农民工提供政策咨询、职业指导、职业介绍、就业信息等公共就业服务,强化农民工职业技能培训。组织开展"春风行动",搭建农民工就业供需平台,引导农民工有序合理就业。根据玄武实际重点发展高端商贸、现代商务、科技服务、文化旅游四大主导产业,软件和信息服务、生物医药、创意设计、科技金融四类新兴产业,注重发挥小微企业就业主渠道作用,培育新的农民工就业增长点。(责任单位:区人社局、区发改局、区建设局、区科技局、区教育局、区

财政局、区商务局、区总工会、团区委、区妇联、区市场监管局、区地税分局）

（四）促进农民工创业。鼓励和支持在玄武区的农民工创业，依托基层公共就业服务等平台，为农民工创业提供创业指导、创业培训和贷款服务。鼓励农民进入家庭服务行业创业，培育组织化程度较高的家庭服务劳务品牌，大力发展现代家庭服务业。实施创业扶持政策，把有创业意愿的农民工逐步纳入创业扶持范围。运用财政支持、创业投资引导、创业培训等多种手段促进农民工创业，落实创业担保贷款政策。（责任单位：区人社局、区发改局、区科技局、区财政局、区教育局、区商务局、区地税分局、区市场监管局、区总工会、团区委、区妇联）

（五）加强农民工技能培训和职业教育。切实加强农民工职业培训工作的统筹管理，区人社局、区教育局、区总工会、团区委、区妇联等要充分利用现有资源，多渠道、多层次、多形式地开展对农民工的职业技能培训。要以市场需求为导向，以农村新成长劳动力为重点，分类组织开展就业技能培训、岗位技能提升培训和创业培训。全面落实中等职业教育免学费政策和家庭经济困难学生资助政策。大力发展多层次各类型现代职业教育，努力实现未升入普通高中和高校的农村应届初高中毕业生都能接受职业教育。（责任单位：区教育局、区人社局、区财政局、区总工会、团区委、区妇联）

三、着力维护农民工的劳动保障权益

（六）规范用人单位劳动用工管理。区人社局要积极推进“两网化”建设，协调指导各街道开展劳动监察执法工作。加强对企业使用农民工的动态管理服务，尤其是建筑业农民工的实名制管理服务。严格裁员程序，防止出现大规模集中裁员现象。深入贯彻实施《劳动合同法》等劳动法律、法规，加强对小微企业与农民工依法签订并履行劳动合同的督促和指导，在务工流动性大、季节性强、时间短的农民工中推广简易劳动合同示范文本，依法规范劳务派遣用工行为。积极构建和谐劳动关系，加强特殊工时制度管理，落实高温津贴政策。（责任单位：区人社局、区建设局、区总工会）

（七）保障农民工工资报酬权益。落实工资支付保障机制。建立健全工资保证金制度、欠薪应急周转金制度、工程总承包企业负责解决分包企业欠薪责任制度、建筑业农民工工资直接发放到卡制度、行政司法联动治理恶意欠薪制度。推动农民工参与工资集体协商，实现农民工与城镇职工同工同酬，促进农民工工资水平合理增长。（责任单位：区人社局、区建设局、区司法局、区公安分局、区法院、区总工会）

（八）扩大农民工参加城镇社会保险覆盖面。促进农民工等群体依法全面持续参加社会保险，切实做好农民工基本养老保险和基本医疗保险关系转移接续工作。推动农民工与城镇职工平等参加工伤保险、失业保险、生育保险并享受同等待遇。对劳务派遣单位或用工单位侵害被派遣农民工社会保险权益的，依法追究连带责任。加强基层社会保险经办服务平台建设，优化经办业务流程，提升对农民工的社会保险经办服务能力。（责任单位：区人社局、区财政局、区卫计局、区建设局、区总工会）

（九）加强农民工安全生产和职业健康保护。大力宣传《安全生产法》、《职业病防治法》等相关法律法规和职业病防治知识，督促用人单位认真履行安全生产和职业病防治主体责任，严格执行特殊工种人员持证上岗制度。强化高危行业和中小企业农民工安全生产、职业卫生教育培训。加大对农民工安全生产事故多发易发行业巡查、整治力度。督促用人单位落实农民工职业健康检查责任，切实保障符合相关政策规定的患职业病的农民工获得诊疗和生活等方面的救助。（责任单位：区安监局、区卫计局、区教育局、区公安分局、区民政局、区财政局、区人社局、区建设局、区总工会）

（十）畅通农民工维权渠道，加强农民工法律援助和法律服务。全面推进劳动保障监察网格化、网络化管理，加强用人单位用工守法诚信管理，完善劳动保障违法行为排查预警、快速处置机制，依法查处用人单位侵害农民工权益的违法行为。畅通申诉“绿色通道”，简化受理立案程序，提高仲裁效率。进一步完善涉及农民工的集体劳动争议调处机制。街道新南京人服务中心要健全法律援助和法律服务工作体制，使农民工及时便捷地获得法律援助。（责任单位：区人社局、区司法局、区公安分局、区法院、区总工会、各街道办事处）

四、推动农民工逐步实现平等享受基层基本公共服务和在本市落户

（十一）逐步推动农民工平等享受城镇基本公共服务和在城镇落户。合理规划本区公共服务基础设施，整合公共服务资源，提高综合承载能力，努力实现

在本区常住的农民工及其随迁家属，平等享受市民权利。整合优化基层公共服务资源，强化新南京人服务中心建设，提高街道新南京人服务中心的服务品质，开展形式多样的服务活动，为农民工提供便捷、高效、优质的"一站式"综合服务。落实户籍制度改革相关政策，引导农民工及其随迁家属在本市有序落户。全面实行居住证制度，建立健全与农民工就业年限、居住年限和参加城镇社会保险年限等挂钩的基层基本公共服务提供机制。(责任单位：区公安分局、区人社局、区教育局、区民政局、区财政局、区建设局、区卫计局、各街道办事处)

(十二) 保障农民工随迁子女平等接受教育的权利。将农民工随迁子女义务教育纳入全区教育发展规划和财政保障范围，合理规划学校布局，抓好新建居民小区配套学校、幼儿园建设。科学核定公办学校教师编制，加大公办学校教育经费投入，保障符合规定条件的农民工随迁子女平等接受义务教育的权利。创造条件满足农民工随迁子女接受普惠性学前教育的需求，禁止针对农民工子女的教育歧视行为。落实农民工随迁子女在输入地接受义务教育后参加异地中考、高考的制度。(责任单位：区教育、区财政局、区人社局、团区委、区妇联)

(十三) 加强农民工医疗卫生和计划生育服务工作。继续实施国家免疫规划，保障农民工适龄随迁子女平等享受预防接种服务。加强农民工聚居地的疾病监测、疫情处置和突发公共卫生事件应对。强化农民工健康教育、妇幼健康和精神卫生工作。完善社区卫生计生服务网络，将农民工纳入现居住地卫生、计生基本公共服务范围。开展流动人口基本公共卫生计生服务均等化工作，开展流动人口动态监测和"关怀关爱"活动。(责任单位：区卫计局、区民政局、区财政局、区教育局)

(十四)逐步改善农民工居住条件。加快推进住房保障体系和住房供应体系建设，把符合条件的农民工家庭纳入住房保障范围。允许招用农民工数量较多的企业，在符合规划和规定标准的用地规模范围内，利用企业办公及生活服务设施建设农民工集体宿舍，改善农民工住宿条件。(责任单位：区建设局、区人社局、区民政局、区财政局、区公安分局、区地税分局)

五、着力促进农民工社会融合

(十五)保障农民工依法享有民主政治权利。重视从农民工中发展党员，加强农民工中的党组织建设，积极推动建立以输入地党组织为主、输出地党组织配合、城乡一体的农民工党员教育管理服务工作制度。积极推荐优秀农民工作为党代会、人代会、政协的代表、委员。在评选劳动模范、先进工作者、报考公务员等方面与城镇职工同等对待。(责任单位：区委组织部、区民政局、区人社局、区总工会)

(十六)丰富农民工精神文化生活。保障农民工享有基本公共文化服务，继续推动图书馆、文化馆、博物馆等公共文化服务设施向农民工同等免费开放。鼓励企业开展面向农民工的公益性文化活动，鼓励文化单位、文艺工作者和其他社会力量为农民工提供免费或优惠的文化产品和服务。(责任单位：区文化局、区民政局、区教育局、团区委、区妇联、区总工会)

六、进一步加强对农民工工作的领导

(十七) 完善农民工工作协调机制。各街道办事处、相关单位要把农民工工作提到重要议事日程，建立健全考核评估机制，落实相关责任，提高为农民工服务的效率。区农民工工作领导小组办公室要加强统筹协调指导，及时传达国家、省、市关于做好农民工工作的文件精神，切实把为农民工的服务工作落到实处。(责任单位：区农民工工作领导小组办公室及各成员单位)

(十八)加强工青妇组织对农民工的服务。积极做好农民工加入工会组织的工作，在新生代农民工中发展团员。工会、共青团、妇联组织要通过开展志愿者活动等方式，对有困难的农民工及其子女进行帮扶。各级工会、共青团、妇联组织要发挥维护农民工权益的积极作用，加强对农民工的人文关怀。对为农民工服务的社会组织正确引导、给予支持，充分发挥他们为农民工提供服务、反映诉求、促进社会融合的积极作用。(责任单位：区民政局、区总工会、团区委、区妇联)

(十九)加强农民工工作的基础信息管理。加强和完善各部门的信息沟通和共享机制，在现有各部门的农民工调查统计平台基础上，依托现有人口信息管理系统，形成统一的农民工基础信息管理平台，为政府和有关部门科学决策提供基础信息依据。(责任单位：区统计局、区公安分局、区农民工工作领导小组办公室及各成员单位)

(二十)营造关爱农民工社会氛围。坚持正确舆论导向，大力宣传党和政府关于农民工的方针政策、农民工工作的好做法、好经验和优秀农民工典型事迹以及农民工在经济社会发展中的重要作用，加强对农民工的人文关怀，引导农民工树立社会主义核心价值观，培养诚实劳动、爱岗敬业的作风和文明健康的生活方式，努力使尊重农民工、公平对待农民工、让农民工共享经济社会发展成果成为全社会的自觉行动。着力营造关爱农民工的良好社会氛围。(责任单位：区委宣传部、区农民工工作领导小组办公室及各成员单位)

各街道办事处、区各有关部门要按照本意见要求，结合实际抓紧制定和完善配套政策措施，研究解决工作中遇到的新问题，确保涉及农民工的各项政策措施落到实处。

玄武区关于推进大众创业带动就业的实施办法

玄政办〔2016〕107号

为贯彻落实市委、市政府《关于"创业南京"人才计划的实施意见》(宁委发〔2015〕45号)、市政府《关于进一步做好新形势下就业创业工作的实施意见》(宁政发〔2015〕271号)和市政府《关于加快构建大众创业万众创新支撑平台的实施意见》(宁政发〔2016〕94号)，积极推进大众创业带动就业，以创业推动实现更加充分和更高质量的就业，结合我区实际，特制定如下实施办法。

一、目标任务

1.积极推进大众创业带动就业。到2020年末，力争扶持自主创业7000人，创业带动就业5万人，其中大学生创业1500人。

2.加快创建创业型街道和社区。在进一步夯实完善基层公共就业服务平台建设的基础上，提升就业创业服务水平和能力，提高重点群体创业参与率和创业成功率，促进创业带动就业质量的提升。到2020年末，全区100%的街道和社区达到省级创业型街道和社区建设标准。

3.积极建设具有玄武特色的创业载体。全区各街道、园区要根据各自区域特点和产业特色，充分融合社会资源，多方参与，鼓励高校和社会力量新建、改建创业孵化基地，促进创业园、创业街、孵化基地等多形式创业载体建设，打造5万平方米低成本、便利化、全要素、开放式的众创空间，打造3万平方米国家、省、市人社部门认定的创业示范基地。

4. 开展创业指导和培训。全区每年组织不少于2000名有自主创业意愿人员和自主创业者，为其开展创业指导和培训。

二、扶持政策

1.免费办理就业创业证。在玄武区初始创业的自主创业者，向区公共就业服务机构递交申请材料，经区公共就业服务机构审核通过后，免费发放就业创业证。自主创业者凭就业创业证享受各项扶持政策。

2.资助优秀大学生创业项目。深入实施玄武区大学生创业引领计划，加大对优秀大学生创业项目实施资助，区青年大学生创业工作办公室(简称"大创办")负责牵头组织专家评估我区大学生创业项目，每季度进行一次评选，综合考虑创业成功率、经济与社会效益等因素，择优报送市"大创办"参评。被市"大创办"评为优秀项目的，分别给予20万~50万元的一次性资助，资助资金50%由市紫金科技创投天使基金投资、50%由市财政补助(详见附件)。区科技局负责指导和帮助区"大创办"推荐的大学生创业企业申报省(市)民营科技企业和高新技术企业等资质，申报科技计划项目，争取财政扶持资金。

鼓励社会组织、中介机构、大学生创业园引入大学生创业项目。凡社会组织、中介机构、大学生创业园推荐大学生创业项目被评为市优秀创业项目的，区财政给予推荐单位2000元/项目的奖励。

3. 提供创业场地。对在我区纳税的初始创业实体，入驻我区市级以上创业园(基地)的，向区人社部门提出申请，可根据实际条件提供30平方米以内的免费创业场地或给予场租补贴；在创业园(基地)外租用经营场地创业的，给予每月不超过800元的创业场地租金补贴；利用自有房产创业的，给予每月300元的水电、网络、场地等基本运营综合补贴；以上各项补贴不重复享受，最长不超过3年。

鼓励以多种方式建设创业园(基地)，被评定为市级创业园(基地)的，由市财政给予10万~50万元的一次性建园奖励；对创业孵化成果，按孵化成功项目数(在创业园或基地内注册登记，并孵化成功搬离创业园或基地后继续经营6个月以上初始创业实体)给予创业载体创业孵化补贴，每个孵化项目补贴不超过5000元。

4.畅通创业融资渠道。在我区初始创业并符合创业担保贷款申请条件的自主创业者,经市、区人社部门审核后,凭相关证明材料直接到经办银行贷款,从事个体经营、合伙创业的最高可分别申请创业担保贷款30万元和50万元;对符合条件的劳动密集型小企业、科技型小微企业在我市存款类金融机构取得商业贷款的,企业按时还本付息后,由市财政部门按贷款基准利率的50%给予贴息,贴息贷款最高不超过300万元。开辟大学生创业担保贷款绿色通道,对落户在宁高校、经市级认定的创业园区内注册经营的大学生创业实体,经高校、园区审核推荐、经办金融机构审验同意,可免除反担保要求。

5.创业带动就业奖励。对符合条件,在我区初始成功创业并正常经营纳税半年以上的创业实体,经市、区人社部门审核后,由市财政给予一次性4000元创业补贴;吸纳持就业创业证的本市户籍失业人员或认定的就业困难人员,与其签订1年以上期限劳动合同并依法缴纳社会保险费的,经市、区人社部门审核后,由市财政给予1500元/人的一次性带动就业补贴。创办企业吸纳就业困难人员就业的,按相关规定申请社会保险补贴和岗位补贴。小微企业吸纳毕业年度高校毕业生就业的,按相关规定申请社会保险补贴及一次性奖励。

6.创业指导和培训补贴。鼓励区域内高校建立大学生就业创业指导站,符合建设标准的,经市、区"大创办"审核后,由市财政给予5万~10万元一次性经费补助。利用各类创业培训资源,引导不同创业类型和不同创业阶段的自主创业者开展有针对性的创业指导培训,不断提高创业成功率和企业持续发展能力。对具备创业培训资质且经过公开招标的社会培训机构,按规定申报创业培训补贴。

三、创业扶持经费

1.经费安排。区财政结合各年度创业资金需求情况,在年度财政预算中,酌情安排专项经费作为全区创业引导性基金。专项经费主要用于保证政策的落实兑现及相关工作经费,由区人社局和区财政局共同负责管理使用。

2.经费管理。各项经费(补贴)市、区财政不重复投入。申请人、申请单位必须按规定据实申报,对弄虚作假、虚报冒领的,取消补贴申请资格,追回资金并按有关规定严肃处理。

四、有关说明

(一)本实施办法的适用对象,是指2016年1月1日以后持就业创业证在我市初次创办企业或其他创业实体的本市就业困难人员、在校大学生,以及毕业5年内的高校毕业生(含海外留学人员),且符合以下条件:

1.从事非国家禁止、限制类创业项目;

2.在我区创办企业或其他创业实体,并在我区正常经营纳税。

(二)符合本意见中创业场地租金补贴和基本运营补贴申请条件的初创实体,应在注册登记之日起两年内提出申请;其享受扶持政策的期限,自创业实体初次申请之日起计算。

(三)本意见的实施对象,不重复享受区级其他创业扶持政策。

(四)执行过程中如遇市、区政策调整,本意见同时作相应调整。

政策兑现和办理流程

一、市级层面政策兑现及办理流程

《就业创业证》的申领与办理,市级优秀创业项目遴选与评估,大学生创业载体的认定与补贴,创业孵化补贴的申请与办理,创业融资政策扶持的申请与办理,创业带动就业奖励的申请与办理,创业指导站和创业培训补贴,遵照市政府《关于进一步做好新形势下就业创业工作的实施意见》(宁政发〔2015〕271号)、《南京市青年大学生创业扶持政策的实施细则》(宁政办发〔2012〕126号)和《关于印发〈南京市就业和失业登记管理办法〉的通知》(宁人社〔2015〕101号)文件执行,区人社部门给予相应指导。

二、优秀大学生创业项目遴选与评估

(一)申报条件

1.申报创业项目者必须为符合条件的大学生;

2.创业项目符合我区产业发展要求,经营模式新颖、具有一定科技含量、潜在经济和社会效益较好或商业发展前景较好。

(二)申报受理

在区"大创办"服务窗口申报,申报时需提供以下材料:

1.创业项目核心成员身份证明材料;

2.创业项目计划书(可附专家推荐材料)。

(三)项目评估

区“大创办”于每季度汇总受理申报材料，对申报项目进行初筛选，并会同区科技局根据初筛选备评的创业项目行业类型，聘请专家进行评审，择优推荐参加市优秀创业项目遴选。

（四）奖励兑现

经评审入选市优秀创业项目的，完成工商注册登记后，凭《创业证》给予资助性投资。资金50%由市财政直接补助，50%由市紫金科技创业投资集团天使资金进行股权投资（按“国有资产管理办法”及“紫金科创天使基金细则”实施），紫金天使资金进入南京银行专有账户专款专用。

经由社会组织、中介机构、大学生创业园引入并入选市优秀创业项目的，由推荐单位填写《引进优秀大学生创业项目奖励申请表》，携带相关材料到区“大创办”提出申请，区“大创办”审核确认，区财政局核定后按2000元/项目拨付奖励资金。

三、创业场地租金补贴、基本运营补贴的申请与办理

（一）申请条件

1.经市场监督管理部门或民政部门登记注册，且登记地和实际经营地均在玄武区的各类初始创业实体（国家限制的行业除外）；

2.直接入驻我区创业园（基地）的创业企业或实体，以及在我区创业园（基地）外租用经营场地创业和利用自有房产创业的创业企业或实体；

3.守法经营、规范用工，正常纳税1年以上。

（二）申报材料

1.填写《玄武区创业场地租金补贴（基本运营补贴）申请表》；

2.就业创业证原件及复印件；

3.营业执照副本、税务登记证原件及复印件和企业完税凭证原件及复印件；

4. 租赁固定经营场地签订的租赁协议原件及复印件和租金增值税发票；

5.自有房产证明原件、复印件，以及水电、网络等相关支出票据原件、复印件。

（三）办理流程

1.创业场地租金补贴、基本运营补贴每半年受理申报一次，时间在每年的1月份和7月份；

2. 符合条件的创业企业或实体向区人社部门提交申报材料，区人社部门负责审核确认，报区财政局核定后，按规定标准向申请单位一次性发放。

新闻媒体报道题录

新华日报

1月7日　繁华还未散去，她四点早起奔波（董晨）

2月4日　1912街区酒吧　“夜场”里另一种生活（付奇）

2月18日　南京市公安局禁毒支队和玄武公安分局组成的禁毒专案组近日成功打掉一个特大贩毒团伙，抓获贩毒嫌疑人12名，缴获毒品32.5千克（图片）（杨维斌　乐涛）

3月17日　鸡鸣寺“夜樱”更妩媚（图片）（王新）

3月30日　29日，由南京市玄武区文化局、江苏七色花传媒发起的新型群众性公益文化活动项目书香锁金——“乐颂”文化空间落户锁金村街道（图片）（乐涛）

4月15日　南京出现扒窃新方式　三人团伙专盯路边带包女（杨维斌　任松筠）

4月25日　又到小学报名时（图片）（刘莉　吴俊）

5月2日　两岁幼女走失26小时无人认领　孩子的家人，你们在哪里？（任松筠）

5月5日　南京“走失女童”的父母终于在江西找到了涉嫌遗弃，应负什么法律责任（任松筠　杨维斌）

5月12日　一年间支付宝账户被盗15万　警方提醒慎用免密支付功能（杨维斌　任松筠）

5月18日　江苏省省管领导干部任职前公示

5月26日　武术列入小学课程（吴俊）

6月1日　我省举行庆祝“六一”活动（郁芬　杨频萍）

6月16日　南京警方捣毁制售假药工厂　50元假肉毒素变身卖两千（任松筠　杨维斌）

6月21日　南京玄武警方发还价值60万元赃物赃款（图片）（乐涛）

7月6日　暴雨还未完全停歇，干部群众就开始为灾后重建而奔波——天灾面前，生产自救不能等不需靠（赵晓勇　顾介铸　马薇　张晨　孟旭　赵伟莉　唐悦　沈峥嵘　冯志明）

7月12日　经过环卫工人的日夜奋战，受淹的

南京马路又清净如新——那一抹橘黄,“洗礼”过后更娇艳

7月29日 “强富美高”新玄武,勇当发展排头兵(陈乙华 高洁 袁勤丰 鹿琳)

8月12日 警方发微信为手机找“主人” 半天即找到失主30多位(杨维斌 任松筠)

9月1日 昨日,南京市汇文女子中学揭牌,今年招收的两个班共100名高一女生也将于新学期正式入学(图片)(郎从柳)

9月22日 “绿色生活”进社区(图片)(乐涛)

南京日报

1月2日 玄武区区委书记徐曙海:迈出新步伐,奋力建设“强富美高”新玄武(张源源)

1月7日 玄武今年重点打造长江路文化旅游街(李天安 马道军)

1月8日 北京东路小学朱志林——在孩子心中播下一颗国学的种子(孙红雨)

1月12日 南京、长江路文化旅游大街LOGO、形象推广语及摄影作品征集活动启动

1月13日 本报健康讲座进社区活动受居民欢迎(季茂丽 龚怡 张学成)

1月15日 樱花小学 英语节 132名外国志愿者进校园(毛琪)

1月16日 “博士刑警”康健等175名民警荣立三等功(宁公宣 朱净)

1月18日 黄莉新参加市人大玄武区代表团分组审议 落实五大发展理念 实现玄武发展新突破(吴明亮)

1月18日 民国风情休闲街区亮相(图片)(崔晓)

1月18日 上千志愿者昨凌晨起床,热粥分送社区、养老院、车站…… 万碗腊八粥,温暖一座城(马道军)

1月20日 一社会组织发起,全国1万多人3天捐出14万多元 300困难家庭获赠众筹“暖心年夜饭”(马道军)

1月21日 玄武区全市首创“数字化文化馆”(朱泉)

1月21日 警方无人机提档升级(图片)(杨维斌 吴彬)

1月25日 徐庄软件园有个“神秘的”私董会成员全是名企“大佬”,已达成合作十余项(赵子慧 朱泉 夏星草)

1月26日 金陵名刹毗卢寺新添石雕美景(图片)(湛山)

1月26日 网上自学“黑客”技术 花3分钱网购3万元产品 玄武警方破获一起诈骗电商案(杨维斌 邹伟 王成兵)

1月28日 校园义卖献爱心(图片)(陆思洋 徐琦)

1月28日 本报携手江苏省省级机关医院、“爱融汇”将健康知识送到居民家门口——送福字送健康,浓情温暖社区

1月29日 锁金村街道创新解决思路 巧用“环保酵素”解决化粪池漫溢难题(朱泉)

1月29日 玄武社区公益伙伴联盟服务长江路(马道军)

1月30日 江苏省委巡视组向我市玄武区等5区反馈巡视情况

2月2日 2015年度全市城市治理工作先进单位获奖名单

2月2日 2016,南京城管的城市治理新思路

2月3日 “聚立方”打造主城创业创新平台(图片)(郭若澜 崔晓 冯芃)

2月3日 玄武区市场监管局开展元旦、春节“两节”流通领域商品质量专项抽检,在商场超市、专业门店等重点经营场所,对服装、成品油、内衣等重点商品展开抽检(图片)(王小飞)

2月3日 春节临近,为强化落实禽流感防控工作,近日,玄武区市场监管局联合属地街道、公安等部门,开展非法活禽交易活动专项检查(图片)(王小飞)

2月4日 张灯结彩迎新春(图片)(崔晓)

2月5日 社会各界关爱老人(图片)(吴彬)

2月5日 毗卢寺祈福立春喜迎猴年(湛山)

2月6日 南京首现“关爱墙” 挂闲置衣物供需要者自取 分别位于玄武区康定里社区和鼓楼金域中央广场(赵子慧 朱泉)

2月15日 节后首场“春风行动”举行 500岗位送到火车站(肖姗)

2月15日 1183对新人扎堆领证(马道军 张源源)

2月15日　14对老夫妻回首人生风雨（许琴　赵卫）

2月16日　去年3月5日，玄武警方推出微信公安服务平台“玄微警”，让数据多跑路，市民少跑腿（图片）（杨维斌　吴彬）

2月17日　2016年度建成区黑臭河道治理任务表

2月17日　从唐家山沟的变化看黑臭河道治理（毛庆　江瑜）

2月17日　玄武区　一季度自控项目开工要达70%（李天安　赵子慧　朱泉）

2月17日　街区当红娘，单身白领“相约新街口”（王颖川　赵子慧　朱泉）

2月17日　72名女性众筹开了家文艺范小店除了茶水咖啡和Party，这里还“贩卖生活美学”（赵子慧）

2月17日　2015年度南京市机关作风建设标兵处室（单位）事迹选登　特色品牌助推群众安全感满意度　市公安局玄武分局

2月17日　节后菜价小幅上扬（图片）（陆思洋）

2月17日　玄武警方发布赏梅防盗攻略（杨维斌　邹伟　张源源）

2月18日　黄莉新赴玄武区调研，强调　践行新理念　提升新标杆　加快建设“强富美高”新玄武（吴明亮）

2月18日　火红的年　湛蓝的天——南京实现“春节蓝”的背后（张源源　马道军　宁公宣　栖文轩）

2月18日　一把钥匙锁定藏毒地点　南京警方破获32.5公斤贩毒大案（杨维斌　朱天璇　邹伟　王成兵）

2月22日　创新机制，做“企业上市孵化器”江苏长三角技术产权交易中心已培育新三板企业6家（刘楠　李天安　赵子慧　朱泉）

2月23日　玄武区城管执法大队执法人员在老门东参与保障（图片）

2月23日　玄武区城管执法大队执法人员在老门东街区巡查（图片）

2月24日　玄武中专学生骑车去西藏　获评校园年度人物（钱红艳　刘从楠）

2月24日　孙子车祸身亡，七旬老太欲跳楼被民警救下（朱天璇　邹伟　王成兵）

2月24日　樱花小学　猜灯谜、做灯笼，点灯圆梦新学期（毛琪）

2月26日　大学生志愿者义务陪伴辅导小学生学习　公益成贤“微课堂”成学生放学后好去处（王颖川　赵子慧　朱泉）

2月26日　2015年全市城市治理标准化工作先进集体和先进个人表彰名单

2月26日　南京市城市治理标准化示范单元（单位）名单

2月26日　北极阁广场井盖换上卡通“装”（图片）（徐琦）

2月26日　春节期间，玄武区市场监管局工作人员检查区内寺庙周边佛教用品商品，重点检查是否存在高香、“三无”香烛销售现象（图片）（孔祥盛）

2月26日　樱花小学打出多学科“组合拳”　让国学滋润每个孩子的心田（毛琪）

2月26日　抢劫嫌疑人给受害人留手机号　警方顺藤摸瓜将其抓获（杨维斌　邹伟　张源源）

2月28日　“四送”首场活动在玄武区举行　今年我市为10万失业人员提供免费就业培训（吕宁丰）

2月29日　统一“度量衡”，增强针对性、规范性、实效性　玄武“一二三四”巡查法获省委巡视办好评（吴春风　许震宁）

3月1日　员工被拖欠百万工资，警方帮讨回（朱天璇　邹伟）

3月1日　房产转让，房产两税交到什么时候？（高峰　朱俊萍）

3月2日　玄武区党员义工倾情10年服务群众“一锤接着一锤敲”，打造基层党建“老字号”（毛庆）

3月2日　80年代老小区成立业委会招来“新管家”　后宰门西村21号小区旧貌换新颜（赵子慧　朱泉）

3月2日　南理工实小打造“茶文化”特色课程6000平米茶园进校园，300多学生种茶树（钱红艳　许小娟）

3月2日　高三学生举办“成人礼”（图片）（王艳飞　徐琦）

3月5日　百万志愿者，温暖一座城——写在“学雷锋纪念日”到来之际（邹伟　蒋筱云　田素伟　王宝珍　张宗学）

3月6日　社区居民收看开幕会（图片）（崔晓）

3月6日　公益组织发起“爱心一元捐”活动募得善款近19万元惠及百名癌症患者（马道军）

3月6日　去鸡鸣寺赏樱有点早　才开了四五

棵(于飞)

3月7日　市青少年体育舞蹈培训基地挂牌(冯兴)

3月8日　常年微笑服务,让停车管理变得很温馨

3月8日　喷雾机夜洒“悬铃散”治法桐飘絮　新型喷雾机最高能喷洒30米,可覆盖南京大部分法桐(马金)

3月8日　近期,玄武地税局妇联开展“蓝色康乃馨”志愿服务活动(图片)(崔晓)

3月8日　“三八”妇女节:福彩女销售员彰显巾帼风采

3月9日　创新“酬金制”破物管难题,物业费由业主保管使用　唱经楼老旧小区物业费收缴率达96%(王刚　赵子慧　朱泉)

3月9日　市公安局表彰“铿锵玫瑰·魅力女警”(宁公宣　朱静　邹伟)

3月10日　我市探索街道层面困境儿童分类保障模式　“月伴湾”项目已救助54名困境孩子(马道军)

3月11日　市领导到公安基层一线蹲点调研开展“五个一”活动,突出五大工作重点(宁公宣　邹伟　朱静)

3月11日　南京师范大学附属小学王菊:育儒雅少年从“悦读”经典开始(毛琪)

3月13日　梅园社区开设法律公益服务岗(赵子慧　朱泉)

3月13日　义务参加治安巡逻、担任交通引导员　残疾青年三年如一日投身社区公益(邹伟　马科祥)

3月15日　花开南京城,香飘全世界　鸡鸣寺路樱花昨成“网红”(马煦)

3月17日　“行走长江路——1800米·1800年”长江路“全球征集”形象推广语出炉(李子俊)

3月17日　“黑旅馆”网上变身“情调民宿”被查(杨维斌　邹伟)

3月19日　我市首位教育部引进小学足球外教上岗　第一堂课不教技术测体能(钱红艳)

3月21日　鸡鸣寺路设隔离栏疏导赏樱大军(图片)(冯芃)

3月22日　在当前“大众创业、万众创新”的热潮中,玄武地税局紧密结合企业的需要,联合玄武区国税局、科技局,为科技园区企业送上税收辅导(图片)(毛雨婷)

3月23日　细微显真情　平凡塑仁心——记第三届南京地区“人民满意的卫生工作者”(黄金红)

3月24日　玄武警方破获一起新型非法集资案　宣称投资墓葬　骗取50多名老人300多万元(杨维斌　邹伟)

3月29日　首家足球特色幼儿园挂牌　全市共推14所,统一编撰的足球课程6月出炉(钱红艳)

3月31日　警方捣毁聚众斗殴团伙刑拘25人(杨维斌　邹伟)

4月1日　玄武中专承办省职体协年会(段标)

4月2日　“志友加油站”举办社区公祭环保活动(赵子慧　朱泉)

4月5日　高端汽车主题广场将落户红山(赵子慧　朱泉)

4月6日　4家进贼,两家财物损失惨重,两家幸免　“技术开锁窃案”暴露家庭防盗软肋(杨维斌　邹伟)

4月6日　樱花小学艺术月圆满结束　“让每一朵樱花绽放”(顾萍　刘二婷)

4月6日　南京理工大学实验小学　举行“孔从洲中队”命名仪式(韩树人)

4月7日　中共南京市玄武区委关于巡视整改情况的通报

4月7日　警方处置两起“诈弹”警情(杨维斌　赵柏恋茹　邹伟　朱静)

4月8日　校与校组团师与徒结对　优质资源普惠更多学生　玄武区获评我省促进义务教育均衡发展先进区(赵子慧　朱泉　杨亮红)

4月8日　又一所民办小学开办引来刷屏　玄外附小今年招生,四成优秀毕业生可直升(钱红艳)

4月9日　我市首个安全体验教室开放(顾小萍)

4月11日　市区联动开展“司法日”主题活动(邹伟　黄仕军)

4月11日　30家社会组织共开“社区公益咖啡屋”(王琛　马道军)

4月12日　春色满园花绽放　玄武教育吐芬芳(杨亮红　朱泉)

4月13日　免费测量血压血糖　分析解读体检报告　玄武中医院社区站6年为3万居民义诊(赵子慧　朱泉)

4月13日　玄外双休日进行“小升初”登记　严格按照登记条件,少“优”少“三好”不予报名(钱红艳)

4月14日　9架无人机参与玄武城管执法(马金

王骁　冯昕　叶抿钰)

4月14日　厨房废料变肥料(图片)(吴彬)

4月14日　警方披露窃贼"新动作"　团伙骑着助力车,专盯带包独行女(杨维斌　邹伟)

4月15日　保安勇斗歹徒受伤　玄武检方司法救助(施晶文　汪倩倩　许震宁)

4月16日　我市征评"十岁成长仪式"优秀案例(钱红艳)

4月17日　玄外自主招生,2000人报名　不少家长连夜排队拿号(钱红艳)

4月18日　除了治理水质,每条河道沿线还要"梳妆打扮"　水清岸绿,黑臭河道变身城市风景(江瑜)

4月19日　玄武区启动2016全民阅读活动"金图"5家分馆开进玄武多个社区(赵子慧　朱泉)

4月19日　南京警方深化公安改革精兵强警亮点纷呈　兴建警务服务站屯警街面　创新推进专业化合成侦查(宁公宣　朱静　邹伟)

4月20日　玄武区为91名高龄统战成员购买社会服务(马道军)

4月21日　警察当街杀流浪狗?谣言!　警方:已交给"平安阿福"救助(朱天璇　邹伟)

4月25日　没有门槛,家长都想让孩子试一试一天3000多人,玄外附小报名火(钱红艳)

4月26日　理工大实小首开"小院士"课程(钱红艳)

4月27日　玄武区区委书记徐曙海:用好"加减乘除"　打造经济升级版(李天安　殷学兵)

4月28日　校企联手演绎知识产权情景剧(曹丽珍)

4月30日　"穿越时空的对话"分享会走进锁二社区　社区志愿者深情讲述英烈故事(殷学兵)

4月30日　对购买学区房入学的要求更高,随迁子女入学审核将更严　9个区小学初中招生办法公布(钱红艳)

5月1日　九中举办"中招咨询会"(图片)(王艳飞　徐琦)

5月2日　警方发帖寻走失女童父母,全城爱心转发(邹伟　杨维斌)

5月3日　"走失女童"调查进展公布　警方基本认定女童是被遗弃的(邹伟　杨维斌)

5月4日　玄武职工技术大比武　民工蒙双眼准确辨识植物(殷学兵　王世辉)

5月5日　玄武区机关青年演讲纪念"五四"(李天安　殷学兵)

5月5日　70小时追踪,警方在江西找到女童父母　家长痛哭忏悔:4个孩子压力太大,愿带孩子回家好好抚养弥补错误(杨维斌　邹伟)

5月7日　长江路文化旅游大街新LOGO亮相(图片)(冯芃)

5月11日　我市新门前三包管理办法实施一年显成效　600多个自治联盟组织引导商户居民自律自治(马金)

5月12日　85后社区书记成30多家社会组织推动者(赵子慧　朱泉)

5月12日　全款买房,为何13年无法办理权证原是"一房二卖",玄武检方公开听证这一案件(韩立勇　张伟　许震宁)

5月13日　玄武区成立青年企业家联合会(李天安　赵子慧　朱泉)

5月13日　全省首个挖掘明城墙责任文化内涵的主题教育广场　玄武建设工程廉洁教育广场建成(吴春峰　翁宏业　许震宁)

5月14日　帆船运动进校园(图片)(赵会平　徐琦)

5月16日　百余"天眼"助力新街口街道城市管理2平方公里基本实现无缝隙无盲点(赵子慧　朱泉)

5月17日　不盲目求大,不回避应试,保教师高薪　玄武外国语学校20年以人为本促学校持续发展

5月18日　一批省管领导干部任职前公示

5月19日　市质监局检定玄武、雨花台、浦口三区58家集贸市场电子秤　19家市场电子秤首检合格率低于80%(张昊　宁质监)

5月19日　从写顺口溜到创作格律诗,13年出版4本诗集——社区40多位居民写诗填词促和谐(殷学兵)

5月20日　摄影家走进基层记录"最美微笑"(邢虹)

5月20日　南京师范大学附属小学:"小古文、大世界",由浅入深学国学(毛琪)

5月23日　新街口街道为辖区企业组织上市辅导(殷学兵)

5月24日　接送学生车辆乱停造成十三中校园周边交通混乱　一企业免费提供200多个车位（殷学兵）

5月24日　南京体院副处长周松年被提起公诉（许震宁）

5月25日　10项重点产业项目顺利推进　铁北红山地区面貌将“大变样”（查金忠　刘晓）

5月27日　玄武区总工会慰问困难职工子女（王世辉　殷学兵）

5月27日　诱捕252只绣眼鸟，该不该被批捕　玄武检方就首起涉嫌非法捕鸟破坏生态环境案公开听取意见（汪倩倩　韩立勇　许震宁）

5月27日　2016跨境电商系列培训活动昨启动（王韬　曹丽珍）

5月27日　樱花小学举行“小手掌课程”展演“樱花”盛放显风采（毛琪　刘二婷）

5月28日　城东新添科技创新载体（图片）（姚强　崔晓）

5月28日　各区公办校摇号计划出炉　琅小力小北小均位列其中（钱红艳）

5月30日　首批7个项目入驻梦想家青年创业服务中心　3-8个月免租孵化，最高可获500万元天使投资（毛庆　邱媛）

5月30日　玄武成立新媒体党外人士联谊会为该区经济社会发展出谋划策（刘好华　马道军）

5月30日　校园篮球联赛开赛（图片）（王艳飞　钱红艳　徐琦）

5月30日　怕成“黑户”，卖房后不肯迁户口　警方：无房落户可以申请为社区托管户（杨维斌　窦晓为　邹伟）

5月31日　“城乡少年手拉手”庆“六一”活动举行　王炯出席（钱红艳）

5月31日　警长黄斌：参与抓获涉毒人员超千名（朱静）

5月31日　歹徒持“枪”抢劫被女子一掌打跑警方18小时抓获大学生嫌疑人（杨维斌　邹伟）

5月31日　玄武湖街道以“星级评比”作杠杆，撬动破解老旧小区管理难题——千余物管人员管上“闲事”之后（马立　殷学兵）

6月1日　玄武尝试“一对一”帮扶困境未成年人（马道军）

6月1日　社工尚桂琴：把戒毒人员看成特殊“病人”（朱静）

6月2日　我市试点让特殊孩子走进普通学校目前一千四百人随班就读，未来还将建五十多个资源教室（钱红艳）

6月4日　“穿越时空的对话”分享会走进唱经楼社区　情景再现烈士母子对话感动现场观众（殷学兵）

6月7日　高考前一天发现身份证过期　玄武警方紧急加班帮考生办证（杨维斌　邹伟）

6月7日　老外体验包粽子（图片）（陆思洋）

6月7日　玄武警方破获一起别墅盗窃案　水工利用下水道偷走10万余元金饰（杨维斌　邹伟）

6月9日　第九届鸡鸣端午诗会举行（邢虹）

6月9日　教师张素珍：让禁毒观念在青少年心中生根（朱静）

6月10日　部分有物管小区环境堪忧（张源源）

6月10日　昨天，南京九中考点，考生轻松走出考场（图片）（徐琦）

6月12日　工地地形复杂，人工勘察困难　玄武：无人机取证曝光死角（王骁　严斌　叶振钰　殷学兵）

6月13日　发10元红包进微信群即送“福利”群主涉嫌传播淫秽物品牟利罪被抓（杨维斌　邹伟）

6月14日　先接“订单”再偷车　偷车贼被刑拘（杨维斌　邹伟）

6月16日　成本50元售价2000元，部分消费者使用假肉毒素遭毁容　玄武警方捣毁大型制售假美容药工厂（杨维斌　邹伟）

6月16日　退休后再打工遭遇不公，不受《劳动法》保护怎么办？　“超龄打工者”可签“劳务协议”维权（张源源）

6月17日　锁金村街道现社区慢性病养护中心老年慢性病在家门口就可治疗（马道军）

6月20日　锁一社区80后书记——用“互联网+”服务困难群体（殷学兵）

6月21日　警方发还市民被盗财物（图片）（宁公宣　杨维斌　吴彬　朱静）

6月22日　南京九中成立校园篮球俱乐部（冯兴）

6月22日　南京毗卢寺景区对寺内景点全面升级出新　自在大佛重新披装　力士金刚艺身显赫（湛山）

6月24日　压降侵财性案件　提升群众安全感

“百日专项行动”满月成效初显(邹伟　李钟鸣)

6月27日　缴获毒品百余斤，抓获嫌疑人超千名　缉毒民警黄斌的25年“斗毒”历程(张源源)

6月29日　锁金村街道打造“德孝锁金”文化地标(温荣　王聪)

6月29日　玄东科技园为企业创新产品举办推介会(殷学兵)

6月29日　“不但要讲破嗓子,更要甩开膀子”——记玄武区兰园社区卫生服务中心副主任护师黄金红

6月30日　“幸福社区”何以幸福(殷学兵)

7月1日　市民扫描玄武安监微信二维码(潘卫民)

7月1日　应聘服务员“潜伏”餐馆复制顾客银行卡　一违法犯罪团伙被玄武警方端掉(杨维斌　邹伟)

7月5日　60岁环卫工连续4夜值守积水点(马金)

7月5日　红山一民企发展不忘回报社会(韩春云　殷学兵)

7月6日　玄武区南京东大智能化系统有限公司党支部:学上用心做上用力,把党的组织优势转化为企业核心竞争力(查金忠　王琰)

7月6日　确保群众安全　全市民警全力防汛抗灾(宁公宣　朱静)

7月6日　玄武区拿出5条措施应对汛情(殷学兵)

7月6日　大学生志愿者教残障人士绘画(图片)(陆思洋)

7月7日　特教专业大学生有了实习基地(马道军)

7月8日　积水刚排除,暴雨又袭来　奋战7昼夜,孝陵卫片区两次降伏“洪魔”(殷学兵)

7月11日　南京责任督学督导经验全国领先　230多名督学覆盖全市所有中小学,为学校发展找问题解难题(钱红艳)

7月11日　或成立自治委员会，或组织居民代表义务服务　新街口老旧“微型”小区居民自治方式多(殷学兵)

7月11日　他们的辛劳,换来城市的洁净

7月12日　李良银:“本来就是分内的工作,当然要做好”(王向东　黄琳燕)

7月13日　大妈遭电话诈骗　两个月20多次汇出127万元(杨维斌　许震宁)

7月14日　忽悠女老板骗走23万元　玄武警方破案,嫌疑人被刑事拘留(杨维斌　许震宁)

7月15日　玄武举办“我的科技梦”中小学生电子报制作大赛(宗岳奇　殷学兵)

7月18日　大学生便民服务(图)(徐琦)

7月19日　少儿用黏土画为“文物”穿新装(殷学兵)

7月20日　珠江路创业大街建设方案出炉　将打造成全国一流的众创集聚区(殷学兵)

7月20日　珠江路创业大街这样布局：分创富创意创智三段　营造良好创业生态(殷学兵)

7月20日　河水倒灌居民受困　城管队员来“摆渡”

7月21日　邻里纠纷、家庭矛盾经她一劝就能化解　九旬老党员成社区“金牌调解员”(殷学兵)

7月21日　玄武多家单位借助“互联网+”做强党建工作(殷学兵)

7月21日　连丢3台电脑1部手机不报案　结果电视机也没了(杨维斌　邹伟)

7月22日　教师周圆：用爱丰富病童生命的宽度(张源源　杨思昊)

7月23日　王艳:公益学堂的“大家长”(张源源　杨思昊)

7月24日　社区民警宋丽红：繁杂事务中总是一脸阳光(张源源　杨思昊)

7月25日　建全国一流众创集聚区,成为“中国创造”领跑者　3条创业大街打造南京双创新名片(殷学兵　李凯)

7月25日　孩子用图画表达“核心价值观”(武胡　殷学兵)

7月26日　持枪贩毒,7名嫌疑人被抓(图片)(杨维斌　邹伟　吴斌)

7月27日　玄武长江路文化休闲体验功能区

7月28日　一周4人跳湖轻生　警方筹建救助基金(杨维斌　邹伟)

7月29日　走在最前列　争当排头兵　“强富美高”新玄武　一篇妙文已破题(陈乙华　高洁　殷学兵)

7月30日　绘就美丽蓝图　打造“五大片区”玄武:争当建设新南京排头兵(殷学兵)

8月1日　前湖城墙豁口处　保护展示工程竣工(图片)(王成兵)

8月2日　中央环保督察组交办环境问题办理情况　小吃店油烟问题被责令整改

8月2日　82岁老人坚持8年，买水送环卫工至今不肯透露全名，说“这点事微不足道”(马金)

8月3日　756名文明交通志愿者昨上岗　对行人、非机动车闯红灯等行为进行劝导(张源源　杨思昊)

8月3日　玄武湖有望成为国家级水利风景区(吕宁丰　韩东宇)

8月3日　偷服务员手机　10小时后被抓获(杨维斌　邹伟)

8月4日　排查户外广告安全隐患(图片)(徐琦)

8月4日　夜色中的1912商业街(图片)(吴利贤)

8月5日　“穿越时空的对话”分享会走进太平门社区　驻地战士激情朗诵雨花烈士诗作(胡涛　殷学兵　郭惠旋)

8月6日　朱向东：忙碌较真的小区“大管家”(许震宁)

8月7日　省校园篮球联赛在我市开赛(图片)(王艳飞　徐琦)

8月8日　城区负责人表示以“四精”为工作导向争先进位　出实招，切实转变城市发展方式(韦铭　周爱明　张璐　殷学兵　朱泉　李凯)

8月8日　新街口地下空间将打通南北连成一体　不出地面，可从大洋百货逛到珠江路(殷学兵　张昊　郭惠旋)

8月8日　多部门联动，综合执法形成常态化　南京站北广场案发率大幅下降(葛妍)

8月9日　城管系统启动11项专项整治促精细化管理　清除背街小巷脏乱差，整顿户外广告(马金)

8月9日　拥有高价值专利269项，获得国家专利优秀奖5项　玄武“万人发明专利拥有量”全市居首(殷学兵　郭惠旋)

8月10日　人民中学人防地下停车场后年投用

8月10日　玄武区城管执法大队新街口中队工作人员在长江路对工地围挡进行排查(图片)(徐琦)

8月10日　七夕节听相濡以沫的老夫妻“谈情说爱”——一辈子的包容才是长久的感情(江瑜)

8月11日　红山公园社区书记宫琛——丰富文化活动提升居民素质(殷学兵　朱泉)

8月11日　修补行道树腐洞(图片)(何雯　徐琦)

8月12日　楼下就是印刷厂，居民投诉数年终有回应　昨天召开的圆桌会议上明确：明年6月底前搬迁(江瑜)

8月12日　微信招领，30多部被盗手机找到失主(杨维斌　邹伟)

8月12日　新玄武板块强势崛起　区域标杆楼盘量价双升(吕文)

8月14日　城市道路保洁员：烈日下，每天擦洗果皮箱三四遍(马金)

8月15日　玄武：加大机扫频次，降低环卫工作业强度

8月15日　第二届全国青少年龙舟锦标赛明日开战　南京商业学校、玄武中专等强队迎来挑战(马堃)

8月15日　贩卖高仿假烟，4嫌疑人被拘(杨维斌　邹伟)

8月16日　玄武中专招聘4名教师(肖姗　吴兴)

8月17日　诈骗两千万的逃犯变身“私家侦探”　民警巧扮大款客户将其约出抓获(杨维斌　邹伟)

8月18日　全国青少年龙舟锦标赛落幕　南京玄武中专夺男子少年组冠军(冯兴　江月)

8月19日　假冒中石化网站，盗转加油充值卡　一跨省诈骗团伙被抓，涉案充值卡2000余张，警方急寻受害人(杨维斌　邹伟)

8月19日　一居家养老服务中心开18家连锁店(马道军　俞晓童)

8月19日　中海玄武公馆欲打造城北改善人居标杆(吕文)

8月22日　全力构建“一城两街三片区”产业空间发展格局　“十三五”，玄武区争当“建设新南京”排头兵(冯冰　查金忠)

8月22日　玄武区召开交通秩序治理推进会(殷学兵)

8月22日　小区物业私下毁绿建车位　法院判决恢复原状，专家提出“绿地与车位”矛盾破解之道(玄研　张源源)

8月23日　近日，南京市图书漂流驿站正式入驻玄武地税办税服务厅，纳税人无需借书卡和押金，只要扫描“书香南京”二维码即可借阅图书，并可在任何一个图书漂流驿站归还(图片)(李帅威)

8月24日　教“小老外”学拼音(图片)(万六梅

陆思洋)

8月24日 玄武 三位一体 促卫生城市复审工作无死角(王小飞)

8月26日 "碑亭印记"民国风情墙绘亮相(图片)(陆思洋 崔晓)

8月29日 交警给志愿者做培训 (图片)(曾策力 王茸)

8月30日 防范电信诈骗宣传进校园 (图片)(杨维斌 吴彬)

8月31日 全天候巡查违规广告，大幅增设公益广告 我市集中整治促户外广告减量提档

8月31日 玄武区开展电梯安全专项整治 (王小飞 殷学兵)

8月31日 启用纳米黑板,设置防撞角,量身定制特色课程 新开民办校人性化办学亮点多(钱红艳)

9月1日 我市唯一女子高中昨挂牌开学 17门定制课程"吸睛",涉及武术、手工、礼仪等(谈洁 钱红艳)

9月2日 联手知名园企,引资300多亿元 红山"极客小镇"打造新型智慧中心(殷学兵)

9月2日 白玉兰灯环绕励士钟塔,新添金陵黄枫、西洋杜鹃等绿植 封闭近5年后,和平公园展露"芳容"(马金)

9月2日 北京东路小学 弘扬女排精神、争当情智师生

9月2日 樱花小学 爱在文明、美在礼仪

9月3日 重新整合资源,注入"智慧"元素 徐庄牵头"三园合一",打造依山科创区(赵晓磊 殷学兵)

9月3日 玄武区打造智慧园区对接产业资本(赵晓磊 殷学兵)

9月3日 公交站乱停车还殴打志愿者 肇事者被拘留(杨维斌 邹伟)

9月5日 交警走进校园开讲"文明交通"(桂子振 牟霞 房蓓 王茸)

9月6日 "高僧墨宝——丹青中国"当代高僧书法展在京举行 毗卢寺方丈传义大和尚作品应邀参展(谌山)

9月6日 墨香山庄举办书画展弘扬新风尚(玄红 殷学兵)

9月6日 中华慈善日爱心义卖(图片)(万六梅 陆思洋)

9月6日 假币调包,两对"卖虾夫妻"被拘(杨维斌 邹伟)

9月7日 玄武一事务所向环卫工人赠送月饼(王骁 殷学兵)

9月8日 百年逸仙小学要"搬家"了(李子俊)

9月8日 成小篮球队获"李宁杯"冠军(成晓 殷学兵)

9月8日 红山南路东延工程进展顺利 (图片)(徐琦)

9月9日 27个重大项目落户，投资总额404.2亿元 金秋玄武招商大笔著华章 (玄武区委宣传部 玄武区商务局)

9月9日 日僧则竹秀南参访毗卢寺(湛山)

9月10日 27个重大项目落户,投资总额404.2亿元 铁北红山新城打造智慧创新社区(殷学兵)

9月10日 "侧头望见阳光下批卷的你……"九中学生写"三行情诗"敬老师(钱红艳)

9月12日 两大投资百亿级"双创"载体落户玄武(刘晓)

9月12日 多家知名园企签约，参与打造南京新型智慧中心 红山极客小镇,产城整合智慧新名片(张毅凡 张明亚 殷学兵)

9月12日 玄武设立 "引凤工程·凤栖玄梧"高端人才服务站(殷学兵 姬智)

9月13日 "文明交通进校园"行动昨启动 引导孩子守交规 带动成人文明行(张源源)

9月13日 玄武围挡白铁皮变身公益广告板(王骁 鲁斌山 殷学兵)

9月14日 120所中小学将挂牌校园足球特色学校 31场足球嘉年华活动让学生体验快乐足球(钱红艳)

9月14日 玄武区 把好节日市场监管 "抽检关"(王小飞)

9月19日 新街口地下空间将延伸到长江路以北(张昊)

9月19日 "非法集资防范" 公益讲座进社区(玄武 殷学兵)

9月20日 近日，玄武地税局组织青年志愿者参加首届江苏志愿服务展示交流会(图片)(邹群)

9月21日 施工队涉嫌向友谊河偷排泥浆 玄武城管责令其停工并接受进一步调查(王成兵)

9月22日　“资源循环再利用”宣教进社区(殷学兵　朱泉)

9月23日　新门口社区实行“居民轮值”　志愿者5年增加81人(华强　张璐　蒋琰)

9月23日　深夜执法巡查，遭不法摊贩持刀袭击　锁金村城管中队副指导员任克明殉职(玄萱　殷学兵)

9月23日　南京开放大学“牵手”玄武社区学院送教进社区“博爱南京社区行”活动举行(胡婷婷)

9月25日　缪瑞林调研玄武湖周边环境整治工作时要求　精心精细精致整治　提升宜居环境品质(刘晓)

9月26日　首场3D打印创意大赛在玄武开赛　5间打印房屋国庆节后将在六合瓜埠组装(戚军　殷学兵)

9月26日　被不法商贩行凶致伤经抢救无效牺牲　城管系统吊唁因公殉职的任克明(马金)

9月26日　十三中物理老师朱丽洁在学校和家里得到两种不同评价——学生:“女神老师”　儿子:“不靠谱”妈妈(张源源)

10月10日　玄武区将试点小学全科评价方式(钱红艳)

10月10日　多地为老人们举办各种庆祝活动(玄武区)(张璐、韦铭、殷学兵、蒋琰、李凯、胡英华)

10月13日　报名季,家长们在玄武外国语学校排队办理报名手续。(徐琦摄)

10月13日　玄武人大换届选举开展宣传日活动(柏富强、殷学兵摄)

10月13日　栖霞区、玄武区开展社会管理标准化显现成果

10月17日　玄武区举办“最美家庭”故事分享会(吴春风、许震宁)

10月17日　两小学设“中山”课程传博爱思想(钱红艳)

10月24日　交通安全从娃娃抓起(曾策力)

10月26日　教育部“突击”抽查我市中小学生体质(钱红艳)

10月27日　楼顶违章搭建玻璃阳光房被拆(玄萱、殷学兵)

10月27日　地铁出入口穿上“绿色新装”(陆思洋摄)

10月27日　7所中小学获赠价值45万元图书(马道军)

10月28日　新街口街道助餐点一日三餐服务老人(玄新、殷学兵)

10月28日　玄武区城管绿色联盟“3+X”助力“门前三包”落实–让“被管者”成为“管理者”(殷学兵)

12月5日　玄武区20多个助残组织“抱团”助残(玄萱　殷学兵)

12月5日　靠一只眼每天审阅百份户籍资料(杨维斌　邹伟)

12月9日　玄武:“三条防线”加强“八小时外”监督(吴春峰　许震宁)

12月16日　永远冲在最前面的老兵(赵赟　朱亦乐)

12月16日　玄武今年侵财性刑案同比降28%(杨维斌　邹伟)

12月16日　“吹风机”扫落叶(徐琦摄)

12月16日　一周内帮400民工讨回1250万欠款(陈益斌　曹阳　杨作森　许震宁)

12月19日　日本友人参访毗卢寺诸圣舍利(湛山摄)

12月20日　玄武区为因公牺牲城管队员募捐善款160多万元

12月20日　交警埋伏多日抓获4名“飙车党”(曾策力　王茸)

12月23日　两学生联手擒色狼获见义勇为奖励(狄公宣　王成兵)

12月24日　13所小学打造“温暖课堂”(钱红艳)

12月26日　百子亭拟建历史风貌街区(殷学兵)

扬子晚报

1月5日　南京成贤街小学全科阅读课题调查显示——小学生多阅读,学习成绩能提高(王璟)

1月7日　珠江路将变身创业大街(董婉愉)

1月15日　苹果新街口店透明“阳光房”亮相　除了买手机,还可学习分享:弘光中学的苹果公开课全球在线3.2万人(马燕)

1月20日　来网上众筹一份年夜饭如何?　锁金村576名困难居民今年格外暖心(董婉愉)

1月22日　玄武门街道72户居民获捐助(周红

军 董婉愉)

1月28日 居民没活动场地 成贤街道花钱租房(董婉愉)

2月18日 被卡扶梯男童手指已接上 商场管理不到位要承担相应责任(季宇轩)

3月2日 “成长仪式”(图片)(王璟 刘莉)

3月7日 南京各界昨日纪念周恩来诞辰118周年(图片)(张可 蔡震 李文宝)

3月7日 青少年体育舞蹈基地落户同仁小学(乐动)

3月7日 志愿服务进社区(图片)(张海红 董婉愉)

3月10日 居民给徐庄软件园送来锦旗(王磊 董婉愉)

3月15日 今年鸡鸣寺“樱花路”变长近百米

3月15日 “苹果6”被盗两天后现身福建 南京警方及时查扣帮失主追回(朱天璇 罗双江)

3月17日 网上预订“情调客栈” 原来是一个房间隔成几个“太空舱” 警方提醒:“黑旅馆”安全隐患大,网订客栈、民宿需谨慎(杨维斌 罗双江)

3月18日 弘光中学进行男女混合足球赛(图片)(毛玲丽 胡林 王璟)

3月22日 昆仑路小区硬件软件修补到位(周红兵 董婉愉)

3月26日 新街口开“直通车” 专治油烟噪音扰民(胡惠娟 董婉愉)

3月29日 南京新学期将推幼儿园校园足球课(王璟)

3月30日 8旬老太与女儿联手告儿讨房子 “鸡毛蒜皮”琐事处理不当,积累下近20年的怨气太难调解(玄研 罗双江)

3月31日 街道引第三方机构组办群众文化活动(张可)

3月31日 为千把块修车费打断干爹三根肋骨 玄武警方捣毁一聚众斗殴团伙,20多名嫌疑人被刑拘(杨维斌 罗双江)

4月8日 新办玄外附小,40%毕业生可直升玄外(王璟)

4月14日 回收正品包装盒 装假冒打印耗材 玄武区4商户被查获假冒耗材300余件(任国勇)

4月15日 南京玄武外国语学校:教育教学精雕细琢 办学质量高位发展(王璟)

4月17日 玄外小升初登记家长凌晨来排队 证书再多,有个“良好”也被挡“大门外” 周末两天预计有近2000名学生报名,招生比在1:8左右,全优、全三好仍是基本门槛(胡林 王璟)

4月19日 玄武区各街道已配备阅读指导员(葛勤 董婉愉)

4月20日 玄武区政府500万元购买社会服务(刘好华 董婉愉)

4月20日 锁金村街道德孝文化讲堂开讲(温荣 董婉愉)

4月22日 三姐妹开“地下美容院”半年买豪车 玄武警方连破两案,提醒市民“地下美容”风险高(杨维斌 罗双江)

4月25日 现在在南京,火爆程度能媲美“买房排队”的就只有这种情况了 新办民小招160人,现场涌来3000多人 有家长自带板凳排了一夜队(胡林 王璟 刘莉)

4月25日 志愿者教老人学用智能手机 聊天、打车、抢红包,都会玩了(徐颖超 朱颖欣 郑幼明 刘浏)

4月26日 “玄微警”上线 2分钟办好犬证(郭溯阳 王赟)

4月26日 南京市第十三中学:相约十三中,与大树一起成长(陶和洋)

4月26日 南京市第九中学:适合城市学生发展的高质量学校(王艳飞)

5月4日 遭遗弃可爱女娃已被送往福利院 警方提醒:遗弃罪可公诉可自诉,遗弃者尽快认领孩子对自己有利(杨维斌 罗双江)

5月5日 前夜南京街头又现被弃女婴(季宇轩)

5月5日 南京玄武区获评教育均衡先进区,成为全省教育工作各项评选“大满贯” 优质均衡,现代教育的玄武模式(张磊)

5月10日 锁金北路和谐社区建设示范带亮相 这是“德孝锁金工程”的一部分(邹德勇 董婉愉)

5月11日 南京一企业研发设备能除河道臭味(刘胜利 王骁 张可)

5月11日 南京13中为学生出文集(童琳 王璟)

5月11日 快餐店候车睡着手机被盗 南京玄武警方提醒:此类案件餐厅、网吧、公园易发,手机钱

包勿离视线(杨维斌　朱天璇　罗双江)

5月11日　锁金村"门前三包"管理把环境要求写进门面房租赁合同(张可)

5月13日　玄武区成立青年企业家联合会(徐建军　董婉愉)

5月14日　6名贵州残疾人南京创业获国家发明专利(董婉愉)

5月18日　南京玄武外国语学校：办学20载，让优秀成为一种习惯(王璟)

5月19日　菜场电子秤准吗？八成以上合格南京质监公布玄武、浦口、雨花台三个区集贸市场电子秤检定情况，浦口区的合格率最高(张艳　薛玲)

5月27日　无人机、机器人、柔道成为小学生课程(图片)(吴俊)

5月31日　书法家彭玉香走进校园传经送宝(图片)(汤雅洪)

6月2日　"小红帽""灰姑娘"登场，都是师生扮演的(王璟)

6月4日　校长变身暖男"大白"送祝福　高二学生"荧光跑"给学长鼓劲(王璟)

6月8日　高考前一天发现身份证过期　南京玄武警方加班10分钟帮忙办好证(杨维斌　罗双江)

6月9日　这一幕似曾相识(图片)(视觉江苏网供图)

6月9日　考点周边交通管制　路边再现家长拦车(董清　杨甜子)

6月9日　1.7万多名考生结束高考提前"解放"(董清　杨甜子)

6月14日　锁金村街道12345帮老人防骗(储楚　董婉愉)

6月14日　玄武门将居民投诉列入为民办实事项目(殷楠　董婉愉)

6月14日　孝陵卫街道提升12345工作效能(周川　董婉愉)

6月14日　樱花小学举行"小手掌"课程展演(蔡源)

6月16日　玄武区房产经营有限公司新街口分公司的房管员印洪明，近日成立了"房屋维修疑难会诊工作室"，受理住户报修请求(图片)(武旭昶　董婉愉)

6月21日　锁金村街道开出第一家社区中医馆专治老年慢病，填补居家养老医疗空白(张海红　董婉愉)

6月21日　徐庄软件园12345工作抓落实(苏健卫　董婉愉)

6月23日　南京打掉一运输毒品团伙(图片)(杨维斌)

6月24日　南京九中成立篮球特训俱乐部(张晨瑆)

7月5日　一场音乐会4位演奏者都是残疾人他们对艺术的执着，戳中观众的泪点(董婉愉)

7月26日　南京侦破特大涉枪贩毒案(图片)(杨维斌)

7月28日　被拔下钥匙，"黑车"居然还能启动(王骁　湛月玲　张可)

8月2日　玄武区老旧小区将普遍加装电梯(李天安　袁勤丰　董婉愉)

8月23日　新街口街道重拳整治吉兆营烧烤店(胡惠娟　董婉愉)

8月23日　徐庄软件园"12345"重视民情民意(苏健卫　董婉愉)

8月24日　玄武区资助贫困生　每人每学年可获1000元(李艺伟　董婉愉)

9月1日　南京又有女子中学了

9月9日　他们用自己的故事告诉你："今天，我们怎么做老师？"以南京市北京东路小学为样本，揭秘好老师诞生的五大"奥秘"(杨甜子　王璟)

9月10日　玄武重点推介珠江路创业街(李天安　李艺伟　董婉愉)

9月11日　南京成贤街社区开办助困"微课堂"(吴敏　董婉愉)

9月23日　劝阻占道小贩，城管被刺不幸殉职(张可)

10月12日　为当"副部长"，他连就职讲话都写好了(杨维斌、罗双江)

10月14日　价值3万元的包被盗小偷不识货弃之杂物堆(杨维斌、罗双江)

10月15日　冒充买家改地址，把货给"劫"走了(杨维斌、秦婕好、罗双江)

10月19日　装修工莫名被人砸断比臂(杨维斌、罗双江)

10月19日　"说好的"会所要变成社区配套用

房(薛玲)

10月26日　玄武区开展"雷霆行动"部门协同联合执法专治机动车违停和占道售卖(董婉愉)

10月29日　违停车占了小区消防通道 5 辆消防车堵门口"干着急"(郭一鹏、曾策力)

11月1日　二维码门牌真方便　扫一扫能办证(杨维斌、罗双江)

11月2日　推动"新门前三包"玄武城管实施"绿色联盟 3+X"模式(王晓　张可)

11月17日　孝陵卫街道"12345"有新招　"3 个电话"搞定群众难事(周琳莉　范晓林)

11月17日　徐庄软件园:一根电话线连接百姓和政府(苏卫键　董婉愉)

11月17日　佛心桥 43 号院内小路平整了(王秀英　董婉愉)

11月29日　二维码路牌出现在珠江路街头(杨维斌、罗双江)

12月1日　梅园新村街道有个棠棣读书会(朱源　董婉愉)

12月4日　左眼失明，他靠右眼每天审阅上百份资料(杨维斌、罗双江)

12月12日　栖霞区开设服务中心为民转缴社保费(汪涛、董婉愉)

12月12日　精神疾病患者楼道住半年　疾控中心送脑科医院救治(徐千越、董婉愉)

12月12日　南京有 4000 名孤独的"少年阿甘"(董婉愉)

12月12日　新街口房管所为住户检修水电(汤长根、董婉愉)

12月18日　父子俩先后从 12 楼坠亡(梅建明)

12月20日　让同学帮忙网贷刷业绩的学长跑了(裴睿)

12月22日　"偷钱存银行"只为打赏女主播(杨维斌、罗双江)

12月23日　"上门维修骗局"最近出了新花样(杨维斌、秦婕妤、罗双江)

现代快报

2月17日　垃圾没人清　这个年过得脏兮兮　快报协调后，社区已找人清理垃圾，业委会改选本周启动(蔡梦莹)

4月27日　快报教育亲子平台"天天成长会"发福利！　南京附小家长学堂开讲　想当好爸爸，快来抢票(黄艳)

4月28日　南京市玄武中等专业学校　携一技之长，赴海外乘风破浪(曹思濛　唐一娜)

4月28日　南京十三中，梦想家的乐园！(宋媛媛)

4月28日　南京市第九中学　不唯高考，赢得高考——记一所适合城市学生发展的高质量学校(王艳飞)

4月28日　南京市玄武高级中学　努力奋斗做更好的自己(宋军)

4月28日　南京市人民中学　新校园、新征程，百年人民展新篇(钱敏)

4月28日　穿越百年的守望，女中归来——热烈祝贺南京市汇文女子中学正式挂牌(钱敏)

5月17日　里的学生不上辅导班能考全市第一　揭秘"中考五连冠"玄武外国语学校(黄艳)

9月23日　次"致命"的夜巡(图片)(孙玉春)

9月23日　暴力抗法，必须受到谴责和严惩(肖余恨)

9月23日　执法中摊贩持刀行凶，城管不幸殉职　这是南京首起因暴力抗法致城管死亡事件;行凶者被刑拘，此前曾多次抗拒执法(孙玉春　杨菲菲　顾元森)

11月12日　7 家场馆可刷医保卡健身(杨作森、项凤华)

11月17日　课堂上动来动去的特殊孩子　老师有办法让他平静(黄艳)

11月19日　11 枚诸圣舍利永久供奉毗卢寺(胡玉梅)

11月29日　南京玄武区全面推广二维码地址标牌，为全国首创(杨维斌、陶维洲)

12月1日　长小全员参加心肺复苏急救培训(蒋庆寅)

12月3日　小老外玩转呼啦圈　小学运动会惊喜连连(张倩雯　舒越　黄艳)

12月3日　素描纸秒变画作　新玩法现身"遇见梵高"光影展(马万里、蒋庆寅)

12月6日　"户籍博士"5 年解决 3000 多户口难题(杨维斌、陶维洲)

12月9日　老年活动室咋变培训中心了(蔡梦莹)

12月9日　拍最美身份证照,"户籍博士" 有决窍(宋敏慧)

12月15日　24所学校成立计算机职教集团(段标、李晨)

12月15日　12所小学被评为"金陵十二钗"(黄艳)

12月20日　一只白狐跑进软件园　5个人抓了一个多小时(杨维斌、陶维洲)

12月20日　南农大57名学生疑似借贷被骗150万(金凤　陶维洲)

12月21日　"车走得比人还慢"珠江路半幅路面施工,堵了半个南京城(马乐乐　蔡梦莹　王瑞)

12月24日　30多年前斯霞老师的课堂 "重现"(黄艳)

12月27日　小偷扮大款　满身名牌全国各地到处飞(杨维斌、陶维洲)

金陵晚报

1月5日　健身器材出新没设标志　居民跌入坑中(胥欣)

1月17日　同仁小学:"载着科技梦起航" 迎新年嘉年华顺利开展(庞忠慧)

1月12日　对长江路打造文化旅游街的想法(练红宁)

1月12日　长江路文化旅游街重金征集创意(李怡然)

1月13日　鸡鸣寺牌坊的方向放错了?　网友建议:这座路中间的牌坊该转身了(于峰)

1月15日　市民投诉:菜场周边有多家活禽售卖点　店主警觉　看见记者举手机竟要过来抢(徐赟)

1月15日　南京第二家苹果零售店周六开业去Apple课堂学涂鸦(陈燕飞)

1月16日　"鸡鸣寺牌坊"前身找到了　和鸡鸣寺无关　专家独家提供资料:历史上这里确有牌坊名字是"千仓山馆"坊(于峰)

1月16日　南京警方举行2015年度工作总结表彰大会　"博士刑警"侦破南京首例假冒美容针案(宁公宣　徐宁)

1月16日　玄武区:稳增长、促改革、调结构、重生态、惠民生　全力以赴　确保"十三五"良好开局(李天安　袁勤丰　陈岑)

1月17日　南京这份判决书为何能迅速走红网络?　玄武法院在判决书中"晒"出审委会三种不同意见(陈菲　玄研)

1月21日　租房到期可屋里却住着病人(徐宁)

1月21日　苏教版小学音乐教材里的《外婆的澎湖湾》是她唱的　南京九中"小龙女"获江苏音乐统考声乐第六(李晨　王艳飞)

1月23日　被歹徒勒脖　女司机一个动作捡回条命　警方提醒:取车时观察是否有人尾随,上车后及时锁闭车门(杨维斌　徐宁)

1月24日　江苏省十二届人大四次会议今天开幕　环卫工代表扫雪收工匆匆赶来报到(黄昆)

1月25日　玄武湖街道科普军营(林夕)

1月30日　证券公司慰问困难家庭 (周红军　张彪)

1月30日　韶韶明故宫遗址让人摸不着头脑的"门" 后宰门是哪座门,北安门街上为何没北安门(周红军　张彪)

1月31日　高中寒假不补课　九中开了 "空中课堂"(王艳飞　潘冬)

2月1日　南京九中在两岸高中篮球赛中夺冠(王艳飞　潘冬)

2月1日　金陵晚报送欢乐　社区居民闹新春(顾海青)

2月1日　平凡生活见真心(顾海青)

2月5日　用不明溶剂洗桌布竟爆炸了(徐宁)

2月14日　小学生在老门东宣讲安全防护 (姚媛媛)

2月15日　情人节领证遇冷　离婚的倒不少(姚媛媛)

2月15日　明孝陵老照片现深沟　是挖宝还是建战壕(于峰)

2月17日　3岁男童手指被卡电动扶梯(徐赟)

2月17日　赏梅时看好相机手机(杨维斌　徐宁)

2月18日　孩子受伤手指连夜手术　情况比较乐观　监控还原事发经过　涉事电梯经查未发现问题(徐赟)

2月18日　大毒枭情人节落网　他们准备干完这一票就"金盆洗手"的(杨维斌　朱天璇　段仁虎)

2月19日　打印店竟有代做作业一条龙服务　价格50-300元不等,买账的家长扎堆(董自正)

2月19日　梅花山上曾有汪精卫墓　跪像依然留存　具体位置就在现在山顶的观梅轩(于峰)

2月20日　提花灯、搓元宵　孩子提前乐起来(许军)

2月21日　天山路社区元宵猜灯谜(姚媛媛)

2月22日　军休老兵与硬六连的不了情(仓晓练红宁　毛蕾)

2月23日　情人节热销巧克力难觅国产的(曹涌　何刚)

2月23日　涉嫌挪用公款罪　人民中学总务处一职工被立案(陈菲)

2月23日　高楼门、卡子门,这些"门"真的是城门吗　南京地名中有几个名不副实的"城门",竟有两个麒麟门(于峰)

2月24日　1辆单车　22天　2100多公里　骑行川藏线　内向的他变得更加开朗(潘冬)

2月24日　孙子车祸去世　奶奶急得要跳楼(朱天璇　徐宁)

2月26日　劫匪抢钱后留下了手机号？　联系上后说喝多了并要还钱,仍被警方刑事拘留(杨维斌　徐宁)

2月27日　街头现卡通图案石墩"萌萌哒"　有人喜欢有人质疑　这属于乱涂画吗？(胥欣)

2月27日　南京为失业人员送岗位送培训(肖雪)

2月29日　顾客胡乱举报浴室容留卖淫嫖娼查了几次　警方还真查到了(朱天璇　徐宁)

2月29日　想和梅花亲密接触结果摔伤了腿(徐宁)

3月1日　今春飘得早,持续时间长　南京法桐数量少年纪大　飞絮难以根治(于飞)

3月1日　高中办成人仪式　送学生暖心礼物(童琳　王艳飞　潘冬)

3月2日　300多名小学生园内种茶树(许小娟　潘冬)

3月2日　拖欠工资却吃大餐？老板被堵餐厅(朱天璇　徐宁)

3月3日　2岁娃被锁家中　奶奶拿错钥匙进不了门(陈相霖　朱天璇　徐宁)

3月3日　南京城墙竟多出一段253米长的"盲肠"　为什么从城内鸡鸣寺到城外玄武湖边,要经过两道城门(于峰)

3月4日　一台笔记本引发砸宝马风波　一方被抓一方损失惨重　而这一切本可避免(杨维斌　徐宁)

3月5日　欠钱连累女儿　他宾馆里自杀　幸被警民及时发现,经抢救后脱险(朱天璇　徐宁)

3月6日　柳丝吐绿(图片)(刘鹏)

3月6日　诗歌朗诵会纪念周总理118周年诞辰(于峰)

3月7日　南京青少年体育舞蹈基地挂牌(陈洪顺)

3月7日　传令女兵为社区老人包饺子(图片)(程永亮)

3月7日　军民携手传承雷锋精神(邢轩)

3月7日　玄武学雷锋服务月启动(徐军　于燕)

3月7日　昔日南京赏梅胜地不是梅花山而是灵谷寺(朱炳贵)

3月8日　巾帼文明岗的警花们(图片)(杨维斌　段仁虎)

3月9日　碑亭巷现六朝皇宫御井　建康宫城遗址上,又一处原地展示的皇家遗迹(于峰)

3月9日　醉酒后毁坏车辆还打伤民警(徐宁)

3月10日　南京九初尝试借力社区教育(朱明　潘冬)

3月10日　校园足球联赛开踢　女生真不少(杨亮红　潘冬)

3月10日　家长齐推荐小班化小学(潘冬)

3月10日　家长该如何和孩子交流　科利华小学开了家长课堂(孙娓娓)

3月13日　111名小学生徒步8公里过生日(杨强强　潘冬)

3月14日　军民同庆学雷锋(顾海青)

3月15日　玄武湖紫金山之间将有大型"餐饮城"　南京国展中心改扩建有望7月启动(于飞)

3月15日　近日,玄武地税局青年志愿服务队走进社区开展税收志愿者活动(图片)(陈蕾宇)

3月15日　鸡鸣寺路上的樱花开了　提前了十天左右　接下来的阴雨模式会不会让它花期变短？(王君)

3月15日　苹果手机南京被盗后现身福建(朱天璇　徐宁)

3月15日　多维度衔接、多角度互动　玄武区市场监管局：谱写消费维权新篇章(王小飞　吴颖)

3月15日　市集贸市场计量器具检定在玄武启动(邬莉萍)

3月15日　饮用奶茶后心慌？监管部门迅速行动(罗亚玲)

3月16日　南京首届"十佳基层专武干部"开始评选(姚媛媛)

3月17日　"黑旅馆"网上转正成"情调民宿"　警方提醒："黑旅馆"安全隐患大，网订客栈、民宿需谨慎(杨维斌　徐宁)

3月17日　长江路LOGO评选结果出炉(李怡然)

3月18日　跟10多岁外孙女赌气　八旬老人要打车去上海(田卫星　徐宁)

3月18日　文艺咖必去的文创百货街区(唐旭芬)

3月20日　少女离家出走寻歌星梦　两地警方联动找人(朱天璇　徐宁)

3月21日　"白日抢"转身成了烧烤店的传菜员　店老板就是他们"老大"　还给他们下作案指标(杨维斌　徐宁)

3月21日　樱花盛开　游人井喷(图片)(刘鹏)

3月22日　2.2万元买的清仓甩卖昆仑玉竟是大理石(张彪　何畔)

3月23日　关注"世界水日"　节水窍门带回家(付翾　丁媛媛)

3月24日　九中初三女生正在练习跳绳(图片)(潘冬)

3月24日　南京2016年体育中考下月上演，各初中积极备战　今年想考满分难度大　老师学生有压力(潘冬　朱明)

3月24日　小学数学并不难，培养思维最重要，"牛娃"爸爸这样说：要懂得"诱惑"和适当"示弱"(汪洁)

3月24日　立贤小学举行10岁成长礼(周璐)

3月24日　理工实小举行科技月"科学小达人"评选启动仪式(吴凡)

3月25日　顺手偷车却忘了酒吧墙上有他照片(朱天璇　徐宁)

3月25日　民国时鸡鸣寺没樱花，游人爬台城提心吊胆　40多张罕见南京老照片曝光，透露有趣的历史细节(于峰)

3月26日　CBA球员和高中生对战篮球(王艳飞　潘冬)

3月27日　V课程教你用手"量"紫金山　3分钟跳绳468个　特色课程让每个孩子都成为奇迹(曹苏芳　董自正)

3月27日　享受爱心车队服务(李明)

3月27日　玄武一所开展学雷锋志愿服务活动(李影)

3月28日　共为独居老人清理房屋(陆遥)

3月29日　长江路小学举行全校消防演习(赵昌竹　董自正)

3月30日　昨天，南京首个新型群众性公益文化活动项目——"乐颂"文化空间落户锁金村街道(图片)(段仁虎)

3月30日　女子遭遇"午夜凶铃"　民警找出幕后"黑手"(杨维斌　徐宁)

3月30日　锁金村街道12345平台帮助企业协调争端

3月31日　理工大实小举行安全演习(韩树人)

4月1日　为骗保　修理厂老板开宝马撞老乡富康车(杨维斌　徐宁)

4月2日　立贤小学蝉联校园足球联赛冠军(仲召弟　潘冬)

4月4日　送货后从不空手　半年顺走10多万元汽车配件(朱天璇　徐宁)

4月5日　想整形先来当学员　半年敛财千万　嫌疑人在南京买了房　还开上了宝马车(杨维斌　徐宁)

4月5日　眼睛受烟熏容易"眼中风"(苏丽萍)

4月6日　墨香山庄小区高空违建成风　为何拆不掉？　高空执法需要翻天窗越楼顶　面临安全问题(王芃)

4月6日　六年级女孩"上学路上"失踪　竟在床底下找到(朱天璇　徐宁)

4月7日　理工大实小"孔从洲中队"成立(韩树人)

4月8日　玄外附小成立　40%毕业生可直升玄外　原南师附小校长任校长　今年将招收160名新生(潘冬)

4月8日　“侄子”遇车祸老两口要汇“救命钱”(杨维斌　朱天璇　徐宁)

4月9日　南京各区陆续启动2016体育中考　拿满分难？金陵晚报邀体育名师指导(潘冬　童琳)

4月10日　母子俩过了20多年没有户口的日子　警方帮忙最终让两人恢复户口(杨维斌　徐宁)

4月12日　弘光中学“梦想杯”足球赛闭幕(丁烨　董自正)

4月13日　玄武外国语学校　周末小升初报名登记　招生基本和去年一致(潘冬)

4月13日　4个活禽销售点被取缔(胡惠娟　于志兵)

4月14日　扒窃流行“锵锵三人行”　专盯路边带包女　珠江路中央门等沿线成新型扒窃案易发路段(杨维斌　徐宁)

4月17日　玄外“小升初”报名登记昨日启动　凌晨2点就排队　家长更热衷老牌民办(潘冬)

4月19日　手机被偷了？原来是落在出租车上(徐宁)

4月20日　骗子盗用企业电邮　骗老外6万美元　所幸外汇不能轻易取出　事发10天后仍被追回(杨维斌　徐宁)

4月20日　锁金村街道举办读书节(丁媛媛)

4月21日　警察当街扑杀流浪狗？警方辟谣　流浪狗由“平安阿福”救助　警方呼吁居民尽快给狗办证(朱天璇　徐宁)

4月23日　社区消防科普教育基地接待超万人(仲毅　周珊珊)

4月24日　发挥专长服务战友(绳加玲　张远坤)

4月25日　100多人连夜排队　全天3000多人报名　19个娃里挑1个！　民办玄外附小招生太火了！(潘冬)

4月28日　中国工程院院士走进理工实小(许小娟)

4月28日　涵养智慧　助您成功——南京市第十三中学(张苓)

4月28日　百年老校焕新颜，众志成城奏华章(钱敏)

4月28日　我们从昨天走来　我们从今天出发　我们将向未来腾飞——热烈祝贺南京市汇文女子中学正式挂牌(钱敏)

4月30日　未经批准　不得以特长生名义招生(董自正　潘冬)

5月2日　南京全城联动为2岁女孩找爸妈　她一直哭喊“找妈妈”，全省尚未接到相关报警(徐宁)

5月2日　妈妈拍个照　儿子不见了(徐宁)

5月3日　痛心的消息：警方初步认定女童是被遗弃　受到惊吓，小姑娘睡得不安稳，吃得也很少(徐宁)

5月3日　南京九中与玄高合作创办“九中班”(王艳飞　潘冬)

5月4日　2岁女童昨天被送到儿童福利院(徐宁)

5月5日　他们为何遗弃女儿？家里已有3个孩子　南京警方赴江西找到孩子父母　他们痛哭流涕表示愿继续抚养孩子(杨维斌　徐宁)

5月8日　长江路现新式路牌(图片)(段仁虎)

5月9日　金陵晚报社区行如火如荼进行中(顾海青　陈岳阳　徐千惠)

5月10日　内秦淮河秦淮段　时隔数日景色一新　玄武区半侧也承诺年底解决　综治方案加紧推进(于志兵)

5月11日　“门前三包”写进租房合同　别想再敷衍(黄昆)

5月11日　小区飘香原是楼房布满烟道　有的朝高空排　有的朝下水道排　油烟到底该怎么排？(李鹏　胥欣)

5月12日　女老板支付宝内15万元被分上千次转走　警方调查：小偷曾在店里兼职　经常拿她手机玩游戏(杨维斌　徐宁)

5月14日　南京“最小公园”关闭近5年即将归来　和平公园保留钟塔　增设两个地铁出口(于峰)

5月15日　小区门口脏乱差　遍地是“僵尸车”(胥欣)

5月17日　父母后悔想要回她　南京逾200家庭想收养　江西女童去留让人牵挂　无论如何别让她再受伤(陈岑)

5月17日　内秦淮河玄武段开始恢复沿河步道　打通逸仙桥至竺桥段的亲水步道　700米被埋地下河首次清理(戴希琳　于志兵)

5月18日　江苏56位省管领导干部任职前公

示　涉南京市玄武、栖霞、江宁三区区长人选，杨学鹏拟任南京市委常委(黄昆)

5月18日　一排险树倾向居民楼（周红军　张彪）

5月18日　玄外辉煌20年　有“牛娃”也有最牛“成绩单”

5月19日　阻止给狗办证　女主人踢打民警被拘留(杨维斌　徐宁)

5月19日　获省技能大赛一等奖，还被保送南艺　17岁小美女从“业余”唱成“专业”(汪洁　段标)

5月21日　“网红日”疲软“520”遇冷　南京领证结婚的减三成　离婚的增五成(姚媛媛)

5月22日　玄武中专将办4场招生咨询会（段标　潘冬）

5月23日　大地保险开展“爱进社区”活动(高洁)

5月23日　穿着汉服吟古诗(童琳　潘冬)

5月23日　东大学生成九中辅导员（王艳飞　潘冬）

5月24日　内秦淮河新添三处亲水步道台阶　珠江路至逸仙桥很快将可步行直通(于志兵)

5月24日　五六十斤的箱子抱回5楼的家　直到被抓仍未打开　得知偷的保险箱里有18万　她惊呆了(杨维斌　徐宁)

5月24日　南京体育学院财务处一科长涉嫌贪污被公诉(陈菲　市检)

5月24日　人民中学一职工涉嫌挪用公款被公诉(陈菲　市检)

5月25日　前夫捡垃圾堆家中致家人染病(徐宁)

5月25日　男子撬门欲行窃当场被抓(徐宁)

5月26日　网上充油卡　余额全没了　钓鱼网站作祟　诈骗团伙网站后台窃取充值卡账号密码(杨维斌　徐宁)

5月26日　健康总动员，欢乐嗨起来！(刘鹏)

5月26日　玄外班领队　奇迹教师助力　五十四中：打造南京市顶尖的小班化初中

5月26日　高中校园设“游戏区”帮学生减压(童琳　潘冬)

5月27日　该不该批捕“鸟王”？花鸟市场在观望　“鸟王”：逮小鸟还犯法了？公安：长期捕鸟社会危害大(玄检　陈菲)

5月28日　南京2016年热点公办中小学摇号学校名单和计划数出炉　琅小力小北小树人科利华都有摇号名额(潘冬　董自三)

5月28日　南京“鸟王”涉嫌非法狩猎罪被批捕(陈菲　玄检)

5月31日　面对持“枪”抢劫　醉酒女孩一巴掌扇过去　案件18小时告破　警方不提倡和歹徒正面冲突(杨维斌　徐宁)

6月1日　去年在全国中专中首个尝鲜，却没开成　玄武中专再开马术专业　拟招30人(潘冬)

6月2日　无数人被这心酸的故事戳中泪点　源源不断的爱从民警朋友圈涌向她们(徐宁)

6月3日　早上开晚上关　社区健身器材也“上下班”？　社区：考虑噪音和小孩安全　下一步会延长开放时间(张彪)

6月3日　真人CS搬进校园　娃们玩嗨了（韩树人　潘冬）

6月8日　目击当街掳人　热心大妈拍照助破案(杨维斌　徐宁)

6月11日　大树干倒下砸中货车　司机不幸遇难　起因系货车刮倒树干？交警仍在调查(胥欣)

6月14日　“幼升小”摇号开始　多数家长淡定放弃　专家：家门口学校质量提升是主因（董自正　潘迪冉）

6月14日　偷电动车也搞“订单式”　买家要啥他偷啥(杨维斌　徐宁)

6月16日　盒饭油渍未清理　顾客摔伤获赔近3万(徐宁)

6月16日　诊所拆楼梯引来居民投诉(胥欣)

6月16日　50元假肉毒素卖2000元　警方捣毁制假工厂(杨维斌　徐宁)

6月16日　民乐才女、学霸、活动达人　牛妈说“三好”女儿是这么养成的！(潘冬　于洋)

6月18日　5岁儿童独自在明孝陵徘徊(徐宁)

6月20日　警高塔上救下患精神病男子(徐宁)

6月20日　玄武中专艺术系：引你步入高雅艺术的殿堂(段标)

6月21日　民玄武中专现代服务系：不一样的方向　一样的精彩(段标)

6月22日　南京九中邀请初三学生进校园　中招咨询会在即　专家教你“备课”(潘冬　王艳飞)

6月22日　玄武中专信息技术系：帮你插上腾

飞的翅膀(段标)

6月23日　嚣张毒贩　住院期间依然贩卖“6·26”国际禁毒日前夕　南京警方通报贩毒案件(杨维斌　段仁虎)

6月25日　九中高考再度大幅攀升,文化二本硬达线477人　笔者第一时间带你揭秘九中成长故事

6月26日　警方公开发还60万余元赃物赃款(段仁虎)

6月27日　“缉毒日记”20年不断刷新禁毒数据　缉毒民警:最大梦想是毒品流通萎缩(钱奕羽)

6月27日　安全计量检测　把健康带回家(陈岳洋　傅秀)

6月30日　一个高中女孩的“逆袭”　进校是中等生　如今成全校高考文科头名(潘冬　童琳)

6月30日　张文华:让社区的精神文化开出幸福小花(邹欣　胡涛　林巧芬)

6月30日　玄武区城管局:“两学一做”扫除工作难题(于志兵)

7月3日　路上有“停车位”　为何被贴罚单?(张彪)

7月4日　玄武区现坍塌险情　部分道路封闭(于飞)

7月4日　新夜店一桌一晚营业额相当于老牌夜市摊点一个月的　南京夜市打开方式你最爱哪一样?(陈岑)

7月5日　城管出动1.5万人次投入防汛(倪莉　胥欣)

7月5日　“黄牛”换装伪基站　三四天骚扰数万人(杨维斌　徐宁)

7月6日　友谊河河水上涨倒灌马路　防汛人员水中推出几十辆泡水车(王骁　倪莉　胥欣)

7月6日　两岁娃“被拐”?原是自己坐电梯下18楼(杨维斌　徐宁)

7月9日　新庄广场附近现渣土车　石块掉落连坑十多辆车(胥欣)

7月11日　“特殊教育”学生有了就业实践基地(姚媛媛)

7月13日　又遇老套的电话诈骗,为何长时间没人发现?　南京大妈两个月汇给骗子127万(杨维斌　徐宁)

7月13日　南京职校招生火热,好专业你真懂吗?　玄武中专资深招生老师教你挑专业(段标)

7月15日　街道城管自制“排涝神器”汛期走红　创意来自防汛实战　整合三种工具　“研制”成功后迅速被借鉴(于志兵)

7月18日　舌尖上的幸福社区(陈岳洋　傅秀)

7月18日　阳光心态洒满社区角落(傅秀)

7月19日　男子舞厅结识女老板　借23万后失踪　玄武警方破案后发现,这是一起从头到尾的骗局(杨维斌　徐宁)

7月20日　停业3天的龙虾店突发爆燃　两个月前　本报曾报道此处油烟扰民的问题(胥欣)

7月21日　老父报警称儿子发病　民警将其控制后送医(徐宁)

7月24日　捐献墨宝(常思　为民　马涧)

7月25日　大局为先　实事为重　特色为要　新玄武,构建兵区拥军新格局(徐军　毛蕾)

7月28日　玄武湖派出所一周救下4名轻生者　警方加强巡逻　并筹建救助基金(杨维斌　徐宁)

7月28日　缉毒民警抓获贩毒团伙　缴获毒品7.8千克、自制手枪两支(杨维斌　段仁虎)

8月2日　全国首家　玄武湖申报国家水利风景区　武庙闸将变水利文化展示馆　未来水体将“大扩容”(于飞)

8月3日　国民大会党旧址(于峰)

8月4日　小学生发现公共自行车圆形摆放更省空间　这项研究已获国家专利　管理方回应:建设运营操作都难(潘冬)

8月6日　前湖城墙豁口展示工程将完工　神秘“墙中墙”露真容(于峰)

8月8日　中学生篮球赛在宁决赛(王艳飞　潘冬)

8月8日　玄武湖街道慰问解放军(周琳)

8月10日　“找对人”比“好日子”更重要　七夕结婚比往年锐减　离婚的比较多(姚媛媛)

8月11日　红山路“提速”方案确定:隧道+立交(于飞)

8月13日　假烟也有高仿!“老烟枪”前露了馅　警方捣毁大型贩卖假烟团伙,4嫌疑人被刑拘(杨维斌　徐宁)

8月18日　中考全区第一　她是怎么做到的

她的经验是:重视阅读和自主学习(李晨)

8月19日　玄外附小过渡校园已就绪(潘冬　董自正)

8月19日　网上充油卡未成功　卡上的钱却没了　涉及七省市200多张油卡　寻找受害人!车主都来看看,上当的有没有你(杨维斌　徐宁)

8月22日　15岁才上完小学三年级　却自学技术开锁盗窃　警方提醒家中勿存放过多贵重物品(杨维斌　徐宁)

8月22日　汛期过后　泄洪沟成了垃圾场　街道回应:垃圾已被清理,接下来考虑联合整治(张彪)

8月24日　南京市校园篮球联盟迎来美国NCAA教练(赵彦砚)

8月24日　买菜是假偷手机是真(徐宁)

8月28日　玄武城管装备激光"测绘神器"(王骁　鲁斌山　胥欣)

8月29日　民国最高级别"武林擂台"将迎来首次维修　它是中央体育场组成部分,曾见证1933年南京武林高手的辉煌(于峰)

8月30日　推拿店前无盲道　盲人摔伤　推拿师:人行道改成停车位?　停车管理站:这段路一直没盲道(张彪)

8月31日　同一校长　本部派骨干教师　南师附小仙鹤门分校9月开学(潘冬　孙权)

9月1日　玄外附小新学期学费8000元(王华　何刚)

9月2日　小巷内百米墙绘惊艳(图片)(刘鹏)

9月3日　徐庄数字地图发布(陈岑)

9月4日　凌晨家里进贼　"书生"一声叱吓跑小偷　资深刑警教你如何应对入室盗窃行为(杨维斌　徐宁)

9月6日　玄武湖畔　上演新时代的沙家浜(徐军　毛蕾)

9月7日　老人800元被调包　警方喊受害人来报警(杨维斌　段仁虎)

9月8日　顾家营铁北地区将建名校分校　玄武区教育局称:本区暂无学区生源"爆棚"风险(潘冬　韩颖　杨亮红)

9月9日　《人民教育》为北京东路小学出专辑　孙双金:北小将塑造"后师范院校"(唐尧)

9月13日　南京"文明交通进校园"行动昨天启动——文明出行守交规,彬彬有礼好少年(李有明)

9月14日　31所中小学试点"大课间足球游戏课"(李晨　童琳)

9月15日　十三中师生玄武湖畔开诗会(童琳　李晨)

9月16日　九中师生举行金秋诗会(徐晓燕　李晨)

9月20日　玄武湖获批国家级水利风景区(于飞)

9月20日　科利华小学首开"全息阅读"课(李晨　陈迪)

9月21日　和平公园钟楼重开放　"真实身份"起疑云　现场说明牌说它是"汪伪还都纪念塔",学者考证其最初是"励士钟塔"(于峰)

9月22日　南京有棵"坚强"古树:曾遭雷劈如今奋力生长(于飞)

9月23日　城管执法被刺殉职　留下上五年级的儿子　摊主葛某某曾多次抗拒执法　因涉嫌故意伤人致死被刑拘(胥欣)

9月23日　手机被扒后踹倒小偷却遭围殴　玄武警方支招遭遇扒窃的正确处置方式(杨维斌　徐宁)

9月24日　曾经的执法对象为任克明捐款(胥欣)

9月25日　昨日再发两起暴力抗拒城管执法事件　任克明灵堂已设置,已有近千人自发前去悼念(赵渊　史春莉　胥欣)

9月25日　玄武区校园篮球赛首设初中组(李晨　陈迪)

9月26日　十三中老师朱丽洁:学生心目中的女神(钱奕羽)

10月10日　33所学校试点"全科素质测评"(杨亮红、李晨)

10月12日　"玄武段"感受山水城林(陈菲)

10月13日　玄武中专龙舟基地揭牌(段标、张晗婷、李晨)

10月19日　无证摊贩"打游击"玄武启动"雷霆行动"(陈岑)

10月21日　玄武开展人大换届选举集中宣传日活动(钱弈羽)

10月24日　玄武区成立军休居家养老中心(徐军　毛蕾)

10月27日　效率牛娃:学也专注　玩也专注

（汪洁）

10月30日　神秘的“土特产”竟然是冰毒　玄武警方当场缴获冰毒466克（杨维斌　段仁虎）

10月31日　玄武区五把“钥匙”开启“十三五”升级发展大门（杜宏亮、李天安、陈岑）

11月2日　南京玄武警方捣毁伪卡盗刷犯罪团伙（杨维斌、秦公轩、徐宁）

11月3日　和盲校同学牵手共绘大美汤山（孙娓娓）

11月3日　妈妈分享教子经：学习和爱好“缺一不可”（李晨）

11月4日　禁毒进校园（段仁虎摄）

11月7日　新街口无军籍职工座谈（高振风）

11月8日　同仁小学精彩亮相获赞誉（李都）

11月14日　女子打电话时被劫走　嫌犯竟是曾经的邻居（杨维斌　徐宁）

11月17日　提升品质　打造宜居宜业的精品梅园（吴颖）

11月19日　11颗诸圣舍利永久分供至南京毗卢寺（于飞）

11月19日　南理工实小成立少先队辅导员工作室（许小娟、李晨）

11月19日　买房时很冲动拿房后傻了眼（陈桂珍）

11月20日　江苏省学校体育舞蹈锦标赛举行（陈洪顺、李都）

11月21日　南京玄武警方接连捣毁多个地下赌场（杨维斌、徐宁）

11月26日　专程到南京上紫金山砸豪车行窃（杨维斌、徐宁）

11月27日　中学生国防知识竞赛现场考急救（徐晓燕、李晨）

11月27日　民警扮成保洁员“潜伏”小区抓小偷（杨维斌、徐宁）

11月29日　行风督监员点赞玄武司法（雍青）

11月29日　民警资助单亲妈妈让其女考上大学（徐宁）

12月1日　“掐表计时”培养孩子时间观自控力（李晨、周李）

12月5日　他仅靠右眼解决3000多个户口难题（杨维斌、徐宁）

12月8日　玄武区“旅游放心消费站“挂牌　南京首个（王小飞、吴颖）

12月9日　万余人被圈上亿元　江苏警方赴泰“猎狐”（苏宫新　徐宁）

12月15日　孩子成长最不可缺的是父母的陪伴（李晨）

12月18日　24所职校抱团培养计算机专业人才（段标、李晨）

12月18日　Ipad进课堂　不在教室也能上课（董自正）

12月24日　男子猥亵女乘客后逃跑　两少年将其按倒（狄公宣　徐宁）

12月30日　温馨“迷马”亲子跑（童琳、李晨）

南京晨报

1月5日　科利华小学体育节　校长领着大家一起嗨（钱丙瑶　刘彩云）

1月12日　长江路将打造文化旅游大街　向全球网友征集LOGO　征集时间1月12日至31日（黄欢）

1月29日　肝移植患者生命垂危急需“熊猫血”　刚上完夜班的检察干警热心献血救人（李潇涵　钱鸣）

3月9日　男扮女装进校园　专偷女舍还拍照留念　南京玄武警方连破多起校园窃案，盗窃手段花样百出须防范（杨维斌　钱鸣）

3月21日　大白天骑摩托抢手机　用烧烤店做窝点　犯罪分子太嚣张　玄武警方多日蹲守打掉窝点（杨维斌　钱鸣）

3月25日　玄武湖街道读书月活动启动（孙文）

3月30日　北苑社区好婆婆胡素香谈婆媳相处：儿媳妻进门就是自己的女儿（管鹏飞）

3月31日　为1500元修车费　男子带人打断干爹三根肋骨　南京玄武警方捣毁一聚众斗殴团伙，二十多名嫌疑人被刑拘（杨维斌　钱鸣）

4月1日　玄武区新增180平方米高品质商业服务载体（刘娟）

4月1日　为骗保也是拼了　修理厂老板开宝马撞老乡（杨维斌　钱鸣）

4月4日　冒充军官骗财骗色　多名女性落入男子陷阱（玄检　钱鸣）

4月6日　4户人家进了贼，为啥只有两家被盗另外两家家中没放现金和金银首饰，民警提醒最好不要在家中放贵重物品（杨维斌　钱鸣）

4月8日　玄外附小今年开办　名校长领衔40%毕业生直升玄外（刘颖）

4月9日　身世曲折　母子俩当了20多年"黑户"民警相助　社区托管户中找回"身份"（杨维斌　钱鸣）

4月13日　玄武外校本周末小升初招生登记（刘颖）

4月16日　玄武区启动全民阅读活动　家庭、校园、单位处处洋溢浓浓书香（沈青　孙文）

4月16日　玄外附小4月24日接受一年级新生报名登记（刘颖）

4月16日　南京九中将推出九场中招公益讲座（王艳飞　刘颖）

4月17日　玄外报名首日有家长凌晨两点来排队　一共来了近千人，登记条件四年没变，引导家长别给孩子增负（刘颖）

4月17日　婆婆家暴，媳妇向法院申请人身安全保护　《反家暴法》实施一个多月，南京法院发出多份人身安全保护令（冒群）

4月21日　车内玩手机未锁门　女子遭歹徒持刀抢劫（杨维斌　钱鸣）

4月22日　中层干部月入过万　还开"地下美容院"　南京玄武警方连破两案，提醒市民美容整形要去正规医院（杨维斌　钱鸣）

4月25日　3000多孩子报玄外附小　争160个名额（刘颖）

4月25日　玄武中专读书节设五大体验区（段标　刘颖）

4月27日　玄武区检察院情景剧演绎案例　倡导保护知识产权意识（玄检　钱鸣）

4月27日　播录音诱捕野生鸟类　南京"鸟王"非法狩猎被抓　玄武警方提示：江苏全省均为禁猎区，任何捕猎行为均属违法（杨维斌　钱鸣）

4月28日　山体再次滑坡　墨香山庄居民心里抖呵（卢斌）

5月1日　幼儿园大厨比拼蒸包子炒土豆（杨亮红　刘颖）

5月2日　市民路边发现一走失女童　民警寻找孩子家长却没有任何线索　警方急发微信寻人：这个女童谁家的？（卢斌）

5月3日　《警方急发微信寻人：这个女童谁家的？》后续报道　三个关键证据确认女童被遗弃（卢斌）

5月4日　2岁女童已被送往福利院（卢斌）

5月5日　遗弃两岁女童的父亲昨天已被刑拘　南京警方赴江西找到女童父母，他们自称有4个孩子无力抚养，母亲被取保候审（杨维斌　钱鸣　卢斌）

5月11日　中考"五连冠"玄武外国语学校：20年高品质办学　不放弃一个学生（刘颖）

5月11日　门前三包做不好，房子就不租给你　锁金村街道门前三包管理出"新招"（仲永）

5月12日　玄武中专学生保送南艺本科（段标　刘颖）

5月12日　玄武高级中学　开办名校共建班，让孩子做更好的自己（刘颖）

5月14日　自掏腰包帮居民移空调　太平门社区热心做好12345工作（盛文虎）

5月15日　支付宝内15万元被分上千笔转走　原是兼职的女大学生借玩手机时盗窃（杨维斌　钱鸣）

5月15日　南京小营千年话变迁（周安庆）

5月15日　"侗医头疗"助玄武聋哑人群就业（陈彦）

5月17日　玄武区排水管疏通用上"内窥镜"（王骁　仲永）

5月20日　十三中举办古诗词吟诵节（童琳　刘颖）

5月20日　科利华小学"满天星"艺术节开启（陈娟　刘彩云）

5月20日　南京十三中　冲破"生源决定论"，屡创高考奇迹（张小英　刘颖）

5月21日　学校资源如何向社区居民敞开？玄武湖街道请来校长、居民想对策（张小英　刘颖）

5月24日　玄武中专开放日活动启动　快来体验"高大上"的职业教育（段标　刘颖）

5月28日　昨天，玄武区新媒体党外人士联谊会成立大会暨"创赢珠江路"微论坛在玄东科技园召开，"玄武统战·同心汇"微信公众号正式开通（图片）（刘好华　倪敏　万程鹏）

5月31日　玄武高中印尼籍"小暖男"一路过关考上北大（刘颖）

6月2日　玄武中专：多种培养模式　学生发挥所长　晨报小记者亲身体验高尔夫和动漫设计专业(段标　刘颖)

6月4日　高考前最后一个晚自己　师生齐“表白”　满满都是祝福(童琳　王艳飞　刘颖)

6月4日　南京十三中戏剧节开幕(童琳　刘颖)

6月6日　男子杀妻分尸后逃到南京被抓获(杨维斌　钱鸣)

6月7日　考生身份证过期　玄武警方加班帮办证(杨维斌　钱鸣)

6月7日　南京玄武警方破获别墅盗窃案　十多万金饰消失　原是防水工人暗渡陈仓(杨维斌　钱鸣)

6月14日　市民反映长江咱木椅破败，记者采访有关部门得答复——长江路艺术长廊木椅3天内维修完毕(戚在兵　刘颖　刘娟　孔芳芳)

6月14日　偷电动车也搞“订单式”　买家要啥他偷啥　玄武警方破获多起盗窃非机动车案(杨维斌　钱鸣)

6月17日　帮助邻里排忧解难,参加公益活动十多年未间断　85岁老教授　乐于奉献大家夸(管鹏飞)

6月29日　昨日,锁金村街道庆祝建党95周年大会暨“德润锁金·民创民享”群众文艺演出在板仓街109号部队大礼堂举行,社区党员群众共400多人参加了活动(温荣　仲永)

7月1日　俩服务员复制顾客银行卡信息再倒卖　短短3天便作案28起，警方提醒市民不要轻易把银行卡交给他人(杨维斌　钱鸣)

7月3日　玄武区启动“追寻红色记忆”夏令营　社区安排8大类、382场活动迎接学生放暑假(王信芳　孙文)

7月8日　玄武门街道社区安排86场特色少儿活动(许国春　孙文)

7月9日　市民自助银行内取钱被抢　玄武警方5小时破案(杨维斌　钱鸣)

7月10日　连砸数辆高档车　17岁少年卷走车内财物　父母离异,父亲去世后没钱了就偷东西过活儿(杨维斌　钱鸣)

7月20日　玄武一龙虾店爆燃　疑因液化气罐泄漏引发(卢斌)

7月20日　太平门社区解决军管小区问题(芦艳)

7月21日　黑渣土车拔下钥匙又神奇启动　原是擅自改装绕路对抗检查(王骁　湛月玲　仲永)

7月21日　“小红梅”O2O党建平台很便民(李天安　倪敏)

7月23日　鸡鸣寺六月十九“观音棚”(邢定康)

7月26日　南京侦破一起部督特大涉枪贩毒案件(杨维斌　钱鸣)

7月29日　74岁老人照顾89岁岳母　左邻右舍交口称赞“孝为先”(孙文)

8月4日　记忆中的成贤街66号将变储备书库　南图老馆原址重建还是出新尚不可知(陈洁)

8月13日　高仿假烟　不是“老烟枪”不知道　南京玄武警方捣毁一大型贩卖假烟团伙(杨维斌　钱鸣)

8月13日　玄武城管整治珠江路“僵尸”车(王骁　仲永)

8月16日　玄武区整治背街小巷环境卫生(王骁　仲永)

8月22日　诈骗2000万后,摇身一变成“私家侦探”　民警装大款,以需要调查婚外情为名“钓”出他(杨维斌　钱鸣)

9月2日　电梯“罢工”,百位老人3个月难下楼　玄武区老年公寓回应:正在定制新电梯　最快9月中下旬恢复使用(周晶)

9月4日　玄武城管整治大型户外广告(王骁　鲁斌山　仲永)

9月6日　专用假币掉包　缺德的卖虾骗子抓到了　安徽两对夫妻在南京疯狂作案40余起，警方喊受害人来报警(杨维斌　钱鸣)

9月8日　顾家营铁北地区将建新名校　名校本部派驻老师,交流期不少于2年(杨亮红　刘颖)

9月8日　无物业小区治理难　社区大管家办法多(陈玲英)

9月9日　玄武区亮出2016年小学中学成绩单(刘颖)

9月10日　铁北红山新城35块土地可挂牌出让　4年后变身城北核心(李天安　袁勤丰　倪敏)

9月12日　金秋创赢　404.2亿元投资项目落子玄武促强区富民(玄武区委宣传部　玄武区商务局)

12月22日　南京老小区加装电梯申请踊跃(刘娟)

12月22日　张开大网　放着鸟叫录音　南京“鸟王”一次抓了126只绣眼鸟(钱鸣)

12月23日　两少年获南京见义勇为奖(狄公宣　钱鸣)

索　引

Index

责任编辑　苏　成

说明

一、索引采用主题分析索引方法，依据首字汉语拼音字母顺序排列，同音字按声调，同音同调按笔画顺序排列。
二、类目用黑体字。数字表示内容所在页码或参见页码。
三、特载、专记、大事记、统计资料、附录及概况条目不收入索引。

G

H

J

K

L

M

N

P

Q

T

W

X

Y

Z